河南省“十四五”普通高等教育规划教材
财政部规划教材

财经通识

CAIJING TONGSHI

黄祖梅 ◎ 主　编
赵卓娅　董　昕 ◎ 副主编

“大学财商”系列丛书

中国财经出版传媒集团
中国财政经济出版社
北　京

图书在版编目（CIP）数据

财经通识 / 黄祖梅主编. -- 北京：中国财政经济出版社，2023.12

（“大学财商”系列丛书）

河南省“十四五”普通高等教育规划教材　财政部规划教材

ISBN 978-7-5223-2612-2

Ⅰ. ①财…　Ⅱ. ①黄…　Ⅲ. ①经济学—高等学校—教材　Ⅳ. ①F0

中国国家版本馆CIP数据核字（2023）第224600号

责任编辑：张怡然　　责任印制：张　健

封面设计：陈宇琰　　责任校对：胡永立

财经通识

CAIJING TONGSHI

中国财政经济出版社 出版

URL：http：//www.cfeph.cn

E-mail：cfeph@cfeph.cn

社址：北京市海淀区阜成路甲28号　邮政编码：100142

营销中心电话：010-88191522

天猫网店：中国财政经济出版社旗舰店

网址：https：//zgczjjcbs.tmall.com

北京中兴印刷有限公司印刷　各地新华书店经销

成品尺寸：185mm×260mm　16开　31.25印张　594 000字

2023年12月第1版　2023年12月北京第1次印刷

定价：49.80元

ISBN 978-7-5223-2612-2

（图书出现印装问题，本社负责调换，电话：010-88190548）

本社图书质量投诉电话：010-88190744

打击盗版举报热线：010-88191661　QQ：2242791300

PREFACE 前言

“财经通识”是为大学阶段学生开设的财经素养教育课程之一。财经素养是指一个人在财经领域具备的知识、技能和态度，以及对财经事务的理解、判断和应对能力，涵盖了经济、管理、金融、投资、财税、会计等方面的基本概念、原理和实践。具备良好的财经素养可以帮助个人在经济决策、财务管理、投资决策、风险管理等方面做出明智的选择，更好地实现个人和组织的财务目标。

《财经通识》教材结合现代社会和商业环境中的财经问题，着重培养学生以下方面的能力和素养：①经济思维与管理能力：形成合理的经济决策与判断能力，树立正确的营销观念和管理意识；②财政与税收意识：了解国家财政和税收对社会经济发展的影响，培养公共责任与国家意识；③金融认知与管理能力：提高对金融市场的认知和理解，具备必要的资金管理、风险管理和投资决策能力；④财务分析与决策能力：能够理解和分析财务报表，做出合理的财务决策和资金管理。

教材以问题为导向，用通俗的语言向学生普及财经知识，培养其财经思维，为他们未来的职业发展和社会参与提供综合的财经基础。不管是财经类专业学生，还是非财经类专业学生，本教材均具有较强的可读性和接受度。

本教材由河南财政金融学院的黄祖梅任主编，河南财政金融学院的赵卓娅和郑州财税金融职业学院的董昕任副主编。黄祖梅负责拟定全书大纲，并负责全书初稿的修改和最终的统稿和定稿。

具体编写分工如下：第1章由李慧敏编写，第2章由李晓莉编写，第3章由郭文静编写，第4章由刘舒畅编写，第5章和第6章由郭欣欣编写，第7章和第8章由赵卓娅编写，第9章和第10章由邹锦吉编写，第11章和第12章由黄祖梅编写，第14章由杨晶编写，第13章、第15章和第16章由董昕编写。

由于编者认知水平和实践经验有限，书中难免存在不妥之处，恳请读者批评指正。请将您的意见和建议发至邮箱94685640@qq.com，十分感谢。

编　者

2023年9月

CONTENTS

目　录

第一篇　经济与管理　1

第1章　有趣的现象：生活中的经济学　2
第2章　人生巅峰的捷径：懂得管理　36
第3章　成功人生的加速器：学会营销　64
第4章　成大事必备技能：管理团队　92

第二篇　财政与税收　119

第5章　政府收支面面观：认识财政　120
第6章　国家的钱怎么花：财政支出　146
第7章　国家的钱从哪儿来：税收　170
第8章　数字财税看发展：财税改革　216

第三篇　金融与保险　235

第9章　经济活动的“气象站”：银行　236
第10章　资金增值的手段：证券　275
第11章　社会稳定器：保险　307
第12章　受人之托，代人理财：信托　350

第四篇　财务与会计 375

第13章　会计原来这么有趣：初识会计 376

第14章　数字背后的秘密：财务报表分析 402

第15章　业财融合的桥梁：财务管理 426

第16章　用数据支撑决策：管理会计 458

参考文献 492

1 Part 第一篇

经济与管理

第1章 有趣的现象：生活中的经济学

学习目标

了解日常生活中的经济学问题，理解并掌握生活现象背后的经济学原理；能运用经济学的方法思考和分析现实问题，构建经济学的思维方式，在日常生活中做出正确决策、制定合理战略，更加从容地驾驭生活。

懂得经济学未必成为百万富翁，但不懂经济学必定会吃亏。学习经济学并不是让人们成为天才，但不懂经济学原理，机会可能会擦肩而过。经济学看起来距离生活很远，可是在生活中，很多问题都可以通过经济学的逻辑和定义得到解答，我们也会在解决问题中不自觉地运用到某个经济学理论。既然在生活中避免不了经济学问题，那么我们就来了解一些能够影响自己决策的经济学理论吧。

一、资源的稀缺性：钻石和水哪个更贵?

1769年，经济学家安·罗伯特·雅克·杜尔哥（Anne Robert Jacques Turgot）注意到一个问题：在水资源丰富的国家，尽管水是生活的必需品，但是没有人认为水是一种珍贵的资源。7年之后，亚当·斯密将这一观点进行深化，他发现尽管世界上没有比水更有用的东西，但是水的价格却是非常低廉，而就使用价值而言，尽管钻石几乎毫无用处，但是却经常有人用大量的其他商品来换取钻石。换句话说，一种商品的价格与其对人们的重要性之间存在着明显的矛盾和不一致。这就是经济学中著名的“钻石与水的价值悖论”。

水是人类必需的，而人不需要用钻石维持生命，但为什么水如此便宜而钻石的价格如此昂贵？难道水的价值还比不上钻石吗？其实“钻石与水的价值悖论”反映的是资源稀缺性问题。

第1章 有趣的现象：生活中的经济学

学习目标

了解日常生活中的经济学问题，理解并掌握生活现象背后的经济学原理；能运用经济学的方法思考和分析现实问题，构建经济学的思维方式，在日常生活中做出正确决策、制定合理战略，更加从容地驾驭生活。

懂得经济学未必成为百万富翁，但不懂经济学必定会吃亏。学习经济学并不是让人们成为天才，但不懂经济学原理，机会可能会擦肩而过。经济学看起来距离生活很远，可是在生活中，很多问题都可以通过经济学的逻辑和定义得到解答，我们也会在解决问题中不自觉地运用到某个经济学理论。既然在生活中避免不了经济学问题，那么我们就来了解一些能够影响自己决策的经济学理论吧。

一、资源的稀缺性：钻石和水哪个更贵？

1769年，经济学家安·罗伯特·雅克·杜尔哥（Anne Robert Jacques Turgot）注意到一个问题：在水资源丰富的国家，尽管水是生活的必需品，但是没有人认为水是一种珍贵的资源。7年之后，亚当·斯密将这一观点进行深化，他发现尽管世界上没有比水更有用的东西，但是水的价格却是非常低廉，而就使用价值而言，尽管钻石几乎毫无用处，但是却经常有人用大量的其他商品来换取钻石。换句话说，一种商品的价格与其对人们的重要性之间存在着明显的矛盾和不一致。这就是经济学中著名的“钻石与水的价值悖论”。

水是人类必需的，而人不需要用钻石维持生命，但为什么水如此便宜而钻石的价格如此昂贵？难道水的价值还比不上钻石吗？其实“钻石与水的价值悖论”反映的是资源稀缺性问题。

1 Part 第一篇

经济与管理

（一）资源稀缺性

资源是指用来生产满足人类需要的产品或者劳务的一切要素。有些资源使用时不用支付费用，叫作自由取用资源，比如空气就属于自由取用资源。经济资源是稀缺资源，使用时必须支付费用。随着人类社会的发展，自由取用资源的种类越来越少，例如水资源曾经就属于自由取用资源，如今已经成为经济资源。

经济资源也被称为生产要素，生产人类所需要的产品和劳务必须投入生产要素。西方经济学理论中，生产要素被分为四种类型：土地、劳动、资本和企业家才能。土地是大自然提供的一切自然资源的总称，包括土地自身、空气、阳光、水、河流、海洋，还包括附着于土地的矿藏、森林等一切自然形成的资源。劳动也可以称为人力资源，包括一般劳动者和受过专业技能培训的劳动者。劳动是人们体力和脑力的运用和开发。资本是由劳动和土地生产出来，再用于生产过程的生产要素。经济学中的资本是指机器、厂房、道路和存货等。值得注意的是，现代经济活动中的股票、债券在经济学中不被认为是资本。企业家才能是企业家管理和经营企业的能力，包括组织、经营、管理、创新等活动。四种生产要素中土地和劳动是初级生产要素；资本是由初级生产要素生产出来的，又将作为生产要素进入新的生产过程；企业家才能是将其他生产要素组织起来以发挥作用的一种生产要素。

资源的稀缺性，是指相对人类社会的无限欲望而言，资源总是不足的。需要说明的是，这里所指的稀缺，不是说资源数量的多少，而是指相对于人类社会对物质产品需求的无限性而言，资源总是不够的。

人类要生存和发展，就需要消费物质产品，人类对物质产品的需求是无限的。美国心理学家马斯洛用需要层次理论说明人的欲望是不断从低向高递进的。

根据马斯洛的需要层次理论，人的欲望分为五个层次：

（1）基本的生理需要，指对食物和衣服等基本生存条件的需要，这是人最低层次的需求；

（2）安全的需要，人们希望生活有保障，如医疗保障、免于失业等；

（3）社会的需要，人们需要有归属感和人与人间的信任依赖；

（4）尊重的需要，需要保持自尊心和得到他人尊重；

（5）自我实现的需要，指人实现自己理想和抱负的欲望，这是人最高层次的需求。

马斯洛认为，人的低层次的欲望得到满足后，又会产生高层次的欲望。人的欲望就是这样逐层递进，永无止境。就像是我们的住房紧缺问题，随着人们物质生活水平的提高，我们对住房条件质量的要求也越来越高，很多人不再满足于只能遮风挡雨的小门小户，更多地期望房屋兼具实用性和美观性，而这种实用性则包括住房面积的大小、房屋的舒适性和房屋所处地理位置的便利性等要求。

（二）经济学的研究对象

稀缺性的概念在整个经济理论中起着至关重要的作用。一些经济学家认为稀缺性是经济学存在的前提条件，所以往往用稀缺性来定义经济学。由于稀缺性的存在，决定了人们在使用经济物品中不断做出选择，如决定利用有限的资源去生产什么、如何生产、为谁生产，在稀缺的消费品中如何进行取舍以及如何用来满足人们的各种需求，这些问题被认为是经济学所研究的主题（见图1-1）。

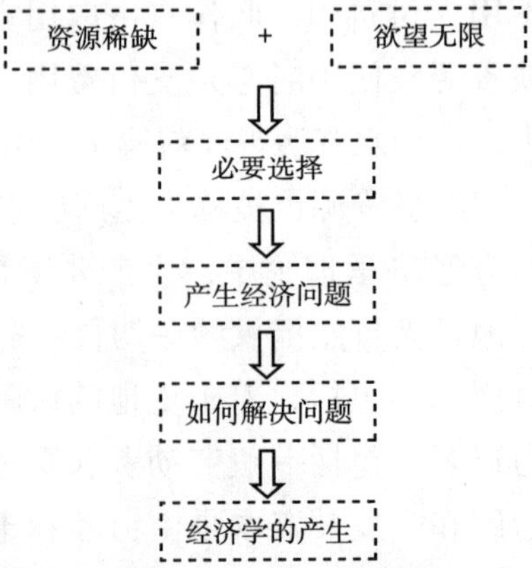

图1-1　经济学的产生

相对于人类社会的需求而言，资源是稀缺的。人类社会必须进行选择，将资源配置到各种可能的用途中去。资源配置是经济学所要研究的基本问题之一。

1. 资源配置

资源配置是人类社会对如何利用既定资源生产产品和劳务所作出的选择。资源配置问题所引发的选择包括以下3个。

（1）生产什么（What），即在既定资源下生产产品的选择。由于同样的资源可以生产不同的产品，选择了生产这一种产品，就不能生产另一种产品，人类必须为资源的用途作出选择。

（2）怎样生产（How），即既定的产品用什么样的生产方式来进行生产。生产既定的产品可以选择不同的生产方式，如果多用劳动、少用资本，就是劳动密集型生产；如果多用资本、少用劳动，就是资本密集型生产。在经济活动中，人们可以根据本地资源情况，选择合适的生产方式。

（3）为谁生产（Who），即生产出来的产品在社会成员之间如何分配的选择。由于资源有限，社会产品不可能满足全体社会成员的愿望。社会产品将以何种方式进行分配？什么人能够参与分配？分配的原则是强调公平还是强调效率？这一系列问题直接关系到人们参与生产活动的积极性。经济学就是要回答这一系列问题，从而揭示出市场经济发展的动力源泉。

2. 资源利用

既然资源是稀缺的，人类社会就应该充分利用现有的资源生产更多的物品，然而，稀缺的资源不能得到充分利用的现象却经常出现。资源利用就成为经济学所要研究的另一个基本问题。

所谓资源利用，就是人类社会如何采取有效的方法，更好地利用现有的资源，生产出更多的产品和劳务。由资源利用引出了以下3个相关的问题。

（1）如何实现充分就业。资源是否得到充分利用，如何做到不发生资源闲置的情况，实现资源充分利用，这些都是充分就业问题所研究的内容。充分就业问题中所指的资源不是仅指劳动，而是包括一切生产要素。

（2）如何实现价格稳定。现代社会是以货币为媒介进行商品交换的商品社会，货币的购买力如果发生了变化，就会影响到资源的配置与利用。为了保持经济持续、稳定增长，实现价格稳定是经济学研究的重要领域。

（3）如何实现经济增长。一个国家所拥有的资源在短期内没有大的变化，但国家的产出却会时高时低，这说明经济增长的过程中会发生经济波动。经济学要研究如何在促进经济增长的同时避免或减缓经济的周期性波动。

总而言之，资源稀缺不仅给国家带来了资源配置问题，而且还引发了资源利用问题。经济学的研究对象既包括资源配置，也包括资源利用。

思考与讨论

哈佛大学为什么不像其他高校一样扩大招生呢？如果哈佛大学不断扩大招生，直至全世界都是哈佛学子，又是怎样一种状况呢？这一现象反映了什么经济学原理？

二、供给与需求：价格背后的故事

我们在购买商品时，经常能发现商品价格的波动。在不同的月份购买家用轿车，价格有时会有上万元的差距；在夏季购买羽绒服比在冬季购买有更大的折扣……商品的价格是如何决定的？哪些因素可以引起价格的变化？这其实就跟经济学中商品的供给和需求息息相关。

供给和需求是经济学的最基本问题，弄懂了供给和需求也就弄明白了整个经济学。经济学家萨缪尔森在他的《经济学》中引用了一句话："你可以使一只鹦鹉成为经济学家，但前提是必须让它明白'供给'和'需求'。"虽然是句调侃，但足以见得这两者有多重要。

（一）需求

需求（Demand）是指消费者在一定时期内在各种可能的价格水平下愿意而且能

够购买的某种商品的数量。

要构成对某种商品的需求必须同时具备两个前提条件：第一，消费者具有购买愿望，这是构成需求的主观条件；第二，消费者具备支付能力，这是构成需求的客观条件。这两个前提条件必须同时具备，缺少任何一个都不能构成有效需求。

1.影响需求的因素

一种商品的需求由多种因素共同决定。

（1）商品自身的价格。一般来说，在其他条件不变的情况下，商品的价格和需求量成反比。即价格提高，需求量下降；价格降低，需求量上升。

（2）消费者的收入水平。对大多数商品来说，消费者收入提高，商品的需求量将会增加；消费者收入下降，对商品的需求量将会减少。一般来说，高档奢侈品的需求量对收入变化的反应更敏感，生活必需品的需求量对收入变化的反应相对低一些。在人们消费的商品当中，存在着一些低档商品或劣等品，当消费者收入增加时，对这些商品的需求量反而减少。

（3）相关商品的价格。商品之间存在着两种相关关系：一种是替代品关系；另一种是互补品关系。替代品关系，指两种商品可以互相替代，分别满足消费者的相同需求。例如，苹果和梨就存在一定程度的替代关系。当两种商品之间存在替代关系时，其中的一种商品价格上升，它的需求量将会减少，同时另一种商品的需求量将会增加。即一种商品的价格和其替代品的需求量呈正相关关系。互补品关系是指两种商品可以互相补充，共同满足消费者的某种需求。例如，钢笔水和钢笔、汽车和汽油之间都存在着一定程度的互补关系。当两种商品之间存在互补关系时，其中的一种商品价格上升，它的需求量将会减少，同时另一种商品的需求量也会减少。即一种商品的价格和其互补品的需求量呈负相关关系。

（4）消费者的偏好。商品的需求量必然受到消费者偏好的制约。消费者偏好反映了人们对商品的喜爱程度。当人们对某商品偏好程度提高时，对该商品的需求量必然增加。

（5）消费者的价格预期。消费者对某商品未来价格走势的预期将会影响消费者现在对该商品的需求量。如果消费者预期未来该商品价格要下降，他就会减少现在对该商品的需求量；如果消费者预期未来该商品价格要上升，他就会增加现在对该商品的需求量。

2.需求定理

除价格以外，其他因素不变的情况下，价格上升到一定程度，需求量就会下降；价格下降到一定程度，需求量就会上升。

你发现当西红柿3元/斤时，一个也卖不出去；当降到2.5元/斤时，能卖出20斤；1元/斤时，能卖出80斤；0.5元/斤时，能卖出100斤。

3.需求曲线

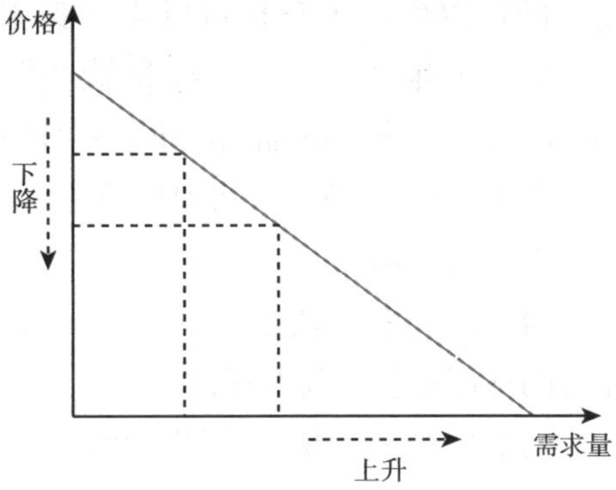

图1-2 需求曲线

图1-2关于“价格-需求量”之间关系的曲线就是需求曲线。需求曲线的横坐标是需求量，纵坐标是商品的价格。注意，这里价格是自变量，需求量是因变量。需求量是根据价格的变化而变化的。需求曲线专门假定其他因素都不变时，价格变化，需求量随之变化。

对于正常商品来说，需求曲线永远倾斜向下。

其中，吉芬商品是例外。吉芬商品是非常低端的商品，这种商品是生活最低的保障，当人越贫困时，反而购买量会上升，所以吉芬商品的需求曲线是向上的。生活中的吉芬商品非常少，经济学里，一般默认商品是正常品。

（二）供给

供给（Supply）是指生产者在一定时期内在各种可能的价格水平下愿意而且能够提供的某种商品的数量。

要构成对某种商品的供给必须同时具备两个前提条件：第一，生产者具有提供商品的愿望，这是构成供给的主观条件；第二，生产者具备提供商品的能力，这是构成供给的客观条件。这两个前提条件必须同时具备，缺少任何一个都不能构成有效供给。

1.影响供给的因素

一种商品的供给由多种因素共同决定。

（1）商品自身的价格。一般来说，在其他条件不变的情况下，商品的价格和生产者提供的产品数量存在着同方向变化的关系。即价格提高，生产者提供的产品数量上升；价格降低，生产者提供的产品数量下降。

（2）商品的生产成本。商品的生产成本主要由生产要素的价格决定。假设生产要素价格提高，对厂商来说意味着生产成本上升。厂商如果要保持原来的利润，就要提高产品价格，使需求量下降；厂商如果不提高价格，就会使利润减少。这两种情况都会使厂商减少产品供给。假设生产要素价格降低，对厂商来说意味着生产成本下降。厂商如果保持原来的产品价格不变，就会使自己获得更多的利润；如果降低产品价格，就会使需求量上升。这两种情况都会使厂商增加产品供给。

（3）相关商品的价格。相关商品是指生产性替代品或者生产性互补品。某种商品的生产性替代品是指企业可以代替该种商品而生产出来的商品。例如，汽车制造厂既可以生产卡车也可以生产家用小汽车，当家用小汽车价格上涨后，工厂会增加对它的生产，而减少对卡车的供给。某种商品的生产性互补品（Complement in production）是指和该商品在同一生产过程中生产出来的另一种商品。例如，屠宰厂在宰杀牛羊的过程中，肉和皮就是生产性互补关系。当牛羊肉的价格上升时，其皮毛的供给就会增加。

（4）生产者的技术水平。一般来说，生产者的技术水平越高，资源就能得到更充分的利用，供给就会增加。

（5）生产者的价格预期。生产者对某商品未来价格走势的预期将会影响生产者现在对该商品的供给量。如果生产者预期未来该商品价格要下降，他就会增加现在对该商品的供给量；如果生产者预期未来该商品价格要上升，他就会减少现在对该商品的供给量。

2.供给定理

在其他条件不变的情况下，商品的价格和供给量之间呈同方向变化。即商品的供给量随商品自身价格的上升而上升，随商品自身价格的下降而下降。

当西红柿只有0.5元/斤时，市场上有100斤西红柿在卖；

当西红柿的价格不知为何在成本没有提高的情况下，涨到1元/斤时，人们发现有利可图，都想去卖西红柿赚钱，市场上可能就有200斤西红柿在卖了；

后来西红柿的价格继续上涨，涨到3元/斤时，价格上涨了6倍，于是更多的商家涌入，市场上可能就有600斤西红柿在卖了。

3.供给曲线

图1–3关于“价格–供给量”之间关系的曲线就是供给曲线。供给曲线的横坐标是供给量，纵坐标是商品的价格。注意，这里价格是自变量，供给量是因变量。供给量是根据价格的变化而变化的，供给曲线专门假定其他因素都不变时，价格变化，供给量随之变化。供给曲线是倾斜向上的。

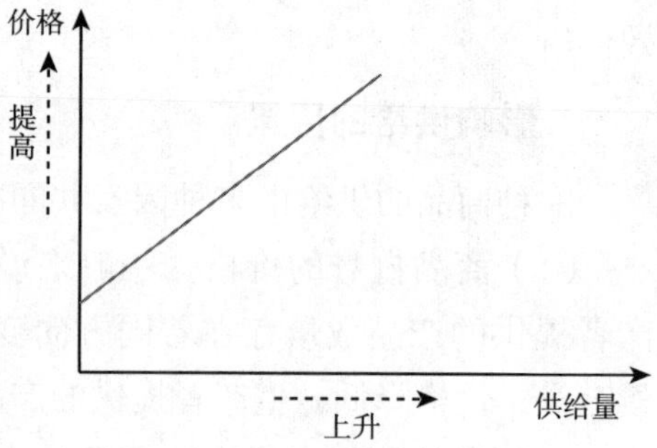

图1–3　供给曲线

（三）市场价格的形成

市场商品那么多，价格是谁定的？

有人会说，“那还用说，商家定的呗！”

可是你有没有想过，价格是商家随便决定的吗？如果你卖西红柿，1斤卖2元、

10元、20元都可以吗？为什么一个品种的西红柿卖2元/斤，另一个品种却卖20元/斤，且每个品种都在自己的价格范围内上下浮动呢？

前面，我们分别讲了需求曲线和供给曲线，这里我们默认商品是正常品。我们把它们画在一起，就有了图1–4。

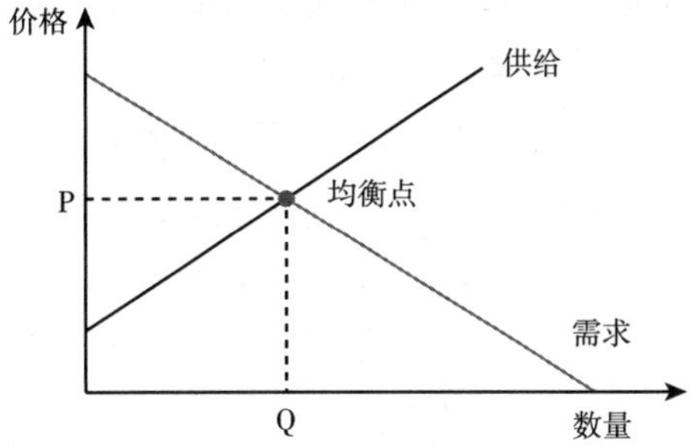

图1–4　市场均衡（1）

需求和供给曲线的交点，就是市场的均衡点。均衡点对应的价格P，就是市场均衡价格；对应的数量Q就是市场均衡数量。

可是为什么交点就是均衡点呢？

我们假设还是买卖西红柿的市场，假设交点对应的均衡价格是5元/斤，均衡数量是500个（见图1–5）。我们分两种情况讨论：

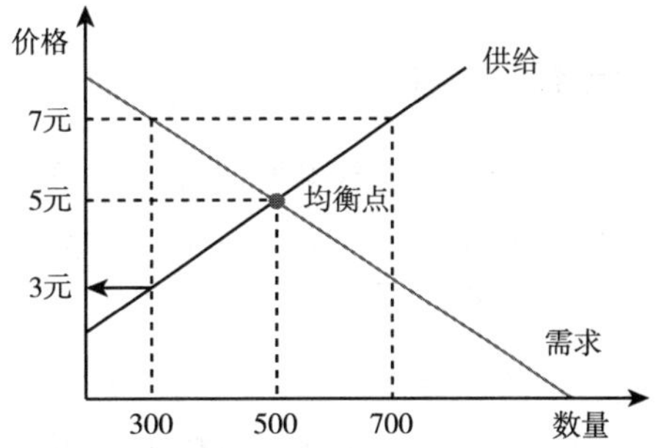

图1–5　市场均衡（2）

（1）价格高于均衡点时，造成过剩。如果市场内西红柿的价格是7元/斤，对西红柿的需求量就会减少，我们假定是300个，而愿意卖西红柿的人就会变多，供给数量变成了700个。这时候商家为了把西红柿卖出去就需要降价；随着降价，想买西红柿的人数也会增加，最后直到供需达到均衡点，价格是5元/斤时，供给量和需求量相等，商家不需要再降价。

（2）价格低于均衡点时，造成短缺。同理，如果市场内西红柿的价格低于5元/斤，供给量小于需求量，卖家会涨价，因为价格上涨，市场对西红柿的供给量增加，需求量减少，直到达到均衡点。到了均衡点，商家就不会再变动了，因为再涨价，就有西红柿卖不出去了；再降价，有更多人想买西红柿买不到，说明自己还有涨价空间。

于是，均衡点就这么被确定下来了，商品的价格也就确定了。

拓展阅读

需求定律与供给定律的发现

200多年前，亚当·斯密发现了一只看不见的手——市场价值规律，在对经济进行调节，而其中重要的一个机制便是价格机制。也正是由于价格的调节作用，市场经济才能有序运行。价格是由市场上的需求和供给决定的，因此，抓住需求和供给这两个因素，就能对市场经济的运行作出科学的解释。

需求定律是由法国经济学家古诺发现的，他在19世纪30年代第一次作出了需求曲线。法国工程师、经济学家杜普特最早把需求理论运用于实践，他运用这一理论来计算建造一座桥梁的收益，以及在桥梁已建成的情况下，使用这座桥梁应收多少过桥费。

爱尔兰经济学家拉德纳最早论述了需求定律与供给定律，以及生产成本与供给之间的联系。他分析了从天文学、道路工程到经济学的一系列问题。

此后许多经济学家都精心论述了需求与供给理论，但首先完整而系统地表述这一理论的是英国经济学家马歇尔。他在1890年出版的《经济学原理》中论述了这一理论。

思考与讨论

你听说过荷兰历史上的“郁金香泡沫”吗？为什么开始时郁金香卖的价格会那么高，后来又为什么跌下来了呢？

三、机会成本：天下没有免费的午餐

朋友送了你一张价值60元的电影票，如果你决定拿这张电影票看电影。看起来你是看了一场不用花钱的电影，但实际上你真的没有付出成本吗？

（一）成本

成本（Cost）是经济学中一个非常重要的概念，它通常是指在一定时期内，厂商为生产一定数量的产品而购买的生产要素的总费用，是以货币支出来衡量的厂商所付出的代价。西方经济学理论认为，劳动、土地、资本和企业家才能是厂商进行生产的要素，会为生产作出“贡献”，因此这些生产要素不仅要得到补偿，还应该获得相应的报酬。所以，生产成本包括通常所说的工资、材料费等，还包括利息和地租，是一个广义的成本概念。

（二）会计成本

会计成本是在财务分析中使用的一种成本概念，会计成本是显性成本，它可以用货币计量，可以在会计的账目上反映出来。显性成本是指厂商在生产要素市场上购买或租用所需要的生产要素的实际支出。例如，某厂商向工人支付的工资，向银行支付的利息，向土地出租者支付的地租，这些支出便构成了该厂商生产的显成本。

从机会成本的角度讲，这些支出的价格必须等于这些相同的生产要素使用在其他最好用途时所能得到的收入。否则，这个企业就不能购买或租用到这些生产要素，并保持对它们的使用权。

（三）机会成本

西方经济学是从资源的稀缺性这一前提出发，研究一个经济社会如何对经济资源进行合理配置的问题。当一定的经济资源被用于一种用途时，就失去了用于其他用途的机会。由此，便产生了机会成本的概念。

1. 什么是机会成本

机会成本，它的标准定义是，一种选择或决策的代价，是指为了得到某种东西所要放弃另外一些东西的最大价值。简单地说，如果你有10个选择，你现在选了其中一个，机会成本就是另外九个选项能够让你得到的最大收益。例如，房地产商可以将一块土地出租、修建农贸市场或者建造写字楼，如果房地产商选择在这块土地上建造写字楼，这块土地就不能用来出租或者修建农贸市场，这个房地产商就失去了利用这块土地出租或修建农贸市场所获得的收益，房地产商的机会成本就是他放弃的利用这块土地作为其他用途的最高收益。假设房地产商修建农贸市场的收益是每年10万元，出租的年租金是15万元，那么房地产商这块土地的机会成本就是15万元。天下没有免费的午餐，它的本义是即使你不用付钱吃饭，可你还是要付出代价的。因为你吃这顿饭的时间，可以用来做其他事情，比如谈一笔100万元的生意，当你把时间用于吃这顿饭，就失去了这些本来能有的价值。在投资决策中，放弃次优方案而损失的“潜在利益”，是选取最优方案的机会成本。

机会成本不能反映在企业账目的货币性交易中。企业的账目没有涉及其所有者自有资金的资本费用；没有计算企业里所有者的劳动；当企业把有害废弃物倒入河流时，也没有计算所发生的环境污染费用。但从经济学的观点来看，这些都是真正的成本，应该计算在内。经济学家认为，无论生产要素归谁所有，在经济上生产要素的收益是重要的。即使所有者没有直接领取报酬，而是以利润的形式得到补偿，我们也应该把所有者劳动的机会成本应用在投资过程中。

2. 机会成本的应用

回到最初的问题，看起来你是看了一场不用花钱的电影，但实际上你也付出了时间成本和电影票成本。一方面，你看这场电影的时间，可以用来做其他事情，这就是你的时间成本；另一方面，即使这张票是别人送你的，选择卖掉它你就能获得60元，所以这张电影票仍然有60元的价值。所以，当你选择拿电影票去看电影，此时你放弃的机会成本，就是你的时间成本和60元票价。

进一步假设，电影票虽然是60元，但黄牛价已经卖到了90元。对你来说，机会成本还是60元票价和耗费的时间吗？

答案是否定的。因为机会成本是你动用了的资源当前的最大价值。如果票价已经炒到了90元，那么此时你继续选择看电影，机会成本就是90元黄牛价和你的时间成本。

需要注意的是，机会成本只与你使用的这些资源的现在价值有关，而不考虑过去的购置费用。怎么理解呢？

比如，公司上个月用120万元采购了一批煤炭，这个月该批煤炭的价格上涨到了150万元。假设这批煤炭全部用来发电，会给公司带来140万元的收入。这个时候公司要做生产决策，煤炭到底要不要用来发电呢？

显而易见，这批煤炭的成本是购入价120万元，那它的机会成本是多少呢？答案是150万元而不是120万元。因为如果我们不用这批煤炭进行发电，而是选择现在卖出去，会得到150万元的收入。所以，发电的机会成本是它的市场价值，也就是150万元。

假设上个月煤炭的购买价格是160万元，这个月煤炭价格下跌，这批煤炭只值100万元，我们又该怎么做生产决策呢？

如果我们用它发电，收入是140万元，机会成本是100万元，为什么不是160万元？上月已经花了160万元购买，这160万元不管怎么做，都已经成为既定历史。如果用来发电，那么收入是140万元，机会成本就是100万元；如果不发电卖掉它，那收入只有100万元，机会成本是140万元。

机会成本在我们日常的行为决策中都能起到很关键的作用，能够帮助我们正确地认识做每一件事的代价。但是，无论是在日常生活中还是企业管理中，会计成本信息是人们进行决策时更容易考虑到的问题，但机会成本信息却因为看不见又摸不着，经常被忽视或者分析不到位，从而导致了资源的低效运用。我们对任何资源的使用都应该有机会成本的概念，需要学会去比较这种成本的使用是否合适、是否最优。

总结一下，机会成本是指做一件事情的成本，一个决策的成本，或者是做出选择的成本。我们做出选择或决策，都是要动用资源的。在竞争条件下，机会成本就是所用资源的当前的最大的市场价值。让我们把时间和资源花在更有价值的人和事上面，不要再为昂贵的机会成本买单了。

四、沉没成本：人要学会及时止损

你是否有过这种经历？你在一家网红餐厅排队等候用餐，起初服务员通知你要等半个小时，你虽然很饿但是接受了；半小时之后，饿得发昏的你以为终于可以用餐时，服务员突然说非常抱歉，您还需要等半个小时，并且以店名保证再过半小时您一定可以用餐。你本来想走，因为按照理性你应该马上去楼下的麦当劳用三个巨无霸填饱肚子，但转念一想，既然已经等了半小时，放弃岂不是可惜了，所以继续选择留在餐厅等待。

入职一家公司，工作三个月即将转正，但心里总是隐约感觉工作内容和自己预期不是很符合，转念一想，既然已经工作三个月而且马上转正，放弃岂不是可惜了？于是选择了继续工作，结果做了一年不适合自己的工作。

类似的场景，每天都在我们身边上演。

人们在做决策的时候，往往会念念不忘先前的投入，担心新的决定会让以前的投入付诸东流，于是不愿改变现状，白白丢掉了很多机会。也就是说，人们在决定是否去做一件事情时，不仅是看这件事对自己有没有好处，也会看过去是不是已经在这件事情上有过投入。而这些现象都可以用一个词来解释，就是沉没成本。

（一）沉没成本

什么是沉没成本呢？按照经济学上的定义，沉没成本是指以往发生的，但与当前决策无关的费用，代指已经付出且不可收回的成本。比如你恋爱期间为对方付出的时间、金钱、心思属于沉没成本；你学习一个专业所花费的时间属于沉没成本；你在一只烂股票里投入的钱也属于沉没成本……生活中有数不清的沉没成本的例子。

听起来好像没感觉？

但其实人们总是一而再、再而三地栽在沉没成本上面。为了过去的付出和错误，跟现在的自己较劲，赌气般地做出不理性的决策。

相处了4年的男朋友，即使不喜欢了，也想着先凑合着过过；

等了半个小时公交，你甚至感觉快要中暑了，还想再坚持一下，省个打车钱；

进了一个景点，明知道被坑了，但是“来都来了”，那还是转一圈吧……

（二）放弃沉没成本

沉没成本是我们日常生活中存有的一种有趣的、非理性且顽固的心理。因为在一件事情上投入过成本，我们会变得更难放弃。但经济学要告诉你的是：沉没成本不是成本！做决策时，不要被沉没成本干扰。

经济学对成本的定义是：放弃了的最大代价。而放弃沉没成本是没有产生代价的，你放弃需要排队等待的网红餐厅，没有产生代价；你放弃与自己预期不符的工作，也一样没有产生代价。由此可看出，在经济学中，如果我们都理性选择，根本不应考虑沉没成本，毕竟沉没成本本质上就不属于成本，也更不应该对我们现在和将来的决策产生影响。

这个道理说起来容易，却知易行难。不只是普通人，就连企业家、科学家、政治家也都会掉入“沉没成本”的大坑。企业家在开发一个项目时中途发现，这个项目的成功率可能很低，但是还是会投入更多的成本，最后导致了更多的损失。科学家也是如此，比如“地心说”模型的提出者托勒密，他也曾发现过自己的模型有解释不通的地方，但仍然尽量寻找途径自圆其说，最后只能被哥白尼的“日心说”颠覆理论。

为什么我们明知道吃了亏，但还是任由已经付出的东西对自己施加新的伤害呢？

因为我们都害怕被证明自己是错的。这是一种最原始的本能，这种本能的恐惧，导致了“损失厌恶效应”：相比于获得的快乐，我们对损失更加敏感。

举个例子：你跳槽到一家新公司，薪资从6000元直接涨到了12000元，你很开心。直到你无意中听到，部门里另一个新同事，老板给了他15000元，我们锚定的标准，从6000元变成了15000元。于是每月多得6000元的快乐，马上被自己每月损失了3000元的悲伤所替代。

赌博也是一样，很多人先赢后输，都是因为一直记得，当初最多的时候，赚到了多少钱。赚3000元的时候，被最高峰赚5000元锚住，赚1000元的时候，被赚3000元锚住，亏2000元的时候，又被保本锚住……为了证明自己留在牌桌上是正确的，最后越亏越多。

生活中，因为损失厌恶，为了弥补过去的错误，我们会倾向于继续加码，把更多时间耗在希望不大的事情上。

除此之外，我们常常给坚持的事情，套上拥有物光环。社会心理学家西奥迪尼，在《影响力》中提到过一个现象：赛马场的人们下注之前，会在众多马匹之间犹豫不决；可是一旦下注了某一匹马，这匹马在他们心中，获胜的概率便会大大增加，因为我们希望我们的选择是正确的。这种愿望，会让我们高估这个选项的未来价值和事件发生的概率。因为你已经花了钱在它上面，你不愿意放弃它。

这两种情况，最终都是我们自我防御的本能占了上风，最终影响了我们决策的正确性。

经过上面的说明，你应该知道了，沉没成本并不是“成本”，而是人为了合理化自己的投资行为时形成的心理预期。这也是造成当局者迷的一个重要心理谬误。

那如何打破“沉没成本效应”困境呢？最好的办法就是——及时止损。

所谓及时止损，就是我们在做决策时，不要纠结于已经无法挽回的沉没成本，而应依据当下的利益和未来的收益做出最佳选择。当你认为现下的恋爱或婚姻不适合自己时，你应该考虑的是，如果继续下去，你未来付出的时间、情感、金钱所得到的收益是否依然无法达到预期；如果你选择重新开始生活，边际收益是不是会有所提高。如果答案是肯定的，那么就应该放弃这段恋爱或婚姻。

（三）反向利用沉没成本

沉没成本也是可以反向利用的，下面举一个反向使用沉没成本的例子。假定你要做一个投资：

方案A：投入100元能得到150元的收益；

方案B：投入50元能得到100元的收益。

方案B一定比方案A好，因为A的收益率是1.5倍，B的收益率是2倍。

但是如果你已经在A中投入了50元，这时你还有50元，应该选择哪个投资方案呢？

方案A！因为方案A对你来说已经投入的50元是沉没成本，不要再考虑。

对方案A来说，你只要再投入50元就能拿到150元的收益，而方案B你投入50元，只能拿到100元的收益。

但之后再有钱，你就要投资方案B了。因为A的收益率又恢复成了1.5倍，B的收益率又恢复成了2倍。

毫无疑问，完全无视沉没成本、理性的决策就能使利益最大化。但事实上，人类是非理性的生物，并不是其“意志”怎么想，他的“心理”就能怎么想。你可以克服本性中沉没成本带来的顽固心理，也可以刻意制造一些沉没成本，从而实现自己的“小目标”。

思考与讨论

学习了“沉没成本”，再想想生活中这些类似的问题：在餐馆吃饭，吃到一半发现菜点多了，你会硬着头皮把菜吃完吗？

五、边际效用：我们为什么会喜新厌旧？

我们时常会有这样的困惑：刚报没多久的兴趣班，没上几天就开始不感兴趣；看上的一件衣服，一买回家就开始变心；就连自己喜欢的人也会慢慢随着时间冲淡情感……为什么我们“喜新厌旧”的程度越来越严重？

这些例子其实很好地诠释了一个著名的经济学原理——戈森第一定律。

1854年，德国经济学家赫尔曼·海因里希·戈森针对以上现象，在其《人类交换规律与人类行为准则的发展》一书中提出了他关于欲望与享受相互关系及变化规律的重大发现：边际效用递减规律。

在了解边际效用递减规律之前，我们要先弄清楚什么是效用和边际效用。

（一）效用

在经济学的发展史中，“效用”概念的出现无疑是一个突破。效用是指物品能够满足人们欲望的能力。它是人们所需要的一切商品和劳务所共有的一种特性。

西方经济学家认为，效用是消费者的一种主观心理感受，它取决于消费者对商品和劳务的主观评价。因此，效用会因人、因时、因地不同。也就是说，同一物品对不同的人会有不同的效用。比如，对喜欢喝咖啡的人来说，咖啡的效用很大，但对不喜欢喝咖啡的人来说，效用很小，甚至会因喝咖啡感到痛苦而产生负效用。同样的物品对同一个人在不同的时间和地点，效用也不同。比如，一杯水对一个住在泉水边上的人来说，没有什么效用，但对一个在沙漠中旅行的人来说，则效用很大；扇子在夏天对人们具有较大的效用，但在冬天对人们来说就没有什么效用。

对效用的理解要注意以下两点：

（1）效用是对欲望的满足，效用与欲望一样都是消费者的一种心理感觉，强调的是消费者在消费某种物品时的主观感受程度。

（2）效用与使用价值不同，使用价值反映的是物品本身所具有的自然属性和客观属性，它不以人的主观感受为转移，而效用纯粹是人的主观心理感受，会因时因地发生变化。

经济学依赖一个基本的前提假定，即人们在做选择的时候倾向于选择在他们看来具有最高价值的那些物品和服务。效用是消费者的主观感受，取决于消费者对这种物品的喜欢程度，即偏好。消费者对某种物品的偏好越大，这种物品带来的效用就越大，他们就越愿意购买，需求就越高。

（二）总效用与边际效用

总效用是指某个消费者在某一特定时期内消费一定数量的某种商品所获得的满足的总和，微观经济学通常假定总效用在某个范围内是商品数量的增函数，意思是总效用随商品数量的增加而增加。

边际效用就是从每增加的单位商品或劳务的消费中所得到的效用的增加量。

我们举例来说明一下总效用、边际效用及两者之间的关系。假设小李吃面包的个数对小李所产生的总效用和边际效用如表1-1所示。

表1-1　总效用与边际效用

消费量	总效用	边际效用
0	0	—
1	30	30

续表

消费量	总效用	边际效用
2	50	20
3	60	10
4	65	5
5	68	3
6	68	0

从表1–1可以看出，起初小李认为面包对其很有价值，他的满足程度会随着他获得的面包数量的增加而上升。但是，我们还会发现另外一个重要而有趣的现象：当他消费更多的面包时，每个额外的面包依次给他带来的效用增量却逐渐减少，这个新增加的单位商品所产生的总效用的变化额就是所谓的边际效用。尤其是当他消费到第5个面包时，新增加的消费量所带来的边际效用将为零。这时，他对面包已经完全满足，再多消费任何数量的面包也不会增加他任何的满足和效用。一旦达到了这个最大满足点，即使面包是免费提供的，小李也会拒绝消费。

（三）边际效用递减规律

边际效用递减规律是指在一定时期内，在其他商品的消费数量不变的条件下，随着消费者对某种商品消费量的增加，消费者从该商品连续增加的每一消费单位中所得到的效用增量即边际效用是递减的。

造成这种现象的原因可以从两个方面来看：

（1）生理或心理的原因。消费一种物品的数量越多，人的生理或心理上对这种连续刺激的反应就会越来越少，从而使满足程度递减，最后甚至会出现反感或抵制。

（2）物品本身用途的多样性。物品本身具有多种用途，而每种用途的重要性不同，消费者又总是先把它用于最基本层次的需要。因而第一单位的消费就会有最大的边际效用，当第一层次的需要得到一定程度的满足后，消费者就会把它用于第二、第三层次的需要上，从而使其用途也越来越次要，边际效用也就递减了。例如某消费者有3个面包，他可能把第一个面包用于最重要的充饥上，以满足其生理的需要；把第二个面包用于赠送朋友，以满足爱的需要；把第三个面包用于施舍，以满足对善的追求。这3个面包的用途在重要性上是不同的，因而其边际效用也不同。可见，边际效用递减是符合实际情况的。

再回到我们的主题，为什么人总是喜新厌旧？根据戈森第一定律的边际效用递减规律可以解释：同一享乐不断重复，其带来的满足感会不断递减。比如，人们总是喜欢在商城不断买新衣服满足自己的购买欲，似乎一年四季人们的衣柜里面总是会少一件衣服，这就是喜新厌旧的心理在作怪，总觉得新款的最时尚、最好看，其实从经济学的角度来解释，这也是典型的戈森法则。简而言之，它是指效用随着需求的不断满足而递减，而当原有需求被完全满足后，需要新的需求以获得更大的效用。

（四）戈森定律的实践应用

边际效用递减规律无时不在、无处不有。它是新鲜感与好奇心的杀手，让人们忘却习以为常的美，忽略见怪不怪的奇，使生活与工作归于平淡。既然大家普遍都会“喜新厌旧”，那如何才能让一个人对一件事或是物品持久地喜欢呢？

戈森第三定律给出了相应的回答，那就是要有新产品的出现，才能引起消费者新的消费欲望，从而增加对新产品的购买量，效用就会进一步增加，以致达到新的更高的均衡水平。那么对我们普通人来说，能做的就是适当节制自己的欲望，比如喜欢的东西不要一口气吃撑，想见的人也不要每天都腻在一起。有一项研究表明，一般来说，爱情的保鲜期往往是18个月，也就是一年半，最开始一直黏在一起的夫妻，最后会慢慢变得不再那样黏。所以如果一直平淡，没有惊喜和经营，一段感情也终究逃不过边际效用递减的命运。

戈森定律是一个一般性的规律，我们应该理解其内涵并会适当地将其运用于生活，以便更好地进行经济建设。

1.如果你是商家，要学会利用消费者的“喜新厌旧”

有个电影院推出一个促销活动，看一场电影30元，如果连看十场只需要100元。乍一看你或许会觉得电影院是赔大了的，消费者在购买的一瞬间觉得自己是捡了一个大便宜。但是呢，因为边际效用会递减，绝大部分消费者看过几场之后就会受不了了，没有几个消费者能够连续看满十场。所以，电影院其实是稳赚不赔的。

生活中，很多聪明的商家都会利用消费者边际效用递减的规律，比如第二杯半价、第二件八折；再比如免费续杯的可乐、健身的年卡、游乐园的年票等。因为，消费者在连续吃、连续喝、连续玩以后，边际效用不可避免地趋近于零，甚至是负数。

2.如果你是管理层，要学会利用员工的“喜新厌旧”

如果你想通过涨薪来激发员工的工作热情，在第一次给这个员工涨了1000元之后，这个员工很激动，干劲十足。但是如果第二次、第三次还是涨1000元，估计激励效果就会大打折扣。如果要避免这种情况的发生，就需要采取不同的激励措施。比如第二次就考虑给员工报名参加晋升培训，或者代表公司参加比较重要的商业活动。第三次可以奖励车位或者带薪休假等。此时，或许你可以花费较少的钱，便得到更好的效果。因为刺激的手段不同，边际效用的递减就变得不那么明显。

3.如果你是创业者，要学会利用市场中的“喜新厌旧”

市场中总是存在这样一类消费者，选择的目的不在于购买，更谈不上去寻找“效用最大化”的商品，其乐趣仅在于试用和比较。选择行为给他们带来的福利感受，甚至高于使用商品本身。经营服装商铺、化妆品柜台、汽车4S店的销售人员都接待过这样的一群客人，他们喜滋滋地换了一件又一件衣服，兴致勃勃地试用了一种又一种化妆品，品头论足地试驾了一款又一款的轿车，不厌其烦地试穿了一双又一双的鞋子，却压根不打算购买其中任何一件商品。试用与体验是获得快乐的源泉之一，很多知名企业，正是基于这种认识，纷纷推出体验店消费模式，目的在于让这群花费大量时间体验选择快乐，却不花一分一厘的客人们，成为本企业产品的免费宣传员！

思考与讨论

大明和小莉结婚十年了，小莉喜欢折腾的习惯依然如旧。每过一段时间就要指挥大明把家具重新布置一番。大明不堪其“扰”，抱怨说，刚熟悉了东西的摆放就又变了，要适应很久。小莉则教育大明说，适应了，也就厌烦了，会产生审美疲劳，人都是喜新厌旧的；变，才让人有新鲜感。请问：

1.小莉的话有无道理？她所讲的实际上是经济学上的什么问题？

2.过去我国国有企业的产品十几年不变，小莉的行为是否是一种启示？

3.每年，我国（及国外）的各品牌汽车的都会出新款，与老款相比，新款的变动一般很小。尽管变化小，但每年都会有一点变化。这与小莉遵循的是否是同一原理？

六、信息不对称：为什么假冒伪劣产品会充斥市场？

不知道你有没有发现，在市场上普遍存在这样一种现象：质量好的产品反倒不如质量差的产品销量好，最终质量好的产品无人问津，只能撤出市场，以至于假冒伪劣产品充斥了整个市场。人们本来的意愿是买好的产品，结果总是事与愿违，花了冤枉钱买了次品回家。为什么会发生这种现象呢？

要想解决这个问题，我们要了解经济学中的一个著名效应，即“劣币驱逐良币效应”。

（一）劣币驱逐良币效应

“劣币驱逐良币效应”最早由英国经济学家格雷欣于1559年提出，所以也叫作格雷欣法则。从经济学的角度是这样来定义它的，即当一个国家同时流通两种实际价值不同而法定比价不变的货币时，实际价值高的货币（良币）必然要被熔化、收藏或输出而退出流通领域，而实际价值低的货币（劣币）反而充斥市场。

以上的解释比较抽象，我们来具体看一下。金、银是金属货币时代通用的两种货币，当两种货币都在市场上流通的时候，两者之间通常就需要兑换价格，而兑换价格通常是通过立法固定的，长期不变，我们这里假设官方兑换比例是1单位的金可以兑换10单位的银。但是，由于金银矿山的开采量不同，市场上流通的金、银量会发生变化，进而导致金银兑换比例会发生变化，偏离官方价格。我们假设市场上苹果的售价是1单位金币或8单位银币。这个时候金银的实际兑换比例就变为了1单位金可以兑换8单位银。我们设想一下这时候市场上的人们会怎么对待这两种不同的兑换价格呢?

显而易见，人们本着“套利原则”会将手中的1单位金币送往铸币厂熔化成金块，再用金块换成10单位银币，通过流通市场用8单位银币换成1单位金币，这样的一回合就可以获利2单位银币。长此以往，金币会逐渐退出流通市场，市场上充斥着银币，这就是所谓的“劣币驱逐良币”。这里，市场价值高于官方定价的货币（金币）我们称之为良币，市场价格低于官方定价的货币（银币）我们称之为劣币。

2006年8月25日，著名经济学家马丁·费尔德斯坦在美联储年会上指出，美元现在正在经历着“劣币驱逐良币效应”，且美元正是这一效应中的“劣币”。

2006年美元对日元、欧元等货币贬值超过7%，尤其是日本第一次结束零利率政策之后，美联储面临很多困难，这就让美元货币的前景更加不好，大家手中的美元随时会贬值，能买到的东西也会更少。这时候世界消费者就更愿意首先使用账户下的美元进行消费结算，选择其他货币，比如欧元等进行储蓄投资，从而使自己的财产能够保值。这样一来，国际消费者在消费时，就会以美元作为首选，大量美元用于国际结算，美元就进一步扩张到全世界各个领域，这就是“劣币驱逐良币效应”。

市场中交易双方的信息不对称是劣币驱逐良币的前提条件。那么，什么是信息不对称呢?

（二）信息不对称理论

信息不对称理论是指在市场经济活动中，各类人员对有关信息的了解是有差异的。掌握信息比较充分的人员，往往处于比较有利的地位；而信息匮乏的人员，则处于比较不利的地位。例如，在产品交易中，卖者要比买者知道得多。随着社会劳动分工的发展和专业化程度的提高，各行业中专业人员和非专业人员之间的信息差别越来越大。在现实经济活动中，根据信息不对称发生在交易契约签订之前还是之后，可分为信息事前不对称和信息事后不对称。信息事前不对称容易引发“逆向选择”，信息事后不对称带来的后果主要是“道德风险”和“委托—代理问题”。

1.逆向选择

1970年美国诺贝尔经济学教授乔治·阿克洛夫提出了著名的二手车市场模型，开创了逆向选择问题研究的先河。

在经济活动中，买者与卖者之间实际上是委托—代理关系。在建立委托—代理关系之前，代理人事先已经掌握某些委托人不了解的信息，如商品质量的好坏。代理人利用自己的信息优势选择对自己有利的合同，而委托人由于信息劣势在签订合同时处于不利的选择地位。为了避免风险，委托人倾向于选择一份相对安全的合同，而高质量的代理人不会接受这份合同。最终，“高质量”的代理人被“低质量”的代理人排挤出局，与委托人签订合同的往往是“低质量”的代理人。这就是逆向选择。

例如，在某种产品市场上，买者和卖者都知道有一半的优质品和一半的劣质品。卖方了解自己的产品质量，而买方无法确定产品的质量。假设优质品的卖方开出的最低价格为200元，劣质品的卖方开出的最低价格是100元。买方无法确定哪个产品是优质品，哪个产品是劣质品，于是就根据优质品和劣质品出现的概率确定价格为150元。出售优质品的厂商无法接受这个价格，纷纷离开市场。而出售劣质品的厂商非常愿意接受这个价格，最终市场上销售的将全是劣质品。这种“劣质品驱逐优质品的现象”被称作“逆向选择”。在美国俚语中“柠檬”这个词常用来表示劣质品、二手货或不中用的东西，于是在信息不对称理论中，常把处于信息不对称环境中的劣质品市场称为“柠檬市场”。

2.道德风险

道德风险属于事后信息不对称范畴。它是指交易双方在签订交易合约后，占据信息优势的一方采取的一些行为影响了风险事件发生的概率。比如，一个人购买了保险后，他的行为会发生变化。但保险公司并不知道投保者会采取什么行为，也不知道这种行为将引发的对自身利益的损害。最终，保险公司的赔偿概率将提高，这就是道德风险问题。

道德风险问题在经济活动中非常普遍。例如，购买了医疗保险的人可能会减少在预防性保健方面的支出，较之于没有购买保险的人，他们更倾向于选择接受昂贵的治疗，所以投保后医疗费用一般会增加。又例如，贷款人违反合约从事高风险投资活动，增大了银行无法回收资金的概率。

可以说，只要市场经济存在，道德风险就不可避免。道德风险的存在会使信息劣势的一方受到损失，导致社会资源配置低效率。因此，必须对道德风险加以防范。

3.委托—代理问题

当事人双方在签订一个契约后，建立了委托—代理关系。授权者是委托人，被授权者是代理人。契约中规定代理人为委托人提供服务，并享有一定的决策权利。所谓委托—代理问题，就是由于信息不对称引起的委托人和代理人利益的偏离和冲突。例如，医生是患者的代理人，但有些医生为了自身利益会开出超出病情需要的药方。

在现代企业运营过程中，委托—代理问题表现得十分突出。拥有剩余索取权的股东作为委托人处于企业外部，不直接参与企业的经营。经理人作为代理人控制着公司资产的运营，但不拥有剩余索取权。由于委托人和代理人的行动目标并不完全一致，代理人完全有可能利用委托人的授权从事损害委托人利益的活动。这时就需要设计相应的激励约束机制，实现代理人控制权与剩余索取权的对称分布，迫使经理人对自己的行为负责。

总的来说，信息不对称对市场是不利的，因为市场的能力会被它限制。因此要尽量避免“信息不对称”和“逆向选择”现象的发生，尽可能掌握真实、可靠的信息。占据信息优势，这样才能在波涛汹涌的市场竞争中取胜。

拓展阅读

上市“神话”瑞幸咖啡财务造假案

瑞幸咖啡（中国）有限公司（以下简称瑞幸咖啡），由原神州优车集团CEO钱治亚建立，于2018年1月1日连续在北京、上海等13个城市试营业；截至2018年5月，门店布局已达525家，历经4个月产品、流程和运营体系的整合，于5月8日正式营业。7月11日，瑞幸咖啡宣布完成A轮2亿美元的融资。8月1日，瑞幸咖啡宣布进军轻食市场。12月5日，瑞幸咖啡的咖啡豆，在意大利米兰举行的IIAC 2018国际咖啡品鉴大赛上荣获金奖。12月12日，瑞幸咖啡宣布完成B轮2亿美元的融资，估值已达22亿美元。12月25日，瑞幸咖啡位于上海的百货店正式开业，由此第2000家门店正式诞生。2019年4月22日，瑞幸咖啡在美国申请IPO；5月16日，确定发行价；5月17日，挂牌上市；7月17日，瑞幸咖啡在纳斯达克上市，该季度的营收为14.89亿元。

2020年1月31日，知名做空机构浑水（Muddy Waters）在其推特上发布了一篇针对瑞幸的匿名报告。这篇长达89页的报告直指瑞幸欺诈与根基崩溃的商业模式，称瑞幸2019年三、四季度业绩数据造假，引起舆论与市场波动，瑞幸当日股价盘中一度下跌超25%。不过，瑞幸在2月3日发布的回应公告中否认该报告指控，宣称其是误导性的、不实的，认为报告的论证方法有缺陷，没有确凿证据支持，指控皆为没有证据的揣测与恶意解读。

4月2日，瑞幸呈报美国证监会（SEC）并披露的公告显示，公司COO兼董事会成员的刘剑以及有关雇员，从2019年第二季度开始从事包括编造交易在内的不当行为，初步估算从2019年二季度到四季度期间编造交易金额合计22亿元人民币，在此期间的费用支出也被大幅虚增。

思考与讨论

求职时，企业不知道求职者的简历有多少水分，求职者不知道企业待遇和工作情况究竟如何，对于这个信息不对称问题，你认为可以怎么解决呢？

七、通货膨胀：为什么钱越来越不值钱？

近些年来，很多人都有这样的感觉，钱越来越不值钱了！你会发现自己的工资没涨，资产也几乎没增值，每年储蓄赚着1%的利息，可是生活周边的物价变化太快了！门口的牛肉面从5元/碗涨到了20元/碗；穿的衣服从500元/件涨到动辄几千元；房子从1万元/平方米都觉得太贵了，涨到七八万元/平方米都稀松平常……这是怎么回事呢？

（一）什么是通货膨胀

通货膨胀（Inflation），是指一般物价水平在比较长的时期内以较高幅度持续上涨的一种经济现象。

理解此概念要把握以下三点：第一，通货膨胀是指一般物价水平（价格总水平）的上涨，即经济社会中大多数商品和劳务价格的普遍上涨；第二，通货膨胀是指一般物价水平在较长时间内的持续上涨过程，而非物价水平的一次性上涨，属于经济运行的非稳定状态；第三，通货膨胀对应的价格水平的上涨幅度必须是显著的。例如，在美国如果物价水平持续上涨幅度高于2.5%，就可认定发生了通货膨胀，在我国这个比率一般是3%。

除此之外，还有一种被大多数经济学家认同的定义，即通货膨胀是指由于货币供给量太多而造成的价格总水平普遍而持续的上升。

通货膨胀意味着我们的购买力水平下降，之前一个月的工资吃穿用度之后还有些结余，通货膨胀严重时，则基本生活都无法满足了，一个个变成了“吃土少女”“吃土少年”。

（二）通货膨胀的衡量

通货膨胀的程度是通过一般物价水平变动百分比来衡量的，而一般物价水平又是用价格指数来表示的。价格指数即许多种产品和劳务价格的加权平均数，常用的价格指数主要有消费者价格指数（Consumer Price Index，CPI）、生产者价格指数（Producer Price Index，PPI）和国内生产总值折算指数（GDP平减指数）。

1. 消费者价格指数（CPI）

消费者价格指数，也称零售物价指数，是指选取一组有代表性的产品和劳务，然后比较它们按当期价格和基期价格购买的花费。消费者价格指数能直接反映影响居民生活水平的物价变动情况，与人们的日常生活密切相关，其原始数据比较容易采集，一般每月公布一次。

CPI测量的是随着时间的变化，八大类商品（包括200多种各式各样的商品和服务）零售价格的平均变化值。在计算消费者价格指数时，每一个类别都有一个能显示其重要性的权数。这些权数是通过向成千上万的家庭和个人调查他们购买的产品和服务而确定的。权数每两年修正一次，以使它们与人们改变了的偏好相符。中国CPI包括食品、烟酒、衣着、家庭设备、医疗卫生保健、文化教育娱乐、交通通信、居住八大类。

2. 生产者价格指数（PPI）

生产者价格指数，又称批发价格指数，是根据制成品和原材料的批发价格编制而成的指数，即通过计算生产者在生产过程中所有阶段上所获得的产品的价格水平变动而得出的指数。PPI能够反映商业流通领域的价格走势。

3. 国内生产总值折算指数

GDP折算指数或GDP平减指数（GDP deflator）是衡量不同时期内一切商品与劳务价格变化的指标，它是按当年价格计算的国内生产总值与按基期价格计算的国内生产总值的比率。

与CPI、PPI两个指标相比，GDP折算指数所包括的商品和劳务的范围最为广泛，能够较准确地反映最终产品和劳务的总体价格水平的变动情况。我国自1988年开始公布GDP折算指数。

（三）通货膨胀的分类

按照价格上升的速度，通货膨胀分为三种类型：爬行的或温和的通货膨胀、奔腾的或加速的通货膨胀和超级通货膨胀。

1. 爬行的或温和的通货膨胀

爬行的或温和的通货膨胀是指每年的物价上升比例介于3%~10%。这种通货膨胀程度较轻，对经济负面影响较小。一些持较为乐观态度的经济学家认为，温和的通货膨胀或爬行的通货膨胀在一定程度上可以激励经济主体的积极性，有利于经济活动的扩张，从而有利于促进就业。但另外一些经济学家则认为，缓慢的物价水平上涨在短时期内可能会暂时地促进经济扩张，但若不加以控制而任其发展，最终可能导致物价水平大幅上涨。

2. 奔腾的或加速的通货膨胀

奔腾的或加速的通货膨胀是指每年的物价上升比例介于10%~100%。这种通货膨胀的发生，会导致严重的经济扭曲，短期内货币流通速度加快和货币购买力迅速下降。公众的悲观预期和恐慌心理会进一步导致通货膨胀加剧，给整个经济带来较大伤害，不加控制就会发展成恶性通胀。例如美国在1980年通货膨胀率达到了13%，给当时美国的经济活动和居民的生活都带来了不利的影响。

3. 超级通货膨胀

超级通货膨胀是指一般物价水平失去控制而加速直线上涨，年通货膨胀率高于100%。超级通货膨胀意味着经济失控，价格持续猛涨，人们都尽快地使货币脱手，从而大大加快货币的流通速度。其结果是公众对货币失去信任，货币购买力骤降，各种正常的经济联系遭到破坏，货币体系和价格体系完全扭曲，社会、经济、政治濒临崩溃。例如：1920—1922年的德国，物价上升得如此迅速，以至人们拿到工资后立即冲向市场，害怕在他们赶到那里之前价格又会上升；第二次世界大战结束初期的中国和匈牙利也出现过类似情况；1980—1990年的以色列，物价每年上升的幅度超过100%，同一时期的玻利维亚，价格每年几乎上升400%；更有甚者，2008年7月津巴布韦的通胀率达到了2200000%。

（四）通货膨胀的原因

经济学家一般喜欢把通胀的原因分成两类：需求拉动型和成本推动型。

1. 需求拉动型通货膨胀

需求拉动型通货膨胀是指由于总需求超过总供给所引起的一般价格水平的持续显著上涨。总需求表现为用于支出或购买的货币，总供给表现为总产出或市场上的产品和服务，因此，需求拉动型通货膨胀意味着“用过多的货币追求过少的商品”。

2. 成本推动型通货膨胀

成本推动型通货膨胀又称供给推动型通货膨胀，是指在没有过度需求的情况下，由于供给方面成本的提高所引起的一般价格水平持续和显著地上涨。一般有三种类型：

（1）工资推动型通货膨胀。工资推动型通货膨胀是指不完全竞争的劳动市场造成的过高工资所导致的一般价格水平的上涨。

（2）利润推动型通货膨胀。利润推动型通货膨胀是指市场上具有垄断地位的企业利用市场势力谋取过高利润所导致的通货膨胀。

（3）其他成本推动型通货膨胀。进口原材料价格的上升及由资源枯竭、环境保护政策造成的原材料、能源等生产成本的提高也会引起成本推进的通货膨胀。例如

20世纪70年代，西方国家发生滞胀的重要原因之一就是石油价格的大幅度上升，引起与进口石油有关的行业价格上涨，进而波及整个经济，出现进口成本推动型通货膨胀。

然而，很多经济学家认为这都不是通货膨胀的根本原因，通货膨胀的核心原因只有一个，就是货币超发，即政府发钱发多了。通货膨胀归根结底就是政府发的钱没有和经济增长匹配。所以，政府这只“有形的手”控制增发货币的尺度还是很难的，一不小心就让“温和通胀”变成了“严重通胀”，不但没刺激经济增长，还可能引发经济危机。

（五）通货膨胀的治理

如前所述，通货膨胀尤其是恶性通胀，给经济和社会所带来的破坏性极大。因而，治理通货膨胀、稳定物价已成为宏观经济政策的主要目标之一。

在宏观经济学中，关于通货膨胀的治理，不同的流派思路不同。但立足点都是如何减少货币供应，或降低总需求。

1. 调节和控制社会总需求

对需求拉动型的通货膨胀，调节和控制社会总需求是关键。采取紧缩性的需求管理政策，即通过实施紧缩性的财政政策和货币政策人为制造衰退，以达到降低总需求、抑制通货膨胀的目的。紧缩性的财政政策包括提高税收、降低政府支出、减少转移支付等，紧缩性的货币政策包括紧缩信贷、控制货币投放量、减少货币供应量，这些政策都会引起总需求的减少，产出减少，价格水平下降。

2. 收入政策

收入政策指政府通过影响实际因素来达到控制通货膨胀目的的政策安排。收入政策是政府从控制总供给方面抑制通货膨胀的主要手段，其中的实际因素包括工资与物价的控制、道德的劝说和改变预期。

对个人来说，我们深深认识到“跑赢通胀”的必要性，如果你的收入增长和资产增值速度比不上通货膨胀速度的话，那就一定意味着生活水平的下降。

拓展阅读

幸福的诀窍

为什么一些人比别人更加满足于他们的生活？这是一个深刻而难回答的问题，通常被留给了哲学家和心理学家。但部分答案来自宏观经济学。最近的研究表明生活在低通胀和低失业率国家里的人更加幸福。

从1975年到1991年，一项被称为欧洲晴雨表的系列调查就幸福和对生活的总体满意程度询问了264710个分别生活在12个欧洲国家的人。其中一个问题是，“总体来说，你对目前的生活是很满意，比较满意，不太满意，还是一点儿也不满意？”要了解什么决定了幸福，这个问题的回答与个人的和宏观经济的变量都有关。在同等情况下，富有、受过教育、结了婚、在上学、为自己工作、退休、女性和年轻的或年老的（非中年）人对他们的生活状态更满意。如果是失业、离婚或和青少年一起生活，人们则对他们的生活状态不那么满意（其中一些关联可能反映的是幸福的影响，而不是幸福的起因，例如，一个幸福的人可能比一个不幸福的人更容易保持住工作和配偶）。

排除个人性格因素，一个经济中的总体失业率和通货膨胀率也是解释报告的幸福的重要因素。失业率上升4个百分点就足以让11%的人口从一个对生活满意的群体转移到另一个对生活不满意的群体。即便在控制了个人就业状况因素后，总体失业率仍然降低了满意度。这就是说，一个有工作的人在高失业国家比在低失业国家更不幸福，也许是因为他们更要担心失去工作或更易受周围人情绪的感染。

虽然影响不是很大，但高通货膨胀也与低生活满意度联系在一起。通货膨胀上升1.7个百分点和失业率上升1个百分点会降低同等的幸福。很显然，相对于失业，通常被称为“痛苦指数”的通货膨胀率和失业率之和便偏重通货膨胀了。

思考与讨论

为何统计局公布的通货膨胀率和我们的真实感受是不同的呢？

八、纳什均衡：为什么麦当劳和肯德基总是开在一起？

逛街的时候我们会发现一个奇怪的现象，明明是竞争对手，却总喜欢把店开在一起，比如肯德基和麦当劳，星巴克附近估计会冒出个Costa之类的咖啡店。那些无名小店就更加不用说了，饮食店喜欢扎堆，服装店也是。结果就是到了一个地方，相同类型的商店满天飞，但是有些地方却一家店也没有，这不是白白流失客户吗？

影响商业选址的因素有很多，但是它们都绕不过博弈论中非常著名的一个理论——纳什均衡。

（一）博弈论的基础：囚徒困境

要学习博弈论，应该先了解“囚徒困境”这一博弈结构。这是非常有名且极具代表性的博弈之一。

在一起盗窃案件中，两名嫌疑人被逮捕了，即囚徒A和囚徒B。但是，要想判决两人有罪又证据不足。为此，警察将两人分别关在不同的囚室，并向A和B提出了相同的交换条件：

（1）假如你招供了，但你的同伙沉默，那么你将无罪释放，你的同伙将被判3年有期徒刑；

（2）假如你沉默而你的同伙招供了，那么你将被判3年有期徒刑，同伙无罪释放；

（3）假如你和同伙都招供了，那么两人都被判2年有期徒刑；

（4）假如你和同伙都沉默，那么两人都被判1年有期徒刑。

我们来分析两个囚徒的利害关系。首先，将可能出现的所有情形归纳为图1-6。“囚徒困境”博弈中有囚徒A和囚徒B两个局中人，各自有两种选择（沉默和招供），可能出现的事态共有四种（2×2=4）。

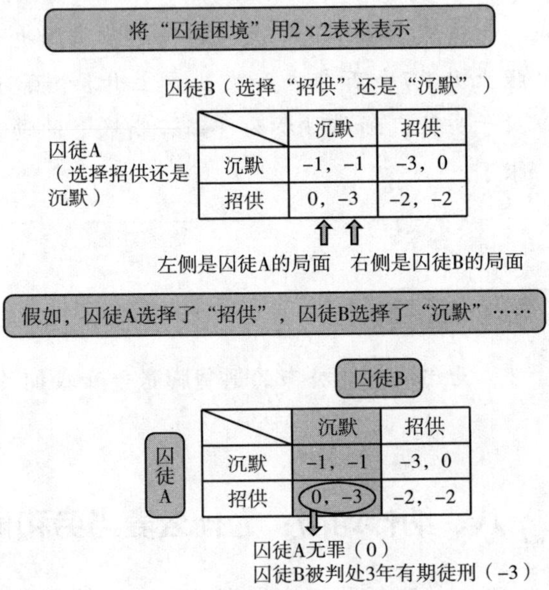

图1-6　囚徒困境

写有数字的四个格，对应可能出现的四种事态。上面一行代表囚徒A沉默的情形，下面一行代表囚徒A招供的情形。与此对应，左右两列是根据囚徒B的选择来划分的（左边为沉默，右边为招供）。每个格里都写有两个数字。左边的数字表示囚徒A的利益，右边的数字表示囚徒B的利益。对囚徒来说，被判刑的年数当然越少越好。所以，表格中无罪的场合用“0”表示，用“-1”“-2”“-3”来表示判刑的年数。这样一来，对两个囚徒来说，哪种局面更好就一目了然了。在博弈论的分析里，这个阶段是最重要的。

假如你是囚徒A，你会采取怎样的行动？

你有可能会因为不清楚对方的行动，无法前进。但是，如果懂得博弈论，就无须犹豫，直接进入下一步思考，根据对方的态度采取最佳行动。

从囚徒A的视角思考：

（1）囚徒B招供的情形。在囚徒B招供的情况下，囚徒A也招供的话，就是“2年有期徒刑”（–2）；如果囚徒A选择沉默的话，结果是“3年有期徒刑”（–3）。

“2年有期徒刑”和“3年有期徒刑”相比，囚徒A会毫不犹豫地选择招供“2年有期徒刑”（–2）。如果对方（囚徒B）招供，囚徒A应该采取的行动是“招供”。

（2）囚徒B沉默的情形。设想一下囚徒B沉默的情况。囚徒A选择招供的话就是“无罪”（0），选择沉默的话就是“1年有期徒刑”（–1）。

即使在这种情形之下，囚徒A也应该招供。因为招供的结果是无罪，沉默的结果是1年有期徒刑，所以，囚徒A没有选择的余地。

站在囚徒B的立场上也同样如此。无论囚徒A采取了什么样的行动，囚徒B都是招供为佳。

通过以上的推断，利用博弈论设想囚徒A和囚徒B的行动，就会想到“互相都会招供”。这就是有名的“囚徒困境”博弈。

（二）博弈的关键：纳什均衡

1.什么是纳什均衡

纳什均衡（Nash equilibrium），又称为非合作博弈均衡，简而言之，就是互相根据对方的战略而采取最佳行动的状态。以“囚徒困境”为例，互相都“招供”的状态就是纳什均衡。它是博弈论的一个重要术语，由诺贝尔经济学奖得主、美国数学家以约翰·福布斯·纳什（John Forbes Nash）提出。

学者们常会这样思考：如果给出一个博弈结构，那就要选择其中的纳什均衡。如果不是纳什均衡的状态，就说明“有人采取了并非最佳的行动”，所以，该状态不能长期保持。如果稳定在某种状态就表明双方都是根据对方的战略，选择了最佳行动（纳什均衡）。如果是“囚徒困境”博弈，互相都会招供，这是因为都招供是这一博弈中唯一的纳什均衡。

2.纳什均衡的实践应用

当肯德基首先在市中心某条街的某位置布下它的商业网点时，所选定的位置一定是经过周密的人流量计算和目标市场精心调研后的结果，所以这个网点是选址上的最优解。那么在这种情况下，对接下来开店的麦当劳，它如果想设立新的网点，它的最优结果就一定是肯德基的那个位置——离肯德基的店面越近，则结果越接近最优解。

我们假设某条1000米长的街道为AB，街道的最左端的起始点是A，最右端的终结点是B，那么对顾客而言最理想的商店位置是怎么样的呢？以街道$\frac{1}{2}$处为中心点，显然是麦当劳和肯德基其中一家在街道$\frac{1}{4}$处开店，另一家在街道$\frac{3}{4}$处开店，这样既方便了这条街上任何一个地点的顾客，又能确保麦当劳和肯德基各自包揽一半顾客的生意。

但事情没有这么简单，麦当劳和肯德基两家的产品存在一定的同质性，两者之间存在竞争，它们都不会甘心这种平均主义，他们都想比对手得到更多客流量，一旦其中一方先扩张，另一方势必会做出应对策略——这就构成了一个博弈问题。我们假设麦当劳和肯德基一开始选址的距离是1000米，即为他们分别在街道两端A、B设店。为了方便分析，我们同时假设顾客均匀分布在这长约1000米的线性空间上，而且顾客是理性人，他们的选择是没有偏好的，也就是说他距离哪家店近就选择哪家。

第一次博弈：最开始麦当劳和肯德基都能分得500（1000÷2）米范围的顾客。这个时候，麦当劳发现如果它向中点移动100米，即从最开始的A点向右挪100米，他就能够独得100米范围的顾客，并且同时能跟肯德基瓜分剩下的900（1000–100）米，这时麦当劳的顾客范围就变成了550（100+900÷2）米。肯德基也马上发现了这个规律，于是它也从B点向左移动100米，这样结果是双方都还是只能分到500米的顾客范围（自己独占的100米，共同分享中间剩下的800米，100+800÷2=500米）。

第二次博弈：麦当劳继续朝右挪动100米，这时它离最左端的A点已经距离200米了，此时它可以分得550米的顾客（自己的200米，和肯德基分700米，200+700÷2=550米），肯德基像上次那样做出了再次左移100米的应对策略，这样一来，双方还是只能分得各自的500米（自己独占200米，共同分享中间剩下的600米，200+600÷2=500米）。

……

第N次博弈：以此类推，最后的情况就是双方都到了中点处，都分得了500米范围的顾客。

任何一个国家在国际贸易中都面临着保持贸易自由与实行贸易保护主义的两难选择。贸易自由与贸易壁垒问题也是一个“纳什均衡”。这个均衡是贸易双方采取不合作博弈的策略，结果使双方因贸易战受到损害。X国试图对Y国进行进口贸易限制，比如提高关税，而Y国必然会进行反击，也提高关税，结果谁也没有捞到好处。反之，如果X国和Y国能达成合作性均衡，即从互惠互利的原则出发，双方都减少关税限制，结果大家都能从贸易自由中获得最大利益，而且全球贸易的总收益也增加了。

利用博弈论思考纳什均衡处于什么程度是非常重要的。如果明白了纳什均衡，就能够在某种程度上预测接下来会出现的事态。例如，可以推测囚徒A和囚徒B都会招供。当然，预测的内容并不一定100%准确，但那确实是最妥当的选择，这是毫无疑问的。

拓展阅读

纳什的传奇一生

2002年，一部名为《美丽心灵》的奥斯卡最佳影片风靡全球。该片讲述了美国数学家约翰·福布斯·纳什的传奇一生。当观众被影片中表现的爱和美丽心灵所打动的时候，美国普林斯顿大学校园里那个孤独的老人也逐渐走入人们的视野。

纳什出生于一个美国军人家庭，21岁便获得了普林斯顿大学数学系的博士学位。据说当他报考普林斯顿大学研究生时，他在哥伦比亚大学的老师写的推荐信只有一句话："他是一个天才。"

然而，天才纳什却遭遇了诸多不幸。他在1950年和1951年完成了两篇关于非合作博弈论的重要论文。尽管这两篇论文日后彻底改变了人们对竞争和市场的看法，但是这个伟大的发现当时却遭到冯·诺依曼的断然否定和爱因斯坦的冷遇。因为骨子里挑战权威、藐视权威的本性，纳什坚持了自己的观点。但就在这时，纳什不幸患上了强迫性精神分裂症，此后精神错乱困扰了他很多年。

于是，在普林斯顿校园里，常常有一个衣着怪异的"幽灵"喜欢在黑板上乱写乱画，留下稀奇古怪的信息。这时，母校普林斯顿大学向他张开双臂，特意留出一个闲职让这位昔日的天才有个栖身之地。多年来，纳什的妻子艾利西亚表现出了钢铁般的意志，一直陪伴并照顾他。

最终，上帝眷顾了这个"怪人"。数十年后，奇迹出现了，纳什终于康复，他由"疯子"变回了"天才"。1994年，瑞典皇家学会决定把当年的诺贝尔经济学奖授予纳什，却只因为纳什将近半个世纪前写成的那篇只有短短27页的博士论文。当被问及得奖对他的生活有何影响时，纳什只说了一句："我现在可以去咖啡馆了。"

晚年的纳什依然住在一所普通的房子里，艾利西亚依然照顾着他，而在普林斯顿大学，每天落日的余晖下仍然可见纳什散步的身影。纳什传奇的一生就如同一场人生博弈，半生疯狂的代价是赢得了暮年的声名。

纳什发表的关于博弈论的研究论文，为现代博弈论的形成和发展奠定了坚实的基础。他第一次证明了非合作博弈及其均衡的存在，即著名的纳什均衡，从而揭示了博弈均衡与经济均衡的内在联系。他的研究也奠定了现代非合作博弈论的基石。

思考与讨论

在猪圈里有两头猪，分别是大猪和小猪。在猪圈里有这样一个系统：右侧放置食槽，左侧安装控制杆。每次左侧控制杆抬起，就会有食物被投入右侧的食槽里。小猪虽然跑得快，但是如果大猪先到达食槽就会把食物吃光，小猪吃不到食物。大、小两头猪各自都有“抬控制杆”和“在食槽旁等”这两种选择。那么两头猪将各自采取怎样的行动呢？

九、行为经济学：研究花钱的学问

行为经济学是一个很有趣的经济学分支，将传统的经济学融合了心理学和其他社会学科，简单地说就是研究人是怎么花钱的学科。传统经济学的前提是“人是理性的”，人们总是会做出让个人利益最大化的选择。但行为经济学恰恰是关注人的非理性决策，所以行为经济学在商业中的应用非常广泛。现在就让我们看看行为经济学到底是什么吧。

（一）心理账户

在我们每个人的心中，会把钱放在不同的账户中，这会让我们在消费中产生很多不理智的情况。

比如说，你要去看一场电影，这场电影票价50元。你把买票用的50元钱弄丢了，你还会去看这场电影吗？很有可能的是，你不会去看这场电影了。

但是，如果你丢的是刚买的50元购物券，你不会觉得这和看电影有什么关系，还会继续去看电影。看吧，虽然同样是损失了50元，你无形中把它们分配给了看电影和购物券账户。

现实生活中，当你把产品定义在一个适当的心理账户，为消费找到购买的正当性，就能消除花钱的罪恶感。

（二）锚定效应和框架效应

我们在做决策时，采用不同的框架描述，我们的心理就会被“锚定”在不同的点上，最后做出不同的决定。

1.避免极端

比如，你卖一个品牌的冰箱，普通款1000元，高端款2000元，你发现客户总是会买1000元的这一款。如果你想多卖2000元的这一款，不妨出一款3000元的超高端款冰箱。当选择在1000元、2000元、3000元时，顾客就会倾向于购买2000元的这一款。

在只有两个选择时，人们会偏向选择便宜的。在面临三个或三个以上的选择时，顾客的心理框架就被重新定义了，在选择时会避免极端，倾向于选择接近中间值的产品。

2. 单价锚定

某网站的会员价是30元/月、40元/年、50元终身。这30元/月的价格，只是卖家抛出的一个锚，却让你觉得40元/年、50元终身的价格非常划算，可以推动消费者马上决策，还觉得自己占到了便宜。再者，你去吃日料自助时，发现菜单上每个菜的单价都很高，这就是单价锚定，让你点几个菜就觉得回本了，非常划算。

3. 重新核算

你在某App上订阅了某个老师的专栏课程，199元/年，当时知识付费的环境还没有培养起来，但是App上对产品的定义是“每天5毛钱，就能听顶级的学者大师给你上一年的课”，就变得很好接受。

（三）禀赋效应和损失厌恶

当一个人拥有某个物品，那么他对该物品的价值评价比没有拥有时会大大提高。行为经济学家已经证实，你损失1元所带来的损失感，需要得到2.5元才能弥补。

比如，卖家具的厂商推出“以旧换新”的方式，用旧家具抵用金额或打折，让顾客消除之前的旧家具浪费了的“损失感”，避免客户的损失厌恶心理。去婚纱店选择照片时，会发现店员不是让客户从所有照片里选择照片，而是排除不想选择的照片，每删掉一张，客户会因为禀赋效用，对失去感的厌恶，而选择更多照片。运营商让顾客免费体验2个月的百兆宽带，这两个月你会适应这样的网速，在恢复20M网速时你会觉得有巨大的损失和不适应感，会更倾向于继续消费办理。给客户赠送一个有活动期限的优惠券，在到期之前提醒，会让客户感觉不用这个优惠券有损失感，从而促成交易。

（四）比例偏见

在很多情况下，人们对比例的感知比对数值本身的感知更加敏感。在消费时，对同样金额的优惠感知不同，决策就会不同。

1. 换购

与买1000元的锅送50元的勺子相比，买1000元的锅加1元换购50元的勺子更能打动人。

第一种情况：客户会拿1000元的锅与50元的勺子做对比，优惠了5%；

第二种情况：客户会有一种花1元钱买到了50元商品的50倍的倍率感。

用换购的方式，让消费者在心理上把注意力放到价格变化很大的小商品上，这样会产生很划算的感觉。

2.打折促销

服装店促销：1件8折，2件7折，3件6折。

顾客本来原计划买某一件必须要穿的衣服，最后因为递增的折扣，多买了2件。

3.组合套餐

例如，淘宝购买相机套餐如下：

套餐A：设备+8G内存+读卡器+膜+布+UV镜+包+教材+……共7800元；

套餐B：设备+16G内存+读卡器+膜+布+UV镜+包+教材+包邮+防丢器……共7960元。

套餐B比套餐A多8G内存、包邮和防丢器，多加160元，这时候大家往往会选择B套餐。

4.降价

50元的商品优惠20%标注为直降20%；而500元的商品优惠20%则标注为直降100元。

在促销的时候价格低的商品可以用打折的方式，让消费者感到更多的优惠感；而价格高的商品可以用降价的方式，让消费者获得更多的优惠感。也就是说，价格低的时候讲比例，价格高的时候讲数值。

再比如，你在商店看中一个50元的杯子，你在网上发现卖30元，你有较高概率会去网上购买。但如果是一个价值5000元的名牌包，你发现网上官方旗舰店卖4980元，你会更倾向于直接在店里购买。同样是20元的优惠，因为占商品价格的比例不同，会让你做出不同的决策。

（五）交易效用：合算交易偏见

商品的参考价格和商品的实际价格之间的差额效果，会给客户购买商品十分划算的感觉。

比如，航空公司某条航线平时定价为900元，节假日提价为1200元，很多顾客表示不满并且投诉。此后，航空公司改为航线定价1200元，平日七五折，即900元。乘客就会觉得平时的七五折很划算，而节假日恢复原价属于正常情况。

（六）可得性偏差

因为人的记忆力有限，而且会更容易记住灾难性的代表性事件，在判断时会倾向利用自己熟悉或者容易想象的信息。人们判断事件发生的概率主要取决于两点：第一，得到信息的容易程度；第二，回想起来案例的多少。

比如，很多人在坐飞机时会担心有意外发生，但乘车出行就很少担忧，其实是因为飞机一旦有意外发生，媒体会大肆报道，并且这类事件在记忆中搜索十分容易。而实际情况是，按每公里死亡率计算，乘坐汽车的死亡率高于飞机22倍。

思考与讨论

为应对新冠疫情冲击，刺激消费回暖，我们国家许多城市向市民发放数十亿元的消费券。与此同时，美国为应对疫情，向中低收入家庭成年人每人发放1200美元现金，向儿童发放500美元现金；加拿大、英国、日本、韩国等也纷纷出台政策向居民发放现金。面对其他国家或地区更加直接的“撒钱”方式，很多人都在问：为什么我们不直接发现金，而是发消费券？

第2章 人生巅峰的捷径：懂得管理

学习目标

了解管理学思想的产生与发展，理解管理学的相关理论，能够合理运用管理学理论解决生活中的问题。树立管理意识，合理使用管理方法，助力企业健康发展，促进个人全面提升。

在现在这个高速发展的社会，管理已经占据了非常重要的地位。在日常生活中到处都能体现出管理，在生活的每个角落中都存在着管理的智慧。从个人角度来说，懂得管理的人，能够将事情处理得井井有条，他们有着清晰的目标，能够合理规划自己的时间，能够实现与他人的有效沟通，他们更容易获得成功。从企业角度来说，善于管理的领导者能够带领企业走向成功，他们能够辨别事情的轻重缓急，并进行合理安排，能够为企业制定明确的目标，并带领员工努力达成目标，能够在企业中选择出合适的“领头羊”，有效激励员工。

一、管理的“前世今生”

只要有人的活动，特别是只要有人的群体活动，就会有对人以及人的群体活动的思考。从某种意义上说，人类就是在群体活动中不断发展的。因此，人类关于管理活动的思考有着非常悠久的历史，甚至可以说，人类关于管理活动的思考和人类本身一样历史久远。管理思想是不同时期人们关于管理活动思考的结晶，管理学的系统形成和发展即是这种思考及其结晶的累积。

（一）中国古代管理思想

中国有着数千年的文明史，在浩如烟海的文献资料中蕴藏着极其丰富的关于管理的思考。

1.顺道无为思想

中华民族在自己的社会实践中发现，无论是自然界还是人们利用和改造自然的社会活动都有其自身的客观运行规律。这个客观规律就是“道”。利用和改造自然的社会活动的有效进行要在“辨道”的基础上“顺道”。“辨道”是要准确认识客观规律，“顺道”是要根据客观规律组织管理。

老子认为，“道法自然”，自然界和人类社会的运行都有其固有的规律。管子指出，对自然界来说，“天不变其常，地不易其则”，其运行规律不以人的意志为转移。自然界如此，人类社会也如此。生产活动的组织，市场交易的运行，农村和城市的治理，都有轨可循，“不通于轨数而欲为国，不可”。因此人们要取得事业成功，必须要顺道而行，不能逆道而上。

2.重人求和思想

中国传统文化中儒家思想一直居于主导地位，儒家思想一贯强调人事管理的核心。以人为核心的管理，要求重视人的需要，讲求用人之道，实现人的和谐。

得人是基础，用人是保障。只有根据不同人的特点，使这些人的才干得以施展，社稷才能兴旺，国家才能发展。人的才干能否充分发挥，不仅取决于为政者使用是否得当，还取决于组织中人际关系是否和谐融洽。和则兴邦，和则生财。天时、地利、人和是中国人普遍认同的成功三要素。其中的人和是发挥天时、地利作用的先决条件，“天时不如地利，地利不如人和”，所以孔子提倡“礼之用，和为贵”，管子强调，“上下不和，虽安必危”。为求事业成功，务必“和协辑睦”“上下和同”。这就告诉我们，要成就事业首先要处理好人与人之间的关系。

3.预谋慎战思想

“兵马未动，粮草先行”，这不仅指行动前要做好后勤准备，而且强调人和活动的组织开展都要事先谋划。“凡事豫则立，不豫则废。”“无过在于度数，无困在于预备。”预者，预测、预谋、预备，核心是预谋。为预谋必须先预算，谋划方案，落实人力、物力的预备。这就告诉我们，想要获得成功，需要事先谋划。

中国古代先哲的这些思想虽然大多涉及宏观层面的国家和社会治理，但对当今微观组织的管理仍可提供重要的启迪。

（二）西方工厂制度早期的管理思想

西方管理思想的大量涌现是伴随工厂制度的出现而开始的。工厂制度的出现，不仅使管理活动的思考有了众多的对象，而且使管理劳动渐渐成为许多组织成员的专门职业，他们的任务便是思考和改善管理劳动的组织。欧文、斯密以及巴贝奇是在西方工厂制度初期对管理活动进行思考的，并留下了自己的特殊痕迹的代表人物。

英国的罗伯特·欧文是我们所熟悉的空想社会主义者，他是19世纪初期最有成就的实业家之一，也是杰出的管理学先驱。欧文认为，人是环境的产物，只有处在适宜的物质和道德环境下，人才能够培养出好的品德。为了证明自己的哲学观点是正确的。欧文在自己的工厂里进行了一系列劳动管理方面的改革，规定工人每天的工作时间，禁止对工人体罚，为工人提供场内膳食，设立按成本销售生活必需品的场内商店，通过建造工人住宅与修筑道路来改善工人生活的社区环境等。由于欧文在关于人的因素方面的思考和实践，一些现代学者把他称为现代人事管理的创始人。

英国的亚当·斯密是著名的古典经济学家。他的《国富论》不仅是经济学说史上的不朽巨著，而且是管理学宝贵的思想遗产。在这部作品中，他不仅阐述了劳动价值理论，而且详细分析了劳动分工带来的好处。

英国数学家查尔斯·巴贝奇继续了斯密关于劳动分工的研究。他在1832年出版的《论机器与制造业的经济学》一书中指出，劳动分工不仅可以提高工作效率，还可以带来减少工资支出的好处。他认为，一项复杂的工作如果不进行分工，每个工人都要求完成制造过程中的每项劳动，企业则必须根据全部工序中技术要求最高和体力要求最强的标准来雇佣工人，并支付每个人的工资。相反，在进行了合理的分工后，企业就可以根据不同工序的复杂程度和劳动强度来雇佣不同的工人，支付不同标准的工资，从而使工资总额减少。这样，劳动生产率的提高和工资总额的减少都会带来生产成本的节约。

欧文、斯密、巴贝奇以及其他一些人对工厂制度早期管理问题的思考，虽然是零散的，但正是这些思考的累积，为管理理论的系统形成奠定了坚实的基础。

（三）现代管理学的萌芽与发展

工厂制度为管理思想的繁荣提供了客观的基础，系统的管理理论便是随着工厂制度的发展而逐渐萌芽的。从企业基层做起的泰勒对作业方法与时间的研究以及法约尔对一般管理的研究，显示了早期管理学者与管理实践的密切关系。韦伯关于官僚组织的抽象总结则彰显了早期理论家的贡献。工业心理学家梅奥在霍桑工厂的实验启动了管理学家关于企业活动中人的因素的思考。

第二次世界大战以后，特别是20世纪60年代以后，企业经营范围不断扩展，技术进步的速度日益加快，生产的社会化程度不断提高，企业经营环境日趋复杂，企业在组织内部进行生产经营活动时，不仅要考虑自身的条件限制，而且要研究环境的特点和努力提高适应外部环境的能力。许多研究人员就企业如何在变化的环境中经营进行了许多方面的探索，在此基础上形成了一系列不同的理论观点。美国管理学家孔茨把这种现象称为“管理理论的丛林”。不同学者分别从系统、决策、经验、权变等角度对企业管理问题进行了全方位的思考，管理学的理论框架因此而逐渐成熟。

二、生活中的二八法则

二八法则，又名帕累托法则，也叫最省力的法则和不平衡原则等，被广泛应用于社会学及企业管理学等。

1897年，意大利经济学者帕累托偶然注意到19世纪英国人的财富和收益模式。在调查取样中，发现大部分的财富流向了少数人手里。同时，他还从早期的资料中发现，在其他的国家，都有这种微妙关系，而且在数学上呈现出一种稳定的关系。于是，帕累托从大量具体的事实中发现：社会上20%的人占有80%的社会财富。

二八法则这种不平衡现象不仅存在于社会财富的分配中，在社会生活的各个方面都存在，并会重复出现。例如，20%的品牌占据了80%的市场，20%的客户创造了80%的价值，20%的产品占据了80%资金……在我们的日常生活中同样也会有这种现象，如果你细心观察就会发现，你用学到的20%的文字，组成了你一直使用的80%的语句；你手机20%的应用能够满足你80%的需求；你用一天20%的时间，完成了80%的工作；你20%的操作失误造成了你电脑80%的故障；你可以用20%的知识完成80%的工作。“二八法则”随时影响着我们的生活，只要认真观察并思考，就能发现“二八法则”的关键所在，也能够通过对“二八法则”的应用提升工作效率。“二八法则”就是告诉我们必须要清楚自己80%的成功源于哪20%的付出，我们一定要把自己人生最主要的时间精力放在这关键的20%上，而不能把时间浪费在获得收益较少的80%。这个意思就是指重点问题要重点突破，这种能力也往往是优秀与平庸之间差距的原因所在。

在管理学范畴中，“重点问题重点突破”的管理原则就是看待问题、处理问题要抓住重点、抓住关键及“瓶颈”，并专注于其中才能事半功倍地解决问题。例如，在企业中，80%的利润来源于20%的项目，这个经验后来被应用推广到其他领域。在经济学中，经济学家认为20%的人赚取了80%的财富，而心理学家认为20%的人身上集中了80%的智慧，他们生来就具有优秀的品质。而在哲学上，一直都有这样的理论，事物发展不平衡是绝对的，任何时候都会有影响全局的重点和关键，有制约总体产出的“瓶颈”，哲学上称其为主要矛盾或矛盾的主要方面，抓住了这个主要矛盾或矛盾的主要方面，一切问题就迎刃而解了。也就是说，抓住了重点，抓住关键和抓住“瓶颈”，就可以以较少的资源消耗，取得较大的总体效果。“瓶颈”是局部，但决定了系统的产出，“瓶颈”上的损失就是系统的损失，非“瓶颈”资源的充分利用，只能造成浪费。不断寻找“瓶颈”并突破“瓶颈”，才是管理的要诀。

在每个人的生活中，明白了“二八法则”的意义，才能够提升个人获取幸福的能力。在生活中、学习中、工作中我们一定要明确哪些是关键因素，并合理分配我们的时间资源和物质资源，只有这样才能更好地平衡工作及生活，才能更容易地取得成功。现在的很多大学生，在大学生活中，无法辨别哪些是真正有价值的事情，将自己宝贵的时间荒废在游戏、懒觉等不重要的事情上，错过了人生中最宝贵的提升自己的时间，等到要毕业了才发现自己一事无成，感到懊悔不已。亲爱的朋友们，从现在开始，从此刻开始，明确自己的目标，抓住关键因素，合理分配自己的时间，莫要再虚度光阴。

在企业管理中，“二八法则”起着至关重要的作用。在管理的具体实践中，对这个法则的具体应用方式，主要有ABC分类法，这是一种重点管理法。1951年，管理学家戴克最先在库存管理中应用ABC分类法，后来德鲁克将这一方法推广到更广的领域，使ABC管理法在企业经营管理得到普遍应用。它主要是以“区分轻重，分类管理”的原则将事物根据一些重点关注的特征，先分类，再排队，分清事物的重点及一般，有区别地实施管理，因为事物被分成A、B、C三类，所以被称为ABC管理法。ABC管理法是指将库存物资按照重要程度分为特别重要库存（A类物资），一般重要物资（B类物资）和不重要物资（C类物资）三个等级，根据不同类型的物资进行分类管理和控制的方法。

比如，在具体实施的仓库物资管理中，如果将仓库中的物资按照价值分为A、B、C三类，其中A类物资占品种数的20%左右，但是却占有80%左右的资金，因而在仓库管理中，我们只要抓住占品种数20%左右的物资，对其进行较为精细的管理，就能管好80%左右的资金（见图2-1）。对于剩余的大部分品类，不需要花费大量精力进行管理，这样能够投入更少的精力得到更好的效果。

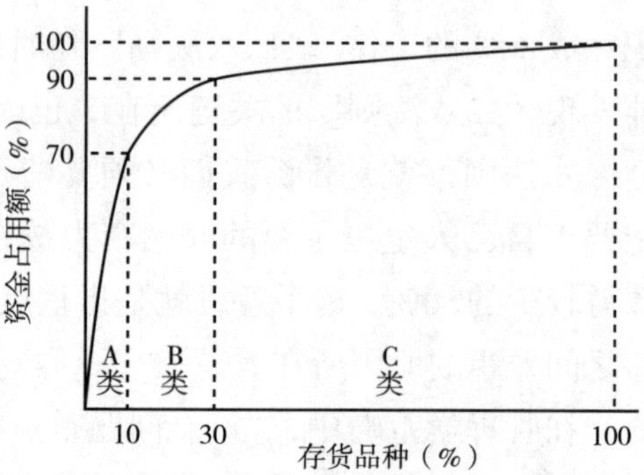

图2-1 ABC库存管理

在企业的项目管理中，在安排工作顺序时有一种方法叫“关键路径”，在这个路径上的每个工作程序都是必不可少的工作关键点，只有在关键路线上重点关注，才有可能缩短工期，同时在生产管理中抓住“瓶颈”资源，就可以增加整个生产系统的产出。这些都是运用“二八法则”的例子。与此同时，我们也要注意，人和事物都是动态发展的，重点、关键、“瓶颈”都不是一成不变的。管理者要十分清楚此时此刻的关键在哪里，并将稀缺资源用到当时的“瓶颈”上，即“好钢用在刀刃上”。

思考与讨论

如何理解“二八法则”？结合自身谈谈“二八法则”如何应用？

三、目标指引前进方向

目标管理的思想最早是由管理大师彼得·德鲁克提出来的，核心内容就是组织首先要有大目标，目标要进行分解，最终转化成为行动，形成自我控制体系。

下面四个故事很好地诠释了目标管理理论，第一，一个人要有明确清晰的目标；第二，目标要切合实际，看得见，摸得着；第三，目标与计划密不可分；第四，目标要进行分解落实。只有目标清晰明确，切合实际，并有具体计划，然后付诸行动才能够实现目标，获得成功。

（一）目标是需要明确的

“请你告诉我，我该走哪条路？”爱丽丝说。

“那要看你想去哪里？”猫说。

“去哪儿无所谓。”爱丽丝说。

“那么走哪条路也就无所谓了。”猫说。

——摘自刘易斯·卡罗尔的《爱丽丝漫游奇境记》

这个故事告诉我们，一个人，无论做什么事情，都要有一个目标。有目标，你才知道自己想要到哪里去，有目标你才能获得别人的帮助。如果一个人连自己想要去哪里都搞不清楚，再高明的人也无法给你指出出路。天助先要自助，当一个人没有清晰的目标方向的时候，别人说的建议再好也是别人的观点，不能转化为自己的有效行动。

企业也是如此。企业要生存、要发展就一定要有一个明确的目标，在目标的指引下统一员工的思想和行动，如果没有目标或者目标不清晰，员工即便想努力，也会有无从下手的无力感。没有组织目标的企业不要奢望员工可以自动自发地工作，不要奢望员工可以自动产生归属感。一个企业，首先要制定组织的目标，用组织的目标指导员工制定自己的个人目标，并把个人目标和组织目标结合起来。

（二）目标是可预见的

1952年7月4日清晨，加利福尼亚海岸起了浓雾。在海岸以西21英里的卡塔林纳岛上，一个43岁的女人准备游向加州海岸，她叫费罗伦丝·查德威克。

那天早晨，雾很大，海水冻得她身体发麻，她几乎看不到护送他的船。时间一个小时一个小时地过去，千千万万人在电视上看着她。有几次，鲨鱼靠近她了，被人开枪吓跑了。

15小时之后，她又累，又冻得发麻。她知道自己不能再游了，就叫人拉她上船。她的母亲和教练在另一条船上。他们都告诉她海岸很近了，叫她不要放弃。但她朝加州海岸望去，除了浓雾什么也没看到……

人们拉她上船的地点，离加州海岸只有半英里！后来她说，令她半途而废的不是疲劳，也不是寒冷，而是因为她在浓雾中看不到目标。查德威克小姐一生中就只有这一次没有坚持到底。

这个故事告诉我们，一个目标具备最基本的条件是让人们能够看得见、够得着。看得见的目标才能激励人们去追逐它，才能促进人们形成动力，获得最终想要的结果。很多管理者在和下属制定目标的时候，经常会犯一个错误，就是认为目标值定的越高越好。他们认为目标值定得高了，即便员工只完成了80%也能超出自己的预期。持有这种思想的经理过分依赖目标，认为只要目标制定了，员工就会自动去达成。实际上，制定目标是一回事，完成目标又是另外一回事。制定目标是明确做什么，完成目标是明确如何做。与其用一个高目标给员工压力，不如制定一个合适的目标，并帮助员工制订行动计划，共同探讨障碍并排除，帮助员工形成动力。

（三）目标是可达成的

在一堂培训课上，有个同学举手问老师："老师，我的目标是想在一年内赚100万！请问我应该如何计划来实现我的目标呢？"

老师便问他："你相不相信你能达成？"他说："我相信！"老师又问："那你知不知道要通过哪个行业来达成？"他说："我现在从事保险行业。"老师接着又问他："你认为保险业能不能帮你达成这个目标？"他说："只要我努力，就一定能达成。"

"我们来看看，你要为自己的目标做出多大的努力，根据我们的提成比例，100万的佣金大概要做300万的业绩。一年300万业绩，相当于一个月25万业绩，每天8300元业绩。"老师说。"每天8300元业绩，大概要拜访多少客户？"

"大概要50个人。"同学回答。老师接着分析，"那么一天要50人，一个月要1500人；一年呢？就需要拜访18000个客户。"

这时老师又问："请问你现在有没有18000个A类客户？"

他说："没有。"

老师问："如果没有的话，就要靠陌生拜访。你平均一个人要谈上多长时间呢？"

他说："至少20分钟。"

老师说："每个人要谈20分钟，一天要谈50个人，也就是说你每天要花16个小时以上在与客户交谈上，还不算路途时间。请问你能不能做到？"

他说："不能。老师，我懂了。这个目标不是凭空想象的，是需要凭着一个能达成的计划而定的。"

这个故事告诉我们，目标不是拍脑袋就可以定下来的。目标不是孤立存在的，目标的达成需要成熟的工作思路和明确的工作计划支撑，而工作计划的有效性决定着目标的成败。

很多企业在制定目标的时候喜欢拍脑袋，喜欢按照过去的经验做事，去年销售收入增长了50%，今年要求增长100%，理由仅是"去年都增长了50%了，今年增长100%还有什么难度？"实际上，这样的说辞一点都不具备说服力。空洞的说辞背后显示了管理者管理技能的缺乏，他们没有很好的分析框架和分析思路，引导下属厘清达成目标需要做的工作，可能遇到的障碍。没有这些分析作为支撑，无论你提出的目标值是多少，都是错误的。

（四）目标是可分解的

山田本一是日本著名的马拉松运动员，他曾在1984年和1987年的国际马拉松比赛中，两次夺得世界冠军。记者问他凭借什么取得如此惊人的成绩，山田本一总是回答："凭智慧战胜对手！"

大家都知道，马拉松比赛主要是运动员体力和耐力的较量，爆发力、速度和技巧都还在其次。因此，对山田本一的回答，许多人觉得他是在故弄玄虚。

10年之后，这个谜底被揭开了。山田本一在自传中这样写道："每次比赛之前，我都要乘车把比赛的路线仔细地看一遍，并把沿途比较醒目的标志画下来，比如第一标志是银行，第二标志是一棵古怪的大树，第三标志是一座高楼……这样一直画到赛程的结束。比赛开始后，我就以百米的速度奋力地向第一个目标冲去，到达第一个目标后，我又以同样的速度向第二个目标冲去。40多公里的赛程，被我分解成几个小目标，跑起来就轻松多了。如果开始我把我的目标定在终点线的旗帜上，结果当我跑到十几公里的时候就疲惫不堪了，因为我被前面那段遥远的路吓到了。"

这个故事告诉我们，目标是需要分解的。一个人制定目标的时候，要有最终目标，比如成为世界冠军，更要有阶段目标，比如在某个时间内成绩提高多少。

企业也是如此，企业首先要有愿景，比如微软的愿景：让每个家庭每张桌子上都有一台电脑，然后有战略目标，再然后有具体的考核指标，一步一步进行分解。

最终目标是宏大的，是引领方向的目标，而阶段目标是具体的，是有明确衡量标准的，比如在"用四个月的时间把跑步成绩提高1秒"。这个目标需要进行分解，比如"在第一个月内提高0.03秒"。当目标被清晰地分解了，目标的激励作用就显现了。这个理论在企业管理中同样适用，当员工实现了一个小目标的时候，他们就需要及时得到一个正面激励，这对培养员工挑战目标的信心作用是巨大的！

思考与讨论

如何制定目标？有效的目标需要符合什么要求？

四、成为时间的主人

时间管理是指通过事先规划和运用一定的技巧、方法与工具实现对时间的灵活以及有效运用，从而实现个人或组织的既定目标的过程。

曾经听过这样一个故事，课上教授在桌子上放了一个玻璃罐子，然后从桌子下面拿出一些正好可以从罐口放进罐子里的鹅卵石。教授把石块儿放完后问他的学生："你们说这罐子是不是满的？""是"所有的学生异口同声地回答。教授笑着从桌底下拿出一袋碎石子，把它们从罐口倒下去，摇一摇，问："现在罐子是不是满了？"大家都有些不敢回答，一个学生怯生生地细声回答："也许没满。"教授不语，又从桌下拿出一袋沙子，慢慢地倒进罐子里，然后又问学生："现在呢？""没有满！"全班学生很有信心地回答。是的，教授又从桌子底下拿出一大瓶水，缓缓地倒进看起来已经被鹅卵石、小碎石、沙子填满的玻璃罐。

一个平常的玻璃罐，就这样装下了这么多东西，但是如果不先把最大的鹅卵石放进罐子，也许以后永远没机会再把它们放进去了。这个玻璃罐就好比我们每个人的时间，在时间方面，每个人都是公平的，每个人的一天都是24小时，那么为什么别人的一天硕果累累，而你的一天一事无成呢？不论是在学生时期，还是进入社会参加工作，我们每个人每天都有无数的事情要做，其实并不是每件事情都是同等重要，我们在开始学习或工作之前要先给我们的时间进行一个划分，所谓磨刀不误砍柴工，在工作开始之前先进行时间规划有助于我们更好更快地完成各项工作。我们在对日常事务进行分类时，都可以像往这个玻璃罐里放东西那样，先对我们要做的工作进行级别分类。例如大学生的日常安排，我们可以按照事情的轻重缓急进行组合，确定先后顺序，做到不遗不漏，把每一项工作都按时按质完成，我们可以将日常事务分为A、B、C、D四个级别。

A级别：时间仅具有一定的挑战性，非常重要的事情。如即将到来的考试，必须要多花时间进行准备。要注意的是，很多人惧怕A级别的事情，觉得太复杂，要耗费太多的精力，同时又因为怕困难完不成，或者是担心完成得不完美而采取逃避的态度。

B级别：很重要，但在时间上没有特别的要求。这一级别的事情不需要马上交差，但是又非做不可，容易在不急的心理中被人遗忘，在最后的关键时刻变成A级别事件，例如老师两周前让交的期中检查作业。

C级别：时间上紧迫，但并不是很重要。可以请别人代劳的事情，例如取快件，可以请同学顺便去取。

D级别：时间上不紧迫，也不是很重要的事情。有些可以请别人做，有些可以降低标准，有的必须要做，但是可以放在零碎的时间中，有的对生活没有益处的事情，建议选择放弃，例如毫无意义的闲逛。

对个人来说，时间管理非常重要，好的时间管理能帮助我们在有限的时间里完成更多的工作，能帮助我们利用碎片化时间，提升工作效率。对企业而言，时间管理更加重要。一个人的时间管理关系到一个人的得失，而一个企业的时间管理将影响整个企业的效益，这无疑是至关重要的。时间管理是一个概念，更是一种方法，每一个人都需要对自己进行时间管理，但是更需要时间管理的其实是企业，因为作为单个人员如果你没有时间管理的概念也可以去工作，个人还能应付得了自己的工作，但是作为企业，需要的时间管理概念是一个整体，如果这个整体出了问题，那么整个公司就会处于不健康的状态，因为一个企业不是靠某一个人来运转的，而是要靠所有的员工高效率的配合才能产生最大的效益和价值。单个员工工作不进行时间管理看不出来什么问题，但是如果所有的员工都没有时间管理的概念，那么对公司来说将会造成巨大的损失。

因为时间管理是一个虚拟的概念，很多人对时间管理没有很明确的定义，并且时间管理不仅是个人安排一下自己的日程表这么简单，时间管理有很多需要总结计划调整的环节在里面，企业必须有一个系统的时间管理概念来贯穿整个公司的体系，所以企业需要提高时间管理的体系，更需要给员工提供一个学习时间管理的手段。学习时间管理的方法有两种，一种是创建自己的培训部门来培训员工，或者是花钱聘请培训公司对员工进行培训。另外一种就是找一些可以强化员工时间观念的工具来使用。第一种方式是给员工一个方法，第二种方式是让员工强制使用工具来塑造自己的工作习惯。具体采用哪种方法，需要企业根据自己的实际情况来确定，也可以将员工分为两部分，分别采用不同的方式，最终检测哪种方式更加有效，进而对全公司统一方式。

拓展阅读

“天才少女”谷爱凌的时间管理

2022年冬奥会有一名天才少女注定要成为顶流，谷爱凌此次参加的是自由式滑雪女子大跳台决赛，此项目是冬奥历史上第一次设置，谷爱凌最终夺得金牌！这是她自己获得的首个冬奥会奖牌，也是中国运动员第一次参加冬奥会大跳台的比赛！

有人说这位小姑娘能获得如今的成就，可谓是极具天赋，但大家却没看到谷爱凌的成功其实是来自背后的拼命努力和强大的时间管理能力。

在正式选择滑雪之前，谷爱凌的童年曾徘徊于不同的爱好之间。每天放学之后，她都要连轴转去踢足球、跳芭蕾、弹钢琴，紧凑到几乎不容间隙，平时她会带着三件衣服去上学，在去往下一场的路上，就在车上换衣服。在确定滑雪这个爱好后，由于训练占据大量时间，她没有办法像其他同学那样完整地听课，但奇怪的是，她的功课却从未落下，反而几乎都以A或A+的成绩结课。年仅9岁的她，就学会了在飞机上看书、在车上温习，别人在课上学的知识，她通过“挤”出来的零碎时间就消化了。很多成年人尚未习得的时间掌控能力，她在年尚童稚时便已谙熟无比了。这种能力一直延续至今，成长为专业运动员的谷爱凌，更是将时间管理技能发挥到了极致。

谷爱凌将一天24小时分为“上山训练、下山睡眠”两大专注时区，每天都要在零下12℃的低温下，花9~13个小时熟悉场地、观察选手、训练和比赛，间歇时间仅几十分钟。虽然我们每个人不一定有像谷爱凌惊人的天赋，但我们可以去学习她高效的时间管理方法，这对我们的工作和学习都有巨大的帮助。

时间管理原则1：做事情一定要全身心投入进去

做一件事情的时候一定要百分之百投入进去，该睡觉的时候就睡觉，该工作的时候就工作。谷爱凌兴趣广泛，各项爱好都达到了很高水平，让很多人误以为是因为她有天赋可以分心做很多事情，其实这种想法恰恰是错误的，分心做事情不仅不会提高做事效率，还会导致你正在做的每一件事情都做不好。谷爱凌的爱好如此广泛，跑步、篮球、钢琴、滑雪，同时兼顾运动员、学生、模特等身份，她也分享了她的心得：做完一件事以后再换到下一个，不要做一件事情的同时想其他的，可能一天只能做一件事情，但一定要把它做好。谷爱凌的成功告诉我们不要同时做很多事情，要全身心地投入到一件事当中，做好之后再投入到下一件事情中去。

时间管理原则2：睡好才有精力投入到工作生活中

谷爱凌说：“我有一个秘密武器，从小我每天晚上要睡10个小时的觉，睡觉会促进身体和大脑的成长，但是睡觉同时也是一个复习时间，会复习一下当天学的所有事情。”她甚至管自己的妈妈叫“睡眠警察”，因为妈妈总是和她强调睡好觉。而谷爱凌的妈妈也在采访中说：“我对谷爱凌的教育就是：第一，多睡觉；第二，多学习；第三，多玩。”当然由于每个人的体质不同，每个人睡眠充足的时间是不一样的，有些人的睡眠时间可能是10小时，有些人的睡眠时间可能是7~9小时，还有一些人每天只睡5小时就能保持活力。所以睡眠充足判断的标准不能以时间作为依据，而是要以个人的感觉为依据。

时间管理原则3：要热爱你所做的一件事

在谷爱凌高中阶段的时候，她用3年的时间完成了4年的课程，成为她们高中历史上第一个提前毕业的学生。工作日上课、考试，周末训练，如何平衡？谷爱凌的办法是：自由选择喜欢做的事，比如滑雪4个小时后，写1个小时日记或者上网学习物理、化学等知识，因为是自己感兴趣的内容，所以也会愿意主动学习，这样也能调节大脑。

当一个人喜欢上某一事物并对之报以极大的兴趣后，他对这个事物就会有常人没有的精力和体力去关注和完成它，哪怕一天不吃饭不睡觉，也要为实现自己的目标而努力。当一个人达到这种程度后，他必然比其他人更容易成功。当你在这件事情上成功了，你就会收获满满的成就感与自信心，自信都是靠一点一滴积累的，当你有了足够的自信时，即使是面对前所未有的困难也依旧能想到很好的方法去解决，所以在我们做事情的时候尽量不要做我们不喜欢的事情。如果事情非做不可，我们就只能调整好自己的心态，以积极的态度去面对。

时间管理原则4：高度的自律

很多时候“想到”很容易，但“做到”比较难。谷爱凌说，参加北京冬奥会一直是她的梦想，为此，她要求自己必须保持自律——每天保证10小时以上的睡眠时间，在工作学习之余坚持写日记，在训练时把每个动作做到最好。“为了避免打乱节奏，我在雪上训练时能做到一连好多个小时不吃一口东西、不喝一口水。”有很多人在制订自己的时间表的时候，信心满满去做，刚开始还能坚持一段时间，稍微久了之后就妥协了，忘记了自己的初衷。如果没有办法做到，那就宁愿不要制订时间表，这样子只是自以为努力了，最终欺骗了自己。

就像谷爱凌说的，每个人都不是完美的，每个人也都可能是别人家的孩子。我们探寻谷爱凌的成功密码，不是要成为谷爱凌，而是希望有机会像她一样，在感兴趣的领域获得满足感，成为更好的自己！作为一名普通人，我们或许没有像谷爱凌那样的天赋和家庭背景，但每个人的时间长度都是一样的，只要我们利用好每一天的时间，即使不能像谷爱凌一样取得辉煌的成就，但我们也可以让自己的一生变得不平凡。

思考与讨论

请分析“天才少女”谷爱凌是如何践行时间管理的。你在生活中该如何进行时间管理呢？

五、沟通是一门艺术

管理工作的方方面面都离不开沟通，都需要建立在信息有效传递的基础上。管理者每个工作日至少要花80%的时间与他人直接沟通，也就是说，他们每个小时中有48分钟是在开会、打电话、在线交流或者在走动过程中进行非正式沟通；管理者的另外20%的时间通常用于文书工作，而该工作的大部分实际上仍然是以阅读或写作的方式进行的沟通。由于个体的和组织间的差异，要保持成员间协调一致，顺利实现组织目标，就必须消除个体和组织信息传递的障碍，化解各种因沟通不足而引发的管理冲突。

“管理是一门科学，更是一门艺术，是科学和艺术的有机结合。”管理艺术是指管理活动中的一种高超的手段和方法，它是在长期的管理实践中总结出来的，建立在一定的素养、才能、知识、经验基础上的有创造性的管理技巧，而沟通则是其中至关重要的一个管理技巧。

作为管理者，在组织阶梯上升得越高，就越需要精湛的沟通技巧。“对组织领导者而言，沟通不仅是施加影响的方式和过程，其本身也可以成为重要的权力基础。”所谓沟通，是指个体或群体为达到一定目的，将信息、思想和情感等传送给对方，并期望得到对方做出相应反应效果，甚或达成共同协议的过程，而管理沟通则是在商务或公务情境中，某种群体或组织角色，为了工作目标或群体利益，通过各种信号和方式，传递信息和影响的过程。

通过有效的沟通，管理者能够实现决策的正确性与科学性，实现对员工的控制和激励，以及企业内部融洽氛围的建设，不过，由于管理沟通存在心理压力、人际矛盾、机构政治、价值冲突等八项挑战，所以我们需要通过沟通的“技、术、法、略、道”中的不同层次去认知和应对。

“沟通之‘技’是在微观情境中确保特定沟通的一些专门技术、技巧；‘术’是短期、小系统博弈中的对策性招数和计谋；‘法’是解决某类情境下人们的思想、说话、行动等问题的一般方式、门路、程序等；‘略’是长期、宏观、大系统中的行动方略和策略；而‘道’则是在更广阔的背景下，对客观事物和人的活动及其发展的本质、规律更深的认识，通常为一些基本原则、理念等。”对于相对简单的社交沟通或工作交流活动，人们大多在“技”的层面上做到位就可以了，但在多数公务或商务交流中，如能达到“技-术-法”三合一的境界，就差不多算是“有效沟通者”了，但若要成为职场上的“沟通高手”，就需要能够在更加复杂的沟通活动中达到更高境界的沟通认知和操作。

（一）什么是沟通和有效沟通

沟通是信息的传递与理解过程，是在两人或者更多人之间进行的在事实、思想、意见和情感等方面的交流。再伟大的思想，如果不传递给他人，或被他人理解，也是毫无意义的。所以，有效的沟通不仅包括信息的传递，还包括信息的被理解。这里的理解并不一定要使对方完全接受自己的观点与价值，但一定要使对方完全明白信息发送者的观点与价值。

有效沟通是指组织能够克服各种因素的干扰，保证信息交流的可靠性和准确性。首先，保证沟通的“量”。有效沟通要保证传达足够的信息量，如果信息内容缺失，即使其他方面做得再好，接收方也无法全面、完整、准确地理解。其次，保证沟通的“质”。沟通不仅是信息的传递，更重要的是信息需要被准确地表述和理解，这就是指沟通的“质”。最后，保证沟通的“时”。沟通的有效性很大程度上依赖于信息的及时性。一条过时的信息，即使是完整而准确的，其价值可能也会大打折扣。

（二）沟通的作用

良好的沟通在实际工作中是必不可少的，它能够最大限度地化解工作中的各种矛盾，使管理者充分了解组织内外部与管理工作有关的各种信息或想法。具体来说，沟通在管理工作中具有以下几种作用。

首先，有效沟通可以降低管理的模糊性，提高管理的效能。组织内外存在大量模糊的不确定信息，沟通可以澄清事实、交流思想、倾诉情感，从而降低信息的模糊性，为科学决策提供依据。

其次，沟通是组织的凝聚剂和润滑剂。沟通可以改善组织内的工作关系，充分调动下属的积极性。管理者通过沟通可以了解员工的需求，满足员工的需要，可以让员工更了解组织，增进对组织目标的认同，从而建立起相互信任、融洽的工作关系。

最后，沟通是组织与外部环境之间建立联系的桥梁。通过沟通，组织能够与外部环境建立联系，降低交易成本，提高组织的竞争能力。

（三）沟通中的障碍

在沟通的过程中，由于各种因素的影响，经常发生信息失真和被扭曲的现象，致使信息传递不能正常发挥作用。影响有效沟通的因素是多样的，一般包括人际障碍、组织障碍和文化障碍三种。

（1）人际障碍。人际障碍可能来源于信息发送者，也可能来源于信息接受者，通常是由个体认知能力、性格等方面的差异所造成的。

（2）组织障碍。正如人际障碍会降低沟通的有效性一样，组织障碍也会降低沟通的有效性。组织障碍的根源存在于组织的等级结构之中，无论组织的复杂程度如何，他们都有专门的职责和多层职权。这种专业化分工为沟通困难的产生提供了合适的土壤。

（3）文化障碍。人类的沟通要在一定的文化背景下发生，而文化也不能离开沟通而存在。沟通与文化密切相关。文化的相似性会促进沟通信息发送者和信息接收者之间的信息传递，有助于成功地沟通。文化的差异会构成人际沟通的障碍，不同文化的差异通过自我意识、语言、穿着、饮食、时间意识、价值观、信仰、思维方式等方面表现出来。例如，一般来说，西方社会比较注重个人发展及成就，权力距离较小，因此他们的沟通方式比较直接。而东方社会比较注重团队和谐，权力距离过大，在工作时，人们不希望过分突出自己，更不愿意和同事或上级发生任何明显的冲突。

（四）克服沟通中的障碍

为了克服人际障碍、组织障碍和文化障碍，管理者必须要掌握或者是培养一定的沟通技巧。有一些沟通技巧对管理者发送信息特别重要，另一些则对管理者接收信息至关重要。这些技巧能够帮助管理者获得决策和行动所需要的信息，与其他成员达成共识。

1. 学会倾听

“自然赋予人类一张嘴、两只耳朵，就是要我们多听少说。”一般来说，在沟通过程中，最常用到的能力就是洗耳恭听的能力和能说会道的能力。洗耳恭听，就是在听的过程中，要做到用耳朵去听，用头脑去思考，用心灵去感受，它强调的是倾听的能力。能说会道，就是在沟通中要善于言辞，以理服人。他强调的是语言表达能力，人们在实践中往往重视语言表达能力的训练，而忽视倾听能力的提升，结果就是说得多、听得少。其实，沟通最大的困难不在于如何把自己的意见观点说出来，而在于如何听出别人的心声。

2. 重视反馈

反馈是指信息接收者给信息发送者一个信息，告知信息已收到以及理解信息的程度。反馈是沟通过程中的最后一个环节，往往是决定沟通目标可否实现的关键。很多沟通问题可以直接归属于误解或信息不准确。正确使用信息反馈系统能够极大地减少沟通中的障碍。反馈既可以是言语的，也可以是非言语的。例如，信息发送者可以让信息接收者用自己的话重复信息，如果听到的复述正如信息发送者的本意，则有利于确保沟通的准确性。销售主管要求所有下属填好上月的销售报告，当有人未能上交报告时，管理者也得到了反馈。

3. **克服认知差异**

认知差异也可能成为沟通障碍。因此，为了克服认知和语言上的差异，信息发送者应该使信息清晰明了，尽可能使具有不同观点和经验的信息接收者都能够理解。只要有可能，就应该尽力了解沟通对象的背景，尽可能设身处地地从别人的角度看待问题，使用信息接收者容易理解的方式选择用词和组织信息，这样有助于提高沟通的有效性。

4. **抑制情绪化反应**

情绪化反应如愤怒、失望、戒备、爱、恐惧、嫉妒等，都会使信息的传递严重受阻和失真。处理情绪因素最简单的方法就是暂停沟通，直到完全恢复平静。管理者应该尽力预测员工的情绪化反应，并做好准备加以处理。管理者也需要关注自己的情绪变化，以及这种变化如何影响他人。

案例思考与讨论

研发部梁经理才进公司不到1年，工作表现就颇受主管赞赏，不管是专业能力还是管理绩效，都获得大家的肯定。在他的缜密规划之下，研发部一些延宕已久的项目，都在积极推行当中。

部门主管李副总发现，梁经理到研发部以来，几乎每天加班。他经常第2天来看到梁经理电子邮件的发送时间是前一天晚上10点多，接着甚至又看到当天早上7点多发送的另一封邮件。这个部门梁经理总是最晚离开，最早来上班。但是，即使在工作量吃紧的时候，其他同仁似乎都准时走，很少跟着他留下来。平常也难得见到梁经理和他的部属或是同级主管进行沟通。

李副总对梁经理怎么和其他同事、部属沟通工作觉得好奇，开始观察他的沟通方式。原来，梁经理是以电子邮件交代部署工作。他的属下除非必要，也都是以电子邮件回复工作进度及提出问题。很少找他当面报告或讨论。对其他同事也是如此，电子邮件似乎被梁经理当作和同仁们合作的最佳沟通工具。

但是，最近大家似乎开始对梁经理这样的沟通方式反应不佳。李副总发觉，梁经理的部属对部门逐渐没有向心力，除了不配合加班，还只执行交办的工作，不太主动提出企划或问题。而其他各个主管，也不会像梁经理刚到研发部时，主动到他房间聊聊，大家见了面，只是客气地点个头。开会时的讨论，也都是公事公办的味道居多。

这天，李副总刚好经过梁经理房间门口，听到他打电话，讨论内容似乎和陈经理业务范围有关。他到陈经理那里，刚好陈经理也在说电话。李副总听谈话内容，确定是两位经理在谈话。之后，他找了陈经理，问他怎么一回事。明明两个主管的办公房间就在隔邻，为什么不直接走过去说说就好了，竟然是用电话谈。陈经理笑答，这个电话是梁经理打来的，梁经理似乎比较希望用电话讨论工作，而不是当面沟通。陈经理曾试着要在梁经理房间谈，而不是电话沟通。但是，梁经理不是最短的时间结束谈话，就是眼睛还一直盯着计算机屏幕，让他不得不赶紧离开。陈经理说，几次以后，他也宁愿用电话的方式沟通，免得让别人觉得自己过于热情。

了解这些情形后，李副总找到梁经理聊聊。梁经理觉得效率应该是最需要追求的目标。所以他希望用最节省时间的方式，达到工作要求。李副总以过来人的经验告诉梁经理，工作效率重要，但良好的沟通绝对会让工作更顺畅地进行。

很多管理者都忽视了沟通的重要性，而是一味地强调工作效率。实际上，面对面沟通所花的些许时间成本，绝对能让沟通效果大为增进。

沟通看似小事情，实则意义重大！沟通顺畅，工作效率自然就会提高，忽视沟通，工作效率势必下降。

作为专业监理人员，不仅需要扎实的业务技能和专业知识，而且需要良好的沟通能力，与内部人员沟通，与建设单位沟通，与施工单位沟通，处理各方关系等，都离不开良好的沟通技巧。

请结合案例和你自身情况，谈谈沟通的重要性。

六、新－旧木桶理论

（一）旧木桶理论

"一个水桶无论有多高，它能装多少水取决于最短的那块木板，所以要想让水桶达到最大容量，就必须把最短的那块木板拉长。"如图2-2所示，这是旧木桶理论。

图2-2　旧木桶理论示意图

木桶理论曾经被广泛应用在企业的经营与管理上，大家都在试图找到那个短板，补齐那个短板，从而提高企业的经营绩效和管理效率。

然而，随着时代的发展，竞争的加剧，木桶理论已经难以帮助企业解决问题，更无法让企业做大做强，甚至在无形中限制了企业的发展。

“老木桶”画地为牢，木桶理论为什么限制企业发展？其核心问题在于思维方式。

木桶理论的思维方式是自给自足的小农思维，什么工作都要自己来，麻雀虽小五脏俱全，企业所需要的各功能板块都要自己建立，自己完善。然而，在今天这样一个共享、共生、共赢的时代，各种商业模式颠覆传统、颠覆惯例，甚至颠覆世界的时代，你还是用木桶理论来做企业，只能死路一条。新时代，思维方式也需要创新，要跟上这个时代的发展，甚至需要引领这个时代的发展才行，所以老木桶也将被新木桶所替代。

（二）新木桶理论

新木桶理论提出，我们可以将长板和长板靠拢，并向长板的方向倾斜，如图2–3所示，当我们增长长板时，我们也可以增加木桶的容量。

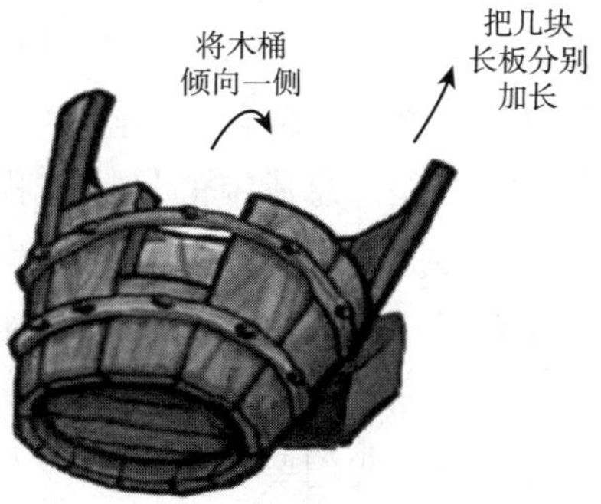

图2–3　新木桶理论示意图

新木桶理论并不强调自身的取长补短，而是强调与他人联合起来，大家分别将自己最大最长的那块板拿出来，跟大家一起造一个大木桶。对企业来说，我们每家企业把自己最大的优势拿出来，大家强强联合，优势互补，成就一个更加强大的平台。

这么做的好处在于，这个新的木桶，每一块板子都是长板，和旧的木桶相比，体量自然也是呈指数增长。而各家企业发展自身就相当于在加长自己在木桶中对应的那块板。新的木桶能装下多少水，并不取决于你的短板，而是取决于你的长板；也并不仅取决于你自己，还取决于你的伙伴。

在这个共享的时代，我们大可不必自己发明轮胎，当你需要轮胎的时候，从市场上购买即可。企业间的资源共享，不仅能将木桶容量放大，而且还能起到互相补充促进的作用。所以说，新木桶理论是典型的平台思维、共享思维，是强强联合、抱团发展的思维。

（三）用好“新木桶理论”

未来能够真正活下来的企业只有两种：一种是拥有一批专家型品牌的企业，另一种是强大的平台公司。在认知稀缺的时代，我们每一个企业发展自我的正确逻辑是“专业化+平台化”。专业化是要打造一个别人无法超越的优势认知，成为一个专家型品牌。平台化是指通过共享互补的方式，获得优质资源，形成自己的生态圈。

这其实就是“新木桶理论”所强调的：长板是你的优势，联合是你的生态。大的生态建立起来，你的企业才能健康而快速地发展。

所以，作为企业经营者一定要有平台意识，要有“拆墙”能力，废除脑子里的老木桶理论，拆掉围墙，敞开心扉，拥抱这个时代，以合作、共赢的理念寻求企业更快发展。在老木桶理论的前提下，企业只能越做越被动，越做越费劲，最后把自己做累、做垮、做死；而在新木桶理论的引领下，企业可以改变这个命运，越做越轻松，越做越方便，最后大起、大得、大成。何乐而不为？

对我们个人而言，在我们的成长和发展过程中也面临着新–旧木桶理论的选择问题，我们每个人都有自己的长处和短处，那么我们到底该发展自己的长处还是去努力补齐自己的短处呢？对每个人来说，能力不同，选择也不同。我们可以通过发展自己的长处来提升自己的核心竞争能力，也可以通过弥补自己的短处来提升自己的综合实力，如何进行选择要看这两种选择的难易程度如何。例如高中时，我们要学的科目很多，总有一些同学不能做到每个科目都兼顾，或多或少地会偏科。那么，为了实现提升总成绩的目标，我们应该去考虑付出同样的时间和精力，我们是优势学科能够提升更多，还是劣势学科能够获得更大的进步？不仅是在学习中，在其他方方面面我们都应该去思考该如何选择，我们应该把自己的时间和精力放在哪里？我们的目标不是单纯的“扬长”或者“避短”，而是要提升自己的“容量”。用专业的话来说：我们要努力做“一专多能零缺陷”的人。“一专”指让自己有一项专长，能力非常强的专长；“多能”指尽可能地多储备几项能力；“零缺陷”指通过自身努力学习，提升自己的弱势，让其及格。所以，作为一个独立的人，我们需要思考我们的专长是什么？找到它，然后做好它。这样才能够提升我们自己的综合实力，成为更优秀的人。

拓展阅读

拉里是一家公司的负责人。作为管理者，拉里有一项出色的技能，那就是善于发现员工的短处，然后帮他们改进。工作几年来，拉里成功地帮助很多员工弥补了短处。对此，拉里相当满意和自豪。

一天，拉里路过人事部时，听到里面有人在争吵。看到拉里进来，员工费恩抢先说：“托尼的统计能力太差了，上个月的统计资料就没做好，本月又出现了很多疏漏，简直太糟糕了。”托尼摊开双手，无可奈何地说：“对不起，我马上重做。”“没关系，我会帮你提高的。”拉里拍了拍托尼的肩膀笑着说。

随后，拉里给了托尼一些提高统计能力的学习资料，并帮他拟定了训练计划。但是一个月后，托尼似乎一点长进都没有。拉里耐心地鼓励他，“相信自己，你一定能有提高。”“可是提高了又怎样？最多不过是和同事们一样。”托尼皱着眉，灰心地说，“况且我天生对这方面的东西很迟钝，怎么学都学不会。”

一向热情积极的拉里愣住了。是的，他发现托尼在统计方面的能力确实很差，即使费力改进，也只能达到一般水平。既然如此，为何不鼓励托尼发挥自己的特长呢？想到此，拉里突然兴奋起来。其实，通过这段时间的接触，他发现托尼口才很好，擅长与人沟通，应该适合做销售。

听了拉里的建议，托尼连连点头。其实当初他想应聘的就是销售员，但人事部门急需用人，就把表现优秀的托尼招了进来。进入销售部，托尼似乎变了一个人，处理事情有条不紊，刚做一个月就取得了很好的业绩。见此，拉里给托尼提供了更好的培训机会，而托尼之后的业绩也节节攀升，最终成为全公司最优秀的销售员。

拉里发现，每个人都有自己的性格特点，帮助他们形成自己的优势，也就决定了一个人更容易培养出哪些技能、在哪些领域更容易脱颖而出。所以，拉里抛弃了“修正员工的弱点”这个理念，让他们把精力放在“扬长”上。如此，激发了员工的自信、活力和表现力，最终促进了企业的发展。

思考与讨论

谈谈新–旧木桶理论给你带来的启示。

七、拥有两只手表，你能判断时间吗？

手表可以帮助我们判定时间。当你有一只手表时，你能很清晰地知道时间；当你有两个手表，并且他们显示的时间不同时，你还能准确地判断时间吗？

（一）手表定律

猴子故事

森林里生活着一群猴子，每天太阳升起的时候它们外出觅食，太阳落山的时候回去休息，日子过得平淡而幸福。

一名游客穿越森林，把手表落在了树下的岩石上，被猴子猛可拾到了。聪明的猛可很快就搞清了手表的用途，于是，猛可成了整个猴群的明星，每只猴子都向猛可请教确切的时间，整个猴群的作息时间也由猛可来规划。猛可逐渐建立起威望，当上了猴王。

做了猴王的猛可认为是手表给自己带来了好运，于是它每天在森林里寻找，希望能够拾到更多的表。功夫不负有心人，猛可又拥有了第二块、第三块表。

但出乎猛可的意料，得到了三块手表的猛可有了新的麻烦，因为每块手表的时间显示得都不相同，猛可不能确定哪块手表上显示的时间是正确的。群猴也发现，每当有猴子来问时间时，猛可总是支支吾吾回答不上来。猛可的威望大降，整个猴群的作息时间也变得一塌糊涂。

只有一块手表，我们可以知道时间；拥有两块或两块以上的手表并不能告诉一个人更准确的时间，反而会让看表的人失去对准确时间的信心，这就是著名的手表定律。手表定律，又叫萨盖定律。

萨盖定律在信息领域里的应用告诉我们，过量的信息将成为一种迷雾。在浩瀚的"信息海洋"中，有的市场信息是错误信息，有的市场信息是过时无用信息，而准确有效的市场信息反倒被淹没在大量的冗杂信息之中，因此要及时对这些信息的真伪进行甄别。过量的信息还会减弱人的决策判断能力。过量的信息会降低企业决策者的判断能力，使其无所适从，错失市场良机。所以，过量的信息不等于就拥有信息的优势。信息并非越多越好，企业要对市场信息进行合理分离、处理，不然的话，拥有最多的信息也只能是一种累赘，而不会转化为优势。

第二次世界大战前夕，德国为掩饰其进攻苏联的企图，散发了大量的虚假信息，而这些信息全部被苏联情报部门所获取。这些大量的虚假信息直接影响了苏联的军事判断力，并作出了错误的战略决策，直到德军大兵压境，他还不太相信德国竟会这么快就进攻苏联。

当面对过量信息时，你要做的就是选择其中较信赖的一只"手表"，尽力校准它，并以此作为你的标准，听从它的指引行事。记住尼采的话："兄弟，如果你是幸运的，你只需有一种道德而不要贪多，这样，你过桥更容易些。"

（二）手表定律对管理者的启示

作为一名企业的管理者，你能从手表定律中得到哪些启示呢？

1.对一名员工，不能由两个以上的人直接指挥，否则将使这个员工无所适从

在日常管理工作中，管理者也会遇到类似手表定律的情况。如果一个员工只向一个上司汇报并且只遵从他的指令，这个员工就能很好地完成工作目标；一旦他有两个以上的上司而且上司的指令目标不一致，这个员工就可能陷入迷茫中，工作效率可想而知。

2.决策不能朝令夕改，否则会使员工无所适从

在很多公司，老板的思维极为活跃，他们一天一个想法，今天变革比较时髦，他们就抓公司的变革；明天目标管理很吃香，他们就抓目标管理。往往一个决策才执行一半，员工就被要求执行下一个决策，这样的企业管理者只能使员工怨声载道。有些企业的员工甚至总结出这样的规律：“领导第一次发布的某项决策，可以先不管；第二次如果还强调这个决策，那么可以适当考虑去做；第三次如果再强调这个决策，那么应该立即着手去做。但这样的管理者一个决策能坚持下来的不到50%。”

由此可见，管理者的朝令夕改会给员工带来诸多不便，同时也浪费了大量的财力、物力和时间。

3.企业必须有统一、明确的目标

歌德说：“一个人不能骑两匹马，骑上这匹，就会丢掉那匹。”美国明尼苏达矿业制造公司的口号是：“写出两个以上的目标就等于没有目标。”这些话不仅适用于个人，也同样适用于企业管理。

制定多个分散的企业目标是管理企业的大忌。因为，企业目标的制定是一个阶段，达成则是另一个阶段，如果管理者制定的目标过多、过于分散，就有可能在资金、管理、人员配置等方面产生矛盾与冲突，更重要的是，无法做到集中全企业的人力和物力，在企业内部形成紧密合作的团队。

企业要成功，首先要制定统一、明确的奋斗目标，提高团队的凝聚力，这样可以协调好企业的各项活动，并保证最后的实施效果。

拓展阅读

在哈佛大学，曾发生了这样一件意义深刻的事情：有一年，一群意气风发的天之骄子从美国哈佛大学毕业了，他们即将开始迎接各自的人生。他们的智力、学历、环境条件都相差无几。在临出校门时，哈佛对他们进行了一次关于人生目标的调查。结果是这样的：27%的人，没有目标；60%的人，目标模糊；10%的人，有清晰但比较短期的目标；3%的人，有清晰而长远的目标。

25年后，哈佛再次对这群学生进行了调查。结果是这样的：3%的人，25年间他们朝着一个方向不懈努力，结果几乎都成为了社会各界的成功人士；10%的人，他们的短期目标不断地实现，成为各个领域中的专业人士，大都生活在社会的中上层；60%的人，他们安稳地生活与工作，但都没有什么特别的成就，几乎都生活在社会的中下层；剩下的27%的人，他们的生活没有目标，过得很不如意，并且常常在抱怨他人，抱怨社会，抱怨这个“不肯给他们机会”的世界。

事实上，这些人之间的差别仅在于：25年前，他们中的一些人知道自己要做的事，为自己树立了一个明确的奋斗目标，而另一些人则不清楚或不很清楚，并且在以后的生活中，在对目标的选择上陷入了手表定律的误区。所以，在起步前行时，我们必须像前面那13%的成功者一样，做出方向的选择，同时还要学会舍弃其他的选项，否则就会让自己的行为陷于混乱。

在这方面，罗斯福总统夫人还用亲身经历给予了我们很好的忠告。有人问罗斯福总统夫人：“尊敬的夫人，你能给那些渴求成功特别是那些年轻、刚刚走出校门的人一些建议吗？”

总统夫人谦虚地摇摇头，但她又接着说：“不过，先生，你的提问倒令我想起我年轻时的一件事：那时，我在本宁顿学院念书，想边学习边找一份工作做，最好能在电讯业找份工作，这样我还可以修几个学分。我父亲帮我联系，约好了去见他的一位朋友，当时任美国无线电公司董事长的萨尔洛夫将军。等我单独见到了萨尔洛夫将军时，他便直截了当地问我想找什么样的工作，具体哪一个工种？我想：他手下的公司任何工种都让我喜欢，无所谓选不选了。便对他说，随便哪份工作都行！这时将军停下手中忙碌的工作，眼光注视着我，严肃地说，年轻人，世上没有一类工作叫‘随便’，成功的道路是目标铺成的！将军的话让我面红耳赤。这句发人深省的话语伴随我的一生，让我以后非常努力地对待每一份新的工作。”

可见，如果我们非常想得到某件东西，就必须把它作为自己坚定的目标，并朝着这个唯一的目标不懈前进。要知道，什么都想要，结果往往什么也得不到。

思考与讨论

在你的人生经历中，是否有过“两只手表”，你是如何应对的？

八、原来这就是“领头羊效应”！

在广袤无垠的大草原上，随处可见由数百数千只羊组成的羊群，在一两名牧羊人的指挥下，有序地出发、吃草、返回，这种有序性的一个重要原因，就是羊群中存在着一个“领头羊”。而领头羊在羊群中所起到的重要作用，在管理学中被称为“领头羊效应”。领头羊对一个羊群来说至关重要，只有领头羊能够有序地进行各项活动，才能够更好地带领整个羊群活动。“领头羊效应”对企业管理有一定的启发作用。作为领导者，在带人管人时，有意识地选取优秀分子，充分予以授权，并为其创造良好的环境，让其在某一方向、某一阶段扮演好“领头羊”角色，会让管理工作变得更加轻松，也更加有效。

（一）企业运营视角

松下幸之助是日本松下电器公司的创始人，也是著名的管理大师。一次下班后，松下幸之助经过工厂的实验室时，看见他的得力手下中尾还在加班加点地辛苦工作，他非但没有表扬中尾，而且还狠狠地批评了他一顿。

这是为什么呢？就连中尾本人也想不通，觉得非常地委屈。可是松下幸之助这么做，自然有着他的道理。松下幸之助对中尾说："你是我最看重的研究人才，所以，才将整个研发团队交给你，可是你的管理才能让我失望。公司的规模现在已经相当大了，你需要做的是发现和培养像你这样擅长搞研究的人，而不是什么事都亲力亲为。"

从松下这番话里，我们可以清楚地看出他对领导者的认知，那就是领导者不能永远只埋头做自己的事情，更关键的是要学会做团队的指挥家，从团队中寻找优秀的"领头羊"，并予以相应的授权，而不是事事亲力亲为。

俗话说，"火车跑得快，全靠车头带。"在团队中，火车头不仅是指领导者，也是指团队中的优秀人才，也就是我们所讲的"领头羊"。领导者在授权时，关键就是找准团队中的优秀人才，充分发挥"领头羊效应"。

需要强调的是，领导者在发挥"领头羊效应"时，应注意以下两个方面：

一是多从普通员工中选择"领头羊"。普通员工大多是在一线和基层，从普通的员工中选择"领头羊"，对其他员工来说更具有模范性，在感情上也更愿意追随。此外，普通员工的数量众多，从普通员工中选择"领头羊"，对这个群体来说能够起到非常大的激励作用，每一位普通员工都认为自己有希望成为这名"领头羊"。

二是"领头羊"不能期限过长。在团队中选取"领头羊"，应该提倡竞争，提倡公正、公平和公认，要按照团队发展和环境变化来适时地评定、选取。在这样的前提下，原有的"领头羊"不可能始终保持领先，假如领导者长期对其授权，就会严重影响其他员工的工作积极性和创造性。所以，必须按照形势发展的需要，及时发掘，及时调整。

总而言之，"领头羊"能够有效地帮助领导者管理团队事务，让领导者从具体事务中跳出来的同时，还能解决团队存在的细节上的问题，凝聚和发挥团队合力，提升团队的战斗力，这是领导者一定要掌握并能活学活用的一种管理能力。

（二）个人发展视角

"领头羊效应"还可以称为"羊群效应"。在生活中，"羊群效应"也时常出现。例如，有一个人白天在大街上跑，结果大家也跟着跑，除了第一个人，大家都不知道奔跑的理由。这就是所谓的从众心理，由此而产生的盲从现象也是“羊群效应”。

很多时候我们不得不放弃自己的个性去“随大流”，因为我们每个人不可能对任何事情都了解得一清二楚，对那些不太了解，没把握的事情，往往“随大流”。持某种意见的人数多少是影响从众的重要因素之一，很少有人能够在众口一词的情况下，还坚持自己的不同意见。压力是另一个决定因素，在一个团体内，谁做出与众不同的行为，往往招致“背叛”的嫌疑，会被孤立，甚至受到惩罚，因而团体内成员的行为往往高度一致。

“羊群效应”告诉我们，许多时候，并不是谚语说的那样——“群众的眼睛是雪亮的”。在市场中的普通大众，往往容易丧失基本判断力，人们喜欢凑热闹、人云亦云。

对个人来说，跟在别人屁股后面亦步亦趋难免被“吃掉”或被淘汰。最重要的是要有自己的创意，不走寻常路才是你脱颖而出的捷径。不管是加入一个组织或者是自主创业，保持创新意识和独立思考的能力，都是至关重要的。

想要获得成功，我们必须要有独立判断的能力，不能人云亦云。因此我们需要不断地学习，不断地汲取知识，让自己拥有更强的明辨是非的能力，才能够在成功的道路上越走越远。

思考与讨论

请结合你的经历谈谈“领头羊”的重要性。

九、“望梅止渴”中蕴藏的玄机

（一）望梅止渴

东汉末年，曹操带兵去攻打张绣，一路行军，走得非常辛苦。时值盛夏，太阳火辣辣地挂在空中，散发着巨大的热量，大地都快被“烤焦”了。曹操的军队已经走了很多天了，十分疲乏。这一路上又都是荒山秃岭，没有人烟，方圆数十里都没有水源。将士们想尽了办法，始终都弄不到一滴水喝。头顶烈日，战士们一个个被晒得头昏眼花，大汗淋淋，可是又找不到水喝，大家都口干舌燥，感觉喉咙里好像着了火，许多人的嘴唇都干裂得不成样子，鲜血直淌。每走几里路，就有人倒下中暑死去，就是身体强壮的士兵，也渐渐地快支持不住了。

曹操目睹这样的情景，心里非常焦急。他策马奔向旁边一个山岗，在山岗上极目远眺，想找个有水的地方。可是他失望地发现，龟裂的土地一望无际，干旱的地区大得很。再回头看看士兵，一个个东倒西歪，早就渴得受不了，看上去怕是很难再走多远了。

曹操是个聪明的人，他在心里盘算道：这一下可糟糕了，找不到水，这么耗下去，不但会贻误战机，还会有不少的人马要损失在这里，想个什么办法来鼓舞士气，激励大家走出干旱地带呢？

曹操想了又想，突然灵机一动，脑子里蹦出个好点子。他就在山岗上，抽出令旗指向前方，大声喊道："前面不远的地方有一大片梅林，结满了又大又酸又甜的梅子，大家再坚持一下，走到那里吃到梅子就能解渴了！"

战士们听了曹操的话，想起梅子的酸味，就好像真的吃到了梅子一样，口里顿时生出了不少口水，精神也振作起来，鼓足力气加紧向前赶去。就这样，曹操终于率领军队走到了有水的地方。

"望梅止渴"的故事中，战士们处于极度干渴的状态，曹操用前方有梅林作为一种激励措施，激发了战士们的潜力，最终走出了困境。

（二）激励理论

激励是组织诱发个体产生满足某种需要的动机，进而促使个体行为与组织目标趋同的管理过程。激励理论是关于激励的指导思想、原理和方法的概括与总结。按照研究侧重不同，激励理论通常可分为行为基础理论、过程激励理论和行为强化理论。

行为基础理论着重研究人的需要，回答了以什么为基础，或根据什么才能够激发人的积极性问题，主要包括需求层次理论、双因素理论和成就理论。在"望梅止渴"的故事中，曹操正是运用需求层次理论对士兵进行激励，从而激发士兵们的潜能，最终走出困境。

过程激励理论着重研究行为的发生机制，回答了"如何由需要引起动机，由动机推动行为，并由行为导向目标"的问题，主要包括公平理论、期望理论和目标设置理论。

行为强化理论着重研究对行为的修正和固化，回答了"怎样使积极行为得到巩固，使消极行为得以转化"的问题。

（三）激励方法

在实务中，常用的激励方法主要有三类，分别为工作激励、成果激励和综合激励。

1. 工作激励

工作激励是指通过合理设计与适当分配工作来激发员工内在的工作热情。随着机械化大生产的发展，特别是福特创造了传送带和流水作业生产线作业法后，员工终日从事着简单、重复、枯燥的劳动，超负荷的简单劳动，加上被剥削、被压迫的地位，严重影响了员工的劳动积极性。事实上，员工在工作过程中存在多种需要和追求，如希望自己的工作有意义、有挑战性，有一定的自主权等。在这种背景下，重新审视工作本身，对员工的内在机体就显得十分重要。当前有关工作激励的主要措施包括工作扩大法、工作丰富法和岗位轮换法。

工作扩大法是指通过扩大岗位工作的范围，增加工作岗位的职责，消除员工因从事单调乏味工作而产生的枯燥、厌倦情绪，从而提高员工的劳动效率。

工作丰富法是指通过增加岗位的技术和技能含量，使工作内容更具挑战性和自主性，以满足员工更高层次的心理需求。

岗位轮换法是让员工在预定时期内变换工作岗位，使其获得不同岗位的工作经验的激励方法。该方法不仅能够丰富员工的工作经验，使员工明确自己的长处和弱点，找到适合自己的地位，而且可以增加员工对组织整体工作的了解，改善日后部门间的合作关系。

2. 成果激励

成果激励是指在正确评估员工工作产出的基础上，给员工合理的奖励，以保证员工工作行为的良性循环。成果激励是依据员工的工作业绩给予相应回报的激励方法。成果激励的方法是多种多样的，可以根据员工对不同需要的追求程度而定。笼统来说，常见的成果激励主要包括两类：物质激励和精神激励。

物质激励是指从满足员工的物质需要出发，对物质利益关系进行调节，从而激发员工工作积极性的激励方式。由于物质激励关系到员工的切身利益，对满足员工日益增长的物质文化生活需要具有重要的激励效用，因而是当前组织中最普遍且不可或缺的激励手段，主要包括工资、福利、员工持股计划等。

精神激励满足的是员工在精神方面的需求，是一种有别于物质激励的无形激励。精神激励不仅成本低，而且常常能取得物质激励难以达到的效果，是调动员工积极性、主动性和创造性的有效方式。它主要包括情感激励、荣誉激励和信任激励等。

3. 综合激励

综合激励是指除工作激励、成果激励以外的其他辅助性的激励方法。除上述主流的工作激励和成果激励方法以外，管理实践中还有一些辅助性的激励方法，如榜样激励、危机激励、培训激励和环境激励等。

拓展阅读

沃尔玛的口号——“员工是合伙人”

沃尔玛公司是由山姆·沃尔顿创立的。1945年，沃尔顿在美国小镇维尔顿开设了第一家杂货店，1962年正式启用“沃尔玛（Wallmart）”作为企业名称。经过40多年的艰苦奋斗，编织起全球最大的零售王国，2001年、2002年，连续名列《财富》杂志500强榜首。这巨大的成功离不开沃尔玛独特的激励机制——把员工视为合伙人。山姆非常重视人的作用，他说“高技术的设备离开了高层的管理人员以及为了整个系统尽心竭力工作的员工是完全没有价值的。”山姆一直致力于建立与员工的合伙关系，并使沃尔玛40多万名员工团结起来，将整体利益置于个人利益之上，共同推动沃尔玛向前发展。山姆将“员工是合伙人”这一概念具体化的政策分为三个计划——利润分享计划、雇员持股计划和损耗奖励计划。1971年，山姆开始实施第一个计划，保证每个在沃尔玛工作31年以上及每年至少工作1000个小时的员工都有资格分享公司利润。员工离开公司时可以现金或股票方式取走他应得的利润。沃尔玛让员工通过工资扣除的方式，以低于市价15%的价格购买公司股票。损耗奖励计划的目的就是通过与员工共享公司因减少损耗而获得的盈利来控制盗窃的发生。损耗是零售业的大敌，山姆对有效控制损耗的分店进行奖励使沃尔玛的损耗率降至零售业平均水平的一半。出色的组织、激励机制，加上独特的发展战略，使沃尔玛成为世界上顶级的明星企业。

思考与讨论

请你谈谈激励的作用。

第3章 成功人生的加速器：学会营销

学习目标

认识营销的本质，了解营销观念的演变，辨识各种常见的营销策略。能结合企业实际情况进行案例分析，并结合市场和行业发展做出合理营销策划。建立正确的营销观念，合理使用营销方法，促进企业和个人的健康发展。

生活处处是营销。家庭主妇把自己的时间、精力和爱给了父母、孩子和另一半，让整个家庭感受到家的温暖，让自己处在爱的关系里。这个过程，是爱的营销。团队领导把自己的思想、观点、愿景、文化、目标传递给自己的队员，激发感召整个团队为一个共同的目标而努力奋斗。这个过程，是领导力的营销。我们交朋友、谈恋爱，把自己的优点、亮点通过沟通和交际展示给对方，让对方喜欢我们、认可我们。这个过程，是个人魅力的营销。

好的营销是成功人生的加速器。全天下的企业家、老板、行业泰斗，大多数都是做营销起家的。李嘉诚通过营销房地产成为华人首富；董明珠通过直播带货为格力创造巨额利润；世界首富比尔盖茨通过营销将电脑带向了全世界。

生活在新时代的我们，要想实现人生逆袭，让自己的财富倍增，就必须学会一样本事，那就是营销！

一、营销的核心概念

（一）需要、欲望和需求

人类需要是市场营销的基石。所谓需要，是指人们与生俱来的基本要求。如为了生存与发展，人们会有吃、穿、住、安全、归属、受人尊重、对知识和自我实现等需要。这些需要存在于人类自身生理和社会之中，市场营销者可用不同方式去满足他，但不能凭空创造。

欲望是指想得到上述需要的具体满足品的愿望，是个人受不同文化及社会环境影响表现出来的对需要的特定追求。如为满足“解渴”生理需要，人们可能选择（追求）喝开水、茶、汽水、果汁或者矿泉水。市场营销者无法创造需要，但可以影响欲望，并通过创造、开发及销售特定的产品和服务来满足欲望。

需求是指人们有支付能力并愿意购买某个具体产品的欲望。在营销者看来，需求就是对某特定产品及服务的市场需求。

营销管理实质上是需求管理。市场营销管理的任务是解决企业生产经营与需求之间的种种矛盾，并使二者相互适应。优秀的公司总是通过各种方式深入地了解顾客的欲望和需求，并据以制订自己的营销策略。他们认真研究顾客行为和偏好，分析有关用户调查、产品保证与服务等方面的数据，观察对比本公司产品及竞争产品的顾客，以了解他们的喜好，培训销售人员以使他们能发现尚未满足的欲望。

（二）交换、交易和关系

交换是指从他人处取得所需之物，而以自己的某种东西作为回报的行为。交换是市场营销的核心概念，营销的全部内容都包含在交换概念之中。

交易是交换的基本组成单位，是交换双方之间的价值交换。交换是一种过程，在这个过程中，如果双方达成一项协议，我们就称为发生了交易。交易通常有两种方式：一是货币交易，如甲支付800元给商店而得到一台微波炉；二是非货币交易，包括以物易物、以服务易服务的交易等。

建立在交易基础上的营销可称为交易营销。为使企业获得较之交易营销所得到的更多收益，就需要关系营销。关系营销是营销者与有价值的顾客、分销商、零售商、供应商以及广告代理、科研机构等建立、保持并加强的长期的合作关系，通过互利交换及共同履行诺言，使各方实现各自目的的营销方式。与顾客建立长期合作关系是关系营销的核心内容。同各方保持良好的关系要靠长期承诺和提供优质产品、良好服务和公平价格，以及加强经济、技术和社会各方面联系来实现。关系营销可以节约交易的时间和成本，其营销宗旨从追求每一次交易利润最大化转向与顾客和其他关联方共同长期利益最大化，即实现“双赢”或“多赢”。企业建立起这种以战略结盟为特征的高效营销网络，也就使竞争模式由原来单个公司之间的竞争转变为整个网络团队之间的竞争。

（三）市场营销和市场营销者

在交换双方中，如果一方比另一方更主动、更积极地寻求交换，我们就将前者称为市场营销者，后者称为潜在顾客。换句话说，所谓市场营销者，是指希望从别人那里取得资源，并愿意以某种有价值的东西作为交换的人。市场营销者可以是卖方，也可以是买方。当买卖双方都表现积极时，我们就把双方都称为市场营销者，并将这种情况称为相互市场营销。

思考与讨论

如何理解营销的本质内涵？

二、营销观念的演变

营销管理作为一种有意识的经营活动，是在一定的经营思想指导下进行的。市场营销观念就是企业经营活动的指导思想，指导思想的正确与否对企业经营的成败兴衰具有决定性的意义。

企业的市场营销观念决定了企业如何看待顾客和社会利益，如何处理企业、社会和顾客三方的利益关系。企业的市场营销观念不是固定不变的，它是在一定的经济基础上产生的，并随着社会经济的发展和市场形势的变化而发展变化的。市场营销观念的变化与市场营销学的发展同步进行，大体上经历了生产观念、产品观念、推销观念、市场营销观念和社会营销观念五个阶段。

（一）生产观念

所谓生产观念，就是企业的一切经营活动以生产为中心，围绕生产来安排一切业务。生产观念是指导企业经营活动的最古老观念之一，在20世纪20年代以前占支配地位。当时由于科学技术发展相对落后，生产力发展水平较低，社会上的产品供应不能充分满足需求，基本上是“卖方市场”。市场产品短缺，企业不愁其产品没有销路。因此，企业的中心任务就是努力提高效率、降低成本、扩大生产。企业的一切经营活动以企业的生产为中心，而不考虑企业之外的各种市场因素。生产观念的格言是：“我能生产什么就卖什么”。

（二）产品观念

产品观念是从生产观念中派生出来的又一种陈旧的经营观念。生产观念强调“以量取胜”，产品观念则强调“以质取胜”。产品观念认为，只要产品的质量上乘，具有其他产品无法比拟的优点与特征，就会受到顾客的欢迎。我国有些谚语“酒香不怕巷子深”“一招鲜，吃遍天”等，都是产品观念的反映。在这种观念的指导下，企业往往把注意力集中在产品的精心制作上，企业的中心任务就是努力提高产品质量，以质量求生存、求发展。产品观念的格言是："我的产品是最好的，大家都愿意买"。

（三）推销观念

推销观念是生产观念的发展和延伸，产生于资本主义经济由"卖方市场"向"买方市场"过渡的阶段，盛行于20世纪30—40年代。推销观念认为，消费者通常表现出一种购买惰性或抗衡心理，企业若不大力刺激顾客的兴趣，说服和诱导顾客，顾客就不会购买企业的产品，或是只是少量地购买。因此，企业必须建立专门的推销机构，大力施展推销技术。奉行这种观念的企业认为："我卖什么，就设法让人们买什么"。在推销观念的指导下，企业的中心任务就是扩大销售，通过各种推销手段促使消费者购买。

推销观念与生产观念、产品观念比较，是指导思想上的一大进步，但从本质上说仍然没有摆脱以企业生产为中心的框架，因为它只是着眼于现代产品的推销，只顾千方百计地把产品推销出去，至于售出后顾客是否满意，以及如何满足顾客需要，则没有给予重视。因此，在商品经济进一步高度发展、产品更加丰富、竞争更加激烈的条件下，它就不能适应了。

（四）市场营销观念

所谓市场营销观念就是以顾客的需要和欲望为导向，以整体营销手段来取得顾客的满意，从而实现企业的长远利益。市场营销观念是商品经济发展史上的一种全新的经营哲学，它是第二次世界大战之后在美国新的市场形势下形成的。随着第三次科技革命的深入，生产力有了迅速的发展，产品产量剧增，品种日新月异，产品供过于求的矛盾更加突出，消费者的需要和愿望也不断变化，传统经营观念的弊端越来越明显。人们开始对现有的经营观念给予反省并重新花大力气研究市场，这就促使市场营销观念的加速形成。市场营销观念的格言是："顾客需要什么，我们就生产什么"。

市场营销观念是企业经营思想上的一次根本性变革，是作为对上述诸观念的挑战而出现的一种新型企业经营哲学，它改变了传统旧观念的逻辑思维方式，传统的经营思想都是以生产为中心，以卖方的需要为中心，而市场营销观念则是以市场为中心，以买方的需要为中心，按需生产，"以销定产"。市场不是处于生产过程的终点，而是起点；不是供给决定需求，而是需求引起供给。

（五）社会营销观念

所谓社会营销观念，就是不仅要满足消费者的需要和欲望并由此获得企业的利润，而且要符合消费者自身和整个社会的长远利益，要正确处理消费者欲望、消费者利益和社会长远利益之间的矛盾。从20世纪70年代起，随着全球环境破坏、资源短缺、人口爆炸、通货膨胀和忽视社会服务等问题日益严重，要求企业顾及消费者整体利益与长远利益的呼声越来越高。因此，在西方市场营销学界提出了一系列新的理论及观念，如人类观念、理智消费观念、生态准则观念等，均属于社会营销观念范畴，其共同点是，都认为企业生产经营不仅要考虑消费者需要，而且要考虑消费者和整个社会的长远利益，这类观念统称为社会营销观念。社会营销观念的基本核心是：以实现消费者满意以及消费者和社会公众的长期福利作为企业的根本目的与责任。理想的营销决策应同时考虑到消费者的需求与愿望的满足、消费者和社会的长远利益和企业的营销效益。

社会营销观念要求企业的营销活动不仅是使利润最大化，而且要使企业担负起社会责任，即企业的营销活动要构建顺应时代要求，实现企业利益、消费者利益、社会利益的协调统一，不为商业利益侵害社会利益，以社会效益促进商业利益的营销模式。

思考与讨论

简要论述互联网对市场营销产生的主要影响。

三、情感营销：营销就是和消费者谈恋爱

俗话说“士为知己者死，女为悦己者容”，情感往往决定着人的行动。情感营销是一门内容丰富的学问，更是一门艺术，是帮助营销员踏上成功之路的重要手段和工具。

（一）情感消费时代已经到来

在不同的市场供求状态下，消费者对产品的要求是不完全相同的。一般来说，当产品供不应求时，人们更多地注重其满足生理需求的基本效用，往往无暇顾及对产品其他功能的要求；而当供过于求时，人们开始较多地注重产品满足心理需求的程度，对产品其他功能的关切度则相对降低。供求矛盾越突出，这一特征越明显。

目前，我国大部分产品已成为买方市场，不同企业生产经营的同类产品在质量、

性能等方面已无大的差别，甚至与某些进口的同类产品比较也是如此。在这种情况下，消费者购物选择的标准就由通常的物质实用性指标过渡到精神享受性指标上，即强调产品在具备基本功能、满足生理需求的前提下，注重情感需要，追求满足其心理需求。

情感消费时代已经到来，消费行为从理性走向感性。在情感消费时代，消费者在购物时更注重环境、气氛、美感，追求品位，要求舒适，寻求享受。在情感消费时代，消费者购买产品所看重的已不是产品数量的多少、质量的好坏以及价钱的高低，而是为了一种感情上的满足，一种心理上的认同。

情感营销是企业站在用户的立场上，从消费者的情感需要出发，以消费者接受不接受、喜欢不喜欢、满意不满意作为产品开发与营销的准则，唤起和激发消费者的情感需求，诱导消费者心灵上的共鸣，寓情感于营销之中，让有情的营销赢得无情的竞争。情感营销不仅重视企业和消费者之间买卖关系的建立，更强调相互之间的情感交流，因而致力于营造一个温馨、和谐、充满情感的营销环境，这对企业树立良好形象、建立良好人际关系、实现长远目标是非常重要的。

情感营销充分体现了以消费者为核心的现代市场营销观念，进而赢得消费者的信赖和忠诚。由一般产品开发到情感产品开发，是市场供求关系变化和竞争的必然结果，也是企业市场营销质的飞跃。情感营销虽然给企业提出了更高的要求，使企业面临更严峻的挑战，但却为赢得顾客、赢得市场提供了有效手段。

（二）情感营销怎么才能触动人心？

情感营销是一把有力的武器，每个品牌都在争相进行情感营销。面对激烈的竞争，怎样才能策划一场成功的情感营销，怎么才能触动人心？

1.聚焦真实故事，撬动大众群体

在审美疲劳的时代，洞察真实的故事，是每一个品牌需要去做的事情。当品牌的态度融入真实故事，和真实故事的闪光点相辅相成，不仅让品牌巧妙地摆脱了普通广告惯有的产品卖点，还能潜移默化地使大众群体产生内心深处的情感共鸣，引发二次，甚至多次传播，进一步拉近品牌与大众群体之间的距离，让更多人了解到品牌态度。

2.深度用户洞察，建立情感纽带

在这个泛娱乐化的时代，品牌与用户之间的沟通需要一个更有效的桥梁。情感营销想要玩得好，最重要是要进行深度的用户洞察，建立品牌与消费者之间牢固的情感纽带。当下的年轻人，被社会的各种压力压迫着，却又拒绝向生活妥协，他们拥有敏锐的感受力和大量的碎片化时间，无法抗拒深入生活各个角落的情感感召力。

一旦消费者的情绪被激发起来，产生代入感，消费者与品牌就建立起了情感连接，从而对品牌产生深刻的亲近感。

3.传播价值主张，提升品牌温度

很多品牌在进行情感营销的时候，往往只注重情感营销的形式，而忽略了情感价值体现。一次令人记忆深刻且有效的情感营销，毋庸置疑是来自品牌对用户内心的精神需求的深刻洞察，从而提炼出符合用户的情感主张，并进行一次深刻的交流与沟通，最终才能让品牌引发用户的价值认同，继而提升品牌温度。

情感营销的优势之处在于满足了消费者精神上的需求，轻植入、重情感表达，巧妙地绕过了消费者的广告防火墙，击中了他们的情感神经元，寓情于理获取了用户心理上的认同，既拉近品牌与消费者的内心距离，也传达出了品牌的人文价值，塑造起“有温度”的品牌形象。在信息爆炸的今天，受众的注意力愈发稀缺，品牌只有通过这种暖心又抓人的营销来体现品牌的价值，才能更好地俘获消费者的心智。

（三）别让老人掉进“情感营销”陷阱

近年来，各种各样的保健品营销乱象层出不穷，受害者中多是老年人，他们迷恋保健品而放弃正规医院的治疗，以致遭受钱财损失甚至付出生命代价。2015年中央电视台“3·15”晚会就报道了一位老年人掉进保健品营销陷阱的案例，可悲的是，在电视台曝光之后，那位老人仍然对骗局深信不疑。由此可见，保健品营销乱象的流毒之深，已经到了何种程度。

有人会问，许多老人饱经沧桑，为何会在保健品营销的忽悠面前缺乏“免疫力”？细细分析，一些商家卖的是保健品，但“卖点”是附着在保健品上的“保健知识”和“亲情关怀”。对亲情的渴望，对健康的渴求，正是许多老年人发自心底的呼唤。一些保健品销售门店，往往打扮成保健知识培训课堂，保健品营销活动通常办成了健康知识的宣讲会。在看似严密、听着入耳的“科学逻辑”面前，老年人逐渐打消了疑虑，各种伪劣保健品也就乘虚而入，成为水到渠成的“逻辑结果”。

最是孤寂老人心。相比于健康，老年人更渴求的是亲情，可现实的无奈是儿女们忙于工作和各种事情，有时会疏于对父母寂寞心情的抚慰，“常回家看看”成为奢望。这为无良商家提供了可乘之机。浏览媒体的报道不难看出，一些售卖保健品的商家大多擅长利用老年人的孤独心理，大打亲情牌，“叔叔”“阿姨”挂在嘴边，“爷爷”“奶奶”叫个不停。披着亲情外衣的“情感营销”，对老年人往往具有很强的吸引力和迷惑性。

情感营销本是满足人们内心情感的一剂良方，万不可滥用，因为它很容易造成社会的负面影响。

四、病毒营销：为何传播速度如此之快？

根据2010年美国疾病控制和防疫中心发布的报告，从2009年4月到2010年4月的1年间共有6千万美国人感染了H1N1病毒——平均每天有超过15万人感染。2010年7月14日，宝洁公司在YouTube上传了一个30秒的视频来推广其男性护理品牌老香料（Old Spice），36小时内的播放量就达到2300万——平均每天有1500万的人“感染”。当社交网络主宰世界时，病毒营销能让信息以一种令人惊诧的速度传播开来。通常我们认为病毒营销可以让企业以较低的成本达到媲美昂贵电视广告的宣传效果。

（一）病毒营销的含义

病毒营销已不是一种新鲜事物，它是口碑营销的一种转型，并因其可以在短时间内迅速传播，近年来受到越来越多企业的钟爱。

1.口碑

从广义上来讲，口碑是消费者和他（她）的朋友、同事等熟人进行关于一个产品的推广等信息的分享。相关研究表明，口碑可以极大地影响消费者的态度和行为，并且相比较传统营销方式，在影响消费者品牌选择的决策方面有高达7倍的影响优势。

口碑传播不是一个完全利他的行为，信息的散播者和接收者同样受益。对散播者来说，给出值得信赖的信息可以让他们从心理上得到满足和自信；对接收者来说，口碑可以帮助降低决策风险和减少决策时间，因为来自朋友的信息通常被认为是无偏见的、可以信赖的。

2.病毒营销

病毒营销是一种常用的网络营销方法，常用于进行网站推广、品牌推广等。病毒营销利用的是用户口碑传播的原理，在互联网上，这种“口碑传播”更为方便，可以像病毒一样迅速蔓延，因此病毒营销成为一种高效的信息传播方式。我们将病毒营销定义为网络口碑——关于某一公司、品牌或者产品的某种形式的信息——通过社交媒体传播，并呈现出指数型增长方式（见图3-1）。

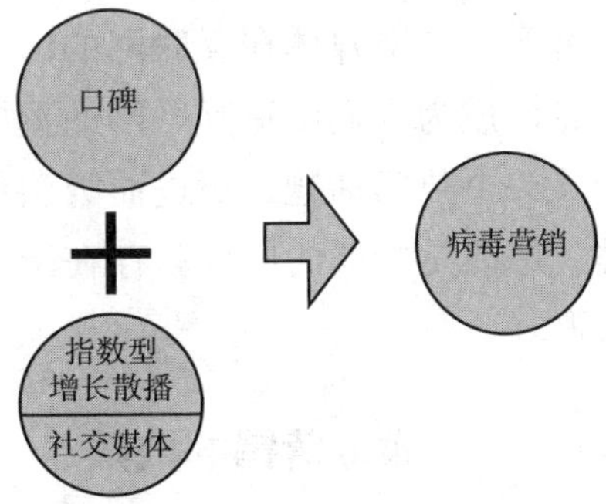

图3-1 病毒营销与口碑之间的关系

（二）病毒营销的特点

病毒营销存在一些区别于其他营销方式的特点主要有4点。

1.低成本性

因为病毒营销利用了目标消费者的参与热情，将原本应由广告主承担的广告传播成本转嫁到消费者身上，因此对商家来说，其传播成本是很低的。

2.传播高效

信息每一轮传递的增幅都大于一，也就是说每个个体都将信息传播给了多个个体。信息从初始的某1个人传播开来，传达到2、4、8、16、32个人……这种指数型的增长方式类似于商业中的复利、物理学中核裂变、生物学中的细菌生长，还有流行病中的病毒传播（见图3–2）。

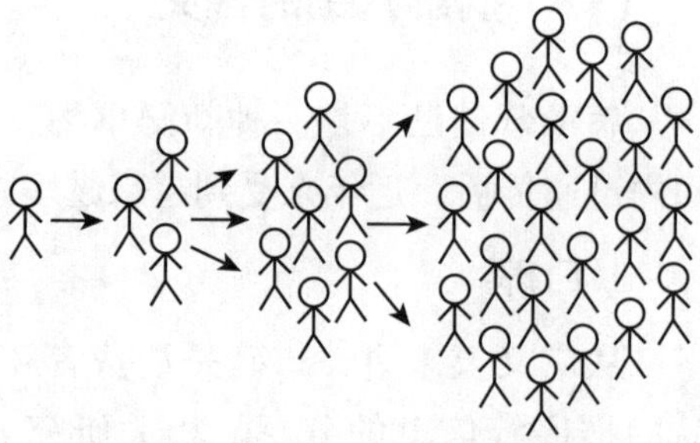

图3–2　病毒性营销示例图

3.自愿传播

对一般性质的广告信息，消费者有很强的抵触心理，广告接收效率很低。但是病毒营销是自发的、扩张性的信息推广，是受众从熟悉的朋友那里获得的或者主动搜索的，因此在接收过程中的心态是积极主动的。病毒营销的信息能够像病毒一样深入人脑，快速复制，迅速传播，将信息在短时间内传向更多的受众。

4.一般基于社交媒体平台传播

社交媒体是互联网上基于用户关系的内容生产与交换平台，是人们彼此之间用来分享意见、见解、经验和观点的平台，如社交网站、微博、微信、博客、论坛、播客等。社交媒体在互联网的沃土上蓬勃发展，爆发出令人炫目的能量，其传播的信息已成为人们浏览互联网的重要内容，不仅制造了人们社交生活中争相讨论的一个又一个热门话题，更进而吸引传统媒体争相跟进。社交媒体非常适合进行病毒营销，原因是社群的属性就存在于这些平台的基因当中，信息可以方便地到达广泛的人群。

（三）病毒营销的成败

病毒营销需要企业和消费者间相互作用。病毒营销的发起者可以是企业，也可以是消费者。和其他营销方式一样，病毒营销既可能产生正面影响，也可能产生负面影响。将这两个维度综合起来，我们得到病毒营销的四种类型（见图3-3）。

1.噩梦

病毒营销由消费者发起，并产生负面影响。2007年2月14日，由于一场冰暴的袭击，捷蓝航空公司的运营几近崩溃，上千次航班因此取消，数百次航班发生延误，并且由于IT系统出现故障，公司无法为乘客更改航班。消费者满意度急剧下滑，在社交媒体上大肆攻击捷蓝航空，导致公司此前打造良好形象的努力付之东流。

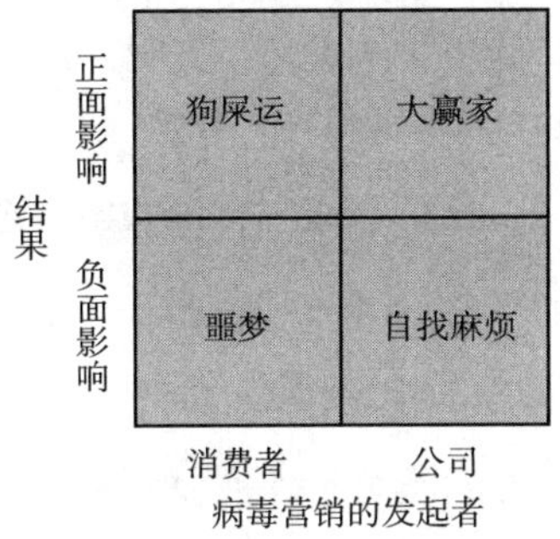

图3-3 病毒营销成败的四种类型

2.狗屎运

病毒营销由消费者发起，并产生正面影响。2006年，沃尔兹（Voltz）和格罗贝（Grobe）把曼妥思和可乐发生化学反应产生喷泉效果的视频上传到Youtube，引来大量网络围观。两人持续实验直到配出曼妥思和可乐的最佳比例，形成了20英尺高的喷射。曼妥思顺势而为，为两人的实验提供免费产品，还邀请消费者复制实验，让那个夏天的销量增长了20%。

3.自找麻烦

病毒营销由公司发起，并产生负面影响。2006年，索尼发布了一篇题为《圣诞节我只想要PSP》的博客，但署名为“独立设计师/艺术家/游戏玩家Charlie”，目的是汇聚一批想买PSP但却无法劝服父母的青少年。当消费者愤怒地指出Charlie是虚构的，其博客由索尼的广告代理商运营时，“Charlie”又否认了“自己”与索尼的关系。但几周后，该博客下线，索尼也承认是自作聪明犯了错。

4.大赢家

病毒营销由公司发起，并产生正面影响。2015年，电影《王牌特工》在韩国的宣传堪称病毒营销的完美案例。福克斯韩国利用了韩国本土的一些热门事件，包括富人阶层滥用权力，进行电影营销。比如韩国航空副总裁勒令飞机返航，只因为空姐将拿给她的坚果放在了塑料袋而不是盘子中。福克斯先是使用电影素材剪辑出一个普通人打败高富帅的视频，让一些韩国媒体误以为是真人真事。紧接着，福克斯投放出充满电影质感的版本，并正式通知媒体视频的内容是虚构的。这时候，围绕《王牌特工》的话题就很多了。“尽管社会阶层间的对立情绪在每一个国家都有，但是这部充满质感又搞笑的讲述普通人逆袭故事的电影，给了这个国家的观众最佳的释放压力的出口。”福克斯韩国表示，“在这部电影上映的时候，恰好是这个国家对政府官员、超级富裕阶层以及富二代们最为不满的时候。”

（四）正确看待病毒营销

病毒营销既是艺术，也是科学。为了提高成功应用病毒营销的概率，有一些基本的规则需要企业注意。

1.其他营销元素和病毒营销战略一样重要

尽管病毒营销有种种好处，但即使最成功的病毒营销也无法拯救低劣的产品、不合理的价格和无力的分销。要发挥病毒营销的作用，必须兼顾其他营销元素。

2.病毒营销需要和传统营销方式通力合作

社交媒体上的病毒营销通常来去匆匆，消散和扩散一样快。要维持病毒营销取得的推广效果，传统营销方式和传统渠道必不可少。

3.过度的计划和干预将导致病毒营销失败

和其他营销方式一样，病毒营销需要在前期进行详细的规划和设计。但“病毒”一旦放出，就不应过多干预了。尤其是，不能要求那些没有传播意向的消费者传播公司的产品推广信息。

4.高度前卫和边缘的信息是有风险的

好的病毒信息需要既容易记忆又足够有趣，这要求公司必须注意不要使用过于前卫和边缘的信息。因为，前卫的信息和不当的信息间往往只有一步之遥。

5.成功的病毒营销需要一点运气和直觉

如上所述，“环境”是病毒营销能否成功的因素之一，病毒营销的发起者必须接受这一现实。在完美的计划和最终的结果之间有很多充满偶然性的噪点，即使拥有最好的计划和最强的执行，失败也还是可能难以避免。

案例思考与讨论

蜜雪冰城：你爱我，我爱你，蜜雪冰城甜蜜蜜

“你爱我，我爱你，蜜雪冰城甜蜜蜜……”茶饮品牌“蜜雪冰城”将主题曲投放到B站、微博、知乎等平台形成的传播矩阵中，凭借着搞怪的画风、简单重复的歌词、节奏感强的旋律，在多个平台冲上热搜，引发大量网友关注（见图3-4）。

由于平台化网络媒介互动性的特点，不少网友在听歌的同时交流自己的“心得”，如“洗脑”“上头”等，将自己真实的感受分享给更多的用户，通过亲身体验向其“安利”歌曲，引起更多用户听歌的欲望，使他们加入到蜜雪冰城主题曲的讨论中来。

图3-4 蜜雪冰城主题曲歌词

用户还通过将蜜雪冰城主题曲及其感受转发至不同社交平台，形成交叉传播，吸引更多的用户了解并参与到相关话题的讨论中。于是，越来越多的用户被吸引并参与讨论，形成病毒式传播，使蜜雪冰城主题曲火爆全网，而蜜雪冰城也通过用户的病毒式传播，形成病毒式营销。

与此同时，一些线下店铺通过“到店唱蜜雪冰城主题曲可以免单”的方法，激起用户参与的欲望。线上传播，线下参与，形成一个完整的营销闭环，蜜雪冰城成功将自己的知名度再次打响。

蜜雪冰城主题曲帮助品牌打响了知名度，提升了触及潜在消费群体的可能性，并利用大众对广告的热议，实现了期望中的“二次传播”，使受众在潜意识中建立了对蜜雪冰城的记忆。

请问：蜜雪冰城此次病毒性营销成功的原因是什么？

五、饥饿营销：你能识别企业供不应求的“假象”吗？

关于“饥饿营销”的名词解释是这样的：一般被应用于商品或服务的商业推广，是指商品提供者有意调低产量，以期达到调控供求关系、制造供不应求“假象”、以维护产品形象并维持商品较高售价和利润率的营销策略。于是很多人便以为，饥饿营销就是减少产品的数量做到奇货可居，但其实并没有这么简单。

（一）饥饿营销的三个层次

1.第一个层次：稀缺＞充足

1975年，社会心理学家斯蒂芬·沃切尔和他的同事李（Lee）、阿德沃勒（Adewole）做过一次实验，一共三轮，实验很简单：让不同的参与者对同一款小甜饼进行品尝和评价。在第一轮的两组参与者中，其中一组参与者面前的罐子里有10

块小甜饼，而另一组参与者面前的罐子里仅有2块。结果罐子里只有2块小甜饼的参与者们所给出的评价，很大程度上高于罐子里有10块小甜饼的参与者。

就像物以稀为贵，供应量较少的小甜饼让人觉得更珍贵，更容易勾起用户的欲望。机会越少越难得，价值就显得越高，吸引力也越大。

2.第二个层次：先充足后稀缺 > 一直稀缺

第二轮还是同样的两组参与者。还是第一组的参与者面前的罐子里有10块小甜饼，另一组参与者面前的罐子里只有2块。但这一次在准备品尝时，两组参与者却被叫停，而是从对方的罐子里拿出一块交换进行品尝。于是原本罐子里有10块甜饼的参与者吃到了那些“供应紧张”的小甜饼，而原本罐子里只有两块小甜饼的参与者吃到了那些“供应充足”的小甜饼。结果，第一组参与者给出的评价远远高于第二组，同时比第一轮实验中第二组给出的评价还要高。

当产品由充足变成稀缺时，用户产生了比供应一直稀缺时更积极的正面反应。这意味着，比起一直稀缺的产品，刚变成稀缺的产品具有更大的吸引力。

3.第三个层次：争夺稀缺 > 失误稀缺

接着是第三轮实验：对第一组罐里拥有10块小甜饼的人，将他们手中的小甜饼换成罐子里只有2块的，然后对其进行解释，对一部分人的解释是“分发的时候分错了”，而对另外一部分人的解释则是“因为小甜饼被参与者吃得太多不够分了”。最后，后者给出的评价更高于前者。

也就是说，当发现有人要跟我们争夺时，小甜饼所产生的吸引力变得更高了。这也就说明了在产品稀缺的情况下，用户之间出现“争夺”将会产生更好的效果。

（二）饥饿营销的适用原则

1.具有竞争力的产品是前提

品牌进行饥饿营销时所选择的产品一定要具有较强的竞争力，具有独特的创新点且短时间内无法被模仿和取代，只有这样才能够吸引用户的眼球，并且让用户有足够的理由去等待、去争夺。

2.强大的品牌影响力是基础

应用饥饿营销的品牌一般都具有较强的影响力，被用户所认可并具备很高的忠诚度。只有这样才能够很好地制造出“供不应求”的抢购气氛，让用户顺利陷入其中。

3.把握用户消费心理是关键

在目前市场中，完全理性的消费者是不存在的，消费者都或多或少受一些心理因素的影响。品牌需要洞悉用户的消费心理，从而能够更好地选择营销的方式，真正触动用户内心的欲望。

4.有效的宣传造势是保障

饥饿营销想要成功，产品上市之前就要通过媒体进行宣传，把消费者的胃口吊起来。饥饿营销效果好不好，与宣传媒体的选择、时机选择、方式选择密切相关。比如深谙饥饿营销的苹果每次有新产品全球上市时，都会呈现出独特的传播曲线：发布会、上市日期公布、等待、上市新闻报道、通宵排队、正式开卖、全线缺货、黄牛涨价。这样便很好地营造出了“供不应求”的气氛。

（三）饥饿营销的注意事项

饥饿营销是一把双刃剑，需要把握好尺度才能更好地利用它。

1.产品要符合大众认知

在品牌推出新产品时，一定不能背离大众的认知，否则将不利于信息的传播。如果你推出一个前所未有的产品，而用户对其认知也不够清晰，那样便很少有人会愿意冒极大的风险去购买的。如果是新品类，那么前期就必须先打开市场，提高人们的认知度。

2.扩大市场不可操之过急

饥饿营销并不是一个时间问题，更大程度上是一个过程，在这个过程中品牌应该严格控制产品的出货量，慢慢扩大市场，这样不仅能够降低风险，更能给少数人留有深刻印象，通过他们的宣传让更多人期待这种产品。

3.“饥饿”要有度

这里的“度”包括两个层面：价格和数量。即便是饥饿营销，数量稀少，品牌最好也不要刻意把价格调到非常高，否则顾客购买力下降，饥饿营销的作用也就不复存在。而数量则是为了保证对用户市场的满足，一旦产品数量过于稀缺，就很难满足庞大客户群体的基本需求，会大大降低这款产品的口碑和传播度。所以，“饥饿”要有度，要在价格和数量上保持一个很好的平衡。

拓展阅读

饥饿营销制造稀缺性：星巴克联名口红“只送不卖”

一般只送不卖的商品都有一个特点：限量。或通过参与活动获得，或采取抽奖的形式获得，产品的限量就意味着“稀缺性”。所谓“物以稀为贵”，任何商品一旦限量，总是能激起更大的“水花”。

图3–5 星巴克联名口红

作为营销界的高手，星巴克一直很善于抓住受众的喜好。继推出的“猫爪杯”一炮而红之后，星巴克又联名美妆品牌Kylie Cosmetics合作推出了口红，而且限量，只送不卖（见图3–5）。S'mores Sip Kit星冰乐唇彩系列没有在门店或官网公开出售，只有在相关活动中被选中的幸运粉丝才能获得。相比其他联名口红，这种“只赠不卖”的形式，更能刺激消费者的参与。

思考与讨论

说一说你还知道哪些成功的饥饿营销案例？

六、关系营销：是和你搞好关系然后卖东西吗？

对一个现代企业来说，除了要处理好企业内部关系，还可以与其他企业结成联盟。企业营销过程的核心是建立并发展与消费者、供应商、分销商、竞争者、政府机构及其他公众的良好关系。无论在哪一个市场，关系都具有很重要的作用，甚至成为企业市场营销活动成败的关键。所以，关系营销日益受到企业的关注和重视。

（一）什么是关系营销

1985年，美国著名学者、营销学专家巴巴拉·本德·杰克逊提出了关系营销的概念。关系营销，又称顾问式营销，指企业在营利的基础上，识别、建立、维护和巩固与顾客和其他伙伴之间的关系，以实现参与各方的目标，从而形成一种兼顾各方利益的长期关系。关系营销把营销活动看成是一个企业与消费者、上下游供应（合作）商、行业竞争者、政府机构及其他公众发生互动作用的过程，目的是建立长期的、互相信任的“双赢关系”，其重点是与客户建立并确保长期的满意度和品牌忠诚度。关系营销的核心不是短期的胜利或销售交易，而是要奠定企业与目标顾客之间持续交易的基础，重点在于使企业及其客户长期受益。关系营销不同于个人的交往关系，它是为了建立一种兼顾双方利益、稳定的战略合作伙伴关系的营销方式，关系营销有利于资源的优化配置。

关系营销与交易市场营销不同。一方面，交易市场营销是除产品和企业的市场形象之外，企业很难采取其他有效措施与顾客保持持久的关系；而在关系营销情况下，企业与顾客保持广泛、密切的关系，价格不再是最主要的竞争手段，竞争者很难破坏企业与顾客的关系。另一方面，交易市场营销强调市场占有率，在任何时刻，管理人员都必须花费大量费用，吸引潜在顾客购买；关系营销则强调顾客忠诚度，保持老顾客比吸引新顾客更重要。

（二）关系营销的本质特征

1.双向沟通

在关系营销中，沟通应该是双向而非单向的。只有广泛的信息交流和信息共享，才可能使企业赢得各个利益相关者的支持与合作。

2.合作

一般而言，关系有两种基本状态，即对立和合作。只有通过合作才能实现协同，因此合作是“双赢”的基础。

3.双赢

双赢即关系营销旨在通过合作增加关系各方的利益，而不是通过损害其中一方或多方的利益来增加其他各方的利益。

4.亲密

关系能否得到稳定和发展，情感因素也起着重要作用。因此，关系营销不只是要实现物质利益的互惠，还必须让参与各方能从关系中获得情感的需求满足。

5.控制

关系营销要求建立专门的部门，用以跟踪顾客、分销商、供应商及营销系统中其他参与者的态度，由此了解关系的动态变化，及时采取措施消除关系中的不稳定因素和不利于关系各方利益共同增长的因素。

（三）如何实现关系营销

1.寻找关系网

在产品同质化和渠道透明化的行业背景下，各行各业单纯依靠产品的合作已经很难快速实现营销了。产品之外，企业还要学会造势、借势，要在特定渠道、区域或市场中积极寻找可以与合作方直接对接的关系网。

2.善用关系力

在通过努力寻找到可以有效对接的关系网之后，企业还要积极维护好关系网中的各种关系。企业通过公关或利益转移，不断加强相关人员对公司的认可程度，从而保证在合作的时候，可以借助这些关键人物的力量，顺利完成合作相关环节，保证合作的长久稳定。

3.打造关系圈

在合作开始后，企业还需要摸清与营销相关的各个环节相关人员的情况，对与营销息息相关的负责人、主管单位的相关情况进行整理，并通过各种有效渠道与这些人进行对接，逐步营造企业在当地的关系圈，保证营销活动的顺利进行。

4.维护关系情

对企业来讲，关系建立起来容易，维护起来却有相当的难度。企业在某一渠道、某一区域建立起自己的关系网络后，企业总部、当地的业务人员要联合起来将这些建立起来的关系网络维护好。

案例思考与讨论

香格里拉：酒店关系营销新标杆

香格里拉酒店与度假村是从1971年新加坡豪华香格里拉酒店的开业开始起步的，很快便以其标准化的管理及个性化的服务赢得国际社会的认同，在亚洲的主要城市得以迅速发展。其总部设在香港，是亚洲最大的豪华酒店集团，并被许多权威机构评为世界最好的饭店集团之一，它所拥有的豪华饭店和度假村已成为最受人们欢迎的休闲度假目的地。

香格里拉有8项指导原则：

（1）我们将在所有关系中表现真诚与体贴；

（2）我们将在每次与顾客接触中尽可能地为其提供更多的服务；

（3）我们将保持服务的一致性；

（4）我们确保我们的服务过程能使顾客感到友好，员工感到轻松；

（5）我们希望每一位高层管理人员都尽可能地多与顾客接触；

（6）我们确保决策点就在与顾客接触的现场；

（7）我们将为我们的员工创造一个能使他们的个人、事业目标均得以实现的环境；

（8）客人的满意是我们事业的动力。

与航空公司联合促销是香格里拉饭店互惠合作的手段之一。香格里拉与众多的航空公司推行“频繁飞行旅游者计划”。入住香格里拉酒店时，客人只要在付门市价时出示频繁飞行旅游者计划的会员卡，就可得到众多航空公司给予的免费公里数或累计点数，如每住一晚便可得到德国汉莎航空公司、美国西北航空公司、联合航空公司提供的500英里（1英里=1.61千米，下同）的优惠等。另外，香格里拉还单独给予客人一些额外的机会来领取奖金和优惠。

顾客服务与住房承诺方面，香格里拉酒店则体现了饭店在承诺、信任原则上的坚持。香格里拉饭店回头客很多，饭店鼓励员工同客人交朋友，员工可自由地同客人进行私人交流。饭店在2000年之前就建立了一个“顾客服务中心”，这个项目建立后，客人只需打一个电话就可解决所有问题。

与原来每一件事要查询不同的部门不同，客人只需打一个电话到顾客服务中心，一切问题均可解决，饭店因此也可更好地掌握顾客信息，协调部门工作，及时满足顾客。在对待客人投诉时，绝不说不，全体员工达成共识，即“我们不必分清谁对谁错，只需分清什么是对，什么是错”。

每个员工时刻提醒自己多为客人着想，不仅在服务的具体功能上，而且在服务的心理效果上满足顾客。香格里拉饭店重视来自世界不同地区、不同国家客人的生活习惯和文化传统的差异，有针对性地提供不同的服务。如对日本客人提供“背对背”服务：客房服务员必须等客人离开客房后再打扫整理客房，避免与客人直接碰面。饭店为客人设立个人档案长期保存，作为为客人提供个性化服务的依据。

香格里拉酒店始终如一地把顾客满意当成企业经营思想的核心，并围绕它把其经营哲学浓缩于一句话“由体贴入微的员工提供的亚洲式接待”，把关系营销演绎得淋漓尽致。

请问：假如你是香格里拉酒店的营销管理人员，在关系营销方面，你还会采取哪些具体措施？

七、借势营销：如何低调且优雅的蹭热点？

借势营销，是将销售的目的隐藏于营销活动之中，将产品的推广融入一个消费者喜闻乐见的环境里，使消费者在这个环境中了解产品并接受产品的营销手段。具体表现为通过媒体争夺消费者眼球、借助消费者自身的传播力、依靠轻松娱乐的方式等潜移默化地引导市场消费。换言之，便是通过顺势、造势、借势等方式，以求提高企业或产品的知名度、美誉度，树立良好的品牌形象，并最终促成产品或服务销售的营销策略。

（一）这个热点能不能蹭？

借势营销易操作、热度高，是一种“性价比”较高的营销方式，特别是对初创企业来说，在营销费用不足的情况下能够做好借势营销，可实现低成本推广。当然，不能为了蹭而蹭，也不能为了追求及时性而盲目地蹭。那么如何判断这个热点是否可以蹭呢？

1. 考虑自身产品是否匹配

一般情况下，热点与自身产品都是没有关系的，讨论人群更是隔着十万八千里。此时要考虑的就是能否将热点事件结合产品导入并影响精准用户，能否为品牌带来实质性的价值，以及投入与产出是否成正比。

2. 考虑自身品牌形象与理念是否匹配

一旦选择蹭这个热点，就相当于把自己与该热点捆绑在一起了，那么大众怎么看待这个热点就会怎么去看待你的品牌形象与品牌理念。因此，热点本身的性质就很重要了。

如果自身产品及品牌形象和理念等与热点匹配的话，企业可以选择蹭热点。蹭热点有三个要点：一是要快，做到快速了解、快速融合、快速传播；二是要强，在表达传播自身产品价值的同时，能够产生较强的话题感，充分考虑用户的参与感，这样一来产品与大众的联系就会更加紧密，大众对产品的亲切度也就更高了；三是要深，就是内容要有深度，一定要具有感染力与影响力，要经得起大众对产品价值的推敲，要考虑产品传播后会留下来怎样的影响。

（二）借势营销的典型玩法

万物皆可借势，借势营销的玩法很多，今天就简单地挑几种经典玩法来讲一讲。

1. 借时营销

最常见的借时营销就是节日营销，每年的母亲节、父亲节、春节等，都是品牌们的营销狂欢日。卡位节日，玩出新意，营销热度手到擒来。例如，哔哩哔哩在五四青年节的保留节目《后浪》系列，每年都吸引了一波关注；还有妇女节珀莱雅的“性别不是边界线，偏见才是”，类似的经典案例数不胜数。

此外，还有一些特殊时间节点，也值得品牌们关注。例如，世界环境日、世界防治沙漠和干旱日等，品牌在此时站出来表达正确的态度，对正面形象的塑造十分有利。

2.借事营销

借事营销是借势营销中最有代表性的。互联网时代，海量的信息喷涌式出现，消费者大多走马观花，不能产生深刻印象。品牌想要依靠自身制造出“热点”，难度不低，但借助热点事件，就相对简单了。

3.借物营销

此处的“物”是广义上的物，既包括人物，也包括品牌等。比如最常见的代言人营销，实际上就是品牌借势明星的影响力，提高产品销量或者实现自身品牌形象的转变。

4.借势竞品

竞品既是我们的竞争对手，也是我们营销的有力武器，蒙牛在这方面堪称行家。蒙牛起步之时，伊利已经是毫无争议的行业龙头，想要直接竞争实在有些自不量力。所以，蒙牛在雪糕包装上打出了“为民族工业争气，向伊利学习”的口号，看似甘当老二，实际上既麻痹了对手，也借着对手的名气打出了自己的一片天。

（三）借势营销注意事项

借势营销用好了就是成功，用不好就会“翻车”。这里归纳出了借势营销的3点注意事项。

1.谨慎选择借势对象，评估传播影响

拿天灾、人祸等重大事件做文章是个很容易“触雷”的操作。在同胞受难的同时，还有品牌事不关己，高高挂起，甚至借此牟利，必然会遭到舆论谴责、法律惩戒。例如，2021年7月20日河南暴雨，康桥等地产公司就是活生生的例子，还有一些侮辱特殊群体的蹭“热梗”行为，也是错误的做法。品牌是公众组织，负有引导正面舆论风向的社会责任，选择借势对象时应该更加谨慎，不能拿低俗当玩笑，把冷漠当智慧。

2.找准借势方式，防止生拉硬靠

没有不能借势的热点，只有用错的借势方式。之前提到的灾难营销，虽然确实容易为人诟病，但如果用对了方式，也能收获消费者的认可。例如，捐款5000万元的鸿星尔克，老板亲自赶赴灾区的胖东来，有诚意、做实事，即便消费者明知有营销助推，也会回报以热忱。但是部分联名营销，只把品牌LOGO简单相加，就推出了所谓的联名产品，这种玩法显然粗制滥造，毫无新意，难以打动消费者。因此，借势营销，一方面要有诚意，用真心换真心，另一方面要有新意，用消费者喜欢的方式做沟通，两者兼备，才能为传播出圈打下坚实的基础。

3.规模化传播矩阵，占据舆论高地

酒香也怕巷子深，借势营销成功与否，内容只占一部分，更重要的是品牌的推广规模。大部分现象级的营销都离不开背后庞大的推广资源，比如哔哩哔哩的《后浪》，从“双微一抖”（微博、微信、抖音）到哔哩哔哩，从《人民日报》到《乌兰察布日报》，甚至在《新闻联播》前播出《后浪》，这种资源加持下，《后浪》想不红都难。推广规模很重要，但它的重要点不只在于制造高曝光，还在于占据了舆论高地。在羊群效应下，大部分人会跟风称赞，传播相关内容。

总而言之，热点虽然千变万化，但品牌只要仔细洞察，找准品牌和热点之间的强关联属性，用有诚意、有创意、有规模的方式营销，就能俘获消费者的心。

案例思考与讨论

奔驰致敬宝马100周年借势营销

2016年3月7日是宝马100周年，作为已有130年历史的竞争对手奔驰发布了一则广告，如图3-6所示，大致内容是：感谢100年来的竞争，没有你的那30年其实感觉很无聊。

图3-6 奔驰致敬宝马100周年借势营销海报

这张海报原本想表达的是：对手，尤其强的对手，永远是成长的最好伙伴。不互黑、而互敬，这是何等的胸怀和气度。有一种精彩，就是相互看不顺眼又竞争不掉对方，从而不得不让自己做到更好。这张海报发布后，瞬间在微信、微博等社交媒体上炸开了锅。

请问：奔驰此次借势营销成功的原因是什么？

八、社群营销：物以类聚，人以群分

物以类聚，人以群分，这是社会发展的必然趋势。在时间的河流里，只要人是群居社会化动物这一属性不变，社群就一定存在。中国商业本质也正在从“物以类聚”切换到“人以群分”，相同爱好、志向的人很容易汇聚到一起，形成社群。

（一）社群就是拉个群？

1.什么是社群

简单来说，社群就是一个群，但是社群需要有一些它自己的表现形式。例如，社群要有社交关系链，不仅只是拉一个群，而是基于一个点、需求和爱好将大家聚合在一起，要有稳定的群体结构和较一致的群体意识；成员有一致的行为规范、持续的互动关系；成员间分工协作，具有一致行动的能力，我们认为这样的群就是社群。

2.什么是社群营销

因为互联网的发展，人们将通过网络社区营销及社会化媒体营销基础上发展起来的用户连接及交流更为紧密的网络营销方式称为社群营销。社群营销主要通过网络连接、沟通等方式实现产品及用户价值传递，由于营销方式人性化，不仅受用户欢迎，还可能成为继续传播者，所以广受企业的推崇，目前已成为一种不可或缺的营销渠道与方式。

其实，在网络社群营销出现之前，已经存在过“社群营销”。如会议营销，也叫作“会销”，就属于线下“社群营销”。这样类比并不是因为社群营销与会议营销完全相同，而是它们之间的理念与模式最为相似，都是聚集潜在客户，然后精准地筛选出有意向的人群加以重点营销，最终获取订单达成交易；中间环节可能存在细节上的差别，但模式与理念上是基本一致的。两者最为核心的要素都是聚拢、维系、秩序、引导、佐证，以及促进和跟踪。

（二）社群营销的优势

在互联网的新战场，高成本、广撒网的传统营销模式所产生的效果越来越差，而“人”才是营销的本质和核心，这时品牌所拥有的社群就凸显出了独特的营销优势。

1.低成本获取，利润最大化

我们都知道，品牌营销的最终目的是实现销量转化。在传统营销模式下，为了让品牌信息被更多的人知道，品牌会花重金去做广告推广，然而营销效果却并不理想，甚至还让消费者对品牌产生抵触，甚至是厌恶的心理。如今，品牌与消费者之间建立了社群关系，社群里的每个个体都是品牌购买力和传播力的结合体，都能为品牌带来四两拨千斤的营销效果。同时，品牌建立社群的成本也远低于大范围做广告，低成本收获最大化的营销效果，何乐而不为呢？

2. 快速建立品牌口碑

随着互联网的发展，我们每天会接触到各种各样的信息与事物，在一面之缘的情况下，我们很难建立起信任感。但是我们从好友那里看到的、听到的信息，我们会有天生的好感，这种好感在对方持续输出后会转化为口碑，甚至是购买欲望。这种套路常用于微商，对品牌亦是如此。通过与消费者建立社群、好友等关系，能够帮助品牌减少宣传成本，增大潜在客户的成交概率，增强客户的信赖感，提升产品的复购率，强化用户对品牌的忠诚度。

3. 增强传播效率，快速深度触达

提到社群，尤其是微信群，群内的信息每天基本都会主动浏览，但是给我们发的传单、浏览器主动跳出来的广告，或者抖音等社交平台的信息流广告，我们很少会去认真看。这就是社群的深度触达。在社群内，人与人之间可以建立随时的沟通和消息触达，品牌一旦与消费者形成这种交流圈子，就能够快速与消费者建立情感连接，品牌信息也能够通过一群拥有共同价值观的朋友，齐心协力传播品牌，传递思想，以增强品牌的口碑和影响力。

案例思考与讨论

小米：先做社群，再有品牌

小米科技创办于2010年，并在2014年便位居中国智能手机市场份额第一位，全球排名第五位（IDC数据）。这些亮眼成绩的背后，除了小米自身的精准定位外，靠的就是一直用心做社群（见图3-7）。

图3-7 从“米粉”中来 到“米粉”中去

早前的手机市场，品牌之间拼的是功能、价格和渠道，但小米上市后，并没有延续这一传统市场走向，而是不断输出亚文化，开始拼价值观。正如小米的标语“为发烧而生”其实就是一种“极客精神”的亚文化，通过这种亚文化，小米快速收割了一群忠诚的种子用户，并基于他们对品牌的崇拜感和认同感，组建了品牌社群，群内粉丝们的共同意识也凝聚在品牌仪式中，比如小米的爆米花、同城会和米粉节，用户参与度非常高。

2010年，微博刚刚兴起时，小米就看准时机，在微博上做起了营销。小米规定，微博上的留言客服人员要在15分钟内快速回应，雷军当时每天会花一个小时回复微博上的评论。小米合伙人、小米各个品牌、小米员工都有自己的微博，做到微博就是客服，客服就是营销，客服由守转攻。

小米不断创新品牌的社群内容，除了为用户搭建小米社区，提供沟通交流平台和官方动态媒介外，小米还在各大社交平台上建立社群，让网友一起来共同参与制造手机，为用户创造“参与感”和“存在感”的氛围，从而满足和提高用户体验（见图3–8）。2013年，小米还是没有打广告，而是建设了一支属于自己的社会化媒体队伍。小米新媒体团队有近百人，其中小米论坛30人、微博30人、微信10人、QQ空间10人等。当其他厂商还在打“硬广”的时候，小米却悄悄地通过社会化媒体展开了新的征程，量变引起质变就这样悄无声息地进行着。

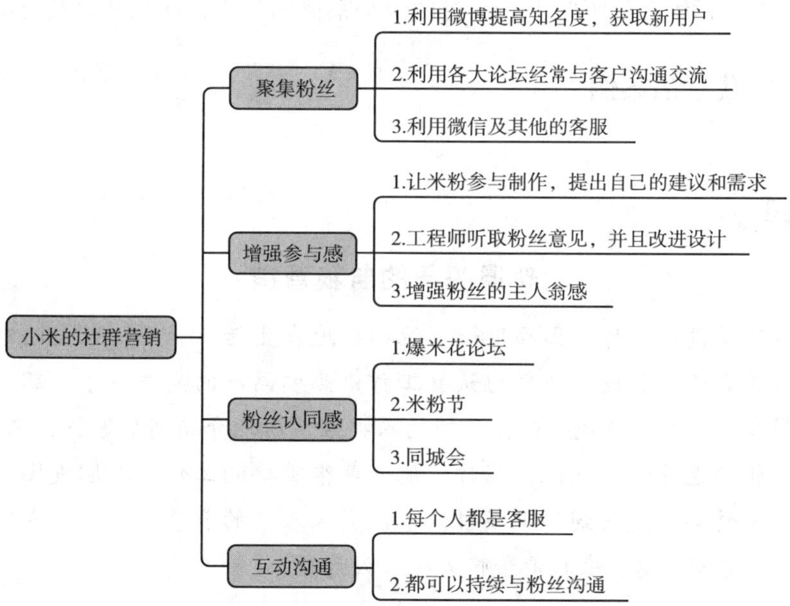

图3–8 小米社群营销模式结构示意图

小米通过先做社群，再有品牌，才在激烈的市场竞争中杀出一条血路，稳居中国智能手机市场前5名。由此可见，社群对品牌建设起着关键性的作用，不做社群品牌将毫无竞争力。营销的意义已经从经营品牌过渡为经营用户，而社群作为圈住用户的最佳容器，正在影响着品牌未来的发展趋势。因为品牌是中心化产物、工业时代产物，是认知体系，而社群是去中心产物，是互联网产物，是参与感，是行动体系，这就意味着，品牌是结果，社群是护城河。未来品牌的经营模式，是先做社群，再有品牌。先通过社群找到种子用户，不断发酵形成忠诚度，才能产生知名度，靠口碑营销和用户裂变，最终形成品牌。没有社群的品牌很脆弱，甚至是死路一条，因为你和你的用户如果都没有关系，就更谈不上用户洞察了。

请问：小米社群营销成功的关键因素有哪些？

九、营销的终极篇章：营销产品前要先学会营销自己

在生活中营销自己，就是要为自己的在亲友中树立良好的形象，拥有广阔的人际关系；在职场上营销自己，就是要为自己树立优秀能干的形象，拥有更多发展空间；在朋友圈中营销自己，就是要为自己树立专业的形象，拥有更多机会机遇。营销自己，对每个人而言都非常重要。懂得营销自己的人，总能得到自己想要的。

那么该如何营销自己呢？下边通过两个小案例的分析，找到营销自己的方法。

（一）自我营销案例

案例1

普通职员的自我营销

小赵从事设计工作，画画很好。他积极地在生活、职场、朋友圈中营销个人形象，将自己包装成一个努力认真工作，热爱画画的高手。于是朋友们有需要设计帮忙的，也都会找小赵，周围的人也经常给他介绍新的客户，新的人脉。职场上，领导也非常重视他，经常给他一些很重要的工作。在朋友圈里，他晒出来的绘画作品更是得到了很多赞，不仅引来人们的羡慕，还让朋友圈里的人一有机会就想到小赵，来找他帮忙绘画、设计。

营销自己，关键是要找到自己的定位。定位即你的身份，也许你有许多不同的身份，但定位一定要能够体现你的核心竞争力。所谓的核心竞争力，就是你的价值，

也是人生中最想被人们认可，也最想有所发展的东西。

绘画就是小赵的核心竞争力，他时刻体现的都是自己这方面的能力。不管是生活中还是职场上，还是社交网络上，小赵都以绘画设计高手的形象出现。

找到自己的核心竞争力，给自己一个明确的定位，才能够更好地营销自己。这与营销产品时，找产品的优势以及市场定位是一样的道理。营销的方方面面都可以应用到个人品牌建立中，而当你树立起个人品牌时，就会发现不管生活还是职场，又或者是个人发展都会变得顺利很多。

案例2

职业经理的自我营销

小张是位职业经理，他对到公司来应聘的人员都采用专业的方式进行面试，不论是笔试，还是面谈，都让人感受到与其他企业的不同。不少应聘者被其面试的技巧所折服，哪怕是薪资低一点也愿意来，即使最后没有来的，也会对那次面试留下深刻印象，也想学会这种面试方法，希望拜师讨教。

营销自己，要抓住每一个营销机会。职业经理可以通过朋友，结交名士，向外推广；可以参加各类活动，在各种社交场合显露自己的才华；也可以开讲座，做培训，著书立说……即使是日常的工作，如给人面试，都可以用来营销自己。

行业的圈子很小，没有被录用的人在各种场合都会谈起这个深刻的面试情景，会说某公司的某人真专业，用了什么面试方法。这样，来应聘的人一波接一波，一两年下来，不下几百位，这事逐渐在圈子里就盛传开了。这位职业经理在行业内的知名度不经意间就提高了，美誉度自然就上来了。这种自我营销是不带成本的，只是顺带产生而已。

当然，在营销的时候有一个前提，就是有料。如果腹中空空，只是在营销上做思考，那等同于飞蛾扑火，自取灭亡，不久的将来一定会被识破。如果“料”无法支撑自己的营销，就成了吹牛，最终害人害己。

（二）营销自己的方法

1.塑造个人品牌

在当前这个充满机会、个人容易成功的时代，塑造个人品牌对自己的发展十分重要。个人的品牌是由你的人生轨迹、口碑等一系列组成的。塑造好的个人品牌，要从以下几个方面着手：第一，要有很好的能力，包括适应能力、沟通能力、学习能力和创新能力；第二，要用你自己的能力做出良好的业绩，业绩是你个人品牌的外在表现；第三，要有良好的做人口碑，如果没有口碑，那你的业绩有可能不真实或者不确定、不稳定。

2.进行个人品牌定位

每一位成功的人，实际上都运用了“定位”的理论。“定位”是个人品牌塑造的基点，其他相关工作都应该围绕“定位”展开。寻找强有力的“定位”，既要考虑自己的特质和“包装”策略，还要去规划你想让别人对你有何种印象，并创造出与其他企业家之间的差异。如方太集团的董事长茅理翔因其著书《管理千千节》和经常参加一些社会活动，使其个人和企业知名度很高。

3.塑造个性化形象

想让人们清楚记得你的重要方法之一就是建立自己独特的个性形象。你在公众面前表现的个性也许是与生俱来的，也许是因为企业需要而特意设计的。但不管怎样，个性化的形象都有助于你从千千万万的企业家中脱颖而出。实际上，你的个性是个人品牌定位的具体体现，是对定位在日常生活中的阐释。

个性化形象的塑造包括三个重要部分：①你的人生观、世界观、价值观、人才观、工作观、学术观以及创新观等思想部分，体现的是你的内涵与修养，着重于自身的“内秀”；②你的仪容仪表、礼仪服饰、办公环境、个人空间风格、签名、用车、办公用品、名片等，体现的是你的外表风格，着重于个人形象的外在表现；③你的为人处世、社交活动、运动休闲、生活喜好、演讲风格等，表现的是你对社会的态度。

4.经常保持你的声音

无论你从事哪个行业，一定要在业界经常保持有你的声音。你要抓住一切可能的机会多参与行业的相关会议和论坛。在行业的论坛、会议、媒体上发表你的观点和构想，树立你自己的观点旗帜，并且不遗余力地去捍卫它。当然，观点应鲜明并具有特色，切忌陈词滥调、人云亦云。观点需要新、奇、特，并且要有充足的理论依据支撑；发布的时机也要掌握好，事件要具有针对性、焦点性、争议性等特征；要寻找影响扩散面宽、扩散速度快的媒体和场合发布，这样你就可能一发中的，获得知名度。

5.建立完善的社会关系网络

成功的人士要同时将自己的思想放进他人头脑（内部营销）和将钱从别人口袋里掏出（外部产品营销），因而必须建立个人完善的关系网络。完善的关系网络不仅是人际关系网络，也是企业战略网络以及资本资源网络。你的网络包括管理团队、员工、股东等内部网络，还包括客户、消费者、政府、银行、社区、合作伙伴、投资者以及竞争对手等外部网络。网络决定了企业家及其企业的成败，因此，你要和网络成员形成良好的互动沟通模式，从而保证企业决策的实施和企业经营管理的有效运行。不要把自己局限在小圈子里，尽可能多地参加社交活动，向人们推销你自己的观点、理论、个性、能力，以获得人们的认知和关注。

6.挑战或接近更有影响力的人

共生与寄生都是生存方式。站在巨人的肩膀上可以使你省去搭建起跳平台的工夫，一跃而过，直入龙门。现在是百花齐放、百家争鸣的时代，任何人都可以发布自己的观点和理论。不要惧怕和迷信权威，只要有合理的理由和论点，那么，我们与权威们来一番论辩和争议有何不可？

7.抓住每一个事件营销的机会

企业家应该敢于抓住机会，实现“惊险一跳”。在信息社会里，对商机和信息、情报的把握能力成为衡量企业家领导能力的一个标准。创业也好，经营也好，企业家既要有谋，还要有勇，抓住每一个可能的机会进行营销。尤其在危急时刻，往往大多数人六神无主、束手无策。此时，如果你有足够的信心和胆量，那么你就应该挺身而出，临危受命，这是你树立个人品牌影响力和威信的关键时刻。

做自己的首席营销官，好好经营自己，将你的形象、知识、人脉、价值加以整合，形成自己的定位进而推广它，打造属于自己独一无二的个人品牌。

思考与讨论

以自身实际情况为例，说一说如何实现自我营销。

第 4 章 成大事必备技能：管理团队

学习目标

了解领导力的内涵，掌握团队管理的方法和技巧，能够科学地设定组织目标，使用有效的方法招募团队，并与团队成员进行高效的沟通。注重团队制度建设，提升工作执行力，能够运用合适的方法开展团队激励，并对团队成员进行科学的考核与评价，切实提升团队管理能力。对待成员态度良好、体贴关怀、懂得褒奖、善于聆听。

一滴水如果不放到大海里，很快就会干涸；一个人如果不融入团队，再有能力也很难干出一番大事业。一个人就好像一滴水，倘若不懂得将自己置身于团队的大海中，迟早会面临业绩“干涸”的命运。“团队兴，个人旺；团队散，个人衰”，在当下竞争激烈、分工明确的市场化社会，单打独斗早已过时，只有积极与别人合作，依靠团队成员能力互补共同努力才能取得成功。

团队的组建和管理是一门学问，不是随便找些人一起工作就能发挥出他们的价值，组建一支优秀的团队是每一位想成就一番大事业仁人志士的梦想，但组建和拥有这样的团队却不是那么容易的。人在一起是团伙，心在一起是团队，团队要有规范的纪律章程，团队成员要有共同的梦想、目标和价值观，心往一处想，劲往一处使，具有超强的凝聚力才能做出一番大事业。但是现在我们经常能看到这样一种矛盾现象：团队规章制度如果要求严格，成员忍受不了就会走人，但是要求一松懈，很多规章制度无法落实，人心涣散，团队就无法完成目标。如果现在交给你一个团队，可能是只有两个人、四个人抑或一个部门，当你成为这个团队领导者的话，你将如何带领整个团队完成既定的目标？

一、提升领导力：给你一个团队，你会管理吗？

领导是团队的核心，领导力是构建团队的核心。我们正处于信息技术快速迭代的知识经济爆炸式发展时代，无论是个人还是团队面临的竞争环境愈加复杂多变，个人要想获得持续的竞争优势，必须具备优秀的领导力。领导力的培养和提升是每个人都必须关注的话题，对领导力进行专题研究，于个人、团队以及企业应对未来挑战和机遇而言，均具有十分重要的意义。

（一）什么是领导力

领导力是当下极其重要却又语义含糊的一个词语，据学者们统计，现有研究至少已经给出了350个领导力定义。伯恩斯在其名著《领袖论》中指出：领导力是世界上被人观察最多、却被人理解最少的现象之一。领导力是不是与生俱来的，这个问题一直以来长期被人们研究和讨论，目前大家普遍认为领导者的个人品质有共同之处，但是领导力并非天生的，而是可以通过后天有意识地培养塑造形成。全球公认的领导力大师，"美国领导力研究中心"创始人和主席保罗·赫塞认为："领导力是对他人产生影响的过程，促使他人做不会主动做的事，领导力可以理解为影响力。"

只要能成功影响他人的行为，任何人都可以拥有领导力。领导力的产生可以基于品德魅力或技能特长，而不是单纯依靠权力职位，所以领导力并不是"当领导"。真正的领导力无法通过赋予、委派或奖赏获得，权力只能使成员产生敬畏之情，而用关怀、倾听和理解来使团队成员对领导者产生发自内心的认同、敬佩和信服之情，他们会不由自主地追随领导者，并紧密地团结在领导者的周围，领导者的影响力将持续提升，进而增强团队的凝聚力，加强团队成员共同合作，促使团队实现共同目标。

（二）提升领导力的五项行为

卓越有效的领导力被普遍认为是导致人生成功的核心要素之一，领导力可以帮助我们为他人提供有效的指导，并做出富有成效的决策，但是没有人生来就是领导者，要想成长为卓越的领导者，就必须加强领导力的塑造和修炼。对很多人来说，领导一个团队看似简单，可实际上却并没有想象中的那么容易。团队中每一位成员都不是机械工作的"机器人"，他们都有独特的个性和个人想法，并不总是无条件接受领导者的指挥和安排，所以很多领导者经常会遇到这样的问题：虽然已经明确了规章制度和要求，但成员们却常常置若罔闻，自行其是。在下面的这个案例中，一个团队的领导者就遇到了类似的问题，非常苦恼，却找不到解决的办法。

在一家成立不到两年的公司中，总经理王华在团队管理中遭遇到了很多难题和挑战。他逐渐察觉到与自己一起创业的老员工有很多人开始变得懒散和懈怠，自恃劳苦功高，不服从上级领导的管理。在这些老员工的“示范”下，新来的员工也开始“上梁不正下梁歪”，很快就学会对工作敷衍应付，一遇到比较棘手难办的问题，不是自己竭尽全力想办法解决，而是将难题推给上级，最后再逐级上报给总经理。

在这种情况下，总经理王华终日忙碌于基层工作事务，根本没有时间思考公司的长远战略规划，这让他无法深入问题的本质，找不到彻底解决问题的办法，总是“头痛医头，脚痛医脚”，这次解决了一个问题，下次类似的问题又会出现。他总是无法定下心来好好分析公司的未来发展，在工作中有太多的杂事像无形的“黑洞”一样，将他的时间和精力统统吸走，王华对此感到非常苦恼。

总经理王华在团队管理中之所以会出现这种力不从心的问题，是因为他缺乏领导力的塑造和培养，没有形成系统的团队领导方法。只有重塑领导者管理思维模式，改进管理者的沟通语言和行为方法，才能促使领导者形成卓越的领导力，以下是提升领导力的五项行为。

1. 创造愿景

如果你知道自己要往哪个方向走，抵达目的地就会容易许多。提升领导力的第一步就是向团队成员描绘清晰的目标愿景，向他们传达团队未来发展的方向，感召团队成员共同奋斗，激励每个人为团队做出自己的贡献。作为领导者，要为成员树立两个目标，一个是短期内可以实现的，一个是长期远景规划，并且领导团队成员为了共同目标和愿景而共同奋斗。共同愿景具有强大的力量，能够激发和鼓舞团队中的所有成员在共同愿景的指引下奋斗工作，并给他们指出清晰的方向，在这种情形下，我们将会从团队成员中看到自信、自豪和热情。

2. 树立榜样

优秀的领导者不是“按我说的去做”，而是“按我做的去做”。领导者只有严格要求自己，要求其他人做到的自己首先要做到，这样才能够具备说服力，从而增强团队凝聚力。领导者不仅要以身作则，还要选择团队中成绩突出，品德高尚的成员进行广泛宣传，并对榜样人员给予物质或精神激励，提高榜样的宣传作用，激励团队成员学习榜样的动力，凝聚团队力量。榜样的力量是无穷的，领导者通过树立榜样，传播正能量的价值观，能够对团队成员产生积极的影响，起到巨大的激励作用，能够使人学有方向、有目标，从而自觉地执行工作要求，并且会把工作做得更好。

3. 善于倾听

“别人说话时，你要从头听到尾。”海明威的这句话对团队领导者有很好的参考价值。倾听是沟通的基础，善于倾听是提升领导力的关键技巧和有效方法，是所有团队管理工作的基石，同时它又是最容易被人们低估和忽略的。优秀的领导者都善于沟通，但是有效的沟通并不仅在于表达，更重要的是倾听，倾听是拉近距离，建立信任，打开心扉的一个过程。做一个善于倾听的领导者，要注意在倾听中提问，让对方感受到尊重和信任，也更容易赢得信任。领导者用心倾听团队成员心声，认真倾听团队成员的意见，并真心为对方着想，就像建立了丰厚的情感账户，双方关系会变得愈加信任。

4. 及时反馈

据波士顿咨询公司的数据统计，39%的员工声称他们在工作中感受不到认可，而定期对员工反馈的公司，员工流动率相比于其他公司要低14.9%。及时反馈对团队成员的持续成长至关重要，而给予有效反馈是领导者的必备技能。反馈包括正面反馈和负面反馈，分为三个层级：零级反馈、一级反馈和二级反馈。零级反馈指的是领导者没有能够及时给予反馈；一级反馈比零级反馈略好一些，领导者给出了反馈，但是效用有限；领导者真正需要掌握的是二级反馈，二级反馈是在一级反馈的基础上进一步改进和提升，要求领导者对团队成员进行评价的同时给出理由。对团队成员给予及时反馈，可以帮助其了解他人如何评价他们，以及他们的行为方式和工作方式对团队中其他人的影响。对领导者而言，及时反馈可以帮助他们更好地赢得团队成员的信任，有助于改善双边关系，提高团队成员的工作积极性。

5. 学会授权

合理授权是提升领导力的必经之路，也是领导者需要掌握的领导艺术，它能够使领导者不必在琐碎事务上亲力亲为，从而能有更多的时间和精力去投入到更重要的事项上。但很多领导者并没有对成员授权，不懂授权、不敢授权、不愿授权、不会授权的情形比比皆是，不放心把工作交给别人，所有任务都是事必躬亲，长此以往领导者就会陷入恶性循环之中，工作忙得不可开交，而团队其他成员却无所事事。要想团队成员能力得到加强，必须要学会授权，让他们承担工作和责任，在实践中不断进步。在授权前，应设定目标和明确职责，在过程中随时关注工作进展，对偏离工作轨道的工作予以及时纠正。学会授权，领导者就会从控制者转变为赋能者，使团队共赢成长，提升整体效能。

思考与讨论

优秀的领导者是否具备共性？你觉得有哪些共性？

二、制定目标：目标要看得见，摸得着

管理学大师彼得·德鲁克说过："所有企业说到底都是目标管理，不是有了工作才有目标，而是有了目标才确定每个人的工作。如果一个领域没有目标，那么这项领域的工作必然被忽视！"领导者一定要避免这样的"工作陷阱"——只顾低头拉车，而不抬头看路，最终忘了整个团队的主要目标。管理者在统筹分配各项事务之前，首先要明确团队的目标和每个成员的细分目标，这样每个成员才能知道自己应当承担什么样的工作，可以取得什么样的成果，并会因此受到激励，向着实现目标的方向努力前进。

（一）如何制定目标

制定目标是一件非常重要的事情，有了目标才会有动力，有了目标才知道接下来该往哪走。那我们要如何制定目标呢？

1.目标要具有可行性

团队制定的目标不能过高、不切实际，目标要看得见，够得着，才能成为一个有效的目标，帮助人们获得自己想要的结果。

2.把握大局，抓好重点

制定目标要从团队全局的发展出发，抓住重点和关键。团队的目标必须聚焦于整体利益，以大局为重，与此同时，还要突出重点。否则，眉毛胡子一把抓，顾此失彼，会导致团队低效。

3.立足当前，着眼长远

在设定目标之前，要全面地掌握团队目前的情况，拟定出一个切合实际的、有效的目标。同时，要把眼光看得更长远一些，在为目标奋斗的过程中，要不断检查与自我反省，最终让每一位成员均能实现自己的目标。

（二）目标制定的SMART原则

团队管理有一个非常重要的目标设定原则——SMART原则，由五个基本原则的英文首字母组成。SMART原则应用场景普遍且广泛，不仅应用在目标设定领域，还可以被应用于其他工作和生活的场景。

1.S—Specific：具体的，明确的

目标设定需要具体而不能是笼统的，要明确的而不能是模糊的，也就是说要用

具体明确的语言表述团队要实现的目标。例如，“我们要做到更好”，这是一种模糊的目标，但如果改成我们本月至少要达成上个月销售额的95%，这就是具体明确的目标。

2.M—Measurable：可衡量的

如果目标不能被衡量和展现，就无法实施进一步的跟进工作，也无法证明团队是否完成。设定的目标需要能够被量化，以便考核时可以采用相同的标准进行衡量，另外诸如知识和技能、满意度、品牌形象等定性目标也需尽可能地数值化。例如，“提升品牌形象”这个定性目标就很难用数值来表现，我们可以设定“回流率”或“广告刊登金额”作为测量品牌形象的指标。

3.A—Attainable：可实现的，可达成的

目标必须是可达成的，如果目标设定太高，完全超出团队或个人的能力范围，不是“跳一跳就能够摸得到”的目标，这样的目标设定是没有意义的，而且会影响团队成员的工作积极性，让人产生消极情绪。目标制定要结合团队实际情况和员工实际能力，要保证具有可实现的可能性，“跳一跳，摘桃子”是可实现的，但“跳上天，摘星星”就是不切实际了。另外，目标还需具有一定的挑战性，否则无法起到应有的激励作用。所以说一个好的目标需要“跳一跳，要能够得到；不跳，你就绝对够不到”。

4.R—Relevant：相关联的

目标设定要与团队的运营特点和未来发展相关联，要有利于团队整体水平的提高。团队成员之间的目标与团队目标要相关，长、中、短期目标要能相关，目标与岗位职责要相关，目标之间彼此不能冲突，以达到互相促进的作用，而不能为了达到某个目标而影响其他目标的正常执行和实现。

5.T—Time based：有时限的

目标完成必须要有明确的时间期限，如果没有这个期限限制，团队目标就很容易被其他紧急的事情影响，等到了最后期限，才发现要完成已为时已晚。我们可以根据工作任务的权重和事情的轻重缓急拟定完成目标的时间要求，让成员了解不同工作的轻重缓急。除此之外，运用PDCA去管控，根据情况变化及时地调整工作计划，争取在截止期限前圆满完成既定目标。

团队管理者在制定各项目标时，应当注意“SMART”的五条原则缺一不可，这样制定的目标才能更加符合实际，领导者对工作的掌控能力也能够得到持续不断的锻炼和提升。

思考与讨论

请制定下周的学习目标，尝试运用SMART原则进行衡量和修正。

三、招贤纳士：要做“伯乐”，不做“驯马师”

吉姆·柯林斯曾说过：“商界人士最重要的决定不是如何做事，而是如何聘人。”找对人才能做对事，打造一个成功团队的关键一步就是选聘和招募团队成员。人才招聘是团队发展强大的基础，社会中不缺人才，但是缺少辨才识才的伯乐。作为管理者首先要具有辨才的眼光，挑选合适的人加入自己的团队，然后才是精心培育，选才的重要性要大于育才。

（一）招人要明确需求：7W1H法则

在人才招聘之前，首先要知道团队想要什么样的人才，这样才能找到真正需要的人才。通过对需求职位的分析，明确这些职位需要满足什么要求，例如：有关工作程序和技术的职位要求应聘人员具备独立判断和思考的能力，还要求具备高度集中的注意力和较好的记忆力、警觉性、反应能力等。有些职位还会对求职者的工作经验、生活经历甚至是健康情况等有所要求。岗位要求可以根据经验进行判断，也可以通过统计分析来确定。

在实际人才招聘中，人们通常用7W1H法则来分析工作内容和岗位需求，以确定团队需要什么样的人才。7W1H具体是指什么人（Who）、做什么（What）、何时做（When）、在哪儿做（Where）、为什么做（Why）、给谁做（Whom）、什么资质才可以做（What qualification）以及如何做（How）。

（1）什么人（Who）：做这项工作的人是谁？由谁来承担责任？

（2）做什么（What）：工作内容是什么？需要完成哪些工作？

（3）何时做（When）：规定期限是多长时间？逾期完成有没有处罚，提前完成是否有奖励？

（4）在哪儿做（Where）：工作地点在哪里？工作环境条件怎么样？

（5）为什么做（Why）：做这项工作有什么意义？能满足公司哪些需求？

（6）给谁做（Whom）：工作的服务对象是谁？是外部客户，还是公司内部员工？

（7）什么资质才可以做（What qualification）：需要满足哪些条件才能胜任此岗位？

（8）如何做（How）：工作程序和具体流程是怎样的？有哪些工作规范？

（二）选人要有慧眼：STAR行为面试法

有句俗语说："招到了合适的人，你的事业就成功了一半。"可见，优秀的人才对事业的成功至关重要，当今社会已经不仅是资源的竞争、资金的竞争，更重要的是对人才的竞争。关于招聘选人，目前普遍采用的技巧之一就是STAR行为面试法，也称行为事件访谈，它是一种效率相对较高的面试方法。

"STAR"中S代表Situation（情景），是指关于面试者过去工作的背景，全面了解该面试者取得的业绩，有多少是与个人有关，多少和市场状况和行业特点有关。

T代表Task（任务），指的是面试者在过去曾经承担的工作任务或角色，了解面试者的工作经历和经验，以确定他所从事的工作与获得的经验是否适合所空缺的职位。

A代表Action（行动），指的是面试者在完成过去工作任务采取的具体行为，通过这些，可以进一步了解他的工作方式、思维方式和行为方式。

R代表Result（结果），指的是面试者过去曾经做出的成绩。通过STAR式发问的4个步骤，一步步将面试者的陈述引向深入，一步步挖掘出面试者潜在的信息，为招聘人才提供正确和全面的参考。

拓展阅读

王旦：一个宰相的自我修养

王旦和寇准都是北宋时期的大臣，两人同一年中进士，后来又先后成为宰辅。王旦是宰相、中书侍郎，主管中书省；寇准是枢密院使，主持枢密院的工作。寇准觉得王旦才能不如自己，官倒做得比自己大，心里不太服气，所以经常在宋真宗面前说王旦的不是。王旦呢，却经常向皇帝介绍寇准的优点。时间久了，宋真宗都觉得过意不去，就对王旦说："你老是夸赞寇准的优点，可是他却经常说你的坏话。"王旦却说："本来就应该这样，我在宰相的位子上时间很久，在处理政事时失误一定很多。寇准对陛下不隐瞒我的缺点，愈发显示出他的忠诚，这就是我看重他的原因。"

有一次，王旦主持的中书省送寇准主持的枢密院一份文件违反了规格，公文中用印的格式不规范。寇准知道后，马上就把有疏漏的公文呈给宋真宗，宋真宗看了很生气，王旦因此受到责备。然而事隔不到一个月，枢密院有公文送中书省，结果也违反了规格，办事人员兴奋地把这份公文送交王旦，以为王旦定会报复寇准，可他没有这么做，而是要求把公文退还给枢密院，让他们有机会修改。寇准知道了这件事，心里很惭愧，见到王旦就说："同年，你的度量可真大呀！"后来，寇准升任武胜军节度使同中书门下平章事，寇准感谢宋真宗对他的了解。不料宋真宗却说："此乃王旦的推荐。"寇准更加敬服王旦。后来王旦病重，仍然不忘向宋真宗推荐寇准接任宰相。寇准来探望他的时候，王旦嘱咐寇准一定要改掉奢侈的毛病，注意修身养廉。王旦做宰相十二年，推荐的大臣有十几个，大多很有成就。

思考与讨论

如果你现在要组织一场团建活动，你会从哪些方面入手和准备？请结合STAR行为面试法进行分析。

四、知人善任：没有不合格的员工，只有不适配的岗位

1980年，组织行为学家凯利普通过实验调查发现，70%左右的员工从事着自己不喜欢、不擅长和不快乐的工作，"人岗不匹配"情形在工作中广泛存在。人岗匹配是按照人适其岗、岗得其人的原则，根据每位成员不同的性格和能力安排在各自最合适的岗位上，做到长短搭配，优化组合，人尽其才，才尽其用。管理学大师德鲁克在《卓有成效的管理者》一书中也写道，"用人决策，不在于如何克服人的短处，而在于如何发挥人的长处"。作为团队的管理者要知道，用人所长则天下皆可用之人，用人所短则天下无可用之人，用人所长必要容人所短。

（一）知人用人，做工作分配的内行

不了解一个人，就不能用好一个人。"知人"是"善任"的前提条件，用好人才，必须首先要做到知人：有的人思想活跃，知识面广，既有真才实干，又能直言不讳，可以担任智囊参谋的工作；有的人耿直公正，大公无私，可以从事监察工作；有的人语言表达能力强，适合在宣传部门。作为团队的领导者要善于发现并发挥团队成员每个人的优势长处，并克服其缺点短处。

在考虑团队成员是否能当其位的过程中，不能仅以学历和能力的高下来衡量，同时还需要考虑每个人的性格和品行。如果一个人性格懦弱、不善言辞，则不宜让他担任公关和推销方面的任务；如果一个人处事比较随意，且常出一些小错，不拘小节，就不应任用他做财务方面的工作；如果一个人品行不太端正，爱占小便宜，且比较自私，对这种人尤其要小心任用，最好不要委以重任或实权，其工作最好处于众人的监督之下，不至于危害大局，一旦发现其恶劣行为，应立即严惩不贷。所以，团队管理者一定要就人才的能力、性格和品行等方面综合考虑，再授予其一个适当的位置。

拓展案例

小明毕业后应聘入职了一家高科技公司，从事技术开发性质的工作，他谦逊好学，工作努力，个人业绩突出，深受上级赏识，于是工作一年后就被公司提拔为项目主管。小明非常感激公司对自己的重用，下决心要带领团队做出更好的业绩，可当上项目主管没多久，他却发现困难重重，情况远没有自己想象的乐观。小明性格有点内向，不太爱说话，平常除了工作很少与人打交道，对协调人际关系的事情很反感。另外，他在从事技术工作之余，还要将更多的精力投入到如何协调管理好这个项目小组，琐碎的事情让他忙得焦头烂额，慢慢就无暇顾及工作上的重点。还有小组中很多资历比他老的技术人员对他并不服气，小明沟通能力欠缺，不知道与他们如何沟通。最后工作进展很不顺利，项目完成时间一拖再拖，领导对此大为不满，小明也感到很委屈、很无奈。

思考与讨论

小明的工作明明很努力，却迟迟不见效果，而且项目进展一拖再拖，领导不满意，自己也委屈得很，这是为什么呢？

（二）好钢用在刀刃上：麦克利兰员工胜任素质模型

著名的心理学家、哈佛大学教授麦克利兰博士是国际公认的员工胜任素质模型的创始人。麦克利兰认为，一个人要想干好工作，需要ABC的三结合才能有效：A即个人的胜任力，指个人能做什么和为什么这么做；B即岗位工作要求，指个人在工作中被期望做什么；C即团队环境，指个人在团队管理中可以做什么。ABC的交集部分是员工潜能发挥的最佳领域。员工个人可能拥有很多特征，比如知识、技能、成就欲望、喜欢与人交往、追求完美等，但整个团队所需要的不一定是员工所有的胜任特征，管理者要根据岗位的要求以及团队的环境为标准来安排人员工作，进而实现人岗匹配。

每个人都有自己的特点和特长，知人善任，让自己的员工去做他们适合的事情，这样才能充分发挥他们的工作潜能，实现人才的充分有效利用。管理者在用人的时候，应以每个员工的专长为思考点，比照职业胜任素质模型，安排适当的岗位，并依照员工的优缺点，做机动性的调整，达到人与岗的动态平衡统一，让团队发挥最大的效能。

测一测，议一议

PDP（Professional Dyna-Metric Programs）职业性格测试是由美国南加州大学统计学研究所联合英国RtCatch行为科学研究所共同发明的可以测量人的基本行为、对环境的反应和可预测的行为模式的测试量表。PDP因为将具备该性格特质的动物名称命名为性格维度分类名称，所以很容易被非专业人士记住和理解，它将人的性格分为老虎型、孔雀型、猫头鹰型、考拉型、变色龙型五个类型。老虎型是天生的管理者；孔雀型是优秀的社交家；猫头鹰型是完美主义者，专业性人才；考拉型处事随和，职业没有局限性；变色龙型适应性非常好，是整合性人才。

请根据以下测试题测试自己属于哪种动物性格特质，并分组讨论在团队协作过程中如何分工才能更好地调动每一种性格特质成员的内在潜力。

提示：在回答问题时，请不要依据别人对你的评价来填写答案，而是依据你认为自己本质上是什么情况，在相符的答案前打“√”。

1. 你做事是一个值得信赖的人吗？

□非常同意 □比较同意 □差不多同意 □一点点同意 □不同意

2. 你个性温和吗？

□非常同意 □比较同意 □差不多同意 □一点点同意 □不同意

3. 你有活力吗？

□非常同意 □比较同意 □差不多同意 □一点点同意 □不同意

4. 你善解人意吗？

□非常同意 □比较同意 □差不多同意 □一点点同意 □不同意

5. 你性格独立吗？

□非常同意 □比较同意 □差不多同意 □一点点同意 □不同意

6. 你受人爱戴吗？

□非常同意 □比较同意 □差不多同意 □一点点同意 □不同意

7. 你做事认真且正直吗？

□非常同意 □比较同意 □差不多同意 □一点点同意 □不同意

8. 你富有同情心吗？

□非常同意 □比较同意 □差不多同意 □一点点同意 □不同意

9. 你有说服力吗？

□非常同意 □比较同意 □差不多同意 □一点点同意 □不同意

10. 你大胆吗？

□非常同意 □比较同意 □差不多同意 □一点点同意 □不同意

11. 你精确吗？

□非常同意 □比较同意 □差不多同意 □一点点同意 □不同意

12. 你适应能力强吗?

□非常同意 □比较同意 □差不多同意 □一点点同意 □不同意

13. 你组织能力好吗?

□非常同意 □比较同意 □差不多同意 □一点点同意 □不同意

14. 你是否积极主动?

□非常同意 □比较同意 □差不多同意 □一点点同意 □不同意

15. 你害羞吗?

□非常同意 □比较同意 □差不多同意 □一点点同意 □不同意

16. 你强势吗?

□非常同意 □比较同意 □差不多同意 □一点点同意 □不同意

17. 你镇定吗?

□非常同意 □比较同意 □差不多同意 □一点点同意 □不同意

18. 你勇于学习吗?

□非常同意 □比较同意 □差不多同意 □一点点同意 □不同意

19. 你反应快吗?

□非常同意 □比较同意 □差不多同意 □一点点同意 □不同意

20. 你外向吗?

□非常同意 □比较同意 □差不多同意 □一点点同意 □不同意

21. 你注意细节吗?

□非常同意 □比较同意 □差不多同意 □一点点同意 □不同意

22. 你爱说话吗?

□非常同意 □比较同意 □差不多同意 □一点点同意 □不同意

23. 你的协调能力好吗?

□非常同意 □比较同意 □差不多同意 □一点点同意 □不同意

24. 你勤劳吗?

□非常同意 □比较同意 □差不多同意 □一点点同意 □不同意

25. 你慷慨吗?

□非常同意 □比较同意 □差不多同意 □一点点同意 □不同意

26. 你做事小心翼翼吗?

□非常同意 □比较同意 □差不多同意 □一点点同意 □不同意

27. 你令人愉快吗?

□非常同意 □比较同意 □差不多同意 □一点点同意 □不同意

28. 你传统吗?

□非常同意 □比较同意 □差不多同意 □一点点同意 □不同意

29. 你亲切吗？

□非常同意 □比较同意 □差不多同意 □一点点同意 □不同意

30. 你工作足够有效率吗？

□非常同意 □比较同意 □差不多同意 □一点点同意 □不同意

每个答案对应1~5分的分值，即：“非常同意”，给5分；“比较同意”，给4分；“差不多同意”，给3分；“一点点同意”，给2分；“不同意”，给1分。将以下序号题目的答案对应的分数进行累计：

老虎项：5，10，14，18，24，30题 =（ ）分

孔雀项：3，6，13，20，22，29题 =（ ）分

考拉项：2，8，15，17，25，28题 =（ ）分

猫头鹰项：1，7，11，16，21，26题 =（ ）分

变色龙项：4，9，12，19，23，27题 =（ ）分

得出自己老虎项、孔雀项、考拉项、猫头鹰项、变色龙项的得分。

五、制度建设：没有规矩，不成方圆

在汉语中，“制”有节制、限制的意思，“度”有标准、尺度的意思，制度融合在一起就是对人们行为标准进行限制规范。俗话说“没有规矩，不成方圆”。规矩和制度是人员有序工作、团队合理运转、企业稳定发展的前提与基础，团队发展需要尽早制订公平合理的制度规范，用制度管人管事，提高整个团队的凝聚力和向心力，从而应对市场挑战，获得长久的发展。

（一）制度面前，人人平等

制度面前人人平等，制度约束没有例外。这是每个团队、每个企业的管理者都要牢记的原则。完善合理的制度应当维护平等和正义，这种平等不仅是针对团队其他成员而言，管理者本身也不能排除在外。不仅普通员工应该遵守团队的规章制度，团队的各级管理者也不应例外，从而形成一种公平公正的企业环境。这样每一位团队成员就会更加愿意遵守制度，并自觉地维护制度，这有助于减少冲突和对立，为打造一支和谐的团队创造条件。团队管理者尤其应当身体力行，成为成员可以效仿的榜样，从而提高制度的执行力，增强制度的实效，不断地将制度建设深入推进。

（二）制度建设，切忌朝令夕改

制度朝令夕改是团队管理的大忌，一旦朝令夕改，就会损害管理者的威信和影

响力，严重影响整个团队成员的工作热情。怎样才能避免出台的制度朝令夕改呢?管理者可以从以下3个方面去努力。

（1）制订制度要慎重，注重前瞻性和大局观。在制订制度时，管理者要考虑到客观情况的变化，要前瞻性、全局性地看待实际情况，尽可能制订多种制度方案，慎重地从中选出最佳的一个方案，以保证制度经得起客观实际情况的考验，到时候如果遇到一些突发性事件，也不至于大幅度地调整制度。

（2）制订制度要结合实际，注重具体性和可行性。制订制度是为了能够真正解决实际问题，如果制度对解决实际问题没有任何帮助，比如制度空洞无物、过于抽象，让人无所适从，或者制度要求过于严格、目标太高，让人无法达到等，这样的制度都是没有意义的。因此，在制订制度时，要从实际出发，结合企业的具体目标，站在全局的高度，把握制度制订的具体性和可行性。

（3）制订制度要征询员工的意见，体现民主性和人性化。有些企业花了很长时间制订了厚厚的制度，但就是无法贯彻执行下去，原因就在于制度制订时缺少民主性和人性化。如果制度无法结合员工的实际情况，缺乏人性化，员工不了解制度出台的动机和细则，往往会产生排斥和不认同的心理。因此在制订制度前期，应多与员工交流，听取员工的意见，并在制度中附上明确的考核体系和奖惩标准，这样的制度才会产生约束力和激励性，才容易被员工有效地贯彻执行。

拓展案例

日本新日奶牛公司在运营一段时间后，调来了一名营销副总，上任之后第一件事就是建立销售政策和公司制度。这一举措立即赢得了员工的支持，大家期盼着公司能在这位副总的带领下走上正轨。然而这位副总有一个毛病，那就是喜欢朝令夕改，他频繁地修改制度，让员工无所适从，让零售商怨声载道。

众所周知，保鲜是鲜奶制品的重要特点之一，所以鲜奶制品十分强调时效性，它的保质期只有三天。在产品上市初期，公司制度中规定："如果销售员当天的牛奶销售不完可以退回公司，销售员不需要承担责任。"一段时间后，公司牛奶的销量稳定了，公司销售员对市场的掌控也已经差不多了，这时副总修改了制度，他取消了退货制度，规定："除非牛奶制品本身出了问题，否则，销售员必须自己承担责任。"为了减少自己所承担的责任，销售员每天都要频繁地与零售商打交道，了解他们的销售信息，然后根据这些信息推测第二天的销量，再将这个销量上报给总部，决定第二天牛奶的产量。

一段时间后，销售员发现了一个严重的问题：如果预测的第二天的销量多了，销售不完，自己承担损失；如果预测得少了，又会影响销售业绩，影响销售员的收入。因此，销售员感到非常为难。紧接着，零售商也颇有意见。因为销售员预测的销量少了，给他们提供的奶制品少了，零售商的奶制品就不够卖，影响了他们的收入。有时候订购的牛奶多了，卖不完又要自己承担。因此，零售商纷纷终止与新日牛奶合作。副总见势不妙，决定取消这个销售制度。取消之后，他又反复修改了几次，但都未能制订出令各方都满意的制度。最后，这位营销副总由于没有处理好销售制度，公司只好将他辞退。

（三）制度运行，法治代替人治

在团队初创时，一般内部层次结构简单，人员较少，业务流程也没那么复杂，因此初创时期的团队往往实行“人治”。这种管理方式虽然能在一定程度上提升管理效率，但也存在很多隐患，特别是当团队规模扩大时，如果此时没有搭建完善的管理机制，各部门往往“八仙过海，各显神通”，严重制约公司效率的提高。团队领导者“一言堂”，明显是以“人治”代替“法治”，会严重阻碍团队的发展。一个团队想要长远发展，就要以管理为驱动，搭建一套完整的管理制度。科学的管理制度和业务流程能够规范员工行为，公司要明确职责，有效监督，形成一种决策科学化、流程标准化、考核系统化的管理模式。

实施法治是一个渐进的过程，要实现管理规范化、业务系统化、规章制度体系化并不是一蹴而就的，需要以业务流程的重组、优化和固化为前提，即把原本随意性的业务模式确定并固化下来，然后根据确定和固化的成果制订成为规章制度。团队实施法治，明确规章制度，引导成员按照团队期望的模式和节奏前进，才可能保证团队持续长远地发展。另外，没有绝对好的制度，只有适合的制度；也没有一成不变的制度，只有逐步完善的制度。

拓展阅读

华为：好的制度是企业文化的载体

有人说：“张瑞敏给海尔画了张图，而任正非则为华为建立了一套制度，这个制度确保华为在未来若干年内能运行在正常的轨道上。”华为在业界始终以注重制度建设著称，很多人在总结华为管理的成功经验时，也将很大比例的原因归结为制度管理。1995年，华为聘请数位中国人民大学的知名教授，经过多次研讨起草了《华为公司基本法》。如今华为的每一个管理环节在脱离固有管理者后依然能实现规范化运作。

制度设计要精准

制度内容必须是精准的，因为当制度存在歧义时，员工们会不知道怎样做才算符合要求，容易将其束之高阁。制度设计要具体、细致，没有歧义，让团队成员一看就知道自己应该怎么做以及不这么做的后果，这样一来，就不会发生规则没有人执行的情况。

制度执行要公平

规章制度都要具有“无例外原则”，在团队管理中，制度执行公平是每位成员的心理需求，在规章制度面前应该人人平等。所以制度在公布之后，管理者就要带头遵守，制度制约下的每一位成员也是监督者，如果制度贯彻缺乏公平性，制度就难以得到大家的共同认可。

关于制度，说一千道一万，其实就两个字——准和稳。所谓准，就是你制订的制度要完善、要慎重、要科学；所谓稳，包括时间上的稳和执行上的稳，满足了这两条的制度，就是好的制度。在一个好制度的规范之下，每个人都能够在企业中找到自己的角色，各司其职，这会让你的管理变得有章可循、有法可依、有的放矢。

思考与讨论

某公司的管理条例中有一个条款写着寝室出现一个烟头罚款10元。公司在寝室大检查的时候发现员工小A正在寝室抽烟，并在看到检查人员过来时随手将烟头丢到了窗外。小A说：“公司制度规定，出现一个烟头罚款10元，现在我们寝室没有烟头，所以不用罚款。”没过几天，小A又因为其他事情违规，公司要对小A进行处理，但是小A说：“公司的制度文件有5页，我只是在最后一页上签了字，谁知道你们前面几页有没有换过？所以，最后一页上的条款我认可，其他几页的我不认可，也不接受处罚。”

请问：面对这种我们明知道是错的，且制度上也有但是员工不认可的事情，我们该如何处理？

六、强化执行：没有执行力，就没有竞争力

比尔·盖茨曾说：“没有执行力，就没有竞争力，微软在未来十年所面临的挑战就是执行力。”执行力是一切战略规划得以顺利实现的关键要素，如果团队没有执行力，所有的规划都是一张白纸。对团队来说，执行力就是战斗力，执行力将团队组织的长期战略一步步落到实处，实现预定目标；对成员来说，执行力就是行动力，团队成员在每个工作阶段都要做到一丝不苟，全心全意、不折不扣地完成各项任务，

精益求精，为团队做出更多贡献。

（一）工作执行力是什么

执行力可以解释为根据统一的指令，投入到工作中的精力程度，也就是针对具体工作任务，能不能投入足够多的时间，并投入足够多的心思的一种状态。从工作实践来看，执行力是一种工作态度，对领导所交代的工作事项，能够积极主动、克服困难去完成，最终向领导提供预期的结果。每一位团队成员都具有一定的执行力，但是不同成员之间的执行力差异很大。根据个人对工作的态度及执行的成果，可以将执行力分为以下4个级别。

1.遵循规定

遵循规定是最简单的一种执行力，也叫作一级执行力、低级执行力。具备低级执行力的人，往往是打一鞭子往前走一步，假设没有领导进行管控，行为就会像失去了方向的船变得无所适从。

2.听从指令

听从指令，又叫作二级执行力。这一类成员除遵守团队现有的规定之外，对领导所发布的指令也会进行执行。会按照领导的指令去做事，但是遇到问题时可能会放弃或是不懂得调整方向。

3.自动自发

自动自发，又叫作三级执行力。领导无需颁布具体的指令，只需要告诉下属目标，对方就可以根据现有的资源和流程去完成。这一类成员会根据领导交代的目标，通过个人的经验去完成，但一旦遇到困难，可能会导致事情暂时中止。

4.对目标执着

对目标执着，又叫作四级执行力，也是最高级别的执行力。往往具有这类执行力的人，会根据团队长远的规划设定工作目标，并根据自身设定的工作路径想方设法去完成。这一类成员在面对自身无能为力的时候，会通过借助内外部的资源，重新找到解决事情的方法，就算暂时失败，也会保持耐心，等待新的时机到来。

（二）如何提升团队执行力

1.创建强有力的执行文化

打造高执行力的团队，离不开文化的力量，团队文化对内产生凝聚力，对外产生竞争力。文化是无形的，但它却又是无处不在的，渗透到团队的每一个角落，每一个环节，影响着每一位员工的思想和行为。只有当高效执行的思想成为员工共同的价值观，当高效执行的行为成为员工共同的规范，团队才是形成了高执行力的文化。执行力文化是把“执行”作为工作的最高准则和终极目标的文化，促使团队中每一位成员都全心全意投入自己的工作中，造就更多“把信送给加西亚的人”，使立即执行、高效执行成为每一位成员的工作信条。在执行力文化创建过程中，管理者一定要以身作则，率先垂范，带头构建执行力文化，以此感染团队成员，实现全员参与，共同打造高执行力文化。

2. 立即行动，拒绝拖延

海尔集团于1989年创造OEC管理法，即全方位优化管理法，被誉为“中国第一执行力”工具，其中“O”代表Overall（全方位），“E”代表Everyone（每人）、Everything（每件事）、Everyday（每天），“C”代表Control（控制）、Clear（清理）。OEC管理法可表示为“日事日毕，日清日高”，即每天的工作每天完成，每天工作要清理并要每天有所提高。用海尔的话讲“总账不漏项、事事有人管、人人都管事、管事凭效果、管人凭考核”。海尔的OEC管理法不仅能够让员工能力获得了提高，也增强了企业执行力。

执行，讲究的是立即行动，需要的是雷厉风行。因为在现代市场竞争中，信息传递比过去要迅速得多，机会稍纵即逝，容不得故意拖延和长久等待。所以，为了团队和企业的发展，管理者必须下功夫狠抓执行，要改变团队内部的拖延问题，使团队成员的工作效率得到迅速提升，执行力也变得越来越强大。

拓展阅读

沃尔玛：执行力是企业成功的关键

执行力是企业成功的关键。世界性的连锁企业，多年占据世界500强企业榜首的沃尔玛就是一家拥有超强执行力的企业。沃尔玛在全球27个国家拥有超过1万家商场，员工总数超过220万人，为了管好这支规模庞大的人才队伍，为顾客提供最为满意的服务，沃尔玛努力建设强大的执行力文化，其中最有特色的是“日落原则”“三米微笑原则”和“检查原则”等。

“日落原则”指的是全体企业员工将顾客的要求作为自己最重视的事情，不管顾客在哪个部门、面向哪个员工提出了要求，员工都要立刻去执行，相关部门和其他员工也要尽力去配合，力求做到当日的要求当日执行完毕，在日落前就能给顾客最满意的答复。“三米微笑原则”则是忠实执行企业服务战略的结果。一般的企业可能会规定员工对待顾客要亲切和蔼，但具体应该如何去执行，并没有给出什么明确的标准。而在沃尔玛，“亲切和蔼”有了十分具体的描述——每个员工在顾客与自己之间的距离达到或不足3米时，必须保持微笑，微笑的幅度以恰好能够露出上排8颗牙为准，如果顾客提出问题，则要尽力给出满意的答复，千万不能回答“不知道”。

此外，为了切实掌握各项战略、规划的具体执行情况，沃尔玛还提出了“检查原则”。这项原则主要是针对管理者的监督工作而定的，它要求管理者不能只满足于接受下属、员工的汇报，还应当拿出时间和精力到一线去检查实际执行情况。沃尔玛的创始人山姆·沃尔顿就常常这样说：“信任是一回事，检查是另一回事。执行情况到底怎么样，要靠仔仔细细地检查来说话。”在沃尔顿的带领下，管理者们不论职务高低都能做到常常深入一线去监督执行情况，也使沃尔玛的整体执行力能够不断提升。

思考与讨论

如果你是团队领导者，发现团队成员最近工作任务比较多，但是干劲有点松懈，工作完成进度滞后，你该怎么做？

七、有效沟通：说话多并不等于会沟通

沟通是什么？沟通是不同的行为主体之间，在特定的时间和场合，通过各种渠道实现信息的双向流动，形成行为主体的感知，以达到特定目标的行为过程。沟通的本质是信息的传递、情感的连接，是将自己内心的想法，通过适当的逻辑和语言组织起来传递给沟通对象，然后达到预期的目的，信息交流越全面，沟通的效率就越高。良好的沟通是团队管理者和员工之间感情联络的有效途径，沟通的好与坏直接影响着员工的使命感和积极性。如果一个团队缺乏沟通，则各种工作关系便会慢慢僵滞，影响日常的工作。

（一）提问，让对话进行下去

在日常沟通中，彼此在你一问我一答间展开交流和对话，好的提问能够让话题持续下去，进行深入的讨论，营造热烈的谈话气氛。但是提问是需要技巧的，如果你的提问让对方难以投入其中，那么你将无法得到对方积极的回应，最后导致整个对话冷场。恰当的提问可以推动交流的深入，在提问前我们需要注意周围的环境和气氛，并判断自己的提问时机是否恰当。提问形式多种多样，我们根据目的的不同分为封闭式提问和开放式提问，封闭式提问只需一两个词语就可以回答，在交谈刚开始的时候，一般使用封闭式提问；开放式提问很难用一两个词回答，它能拓展交流的边界，增强彼此的信任感。

（二）倾听，最有效的沟通技巧

古希腊哲学家爱比克泰德曾说："我们天生有两只耳朵，却只有一张嘴。我们倾听的时间应该是说话时间的两倍！"要想成为高效的沟通者，倾听是最重要的功课。说到沟通，很多人都存在一个误解，往往认为说话多的人沟通能力比较强，其实并非如此，话说得太多也会产生弊端。沟通之道，在于先学会少说话，多听少说，做一位好听众，愿意聆听、接纳对方的意见和建议。表达和倾听加起来，才叫沟通，沟通是从积极听取别人的意见开始的，努力理解对方的想法，倾听往往会发挥出让管理者意想不到的效果。倾听对方，满足了自我表达与他人沟通的需要，也让说话者感受到了被尊重和被认可。

（三）肢体语言，为沟通加分

美国语言学家艾伯特·梅拉比安通过大量的实验调查发现，当人们通过说话传递信息时，55%是通过视觉（肢体语言）传递的，38%是通过听觉（声调）传递的，只有7%是通过文字内容来传递的。在沟通过程中，我们的眼睛该看向哪里，我们该做出什么样的面部表情，我们的整个身体应该是什么状态，这些都会影响沟通的整体效果。肢体语言对沟通具有重要作用，不同的肢体语言说同样的话，也会有不同的效果，我们的肢体语言会在无声中表达我们的情绪、感情、精神面貌和品德修养，运用好肢体语言能消除彼此的陌生感，增加亲切感和信任感。

思考与讨论

恰当使用肢体语言沟通，应做到以下几点：经常自省自己的肢体语言，有意识地运用肢体语言，注意肢体语言的使用场合，注意自己的角色与肢体语言相称，注意言行一致，改掉不良的肢体语言习惯。自省的目的是检验自己以往使用的肢体语言是否有效，是否自然，是否使人产生过误解。

请试着坐在餐厅或操场去观察一个人的肢体语言，包括情侣之间、同学之间等，记录他们的不同，并思考哪些肢体语言是恰当的，哪些是不恰当的。

拓展阅读

不会沟通：名校生的一次失败求职经历

在一期求职的电视节目中，有这样一位求职者，他是名牌大学的毕业生，对自己的能力充满信心，希望应聘一个广告策划的职位。在自我介绍环节，这名大学生可能是想把自己的能力全方位地展示给面试老师，特地准备了一份40多页的个人介绍PPT，内容从学历到性格，从中学一直保持班级前三名说到大学是多个社团的骨干成员，在校期间每一份兼职都细细数来……时间已经过去五分钟，他还没有终止的意思。

几位面试老师开始频频皱眉，后来有人不得不打断他。进入提问环节，一位面试老师问："假如我们公司推出了一款运动型饮品，你担任策划人，你会怎样宣传这种新产品？给你三分钟的回答时间。"这位求职者立即开始侃侃而谈："据我了解饮品有多种分类，比如从配方上，有浓缩果汁、蔬菜汁、含醇饮料、碳酸饮料等；从功能上，有维生素饮料、矿物质饮料、运动类饮料、益生菌饮料等，每种饮品都具有特定的功能。不同年龄，不同体质，不同人群，应该选择不同饮品……"

"对，你说得没错。"面试老师打断他，"但我现在问的是，你会怎么做策划宣传，你只要说出你的方案即可。""我说的就是策划，这是前期必须了解的知识。"求职者强调完毕又接着说道，"运动型饮品的主要功能是及时补充人体因大量运动出汗所损失的水分和盐分，使体液达到平衡状态。现在许多人都很重视饮食健康和身体健康，同时全民流行健步走运动，所以这款产品的市场还是很广阔的……"

"这一点市场部已经证实，无须多说。"面试老师再次打断他。"这个环节必须要说清楚，这对策划很重要。"求职者为自己辩解。接下来，求职者想到一个点又发散开来，他认为将自己知道的尽可能多地表达出来，这样就能赢得面试老师的好感，为自己赢得更多的支持灯，所以他不停地说。

最终，一位面试老师忍无可忍打断他："抱歉，你已经说了十分钟，还没有陈述完毕。这里虽然是一个展示自我的舞台，但我们提供的这个机会，并不是让你展示口才，我们不想听长篇大论的演讲，也不想知道你的口才到底有多好。我们想知道的是你的能力，你的策划方案是什么？"这位老师说完后，就把灯按灭了，其他老师也都陆续灭灯。这位面试者准备了太多的内容，讲解时啰啰嗦嗦，没完没了，自己想要表达的中心还没来得及说，规定的作答时间就已经过了。面试官没有得到问题答案，自然就灭了灯。这位年轻人的求职以失败告终。

（四）表达简明扼要，谈话讲究时效

沟通的一大原则就是简明，"简"就是简练，语言力求简单，不反复啰嗦，不说多余重复的话；"明"就是明了，把意思表达清楚，能够让对方准确理解。会沟通的

人，不一定是说话很多的人，但一定是谈话讲究时效的人，表达简明扼要，用精练的语言传达最关键的内容。如何表达做到简明扼要，以下介绍3种有效的方法。

1.去次留主法

只保留主要的内容，删除没有意义的语句。这就需要我们根据自己想表达的内容，找到关键的句子，以此作为表达的核心。

2.化繁为简法

善于把复杂的表述简明化，这是确保表达简明的又一方法。尽量使用短句，使用通俗易懂的语言。当你的表达中没有重复、烦冗的成分，一般情况下就不会让人感觉啰嗦。

3.善于概括法

从表达上说，就是对内容的高度概括。在阐述观点时，每一句话都要围绕既定中心，不要节外生枝，努力做到用一句话将其进行概括，如此才算得上简明。当你说出的每一句话都是精髓，句句都能抓住人心时，你就能快速获得他人的好感与信任，并以更高的效率解决问题。

八、重视激励：把员工50%沉睡的能力激发出来

哈佛大学威廉·詹姆斯教授通过实践调查发现，按时计酬的分配制度只能让员工发挥出20%~30%的个人能力，如果受到充分激励，他们的能力能发挥出80%~90%，其中50%~60%的差距就是员工沉睡的能力，其能否有效产生就在于是否存在有效激励。在团队组织和管理中，激励的作用不容忽视。管理者用各种有效的方法激发员工的热情，调动他们的工作积极性，增强对团队的归属感，提高他们在工作中的参与度和投入度，使他们产生强大的动力，愿意主动完成团队的目标，继而实现自我价值。激励是生产力的促进剂，正如世界顶级战略大师加里·哈默尔所说，“激励是成功企业竞争优势长存的必要条件之一”。

（一）表扬和批评，激励的两大利器

激励分为正向激励和负向激励。正向激励是对员工符合团队目标的行为进行合理奖励，以达到持续发扬这种行为的目的，起到正强化的作用；负向激励是对员工不符合团队目标的行为进行合理惩罚，以使这些行为削弱甚至消失，使团队目标的实现不受到干扰，起到负强化的作用。在团队管理中，正向激励应该与负向激励相结合，对符合特定目标的行为给予奖励，对不符合特定目标的行为进行惩罚。

1.表扬：动下嘴皮子，又不花钱

表扬是一种激励员工的有效手段，团队中大多数员工都希望得到来自团队的认可。优秀的团队管理者把表扬作为激发和引导团队成员行为的一种有效方式，所以不要吝惜对团队成员的表扬。但是要注意，有效的表扬不是开表彰大会，不需要长篇大论，也不需要为了表扬而表扬，刻意为之，泛泛而谈，而要准确定位，精准表扬。

实用工具

一分钟表扬法

一分钟表扬法指的是当下属做出团队管理者希望看到的行为时，团队管理者对其给予的一种友好的正面反馈。这种表扬方式的优点是适时、快速、简短、精准。表扬的时候，注意态度要真诚，可以增加一些友善的肢体语言。

一分钟表扬一般包括3部分：第1部分，大约半分钟，要及时称赞，描述细节、感受以及对团队的帮助；第2部分，停顿几秒钟，让下属享受表扬带来的喜悦；第3部分，大约半分钟，给下属鼓励和信心。

2.批评：如何巧妙化解抵触情绪

人们都不喜欢被批评，被批评时很多人容易产生抵触情绪，如果不能对下属进行恰当的批评，不仅不能达到预想的效果，还容易激化与下属之间的矛盾。团队管理者对下属实施批评是为了纠正下属的不当行为，不是对他评头论足，更不是为了评价他的人格。批评能够通过批评某种行为、某个事实或者某种不好的结果来达到负强化的作用。只要是批评，多少都会伤人，有效的批评能够使人成长，无效的批评只会让人徒增烦恼，所以在批评的时候，要注意“对事不对人”，巧妙抵消批评的消极影响。为了让下属更容易接受批评，需要注意以下4点事项。

（1）给下属解释说明的机会，有时候可能我们看到的只是表面，下属的行为也许是有原因的。

（2）理解下属行为背后的动因，以同理心来建立彼此的信任感。

（3）把焦点放在问题的预防措施和解决方案上，而不是一直强调下属所犯的错误。

（4）批评下属的时候，要同时发现和批评自己的问题，和下属一起改正。

3.奖罚：建立机制更重要

奖罚与表扬和批评有不同的功能定位。奖励和表扬都属于正激励，奖励偏重物质层面，表扬偏重精神层面；惩罚和批评都属于负激励，惩罚偏重物质层面，批评偏重精神层面。实施奖罚，就是对作出贡献的人给予奖励，对没有履行职责的人给予惩罚。

对下属实施奖罚不是目的，目的是通过奖罚让下属做出有利于团队的行为。奖罚机制比奖罚本身更重要，就像高压线摆在那里的时候，人人都知道不能碰。团队人数越多，建立奖罚机制越重要。良好的奖罚机制能让团队中的奖罚成为一种公正有效、人人信服的管理工具。

（二）双因素理论，让人知道什么是有效激励

20世纪50年代末期，美国行为科学家弗雷德里克·赫茨伯格在对匹兹堡地区11家工商企业机构的200名工程师和会计师的大量调查访问基础上提出了“激励—保健”双因素理论，他把影响人工作积极性的因素分为两类：保健因素和激励因素。保健因素是指这些因素没有激励作用，只会让员工不产生抱怨和不满，但是缺乏这些因素就会引起人们的不满，主要包括薪资、工作环境、同事关系以及企业政策等；激励因素能提高员工的积极性，主要包括被信任和认可、荣誉感、责任感、成就感、职业发展和自我实现等因素，如果这些激励因素得到满足，就能够极大地激发员工的工作热情，提高企业的生产效率。

举例来说，洁净明亮的工作环境、优厚的福利待遇以及美味的餐食提供等都有助于留住团队成员，但是无法促使成员更加努力地工作。如果想要有效地激励团队成员，就要增强成员对团队的认同感，激发团队成员的内生动力，这样才能够让成员工作更有激情和干劲。双因素理论让我们意识到，在团队管理中通过尊重、信任、赞美和增加工作趣味性等方式，能够有效地激励团队成员。

拓展阅读

P公司和H公司激励理念的差异

2010年，我国有两家以高水平服务著称的公司，它们经营规模大小不分伯仲，企业经营模式都被列为商业经典案例，也常常出现在各大高校MBA课堂中。P公司是一家连锁零售公司，主营连锁商超和综合商业体项目；H公司是连锁餐饮公司，主营火锅。两家公司之所以能够做到高水平服务，除运营流程不断改进之外，还有一个共同的理念，那就是“服务好员工，员工就能服务好顾客”。不过，两家公司在如何服务好员工这个问题上，做法却各有特色。P公司强调“高工资、高福利”，侧重于保健因素；H公司强调“工作氛围、生活保障和未来发展”，侧重激励因素。

2014年，P公司因为经营问题开始陆续关店，甚至差一点倒闭，后来宣布未来3年将只保留一家单店；H公司于2018年在港股上市，市值一度破千亿人民

币，不论是经营业绩和市场估值，H公司都在全球中式餐饮市场中排名第一。商业世界瞬息万变，我们不能说是P公司侧重保健因素的激励策略导致后续经营上的困难，但不得不提的是当P公司出现经营问题时员工们的态度，他们大多数并没有感恩公司为自己提供的远高于当地平均水平的薪酬福利，而是选择了沉默，甚至有的员工看笑话，落井下石。从长远发展来看，公司在提供一定“保健因素”前提下，注重激励因素的改进和完善，能够对公司发展产生更持久的影响作用。

思考与讨论

请说说你是如何看待荣誉和奖励的？

九、绩效考核：干多干少、干好干坏不一样

绩效，一个我们常常挂在嘴边的词，一个所有团队成员都非常关注的话题，是指团队或个人在一定期间内投入产出的效率与效果，其中投入主要包括人、财、物、时间、信息等资源，而产出主要包括工作任务和目标在数量与质量方面的完成情况。绩效考核的中心目标是挖掘员工潜力，强调团队目标和个人目标的一致性，注重团队和个人共同成长，形成双赢。绩效考核是对每个成员设定合理的目标，建立有效的激励约束机制，使团队中每个成员朝着目标期望方向共同努力。

（一）考核不仅要重结果，更要重成长

有人说，绩效考核是一针强力剂，能够把“死水变成活水，活水变成沸水”；也有人说，绩效考核是企业内部组织的竞赛，绩效好的人洋洋得意，绩效差的人愁眉苦脸。绩效考核并不是简单地打分和评价，而是要促进团队成员合作，共同完成组织目标。绩效考核必须是多角度、全方位和多层次的，对团队成员在日常工作中所表现的能力、态度和业绩，进行以事实为依据的评价。绩效考核的最终目的并不局限于结果本身，而是通过考核来发现问题，并找到解决问题的方法，从而促进团队和成员的共同成长。

绩效考核是一个评价与被评价的过程，被考核者往往对结果感到焦虑，如果绩效考核在实际操作中存在问题，就会对整个团队带来消极负面的影响。对团队成员的绩效考核一定要做到公平、公开和公正，要做到这些就必须遵守以下3点要求。

1.清晰的目标

对成员进行绩效考核的目的是实现整个团队的目标，只有每个人的目标达成了，整个团队的目标才能通过层层分解和层层落实后达成，最终形成共赢。

2.量化的标准

绩效考核的标准一定要客观，量化是最客观的考评方式。很多组织的绩效考核不能贯彻落实，最终沦为走过场，大多是因为标准模糊，要求没有量化。

3.科学的方法

有效的绩效考核方法，不仅能确定每位成员对团队的贡献或不足，更可在整体上对人力资源的管理提供决定性的评估资料，从而可以改善团队的反馈机能，提高成员的工作绩效，也可作为公平合理的依据，对每位成员进行相关的奖惩。

（二）360度考核法，多几只眼睛进行评价

360度考核法，又称全方位考核法，是指由员工自己、上级、下属、同事甚至客户等从全方位各个角度来评估人员的方法，评估内容主要包括沟通技巧、人际关系、领导能力和行政能力等。被评估者可以从不同反馈中清楚知道自己的不足、长处和未来发展方向，它的优点是评价维度更加多元化，其效果犹如“多几只眼睛看人”，所以评价结果相对更全面和准确。

360度考核法最重要的价值不是评估本身，而在于能力开发，其价值主要包括两个方面：首先可以帮助人们提高对自我的洞察力，使人更加清楚自己的强项和需要改进的地方，进而制订下一步的能力发展计划；其次可以激励人们不断改进自己的行为，尤其是当360度评估和反馈与个人发展计划的制订结合起来时效果更明显。360度方法正是将这种差距明确地呈现给受评人，从而激发起他们积极向上的动力。

拓展阅读

因人制宜的全视角绩效考核法

某市的一家大型集团公司在2016年年底采取了全视角绩效考核办法，对部门级的主管进行了绩效考评。在考评过程中，人力资源部门的员工准备从全公司范围内收集被考核主管的上级、平级、下属三个角度的意见，采取匿名打分的方式来对其进行评价。其中该主管上级的意见最为重要，占评分比重的45%；其他部门的平级主管的意见占比约为25%，而本部门及其他部门员工的意见占比分别为20%和10%。

为了节省时间、简化流程，人力资源部门将所有参与考评的人员召集到公司会议室，然后将统一制作的考评表发放给他们，考评人员填写完考评表后，将其投入放置在会议室门口的考评箱内。考评流程很快就结束了，可考评结果公布后，有一些主管却对考评结果表示了质疑，特别是某部门的王主管还直接找到人力资源部门说要申诉。人力资源部门的总监亲自接待了他，问他觉得这次考评存在哪些问题。王主管委屈地诉说起来，原来他平时主管外联工作，经常不在公司，与平级同事和其他部门的员工接触得较少，在这几项上的得分都不高，但是王主管的个人业绩及其团队业绩在公司也都能排到中上等水平，所以对目前的考评结果他无论如何都不能接受。

人力资源部门总监在听取了情况后，也很同情王主管的处境，答应重新复核结果，王主管这才勉强觉得满意。等王主管走后，又有几位主管来到人力资源部门，让人力资源部门总监不得不重新审视公司考核制度是否合理。在反复征求大家的意见后，人力资源部门根据考评对象的特点重新设计了考评指标，使考评指标的侧重点与具体人员的工作内容和性质更加吻合。接下来，人力资源部门对于考评人员意见的权重也进行了重新划分，像王主管这类管理者在考核时会更多地参考其上级领导的意见和本部门员工的意见，另外还加上了客户的意见这个考核指标，使考核结果更加全面和合理了。最终，人力资源部门又进行了一次全视角绩效考核，这次得到的结果几乎能够让每一位被考核的主管都感到满意。

思考与讨论

业务部门对两个组年度业绩考核做PK，谁业绩做得更好，谁就拿走大部分奖金。A部门业绩最后比B部门高出不少，但考核结果提交给HR后，被发现有一些计算上的小问题；作为竞争对手的B部门得知此事后，开始向领导反映A部门在做业绩的时候出现的各种违规情况，试图取代A。

请问：这个时候你作为A小组的负责人，该如何化解这场风波？

2 Part

第二篇

财政与税收

第5章 政府收支面面观：认识财政

学习目标

认识财政的本质，理解财政的职能，了解各类财政政策，能结合国家经济发展情况，对国家财政状况与财政政策做出合理分析，培养公共责任与国家意识。

财政是政府“理财之政”。财政是一种伴随国家的产生而产生的经济行为或经济现象，其主体是国家或政府，是一国政府选择某种形式（实物、力役或货币），获取一部分国民收入，以实现其职能的需要而实施的分配行为。财政在一国经济发展和分配体系中占有十分重要的地位和作用。作为一个经济范畴，财政是一种以国家为主体的经济行为，是政府集中一部分国民收入用于满足公共需要的收支活动，以达到优化资源配置、公平分配及保障经济稳定和发展的目标。

一、生活中有哪些财政现象？

（一）什么是财政

财政是指国家（或政府）的一个经济部门，即财政部门，它是国家（或政府）的一个综合性部门，通过收支活动筹集、供给经费和资金，保证实现国家（或政府）的职能。在市场经济体制下，财政就其实质来说是一种“公共财政”，它是适应市场经济发展客观要求的一种比较普遍的财政模式。

另外，财政也是一个经济范畴。它是一种以国家为主体的经济行为，是政府集中一部分国民收入用于满足公共需要的收支活动，以达到优化资源配置、公平分配及稳定经济、促进发展的目标。财政的本质是国家为实现其职能，凭借政治权力参与部分社会产品和国民收入的分配、再分配所形成的一种特殊分配关系。

（二）生活中的财政现象

社会经济生活中，从居民的衣食住行到国家的政治活动和经济建设，时时处处存在财政现象和财政问题。

早晨醒来，开灯照明，用的电是政府兴建的供电厂提供的；刷牙洗脸，用的水由政府投资的自来水公司供应；烧菜做饭，用的燃气由政府创办的燃气供应公司提供；上班下班，走的道路是市政部门投资修筑的，乘的公共汽车是市政部门提供的；晚餐之后，既可以待在家里看看政府创办的电视台的节目，也可以到政府兴建的公园散散心。可见，我们每天的起居住行都与政府有着相当密切的关系。伴随时光的流逝，我们渐渐成长，开始接受应有的教育，而我们就读的幼儿园、小学、中学、大学等，多半是由政府开办的，其间如果在经济方面出现困难，我们可以申请政府提供的助学贷款。工作之后，如果受伤生病可以享受政府提供的医疗保障服务；失业可以按规定领取失业保险金。年老退休之后，我们可以获得社会养老保险金。有一天寿终正寝，也要被送到政府开办的丧葬场送终安息。由此可见，我们每个人从摇篮到坟墓，都同政府和财政息息相关。因此，财政问题是我们不得不关注的问题。

思考与讨论

举例说明身边还有哪些财政现象。

二、财政是如何发源与产生的?

在西方，财政一词源于拉丁文“Finis”，原指结算支付款项。16世纪，德国文献中曾使用“Finanz”一词，意为对欺诈等行为的裁定与罚款。到18世纪，该词曾狭义地指国家收入。后来西欧各国使用的英文“Finance”一词，因其原意泛指一切财务，为了加以区别，一般对国家的货币收支惯用“Public Finance”（公共财务）。日本于1868年明治维新后从西欧引入“Public Finance”，并借用汉语的“财”“政”二字，译作“财政”。

我国古代称财政为“度支”“国用”“岁计”“国计”。“度支”“国用”指国家的费用开支；“岁计”指国家年度收入和支出的计算；“国计”指国家财政。“财政”一词于19世纪末从日本传入中国。光绪二十九年（1903年），清政府设立财政处，为我国官方采用“财政”一词之始。

财政是一个历史范畴，它随着国家的产生而产生。在国家产生以前，原始公社的后期已经存在着从有限的剩余产品中分出一部分，用来满足公社共同需要的经济现象，但这只是将公社内部集体成员的劳动成果，通过分配用于公社内部的共同需要，还不是真正意义上的财政。国家产生以后，为了维持它的存在并实现其职能，通过产品分配和再分配使其掌握必要数量的社会产品，用于保证国家机器运转的需要，从而形成了独立的财政分配，产生了财政。也就是说，国家的产生使财政分配从一般的经济分配（社会分配）中分离出来，成为独立的经济范畴。但财政的存在和发展又必须以劳动者能够为国家提供剩余产品为条件，并随着生产力的发展和占主导地位的生产关系的变化而发展。在我国，对财政的起源还有不同的认识，如一些学者认为，财政是为了满足社会共同需要而对剩余产品进行分配所形成的分配关系，在国家产生之后，财政分配活动才表现为以国家为主体的分配关系。

（一）我国古代财政思想

我国自先秦至鸦片战争前的典籍及历代思想家的论述，关于管理国家财政的原则和理论，归纳起来主要有以下几种。

1.量入制出与量出制入思想

量入制出的财政思想是在先秦时期提出和形成，并成为其后历代所遵循的理财原则。在唐代，杨炎首次提出了与之截然相反的理财原则，认为“凡百役之费，一钱之敛，先度其数而赋于人，量出以制入”，由此引起以后历代理财家对量入制出与量出制入的争论。例如，唐代陆势率先批判杨炎提出的“量出制入”原则，指出量入制出是“圣王”之法，只有到政治衰败时才“量出为入，不恤所无”（《均节赋税恤百姓》）。明代的丘濬以及后期的张居正，也都坚持财政的量入制出原则。但事实上，封建统治者总是交替使用量入制出和量出制入两种财政原则，即使在杨炎没有公开提出“量出制入”之前，也是这样。

2.轻税思想

先秦各家除商鞅、韩非等少数思想家主张重税外，多数主张“薄赋敛”，即倡导减轻农民负担的轻税政策。孔丘反对苛征，主张“敛从其薄”（《左传·哀公十一年》）。荀况主张“轻田野之税，平关市之征，省商贾之数，罕兴力役，无夺农时”（《荀子·富国》）。历代理财家也大多主张轻税政策。在赋税征收原则方面，西晋傅玄面对封建赋税繁重的客观现实，提出了古代财政史上比较完整的赋税三原则，即至平（“计民丰约而平均之”）、俭而趣公（赋役征课须从俭和为天下公利）、有常（租赋有一定的常制又较少变动）。傅玄的公平负担、轻税和稳定税负三原则是对财政理论的杰出贡献。明清之际，王夫之提出实行等差的税收原则，把自耕和佃耕分别对待，“轻自耕之赋而佃耕者倍之”（《读通鉴论》卷二）。这种明确提出自耕农和地主在税收上区别对待的观点，是我国封建社会赋税史上的一个重要进步。我国古代赋税的主要形式是对土地课征，即所谓“任土所宜”（《周礼》）。唐代以前，赋税以课征实物为主。唐代杨炎提出两税法，建议以原来的户税、地税为基础，重新确定税额，原来的租庸调折钱并入户税。这一主张使实物贡赋向货币贡赋转化，符合赋税制度的发展方向，但在推行中屡有反复。明代后期，张居正在税制改革方面提出并推行了著名的“一条鞭法”，以州县为单位，将原来以各种方式分别征收的田赋、杂役和其他杂税合并，按田亩计算，折收白银。这进一步简化了税制，完成了以实物税为主向以货币税为主的转化，适应了当时商品货币经济发展的要求，是我国封建赋役制度的一次重大改革。

3. 官营专卖思想

官营专卖思想是一种主张减少或不加租税，而通过官营工商业和产品专卖等办法，充实国家财政收入的理财思想。“不籍而赡国，为之有道乎”（《管子·山国轨》）中的“籍”即指强制性征课的赋税。《管子》认为强制性征课会影响生产，引起人民的不满，主张轻税或不加赋，采取官营与专卖的办法来增加财政收入，满足封建国家财政支出的需要。西汉桑弘羊认为“山海之利，广泽之畜，天下之藏”，即一切自然财富都应属国家所有并由国家经营，不能放任让富商豪强专利。他根据先秦的有关理论和原理，制定推行了盐铁官营、酒类专卖，并首创均输和平准，以实现“民不益赋而天下用饶”（《史记·平准书》）的目的。官营专卖收入是古代财政非赋税收入中的主要部分。

4. 开源节流思想

开源节流是主张在发展生产基础上节制赋敛的理财思想。孔丘主张“藏富于民”。荀况认为“明主必谨养其和，节其流，开其源，而时斟酌焉”（《荀子·富国》），强调要懂得“本末源流”的道理，即从创造财富这一根本问题入手，以增加财政收入。唐代李翱从税率高低会影响到劳动生产率的角度出发，得出“人皆知重敛之可以得财，而不知轻敛得财愈多”（《平赋序》）的结论。北宋司马光也提出“养其本源而徐取之”的原则。清末魏源强调取之有度，认为“善赋民者，譬植柳乎！薪其枝叶，而培其本根；不善赋民者，譬剪韭乎！日剪一畦，不罄不止”（《古微堂内集》卷三《治篇》十四），并指出理财首先要考虑税源，如果只顾征税，取之无度，最终会破坏税源，减少财政收入。“开源节流”作为理财原则，延续了两千多年。

（二）西方古代财政思想

20世纪30年代，以亚当·斯密为代表的古典学派的财政思想占统治地位。古典学派的财政思想是建立在自由放任和自然秩序基础上的。在古典学派看来，个人从利己主义的原则出发，受一只“看不见的手”的作用，就能实现资源的有效配置。需求总是与供给相适应，国家仅是作为资本主义生产的外部条件而存在。国家的活动被认为是非生产性的，其本身并不能创造国民财富。这种活动虽属必要，但有时反而会妨碍国民财富的形成和增长，因而古典主义反对国家干预，要求国家严格缩小活动，并把国家的活动限制在国防、行政、公共支出等少数方面。

古典学派的财政思想贯穿在它的财政政策主张中，主要包括以下几点：

1.主张“廉价政府”

古典学派反对奢侈浪费。政府活动是非生产性的，财政支出是消费性的，这种消费虽属必要，但过多则会影响生产、减少积累。这样限制政府的活动，减少财政支出，就理所当然地成为古典主义的财政政策主张。

2.主张“量入为出”，反对增加税收

在古典学派看来，国家如同个人家庭一样，在经济生活中遵循“量入为出”的原则。“不量入为出，结果就蚕食资本。”

3.主张预算平衡，反对举借公债

与“量入为出”的原则相适应，古典学派主张预算平衡，反对举借公债。在他们看来，不如此，国家就会衰微。“由举债而衰微进而荒废的国家，所在皆是。”

4.主张币值稳定，反对货币贬值

古典学派认为货币数量与物价成正比例变动，国家可以通过控制货币数量，掌握货币的交换价值，从而稳定物价。

由此可见，在古典学派看来，完全竞争的市场可以解决资源的有效配置。政府的活动在有利于生产的前提下是必要的，而必要的政府活动是极其有限的。于是，古典学派的财政思想就具有这样的特点，即注重资源的有效配置，强调市场对资源有效配置的作用。

古典学派的财政思想同它的经济思想一样，适应了当时商品经济发展的需要，反映了资产阶级发展资本主义生产的要求，对19世纪资本主义的迅速发展起了积极的作用，创造了比过去一切世代全部生产力还要多、还要大的生产力。

19世纪80年代到20世纪20年代的40年间，随着资本主义由自由竞争向垄断竞争的过渡，历史学派和福利主义出现，政治的和社会的伦理道德规范进入经济学中。所得税的比例征收逐渐为累进征收所替代，借以缩小所得分配不公平。资源配置的有效性和所得分配的公平性并驾齐驱，成为财政注重的两项基本原则。以瓦格纳为代表的德国社会政策学派的财政思想和政策，反映了这一时期财政思想的新特点。德国社会政策学派的财政政策不同于古典学派的财政政策，其有以下特点：

（1）主张膨胀财政支出。瓦格纳把种种国家、种种时代进行概括地比较，得出的结论是：中央政府和地方政府的活动是有规则地增大的，财政支出膨胀是必然的。据此，瓦格纳提出，国家财政应增加用于社会立法、社会福利和救济方面的经费支出，以维持社会正常的生产和生活秩序。

（2）主张举借公债。在社会政策学派看来，国家活动是生产性活动，它可以通过耗费有形财富，生产出无形财富来，故而因膨胀财政支出而发生的预算赤字是被允许的，举借公债也就成为有益社会的事。

（3）主张兴办国营企业。社会政策学派主张国家投资包括森林、矿山、银行、铁路等国家经济事业，从财政上增加国家收入，从经济上为工商企业的经营提供必要的基础。最后，主张用租税改变社会财富分配状况。瓦格纳认为，租税不仅是筹集国家经费的财政手段，还可以作为改变国民收入的工具。所得和财产的累进征收被看作是调整社会财富分配不均的必要手段。

20世纪30年代，世界性生产过剩的经济危机震撼了传统政治经济学的理论基础，供给自然创造需求，市场机制可以解决资源的有效配置成了天方夜谭。1936年，凯恩斯出版了他的巨著《就业、利息和货币通论》，他从社会总需求与社会总供给入手，分析了资本主义生产过剩危机产生的原因，提出了消除危机的措施。在凯恩斯看来，资本主义的生产过剩是由于有效需求不足，有效需求不足则是由边际消费倾向递减、资本边际效率递减和流动偏好三方面引起的投资需求不足和消费需求不足。单凭市场机制不能解决有效需求不足的问题，国家需要积极干预和调节经济，政府必须增加财政支出，通过赤字财政、通货膨胀、保护贸易等政策措施，克服有效需求的不足，使社会总需求与社会总供给相适应。自凯恩斯起，财政思想开始把资源配置有效性、所得分配公平性和经济总量稳定性结合起来。凯恩斯主义使政府运用财政政策调节经济的作用加强。

思考与讨论

我国和西方财政思想有哪些不同？

三、我国财政体制变迁

财政本质上是以国家为主体的分配活动，亦是一个历史范畴，随着经济社会的发展而不断演化。财政在不同时期具有不同的表现形式，财政体制正是财政的表现形式之一，通过学习我国财政体制的变迁，可以了解我国不同时期的财政思想。

（一）改革开放前我国的财政体制

新中国成立后不久，为克服当时所面临的严重财政困难，开始实行高度集中的财政体制。当时国家财政的高度集中主要包括两个方面：一是主要财经法律法规由中央统一制定；二是国家财政收支的绝大部分由中央控制支配。

这一时期的财政管理体制适应了当时政治经济形势发展的需要，在短期内改变了各解放区财政分散管理的局面，控制住了严重的通货膨胀，保证了军事、经济恢复等重点工作的需要，成效显著。

1953年，我国进入第一个五年计划时期。随着大行政区机构的改变和撤销，县级政权的建立和健全，国家的财政体制也作了相应的改变，由原来的中央、大行政区、省（市）三级管理改为中央、省（市）和县三级管理，并划分了各自的财政收支范围。1954年，根据周恩来、邓小平同志的指示精神，开始实行分类分成办法，将财政收入划分为固定收入、固定比例分成收入和中央调剂收入三大类，地方预算每年由中央核定。1956年4月，毛泽东在《论十大关系》中提出“中央和地方两个积极性，比只有一个积极性好得多”的论断，“以收定支、五年不变”的财政体制正是在这种思想的指导下设计的，它把三种收入（地方固定收入、企业分成收入和调剂分成收入）划归地方，分类分成，多收了可以多支，少收了只能少支。

（二）改革开放初期至1993年的中央与地方财政包干体制

党的十一届三中全会恢复了“解放思想、实事求是”的思想路线，确立了改革开放的政策。1979年4月召开的中央工作会议提出要对国民经济进行调整，并将经济工作中存在的问题明确概括为计划经济集中过多、统得过死，限制和约束了各方面的积极性、主动性和创造性，主张通过体制改革调动地方的积极性。这一时期在财政体制上确立了中央与地方分级包干的管理办法。

财政包干改革对调动地方增收节支的积极性，保证财政收入增长，促进国民经济的持续发展，促进其他领域的改革，都发挥了积极的作用。但是财政包干制也导致了一些弊端，诸如地方政府发展的盲目性增强，市场分割、地区保护、财政“两个比重”[①]偏低问题突出，国家宏观调控能力较弱等。

---

① “两个比重”指的是中央财政总支出占国内生产总值（GDP）的比重和中央财政支出占总支出的比重。

（三）1994年的分税制财政体制改革

1994年，我国在全国范围内开始推行分税制财政管理体制改革。分税制改革是按税种划分各级政府的收入，明确划分各级政府的事权范围和支出责任，初步建立起同社会主义市场经济相适应的财税体制基本框架，改变了国家的财力财权配置格局，增强了中央的财力财权和宏观调控能力。分税制合理划分中央和地方政府的主要职责和事权范围。中央政府主要提供全国性的公共产品和公共服务，承担国家安全、国防外交以及中央机关运转、中央直接管理的事业所需的经费，协调区域发展、实施宏观调控、调整产业结构必需的支出。地方政府主要承担为本地区提供公共产品和公共服务以及本地区经济、事业发展所需的支出。

分税制主要按税种划分中央与地方收入。根据税制改革后的税种设置，按照事权和财权相结合的原则，依据税种的不同性质，将税种划分为中央税、地方税和中央与地方共享税。其中，中央税主要包括维护国家权益、实施宏观调控所必需的税种；地方税主要是适宜地方征管的税种，并根据社会经济发展情况不断充实地方税税种；中央与地方共享税主要包括与经济发展直接相联系的税种。同时，分设中央和地方税务机构，中央税种和共享税种由国税局负责征收，地方税种由地税局负责征收。

分税制改革结束了之前包干制财政体制摇摆不定的局面，其框架和规则延续至今。分税制使中央与地方财政关系在分权与集权的循环怪圈中实现了激励的一致性，加快了国家宏观调控体系的完善，为社会主义市场经济条件下实现国家对宏观经济的管理职能创造了条件。

分税制改革淡化了政府与企业的行政隶属关系，为政府适应市场经济发展、正确发挥职能创造了条件，促进了企业的公平竞争。中共十四大确定建立社会主义市场经济体制之后，我国更加积极地融入全球经济之中，国内发展在获得重大国际机遇的同时，国外的风险也会更加容易影响到国内。1994年以前，国家财政每年都要从银行无偿地拿200亿元来弥补赤字。分税制改革以后，财政不能再从银行无偿透支，在一定程度上确保了金融运营的稳健性，有利于金融系统的稳定。分税制财政体制改革的重要历史贡献在于，厘清了财政和银行之间的关系，这也为我国在亚洲金融危机中能够有效运用财政政策和货币政策留下了政策空间。

（四）分税制财政体制的改革与完善

1994年分税制财政体制改革是不彻底的，省以下政府的分税制就没有予以明确规定，导致财权层层上收，带来基层财政困难、土地财政、隐性债务等问题。地方税收体系的不完善，地方政府财权和事权的不对称，转移支付制度的不规范，政府层级过多，均导致财政体系运行的效率不高。面对现实出现的诸多问题，党和政府坚持改革和完善分税制财政体制。2013年11月，党的十八届三中全会在会后发布公报，提出“科学的财税体制是优化资源配置、维护市场统一、促进社会公平、实现国家长治久安的制度保障”。2014年8月31日，全国人民代表大会常务委员会会议审议通过《中华人民共和国预算法》，并决定该法自2015年1月1日起施行，从而走出了我国预算法治化进程中的坚实一步。2017年10月，党的十九大报告从完善社会主义市场经济的角度对财政体制改革作出进一步的部署，提出要建立权责清晰、财力协调、区域均衡的中央和地方财政关系；建立全面规范透明、标准科学、约束有力的预算制度；实施全面绩效管理，税收制度要深化改革，地方税体系要逐步健全。2018年3月，为了贯彻党的十九大精神，十三届全国人大一次会议提出，将省级和省级以下国税地税机构合并，具体承担所辖区域内的各项税收、非税收入征管等职责。由此，我国的财政管理体制改革目标更加成熟清晰起来。

思考与讨论

谈谈在中国特色社会主义理论指导下我国公共财政思想的新发展是什么？

四、有形之手与无形之手：政府与市场的关系

（一）无形之手和有形之手

你是否注意到这样一个细节：当你所在小区菜市场的西红柿从2.20元/斤上涨到2.50元/斤时，你会发现几乎全市所有菜市场的西红柿都是2.50元/斤，这就是市场机制的奇妙作用，仿佛一声令下，什么都改变了。西红柿的价格为什么能快速地统一起来？人们为什么能以合理的方式完成繁杂的社会分工？经济学的中心任务之一就是解释复杂的经济规律是如何运行的。为什么有些人做这些事，有些人做那些事？信息是如何在人群中交流的？决策又是如何做出的？这是由于存在着一只“看不见的手”。

“看不见的手”这个经济术语是现代经济学家亚当·斯密提出的，它形容在价格机制起作用的情况下，追逐私利的人如何实现彼此之间的合作，从而使社会财富更加充裕。按照凯恩斯的理论，几乎每一样东西都存在相应的市场，市场是买者和卖者相互作用并共同决定商品或劳务的价格和交易数量的机制。市场通过它自身的内在逻辑体系，使资源向最优化配置的方向流动，它通过价格和市场体系对个人和企业的各种经济活动进行协调。市场的运行具有它本身的特性，经济学之父

亚当·斯密将市场的运行规律归结为“看不见的手”。

“看得见的手”一般是指政府的宏观经济调控或管理，也称“有形之手”。其手段和作用是通过制订经济发展计划（经济手段），指明经济发展的目标、任务、重点；通过制定法律法规（法律手段），规范经济活动参与者的行为；通过采取命令、指示、规定等行政措施（行政手段），直接、迅速地调整和管理经济活动。“有形之手”的最终目的是补救“看不见的手”在调节微观经济运行中的失效。当然，如果政府这只“有形之手”作用发挥不当，不遵循市场规律，也会产生消极的后果。

政府和市场是相互关联的两个重要组成部分，政府是经济管理和调控主体，是涉及发展全局的重大利益协调主体；市场是把政府同各类微观经济运营主体连接起来的桥梁，是配置各类经济资源的基础环节，也是媒介产权产品和其他要素交换活动的基本场所。政府和市场的关系，决定着市场经济体制的基本走向和运行质量。政府行为往往表现为经济管理和宏观调控，市场功能往往表现为供求、价格的自发调节和自由竞争，两者紧密关联、相互交织，缺一不可。因为政府行为不可能完美无缺，市场功能也不可能完全有效，两者都有弱点，都存在局限性，所以需要协调互补。处理政府和市场关系的关键是寻求政府行为和市场功能的最佳结合点，使政府行为在调节经济、弥补市场功能失灵的同时，避免和克服自身的缺位、越位和错位。

思考与讨论

为什么政府被叫作“有形的手”，市场被叫作“无形的手”？

（二）我国政府与市场的关系

党的十八届三中全会提出：“使市场在资源配置中起决定性作用和更好地发挥政府作用。”这是这次全会提出的一个重大理论观点。经济体制改革是全面深化改革的重点，核心问题是处理好政府和市场的关系。

市场决定资源配置是市场经济的一般规律，健全社会主义市场经济体制必须遵循这条规律，着力解决市场体系不完善、政府干预过多和监管不到位的问题；必须积极稳妥地从广度和深度上推进市场化改革，大幅度减少政府对资源的直接配置，推动资源依据市场规则、市场价格和市场竞争进行合理配置，实现效益最大化和效率最优化。政府的职责和作用主要是保持宏观经济稳定，加强和优化公共服务，保障公平竞争，加强市场监管，维护市场秩序，推动可持续发展，促进共同富裕，弥补市场失灵。因此，财政和财政改革的核心也是处理好政府与市场的关系问题。我国的社会主义市场经济体制是由计划经济体制转换过来的，要建设社会主义市场经济体制，首先要正确认识并处理好政府与市场的关系，尤其是要处理好市场与计划的关系问题。邓小平同志曾创造性地阐明了两者的关系："计划多一点还是市场多一点，不是社会主义与资本主义的本质区别。计划经济不等于社会主义，资本主义也有计划；市场经济不等于资本主义，社会主义也有市场。计划和市场都是经济手段。社会主义的本质，是解放生产力，发展生产力，消灭剥削，消除两极分化，最终达到共同富裕。"我国明确实行社会主义市场经济，也就是由原来的计划经济体制转向市场经济体制，这个转变是在坚持社会主义基本政治经济制度前提下的资源配置方式的转变。从社会主义市场经济出发重新认识财政，就是要从资源配置方式转变及其相关的政府职能转变的角度重新看待财政，这是社会主义市场经济财政体制改革和建设的基本出发点与立足点。

让市场在资源配置中起决定性作用，并不是否定或忽视政府的作用。发展社会主义市场经济，既要发挥市场的作用，也要发挥政府及其财政的作用。要放开市场这只"看不见的手"，用好政府这只"看得见的手"，在未来的改革征程上，让"看不见的手"更有效，让"看得见的手"更有为。简言之，市场在资源配置中起决定性作用，政府及其财政的作用就是提供公共物品，满足公共需要；同时，完善政府的宏观调控体系，弥补市场本身的瑕疵。

思考与讨论

简述我国政府与市场的关系。

五、什么是市场失灵

西方经济理论论证了完全竞争市场可实现现有技术条件下的资源最优配置，使社会上每一个人的经济福利都不可能在不减少他人福利的前提下进一步提高。然而在现实经济中，充分满足完全竞争性市场所严格假设的种种条件的情况是罕见的。因此，完全竞争市场的理论模型像是"经济学家的乌托邦"，也像是物理学中没有摩擦力的理想状态，虽然有助于我们认识市场机制的本质，但它毕竟不是现实。退一步说，即使满足了这些条件从而使市场机制能够实现帕累托效率，它也不能解决诸如收入和财富分配不公、自发竞争导致的经济波动等问题。

具体来说，市场失灵主要有以下几种表现。

（一）垄断

市场高效是以完全的自由竞争为前提的。完全自由竞争的市场要求每一个市场都拥有众多的买者和卖者，因为只有市场上的买者和卖者越多，每一个人或行为主体才不具有控制市场供求和价格的能力，市场的竞争性才不会受到影响。但现实市场的某些领域却存在两种情况：一种是只有一个买者或卖者的市场，这种市场称为“完全垄断”；另一种是受少数几个相互串通的大企业控制的市场，这种市场称为“寡头垄断”。市场中的垄断一旦形成，就不能通过充分竞争来实现理想目标，因为垄断者可能通过限制产量抬高价格，使价格高于其边际成本，从而获得额外利润。垄断限制了竞争，阻碍了生产要素的充分流动，造成资源配置的低效率。造成这一结果的原因主要包括产品之间的不可替代性以及进入壁垒，进入壁垒又进一步可以分为自然的进入壁垒（导致自然垄断）、资源的进入壁垒和法律的进入壁垒（如公共特许权、行政许可、专利或版权）等。

（二）公共产品

公共产品是一个人的消费不会影响其他人的消费的产品，纯粹的公共产品具有非排他性和非竞争性。非排他性是指一些人在享用某种产品带来的利益时，无法排除其他人同时从这种产品中获得利益。或者说，在市场经济条件下，在技术上无法将未付费者排除在这种产品的受益范围之外。例如，每个公民都可以无差别地受益于国防所提供的安全保障，每个人都可以从天气预报中得到气象信息等。非竞争性是指任何人对某种产品的享用，不排斥、不妨碍其他人同时享用，也不会因此而减少其他人享用这种产品的数量或质量。易言之，增加一个消费者不会减少任何一个人对该种产品的消费量。例如，街上路灯下行人数量的变化不会增加路灯的费用，也不会影响其他人获得路灯带来的好处。

公共物品的特征决定了人们不用购买仍然可以消费，因而公共物品就没有交易，没有市场价格。如果仅依靠市场调节，由于公共物品没有交易和相应的交易价格，就无人生产，或者生产远远不足。但公共物品是一个社会发展必不可少的产品，而市场调节无法提供足够的公共物品，于是带来了市场失灵的问题。

拓展阅读

生长在黄海中的黄鱼以其肉嫩味美而闻名于世，但市面上的野生黄鱼越来越少、越来越贵；无锡太湖的银鱼也是一道佳肴，但餐桌上越来越难见其“身影”。究其原因，就是人们无节制地滥捕。那人们为什么不在自己的池塘里捕捞，而在黄海和太湖中滥捕呢？

这显然与黄海、太湖的产权特征有关。为了解释清楚产权与资源配置效率之间的关系，需要引入私人产品与公共产品的概念。私人产品是指由市场供给，用来满足个别人需要的商品和服务。公共产品是指由以政府为代表的国家机构公共部门供给，用来满足社会公共需要的商品和服务。私人产品具有排他性消费和区别消费的可能性，这就意味着当某人购入特定的物品进行消费时，就已经排除了他人购买和消费该物品的可能性。公共产品具有消费时的非排他性和非竞争性的特征，对于一定数量的公共产品，社会上的每个人都是潜在的消费者，任何人对公共产品的消费都不排斥其他人同等数量的消费。于是，大家都希望别人提供公共产品，而自己免费享用，这就是“免费搭车”现象。免费搭车现象的存在，使社会无人愿意为提供公共产品而付出代价，从而导致市场失效，黄海和太湖的银鱼越来越少的原因就在于此。

（三）外部性

完全竞争市场要求所有产品的成本和收益均内在化，即产品的生产者要承担生产这一产品而给社会带来的全部成本，同时这一产品所带来的全部利益都归该生产者或该产品的购买者享有。但在现实生活中，有些产品或服务会产生外部性。

所谓外部性，也叫“外部不经济”，是指私人成本与社会成本或私人收益与社会收益的非一致性。产生外部性的主要原因是某人或某企业的行为影响了其他人或其他企业，却没有为之承担相应的成本费用或没有获得相应的报酬补偿。

根据表现形式可将外部性分为两种，一种是正外部性，即产品或服务给所有者以外的其他人带来了利益，但所有者却未能得到应有的收益补偿；另一种是负外部性，即产品或服务给所有者以外的其他人带来了损害，但受损者未得到应有的补偿。例如，生产过程中所排放的废气、废水会污染环境，使生活在这一环境中的人们都受到损害，而受损者并未得到补偿，污染者也没有承担相应的污染治理成本。

（四）信息不对称

完全竞争市场要求所有的生产者和消费者都具有充分信息，生产者要知道消费者需要什么、需要多少，消费者要知道关于产品的各种信息。在现实的市场中，由于经济行为主体的独立性和分散性，市场交易各方的信息种类繁多、情况不一，有的甚至差异悬殊，市场主体不可能获取所有的信息。因此，信息不对称是现实中的常态。

（五）收入分配不公平

市场的运行只是保证了资源配置效率的实现，并没有解决收入分配的公平问题。这是因为市场机制遵循的是资本与效率的原则，这一原则又存在着“马太效应”。从市场机制自身的作用来看，这是属于正常的经济现象，拥有越多资本在竞争中越有利，效率提高的可能性也越大，收入与财富、资本与效率也越集中。但资本家对其雇员的剥夺，使一些人更趋于贫困，造成了收入与财富分配的差距进一步拉大。这种拉大又会影响到消费水平，使市场相对缩小，进而影响到生产，制约社会经济资源的充分利用，使社会经济资源不能实现最大效用。

（六）宏观经济波动

社会总供给与社会总需求的平衡是市场经济正常运行的基本前提之一。但是，在自由放任的市场经济中，自发的过度竞争不可避免地会导致各个商品与要素市场的供求失衡，进而导致社会总供求的长期失衡和宏观经济波动，造成高失业、高通货膨胀和周期性的经济萧条与危机等多种问题，其结果必然是破坏价格机制，使市场机制自身难以正常运行，最终导致社会资源配置的无效率。

思考题

某造纸厂在其生产过程中，向附近的河流排放了大量的污水，并因此导致了附近某粮食产量大幅度下降，但该厂却又不对附近种粮农民进行相应的赔偿。这种现象通常被称为（　　）。

A. 生产的外部经济

B. 生产的外部不经济

C. 消费的外部经济

D. 消费的外部不经济

【答案】B

六、我们身边的公共产品

（一）什么是公共产品

公共产品是和私人产品相对应的。人类社会需要各式各样的商品和服务，从商品和服务的需求主体来看，有的是社会成员的个人需要，如吃的食品、穿的衣服，有的则是一种集体的社会性的公共需要，如国防和社会安定。从商品和服务的供给渠道来看，在市场经济体制下，凡是市场上有的东西，人们都可以到商店购买，但由于存在市场失灵现象，有些商品和服务市场不能提供，或不适于由市场提供，因而必须由政府通过本身的特殊运行机制来提供。因此，人类社会需要的各式各样的商品和服务，依据需求主体和供给渠道的不同，可以分为公共产品和私人产品两大类。由市场供给的用来满足个人需要的商品和服务称为“私人产品”，由国家机关和政府部门——公共部门提供的用来满足社会公共需要的商品和服务称为“公共产品”。公共产品是这样一些产品，不论每个人是否愿意购买，它们所带来的好处都不可分割地散布到整个社会；相比之下，私人产品能够分割开并可分别地提供给不同的个人，不带给他人外部的收益或成本。公共产品的有效供给通常需要政府的行动，而私人产品则可以通过市场有效地加以分配。

（二）我们身边有哪些公共产品

纯公共产品是指每个人对这种产品的消费，都不会导致其他人对该产品消费的减少。严格地讲，它是在消费过程中具有非竞争性和非排他性的产品，是任何一个人对该产品的消费都不减少别人对它进行同样消费的物品与劳务。纯公共产品不仅包括物质产品，同时还包括各种公共服务，比如政权建设、基础教育、科学研究、环境保护等都属于纯公共产品。准公共产品是指具有有限的非竞争性或有限的非排他性的公共产品，它介于纯公共产品和私人产品之间，增加一个人的消费会影响其他人对它的消费，主要包括高等教育和职业教育、文化卫生、基础设施等社会公益事业。人们身边的公共道路和公共桥梁就属于准公共产品。受特定的路面宽度限制，汽车在使用道路的特定路段时，就排斥其他车辆同时占有这一路段，否则会产生拥挤现象，这就体现了公路的排他性特征。

广播、电视、学校、应用科学研究、体育、农林技术推广等事业单位，其向社会提供的产品属于准公共产品。此外，实行企业核算的自来水、供电、邮政、市政建设、铁路、港口、码头、城市公共交通等，也属于准公共产品的范畴。

私人产品是指可以由个别消费者占有和使用的产品，它的使用价值或其所产生的利益只限于占有和使用它的个别消费者，不占有或使用的其他消费者则不能享用它的使用价值，比如面包、服装、生活服务等。

思考与讨论

请举例，在你身边还有哪些公共产品？

七、管好政府钱袋子，当好百姓服务生——财政职能

一年里，政府手上有多少钱，这些钱如何使用，这是普通老百姓关心且要管的事。为有力督促政府当好人民财政的“守门人”，监督好政府的“钱袋子”，让财政

的每一笔钱都花得清清楚楚，财政需要严格遵循其职能。财政职能是指财政作为国家政府分配社会产品、调节经济活动的重要手段所具有的职责和功能，它主要是由金融的性质决定的，不以人的意志为转移。在市场经济国家中，公共财政的基本职能主要有资源配置职能、收入分配职能、经济稳定与发展职能三个方面。

（一）资源配置职能

在市场经济条件下，市场机制在资源配置中起决定性作用，在没有政府介入的情况下，市场会通过价格与产量的均衡，自发地形成一种资源配置状态。但是由于市场失灵的存在，市场自发形成的配置状态不可能实现最优的效率结构，因而需要政府的介入。财政的资源配置职能是由政府介入或干预资源配置所产生的，其特点和作用就是通过财政本身的收支活动为政府供给公共产品提供财力，在一定程度上纠正外部效应，引导资源流向，弥补市场失灵，最终实现全社会资源配置的最优效率状态。在市场经济中，财政配置资源的范围主要包括：

（1）保证国家履行行政、国防、外交等职能，发展文化教育、基础科技、尖端科技，维持社会稳定（救灾、救济、抚恤、对落后地区补助）等支出。

（2）基础设施建设。财政集中资金兴建公路、桥梁、码头、机场、铁路、大型水利工程、城市公用设施等。

（3）基础工业。部分基础工业因投资多、周期长、风险大，市场调节不力，尤其在发展的初始阶段需政府出资。

（4）社会公益性事业。博物馆、文化馆、展览馆、艺术馆、社会福利院等的建设和运作，仅靠市场调节往往不能满足社会的需要，或不符合社会发展的要求，需政府介入。

（二）收入分配职能

财政的收入分配职能是指财政运用多种方式，参与国民收入的分配和调节，以期达到收入分配的经济公平和社会公平。财政的收入分配职能总会使一些人受益，一些人受损。依据公平与效率的原则，如果一味地追求社会公平必然会造成效率损失，情况严重的会影响生产积极性，阻碍社会经济发展；如果财政不对市场分配格局进行调节，贫富差距悬殊的分配结果又会造成社会秩序紊乱，反过来影响市场效率的发挥。因此，在发挥财政的收入分配职能时，应当兼顾公平与效率之间的均衡，在不损失或尽量少损失效率的前提下，通过财政的再分配政策，最大限度地实现社会公平的目标。财政的收入分配职能主要有如下体现：

（1）运用税收调节企业收入和个人收入，使之符合社会公平。税收是调节收入分配的主要手段，通过间接税调节各类商品的相对价格，从而调节各经济主体的要素分配；通过企业所得税调节公司的利润水平；通过个人所得税调节个人的劳动收入和非劳动收入，使之维持在一个合理的差距范围内；通过资源税调节由于资源条件和地理条件而形成的级差收入；通过遗产税、赠与税调节个人财产分布；通过消费税调节个人的实际收入水平等。

（2）规范工资制度。规范国家预算拨款的公务员和事业单位职工的工资制度，凡应纳入工资范围的收入都要纳入工资总额，取消各种明补和暗补，提高工资的透明度；实现个人消费品的商品化，取消变相的实物工资；适当提高工资水平，建立以工资收入为主、工资外收入为辅的收入制度。在规定公务员和事业单位人员的工资构成、等级、增长等制度时，使其与企业职工工资形成较合理的比例，从而符合经济公平。

（3）保证因无劳动能力和其他要素而无收入或收入甚少者的最基本生活需要。通过转移性支出，如社会保障支出、救济支出、补贴等，使每个社会成员得以维持起码的生活水平和福利水平。

（4）在社会范围内组织实施强制社会保险，解决企业和个人无力解决的收入调剂问题。

拓展阅读

政府是如何促进社会公平的？

在现实生活中，我们几乎能处处感受到政府为我们提供的各种服务。在我国这样的社会主义国家，为了履行对内、对外职能，国家必须占有和消费一定的社会财富。国家的收入和支出就是财政，国家财政是国家治理的基础和重要支柱，在社会经济生活中发挥着巨大的作用。

近几年，国家财政支出大幅度向改善民生倾斜。2019年，国家财政性教育经费支出首次突破4万亿元，年均增长8.2%；占GDP比例为4.04%，连续第8年保持在4%以上。2020年，全国卫生总费用预计达72306.4亿元；国家财政用于社会保障支出18964.83万元、卫生健康支出1895.9万元、住房保障支出7461.7万元。

国家财政是促进社会公平、改善人民生活的物质保障。财政通过国民收入的再分配，缩小收入分配差距，促进教育公平，建立社会保障体系与基本医疗卫生制度，保障和提高人民的生活水平，促进社会公平，维护社会稳定和谐。

（三）经济稳定与发展职能

在任何经济体制下，经济的稳定和发展都是政府希望实现的目标，其也必然构成财政的重要职能之一。财政的经济稳定和发展职能，就是财政作为政府重要的宏观调控手段，通过运用多种财政手段，有意识地影响和调控经济，以实现经济的稳定发展。财政实现该职能的机制和手段主要有：

（1）运用各种收支手段，逆经济风向调节，促进社会总供求的平衡。当总需求超过总供给时，财政可以实行紧缩政策，减少支出、增加税收或者两者并举；一旦出现总需求小于总供给的情况，财政可以实行适度放松政策，增加支出、减少税收或者两者并举，由此扩大总需求。在这个过程中，财政收支发生不平衡是可能的而且是允许的。针对不断变化的经济形势而灵活地变动支出和税收，被称为“相机抉择”的财政政策。

（2）运用财政收支活动中的制度性因素，对经济发挥“自动”稳定的作用。例如，通过制定累进所得税制度，当经济过热，投资增加，国民收入增加时，累进所得税会自动随之增加，从而适当压缩人们的购买能力，防止发生通货膨胀。当经济衰退，投资减少，国民收入下降时，累进所得税又会自动随之递减，防止因总需求过度缩减而导致的经济萧条。

（3）通过合理安排财政收支结构，促进经济结构的优化。例如，通过投资、补贴、税收等多方面安排，加快农业、能源、交通运输、邮电通信等公共设施的发展，消除经济增长中的“瓶颈”并支持第三产业的兴起，加快产业结构的转换，保证国民经济稳定与高速的最优结合。

（4）切实保证非生产性的社会公共需要，为经济和社会发展提供和平安定的环境。提高治理污染、保护生态环境以及文教、卫生支出的增长速度，同时完善社会福利和社会保障制度，使增长与发展相互促进、相互协调，避免出现“有增长而无发展”或者“没有发展的增长”的现象。

思考与讨论

如何理解财政的收入分配职能？在现实生活中，财政的职能都怎样发挥作用？

八、以收定支，量入为出——财政平衡原理

财政平衡，亦称“财政收支平衡”或“预算平衡”，是指一定时期内财政收入与支出基本持平。在理解财政平衡原理时，需要明白以下几点：

第一，财政平衡是相对的或大体的平衡，不存在绝对的平衡。财政收支正好相等的情况在理论上可以成立，但从实际的经济运行来看，几乎是不存在的。每日、

每月、每季收支对比的经常状态是不平衡的，不是收大于支，就是支大于收，收支正好相等的状态是偶然的。

第二，应树立动态平衡的观点，不拘泥于静态平衡或一个预算年度内的收支平衡。静态平衡是某一时点上出现的瞬时现象，动态平衡则要求考虑年度之间的联系和衔接。例如，在一个波动的经济周期内，可能某些年份有赤字，某些年份有结余，但如果将二者结合起来从动态上看，财政收支仍可能是平衡的；在一个预算年度内也是如此，有时可能收大于支，有时则可能支大于收，即平衡不断被打破，又不断达到新的平衡。

第三，财政平衡只是一种局部平衡，它应该服从或服务于宏观经济总体平衡。尽管财政收支有时未实现平衡，但国民经济却在总体上实现了平衡，这其实比财政收支本身的平衡重要得多。可见，国民经济总体平衡的目标是实现社会总供求的大体平衡，财政平衡不过是其中的一个局部平衡。对国民经济全局而言，财政平衡本身不是目的，而是一种手段，必须从国民经济总体平衡的角度来考虑财政是否平衡。换句话说，只有从国民经济全局出发研究财政平衡，才有可能运用财政政策有效地调节经济运行。

之所以要遵循财政总体平衡原则，理由如下：

一是财政机体自身的要求。从国家经济建设的实践来看，不论出现过多的财政结余，还是财政赤字，都会对国民经济产生不利影响。过多的财政结余，会导致物资储备不合理，积压过多，资金周转减缓；出现赤字，则可能导致财政性货币发行。财政收支平衡意味着财政分配与物资分配相适应，这是保证国民经济持续、稳定、协调发展的必要条件。

二是实现社会总供求均衡。在市场机制的自发作用下，社会总供求的失衡是经常的现象。为了实现社会总供求的均衡，客观上需要通过财政收支差额来调节供求总量。由于经济波动的周期通常超过一年，所以主要强调实现长期平衡而不是年度平衡。

拓展阅读

我国古代的财政平衡思想

夏、商、周，史称“三代”，是我国历史上的奴隶制社会时期（主要包括夏、商、西周，周为奴隶制向封建制过渡的时期），在经济上以农业为主要生产部门，土地的产出是国家财政的主要收入，国家财政状况几乎完全依赖并取决于农业生产状况。然而，三代奴隶制时期，生产工具简陋落后，生产力水平极为低下，季节转换、气候变化和自然灾害都对农业收成的丰歉有严重影响。因此，三代时期的国家财政分配只能在可能取得收入的基础上来安排支出，即根据收入的数量来确定支出的规模，这就是我国历史上最早的“制国用，量入以为出”的财政原则，据此达到以收抵支、收支平衡的目的。但是，三代的财政收支平衡，又不是简单的平衡，而是要求多有结余。其原因在于，早期农业社会对自然灾害缺乏抵御能力，农业生产靠天吃饭，不可能年年风调雨顺、五谷丰登。如果没有足够的结余，势必造成国家的社会经济危机。在周代，财政遵循多有结余原则，即“三年耕，必有一年之余，八年耕，必有三年之余”，按“耕三余一”来制定财政支出总额。《礼记·王制》中记载：“国无九年之蓄，曰不足；无六年之蓄，曰急；无三年之蓄，曰国非其国也。”由此可见，三代时期“量入为出，多有结余”的重要地位。同时，周代还有专项储备，以待急用，即“凡邦国之贡，以待吊用，凡万民之贡，以充府库”，是为保证国用的充足和社会生活的安定。

九、为什么会产生财政赤字

财政收支或政府预算收支的对比关系，不外乎三种结果：一是收大于支，形成财政结余；二是支大于收，出现财政赤字；三是收支相等，实现财政平衡。纵观世界各国，在三种财政收支关系中，出现财政赤字的情况更为普遍。

为什么会出现财政赤字呢？原因无外乎如下几种：

一是为刺激经济发展，国家实施积极的财政政策，从而降低税率或增加政府支出，或通过发行国债刺激经济，进而造成财政收不抵支。

二是政府管理不当，引起大量逃税现象，进而导致财政收不抵支。

三是经济发展遇到非正常情况，财政收入不能按预期完成，而支出刚性难以压缩，造成支大于收。

在西方经济发达国家，财政赤字司空见惯，可以说是一种世界性的经济现象。从18世纪后期至1914年第一次世界大战爆发之前，以斯密为代表的经济学家极力主张“廉价政府”，并力求保持财政收支的平衡，但财政赤字已是屡见不鲜。1929—1933年经济大萧条发生之前，财政赤字多是战争、大规模疫情、自然灾害等临时性冲击因素所致。一旦这些临时因素消失，财政就会恢复平衡。当然，国家大小不同，所受的冲击不同，财政恢复平衡所耗费的时间也会有所差异。第一次世界大战之后，特别是20世纪30年代至80年代之前，各国政府公开奉行凯恩斯提倡的赤字财政政策，连年的巨额赤字成为西方各国经济的一个重要特征。从20世纪80年代以来的情况看，西方国家的周期性财政平衡或中长期财政平衡也很难做到，年度财政结余更是罕见。

20世纪末期，美国在克林顿执政时期出现过短暂的财政结余，但很快又转为财政赤字。142万亿美元的赤字额比美国建国200年的所有国债加在一起还多，超过印度经济总量，接近加拿大经济总量，相当于全美不分男女老少每人负债4700多美元。当然，美国巨额赤字的出现有其客观必然性：一方面，金融危机引发经济衰退，导致联邦税收减少4000多亿美元；另一方面，为拯救金融系统、刺激经济，美国政府投入了7880亿美元。

为了在保增长、保就业的同时平息外界对高赤字的担忧，奥巴马政府采取了一系列“开源节流”举措，使联邦赤字连续7年下降。按照美国财政部的数据，2016年联邦赤字约为5856亿美元，相当于GDP的3.2%。然而好景不长，在2017财年，由于开支增速超过收入增速，美国财政赤字较2016财年增加约800亿美元，达到6657亿美元，相当于GDP的3.5%，创2013财年以来的新高。

特朗普政府认为，经济增长低迷是导致财政收入增长缓慢的重要原因。随后美国国会快速通过了高达15万亿美元的特朗普减税方案，根据大多数经济增长假设，今后几年，美国可能会进一步恶化赤字局面。但特朗普政府认为，减税会带来更快的经济增长，这将抵消减税的代价；同时，推动税改、降低监管等政策将有效促进经济增长，从而有助于尽快实现财政收支平衡。

改革开放以来，我国财政赤字总额不断攀升，现已超过2万亿元，但财政赤字率基本控制在3%左右，2021年的决算赤字率约为3.2%。不同国家的国情不同，欧盟3%赤字率的警戒线标准，不可能成为世界各国的绝对标准，而仅是一个参考指标，以此来衡量我国赤字水平的高低并不客观。各国确定赤字率警戒线应当根据本国经济发展、物价水平、债务余额、财政政策取向等情况综合考虑。改革开放以来，我国一直保持较高的经济增长速度，储蓄率自20世纪90年代中期以来一直高达40%，并且有较大的存差，这说明国民经济没有超分配，依然存在一定的财政赤字空间。当然，如果财政赤字长期居高不下，就会引发潜在的债务规模失控等风险。因此，谨慎对待财政赤字，通过增收节支等财政改革努力降低财政赤字水平，才是保持经济稳定发展的根本之策。

思考与讨论

财政赤字一定是坏的吗？为什么？

十、什么是财政政策

财政政策（Fiscal Policy）是指国家根据一定时期政治、经济、社会发展的任务而规定的财政工作的指导原则，即通过财政支出与税收政策来调节总需求。增加政府支出，可以刺激总需求，从而增加国民收入；反之，则抑制总需求，减少国民收入。税收对国民收入是一种收缩性力量，增加政府税收，可以抑制总需求，从而减少国民收入；反之，则刺激总需求，增加国民收入。财政政策是国家整个经济政策的重要组成部分。财政政策的内容也有多种，可分为税收政策、公共支出政策、政府投资政策、国债政策等。

1. 税收政策

税收政策主要通过宏观税率和具体税率的确定、税种选择以及税收优惠、税收惩罚等规定来体现政府的政策导向。近年来，我国持续推进的大规模减税降费政策就是一种税收政策，减税降费政策将制度性安排与阶段性政策、临时性措施相结合，统筹兼顾、系统推进。“十三五”时期，我国累计减税降费超过7.6万亿元，对激发创新活力、优化经济结构、促进居民消费、扩大就业等发挥了重要作用。

2. 公共支出政策

公共支出政策包括购买性支出和转移性支出两大部分。其中，前者是一种政府的直接消费或投资支出，包括政府用于国防、外交、行政、司法等日常政务活动方面的支出。后者则通过财政补贴等形式将货币收入从一方转移到另一方。财政转移支付大都具有福利支出的性质，如社会保险福利津贴、抚恤金、养老金、失业补助、救济金以及各种补助费用等；农产品价格补贴也是政府的转移支付。由于政府的转移支付实际上是把国家的财政收入给了个人，所以有的经济学家也将其称为“负税收”。

3. 政府投资政策

政府投资政策是指财政用于资本项目的建设支出，它最终将形成各种类型的固定资产。在市场经济条件下，政府投资的项目主要是指那些具有自然垄断特征、外部性大、产业关联度高、具有示范和诱导作用的公共设施、农业等基础性产业以及新兴的高科技主导产业，比如政府对道路、桥梁、港口、码头等方面的投资。

4. 国债政策

国债是由国家发行的债券，是中央政府为筹集财政资金而发行的一种政府债券，是中央政府向投资者出具的、承诺在一定时期支付利息和到期偿还本金的债权债务凭证。由于国债的发行主体是国家，所以它具有最高的信用，被公认是最安全的投资工具。2020年6月15日，财政部发布通知明确，为筹集财政资金，统筹推进新冠疫情防控和经济社会发展，决定发行2020年抗疫特别国债（一期）和2020年抗疫特别国债（二期）。

拓展阅读

应对疫情，各国都采取哪些财政政策？

自2020年世界范围内爆发新冠疫情以来，各个国家为应对疫情采取了不同的财政扶持政策（见表5–1）。

表5–1　疫情以来各国财政扶持政策

国家	主要财政扶持政策
中国	实施积极的财政政策，包括发行1万亿元抗疫特别国债并全部用于地方，主要用于公共卫生等基础设施建设和抗疫相关支出；安排地方政府专项债券3.75万亿元，重点支持既促消费惠民生，又调结构增后劲的“两新一重”建设；继续执行下调增值税税率和企业养老保险费率等制度，2020年新增减税降费规模超过2.5万亿元；中央财政拨付贴息资金切实减轻企业融资负担，强化企业资金保障
美国	财政部推出约1万亿美元的经济刺激计划，其中：5000亿~5500亿美元用于减税；2000亿~3000亿美元用于支持小微企业；500亿~1000亿美元用于驰援航空企业及相关产业；另外，美国政府将2500亿美元直接发放给美国普通民众，从现有的救灾基金（DRF）中拨出440亿美元用于联邦政府每周向失业者提供300美元的额外失业救济
日本	先后推出总额为234万亿日元的紧急经济计划，包括为陷入困境的公司提供融资帮助，帮助公司支付租金的补贴，以及数万亿日元的医疗保健援助和对地方经济的支持
韩国	向各地方政府推出4200亿韩元的紧急贷款计划，帮助各地方政府遏制疫情；向中小企业提供无担保贷款，减轻疫情对旅游业等产业的冲击；先后推出77.1万亿韩元的补充预算案，用于疫情预防和治疗，支持受影响的家庭和当地经济等
德国	宣布多项提振经济措施，先后推出约8800亿欧元刺激计划，用于降低税收、增加社会医疗支出和企业援助，还设立专项救助基金为受疫情影响的公司提供贷款和担保，并购买陷入困境企业的股份
法国	允许企业延期缴纳社会保险费，减税，加快部分领域项目审批，放宽企业员工申领失业补助限制，加强法国国家投资银行对中小企业的资金扶持等

各个国家在疫情中遵循的总原则是“增支减税”，同时放宽对财政赤字的限制。疫情防控初期，各国财政重点支持方向为抗疫、补贴居民收入以及应对流动性压力；随着各国踏入经济重启之路，为减少经济复苏面临的巨大摩擦力，更好地推进经济复苏，各国的财政政策逐步转向助力复工复产、支持实体企业、扩大内需等刺激经济复苏方向。

总体而言，世界各国都针对疫情对经济可能产生的负面影响积极出台财税政策，通过相机抉择的方式应对外部变化所带来的不确定性，并不断调整自身的财税政策使之更加精准与全面。

十一、财政政策与货币政策的配合

根据财政政策在调节国民经济总量和结构中的不同功能来划分，财政政策可以分为扩张性财政政策、紧缩性财政政策和中性财政政策。扩张性财政政策，又称“积极的财政政策”，是指通过财政分配活动来增加和刺激社会总需求，主要措施有增加国债、降低税率、提高政府购买和转移支付。紧缩性财政政策，又称“适度从紧的财政政策”，是指通过财政分配活动来减少和抑制社会总需求，主要措施有减少国债、提高税率、减少政府购买和转移支付。中性财政政策，又称“稳健的财政政策”，是指财政的分配活动对社会总需求的影响保持中性。

货币政策是指中央银行为实现给定的经济目标，运用各种工具调节货币供给和利率所采取的方针和措施的总和。货币政策的实质是国家对货币的供应根据不同时期的经济发展情况而采取“紧”“松”或“适度”等不同的政策趋向。货币政策的核心是通过变动货币供应量，使货币供应量与货币需求量之间形成一定的对比关系，进而调节社会总需求与社会总供给。扩张性货币政策是指通过提高货币供应增长速度来刺激社会总需求；紧缩性货币政策是指通过削减货币供应的增长率来降低社会总需求；中性货币政策是指使货币利率与自然利率完全相等的货币政策，是一种保证货币因素不对经济运行产生影响，从而保证市场机制可以不受干扰地在资源配置过程中发挥基础性作用的货币政策。

财政政策和货币政策配合，通常是指政府将财政政策同货币政策按某种形式搭配组合起来，以调节总需求，最终实现宏观经济的平衡。

1. 双紧的财政与货币政策

（1）含义：政策同时紧缩，意味着财政增收减支形成盈余或减少赤字，银行收紧银根，缩小信贷规模，以减少货币供应量。

（2）效果：社会总需求受到强烈抑制，经济发展速度受到影响。

（3）适用条件：需求膨胀，物价迅速上升；瓶颈产业对经济起严重制约作用；经济秩序混乱。

2. 双松的财政与货币政策

（1）含义：政策同时扩张，意味着财政减收增支，银行放松银根，增加流通中的货币供应量。其实施结果表现为社会总需求快速增长，并以此推动经济发展。

（2）效果：在短期内增加社会需求，见效迅速；如长时期采用，则可能诱发较严重的通货膨胀。

（3）适用条件：大部分企业开工不足，设备闲置，劳动力就业不足，大量资源有待开发，市场疲软。

3. 松紧搭配的财政政策与货币政策

（1）紧缩性货币政策与扩张性财政政策。在社会需求结构中投资需求过旺而消费需求不足，引起投资品供给不足而消费品供给过剩的情况下，适用松财政、紧货币的配合模式。通过财政减税让利等措施来增加企业和个人的需求，增加其对消费品的购买力；通过扩大政府财政用于社会消费品方面的支出来扩大政府的消费需求。这种松财政引起的赤字要靠缩小信贷规模等紧缩货币政策措施来弥补。

（2）紧缩性财政政策和扩张性货币政策。在社会需求结构中投资需求不足，消费需求过旺，并引起投资品供给过剩，消费品供给不足的情况下，适用紧财政、松货币的配合模式。通过扩大信贷规模等措施来刺激投资需求，同时通过财政压缩支出来收缩消费需求。

4. 中性的财政政策与中性的货币政策

（1）含义：中性的财政政策和中性的货币政策是财政收支保持基本平衡，货币供应量与经济增长速度大体一致的配合模式。

（2）效果：社会总供求基本平衡，物价和利率水平稳定，国民经济增长速度适度。

（3）适用条件：经济发展平稳，居民收入稳定增长，消费品价格基本稳定，利率水平也大体稳定，市场经济秩序良好。

拓展阅读

我国财政政策执行情况

2021年是党和国家历史上具有里程碑意义的一年。面对世纪疫情和百年变局交织的严峻形势，以习近平同志为核心的党中央团结带领全党全国各族人民砥砺奋进，奋力完成改革发展艰巨任务，如期打赢脱贫攻坚战，全面建成小康社会、实现第一个百年奋斗目标，经济发展和疫情防控保持全球领先地位，国家战略科技力量加快壮大，产业链韧性得到提升，改革开放向纵深推进，民生保障有力有效，生态文明建设持续推进，实现了“十四五”良好开局。

一是加强财政政策调节，保持必要的财政支出规模。2021年赤字规模为3.57万亿元，新增地方政府专项债券3.65万亿元，较好保障国家重大战略任务。上海、广东等地区率先开展全域无隐性债务试点，建立常态化财政资金直达机制并扩大范围，优化和落实减税降费政策，全年新增减税降费约1.1万亿元。

二是支持科技自立自强，加大对基础研究的支持。改革完善中央财政科研经费管理，打好关键核心技术攻坚战，启动支持“专精特新”中小企业高质量发展奖补政策，推动优化和稳定产业链供应链。

三是持续加大民生投入，支持全民免费接种新冠病毒疫苗，延续实施失业保险稳岗返还等政策，切实做好养老、教育、优抚、防灾救灾等工作，民生保障有力有效。

四是推进城乡区域协调发展，支持巩固拓展脱贫攻坚成果同乡村振兴有效衔接，积极支持长江经济带发展、海南自由贸易港建设、浙江探索打造财政推动共同富裕省域范例等，发展格局进一步优化。

五是加强生态环境保护，支持碳达峰碳中和工作，加强大气、水、土壤污染防治，出台支持长江全流域建立横向生态保护补偿机制的实施方案，实施新一轮草原生态保护补助奖励政策并扩大范围，全面绿色转型取得新进展。

六是深入推进财税体制改革，深化预算管理制度改革，推进财政领域“放管服”改革，规范财务审计秩序，财政管理监督进一步加强。

七是深化对外财经交流合作，我国关税总水平降至7.4%，加强国际抗疫合作，深化区域财经合作，举行双边财经对话，推动应对经济数字化税收挑战“双支柱”方案达成共识，国际合作拓展新空间。

总体来看，2021年财政收支执行情况总体较好，为完成全年经济社会发展主要目标任务提供了财力保障。财政收入实现恢复性增长，2021年全国一般公共预算收入首次突破20万亿元，达到20.25万亿元，完成收入预算并有一定超收。财政支出继续保持较高强度，2021年全国一般公共预算支出24.63万亿元，基层“三保”等重点领域得到有力保障。稳住宏观经济大盘，保障民生，稳定就业，不仅是我国财政政策与货币政策的重要目标，也是检验财政政策效能的重要标准。运用财政政策全力扩大国内需求，发挥有效投资的关键作用，进一步加大困难群众救助帮扶力度，就一定能为我国经济复苏注入强劲动能，推动实现更高质量的发展。

思考与讨论

你认为在当前的经济发展形势下，我国可以采取哪些财政政策，为什么？

第6章 国家的钱怎么花：财政支出

学习目标

认识财政支出类型，理解财政预算的含义，了解什么样的财政支出规模是合理的，能结合国家财政支出现状，对国家财政支出规模和各类财政支出性质做出合理分析，加强对国情的了解，培养公共意识、公共责任与家国情怀。

财政支出，也称“公共支出”或“政府支出”，是政府为履行自身的职能，对其从私人部门集中起来的以货币形式表示的社会资源的支配和使用。财政支出的范围，一是保证国家机器正常运转、维护国家安全、巩固各级政府政权建设的支出，如行政管理、国防、外交、公安、司法、监察等方面的支出；二是维护全社会稳定，提高全民族素质，外部社会效应巨大的社会公共事业支出，如社会保障、科技、教育、卫生、文化、扶贫等方面的支出；三是有利于经济环境和生态环境改善，具有巨大外部经济效应的公益性基础设施建设的支出，如水利、电力、道路、桥梁、环保、生态等方面的支出；四是由于存在市场失灵，国家对宏观经济运行还应有必要的调控，财政也要留有一定的财力，对经济活动进行适当的干预。

一、什么样的政府支出规模是合理的

财政支出规模是指在一定时期（预算年度）内，政府根据国民经济发展状况和政府职能实现的要求等因素，安排和使用的财政资金的绝对量与相对量。财政支出规模反映了政府对国内生产总值的实际占有规模和程度，体现了国家的职能和政府的活动范围，是研究和确定财政分配规模的重要指标。

合理的财政支出规模应符合两个条件，第一，政府履行其基本职能的财政资金需求得到保证，财政支出规模以满足社会公共需要为根本目标；第二，财政支出规模要与特定的国情相适应。我国是一个发展中国家，人口基数大、增长快，相应的义务教育、卫生保健、社会保障等支出增长的压力比较大，这些社会问题会是财政支出规模扩大的重要因素。

我国正处在转变发展方式、优化经济结构、转换增长动力的攻关期，结构性、体制性、周期性问题相互交织，“三期叠加”影响持续深化，经济下行压力加大。因此，要坚持稳字当头，坚持宏观政策要稳、微观政策要活、社会政策要托底的政策框架，保持经济运行在合理区间，提升高质量发展，确保全面建成小康社会圆满收官。对我国来说，保证财政支出适度增长的政策措施如下：首先，要把财政支出规模控制在合理的范围内。其次，优化财政支出结构，促进包容性增长，未来政府应主动转变其职能，优化财政支出结构，实现经济增长方式从排他性向包容性过渡。最后，更好地发挥市场的决定作用，充分调动各市场主体的参与积极性，发挥市场在资源配置中的决定性作用。

二、财政支出有哪些类型

对财政支出进行分类，可以知晓财政支出的去向，分析财政支出的变化规律，从而加强财政支出管理，使财政支出的结构更加优化，财政资源配置效率更高。常见的财政支出分类主要有以下三种。

（一）按政府职能分类

由于财政支出是为了实现国家职能而安排的，政府职能分类是比较常用且非常重要的分类方法，它提供了某项财政支出的目的信息。2007年之前，我国财政支出按政府职能分为5大类，分别为经济建设支出、社会文教支出、行政管理费支出、国防支出和其他支出。2007年1月1日，在参考国外支出的政府职能分类办法的基础上，结合我国政府职能构成和财政管理的实际需要，我国开始实施新的财政支出分类，这一分类在按政府职能设置的基础上同时考虑了政府活动、行业以及资金用途等，将全部财政支出分为17大类。此后，财政部几乎每年都会同中国人民银行以及国家税务总局等部门，根据财政改革的需要，对政府收支分类科目不断进行修改、补充和完善，目前已经形成了《2023年政府收支分类科目》，其中支出职能分类科目如表6–1所示。

表6-1　　2023年我国政府支出职能分类科目

类名称	类名称
1.一般公共服务支出	15.商业服务业等支出
2.外交支出	16.金融支出
3.国防支出	17.援助其他地区支出
4.公共安全支出	18.自然资源海洋气象等支出
5.教育支出	19.住房保障支出
6.科学技术支出	20.粮油物资储备支出
7.文化旅游体育与传媒支出	21.灾害防治及应急管理支出
8.社会保障和就业支出	22.预备费
9.卫生健康支出	23.其他支出
10.节能环保支出	24.转移性支出
11.城乡社区支出	25.债务还本支出
12.农林水支出	26.债务付息支出
13.交通运输支出	27.债务发行费用支出
14.资源勘探工业信息等支出	—

财政支出政府职能分类方法是目前我国编制执行财政预算、进行预算拨款采用的分类方法。这种分类方法可以较为明确、具体地体现财政资金在各项职能或事业间的分配格局和各项职能的实现程度，并反映各项财政职能在不同时期的变动情况，以这种方法研究财政支出结构，可以反映一国政府在某一时期的工作重点。

（二）按经济性质分类

财政支出按经济性质分为购买性支出和转移性支出。

1.购买性支出

购买性支出是指政府为开展政务活动的需要，按照等价交换原则，从市场上购买商品和服务而发生的支付活动，具体包括政府部门的消费支出和投资支出，前者诸如国防支出、行政支出，后者如各级政府公共投资支出。政府在付出这类支出的同时，获得了相应的商品和服务的所有权和使用权。政府只有购买这些商品和服务，才能生产出公众所需的公共产品和服务。购买性支出是政府对经济资源的一种消耗，因此又称为“消耗性支出”。

2.转移性支出

转移性支出是指政府单方面、无偿地支付给其他经济主体的财政资金，不相应地获得商品和服务，具体包括社会保障支出、财政补贴支出、税式支出等。政府在付出资金时，并没有相应地获得任何回报，这时政府所扮演的是一个“中间人”的角色，将一部分人的收入转移给支出的接受者。因此，转移性支出对资源在政府和企业、个人之间的配置不产生影响，只影响企业、个人之间的收入再分配，它体现的是政府在收入分配方面的职能和作用。

（1）社会保障支出。社会保障支出是指政府通过财政向因各种原因暂时或永久性丧失劳动能力、失去工作机会或生活面临困难的社会成员提供基本生活保障的支出。

（2）财政补贴支出。财政补贴支出是指通过影响相对价格结构，从而改变资源配置结构、供给结构和需求结构的政府无偿支出，主要有价格补贴、企业亏损补贴、财政贴息等。其中，价格补贴是指政府向某种商品的生产经营者或消费者无偿支付补贴资金，以维持一定价格水平的措施。其实质是对这些生产经营者或消费者的经济利益损失所作的补偿，一般多用于农业、对外贸易、交通运输业等领域。企业亏损补贴又称“国有企业计划亏损补贴”，主要是指国有企业按照国家计划生产、经营某些产品，从而出现政策性亏损，政府向这些企业拨付的补贴资金。财政贴息是指政府对使用某些规定用途的银行贷款的企业，就其支付的贷款利息提供的补贴，即财政代企业向银行支付一部分利息。

（3）税式支出。税式支出是以特殊的法律条款规定的、给予特定类型的活动或纳税人以各种税收优惠待遇而形成的税收收入减少、放弃或让与，包括照顾性税式支出和刺激性税式支出。照顾性税式支出主要是针对纳税人由于客观原因在生产经营上发生临时困难而无力纳税所采取的照顾性措施。刺激性税式支出主要是指用来改善资源配置，增进经济效率的特殊减免规定，其主要目的在于正确引导产业结构、产品结构、进出口结构以及市场供求，促进纳税人开发新产品、新技术，积极安排劳动就业等。

如果将购买性支出和转移性支出对经济的不同影响与财政职能结合起来考察，还可以看到两类支出与履行财政职能之间的关系。由于购买性支出的影响集中在社会资源配置状况、社会总供给与总需求的平衡上，购买性支出成为政府履行其资源配置职能和经济稳定发展职能的工具。转移性支出的影响集中在分配领域，因此转移性支出成为财政履行收入再分配职能的重要工具。经济性质分类法反映了政府的钱究竟是怎么花出去的，是财政支出具体形式的体现。经济性质分类与政府职能分类相配合，从不同侧面、以不同方式反映政府支出活动，使政府的财政支出更加全面规范和公开透明。

（三）按行政级次分类

一般而言，按照行政级次可将财政支出分为中央财政支出和各级地方财政支出。

例如，我国有5级政府，根据《中华人民共和国预算法》“一级政府一级预算”的原则，财政支出也分为5级，分别为中央财政支出，省、自治区、直辖市财政支出，设区的市、自治州财政支出，县、自治县、不设区的市、市辖区财政支出，以及乡、民族乡、镇财政支出，后4项财政支出通常统称为“地方财政支出”。再如，美国是联邦制国家，其政府由联邦政府、州政府和地方政府组成，与之相适应的财政支出也由联邦财政支出、州财政支出和地方财政支出3个级次组成，后两者合起来也称为“地方财政支出”。财政支出的行政级次分类，反映了中央与地方在财政资源配置中的地位和相互关系。从我国历年的改革实践来看，在财政体制中，中央和地方之间的财政分配关系一直是财政体制的核心问题。这一问题的焦点在于，中央与地方各级政府在财政资源配置上是否与其职能定位和权责划分相适应。

三、政府是如何管理支出的——预算

“预算”一词原意指英国财政大臣在议会做财政收支报告时，随身携带的装有财政收支计划的皮包，后来则演变成为该皮包所装之文件，即政府提交立法机构审批的财政收支计划。政府预算，亦称“国家预算”，是各级政府依据法律和制度规定编制，并经法定程序审核批准的政府年度收支计划，是政府组织和规范财政分配活动的重要工具。

首先，政府预算是以年度财政收支的形式存在的。它是对年度财政收支规模和结构的预计与测算，具体形式是按一定标准，将预算年度的财政收支分门别类地列入各种计划表格，通过这些表格可以反映一定时期政府财政的收支情况。

其次，政府预算是政府组织和规范财政分配活动的重要工具。法治财政要求财政运行必须有法可依，政府预算本身是一个经过立法机关审批的法律文件，预算中各种有关财政收支总额、结构以及财政赤字、政府债务的规定，是财政运行的重要依据。除法律另有规定外，预算就是规范政府财政运行的标尺，不得随意突破，也不得任意减少。

最后，政府预算还是调节经济的重要工具。政府预算的调节作用主要表现为财政收支的规模及其差额。本书第5章已经分析过，财政在发挥经济稳定与发展职能时，可以采取相机抉择的政策，逆经济风向调节。就政府预算来说，当社会有效需求不足时，政府可以扩大支出规模，保持一定赤字规模以扩大社会总需求；当社会需求过旺时，政府可以缩小支出规模，保持预算盈余以抑制社会总需求。此外，在市场经济条件下，经济运行客观上存在周期性波动，政府可以考虑制订中长期的政府预算以进行反经济周期调节，从而在更长的时间范围内调节经济，实现长期的经济稳定增长。

政府预算是公共财政体系的重要组成部分。从财政收支的内容上看，政府预算是财政的核心，政府预算规定了财政的收支总额及结构状况。但从起源来看，两者不具有一致性。财政随国家的产生而产生，现代政府预算是社会发展到一定阶段的产物。

拓展阅读

《预算法》的重大突破

《中华人民共和国预算法》(以下简称《预算法》)是为了规范政府收支行为，强化预算约束，加强对预算的管理和监督，建立健全全面规范、公开透明的预算制度，保障经济社会的健康发展，根据宪法制定的法律。第十二届全国人民代表大会常务委员会第十次会议在2014年8月31日表决通过了《全国人大常委会关于修改〈预算法〉的决定》，并决议于2015年1月1日起施行。至此，《预算法》在1994年出台后，终于完成了首次修改。

1.完善政府预算体系，健全透明预算制度

《预算法》删除了有关预算外资金的内容，并明确规定："政府的全部收入和支出都应当纳入预算。预算包括一般公共预算、政府性基金预算、国有资本经营预算、社会保险基金预算。"同时，《预算法》对四本预算的功能定位、编制原则及相互关系作出了规范。为推进预算公开透明，《预算法》增加规定，除涉及国家秘密的事项外预算、预算调整、决算、预算执行情况的报告及报表，应当在批准后20日内由政府财政部门向社会公开。

2.改进预算控制方式，建立跨年度预算平衡机制

根据十八届三中全会的要求，《预算法》增加规定各级人大预算审查的重点：预算安排是否贯彻国民经济和社会发展的方针政策，收支政策是否切实可行；重点支出和重大投资项目的预算安排是否适当；对下级政府的转移性支出预算是否规范、适当等。同时，为适应经济形势发展变化和财政宏观调控的需要，《预算法》强调各级政府应当建立跨年度预算平衡机制。

3.规范地方政府债务管理，严控债务风险

为规范地方政府债务管理，按照疏堵结合、"开前门、堵后门、筑围墙"的改革思路，《预算法》增加了允许地方政府举借债务的规定，并从主体用途、规模、方式、风险5个方面作出限制性规定。

4.完善转移支付制度，推进基本公共服务均等化

为进一步规范和完善转移支付制度，《预算法》增加规定，财政转移支付应当规范、公平、公开，以均衡地区间基本财力、由下级政府统筹安排使用的一般性转移支付为主体，建立健全专项转移支付定期评估和退出机制。

5. 坚持厉行节约，硬化预算支出约束

《预算法》确定了统筹兼顾、勤俭节约、量力而行、讲求绩效和收支平衡的原则。在预算执行中，各级政府一般不制定新的增加财政收入或者支出的政策和措施，也不制定减少财政收入的政策和措施；必须作出并需要进行预算调整的，应当在预算调整方案中作出安排。同时，《预算法》增加规定，国家实行国库集中收缴和集中支付制度，对政府全部收入和支出实行国库集中收付管理。

思考与讨论

为什么国家要采用预算的形式管理财政收支，预算都有哪些重要作用？

四、财政如何保护我们的国家——国防支出

国防与你、与我、与每一个公民的利益关系是十分清楚的，国强则民安，国破则家亡，这是历史经验的总结，也是人们通过血与泪换来的对国防与人民的生命、财产、生产、生活等价值关系的深刻认识。但是，对这种价值关系的认识程度，在一个国家内、在全体公民之间，是很不平衡的。有人认识得深刻，有人认识得肤浅，有人甚至根本没有认识。一般来说，当外敌入侵，公民的生命、生存、家庭幸福受到直接威胁的时候，对国防重要性的认识要深刻一些，会觉得没有国防不行；在和平时期，当自己国家已有相当强大的国防力量，外敌不敢贸然进犯，人们过着安居乐业生活的时候，则容易轻视国防，甚至出现国防可有可无的认识和心态。这就好比人们对待健康一样，当自己处于健康状态时，人们并不理解健康的重要和珍贵；当健康受到严重威胁甚至将要失去它时，人们才觉得健康对人的生存、生命、生活是多么重要。通过保健教育，人们懂得了健康的重要性，就会珍惜它、保护它，通过锻炼、增强营养来强化它，千方百计防止疾病入侵。对国防的认识和理解也应是这样，我们不能等到敌人把刺刀逼近胸口时，再来认识它的重要性。日常生活中，在享受国防带来的安宁环境和幸福生活的同时，也不应忘记它、轻视它。要通过经常而有效的国防教育，居安思危，认识国防对于我们每个人的价值和作用，从而积极关心国防，主动参加国防建设。人们越关心国防，国防越强大，和平幸福生活就越有保障。

（一）什么是国防支出

国防支出是指国家预算用于国防建设和保卫国家安全的支出，包括国防费、国防科研事业费、民兵建设及专项工程支出等。

国防费是指为保障国家生存与发展安全的专项费用，即国家为防备和抵抗侵略，制止武装颠覆，保卫国家的主权统一、领土完整和安全所进行的军事活动，以及与军事有关的政治、经济、外交、科技、教育等方面活动的费用，一般都是由国家财政拨款。

国防科研事业费是指国家保障国防科研试验和试验保障条件建设的专用经费。该项费用对于保障科研试验任务的完成，促进武器装备技术发展，起着重要作用。

（二）国防的生产和提供方式

国防的基本任务是防止外敌侵犯，保卫国家安全，它具有纯公共产品性质。人们对公共产品持有的免费使用心理，使之无法通过市场和企业来提供，因而只能采取公共提供方式，由中央政府无偿提供。就国防的生产而言，应当主要由政府生产，但其中某些消耗性物品，如飞机、坦克、导弹、枪支、弹药、运输工具、通信工具等，既可以公共生产，也可以私人生产，然后政府通过采购方式将其转化为军事用途。

在许多国家，政府为降低军用品生产成本，加速军事技术向民用部门的转移，对军用品往往采用私人生产、政府订货的方式。此外，在军事科研上也采取私人研究与军事研究机构合作，或者政府通过对私人研究机构的招标、委托等方式共同参与研究。这些研究成果不仅用于本国军事，经过政府批准，也广泛地向外出口。通过军用品的生产和出口而形成的军事工业产业，在一些国家里已经成为支柱性产业。

上述分析表明，国防的生产和提供可以有三种方式：第一种是政府生产、政府提供方式。第二种是私人生产、政府提供方式。第三种是整体上政府生产，但部分产品由私人生产、政府通过军事采购获得产品的政府提供方式。

军用品采取政府生产的优点：一是可以将最新的科研成果和装备灵敏、快速地转移集结部队；二是保密性强。但这种方式也有其缺点：一是政府生产是一种垄断生产，由于生产者和消费者都是唯一的，缺乏竞争机制，因而新武器和新装备的研制、开发水平有很大的限制；二是生产成本较高，为了维持军事产品的生产体系，政府必须设立庞大的军事工业体系；三是不利于军事技术向民事用途的转移。

正是由于这些原因，在第二次世界大战后，许多国家改革了军事产品的生产方式，具体措施是：第一，大部分军用品由民营企业生产、政府采购，只有那些关系到国家重大利益的军用品，才由政府的军工企业生产。第二，采用政府与民间机构合作的方式进行新武器、新装备的研制和开发，将一些军事研究机构转化为民用机构，在此基础上，政府通过项目招标方式委托其进行项目研究。第三，实行常备军和后备军相结合的制度。在平时，国防的任务由常备军负责，但后备军事人员要定期参加各种军事训练，以具备基本的军事理论和军事素养，一旦发生战争，国家就通过征召后备役部队和民兵，迅速形成强大的军事实力。

（三）我国的国防建设经费保障

1997年3月，全国人民代表大会通过的《国防法》规定，国务院领导和管理国防建设事业，管理国防经费和国防资产。中央军事委员会领导全国武装力量，会同国务院管理国防经费和国防资产。该法明确规定："国家保障国防事业的必要经费。国防经费的增长应当与国防需求和国民经济发展水平相适应。国家对国防经费实行财政拨款制度。"

2022年，我国国防支出预算为14504.5亿元人民币（约为2295亿美元），对比2019年的11899亿元、2020年的12680.05亿元和2021年的13553.43亿元，国防支出预算再次增加。梳理往年数据可以发现，自2016年以来，我国国防预算增长率已连续7年降至个位数，增长幅度维持在6.6%~8.1%。2016—2022年，国防费预算增幅分别为7.6%、7.0%、8.1%，7.5%、6.6%、6.8%和7.0%。2020年受新冠疫情影响，我国国防费增速放缓。

我国的国防经费主要用于哪些方面呢？一是适应国家经济社会发展，持续改善部队工作、训练和生活保障条件，提高和改善官兵生活福利待遇。二是稳步推进武器装备现代化建设和"十三五"规划明确的重大工程、重点项目建设，淘汰更新部分落后装备，升级改造部分老旧装备。三是落实深化国防和军队改革决策部署，保障军事政策制度改革等资金需要。四是保障部队战备训练以及执行国际维和、护航、人道主义救援、抢险救灾等多样化军事任务。

拓展阅读

新中国成立初期，国防支出占财政支出的比重较大，1952年为33.61%，这主要是由于此时解放战争和抗美援朝战争正在进行当中，导致了巨额的战争经费开支。抗美援朝战争结束后，国防支出占财政支出的比重虽有起伏，但总的趋势是逐步回落，所占比重也逐步稳定。进入20世纪80年代以后，和平与发展逐渐成为国际政治经济的两大趋势，我国国内则开始改革开放，将经济建设作为工作中心。特别是1985年，我国向全世界宣布了"百万大裁军"的目标。在这种背景下，国防支出的比重出现了稳步下降的趋势，从1980年的15.8%下降为1990年的9.4%。1991年，苏联解体，冷战结束，世界和平与发展趋势得到加强，我国国防支出占财政支出的比重整体上继续下降，2000年降为7.6%，2017年进一步下降为5.1%。2021年，国防支出占财政支出的比重为5.6%，占GDP的比重为1.2%（见图6–1）。国防支出比重的下降，使政府有更多财力用于提供一般公共服务和进行经济建设，全国人民都享受到了世界和平带来的红利。

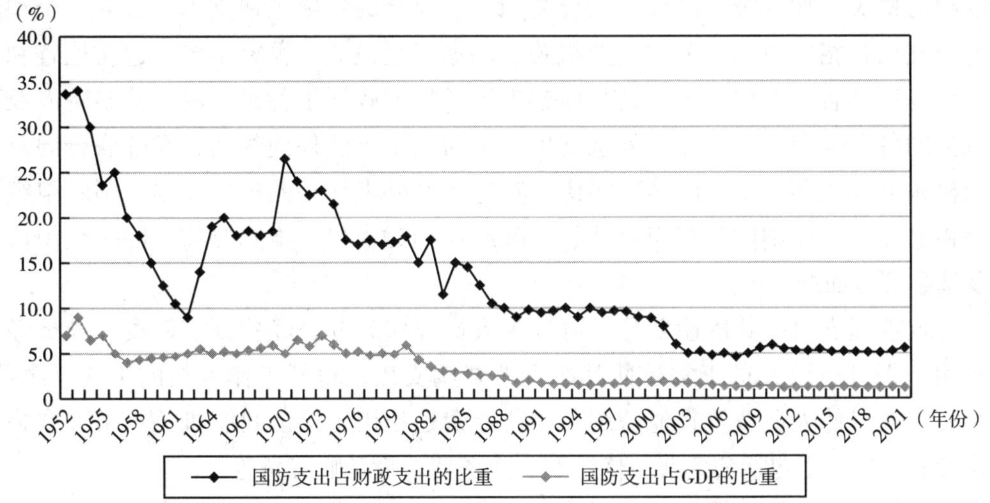

图6–1　1952—2021年我国国防支出占财政支出和占GDP的比重

资料来源：各年度《中国统计年鉴》，国家统计局网站。

五、社会秩序如何维护——行政管理支出

根据马克思的国家（政府）观，“政治统治到处都是以执行某种社会职能为基础，而且政治统治只有在它执行了它的这种社会职能时才能持续下去”。为此，政府一经建立就必须设立公安司法、经济管理等各类行政机构，行政管理成为政府最基本的社会职能，行政管理支出也自然构成财政支出的基本内容之一。

（一）什么是行政管理支出

行政管理支出是政府为履行社会管理职能所安排的开支，是政府为维持自身机构运转、提供一般公共服务、维护公共秩序与安全所消耗的成本。具体而言。行政管理支出是财政用于国家各级权力机关、行政管理机关、司法检察机关和外事机构行使其职能所需的费用。行政管理支出既是维持国家政权存在、保证各级国家管理机构正常运转所必需的支出，又是纳税人必须支付的成本，也是政府向社会公众提供公共服务的经济基础。

（二）行政管理支出的种类

行政管理支出按使用单位划分，有权力机关支出、公共安全和国家安全支出、司法检察支出、外交外事支出和国际组织支出。其中，权力机关支出是指财政用于国家权力机关，如各级人民代表大会或国会、议会的各项经费支出；公共安全和国家安全支出是指财政用于公共安全机关、国家安全机关、警察学校、边防检查和拘押收教场所的各项费用支出；司法检察支出是指财政用于各级法院、检察院以及司法机关的各项经费支出；外交外事支出是指财政用于驻外使领馆、常驻联合国及其专门机构的代表团、出访团体、接待外宾等各种外事活动的经费支出；国际组织支出是指财政用于缴纳国际组织会费、国际组织捐赠支出、维和摊款、国际组织认捐款及基金等方面的支出。

行政管理支出按其用途划分，可分为人员经费和办公经费开支两类。人员经费是指用于保证行政人员正常行使其职责的费用支出，包括工作人员的工资、津贴、福利费，离退休人员费及其他费用；办公经费是指用于保证政府机关正常开展公务而花费的支出，也包括公务费、修缮费、业务费、设备购置费等。

行政管理支出按性质划分，可分为经常性支出和专项支出。经常性支出是指行政单位用来维持正常运转和完成日常工作任务所发生的支出；专项支出是指行政单位为完成专项或特定工作任务发生的支出。

思考与讨论

行政管理支出的主要作用是什么？

六、政府应当主导教育吗——教育支出

“兴国”是执政党以及各级政府追求的价值目标。教育是立国之本，振兴教育可以给我国在21世纪的发展打下坚实的基础。投资教育可以使全中国的每一个家庭都能受惠，是最能得到人民群众拥护的、最大的“民心工程”。

（一）什么是财政教育支出

财政教育支出，也称为“公共教育支出”，是指政府用于维持和发展各类教育事业的经费支出，它包括一般公共预算教育支出，各级政府征收用于教育的税费，企业办学教育支出，校办产业、勤工助学、社会服务收入中用于教育的支出以及其他属于国家财政性的教育经费。

在教育已经成为人民群众重要经济负担的现在，由政府投资教育、实行义务教育可以大大减轻老百姓的压力，将人们手中很大一笔为教育准备的资金解放出来，形成现实的购买力，从而启动市场、拉动消费，为经济的发展创造条件。随着教育水平的提高，青年的就业或创业，也有了更多机遇，为国富民强创造了条件。

（二）政府主导教育的必要性

在现代市场经济社会里，几乎所有国家的政府在为社会提供教育服务中都起着主导作用。政府开办教育事业，为教育事业提供基本的经费来源，如提供免费教育、教育补贴、教育贷款等。为什么教育应主要由政府提供呢？这与教育本身的特性有关。

1.教育具有较强的正外部性

有相当大一部分的教育利益通过受教育者外溢给了社会，因而教育具有公共产品的性质。教育产品消费中的这种外部收益使市场对该产品的资源配置往往不足，因此教育应该主要由政府提供。

2.教育是社会价值容易被低估的产品

教育往往因私人评价低于社会对其应有的评价而出现供给或需求不足，此时政府有理由从家长主义的立场出发，介入教育的生产和提供，比如强制推行九年义务教育制度。

3.教育具有实现社会收入公平分配的功能

政府积极发展教育事业，尤其是发展基础教育，有助于实现社会收入分配的公平。研究表明，教育公平与收入公平之间存在高度正相关性。教育平等主要体现在为公民的发展创造一种起点公平的可能。一系列研究也认为，相比于高等教育，初等教育与中等教育更有利于贫困阶层。为此，世界上大部分国家都将一定年限的初等和中等教育作为义务教育，由政府投资免费供给，或者仅收取少量补偿费用。

4.教育支出是重要的人力资本投资

从宏观角度来看，当今社会已进入知识经济时代，科技进步成为经济增长的主要动力，而科技进步又以教育为源泉。从家庭角度来说，用于教育的支出是一种人力资本投资，如果低收入家庭暂时无力支付学费，理论上可以向金融部门申请贷款。但对于教育的投资有没有回报或者回报率有多高，事先是难以确定的，因而金融部门不愿轻易发放贷款。由政府主办教育服务并为教育贷款提供担保，有助于弥补教育资本市场的不足。

（三）我国教育支出的经费保障

全国财政教育支出从2007年的7122.32亿元增长到2021年的37621.27亿元，年均增长11.7%。从图6-2可以看出，2007—2021年教育支出占全国财政总支出的比重由14.3%提高到15.3%，占GDP的比重由2.6%提高到3.3%。当前，我国在教育普及程度方面已达到或者超过中高收入国家平均水平。2019年，学前教育毛入园率达到83.4%，九年义务教育巩固率达到94.8%，高中阶段教育毛入学率达到89.5%，高等教育毛入学率超过50%，达到了51.6%，实现了从大众化向普及化的历史性跨越。劳动年龄人口平均受教育年限达到10.7年，新增劳动力接受过高等教育的比例超过一半，平均受教育年限达到13.7年。国家财政性教育经费支撑了世界上规模最大的国民教育体系，建立了世界上覆盖最广的学生资助体系，有力推动了我国教育总体发展水平跃居世界中上行列。随着教育经费使用结构的逐步优化，在推进教育现代化、建设教育强国的过程中，教育投入充分发挥了保障教育发展、推动教育改革、推进教育公平、促进教育内涵的政策导向作用。

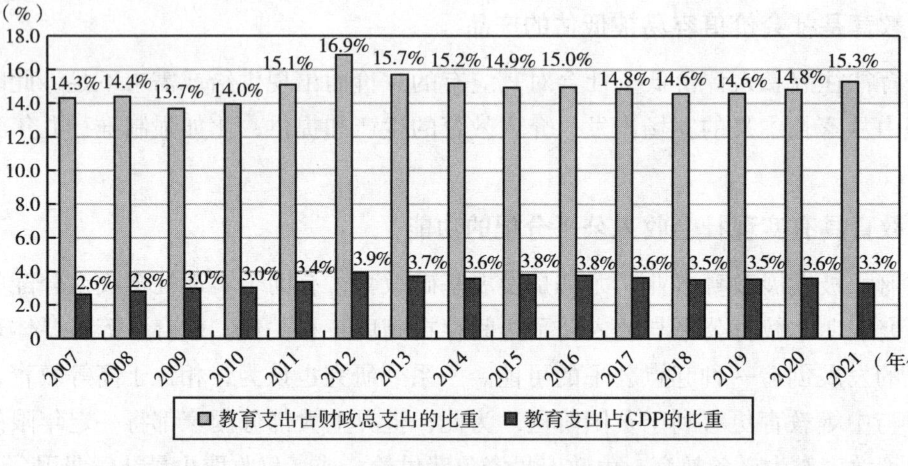

图6-2 2007—2021年我国教育支出占财政支出和占GDP的比重

资料来源：各年度《中国统计年鉴》，国家统计局网站。

思考与讨论

根据所学知识，举例说明财政教育支出给我们带来的影响。

七、医疗机构的收入如何保障——卫生健康支出

健康是民族昌盛和国家富强的重要标志，也是广大人民群众的共同追求。一切

为了人民，一切依靠人民。在建党百年的恢宏历史进程中，中国共产党不忘初心，始终把人民群众的健康福祉摆在重要位置，推动医疗卫生领域发生了翻天覆地的历史巨变，书写了一幅坚持人民至上、生命至上的时代画卷。

新中国成立以来，我国人均预期寿命从35岁增至2019年的77.3岁。在新中国成立之初，我国就将医疗保障制度建设列上议事日程，至今医保参保率稳定在95%以上，最大程度促进健康公平。居民医疗卫生费用的个人负担相对减轻，2019年全国卫生总费用达65195.9亿元，个人卫生支出18489.5亿元，占全国卫生总费用的28.4%，较上年下降0.25个百分点，全国卫生总费用占GDP的比重增长0.15个百分点。2019年国家基本公共卫生服务项目人均基本公共卫生服务财政补助标准从2018年的55元提高至69元。截至2020年年底，全国共有1100余家互联网医院，7700家二级以上医院提供线上服务，三级医院网上预约诊疗率已达50%以上。

（一）什么是医疗卫生支出

医疗卫生支出是指财政用于防治各种疾病，保障人民身体健康的经费支出。医疗机构是指依法定程序设立的从事疾病诊断、治疗活动的卫生机构的总称。这一概念有以下含义：第一，医疗机构是依法成立的卫生机构。第二，医疗机构是从事疾病诊断、治疗活动的卫生机构。第三，医疗机构是从事疾病诊断、治疗活动的卫生机构的总称。我国的医疗机构是由一系列开展疾病诊断、治疗活动的卫生机构构成的。医院、卫生院是我国医疗机构的主要形式，此外，还有疗养院、门诊部、诊所、卫生所（室）以及急救站等，共同构成了我国的医疗机构。医疗机构的收入来源于两个方面：一是诊断、治疗收费；二是财政定员、定额补助。

（二）政府为什么要主导医疗卫生领域

政府介入医疗卫生领域的原因在于，医疗卫生是人力资本的重要基础之一。劳动力是社会进步的主要力量，全体国民的劳动能力都应被视作资本的一部分，政府在医疗卫生领域的投入能够提升劳动者的身心健康水平和生活质量。随着经济的发展，人们越来越认识到医疗卫生作为人力资本投资的重要性。在市场存在缺陷的情况下，人力资本投资的效率与公平会受到很大的影响，需要政府加以调控，这正是各国政府在医疗卫生领域发挥作用的原因所在。

（三）我国的医疗卫生经费保障

从图6-3可以看出，2007年以来，全国医疗卫生支出不断增长。全国财政医疗卫生支出从2007年的1989.96亿元增长到2021年的19204.81亿元，占全国财政支出的比重由4.0%提高到7.8%，占GDP的比重由0.7%提高到1.7%。当前，我国已经基本建立了多层次、广覆盖的全民医疗保障体系，建立起世界上最大的医疗保障网。截至2020年年底，我国基本医保参保人数超过13亿人，职工医保和城乡居民医保政策范围内住院费用报销比例分别达到80%以上和70%左右，贫困人口住院费用实际报销比例接近80%，城乡居民高血压、糖尿病门诊用药报销比例超过55%，大病患者实际报销比例在基本医保之上再提高12个百分点。

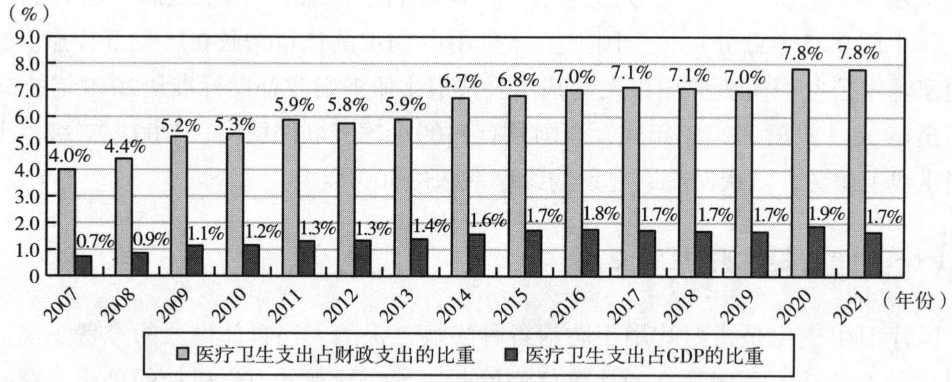

图6-3　2007—2021年我国医疗卫生支出占财政支出和占GDP的比重

资料来源：各年度《中国统计年鉴》，国家统计局网站。

思考与讨论

从抗击疫情的角度思考政府主导卫生健康领域的必要性。

八、政府如何推动科技发展——科技支出

“坚持创新在我国现代化建设全局中的核心地位，把科技自立自强作为国家发展的战略支撑”“关键核心技术实现重大突破，进入创新型国家前列”……我国“十四五”规划和2035年远景目标纲要对坚持创新驱动发展、全面塑造发展新优势作出一系列战略部署，擘画了我国创新发展蓝图。科技创新是人类社会发展的重要引擎，是应对许多全球性挑战的有力武器。正如习近平总书记所阐释的：“科学技术从来没有像今天这样深刻影响着国家前途命运，从来没有像今天这样深刻影响着人民幸福安康。”新冠疫情影响广泛深远，世界经济陷入低迷期，气候变化等全球性挑战值得高度重视。与此同时，新一轮科技革命和产业变革深入发展，以科技创新催生新发展动能面临前所未有的机遇。向科学技术要发展动力，以科技创新解答人类发展难题，这是世界各国共同的追求。我国加快建设科技强国，彰显顺应时代潮流

的智慧与担当。

（一）什么是科技支出

财政科技支出是指政府预算中用于科学技术活动的支出总量。所谓科学技术活动泛指人类在自然科学、农业科学、医药科学、工程与技术、人文与社会科学领域中与科技知识的产生、发展、传播和应用密切相关的有组织的活动。根据联合国教科文组织的分类，科技活动可分为研究与试验开发、研究开发成果应用及相关的科技服务三类活动。

（二）政府为什么要大力支持科技发展

政府之所以在推动科技进步中发挥着至关重要的作用，与科技领域的特性密切相关。传统经济理论以完全竞争为前提，但现实的市场是一个不完全竞争的市场，且这种不完全竞争并不都是传统经济学所指的那种垄断、政府管制和专利保护的结果。在知识经济条件下，不完全竞争已成为经济的内在特性。财政投入科技领域的原因在于以下几点：

1.基础性科学研究成果具有公共产品的特性

一些基础性科学研究成果不同于其他产品，通常具有两个特征，即非竞争性和非排他性。对于消费者来说，可以免费使用，并且可以毫无代价地广泛传播这些科技成果。对于创造者来说，研究成果通常并不给其带来直接的经济应用价值，由该成果带来的全部收益主要为社会所获得。这样，创造该成果的人将得不到经济补偿，因而不愿提供此类产品。于是，提供这种产品理所当然地成为政府的一项职责。如果没有政府的提供，为发展科学所做的基础性研究就会非常少。

2.应用研究与技术开发成果具有外部性

应用研究与技术开发不同于基础性科学研究，具有直接的经济应用价值，其成果一旦获得成功，能够给生产者带来较大的收益。但是，生产者同样只能获得应用研究与技术开发成果的一部分收益而不是全部，因而其成果具有外部性。解决这种外部性的行之有效的办法，显然要通过政府的作用，或者建立知识产权法，或者由政府对生产者进行适当的补贴。

3.风险贷款市场的不完善

科技成果的研究与开发一般具有风险高、投资大、周期长的特点，给那些处于创办阶段的中小企业带来了技术开发资金上的“瓶颈”。这些中小企业由于其支付能力、资信评估的限制，要想在贷款市场上获得资金是非常困难的。鉴于风险贷款市场的这种不完善性，作为对企业科技创新、创业努力的一种补充与激励，政府提供担保、建立风险投资信贷资金以及制定税收等方面的优惠政策显然是必要的。

（三）我国的科技支出经费保障

2007—2021年，全国财政科学技术支出共计87085.69亿元，年均增长10.6%。从图6-4可以看出，2021年国家财政科学技术支出为9676.71亿元，占国家财政总支出的3.92%，占GDP的比重为0.85%，财政科技支出保持较快增长，为科技创新实力提升提供了有力保障。近年来，我国科技实力大幅提升，整体创新能力明显增强，在全球创新版图中的位势进一步提升。研发人员总量、国际论文数量、发明专利授权量等均居世界前列，部分科研领域已达到或接近国际先进水平，对我国经济持续健康发展和民生领域改善发挥了重要的支撑引领作用。世界知识产权组织等发布的《全球创新指数》显示，我国创新能力综合排名已经由2013年的第35位上升至2020年的第14位，属于全球创新领先集团，也是跻身综合排名前30位的唯一中等收入经济体。

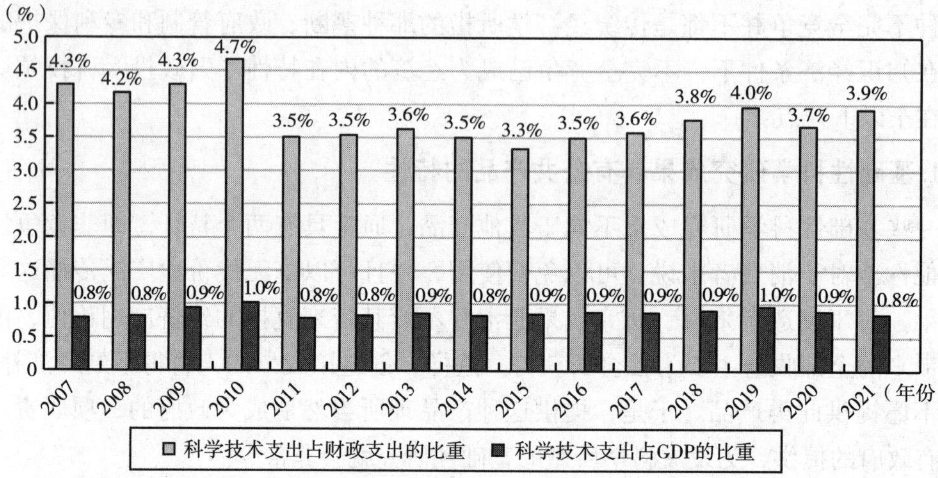

图6-4　2007—2021年我国科学技术支出占财政支出和占GDP的比重

资料来源：各年度《中国统计年鉴》，国家统计局网站。

思考与讨论

为什么科技支出不能完全由市场来提供？

九、大城建设的政府作为——投资支出

习近平总书记提出“人民城市人民建，人民城市为人民”重要理念，深刻回答了城市建设发展依靠谁、为了谁的根本问题和建设什么样的城市、怎样建设城市的

重大命题。财政投入城市建设的支出属于投资性支出，其主要目的是弥补市场失灵、优化资源配置和促进国民经济协调发展，是促进社会全面进步的重要力量。

（一）什么是财政投资性支出

财政投资性支出，也被称为“财政投资”或“公共投资”，与社会消费性支出同属购买性支出。财政投资是以政府为主体，将其从社会产品或国民收入中筹集起来的财政资金用于国民经济各部门的一种集中性、政策性投资。它是财政支出中的重要部分，必须以社会效益作为第一目标。

财政投资性支出主要用于城市整体建设与规划，有营利性和非营利性的区别。非营利性的项目，比如道路建设、桥梁建设、环境卫生、城市维护、绿化美化、河流整治等，可以在政府的引导下，吸纳民间资金、企业资金，加大城市基础设施非营利性投入，解决制约城市建设资金不足、城市面貌落后的问题。对营利性项目，比如供水、供电、污水处理、公共交通、轮渡、公园、旅游项目等，政府可通过制定相关政策配套措施，形成社会资本参与城市基础设施建设的有序竞争局面。从营利性向非营利性领域转移，是当前财政投资的政策取向，也是实现政府在城市基础设施领域“有所为、有所不为”的根本途径。

（二）财政投资性支出的主要形式

具体来看，政府进行基础设施投资时，可以采取多种形式。

1.政府投资，免费提供

这是政府投资于基础设施的一种最常见的方式。由政府独资或集资建设的项目主要出于三种考虑：一是关系国计民生的重大项目，诸如长江三峡工程、青藏公路、南水北调工程等，只能由政府采取多种渠道集资来提供；二是维护国家安全的需要，如宇航、核电站等；三是一些具有明显的收益外溢或很高的排他成本的基础设施，诸如农村道路、上下水道等，这些设施单项投资不大，数量众多，也适于作为公共产品由政府投资提供。

2.政府投资，商业经营

这种方式是指由政府委托的法人组织按商业原则经营基础设施，并自负盈亏。基础设施投资资金除了来自政府的直接投资外，法人组织可以政府为担保者，在金融市场上直接融资。政府作为唯一股东，享受投资的最终成果。这种提供方式对某些具有排他性又较适宜于市场经营的基础设施，如道路、港口甚至中小型机场等，不失为一种较好的方式。

3. **建立政策性银行，开展财政投融资业务**

财政投融资是指以政府信誉为基础，以产业政策为目标而进行的一种财政投资和金融投资活动。它既不同于一般的财政投资，又不同于一般的商业性投资，是一种新型的国家投资管理方式。它的投资范围比财政其他投资更为广泛，是贯彻国家产业政策的有效方式。国外财政投融资比较成功的经验是建立政策性银行，作为执行政府长期性投资政策的机构。

4.**PPP模式**

PPP即Public-Private-Partnership首字母的缩写，通常译为“政府与社会资本合作”，是在公共基础设施建设中发展起来的一种以各参与方的“双赢”或“多赢”为合作理念的现代融资模式。它是指政府与私人组织之间，为了合作建设某些基础设施项目，或是为了提供某种公共产品和服务，以特许协议为基础，彼此之间形成的一种伙伴式的合作关系，并通过签署合同来明确双方的权利和义务。

5. **民间机构投资和经营，政府监管**

除前面几种投资形式之外，其余部分的基础设施，政府可让民间机构投资经营。对于民间机构投资经营的基础设施，大部分必须接受政府的监督管理。

拓展阅读

基础设施投资离不开政府企业和金融机构合作

经济学家林毅夫曾指出，目前是各国进行基础设施建设的最佳时机。作为现代化的基础，基础设施的完善能够不断提高经济增长的速度。根据世界银行2010年的一项研究，发展中国家由于基础设施的改善，2001—2005年相较于1991—1995年，每年经济增长率提高了1.6%。正是基于基础设施的重要性，2010年在韩国召开的20国峰会发表了首尔发展共识，共识的第一项内容就是基础设施建设。2015年联合国通过的17项可持续发展目标中，第9项就是基础设施建设。基础设施建设应该由政府主导，在国际上已经形成共识。当国民经济面临下行、产能过剩严重的时候，正是进行基础设施建设最好的时候。这是因为，在经济下行、失业率较高时，政府为了维持社会稳定，投资基础设施项目，短期内会创造就业，减少失业；长期内会形成资产，提高该国的经济增长率，进而增加政府税收，偿还借贷。并且，在经济下行时，基础设施建设的成本也会比较低。林毅夫认为，对于中国来说，虽然现在是进行基础设施建设的最佳时机，但也面临一个问题，即基础设施建设所需要的资金缺口巨大。一方面，政府要动员大量资金来支持必要的基础设施建设，在资金上确实有较大困难；另一方面，民间的资金数量还是相当多的，如果有一些金融创新，能够将基础设施建设变成可投资的项目，并且可以提供长期、稳定的回报，那么民间的主权基金、退休基金、保险基金等就能够进入基础设施建设项目中。这需要各种金融创新，其中一种方式就是PPP模式，即由政府与企业共同投资这些基础设施建设。例如，我国在“一带一路”建设中所提出的丝路基金、中国欧亚合作基金、中葡基金等，都属于这种双边援助的资金，用来支持基础设施建设的项目。

此外，包括世界银行、亚洲开发银行、非洲开发银行、亚洲基础设施投资银行在内的多边机构，也可以利用它们的商业评级，采取基础设施资产证券化的方式在金融市场上进行融资，进而支持基础设施项目。目前，各国都在尝试一些机制上的创新，鼓励政府、私营企业、金融机构合作，给基础设施的建设提供资金。

十、谁负责居民的养老，资金从哪里来——社会保障支出

社会保障是保障和改善民生、维护社会公平、增进人民福祉的基本制度保障，是促进经济社会发展、实现广大人民群众共享改革发展成果的重要制度安排，发挥着民生保障安全网、收入分配调节器、经济运行减震器的作用，是治国安邦的大问题。党的十八大以来，党中央把社会保障体系建设摆上更加突出的位置，推动我国社会保障体系建设进入快车道。截至2022年，我国基本建成以社会保险为主体，包括社会救助、社会福利、社会优抚等制度在内的功能完备的社会保障体系，基本医疗保险覆盖13.6亿人，基本养老保险覆盖10.3亿人，工伤保险覆盖2.8亿人，是世界上规模最大的社会保障体系。

（一）什么是社会保障支出

社会保障支出，是用于社会保障制度的运作，为居民的最低生活水准提供保障的一种支出形式。它是调节分配关系，减缓收入和财产差距，保障社会公平，维护社会安定的一种手段。一般情况下，民众的社会保障由国家、集体、个人等不同的主体负责。在世界上，不同国家实施社会保障的主体各不相同：高福利国家是以国家保障为主，如西欧、北欧和中东石油国家；美国、日本等国实施国家、公司、家庭共同承担的保障体制。我国在不同的历史阶段、不同的社会经济体制下，保障方式不尽相同。在过去长期的计划经济体制下，我国实施以国家为主体的全方位、低水平的社会保障方式；在社会主义市场经济体制下，实施国家、集体、个人三方共同承担的社会保障模式。

（二）我国社会保障支出经费保障

我国的社会保障支出是不断演变的。20世纪90年代以前，我国城乡社会保障呈现相互独立且分治的制度格局。城镇企事业单位的职工主要依靠建立在城市工业和劳动保险（或企业保险）基础上的单位保障，农村则依托集体土地制度，建立了面向乡村孤老残幼的“五保”制度、面向农民的农村合作医疗制度。自20世纪90年代中期以来，随着市场经济体制目标的明确，社会保障制度进行了一系列的重要改革，并取得了一定的进展。不仅初步建立了以养老、失业保险为主的，包括医疗、工伤、生育等保险项目及社会救助、抚恤等在内的社会保障总体框架，而且确定了多渠道、多层次兴办社会保险的方针，提出了社会保险费用要由国家、集体和个人多方共同负担的原则，探索出了社会保险要实施社会统筹与个人账户相结合的基金运行模式。这些改革思路、措施及其成果，标志着我国社会保障体系建设已经进入了一个新的阶段。

2007—2021年，我国社会保障和就业支出不断增长。2021年，我国财政社会保障和就业支出占财政总支出的比重为13.7%，占GDP的比重为2.96%（见图6-5）。目前，我国社会保障的发展趋势表现为覆盖面不断扩大。此外，越来越多的企业建立了企业年金，2021年末全国有11.75万户企业建立企业年金，参加职工2875万人。同时，我国社保卡已经覆盖了95.7%的人口，提供的服务项目也越来越多。

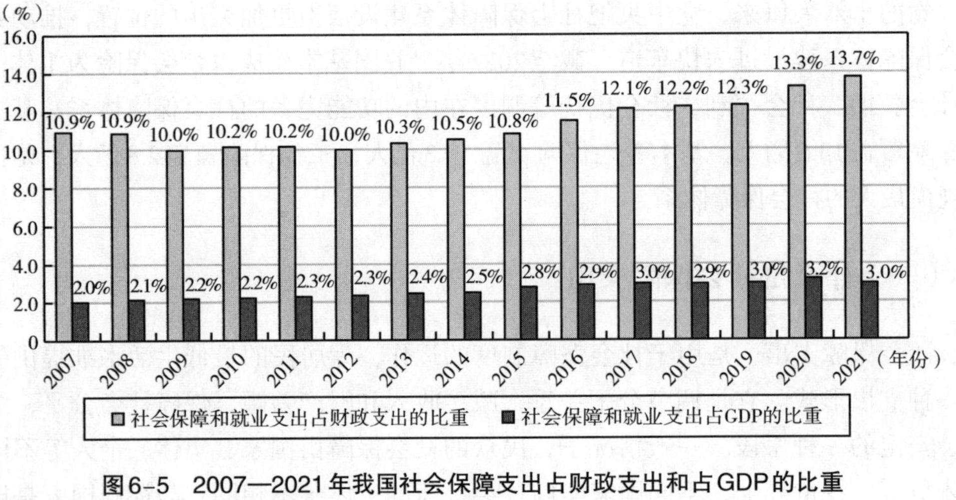

图6-5　2007—2021年我国社会保障支出占财政支出和占GDP的比重

资料来源：各年度《中国统计年鉴》，国家统计局网站。

十一、小小消费券，激活大市场——财政补贴支出

受新冠疫情影响的这几年，各地政府纷纷推出消费券政策，意在释放消费需求，推动经济发展。一时间，“消费券”成为网络热词，茶余饭后人们说得最多的话题就

是“抢到券没？”“买东西用券了吗？划不划算？”消费券正是财政补贴支出的一种形式。那么，消费券的惠民效果如何？能为商家带来哪些影响？为加快经济复苏，能否长期发放消费券？如何利用消费券的“加法”撬动经济发展的“乘法”？

2021年4月3日，郑州市政府第一期消费券共核销金额3925万元，带动消费5.52亿元，杠杆比例达到1∶14.1。4月28日，郑州市政府第二期消费券发放148.4万张、共计1.6亿元，这些消费券仅用时160秒便被全部抢完，首日核销825万元，带动消费5000多万元。第三期消费券由中国消费者协会、河南省消费者协会牵头发起，省内各个行业协会、各企业积极参加。“消费券在特定时间内可以起到增强企业信心、鼓励社会投资、刺激居民消费、激活内需市场等作用，还可以通过降低居民的生活成本稳定居民情绪，稳定社会秩序，推进社会有效就业等。”北京师范大学政府管理研究院研究员宋向清表示。

消费券的本质是什么？如何更好使用消费券这一“利器”，加快经济复苏，赋予经济发展新动能？这就涉及财政补贴支出的知识。

（一）什么是财政补贴支出

财政补贴是指国家为了实现特定的政治经济目标，对指定事项由财政安排专项基金向企业或个人提供的一种补贴。我国现行财政补贴主要有价格补贴、亏损补贴、职工生活补贴、利息补贴等。补贴的对象为企业、职工和城镇居民，补贴的范围包括工业、农业、商业、交通运输、建筑、外贸等国民经济各部门和生产、流通、消费各环节，居民生活各方面。财政补贴的主体分为中央财政和地方财政。

（二）财政补贴支出的作用

财政补贴支出的作用是保证供求平衡，维护经济稳定，促进社会资源的优化配置。财政补贴是一种转移性支出。从政府角度来看，支付是无偿的；从领取补贴者角度来看，意味着实际收入的增加，经济状况较之前有所改善。财政补贴的目的是支持生产发展，调节供求关系，稳定市场物价，维护生产经营者或消费者的利益。财政补贴在一定时期内的适当运用有益于协调政治、经济和社会中出现的利益矛盾，起到稳定物价、保护生产经营者和消费者的利益、维护社会安定、促进有计划商品经济发展的积极作用。但是，如果财政补贴的范围过广、项目过多，也会带来弊端。比如，会使价格关系扭曲，掩盖各类商品之间的真实比价关系；加剧财政困难，削弱国家的宏观调控能力；给以按劳分配为原则的工资制度改革带来不利影响；不利于控制消费、减少浪费、提高经济效益。

思考与讨论

你抢到过消费券吗？简述消费券这一财政补贴支出有哪些优势和弊端。

十二、共同富裕看财政——社会救助支出

让人民过上好日子，是“国之大者”。从社会主义本质出发，统筹效率与公平，聚焦一个“共”字，是共同富裕的经济学，也是深刻践行以人民为中心的发展思想。党的十九届五中全会强调“扎实推动共同富裕”，在描绘2035年基本实现社会主义现代化远景目标时，明确提出“全体人民共同富裕取得更为明显的实质性进展”。共同富裕是社会主义的本质要求，是人民群众的共同期盼。推动经济社会发展，归根结底是要实现全体人民共同富裕，而实现共同富裕，离不开财政的作用，更离不开社会救助支出。

（一）什么是社会救助支出

社会救助支出，是指政府用一般的财政资金对社会一部分困难居民所给予的货币或实物补贴。社会救助是指国家对因自然灾害或其他经济原因、社会原因而无法维持最低生活水平的社会成员给予帮助，以保障其最低生活水平的制度设计。与社会保险不同，社会救助不是根据受益者负担的原则，而是社会成员单方面的受益。它通常被视为政府的当然责任或义务，采取的也是非缴费制与无偿救助的模式，是收入再分配的重要手段。社会救助的目的是帮助社会弱势群体摆脱生存危机，以维护社会秩序稳定。

（二）提升社会救助，助力共同富裕

社会救助事关困难群众基本生活和衣食冷暖，是保障基本民生、促进社会公平、维护社会稳定的基础性制度安排，也是切实兜住、兜牢基本民生的保障底线，对推动共同富裕具有调节作用。可以说，社会救助支出是公平正义的保障网、共同富裕的稳定器，其作用主要表现在以下几个方面：

1. 社会救助支出充分发挥了兜底保障作用

低保、医疗、教育、住房等方面的救助制度是城乡一体化、区域统筹的兜底，也是在“保基本”的基础上为发展奠定坚实基础的兜底。新冠疫情给国家经济社会发展和人民群众生命健康以及正常生活带来了沉重的灾难，对困难家庭的社会弱势群体和老、弱、病、残、孤人群更是雪上加霜，国家出台了一系列专项救助政策措

施，有力地保障了困难群众的基本生活，维护了社会稳定和公平正义。

2.社会救助支出是全面打赢脱贫攻坚战的有力支撑

习近平总书记强调："要完善最低生活保障制度，对老弱病残等缺乏劳动能力的贫困人口，综合运用社会保险、社会救助、社会福利等保障救助措施，实现应保尽保，确保兜住基本生活底线。"在我国脱贫攻坚工作中，城乡低保等社会救助政策起到了兜底保障和基础支撑作用。

3.社会救助支出在"扩中提低"工作中发挥了重要作用

推进共同富裕过程中，"扩中提低"至关重要。"扩中提低"即扩大中等收入群体规模，提高低收入群体收入。社会救助通过转移支付的方式促进社会收入再分配，直接向收入和财富居于最低水平的困难群体提供现金支持与服务帮扶，减轻了社会上低收入群体的生活困难，在逐步缩小个体收入差距的同时，城乡区域发展差距也在逐步缩小，从而催生出更大规模的中等收入群体。

第7章 国家的钱从哪儿来：税收

学习目标

认识税收的概念，阐述税收与财政收入的关系，通过税制要素的学习，构建税收制度基本框架；了解我国现行税收制度，理解税负转嫁的基本原理和分类；能够运用税收基本知识识别个人房产交易过程中的税收问题，能够自主开展个人所得税纳税申报，并能够运用税收知识评价减税降费、偷税漏税等现实问题；树立依法纳税意识，提高纳税遵从度，基本构建起税收法治思维，树立大局观念。

2020年，我国道路长度达49.3万公里，城市桥梁7.98万座，城市排水管道长度80.3万公里，城市道路照明灯304.86万盏……基础设施的建设和完善为我国经济的快速发展夯实了基础，财政支出为政府提供公共物品和服务保驾护航。那么财政支出的物质财富又从何而来呢？俗话说“巧妇难为无米之炊”，财政收入便是财政支出的源泉。税收的强制性、无偿性和固定性特点，决定了其是财政收入最重要的来源。

一、认识财政收入

当面对公共产品提供的市场失灵问题，财政机制便应运而生。换句话说，因为具有政治管理权的特性，财政担负起了为社会提供公共物品的重任。财政收入不仅是财政支出的物质保障，也是实现财政职能的物质保障，可说是财政政策的重要工具。政府可以通过对财政收入规模的控制、财政收入结构的调节来熨平经济波动。

（一）财政收入的构成

国家可以通过哪些途径取得财政收入呢？从财政收入的历史沿革及各国的现状

看，财政收入的具体形式主要包括税收、公有财产收入、公有企业收入、行政收入、公债收入、货币发行收入、使用费收入、战争赔款、捐献收入等。

从我国的财政实践来看，财政收入主要包括税收收入和非税收入。税收收入是政府凭借其公共权力无偿占有的一部分社会资源或收入，包括所得税、商品税、财产税、资源税等各项税收。在现代社会中，政府所凭借的这种公权力通常是以国家法律的形式表现出来的，如《中华人民共和国宪法》中的有关条款、《中华人民共和国预算法》等，政府是依据这些法律来课税的。从数量上看，税收收入通常也是一个国家主要的财政收入来源，它在财政总收入中具有绝对的主体地位。比如，发达国家的财政收入中税收约占90%，即使经济欠发达国家的税收也占60%~80%。目前我国一般公共预算收入的80%以上来自税收。

非税收入是相对于税收收入而言的，是指国家除依照税法征税的税收收入以外，各级行政机关、司法机关和代表政府行使管理职能的事业单位，以专项收入、公共债务收入、规费和使用费等形式向法人、社会团体和居民个人取得的收入，以及依据财产权利收取的国有资本经营收入、国有资源（资产）有偿使用收入等。各种非税收入的资金筹集过程、属性、反映的分配关系，在政府理财活动中的作用以及对社会经济生活的影响等，与税收有所不同，但在财政收入中也具有相当重要的地位。

拓展阅读

按照征收管辖政府的不同级别分类，财政收入可分为中央财政收入和地方财政收入。财政收入也可以按照价值构成、收入来源等方式进行分类。通过了解不同类型的财政收入分类，帮助我们了解财政收入的来源和性质，寻求组织和增加财政收入的有效途径，加强对财政收入的管理。

（二）我国财政收入的规模

财政收入规模指的是财政收入的总体水平，是衡量一国政府财力的重要指标，它体现政府在国民收入分配中所占的份额，以及政府与企业、居民个人之间占有和支配社会资源的关系，也反映政府在社会经济生活中的职能范围大小、广度和深度，以及政府在经济生活中的地位和作用。我们通常用绝对指标和相对指标来衡量财政收入的规模。

1.衡量财政收入规模的绝对指标

绝对指标是财政收入总额或财政总收入，能够反映一定时期一个国家财政收入的数量、构成、形式和来源。我们首先通过我国2007—2021年的财政收入构成来了解我国的财政收入绝对规模（见表7-1）。

表7–1　　我国2007—2021年财政收入情况

年份	财政收入		税收收入		非税收入	
	数值（亿元）	增长率（%）	数值（亿元）	占财政收入的比重（%）	数值（亿元）	占财政收入的比重（%）
2007	51321.78	—	45621.97	88.89	5699.81	11.11
2008	61330.35	19.50	54223.79	88.41	7106.56	11.59
2009	68518.30	11.72	59521.59	86.87	8996.71	13.13
2010	83101.51	21.28	73210.79	88.10	9890.72	11.90
2011	103874.43	25.00	89738.39	86.39	14136.04	13.61
2012	117253.52	12.88	100614.28	85.81	16639.24	14.19
2013	129209.64	10.20	110530.7	85.54	18678.94	14.46
2014	140370.03	8.64	119175.31	84.90	21194.72	15.10
2015	152269.23	8.48	124922.2	82.04	27347.03	17.96
2016	159604.97	4.82	130360.73	81.68	29244.24	18.32
2017	172592.77	8.14	144369.87	83.65	28222.9	16.35
2018	183359.84	6.24	156402.86	85.30	26956.98	14.70
2019	190390.08	3.83	158000.46	82.99	32389.62	17.01
2020	182913.88	−3.93	154312.29	84.36	28601.59	15.64
2021	202538.88	10.73	172730.47	85.28	29808.41	14.72

数据来源：国家统计局，https：//data.stats.gov.cn/easyquery.htm? cn=C01。

2007年，我国政府财政收支分类改革全面实施，之后财政部门按照新的政府收支科目编制预算。改革后，公共财政收入的统计口径只包含了税收收入和非税收收入，非税收收入又包含了专项收入、行政事业性收费、罚没收入和其他收入。

从表7–1中可以看出，我国财政收入规模逐年上升，在2011年突破了10万亿大关，切实为我国财政支出提供了财力支撑。2020年全国财政收入182913.88亿元，同比下降3.9%。这是因为面对严峻复杂的国内外环境，特别是新冠疫情的严重冲击，各级财政部门深入贯彻党中央、国务院决策部署，坚决落实“积极的财政政策要更加积极有为”的要求，推动减税降费。同期，全国一般公共预算支出增长2.8%，在坚决落实政府“过紧日子”要求的同时，疫情防控、脱贫攻坚、基层“三保”等重点领域支出得到有力保障。2021年全国财政收入回升明显，环比增速10.73%，税收收入占比达85.28%。

2. 衡量财政收入规模的相对指标

财政收入规模的绝对量宏观上反映了一个时期、一个地区的经济发展水平和财力集散程度，微观上反映着企业和居民对政府活动经费的负担水平，适合进行纵向比较分析。但是，我们这里需要考虑两个问题：

第一，财政收入规模的绝对量真的越多越好吗?

第二，财政收入规模的绝对量适合进行国家与国家之间、地区与地区之间的横向比较吗?

以上两个问题的答案都是否定的。首先来看第一个问题，从政府的意愿和满足财政支出的角度来看，财政收入规模似乎越多越好，但是，财政收入受到国民收入等因素的制约，在国民收入一定的情况下，财政收入过多，则会减少企业和个人占有社会产品的份额，从而在一定程度上影响企业生产的积极性和人民生活水平的提高；财政收入过少，又难以满足政府实现其职能的需要。因此，财政收入的绝对规模并不能完全反映其与经济发展的相适程度。

再来看第二个问题，财政收入规模的绝对量适合进行国家与国家之间、地区与地区之间的横向比较吗？我们知道，每一个国家和地区因为地理、资源等客观因素的制约，以及经济发展方式的不同，其经济发展程度不尽相同。因此，单纯的拿财政收入的绝对指标来衡量其财政发展水平实属不妥。举一个例子来说，我国2009年的财政收入达66230亿元人民币，新加坡的财政收入折合人民币为1025亿元，这样看来，我国要比新加坡富裕，其实不然。因为，新加坡人口约400万，人均财政收入为25625元人民币，而我国人口超13亿，人均财政收入仅有5094元人民币。所以，在进行横向比较时，财政收入的绝对指标并不适合。

基于以上分析，我们需要引入一个财政收入规模的相对衡量指标来弥补绝对指标的片面性。那么相对指标是什么呢？有两个，一个是财政收入占GDP的比例，另一个是税收收入占GDP的比例。

财政收入占GDP的比例，反映了财政年度内GDP中由国家以财政方式筹集和支配使用的份额，它综合体现了政府与微观经济主体之间占有和支配社会资源的关系，体现了政府介入社会再生产分配环节，调控国内生产总值分配结构，进而影响经济运行和资源配置的力度、方式和地位等。在GDP一定时，财政收入占GDP的比例越高，表明社会资源由政府通过财政预算机制集中配置的份额越多，私人经济部门的可支配收入相对减少。

税收收入是财政收入的可靠来源，因此税收收入占GDP的比例也可以衡量财政收入的规模，它又称为“宏观税负率”，是衡量一个国家或地区的宏观税负水平的重要指标。

从总体上看，我国目前的经济发展水平和长远的社会经济发展战略及相应的方针政策，是确定我国合理财政收入规模的主要依据。我国虽然仍是一个发展中国家，但却是一个大国，人均收入已经达到中等收入国家水平，目前又处于全面建成小康社会的快速发展时期，因而我国财政收入规模适当高于发展中国家的平均水平是必要和可能的，但为了充分发挥市场在资源配置中的基础性作用，财政收入占GDP的比重不宜过高。

思考与讨论

目前我国财政收入规模到底是什么样的情况呢？请参考《中国统计年鉴》的相关数据进行计算和思考。

二、认识税收

税收与我们每个人的生活都息息相关，我们到餐厅就餐后取得的发票上注明了增值税税额，这部分税额是我们支付餐费中的一部分；每年的3月1日到6月30日，取得收入的纳税人都需要在个税App上进行综合所得税的汇算清缴，大家会讨论谁收到了退税，谁需要补税；我们购买房产置业，需要先缴纳契税，然后才可以办理房产登记并领取房产证；如果你是房东，向企业出租个人的房产，企业会向你索要发票，这时你需要到办税大厅申请开具发票；税务机关对网络主播偷税行为进行处罚，追缴税款、加收滞纳金并处罚款数亿元……生活中的税收现象比比皆是，这些税收现象的内在原理和逻辑是什么？我们能从中学到些什么呢？在回答这些问题之前，我们首先来认识一下税收。

（一）税收的概念

税收是一个历史范畴，同时也是一个经济范畴。从它的产生至今，经历了不同的社会形态，有了几千年的历史。随着社会生产力的不断发展，剩余产品的出现，以及私有制、阶级和国家的产生，便逐渐有了税收。所以，税收的产生要有两个条件：一是特定的经济条件，即剩余产品的出现，有了剩余产品就有了课税对象；二是特定的阶级条件，即阶级出现和国家的产生。国家出现以后，为了维持政府机器的正常运转，就需要有一定的物质资料。因此，为了得到这些物质资料，就需要凭借国家的政治权力从社会产品中拿去一部分，这部分社会产品便是税收。税收是历史上最为古老的财政范畴。在现代社会中，税收不仅是政府取得财政收入最主要的形式，是政府机器和社会公共活动的经济基础，还是政府干预和调控经济的重要手段。因此，税收是政府为满足社会公共需要，凭借政治权力，按照法律规范，强制地、无偿地参与社会产品分配而取得财政收入的一种形式。根据概念我们可以进一步说，税收的本质反映的是国家与纳税人之间的分配关系。

（二）税收分配的内涵

税收分配的主体是国家。税收本质上是一种以国家为主体的特殊分配。分配是解决社会产品归谁占有、归谁支配以及占有多少、支配多少的问题，这就决定了社会产品分配的实现总要依据一定的权力，或是依据生产资料的所有权，或是依据政治权力。

国家取得任何一种财政收入都要凭借其某种权力，而国家的权力归根结底不外乎两种，即财产权力和政治权力。不论是历史上国家的王室土地收入、官产收入，还是现在国有企业的利润收入，都是凭借国家对土地和其他生产资料的所有权取得的。国家征税的过程，就是税收分配实现的过程。在这一过程中，一部分社会产品由企业单位及个人所有转变为国家所有，从而改变了社会组织及成员各自占有的社会产品份额。实现税收分配，凭借的是国家的政治权力而不是财产权力。在征税时，国家的政治权力以法律法规形式来表现。

税收分配的目的是满足社会公共需要。社会公共需要的满足需要公共产品的提供，由于公共产品的特殊性，其不能由私人部门提供，而国家则不从事任何物质资料的生产，无力满足提供公共产品的人力、物力等需要，只能凭借政治权力无偿占有社会成员的经济资源，这就是税收。满足社会的公共需要既是税收的始发目的，也是税收的最终目的。

（三）税收的特征

税收作为政府筹集财政收入的一种规范形式，具有区别于其他财政收入形式的特点。税收特征可以概括为强制性、无偿性和固定性。我们可以从一张普通的工资单来理解税收的这三个特征（见图7-1）。

年度：2021年 部门： 人员：

月	岗位工资	薪级工资	福利保	基础绩效	奖励绩效	预发奖励性绩效	文明奖	应发合计	所得税	医保	公积金	失业保险	养老保险	职业年金	扣发合计	实发额
12	1,810.00	920.00	40.00	1,795.00	769.00	1,955.00	600.00	8,104.00	0.00	75.80	455.00	9.25	246.64	123.32	910.01	7,193.99
11	1,810.00	920.00	40.00	1,795.00	769.00	1,955.00	600.00	10,524.00	41.37	75.80	455.00	9.25	246.64	123.32	951.38	9,572.62
10	1,810.00	860.00	40.00	1,795.00	769.00	1,955.00	600.00	8,044.00	39.57	75.80	455.00	9.25	246.64	123.32	949.58	7,094.42
9	1,810.00	860.00	40.00	1,795.00	769.00	1,955.00	600.00	8,044.00	39.57	75.80	455.00	9.25	246.64	123.32	949.58	7,094.42
8	1,810.00	860.00	40.00	1,795.00	769.00	1,955.00	600.00	8,102.00	39.57	75.80	455.00	9.25	246.64	123.32	949.58	7,152.42
7	1,810.00	860.00	40.00	1,795.00	769.00	1,955.00	600.00	8,044.00	37.83	75.80	513.00	9.25	246.64	123.32	1,005.84	7,038.16
6	1,810.00	860.00	40.00	1,795.00	769.00	1,955.00	600.00	8,044.00	21.16	66.96	513.00	13.26	353.68	176.84	1,144.90	6,899.10
5	1,810.00	860.00	40.00	1,795.00	769.00	1,955.00	600.00	8,044.00	21.15	66.96	513.00	13.26	353.68	176.84	1,144.89	6,899.11
4	1,810.00	860.00	40.00	1,795.00	769.00	1,955.00	600.00	8,044.00	21.16	66.96	513.00	13.26	353.68	176.84	1,144.90	6,899.10
3	1,810.00	860.00	40.00	1,795.00	769.00	1,955.00	600.00	8,044.00	21.16	66.96	513.00	13.26	353.68	176.84	1,144.90	6,899.10
2	1,810.00	860.00	40.00	1,795.00	769.00	1,955.00	600.00	10,900.00	0.07	66.96	513.00	13.26	353.68	176.84	1,123.81	9,776.19
1	1,620.00	746.00	38.00	1,412.00	605.00	1,400.00	600.00	6,616.00	0.00	66.96	513.00	13.26	353.68	176.84	1,123.74	5,492.26
合计	21,530.00	10,326.00	478.00	21,157.00	9,064.00	22,905.00	7,200.00	100,554.00	282.61	8[illegible]6.56	5,866.00	135.06	3,601.92	1,800.96	12,543.11	88,010.89

图7-1 工资单示例

注：图中省略基本单位“元”。

1. 强制性

每月拿到工资单，我们可以发现有一个项目为“所得税”，这个项目作为减项使实发工资要少于应发工资。作为个人所得税的纳税人，我们不能逃避履行纳税义务，这就是税收的强制性。税收的强制性是指国家凭借其公共权力以法律、法令形式对税收征纳双方的权利（权力）与义务进行规范，依据法律进行征税。我国宪法明确规定我国公民有依照法律纳税的义务。纳税人必须依法纳税，否则就要受到法律的制裁。税收的强制性主要体现在征税过程中。

2. 无偿性

在市场经济中的交易都是有偿交易，也就意味着我们付出了金钱就会得到相应的商品或服务，但是税收不是。这张工资单里的税款缴纳之后，我们并不会直接获得相应价值的商品或服务，这就是税收的无偿性。税收的无偿性是指国家征税后，税款一律纳入国家财政预算统一分配，而不直接向具体纳税人返还或支付报酬。税收的无偿性是从个体纳税人角度而言的，其享有的公共利益与其缴纳的税款并非一一对等。但就纳税人的整体而言则是对等的，政府使用税款的目的是向社会全体成员包括具体纳税人提供社会公共产品和公共服务。因此，税收的无偿性表现为个体的无偿性、整体的有偿性。

3. 固定性

假设我们每个月应发工资都是一样的，其他保险及公积金的缴纳比例固定，也就意味着我们每个月都应预缴相同的个人所得税，只要计税依据不变，所缴纳的税款也是固定的，这就是税收的固定性。税收的固定性是指国家征税之前预先规定了统一的征税标准，包括纳税人、课税对象、税率、纳税期限、纳税地点等。这些标准一经确定，在一定时间内是相对稳定的。税收的固定性包括两层含义：第一，税收征收总量的有限性。由于预先规定了征税的标准，政府在一定时期内的征税数量就要以此为限，从而保证税收在国民经济总量中的适当比例。第二，税收征收具体操作的确定性，即税法确定了课税对象及征收比例或数额，具有相对稳定、连续的特点。税收的固定性既要求纳税人必须按税法规定的标准缴纳税额，也要求税务机关只能按税法规定的标准对纳税人征税，不能任意降低或提高。当然，税收的固定性是相对于某一个时期而言的。国家可以根据经济和社会发展需要适时地修订税法，但这与税收整体的相对固定性并不矛盾。

税收的三个特征是统一的整体，相互联系，缺一不可。那这三个特征有什么样的联系呢？无偿性是税收这种特殊分配手段的本质体现，强制性是实现税收无偿征收的保证，固定性是无偿性和强制性的必然要求。三者相互配合，保证了政府财政收入的稳定。

思考与讨论

结合税收的三个特征，分析为什么发行国债、其他收费不能成为我国财政收入的主要来源？

（四）税收的职能

政府向纳税人征税会直接影响纳税人的经济利益。征与不征，对谁征收和对什么征收，征收多少及在哪些环节征收等，不仅直接影响着纳税人的投资与消费选择、投资能力与消费水平，进而影响着社会需求的总量与结构，而且直接或间接地影响着不同产业和不同产品的盈利水平以及社会供给的总量与结构。因此，税收成为现代市场经济国家用来调节经济运行、分配收入和诱导资源流动的一个重要手段。

1.财政职能

税收的财政职能是指国家凭借政治权力，通过税收把经济单位及个人占有的一部分社会产品或价值集中起来，形成由国家集中支配的财政收入，以满足国家提供公共产品需要的职责或功能，它是税收的基本职能。

2.经济职能

税收的经济职能也称“调节手段职能”，是指税收所具有的国家通过制定和实施税收政策和税收制度，影响个人、企业的经济利益，进而影响经济活动和经济运行的职责或功能。税收作为国家强制参与社会产品分配的主要形式，在筹集财政收入的同时，也改变了各阶级、阶层、社会成员及各经济组织的经济利益。物质利益的多寡，诱导着他们的社会经济行为。因此，国家有目的地利用税收体现其有关的社会经济政策，对各种经济组织和社会成员的经济利益进行调节，使他们的微观经济行为尽可能符合国家预期的社会经济发展方向，以有助于社会经济的顺利发展，从而使税收成为国家调节社会经济活动的重要经济杠杆。我国现在正处于经济结构调整和优化时期，国家对高新技术产业、安置就业的企业、节约能源的产业给予低税率或减税、免税的优惠政策，对那些不符合国家产业政策，或污染严重、能耗高的产业，不予减税、免税，并可以通过提高税率等政策措施予以调节或限制。

3.监督管理职能

税收涉及社会生产、流通、分配、消费各个领域，能够综合反映国家经济运行的质量和效率。国家既可以通过税收收入的增减及税源的变化，及时掌握宏观经济的发展变化趋势，也可以在税收征管活动中了解微观经济状况，发现并纠正纳税人在生产经营及财务管理中存在的问题，从而促进国民经济持续健康发展。税收的监督管理职能贯穿于税收活动的全过程。一般地说，商品经济越发达，经济生活越复杂，国家干预或调节社会经济生活的必要性就越强，税收监督也就越广泛而深入。

三、读懂税收制度的起点：税收要素

我们都知道税收是指国家为了向社会提供公共产品，满足社会共同需要，按照法律的规定，参与社会产品的分配，强制、无偿取得财政收入的一种规范形式。根据税收的特点，我们知道税收是国家取得财政收入最重要的方式，体现出税收的收入职能。在宏观经济调控过程中，税收可以促进产业结构的协调、地区结构的协调、资本市场结构的协调。此外，通过税收制度的设计，还可以对市场机制形成的收入分配差距过大进行调节。

为了保证税收各个职能的充分发挥，保障国家利益和纳税人的合法权益，维护正常的税收秩序，必须构建国家依法征税、纳税人依法纳税的行为准则体系，这种行为准则体系即税收制度。税收制度是我们理解生活中税收现象的基础，其本质是正确处理国家与纳税人之间因税收而产生的税收法律关系和社会关系。税收制度既要保证国家税收收入，也要保护纳税人的权利，两者缺一不可。那么我国的税收制度都有哪些呢？根据我国税收制度规范的内容不同，我们可以将税收制度分为税收实体法和税收程序法。狭义的税收制度往往指的是税收实体法，即对我国现行税种征纳双方权利和义务规范的总称。在认识我国税收制度之前，我们需要先掌握认识税收制度的基本工具——税收要素。税收要素构成了每一个税收实体法律规定，认识了每一个税种的税收要素，也就明白了各个税种的内涵，这是识别经济活动中纳税义务的基础。

总的来说，税收的要素包括纳税人、征税对象、税率、纳税义务发生时间、纳税期限、纳税环节、纳税地点、减免税等，其中，纳税人、征税对象和税率是税收的三个基本要素。

（一）纳税人

纳税人又称“纳税义务人”，是指税法规定的直接负有纳税义务的单位和个人。与纳税人相联系的一个概念是负税人，也就是最终负担税款的单位和个人。那么，纳税人和负税人有什么区别和联系呢？简单地说，某些情况下纳税人和负税人是一致的，某些情况下纳税人和负税人不一致。

举一个简单的例子，小明是一家企业的员工，取得工资薪金，小明承担着缴纳个人所得税的义务，即他是个人所得税的纳税人，个税的税款也确实由小明从工资中来负担，所以小明既是纳税人也是负税人。

再举一个例子，我们平日在饭店、餐厅用餐后索取的发票上注明了价款和税额，所以我们支付给饭店、餐厅的金额其实包含了价款和税款（见图7–2）。按照增值税的相关规定，提供（销售）餐饮服务的单位和个人是增值税的纳税人，但是税款实际上是由消费者负担了，消费者是负税人。这里的纳税人和负税人是不一致的。

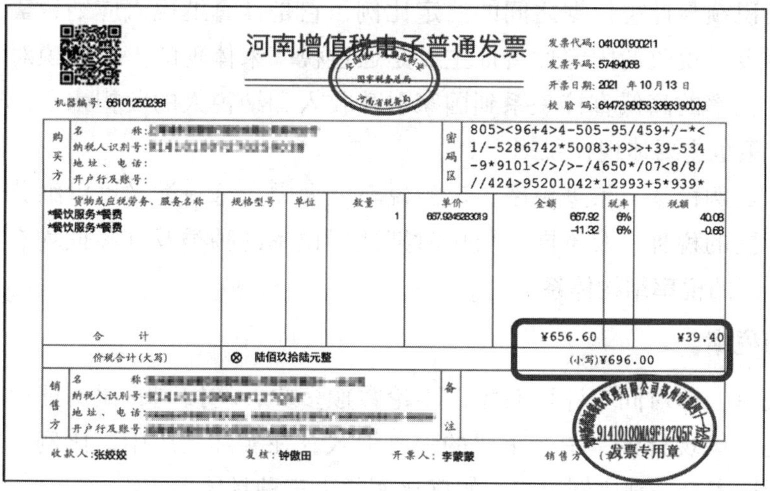
河南增值税电子普通发票

机器编号：661012502381

发票代码：041001900211
发票号码：57494068
开票日期：2021 年 10 月 13 日
校 验 码：64472 98053 33863 90009

购买方
名 称：[illegible]
纳税人识别号：[illegible]
地 址、电 话：
开户行及账号：

密码区
805><96+4>4-505-95/459+/-*<
1/-5286742*50083+9>>+39-534
-9*9101</>/>-/4650*/07<8/8/
//424>95201042*12993+5*939*

货物或应税劳务、服务名称	规格型号	单位	数量	单价	金额	税率	税额
*餐饮服务*餐费			1	667.9245283019	667.92	6%	40.08
*餐饮服务*餐费					-11.32	6%	-0.68
合 计					¥656.60		¥39.40
价税合计（大写）	⊗ 陆佰玖拾陆元整				（小写）¥696.00		

销售方
名 称：[illegible]
纳税人识别号：[illegible]
地 址、电 话：[illegible]
开户行及账号：[illegible]

备注

收款人：张姣姣　复核：钟傲田　开票人：李蒙蒙　销售方（章）

91410100MA9F12705F 发票专用章

图7-2　餐饮服务发票

由此，我们可以总结出关于纳税人和负税人的一些结论：

第一，纳税人和负税人并不是同一个概念。纳税人承担着纳税义务，而负税人是最终负担税款的单位和个人。

第二，纳税人和负税人是否一致，取决于该税种是否可以进行转嫁。如果税负不可以进行转嫁，如所得税，那么纳税人和负税人是一致的；如果税负可以进行转嫁，如流转税，那么纳税人和负税人则不一致。

第三，基于纳税人与负税人是否一致的问题，我们可以将税收分为直接税和间接税。直接税的纳税人与负税人一致，间接税的纳税人和负税人不一致。

（二）征税对象

征税对象，又称“课税对象”，是指对什么东西征税，是课税的客体或标的物。每一种税都必须有明确的征税对象，如消费税的征税对象就是消费品；所得税的征税对象就是应税所得额等。征税对象是一种税区别于另一种税的重要标志。

与征税对象有关的两个重要概念是税目和计税依据。税目是课税对象的具体化，反映具体的征税范围，代表征税的广度。之所以划分税目，一是进一步明确征税范围，二是解决课税对象的归类问题，并根据归类确定税率。但并不是每一个税种都有税目的规定，比如消费税有酒类、卷烟等税目，而房产税就不存在税目的划分。

计税依据即计算应纳税额的依据，是与征税对象相关的、合理的数量特征。计税依据一般选择征税对象的价值、价格或征税对象的某些物理数量特征。

（三）税率

税率是税额与计税依据之间的法定比例，它是计算纳税人应纳税额的尺度，反映征税的深度。税收的固定性特征主要是通过税率来体现的。在征税对象已经明确的前提下，税率的高低直接关系到国家财政收入和纳税人的负担水平。国家一定时期的税收政策也主要体现在税率上。

税率有比例税率、累进税率、定额税率三大类，每一类又可以细分为若干种具体形式。不同的税种以及不同的历史时期适用税率的种类及其高低均有所不同，由此形成了一国的税率结构体系。

1. 比例税率

比例税率，即对同一课税对象，不论数额多少，均按同一比例征税的一种税率制度，它是我国现行税率中最重要的一种形式。在实际运用中，比例税率又可以分为单一比例税率、差别比例税率、幅度比例税率三种具体形式。

单一比例税率，即对一个税种只规定一个比例税率，所有纳税人都按照同一比例纳税。例如，企业所得税采用的税率为25%。差别比例税率，即对一个税种设置两个或两个以上的比例税率征税。幅度比例税率，即中央只规定最低税率和最高税率，各地可根据本地区实际情况，在中央规定的幅度内，确定一个适用的比例税率来征税。

比例税率的优点：一是计算征收和缴纳税款简便，便于税收的征收管理；二是同一课税对象、不同纳税人的税收负担相同，有利于鼓励先进、督促落后，促进企业在大体同等的条件下竞争。比例税率的缺点：比例税率的税收负担与负担能力不相适应，不能体现负担能力大的多征、负担能力小的少征的量能负担原则，税收负担水平不尽合理。比例税率一般适用于对商品流转额的征税。

2. 定额税率

定额税率，亦称“固定税额”，是按照征税对象的一定数量直接规定一定的税额，而不是规定征收比例。它是用绝对量表示税率的一种特殊形式，一般适用于从量定额征税的商品或税种。

定额税率的优点：一是计算简便，有利于征管工作的开展；二是从量计征，有利于促进企业提高产品质量。在优质优价、劣质劣价且税额固定的情况下，优质优价产品税负相对较轻，劣质劣价产品税负相对较重。定额税率的缺点：由于不是从价计征，税额一般不随征税对象价值（价格）的增长而增长，因而不能使国家财政收入随国民收入的增长而同步增长。

3. 累进税率

累进税率是按征税对象数额的大小，划分为若干等级，不同等级规定高低不同的税率，征税对象数额越大税率越高的一种税率形式。累进税率因计算方式的不同，又分为全额累进税率和超额累进税率。

全额累进税率，指对征税对象的全部数额都按其相应等级的累进税率计算征税。当征税对象数额提高一个级距时，对征税对象全额都按提高一级的税率征税。超额累进税率，指把征税对象数额按大小划分为若干等级，并对每个等级规定相应的税率，分别计算税额，当征税对象数额超过某一等级时，仅就超过部分按高一级税率计算征税。

全额累进税率的优点是计算简便，并且由于它的名义税率与实际税率一般是相等的，所以在调节收入方面，较之比例税率要合理一些。但是，在两个级距的临界部分会出现税负增加超过应税所得额增加的不合理现象，使税收负担显得极不合理。超额累进税率的优点是累进幅度比较小，税收负担较为合理。特别是在征税对象级次临界部分，只就超过部分按高一级税率计算征税，一般不会发生增加的税额超过征税对象数额的不合理现象，有利于鼓励纳税人增产增收。但是，采用超额累进税率计算应纳税额过于复杂，特别是征税对象数额越大，包括的级次和适用的税率越多，计算步骤也就越多。为此，通常使用一种简单的计算方法，即速算扣除数法。其计算公式为：

应纳税额=用全额累进方法计算的税额－速算扣除数

速算扣除数是按全额累进税率计算的税额减去按超额累进税率计算的税额的常数差额。

拓展阅读

全额累进税率和超额累进税率的比较

现在给定一个累进税率表（见表7–2）。

表7–2　　累进税率表

级数	课税对象	税率
1	1500元以下（含）	3%
2	1500~4500元（含）	10%
3	4500~9000元（含）	20%

假定甲、乙两人的征税对象数额状况分别为甲1500元、乙1501元，按全额累进税率和超额累进税率计算，可得到不同的纳税额（见表7–3）。

表7-3　　按全额累进税率和超额累进税率的税额计算

应纳税额	按照全额累进税率计算税额	按照超额累进税率计算税额
甲	应纳税=1500×3%=45元	应纳税=1500×3%=45元
乙	应纳税=1501×10%=150.1元	应纳税=1500×3%+1×10%=45.1元

从这个实例中可以看出，按照全额累进税率计算税额时，在两个级距的临界部分会出现税负增加超过应税所得额增加的不合理现象，使税收负担显得极不合理。因此，在我国个人所得税法中，对个人工资薪金所得计征个税时，选用的是超额累进税率。

（四）纳税期限

纳税期限是指税法规定的纳税人向国家缴纳税款的期限。纳税期限保证国家能及时取得财政收入，是税收强制性和固定性在时间上的体现。纳税期限的确定，一般应考虑纳税人生产经营和课税对象的特殊性以及应纳税额数量的大小等情况。不能按期纳税的，可以按次纳税。

（五）纳税环节

纳税环节是指税法规定的在商品流转过程中和劳务活动中应当缴纳税款的环节。商品从生产到消费往往需要经过多个流转环节，如工业品一般要经过工业生产、商业批发、商品零售等环节。在商品流转过程中，哪些环节应该纳税，税收制度必须作出明确的规定。虽然一般讲的纳税环节，是指流转税的纳税环节，但其他任何一种税都有纳税环节的问题，只不过除流转税外，其他各税通常属于单环节征税，纳税环节的确定比较简单。

（六）减税、免税

减税、免税（以下简称“减免税”）是指税法规定的对某些特殊情况给予减轻或免除税收负担的一种税收优惠措施。减税是对应征税款减少征收一部分，免税是全部免除其税收负担。减免税体现了国家一定时期的经济和社会政策，有较强的政策目的性和针对性，是一个重要的税制要素。税收制度中的免征额和起征点都是典型的减免税方式。

拓展阅读

起征点和免征额的辨析

起征点是指税法规定征税对象开始征税的数额，征税对象数额未达到起征点的不征税，达到或超过起征点的就其全部数额征税。免征额是指税法规定的征税对象中免于征税的数额，免征额部分不征税，只对超过免征额的部分征税。

起征点和免征额的共同点显而易见，都是未达到这一点，纳税人均不需要缴纳税款。这两者的区别在于对征税对象超过该点时的税务处理。起征点是征税对象数额未达到该点的不征税，达到或超过起征点的就其全部数额征税。

如增值税起征点规定如下：

按期纳税的，起征点为月销售额5000~20000元（含本数）。

按次纳税的，起征点为每次（日）销售额300~500元（含本数）。

假如某地区规定增值税按期纳税的纳税人起征点为月销售额5000元，某企业月销售额为8000元，那么该企业当月的计税依据应为8000元。

免征额是免征额部分不征税，只对超过免征额的部分征税。个人所得税综合所得基本费用扣除标准每年6万元，就是典型的免征额的概念。

在日常生活中，同学们好像经常会在新闻中看到关于个人所得税改革的相关报道，其中关于个人所得税“起征点”的调整问题非常热门，但是如果我们了解了个人所得税制度后就会发现，“起征点”用在这里并不合适，大家所讨论的其实是个税综合所得免征额的调整问题。

思考与讨论

请同学们以《中华人民共和国增值税暂行条例》和《中华人民共和国个人所得税法》为例，分别指出增值税、个人所得税税收制度中的纳税人、课税对象、税率这三个基本税收要素。

四、税负转嫁知多少

我们在前文学习了纳税人和负税人的概念，正是因为有税负转嫁才导致了纳税人和负税人不一致的结果，那么到底什么是税负转嫁？税负转嫁的形式有哪些？哪些因素影响税负转嫁呢？

（一）什么是税负转嫁

所谓税负转嫁，是指纳税人将其应纳税额通过各种途径全部或部分转嫁给他人负担的经济过程和经济现象。由于税负转嫁，最初缴纳税款的法定纳税人不一定是该项税收的最后负担者。

与税负转嫁相关的概念是税负归宿，是指税收负担的最终归着点或税负转嫁的最后结果。税负经过转嫁，总是要落在负税人身上，只要税负的转嫁过程结束，税收负担归属于最后的负担者，便找到了税负归宿。

税负的转嫁运动，从纳税人到负税人，可能只经过一次税负转移，也可能要经过数次税负转移。如果一笔税款从纳税人到负税人，其转嫁运动发生一次，可称作“一次转嫁”；如果同一税额从纳税人到最后负税人，其转嫁运动发生两次或两次以上，可称作“辗转转嫁”。经过转嫁，可能把税负全部转移出去，也可能只把部分税负转移出去。如果纳税人通过转嫁把全部税负转移给负税人负担，可称作“完全转嫁”；如果纳税人通过转嫁仅把部分税负转移给负税人负担，可称作“部分转嫁”。还可以据此将税收负担分为两类，即直接负担和间接负担。纳税人在纳税后不能将税负转嫁给他人，由自己负担的，是直接负担。在这种情况下，纳税人就是负税人，两者是一致的。纳税人在纳税后可以将税负转嫁给他人，由别人负担的，是间接负担。在这种情况下，纳税人不是负税人或不是全部的负税人，两者发生了分离。凡不能或不易转嫁的税收，就是直接税；凡在形式上具有转嫁可能性的税收，就是间接税。

（二）税负转嫁的形式

1.前转

前转又称为“顺转”，指税收负担通过商品的市场买卖活动，由卖方向买方转移，即纳税人将其所缴纳的税款通过提高商品价格的方式，在商品交易中顺利地转嫁给其他人。前转是税负转嫁的一般形式，其原因是价格能够完全吸收税款。

2.后转

后转亦称“逆转”，指税收负担无法通过市场买卖前转给买方，而是逆着商品流转的顺序向商品供应者转嫁税负。例如，某批发商纳税之后，由于商品价格下跌，税负不能通过提高商品价格顺利地前转给零售商。于是，该批发商请求厂商降低商品价格，税负因此而向后转给厂商。后转既可以一次完成，也可以多次完成，多次后转称为“复后转”。在前转的情况下有税负归宿点，在后转的情况下税负归宿点难以确定。发生后转的原因是市场价格提高，导致需求减少，所纳税款无法通过价格转嫁出去。

3. 混转

混转指纳税人所承担的税负，一部分向前转，一部分往后转，从而使税收负担分散给许多人。混转是由于商品价格提高，无法全部消化所纳税款。

4. 消转

消转也称“税收转化”，是指纳税人所纳税款在既不通过前转也不通过后转的条件下，由于采取某些措施使所纳税款在增加的收入中消失，不由任何特定的人负担。消转不同于前面所介绍的几种转嫁形式，它不存在具体的转嫁过程，实际上是一种直接的税收归宿，所以其确切含义应该是转化。

5. 税收资本化

除以上几种基本的转嫁形式以外，税负转嫁还有一种特殊的形式，即税收资本化。税收资本化，也称“税收还原”，或“税收折入资本”“税收偿本”，它是指在买卖某商品时，买主将该商品以后应缴纳的税款从商品的价格中预先一次性扣除，这样该商品的税款名义上由买主缴纳，实际上已由卖主负担。

思考与讨论

你能列举出一些生活中税负转嫁的例子吗？

（三）税负转嫁的制约因素

1. 商品供求弹性

商品的需求弹性和供给弹性是决定流转税收转嫁的最主要因素。商品的需求弹性是商品价格变化的百分比和商品需求数量变化的百分比之比。需求弹性系数一般为负值，当需求弹性系数绝对值大于 1 时，被认为需求有弹性；当需求弹性系数绝对值小于 1 时，被认为需求缺乏弹性。

商品的供给弹性是商品价格变化的百分比和商品供应数量变化的百分比之比。供给弹性系数一般为正值，当供给弹性系数大于 1 时，被认为有供给弹性；当供给弹性系数小于 1 时，被认为缺乏供应弹性。

供求弹性的内涵是商品的价格对供求变化的反映程度。弹性越大，表示商品价格对供求变化的反映越敏感，反之亦然。

商品供求弹性同流转税负转嫁的关系：首先，需求弹性同税负转嫁成反向运动，需求弹性越大，税负越趋向由生产者负担；需求弹性越小，税负越趋向由消费者负担。其次，供应弹性同税负转嫁也成反向运动。供应弹性越大，税负越趋向由消费者负担；供应弹性越小，税负越趋向由生产者负担。最后，税负转嫁最终取决于供求之间的弹性关系。在需求弹性大于供应弹性的情况下，税负更多地趋向由生产者负担；在供应弹性大于需求弹性的情况下，税负更多地趋向由消费者负担。

思考与讨论

商品供求过程中，是不是定价“话语权”越大，税负转嫁能力越强？

2.课税范围

课税范围越窄，对商品或生产要素的购买者越有替代效应，需求就越具有弹性。换句话说，课税范围如果只包括部分商品或生产要素，就极有可能驱使购买者改变购买决策，减少课税商品或生产要素的购买量，而增加无税或低税商品或生产要素的购买量。在这种情况下，课税商品或生产要素价格的提高就要受到限制，税负显然难以转嫁。课税范围越宽，对商品或生产要素的购买者越不易发生替代效应，需求就越缺乏弹性。

3.计税依据

从量计税，税额不受价格变动影响，课税加价，负税者容易感觉到，购买者会倾向于少买或不买课税、重税商品或生产要素，而多买或全买无税、轻税商品或生产要素。在这种情况下，税负转嫁困难。从价计税，税额随价格的升降而增减，商品或生产要素的价格越高，税负越重；反之，商品或生产要素的价格越低，税负越轻。所以，课税加价，负税者不易感觉到，购买者购买商品和生产要素的决策不易受到影响。在这种情况下，税负转嫁容易。

4.税种

一般来说，课于商品、劳务等的流转税易于转嫁，课于所得、财产等的所得税、财产税等税种不易转嫁。如果对商品或劳务课税，纳税人往往可以利用价格机制的作用，通过提高商品或劳务的出售价格，或者压低原材料等生产要素的购进价格将税负转嫁出去。对所得、财产课税，由于它们是以社会生产的最终成果分配的，纳税人往往难以通过价格机制的作用将税负转嫁出去。不过，在实际中，这些税种也并非绝对不存在税负转嫁的情况。例如，对企业征收的所得税，企业就可以通过压低劳动力价格等手段将其转嫁出去。

5.课税商品的性质

就不同种类的商品而言，对生产用品的课税，税负辗转次数多，转嫁速度快；对生活用品的课税，税负辗转次数少，转嫁速度慢。就消费者而言，对生活必需品的课税，由于是人们必不可少的消费品，需求弹性小，故消费基础大，税负易转嫁；

对奢侈品的课税，由于人们对它的消费可有可无，需求弹性大，故消费基础小，税负不易转嫁。

思考与讨论

根据税负转嫁的理论，增值税是否真正构成销售商品、服务或劳务的纳税人的实际负担呢？

五、我国税收制度概览

我国现行的税收制度由税收实体法律制度和税收程序法律制度构成。我国现行税收实体法律制度包括了对18个税种要素规定的法律法规，具体的划分如表7–4所示。

表7–4　按课税对象分类的税收实体法律制度

税种分类	税种名称	作用
商品和劳务税类	增值税、消费税、关税	在生产、流通或服务业中发挥调节作用
资源、环境保护税类	资源税、环境保护税、城镇土地使用税	调节因开发和利用自然资源差异而形成的级差收入
所得税类	企业所得税、个人所得税、土地增值税	调节生产经营者的利润和个人的纯收入
特定目的税类	城市维护建设税、车辆购置税、耕地占用税、烟叶税、船舶吨税	为达到特定目的，调节特定对象和特定行为
财产和行为税类	房产税、车船税、印花税、契税	对某些财产和行为发挥调节作用

按照收入和管理级次，各税种可进行如下划分（见表7–5）。

表7–5　按照收入和管理级次划分的税收制度

政府级次	收入归属
中央政府	消费税（含进口环节海关代征部分）、车辆购置税、关税、海关代征进口环节增值税
地方政府	房产税、城镇土地使用税、耕地占用税、土地增值税、车船税、契税、烟叶税、环境保护税
共享收入	（1）增值税：中央50%，地方50% （2）企业所得税：中国铁路总公司、各银行总行及海洋石油企业缴纳的部分归中央，其余中央60%，地方40% （3）个人所得税：中央60%，地方40% （4）资源税：海洋石油企业缴纳的部分归中央，其余归地方 （5）城市维护建设税：中国铁路总公司、各银行总行、各保险总公司集中缴纳的部分归中央，其余归地方 （6）印花税：证券交易印花税归中央，其他印花税归地方

税收程序法是税收实体法的对称，指以国家税收活动中所发生的程序关系为调整对象的税法，是规定国家征税权行使程序和纳税人纳税义务履行程序的法律规范的总称。其内容主要包括税收确定程序、税收征收程序、税收检查程序和税务争议的解决程序。税收征收机关职责划分及管理法律依据，如表7–6所示。

表7–6　税收征收机关职责划分及管理法律依据

征收机关	负责税种	说明
税务系统	增值税、消费税、车辆购置税、城市维护建设税、企业所得税、个人所得税、资源税、城镇土地使用税、耕地占用税、土地增值税、房产税、车船税、印花税、契税、烟叶税、环境保护税	由税务机关负责征收税种的征管，按照全国人大常委会发布实施的《中华人民共和国税收征收管理法》及各实体法中的征管规定执行
海关系统	关税、船舶吨税，同时负责代征进出口环节的增值税和消费税	由海关负责征收税种的征管，按照《中华人民共和国海关法》及《中华人民共和国进出口关税条例》等有关规定执行

六、发票那些事儿

2021年1月，福建警税联合行动，成功打掉暴力虚开增值税普通发票团伙。经查，该团伙控制企业153户，通过虚填免税销售额进行虚假申报，逃避缴纳税款，在没有真实业务往来的情况下，对外虚开增值税普通发票4.6万余份，虚开金额37亿元……同年5~6月份，国家税务总局先后曝光了13起虚开发票典型案例，涉案数额巨大，情节极其严重。各地税务、公安等部门在开展打击虚开发票、骗税违法犯罪行为专项行动中，对不法分子形成有力震慑。可见，发票管理在维护经济税收秩序中的重要作用。

那么，发票到底是什么？发票如何使用？怎样依法管理发票呢？

（一）发票的概念及分类

《中华人民共和国发票管理办法》第三条明确指出，发票是指在购销商品、提供或者接受服务以及从事其他经营活动中，开具、收取的收付款凭证。

发票记录了经济生活中的各项经营活动，从纳税人的角度来看，发票是会计核算凭证，是计算增值税税款的依据；从税务机关的角度来看，发票记载了纳税人的经营情况，能够帮助税务机关准确掌握税源情况，更是开展税务检查的依据。

发票的基本内容包括：发票的名称、发票代码和号码、联次及用途、客户名称、开户银行及账号、商品名称或经营项目、计量单位、数量、单价、大小写金额、开票人、开票日期、开票单位（个人）名称（章）等（见图7–3）。

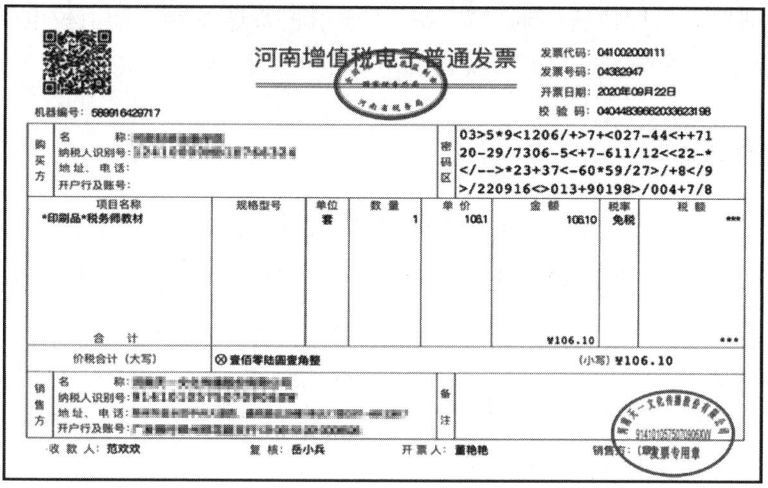

河南增值税电子普通发票

机器编号：589916429717

发票代码：041002000111
发票号码：04382947
开票日期：2020年09月22日
校 验 码：04044839662033623198

购买方 名 称：
纳税人识别号：
地址、电话：
开户行及账号：

密码区
03>5*9<1206/+>7+<027-44<++71
20-29/7306-5<+7-611/12<<22-*
</-->*23+37<-60*59/27>/+8</9
>/220916<>013+90198>/004+7/8

项目名称	规格型号	单位	数量	单价	金额	税率	税额
*印刷品*税务师教材		套	1	106.1	106.10	免税	***
合 计					¥106.10		***

价税合计（大写） ⊗壹佰零陆圆壹角整 （小写）¥106.10

销售方 名 称：
纳税人识别号：
地址、电话：
开户行及账号：

备注

收款人：范欢欢 复核：岳小兵 开票人：董艳艳 销售方：（章）

发票专用章

图7-3 增值税电子普通发票

那么，经济生活中的发票都是什么样子的呢？火车票、航运行程单也是发票吗？为了让同学们更加系统地对发票进行认识，我们来了解一下发票的种类。

根据发票适用的管理办法不同，我们可以将发票分为常规发票和专业发票。

常规发票主要是指适用于我国发票管理办法的发票，包括增值税专用发票、增值税普通发票、增值税电子普通发票、机动车销售统一发票。需要注意的是，由于机动车购买之后涉及车辆登记管理、车辆购置税缴纳的事宜，因此，机动车销售统一发票的票面与其他三种发票的内容有所区别，它载明了车辆类型、厂牌型号、发动机号码、车架号码等更加具体的车辆销售信息。

专业发票适用特殊行业发票管理办法，目前常见的行业专业发票有金融企业的存贷、汇兑、转账凭证；公路、铁路和水上运输企业的客运发票，比如我们常见的火车票、汽车票；航空运输企业提供的航空运输电子客票行程单；收费公路通行费增值税电子普通发票等。本章所讲的发票管理的对象主要是常规发票。

根据发票是否为抵扣凭证，可以将发票分为增值税专用发票和增值税普通发票。

增值税专用发票是增值税一般纳税人销售货物、劳务、服务、无形资产和不动产开具的发票，是购买方支付增值税额并可按照增值税有关规定据以抵扣增值税进项税额的凭证。

增值税普通发票是相对于增值税专用发票而言的，是增值税小规模纳税人销售货物、劳务、服务、无形资产和不动产开具的发票，一般纳税人在不能开具增值税专用发票时，也可以使用增值税普通发票。

生活中可以用作抵扣税款凭证的专用发票包括增值税专用发票、机动车销售统一发票、农产品销售发票、通行费发票、收费公路通行费增值税电子普通发票、国内旅客运输服务的增值税电子普通发票、航空运输电子客票行程单、铁路车票、公路水路等其他客票。增值税普通发票包括了增值税普通发票、增值税电子普通发票、差额发票（适用于金融商品转让、旅游服务等的增值税普通发票）。

拓展阅读

区块链发票是什么？

“区块链”一词上榜2019年十大流行语。作为一项备受关注的新技术，它会和税收擦出怎样的火花？在2018年，国家税务总局广州市税务局就先行先试推出区块链电子发票平台，进行区块链电子发票应用。下面我们以发票小姐和区块链先生爱情故事的形式，模拟发票与区块链技术碰撞出的鲜活实践，一起来看看他们遇在广州、爱在广州的“链”爱故事。

2018年6月22日，发票小姐与区块链先生结为“夫妻”，在广州成立了家庭——“税链”区块链电子发票平台。发票小姐和区块链先生的这个“小家庭”起步了，初入婚姻殿堂的他们，生活方式还没有太大改变，主要把增值税发票管理系统开出的发票数据从税务局电子底账库拿出放到链上，做到了数据在区块链上的流转，提供最基本的应用——发票数据归集。

根据广州市税务局的前期调研，由于许多企业收到的发票大多为纸质发票或者PDF版的电子发票，受票电子数据归集成了一个麻烦事，得人工录入汇总发票数据。发票数据归集应用则解决了纳税人这一痛点，保护了受票方的权益。截至2019年11月中旬，广州市已有2.73亿张增值税发票数据上链，发票归集涉及纳税人223万户。2018年12月7日，发票小姐和区块链先生爱情的结晶——区块链电子发票“出生”了。广州黄埔华苑大酒店首次通过“税链”区块链电子发票平台开具出通用类电子发票。为了迎接“孩子”的出生，发票小姐与区块链先生把自己的“家”装修了一遍。新家不一般，功能也是更加齐全。虽然延续了原有的发票管理模式，保留了发票的票种核定、申领等环节，但其中验旧、申领环节已经由链上的智能合约自动化处理。企业做完票种核定后就可以直接开票，发票的人工管理成本大大降低。发票由区块链开出，支持从消费者端支付后开票，用户原来遇到的等待开票或者拒绝开票的情况不复存在。如果企业的财务系统与区块链平台连接，电子发票只需用户轻轻一点即可线上报销，这边在办公，手机“叮”一声，报销的钱立马到账，做到了无感报销。

秉承“注重社会参与”的理念，“税链”四个节点的其中两个节点归属于税务机关，即广东省税务局、广州市税务局，其他两个归属于社会资源——蚂蚁金融服务集团和方欣科技有限公司，打造成一个区块链网络。发票平台与节点对接提供发票服务，主要包括税务机关发票平台、阿里发票平台、招商银行发票平台、兴业银行发票平台。目前，税务机关发票平台主要针对起征点以下的纳税人，由税务机关提供手工开票的兜底服务，其他几个平台均与支付平台（如支付宝、兴E付）、订单系统（如天猫商城订单系统、安居宝停车平台、海王星辰医药订单系统等）、报销系统（如钉钉）及企业的ERP系统（如碧桂园的ERP系统）等对接，根据对接系统提供的开票信息，实现自动开票、报销等功能。在这个区块链网络里，支付、开票、报销、入账等所有信息连接和贯穿，方便受票方和开票方随时查询、随时归集。据了解，广州市区块链电子发票系统综合性能已具备支撑50亿张/年的开票量能力，随着开票量需求的增加，系统性能还可弹性扩展。

通过上述资料我们可以看出，区块链发票本质上仍是购销活动中的收付款凭证，是常规发票的一种，只是其申领、开具、查验、入账的流程均在区块链上实现。因为区块链电子发票具有全流程追溯、信息不可篡改等特性，所以与传统纸质发票和普通电子发票对比起来，其防伪能力更强。

除了区块链发票，随着数字技术的不断发展，智慧税务步伐不断加快，发票的电子化改革是我们不容忽视的趋势。2021年3月，中共中央办公厅、国务院印发了《关于进一步深化税收征管改革的意见》，意见指出通过稳步实施发票电子化改革，全面推进税收征管数字化升级和智能化改造；提出在2021年要建成全国统一的电子发票服务平台，制定出台电子发票国家标准，到2025年基本实现发票全领域、全环节、全要素电子化。

（二）发票的开具和保管

销售商品、提供服务以及从事其他经营活动的单位和个人，对外发生经营业务收取款项的，收款方应向付款方开具发票。

在特殊情况下，由付款方向收款方开具发票，比如收购单位和扣缴义务人支付个人款项时，国家税务总局认为其他需要由付款方向收款方开具发票的。

单位和个人在开具发票时，必须做到按号码顺序填开，填写项目齐全，内容真实，字迹清楚，全部联次一次打印，内容完全一致，并在发票联和抵扣联加盖发票专用章。

任何单位和个人不得有下列虚开发票行为：为他人、为自己开具与实际经营业务情况不符的发票；让他人为自己开具与实际经营业务情况不符的发票；介绍他人开具与实际经营业务情况不符的发票。

开具发票的单位和个人应当建立发票使用登记制度，设置发票登记簿，并定期向主管税务机关报告发票的使用情况。开具发票的单位和个人应当在办理变更或者注销税务登记的同时，办理发票和发票领购簿的变更、缴销手续。开具发票的单位和个人应当按照税务机关的规定存放和保管发票，不得擅自损毁。已经开具的发票存根联和发票登记簿，应当保存5年。保存期满，报经税务机关查验后销毁。

（三）发票的法律责任

有下列情形之一的，由税务机关责令改正，可以处1万元以下的罚款；有违法所得的予以没收。

应当开具而未开具发票，或者未按照规定的时限、顺序、栏目，全部联次一次性开具发票，或者未加盖发票专用章的；使用税控装置开具发票，未按期向主管税务机关报送开具发票的数据的；使用非税控电子器具开具发票，未将非税控电子器具使用的软件程序说明资料报主管税务机关备案，或者未按照规定保存、报送开具发票的数据的；拆本使用发票的；扩大发票使用范围的；以其他凭证代替发票使用的；跨规定区域开具发票的；未按照规定缴销发票的；未按照规定存放和保管发票的。

跨规定的使用区域携带、邮寄、运输空白发票，以及携带、邮寄或者运输空白发票出入境的，由税务机关责令改正，可以处1万元以下的罚款；情节严重的，处1万元以上3万元以下的罚款；有违法所得的予以没收。丢失发票或者擅自损毁发票的，依照此款规定处罚。

虚开发票的，由税务机关没收违法所得。虚开金额在1万元以下的，可以并处5万元以下的罚款；虚开金额超过1万元的，并处5万元以上50万元以下的罚款；构成犯罪的，依法追究刑事责任。非法代开发票的，依照此款规定处罚。

私自印制、伪造、变造发票，非法制造发票防伪专用品，伪造发票监制章的，由税务机关没收违法所得，没收、销毁作案工具和非法物品，并处1万元以上5万元以下的罚款；情节严重的，并处5万元以上50万元以下的罚款；对印制发票的企业，可以并处吊销发票准印证；构成犯罪的，依法追究刑事责任。

思考与讨论

你平时有索要发票的习惯吗？依法索要发票对税源管理有哪些重要意义？

七、个人房产交易需要缴纳哪些税

买卖房产在我们生活中是一件大事儿，买卖过程中涉及的税费是交易成本的重要组成部分，我们花出去的钱有哪些是税、哪些是费？

按照我国相关税收法律的规定，个人住房交易过程中涉及增值税、城市维护建设税、教育费附加、地方教育附加、个人所得税、契税、土地增值税和印花税。我国目前对个人转让或销售住房免征印花税和土地增值税。

（一）房产交易买方的纳税义务

在我国境内转移土地、房屋权属，承受的单位和个人为契税的纳税人。《中华人民共和国契税法》规定契税税率为3%~5%，具体执行根据省份情况而定。比如河南省从2021年9月1日起，住房权属转移契税税率从4%下调为3%。

需要注意的是，我国对个人购买住房有税收优惠政策。个人购买家庭唯一住房，面积为90平方米及以下的，减按1%的税率征收契税；面积为90平方米以上的，减按1.5%的税率征收契税。对个人购买家庭第二套改善性住房，面积为90平方米及以下的，减按1%的税率征收契税；面积为90平方米以上的，减按2%的税率征收契税。

此外，为了进一步减轻纳税人税负，切实保障居民的住房需求，各地区根据实际情况发布了契税补贴政策，比如郑州市金水区、中原区、管城区、二七区、惠济区、上街区、中牟、登封、新密和新郑部分街道办事处分别发布了相应的契税补贴政策。总的来说，符合条件的房产转让可以享受5%~20%的税款补贴，具体办法因地区、房产性质和契税缴纳时间而异。大家在购买商品房的时候，可以及时关注本地的契税补贴政策，尽可能地满足享受补贴条件，从而降低购房的税费成本。

以上契税规定对于购买新房和二手房都同样适用。

（二）房产交易卖方的纳税义务

1.增值税

个人销售住房按照转让不动产缴纳增值税。《中华人民共和国增值税暂行条例》规定，个人将购买不足2年的住房对外销售的，按照5%的征收率全额缴纳增值税；个人将购买2年以上（含2年）的住房对外销售的，免征增值税。需要注意的是，增值税的差额征税仅适用北京、上海、广州、深圳，对河南省不适用。

缴纳了增值税后，还需要再缴纳城市维护建设税、教育附加和地方教育附加，这三个附加税费是以实际缴纳的增值税为计税依据的。

2.个人所得税

个人转让房产应该按照财产转让所得，用转让房产价值减去房产原值、转让住房过程中缴纳的税金及有关合理费用，按照20%的税率计征个人所得税。在实践中，需要注意“满五唯一”的免税政策。这一政策的具体规定是，对于个人转让自用达五年以上，并且是唯一的家庭生活用房取得的所得，免征个人所得税。享受免税的两个要素，满五年和家庭唯一生活用房缺一不可，任何一项不满足就不能享受免税优惠（见表7–7）。这一免税规定在一定程度上对炒房行为起到了抑制作用。

表7–7　个人转让产房增值税和个人所得税纳税义务梳理

税种	不满2年	满2年不超过5年	超过5年
增值税	5%全额征收	免征	免征
个人所得税	20%差额征收	20%差额征收	免征（符合唯一标准）

此外，还有两个特殊情况需要注意：

第一种是继承。法定继承人（配偶、子女、父母、兄弟姐妹、祖父母、外祖父母）继承土地、房屋产权的，不征收契税、个人所得税。

第二种是无偿赠予。产权所有人无偿赠予配偶、父母、子女、祖父母、外祖父母、孙子女、外孙子女、兄弟姐妹，免征个人所得税。

思考与讨论

房产交易过程中是否存在税负转嫁的现象呢？

八、个人所得税综合所得的税前扣除体系

个人所得税与我们每个人的生活息息相关，我们因工作取得的工资薪金，因文字作品的出版发表取得的稿酬，作为房东将房子出租取得的房租，转让二手房取得的交易所得，因中奖取得的偶然所得……这些所得均需要申报缴纳个人所得税。

我国现行的个人所得税制度是《中华人民共和国个人所得税法》（以下简称《个人所得税法》）经过7次修改后确立的，2019年1月1日新的《个人所得税法》实施后，我国将个人的工资薪金、劳务报酬、稿酬和特许权使用费所得纳入综合所得按年计税，实行“代扣代缴、自行申报，汇算清缴、多退少补，优化服务、事后抽查”的征管制度；经营所得、财产转让所得、财产租赁所得、利息股息红利所得、偶然所得等仍然按照分类征收的征管制度。

值得一提的是，新个税不仅改变了个税的征收模式，并且在税前增加了专项附加扣除制度，进一步扩大税前扣除的力度，切实保障了个人教育、医疗、住房等民生需求。在我们学习个人所得税税前扣除体系之前，首先了解一下个人所得税应纳税额的计算过程，对税前扣除制度在所得税体系中的定位有个清楚的认识。

以个人综合所得为例，计算个人所得税应纳税额要经过几个特定的步骤：首先将个人所得转换成为税法规定的收入额，接下来将减除基本费用扣除、专项扣除、专项附加扣除和依法确定的其他扣除后的余额作为应纳税所得额，再用应纳税所得额乘以对应的超额累进税率，最后得到纳税人的应纳个人所得税。

从应纳税额的计算思路可以看出，税前扣除项目和数额的大小直接影响着个人所得税的税收负担，在个人所得税制度中具有重要的地位。那么，我们就从基本费用扣除、专项扣除、专项附加扣除和依法确定的其他扣除四个方面来介绍个人所得税的税前扣除体系。

（一）基本费用扣除

目前，我国居民综合所得的基本费用扣除标准是每年6万元（每月5000元）。基本费用扣除设置的用意是保障纳税人的基本生活需要，也就是说，征税不能使纳税人的基本生活变差。基本费用扣除就是我们前文提到的“免征额”，我国的个税免征额经历了从每月800元到每月2000元、每月3500元，再到每年6万元的改革，一定程度上反映了随着宏观经济的发展，居民生活水平逐步提高，也说明了我国通过不断的税制改革来降低纳税人的税负，进一步满足居民对美好生活的向往。

思考与讨论

个人所得税基本费用扣除标准的确定由哪些因素决定呢？基本费用扣除标准是不是越高越好呢？

（二）专项扣除

专项扣除包括了居民个人按照国家规定的范围和标准缴纳的基本养老保险、基本医疗保险、失业保险等社会保险费和住房公积金，也就是我们俗称的个人负担部分的“三险一金”。需要注意的是，这里的专项扣除“三险一金”仅限于个人负担的部分，因为生育保险和工伤保险仅需要单位缴纳，个人不负担缴款，也就不存在个人所得税前扣除的问题了。

（三）专项附加扣除

为了切实保障纳税人的基本生活，满足各家庭对于教育、医疗和住房的基本需求，2019年税改之后，我国特别在个人所得税税前扣除制度中加入了专项附加扣除，包括子女教育、继续教育、大病医疗、住房贷款利息、住房租金、赡养老人和婴幼儿照护费用。

1.子女教育

适用范围：子女教育支出是指纳税人的子女接受全日制学历教育的相关支出。学历教育包括年满3岁至小学入学前处于学前教育阶段、义务教育（小学、初中教育）、高中阶段教育（普通高中、中等职业、技工教育）、高等教育（大学专科、大学本科、硕士研究生、博士研究生教育）。

扣除标准：按照每个子女每月1000元的标准定额扣除。

注意事项：按照子女个数来享受扣除额度；父母可以选择由其中一方按扣除标准的100%扣除，也可以选择由双方分别按扣除标准的50%扣除，具体扣除方式在一个纳税年度内不能变更；纳税人子女在中国境外接受教育的，纳税人应当留存境外学校录取通知书、留学签证等相关教育的证明资料备查。

2. 继续教育

适用范围：包含两类，第一类是纳税人在中国境内接受学历（学位）继续教育的支出；第二类是纳税人接受技能人员职业资格继续教育、专业技术人员职业资格继续教育的支出。

扣除标准：纳税人在中国境内接受学历（学位）继续教育的支出，在学历（学位）教育期间按照每月400元定额扣除；纳税人接受技能人员职业资格继续教育、专业技术人员职业资格继续教育的支出，在取得相关证书的当年，按照3600元定额扣除。

注意事项：纳税人同一学历（学位）继续教育的扣除期限不能超过48个月。个人接受本科及以下学历（学位）继续教育，可以选择由其父母扣除，也可以选择由本人扣除。

3. 大病医疗

适用范围：一个纳税年度内，纳税人发生的与基本医保相关的医药费用支出。

扣除标准：扣除医保报销后个人负担（指医保目录范围内的自付部分）累计超过15000元的部分，由纳税人在办理年度汇算清缴时，在80000元限额内据实扣除。

注意事项：大病医疗扣除仅能扣除医保目录范围内，且不能报销的部分。纳税人发生的医药费用支出可以选择由本人或者其配偶扣除；未成年子女发生的医药费用支出可以选择由其父母一方扣除。

具体操作：在现实生活中，大病医疗支出在个人所得税前到底能扣多少呢？有两种方法，第一种方法是直接查询法，纳税人可通过手机下载“国家医保服务平台”并注册登录，通过首页的“个人所得税大病医疗专项附加扣除”模块查询，在“年度费用汇总查询”中可得知“符合大病医疗个税抵扣政策金额”，这一金额即为个人所得税综合所得税前可以扣除的大病医疗支出。第二种方法是计算法，纳税人可以根据医院收费专用票据或者医保报销票据来进行计算，基本的计算思路是：大病医疗扣除金额=个人实际负担的医药支出－非医保支出－15000元，当这个差额超过8万元时按照8万元扣除，不超过8万元时据实扣除。

4. 住房贷款利息

适用范围：纳税人本人或者配偶单独或者共同使用商业银行或者住房公积金个人住房贷款为本人或者其配偶购买中国境内住房，发生的首套住房贷款利息支出。

扣除标准：在实际发生贷款利息的年度，按照每月1000元的标准定额扣除，扣除期限最长不超过240个月。

注意事项：纳税人只能享受一次首套住房贷款的利息扣除。经夫妻双方约定，可以选择由其中一方扣除，具体扣除方式在一个纳税年度内不能变更。夫妻双方婚前分别购买住房发生的首套住房贷款，其贷款利息支出，婚后可以选择其中一套住房，由购买方按扣除标准的100%扣除，也可以由夫妻双方对各自购买的住房分别按扣除标准的50%扣除，具体扣除方式在一个纳税年度内不能变更。

5. 住房租金

适用范围：纳税人在主要工作城市没有自有住房而发生的住房租金支出。

扣除标准：有三档，直辖市、省会（首府）城市、计划单列市以及国务院确定的其他城市，扣除标准为每月1500元；除第一项所列城市以外，市辖区户籍人口超过100万的城市，扣除标准为每月1100元；市辖区户籍人口不超过100万的城市，扣除标准为每月800元。

注意事项：纳税人的配偶在纳税人的主要工作城市有自有住房的，视同纳税人在主要工作城市有自有住房。纳税人及其配偶在一个纳税年度内不能同时分别享受住房贷款利息和住房租金专项附加扣除。

6. 赡养老人

适用范围：纳税人赡养一位及以上被赡养人的赡养支出。被赡养人是指年满60岁的父母，以及子女均已去世的年满60岁的祖父母、外祖父母。

扣除标准：纳税人为独生子女的，按照每月2000元的标准定额扣除；纳税人为非独生子女的，由其与兄弟姐妹分摊每月2000元的扣除额度，每人分摊的额度不能超过每月1000元。可以由赡养人均摊或者约定分摊，也可以由被赡养人指定分摊。约定或者指定分摊的须签订书面分摊协议，指定分摊优先于约定分摊。具体分摊方式和额度在一个纳税年度内不能变更。

注意事项：赡养老人专项附加扣除，不以老人数量而叠加，这一点与子女教育专项附加扣除是有区别的。

7. 婴幼儿照护费用

适用范围：为贯彻落实《中共中央 国务院关于优化生育政策促进人口长期均衡发展的决定》，依据《中华人民共和国个人所得税法》有关规定，国务院决定设立3岁以下婴幼儿照护个人所得税专项附加扣除。

扣除标准：纳税人照护3岁以下婴幼儿子女的相关支出，按照每个婴幼儿每月1000元的标准定额扣除。父母可以选择由其中一方按扣除标准的100%扣除，也可以选择由双方分别按扣除标准的50%扣除，具体扣除方式在一个纳税年度内不能变更。

注意事项：3岁以下婴幼儿照护个人所得税专项附加扣除涉及的保障措施和其他事项，参照《个人所得税专项附加扣除暂行办法》有关规定执行。3岁以下婴幼儿照护个人所得税专项附加扣除自2022年1月1日起实施。

思考与练习

下列关于个人所得税专项附加扣除的规定，说法错误的是（　　）。

A. 专项附加扣除，是指个人所得税法规定的子女教育、继续教育、大病医疗、住房贷款利息、住房租金、赡养老人、婴幼儿照护费用7项专项附加扣除

B. 夫妻双方婚前分别购买住房发生的首套住房贷款，其贷款利息支出，婚后可以由夫妻双方对各自购买的住房分别按扣除标准的50%扣除

C. 纳税人及其配偶在一个纳税年度内不能同时分别享受住房贷款利息和住房租金专项附加扣除

D. 个人所得税专项附加扣除额一个纳税年度扣除不完的，可以结转以后年度扣除

【答案】D

（四）依法确定的其他扣除

依法确定的其他扣除包括了个人缴付符合国家规定的企业年金、职业年金，个人购买的符合国家规定的商业健康保险、税收递延型商业养老保险，以及国务院规定可以扣除的其他项目。

企业年金是一种补充性养老金制度，是指企业及其职工在依法参加基本养老保险的基础上，自主建立的补充养老保险制度。

职业年金是指机关事业单位及其工作人员在参加机关事业单位基本养老保险的基础上，建立的补充养老保险制度。我国的职业年金是一种补充养老保障制度，既不是社会保险，也不是商业保险，而是一项单位福利制度，是事业单位及其职工依据自身经济状况建立的保障制度，事业单位及其职工承担因实施职业年金计划所产生的所有风险。只有公务员和事业单位的员工才有职业年金。

符合规定的商业健康保险产品，是指保险公司参照个人税收优惠型健康保险产品条款开发的险种。纳税人在购买商业健康保险产品时，要让保险公司开具载有税优识别码的保单凭证，载明产品名称及缴费金额等信息，作为个人税前扣除的凭据。

已经在外面自行购买符合规定的商业健康保险产品的，要把保单告知扣缴单位，由单位在次月开始按规定扣除，扣除限额是每个月200元。

个人商业养老资金账户是由纳税人指定的、用于归集税收递延型商业养老保险缴费、收益以及资金领取等的商业银行个人专用账户。该账户封闭运行，与居民身份证件绑定，具有唯一性。我国对个人养老金实施递延纳税优惠政策，引导个人长期投资。对于个人缴费适用税前扣除，扣除限额按照当月工资薪金、连续性劳务报酬收入的6%和1000元孰低的办法确定。

思考与练习

李某每月工资收入17200元，个人负担的“三险一金”每月合计3000元。李某是独子，需要赡养62岁的母亲；已婚，妻子为全职太太，两人有一个10岁的女儿，2018年读一年级。李某于2020年9月开始攻读在职硕士研究生，预计2022年9月拿到学历证书。那么李某2021年度可以享受的税前扣除共计多少？

基本费用扣除：60000（元）

专项扣除：3000 × 12=36000（元）

专项附加扣除：2000 × 12+1000 × 12+400 × 12=40800（元）

九、个人综合所得年终汇算清缴

每年1到3月份，有一个非常热门的话题就是个人所得税综合所得的汇算清缴。从2020年第一次综合所得汇算清缴至2023年已经度过了4个汇算清缴年，但是大家还是有很多疑问。为什么有的纳税人有几千上万元的退税，有的纳税人不需要补税也收不到退税，有的纳税人反而需要补税呢？

（一）原因分析

我国个人所得税综合所得包括工资薪金所得、劳务报酬所得、稿酬所得、特许权使用费所得，适用七级超额累进税率，采取了预扣预缴与年终汇算清缴相结合的办法征税。当纳税人取得综合所得时，按照预扣预缴办法，由所得来源方预扣预缴个人所得税，次年的3月1日至6月30日进行年终汇算清缴。因为预扣预缴办法与年终汇算清缴的方法有所区别，纳税人适用的税前扣除额、税率不一致，导致了两者税款的差异，从而产生了退税或补税。

具体来说，工资薪金日常发放时采用的是累计预扣预缴的办法，在预扣预缴过程中可以依次扣除每月5000元的基本费用，个人负担的社会保险费用，子女教育、继续教育、赡养老人、住房租金、住房贷款利息这五项专项附加扣除，以及个人购买的符合国家规定的商业健康保险、税收递延型商业养老保险。经过这一系列的扣除之后，剩下的余额适用超额累进税率，以此计算每月应预扣预缴的个税。

工资薪金预扣预缴和汇算清缴的思路是基本一致的，如果纳税人的年度收入中仅有工资薪金收入，那么汇算清缴时一般是不会存在补税或者退税的情况。但也有特殊情况，比如纳税人在纳税年度内发生了大病医疗支出。因为大病医疗支出只在汇算清缴时进行一次性扣除，在预扣预缴过程中不考虑大病医疗支出的扣除问题。因此，如果纳税人一年中仅有工资薪金收入，同时有大病医疗支出，那么在汇算清缴时可能会收到退税。

当然，如果纳税人除工资薪金以外，还有劳务报酬、稿酬和特许权使用费收入，那么在汇算清缴时很大概率会发生退税或者补税。因为这三项收入在预扣预缴时都是按照20%的预扣率在预扣税款，但在年终汇算清缴时这些收入适用的却是3%~45%的超额累进税率。此外，这三项所得的收入额在预扣预缴和汇算清缴时的确认方法也有所差异。基于这两个原因，导致了退税或者补税的结果。

（二）汇算清缴时间

每年的3月1日至6月30日都是汇算清缴的时间，为了避免前期申报人数过多带来的网络拥堵，2022年个人所得税App特别推出了汇算预约办税功能，这个功能于当年2月16日上线开放，纳税人如需在3月1日至15日之间办理汇算，可在2月16日至3月15日每天的早上6点至晚上22点登录手机个人所得税App进行预约。3月16日以后，无须预约即可办理。

（三）注意事项

1.纳税年度的问题

需要注意的是，汇算清缴的纳税年度和个人所得税专项附加扣除年度应保持一致。以2021年度的汇算清缴为例，纳税人首先在个人所得税App中查询并确认2021年度的收入明细；其次，需要查询并确认2021年度适用的专项附加扣除是否正确填写。如果未及时填写，可以直接在手机App中的“专项附加扣除”一栏选择相应的项目添加，在添加过程中一定要注意，扣除年度应选择2021。之前会有纳税人发现手机个人所得税App申报时填写了专项附加扣除，但是最后的申报表中不显示，大概率就是因为填报专项附加扣除时选择的“扣除年度”与纳税申报年度不一致。

2.关于专项附加扣除信息的填写

有些纳税人平日里已经通过单位在预扣预缴时享受了专项附加扣除，在年度汇算申报时需新增扣除，比如大病医疗，那是需要通过单位新增还是可以由本人直接新增呢？纳税人可以在个人所得税App或自然人电子税务局网页端直接新增可享受的专项附加扣除信息。

在填写六项专项附加扣除信息时，有些地方需要注意。

第一，专项附加扣除的信息需纳税人每年提交一次，即使今年的扣除项目与上个纳税年度保持一致，也是需要选择本纳税年度再一次进行填写的。

第二，大病医疗支出，因为扣除标准为扣除医保报销后个人负担（指医保目录范围内的自付部分）累计超过15000元的部分，由纳税人在办理年度汇算清缴时，在80000元限额内据实扣除。这个扣除标准计算比较复杂，纳税人可以注册登录“国家医保服务平台”，通过首页的“个人所得税大病医疗专项附加扣除”模块查询“符合大病医疗个税抵扣政策金额”即可。

第三，赡养老人的专项附加扣除，它不同于子女教育，每位受教育子女都可以享受每月1000元的扣除。赡养老人的扣除标准，不管是赡养一位还是两位60周岁以上的老人，独生子女的，按照每月2000元的标准定额扣除；非独生子女的，由其与兄弟姐妹分摊每月2000元的扣除额度，每人分摊的额度不能超过每月1000元。可以由赡养人均摊或者约定分摊，也可以由被赡养人指定分摊，指定分摊优先于约定分摊。具体分摊方式和额度在一个纳税年度内不能变更。

第四，住房方面的专项附加扣除只能享受一项。纳税人及其配偶在一个纳税年度内不能同时分别享受住房贷款利息和住房租金专项附加扣除。

3.关于撤销或者修改申报

纳税人通过个人所得税App提交个税申报之后，在税务机关审核完成前，可以撤销退税申请。如果税务机关审核通过已经提交国库部门的，不可以撤销申请，须办理更正申报。此外，为了保障年度汇算正常秩序，个人所得税APP中设定了可撤销次数的上限，如果纳税人撤销退税申请的次数超过一定数量，系统将自动取消其网络撤销权限，相关纳税人需要到办税服务厅办理后续事宜。

如果提交退税申请后税务审核通过了，已在国库处理中，但又发现申报错误，这时就不能再撤回退税申请，但可以在此基础上办理更正申报。

如果在手机个人所得税App进行申报过程中，误操作修改了部分收入扣除信息，可以在申报界面右上方选择“重置申报”，使其恢复到原来的样子。

4.纳税年度内发生了捐赠支出如何扣除

如果我们在纳税年度有公益性捐赠支出，是可以在汇算清缴时在税前进行扣除的。这里需要注意两点：第一，这个捐赠支出一定是公益性的，比如对教育、扶贫、济困等公益慈善事业进行捐赠；第二，捐赠不一定能够全额扣除，有的捐赠扣除限额为应纳税所得额的30%，有的捐赠则可以全额扣除。例如，个人通过非营利的社会团体和国家机关向农村义务教育的捐赠，个人通过公益性社会组织或者县级以上人民政府及其部门等国家机关，捐赠用于应对新冠疫情的现金和物品，可以在税前全额扣除。

具体的操作方法：在进入申报界面后，点击“准予扣除的捐赠额”项目，在弹出界面的右上角点击“新增”，填报相关信息后进行保存。此后，再根据个人收入纳税情况确定在综合所得中扣除的公益慈善捐赠金额即可。

（四）哪些人不需要办理年度个人所得税综合所得年度汇算

纳税人在纳税年度内已依法预缴个人所得税且符合下列情形之一的，无须办理年度汇算：

（1）年度汇算需补税，但综合所得收入全年不超过12万元的；

（2）年度汇算需补税，但补税金额不超过400元的；

（3）已预缴税额与年度汇算应纳税额一致的；

（4）符合年度汇算退税条件，但不申请退税的。

可见，我国个人所得税汇算清缴的相关规定持续释放改革红利，切实减轻纳税人的负担。纳税人如果满足以上四个条件中的任意一项，均无须办理汇算清缴。

课后实践

请你帮助父母在个人所得税App中填写适用的专项附加扣除信息，并在规定的时间内进行个人综合所得的汇算清缴。

十、房产税和房地产税

2020年，中央对房地产税立法工作表述，从原来的“加快”和“稳步推进”回调到了“稳妥推进”，但在政府工作报告中未对房地产税立法进行部署。

2021年9月7日，著名财税专家施正文曾表示，房产税的出台工作已经开始准备，并且大概率将于2022年之前出台。

2021年5月6日，财政部刘昆曾在有关房产税的发文中提到，要积极稳妥地推进房地产税的立法与出台工作。

除此之外，早在2017年时财政部就曾对房地产税的立法与出台工作提出“三原则”，即立法、授权、推进。同时财政部还提出，房产税的征收要按照市场评估值进行，也就是按照现行的市场价征收。

2021年5月11日，财政部联合4部门召开房产税交流座谈会，广泛听取专家学者们的意见和建议。这次座谈会被业界人士认为是房产税即将出台的重要标志，其中财税法专家赵秀池提出，房产税的试点与出台工作应该率先在深圳、海南等具有代表性的城市中展开。

（一）房产税和房地产税

增值税、个人所得税、契税，都是发生在交易环节的税收。我国现行的房产税是一种保有环节的向产权所有人征收的税，也就是说我们买完房子之后，保有住房过程中要缴纳的税收。

目前我国房产税的征税对象是房产，计税依据是房屋余值或者是租金。从这个计税依据可以看出，只要你名下有房，不管是自己住还是租给别人住，每年都需要缴纳房产税。但是，依据《中华人民共和国房产税暂行条例》，个人非营业用的房产免征房产税。也就是说，我们平日里住的居民住房免征房产税。

与房产税相关的一个概念是房地产税。广义的房地产税是指与房地产经济运行各环节直接相关的各个税种，包括房产开发、流转、保有等环节的所有税收种类，如企业所得税、增值税、个人所得税、土地增值税、耕地占用税、城镇土地使用税、房产税、契税、印花税等。

我们在新闻媒体上常常看到的所谓开征“房地产税”，实际上是狭义的房地产税，指房地产保有环节的税收，就是取消对个人非营业用房产免征房产税的规定，把我们老百姓平日里的住房也要纳入房产税的征税范围里。

（二）房地产税的改革目的是什么

在实现我国治理体系和治理能力现代化的进程中，稳步推进房地产税立法是重要的举措。到底该如何对个人非经营住房的保有环节征税，是税收理论界和实务界近些年一直在探讨的问题。征收房地产税的主要目的是什么？是使其成为地方财政收入的主要来源，还是为了调节房产市场的占有差距呢？

有人认为，征收房地产税是为了扩充地方财政收入。2016年，营业税全面改为增值税之后，地方主体税种营业税退出了历史舞台。在地方缺乏主体税种的情况下，房地产税是一个很好的地方主体税种选择。但是有人做了测算，结果表明房地产税规模很小，不能弥补营业税的空缺，而且要考虑我国居民的税负承受能力。从国际上来看，经济合作与发展组织（OECD）研究了55个国家，其中有10个国家的房地产税是其税收收入的主要来源，四分之一国家的房地产税税收收入占地方税的比重高于85%，一半的国家高于45%。

有人认为，征收房地产税是为了调节房地产市场。征收房地产税能否起到调控房地产市场的作用，还要看最终的税制设计和实践结果。因为影响房价的因素有很多，比如市场供求、宏观政策、周边环境、购房心理等，税收只是影响因素之一，不同时期、不同地区，各个因素的影响力大小不同。因此，通过房地产税来调控房地产市场还是存在不确定性的。

有人认为，征收房地产税是为了调节收入分配。需要注意的是，房地产税是对人们财产的存量课税，而缴纳的税款主要来自人们的收入流量，当上述存量和流量不匹配时，利用房地产税调节收入分配就不可能做到十分精准，很有可能造成遗漏或误伤。只有当家庭财产结构相同时，征收房地产税才会起到调节收入分配、缩小收入差距的作用。所以，国外很少将房地产税作为收入分配的调节工具。

（三）房地产税要如何征收

关于房地产税如何征收的问题，目前并没有定论。

有的学者建议，设置免征面积，对超过免征面积的房屋征收房地产税。比如，设置人均40~60平方米的免征面积标准，税率设置在0.5%~1.5%，且持有的房产越多，房产税税率将会越高。这样一来，既可以保证刚需购房者的利益不受损害，又能够更加精准地遏制炒房行为。对于炒房客而言，随着房产数量的增加，房产税税率也将随之增加。

也有学者建议，对第一套房产进行免征，对第二套及以上房产征收房产税。

还有学者建议，对所有的城镇住房开征房产税，但是每年可以对第一套刚需住房进行退税处理。

其实，房产的类型有很多，农村的房产要不要纳入到征税范围中？公租房、廉租房、小产权房，这些不同的房产如何通过税制的设计区别对待？当然，我们老百姓更关心的是如何设计税制才能更加公平，实现税收取之于民用之于民。

如果以上两个问题能够得到很好的处理和协调，那么房地产税立法就指日可待了。

十一、减税降费惠民生

（一）减税降费的提出

为深入贯彻落实党中央、国务院关于优化营商环境和简政减税降负的系列部署，充分发挥税收职能作用，更好服务经济社会发展，2018年国家税务总局发布了《关于进一步落实好简政减税降负措施更好服务经济社会发展有关工作的通知》（以下简称《通知》）。

《通知》深刻认识简政减税降负的重要意义，2018年以来，我国经济保持了总体平稳、稳中向好的态势。同时，经济运行稳中有变，面临一些新问题、新挑战。在当前国内外经济形势错综复杂的情况下，加大简政减税降负力度，有利于稳就业、稳金融、稳外贸、稳外资、稳投资、稳预期，为我国经济长期向好发展提供持续有力的支持。《通知》要求各级税务机关要认真落实国家已出台的减税措施，扎实落实个人所得税改革措施，有序推进社会保险费和非税收入征管职责划转准备工作，持续深化税收领域“放管服”改革。

（二）减税降费的举措

1.深化增值税改革

深化增值税改革是减税降费的“重头戏”，主要措施包括降低增值税税率；允许纳税人购进国内旅客运输服务的进项税额从销项税额中抵扣；允许生产、生活性服务业纳税人按照当期可抵扣进项税额加计10%，抵减应纳税额；对符合条件的纳税人退还增量留抵税额。

深化增值税改革所释放出的减税红利，有效降低了企业经营成本，激发了市场活力，对冲了经济下行压力。增值税减税显著提振了企业的经营信心，具体表现在增值税减税大幅提高了重点税源企业的购销合同签订金额、用电量。此外，增值税起征点的提高还显著改善了营收在3万~10万元企业的经营状况。

根据上海财经大学公共政策与治理研究院发布的《中国增值税减税政策效应季度分析报告》，2019年增值税改革不仅在二季度对经济起到了拉动作用，并且将在未来三年左右的时间内持续带动我国经济增长。具体表现在：

在宏观经济方面，增值税改革对我国主要宏观经济变量均具有明显的提振效果，可以累计带动GDP增长0.362%，若以2018年数据推算，相当于带动我国GDP增加3014亿元，其中，对2019年GDP增长的带动作用约为0.181%。累计带动就业增长0.028%，相当于增加21.74万个就业岗位。与此同时，减税还会通过带动利润、增加就业等方式来影响居民的收入水平与消费水平，2019年增值税改革会使我国居民消费增长1.413%。

在收入分配方面，由于增值税是间接税，易于转嫁，消费者承担了大量的增值税负担，减税时消费者的获益相应更大。同时，受边际消费递减规律影响，低收入群体消费支出占收入的比重大于高收入群体，因此减税的收益对低收入群体影响更大，会使我国基尼系数下降0.181%，改善居民之间的收入分配状况。

在产业结构方面，2019年增值税改革对工业的促进作用最大，减税后政府购买服务支出减少是服务业增长幅度较小的重要原因。

2.小微企业普惠性税收减免

小微企业是发展的生力军、就业的主渠道、创新的重要源泉。为了贯彻习近平总书记关于减税降费工作的重要指示精神，落实党中央、国务院关于支持小微企业发展的决策部署，财政部、税务总局发布《关于实施小微企业普惠性税收减免政策的通知》（财税〔2019〕13号，以下简称《通知》），进一步加大企业所得税优惠力度，放宽小型微利企业标准。

小微企业普惠性税收减免主要包括：

（1）对月销售额10万元以下（含本数）的增值税小规模纳税人，免征增值税。

（2）对小型微利企业年应纳税所得额不超过100万元的部分，减按25%计入应纳税所得额，按20%的税率缴纳企业所得税；对年应纳税所得额超过100万元但不超过300万元的部分，减按50%计入应纳税所得额，按20%的税率缴纳企业所得税。

（3）由省、自治区、直辖市人民政府根据本地区实际情况，以及宏观调控需要确定，对增值税小规模纳税人可以在50%的税额幅度内减征资源税、城市维护建设税、房产税、城镇土地使用税、印花税（不含证券交易印花税）、耕地占用税、教育费附加和地方教育附加。

（4）增值税小规模纳税人已依法享受资源税、城市维护建设税、房产税、城镇土地使用税、印花税、耕地占用税、教育费附加、地方教育附加其他优惠政策的，可叠加享受第三条规定的优惠政策。

（5）2019年1月1日至2021年12月31日期间发生的投资，投资满2年且符合《通知》规定和《财政部 税务局关于创业投资企业和天使投资个人有关税收试点政策的通知》（财税〔2018〕55号）规定的其他条件的，可以适用财税〔2018〕55号文件规定的税收政策。2019年1月1日前2年内发生的投资，自2019年1月1日起投资满2年且符合《通知》规定和财税〔2018〕55号文件规定的其他条件的，可以适用财税〔2018〕55号文件规定的税收政策。

2021年4月，国家税务总局发布《关于实施小微企业和个体工商户所得税优惠政策的公告》。公告第一条即表示："对小型微利企业年应纳税所得额不超过100万元的部分，在《财政部税务总局关于实施小微企业普惠性税收减免政策的通知》（财税〔2019〕13号）第二条规定的优惠政策基础上，再减半征收企业所得税。"

2022年3月，国家税务总局发布《财政部 税务总局关于进一步实施小微企业所得税优惠政策的公告》。公告第一条表示："对小型微利企业年应纳税所得额超过100万元但不超过300万元的部分，减按25%计入应纳税所得额，按20%的税率缴纳企业所得税。"也就是说，截至2022年12月31日，小微企业年应纳税所得额不超过100万元的部分，所得税税率仅2.5%；超过100万元却不足300万元的部分，所得税税率也仅5%。

2022年3月，国家税务总局发布《关于对增值税小规模纳税人免征增值税的公告》及其解读。公告称："自2022年4月1日至2022年12月31日，增值税小规模纳税人适用3%征收率的应税销售收入，免征增值税；适用3%预征率的预缴增值税项目，暂停预缴增值税。"

3. 个人所得税改革

根据2018年8月31日第十三届全国人民代表大会常务委员会第五次会议审议通过的《关于修改〈中华人民共和国个人所得税法〉的决定》，我国从2019年起开始实行新的《个人所得税法》。

新的《个人所得税法》的主要变化体现在以下几个方面：

第一，采取了综合与分类相结合的征收模式，将工资薪金、劳务报酬、稿酬和特许权使用费所得纳入综合所得按年计征，并搭配了调整级距的七级超额累进税率，更能反映纳税人的纳税能力，税收负担更加公平。

第二，提高了个人所得税基本费用扣除标准，即免征额。将原来每月3500元的标准提高至每月5000元（每年6万元），并增加了子女教育、继续教育、大病医疗、住房贷款利息、住房租金、赡养老人六项专项附加扣除[①]，从税前扣除的角度保障了纳税人的基本生活开支，也为纳税人在教育、医疗、住房、赡养老人等方面保驾护航，切实减轻纳税人的生活负担。

第三，综合所得采取预扣预缴和汇算清缴相结合的征收制度。居民个人取得综合所得，按年计算个人所得税；有扣缴义务人的，由扣缴义务人按月或者按次预扣预缴税款；需要办理汇算清缴的，应当在取得所得的次年3月1日至6月30日内办理汇算清缴。2022年度，为了进一步释放减税降费红利，对于纳税人在2021年度已依法预缴个人所得税，年度汇算需补税但综合所得收入全年不超过12万元的，纳税人在2021年度已依法预缴个人所得税且年度汇算需补税金额不超过400元的，无须办理年度汇算。

第四，增加了反避税条款。当纳税人有下列情况时，税务机关有权按照合理方法进行纳税调整：①个人与其关联方之间的业务往来不符合独立交易原则而减少本人或者其关联方应纳税额，且无正当理由；②居民个人控制的，或者居民个人和居民企业共同控制的设立在实际税负明显偏低的国家（地区）的企业，无合理经营需要，对应当归属于居民个人的利润不作分配或者减少分配；③个人实施其他不具有合理商业目的的安排而获取不当税收利益。反避税条款进一步维护了税权，保障了我国税收收入的持续稳定增长，也为我国参与国际税收协调拓宽了道路。

4. 降低社会保险费率

为减轻企业负担、优化营商环境、完善社会保险制度，国务院办公厅印发《降低社会保险费率综合方案》（以下简称《方案》）。2015年以来，我国先后5次降低或阶段性降低社保费率，涉及企业职工基本养老保险、失业保险、工伤保险和生育保

---

① 2022年3月，国务院决定设立3岁以下婴幼儿照护个人所得税专项附加扣除，目前是7项专项附加扣除。

险。《方案》统筹考虑降低社会保险费率、完善社会保险制度、稳步推进社会保险费征收体制改革，综合施策，确保企业社会保险缴费实际负担有实质性下降，确保各项社会保险待遇按时足额支付。

《方案》共分八个部分，一是降低城镇职工基本养老保险单位缴费比例，高于16%的省份，可降至16%。二是继续阶段性降低失业保险和工伤保险费率，现行的阶段性降费率政策到期后再延长一年至2020年4月30日。三是调整社保缴费基数政策，将城镇非私营单位和城镇私营单位就业人员平均工资加权计算的全口径城镇单位就业人员平均工资作为核定职工缴费基数上下限的指标，个体工商户和灵活就业人员可在一定范围内自愿选择适当的缴费基数。四是加快推进养老保险省级统筹，逐步统一养老保险政策，2020年底前实现基金省级统收统支。五是提高养老保险基金中央调剂比例，2019年调剂比例提高至3.5%。六是稳步推进社保费征收体制改革，企业职工各险种原则上暂按现行征收体制继续征收，“成熟一省、移交一省”。在征收体制改革过程中，不得自行对企业历史欠费进行集中清缴，不得采取任何增加小微企业实际缴费负担的做法。七是建立工作协调机制，在国务院层面和县级以上各级政府建立由政府有关负责同志牵头，相关部门参加的工作协调机制。八是认真做好组织落实工作。

（三）减税降费持续发力

自“十三五”以来，我国累计减税降费规模超8.6万亿元，千万企业和数亿群众享受到了政策红利，市场主体活力持续激发。中央经济工作会议明确提出，宏观政策要稳健有效，政策发力适当靠前，积极的财政政策要提升效能，更加注重精准、可持续。

2022年的《政府工作报告》明确提出，2022年要保持宏观政策连续性，增强有效性。积极的财政政策要提升效能，更加注重精准、可持续。稳健的货币政策要灵活适度，保持流动性合理充裕。

减税降费是近几年稳企业、保就业的一个重要举措，也是支持市场主体纾困和发展的重要举措。习近平总书记高度重视减税降费工作，明确要求减税降费政策要落地生根，让企业轻装上阵。2022年的减税降费举措也呈现出了典型的特征：第一，2022年退税减税的规模为历史之最，达2.5万亿元。第二，支持方向聚焦制造业、小微企业，制造业等6个行业的退税减税规模达1万亿元，中小微企业和个体工商户受益受惠也达1万亿元，精准发力。第三，主要措施是增值税的留抵退税。第四，积极帮助地方缓解减收压力。中央财政大幅增加对地方的转移支付，保障减税降费政策落地生效。

拓展阅读

2022年两会中的减税降费信号

2022年3月5日上午9点，第十三届全国人民代表大会第五次会议在人民大会堂举行开幕会，时任国务院总理李克强作政府工作报告。报告中介绍，2022年着力稳定宏观经济大盘，保持经济运行在合理区间。实施新的组合式税费支持政策。坚持阶段性措施和制度性安排相结合，减税与退税并举。一方面，延续实施扶持制造业、小微企业和个体工商户的减税降费政策，并提高减免幅度、扩大适用范围。对小规模纳税人阶段性免征增值税。对小微企业年应纳税所得额100万~300万元部分，再减半征收企业所得税。各地也要结合实际，依法出台税费减免等有力措施，使减税降费力度只增不减，以稳定市场预期。另一方面，综合考虑为企业提供现金流支持、促进消费投资、大力改进增值税留抵退税制度，2022年对留抵税额实行大规模退税。优先安排小微企业，对小微企业的存量留抵税额于6月底前一次性全部退还，增量留抵税额足额退还。重点支持制造业，全面解决制造业、科研和技术服务、生态环保、电力燃气、交通运输等行业留抵退税问题。增值税留抵退税力度显著加大，以有力提振市场信心。预计全年退税减税约2.5万亿元，其中留抵退税约1.5万亿元，退税资金全部直达企业。中央财政将加大对地方财力支持，补助资金直达市县，地方政府及有关部门要建立健全工作机制，加强资金调度，确保退税减税这项关键性举措落实到位，为企业雪中送炭，助企业焕发生机。

加大企业创新激励力度。强化企业创新主体地位，持续推进关键核心技术攻关，深化产学研用结合。加强知识产权保护和运用。促进创业投资发展，创新科技金融产品和服务，提升科技中介服务专业化水平。加大研发费用加计扣除政策实施力度，将科技型中小企业加计扣除比例从75%提高到100%，对企业投入基础研究实行税收优惠，完善设备器具加速折旧、高新技术企业所得税优惠等政策，这相当于国家对企业创新给予大规模资金支持。要落实好各类创新激励政策，以促进企业加大研发投入，培育壮大新动能。

加强社会保障和服务。稳步实施企业职工基本养老保险全国统筹，适当提高退休人员基本养老金和城乡居民基础养老金标准，确保按时足额发放。继续规范发展第三支柱养老保险。加快推进工伤和失业保险省级统筹。做好军人军属、退役军人和其他优抚对象优待抚恤工作。积极应对人口老龄化，优化城乡养老服务供给，支持社会力量提供日间照料、助餐助洁、康复护理等服务，鼓励发展农村互助式养老服务，推动老龄事业和产业高质量发展。完善三孩生育政策配套措施，将3岁以下婴幼儿照护费用纳入个人所得税专项附加扣除，发展普惠托育服务，减轻家庭养育负担。强化未成年人保护。提升残疾预防和康复服务水平。加强民生兜底保障和遇困群众救助，努力做到应保尽保、应助尽助。

课外实践

请通过调研、访谈等方式深入企业考察减税降费的落地情况和成效。

十二、透过明星、网红查税风波认识税收筹划

近年来，越来越多明星、网络红人偷税的案例被披露，说明文娱领域存在着大量的税收风险。很多明星、网络红人都聘请了专业的财务管理团队对自己的收入开展所谓的税收安排，但是依然被查出存在偷税行为。那么在税收管理过程中如何定义偷税？如何辨析偷税、避税和节税？与之紧密关联的税收筹划又是什么？从明星、网络红人的查税风波中我们能学到些什么呢？

（一）节税、避税和偷税

节税、避税和偷税的目的都是规避或减少税款支出，要把它们从内涵到外延进行严格区分，具有一定的难度，但为了消除对税收筹划的种种偏见，保证税收筹划的健康发展，同时也为了明确征纳双方各自的权利和义务，应该在理论和实践上对三者加以区分。

节税是指纳税人在不违背税法立法精神的前提下，当存在着多种纳税方案的选择时，纳税人通过充分利用税法中固有的起征点、减免税等一系列优惠政策，以税收负担最低的方式来处理财务、经营和交易事项。

偷税一般是指用非法手段逃避税收负担。我国现行《税收征收管理法》规定：“纳税人采取伪造、变造、隐匿、擅自销毁账簿、记账凭证，在账簿上多列支出或不列、少列收入，或者进行虚假的纳税申报的手段，不缴或少缴应纳税款的，是偷税。”

若将偷税和节税比较的话，二者的区别是明显的。偷税是对已确立的纳税义务隐瞒作假；节税则是在纳税义务确定之前所作的投资、经营、理财等的筹划安排。前者是违反法律的行为，后者是受法律保护的行为。

避税是指纳税人通过钻税法上的漏洞，以合法方式规避、降低或递延纳税义务的行为。

避税和节税也是有区别的：

其一，避税虽然合法，但其与税法的立法意图不符；节税不但合法，而且符合

税法的立法意图。

其二，避税是针对纳税人已经发生或将来发生的“模糊行为”，按现行税法难以作出是否为应税经济行为，对其进行一系列人为安排，使之被确认为非应税行为；节税是避免应税行为的发生或以轻税行为代替重税行为。

其三，国家对节税采取鼓励态度；对避税则因在法律上找不到足够的依据予以制裁，只能在道义上进行谴责。

实际上，避税对纳税人也有诸多弊端：

第一，避税虽然给纳税人带来了眼前的利益，但也损坏了纳税人在公众心目中的形象，降低了纳税人的社会声誉，对纳税人的长期发展十分不利。

第二，随着税法的逐步完善、税收征管的加强以及政府间税收合作关系的日益密切，避税行为的作用范围会越来越小，一旦反避税措施出台，有避税行为的纳税人将受到重大打击。

（二）税收筹划

税收筹划是指纳税人在符合国家法律及税收法规的前提下，按照税收政策法规的导向，事前选择税收利益最大化的纳税方案处理自己的生产经营和投资理财活动的一种企业筹划行为。这个概念说明了税收筹划的前提条件是必须符合国家法律及税收法规；筹划的方向应当符合税收政策法规的导向；筹划的发生必须是在生产经营和投资理财活动之前；筹划的目标是使纳税人的税收利益最大化。所谓“税收利益最大化”，包括税负最轻、税后利润最大化、企业价值最大化等内涵，而不仅是指税负最轻。

通过对上述税收筹划定义的分析，可得出税收筹划具有以下几个基本特征：

（1）合法性。税法是处理征纳关系的共同准绳，作为纳税人要依法缴税。税收筹划是在完全符合税法、不违反税法的前提下进行的，是在纳税义务没有确定、存在多种纳税方法可供选择时，纳税人作出缴纳低税的决策。合法性是税收筹划最本质的特性，也是税收筹划区别于一切税收欺诈行为的根本。

（2）事先筹划性。该特征是指税收筹划对纳税人经营、投资、筹资活动的事先规划、设计、安排。纳税行为相对经济行为而言具有滞后性。企业交易行为发生后，才缴纳有关的流转税，收益实现后才缴纳所得税。这在客观上为纳税人提供了纳税前作出事先筹划或安排的机会。也就是说，税收筹划是在纳税义务发生前进行的，具有超前性。另外，纳税人和征税对象的性质不同，税收待遇往往也不同，纳税人可以针对税法及税收制度的有关规定，结合自身的实际情况作出投资、经营和财务决策。

（3）目的性。税收筹划的目的就是合理合法地减少税收成本，取得税收收益。

税收筹划着眼于纳税人长期利益的稳定增长，不能局限于某个具体税种的利益得失。因为企业在日常经营过程中，税收成本只是其中的一个因素。在进行投资、经营决策时，除了要考虑税收因素外，还必须考虑其他多方面的因素，权衡轻重，趋利避害，以达到纳税人总体利益最大化的目的。

（三）税收筹划的方法

1.利用免税政策

利用税法规定的免税条件，尽量争取免税额最大、免税期最长。从免税方式而言，免税有法定免税、特定免税和临时免税三种，其中后两种免税方式带有不公平性和随意性。

2.利用减税政策

减税就是国家对纳税人应缴税款的减征，它是国家对某些纳税人或纳税人的某些纳税对象进行的鼓励或照顾、扶持。减税筹划技术就是尽量争取获得减税待遇并使其减税额最大、减税期最长。比如A、B、C三个国家，公司所得税的普通税率基本相同，其他条件基本相似或利弊基本相抵。某企业生产的商品90%以上出口到世界各国，A国对该企业所得按普通税率征税；B国对此类企业减征30%的所得税，减税期为5年；C国对此类企业减征40%的所得税，且没有减税期的规定。该企业可考虑将公司或其子公司办到C国去，从而在合法的情况下，使其减税最大化。

3.利用税率差异

税率差异筹划技术就是在不违反税法的前提下，尽量利用税率的差异，使减少的应纳税款最大化。在开放的经济环境下，一个企业完全可以利用税率的差异使节减的税款最大化。比如A国的公司所得税税率为20%，B国为25%，C国为30%，在其他条件基本相似或利弊基本相抵的条件下，投资者到A国开办公司就可使其减税最大化。

4.分割技术

分割技术就是使应税所得（所得税）和应税财产（财产税）在两个或多个纳税人之间进行分割，从而使少纳的税款最大化。所得税和财产税的适用税率如果是累进税率，则计税基础越大，适用的边际税率也越高。应税所得、应税财产在两个或多个纳税人之间进行分割，可以使计税基础缩小，从而降低最高边际适用税率，节减税款。比如一国应税所得额20万元以下的适用税率是8%，20万~45万元的适用税率是15%，该国允许夫妇分别或合并申报，一对某年各有应税所得15万元的夫妇就可以分别申报纳税，采用分割技术合理规避税收。

5.利用扣除政策

税前扣除额、宽免额和亏损等冲抵额越大，计税基础就越小，应纳税额也越少，所节减的税款就越大。比如国家允许公司按两种方法扣除国内业务招待费：一是按公司销售收入的一定百分比计算扣除；二是按有限额规定的实际发生额扣除。公司可以选择可扣除招待费较多的方法计税。

6.利用税收抵免

抵免税技术就是使税收抵免额尽量最大化、重复纳税额最小化。各个国家往往规定了多种税收抵免，比如国外所得已纳税抵免等鼓励性抵免。税收抵免额越大，应纳税额就越小，所节减的税款就越大。抵免技术涉及的税收抵免，主要是利用国家为贯彻其政策而制定的税收优惠性或奖励性税收抵免。很多国家包括我国，都规定了税收优惠性抵免，包括投资抵免等。

7.利用延期纳税政策

该方法是尽量采用延期缴纳税款的节税技术，是纳税人根据税法的有关规定将应纳税款推迟一定期限缴纳。递延纳税虽不能减少应纳税额，但纳税期限的推迟可以使纳税人无偿使用这笔款项而不需支付利息，对纳税人来说等于降低了税收负担。纳税期的递延有利于资金的周转，节省了利息支出，还可使纳税人享受通货膨胀带来的好处，因为延期后缴纳的税款由于通货膨胀、币值下降，实际降低了所付税额。如果国家允许公司的外国投资所得只要留在国外不汇回，就可以暂不纳税，那么把国外投资所得留在国外，就会有更多的资金可供利用，将来可取得更多的收益。

8.退税技术

退税技术就是尽量争取获得退税待遇并使退税额最大化的节税技术。许多国家的税法都规定了投资退税、出口退税（实行退税率，而不是征多少退多少）、先征后退（即征即退，超过部分相当于财政部门给补贴）等退税政策。在纳税人已缴纳税款的情况下，退税无疑降低了其税负。例如，A国规定企业用税后所得进行再投资可退还已缴公司所得税款的40%，公司在其他条件基本相似或利弊基本相抵的条件下，用税后所得而不是用借入资金进行再投资，无疑可以节减税款。

（四）税收筹划的步骤

税收筹划有简有繁、有大有小，不一定每一项税收筹划都有完整的程序和步骤。一般情况下，其程序和步骤大体如下：

（1）熟知税法，归纳相关规定；

（2）确立筹划目标，建立备选方案；

（3）建立数学模型，进行测算；

（4）根据税后净回报，排列选择方案；

（5）选择最佳方案；

（6）付诸实施，信息反馈。

拓展阅读

个人工资薪金和劳务报酬所得与个人独资企业的经营所得

网络主播的所得按照个人所得税法的规定，应该按照工资薪金或者劳务报酬计入综合所得，按照3%~45%的超额累进税率计征个税。

面对高额的税收，网络主播主要通过设立多个个人独资企业来逃避缴纳税款。根据我国《个人所得税法》，个人独资企业按照经营所得适用3%~35%的税率来缴纳个人所得税，从税率水平上来看，最高的边际税率要比综合所得低10个百分点。从计税依据方面来说，个人独资企业要根据实际经营情况，用收入减去成本、费用和以前年度亏损之后，以此余额来计算个人所得税。但是网络主播注册成立的个人独资企业往往都是不建账的，或者建了账但是账目混乱，无法准确核算收入、成本和费用，因此税务机关往往对其采取核定征收的方式来计征个税。这里核定的是纳税人的税基，一般网络带货直播按照10%~30%的比例核定应纳税所得额，然后再乘以适用税率。

总的来说，按照综合所得计征个税，税前扣除仅有6万元加上"三险一金"、专项附加扣除，适用最高边际税率为45%；而按照个人独资企业计税，税前扣除为收入的70%~90%，最高边际税率为35%，税负水平还是相差非常大的。

其实，在现实中，许多高收入纳税人采取设立个人独资企业的方式来降低个人综合所得的税负，如果程序合法，在理论上是一个非常好的税收筹划途径，但是网络主播通过设立多个个人独资企业滥用税收法律，这样的操作存在着大量的税收风险。每位纳税人都要依法纳税，履行个人应尽的纳税义务。

拓展阅读

为贯彻落实中国共产党中央委员会宣传部《关于开展文娱领域综合治理工作的通知》（以下简称《通知》）有关要求，依法依规深化文娱领域税收秩序规范工作，促进行业长期健康发展，国家税务总局办公厅2021年9月发出通知，要求进一步加强文娱领域从业人员税收管理。

《通知》提出，进一步加强文娱领域从业人员日常税收管理，对明星艺人、网络主播成立的个人工作室和企业，要辅导其依法依规建账建制，并采用查账征收方式申报纳税。要定期开展税收风险分析，结合个人所得税汇算清缴办理情况，对存在涉税风险的明星艺人、网络主播进行一对一风险提示和督促整改，对2021年底前能够主动报告并及时纠正涉税问题的，可以依法从轻、减轻或者免予处罚；对税务机关调查核实和督促整改工作拒不配合的，要依法责令，并提请行业主管部门和行业协会协助督促纠正；情节严重的，要严肃依法查处。要定期开展对明星艺人、网络主播的“双随机、一公开”税收检查，以事实为依据、以法律为准绳，依法依规加大对文娱领域偷逃税典型案件查处震慑和曝光力度。要加强对基层税务机关日常征管情况的监督检查，对利用职权徇私舞弊的税务人员，依法依规严肃处理。

第8章 数字财税看发展：财税改革

学习目标

认识数字经济的基本特征，了解数字财税的发展现状；能够阐述数字经济的发展给财税领域带来的机遇和挑战，说明数字技术在现阶段财税管理各流程中的运用，分析数字财税的发展趋势；构建数字思维，培养家国情怀，树立大局意识，增强职业素养。

随着信息技术的发展，数字经济在全球范围内有着越来越重要的地位。新冠疫情的出现，给全球实体经济带来了巨大的冲击，在此情况下，数字经济逐渐成为我国经济恢复与发展的中坚力量。那么数字经济到底是什么？数字经济的发展为财政税收领域带来哪些机遇和挑战？数字技术的实践如何体现在财税工作中？让我们带着这些问题开启本章的学习。

一、了解数字经济

数字经济已成为我国社会经济增长的新动能，它将促进产业融合，为我国经济实现高质量的转型保驾护航。根据《中国数字经济发展白皮书2021》显示，2020年我国数字经济保持蓬勃发展态势，规模达到39.2万亿元，较2019年增加3.3万亿元，占GDP比重为38.6%，同比增加2.4个百分点。2020年，在新冠疫情冲击和全球经济下行叠加影响下，数字经济保持9.7%的高位增长，是同期GDP名义增速的3.2倍，成为稳定经济的关键动力。数字化产业化规模达7.5万亿元，占数字经济比重的19.1%；产业数字化规模达31.7万亿元，占数字经济比重的80.9%，产业数字化成为经济发展的强大引擎。数字渗透水平高，我国农业、工业和服务业数字经济渗透率分别为8.9%、21.0%和40.7%，约为1∶2∶4。2020年，广东、江苏、山东等13个省市数字经济规模超过1万亿元；北京、上海数字经济GDP占比超过50%；贵州、重庆、福建数字经济增长领跑全国。

（一）数字经济的概念

早在数字经济概念出现之前，信息经济曾是最为业界普遍接受的概念。马克卢普作为最早提出“信息经济”这一概念的学者，他认为教育、通信媒介、科学研究与开发、信息设施和活动都应被包含在信息经济里。之后，相继出现了信息高速公路和数字地球的定义。互联网于20世纪末开始普及之后，由于各国信息高速公路计划的相继实施，全球信息化也被持续地推进。1993年9月，美国政府提出建设“信息高速公路”的计划，以此实现大量信息共享。1998年，“数字地球”这一概念由担任美国副总统一职的艾伯特·戈尔提出。

唐·塔普斯科特是最先提出“数字经济”这一名词的人。尼古拉斯·尼戈洛庞帝作为麻省理工学院的教授，早在1995年便一针见血地指出了数字经济的本质，即“利用比特而非原子”。

近些年，如何发展好数字经济已成各国共同探讨、合作的话题。数字经济作为创新发展的重要议题，在2016年的G20杭州峰会上首次由中国提出。此次峰会通过的《数字经济发展与合作倡议》便成为了当时国际社会定义数字经济概念和内涵的标志性文件。OECD认为，数字经济是随着信息和通信技术的转型而产生的，在现代信息与通信技术环境下，数据在经济活动中更具价值与影响力。2016年G20峰会将数字经济定义为：以使用数字化的知识和信息作为关键生产要素、以现代信息网络作为重要载体、以信息通信技术的有效使用作为效率提升和经济结构优化的重要推动力的一系列经济活动。

综上所述，数字经济是一种在数字科技发展背景下产生的，与传统经济不同的经济形态。数字经济的基础是网络平台，数字经济的发展动力是数字技术，数字经济的核心要素是数据信息。数字经济有助于提高资源配置的效率和信息化生产力，是一种新兴经济模式。随着技术应用的发展，数字经济在税收方面有诸多体现，如区块链发票；通过大数据比对分析，推送纳税人的风险点等。

（二）数字经济的特征

从涉税角度分析，数字经济的主要特点如下：

1.无形资产的流动性

投资和开发无形资产对数字经济型公司来说是重中之重，因为其为公司创造了极大的价值并促进了经济的增长。例如，数字公司往往严重依赖软件，并花费大量资源在其研究和开发上，以升级现有软件或开发新的软件产品。无形资产的重要性也随着企业的发展随之增加，从而导致价值进一步集中在这些资产上。这些无形资产的权利往往可以很容易地在关联企业之间转让，资产的法律所有权可能与这些资产开发活动分离。

2.用户和客户的移动性

信息和通信技术的进步以及数字经济的特征增强，意味着用户越来越能够在跨越国界中进行远程商业活动。许多消费者能够使用虚拟个人网络或代理服务器，无论是有意或无意，都可能掩盖最终的销售地点。伴随消费者流动性的日益增强，为税收治理带来巨大挑战。同时，互联网上的许多互动都是匿名的，如此一来又增加了确认用户身份和其所处位置的难度。

3.业务功能的移动性

电子产品的换代升级大大降低了远程组织和协调复杂活动的成本。因此，企业越来越能够从一个中心地点综合管理其全球业务，这个中心地点可能与开展业务的地点和供应商或客户所在地点相距甚远。近年来，世界各国在提供信息和通信技术服务方面发生了若干重大变化。印度已迅速成为信息和通信技术服务的主要出口国，其次是爱尔兰、美国、德国和英国，我国也成为了主要的出口国之一。

4.依赖数据和用户参与

企业收集客户、运营商和供应商的数据，在数字经济背景下是一种很平常的现象。例如，用户使用某一产品或服务，可能会为企业提供有价值的用户数据，从而作为改进现有产品和服务或向另一组客户提供产品和服务的投入。因此，对于数字经济的一些行业来说，这些收集而来的数据愈发重要。

思考与讨论

数字经济给你的生活带来了哪些改变？

二、数字经济背景下税收面临的机遇

（一）数字产品等带来新税源

互联网经济的发展，催生了许多新的数字商品及交易，也增添了新的税源。新税源主要包括数字商品和线上服务。数字商品如游戏内的虚拟商品、购买的数字歌曲专辑、电子版绘画作品、打赏网络直播的礼物等。线上服务主要包括数字产品的使用权、信息获取服务等，如购买线上课程、购买线上推广服务、购买网站会员以获取更多使用权等。以上新兴数字产品都属于商品，在营业税改增值税全面实施后，不论是有形的还是无形的电子商务经济活动，都应当缴纳增值税。这些都是在互联网技术背景下产生的新生税源。

（二）移动支付扩展税源管理领域

当前，移动支付已深入我国人民生活的方方面面，“出门只需带上手机”逐渐成为一种普遍现象。这种支付方式既方便了人们的生活，也促进了我国经济的发展，带来了GDP、税收等的增长。移动支付促使电子商务与社交应用、数字媒体等相互融合，对税源管理产生了一定的影响。过去的税源管理方向更注重实物交易和通过现金或银行转账进行的交易，但微信、支付宝等移动支付手段在逐渐替代现金、银行转账等传统的支付方式。这类新兴支付方式下的交易，成为税源管理的新领域，未来无论在立法上还是执行上都需要拓展和完善。

（三）数字技术推进税源管理信息化的发展

随着大数据、云计算、区块链等新技术的不断出现和成熟，数字技术的发展在促进数字经济发展的同时也为税源管理信息化提供了技术支持。2015年国家税务总局发布《“互联网+税务”行动计划》（税总发〔2015〕113号），并提出“推动互联网创新成果与税收工作深度融合，要着力打造全天候、全方位、全覆盖、全流程、全联通的智慧税务生态系统，促进纳税服务进一步便捷普惠、税收征管进一步提质增效、税收执法进一步规范透明、协作发展进一步开放包容；2020年形成线上线下融合、前台后台贯通、统一规范高效的电子税务局”的目标。从1983年我国税务机关正式引入电脑，使其在税收工作中起辅助作用，到1990—1994年国家税务总局积极拓宽计算机应用领域，将税源管理过程中的部分工作通过电脑来处理。1994年3月底国务院指示，国家税务总局正式启动金税工程一期建设工作，1998年启动了金税工程二期建设工作，提出了“以计算机为依托，集中征收、重点稽查”的征管模式。到2003年，金税二期系统已经做到全部管理一般纳税人使用的增值税专用发票。2003—2015年我国推进金税工程三期建设，利用计算机网络，整合信息资源，开展电子发票系统试点，推进精细化、科学化的税收管理，互联网已成为税源管理不可缺少的一部分。至此，数字技术的发展引领着我国税源管理的发展方向，税源管理信息化逐步向跨部门、跨系统网络互连和信息共享的新阶段发展。

（四）数字经济为贯彻税收风险管理保驾护航

将风险管理的理念纳入税收管理中，有助于提高税收征管效率。纳税评估是税收风险管理的重要手段，数字经济的发展为纳税评估的手段和效率赋能。纳税评估是在税收中期一种有效的监控管理方式，在现代税收征管中，对提高征管质量、优化新征管模式有着重大作用。纳税评估工作对提高税源监控能力，发挥税收管理员的职能，提高纳税服务等具有重要的意义。在当前数字经济背景下，纳税评估得到重要发展，拓宽了评估信息的来源和采集渠道，规范了评估程序，提高了评估人员的综合业务水平，使其更好地为深化税收征管服务。从这个角度来说，数字经济也为税源管理带来了机遇。

三、数字经济背景下税收面临的挑战

（一）税制要素方面

1. 由纳税主体不明确引起的挑战

纳税主体就是纳税义务人。在传统的交易方式中，交易双方的界定范围是十分明确的，也更容易识别纳税人，但在数字经济背景下，纳税人具有多样性和模糊性的特点，交易双方可以隐瞒自己的姓名和住所，从而便于交易的进行。同时，确认纳税人的困难程度也随着保密技术的应用和发展逐渐提升。如果一个经营者只通过拥有专属域名而不需要任何税务登记就可以参与网络交易活动，纳税人的确认工作将寸步难行。

个体买家与企业的不同之处在于，其在进行网上交易的时候通常是没有税务登记的。目前，国家税务总局已要求网上商户依法注册，并进行工商登记。但在现阶段，所有机构都不能对这些商户的注册登记行为采取强制措施，这给纳税人身份的判定工作增加了难度。

2. 由征税对象不清晰引起的挑战

课税对象是作为征税的依据而存在的。然而在数字经济背景下，产品的性质已经发生了一定程度的改变，数字经济通过搭上互联网这一“便车”，改变产品以往的实物形态，并将其转化为数字化的信息，完成产品的传递，因此就很难进行征税对象的界定工作。另外，我国税法对平台经济的相关征税对象也没有作出明确的规定，这为征税对象的标准界定也增加了极大的不确定性。

例如，滴滴出行属于一站式的出行平台，其涵盖了出租车、专车、快车、顺风车等业务。目前该平台上存在部分司机使用自己的车辆作为兼职专车司机的现象，这就很难定性该司机的收入属于个人所得税的哪一个具体项目。与此同时，共享平台提供的服务是属于交通服务还是现代服务的范畴，也没有明确界定，因此滴滴出行平台的税收对象仍存在着很大的不确定性。

3. 由纳税地点模糊引起的挑战

跨省支付使传统的税收征管模式，即按照管辖范围登记的举措难以实施。交易双方即使处于不同的地理位置，但由于电子商务交易依赖于互联网平台，交易活动都依托于服务器的支持，并且服务器的位置也是可以随意安置的，对税务机关的管理构成了挑战。

比如世界各地的应用程序开发者将完成的应用程序上传到应用程序商店，在那里任何国家的移动用户都可以进行下载并支付相应的费用。应用程序商店就等同于商场，而用户就是消费者。

（二）税收征管方面

1. 对获取涉税信息提出新要求

近年来，基于数字经济的快速发展和交易平台的日渐成熟，涉税经济参与者的数量越来越多。共享经济的兴起和迅猛发展，使生产者与消费者之间的角色转换更为便捷，自然人群体作为交易主体的比例也不断增加。

在涉税信息方面，纳税人更熟悉自己的交易信息，处于经济活动外的税务机关由于缺乏有效的管控媒介，无法及时、有效地获取与税务交易有关的信息，因而受到信息不对称的制约。目前，虽然税务机关从第三方企业获取税务信息的渠道和管理机制逐步成熟，但是税收交易主体，特别是除企业以外的自然人参与到税收经济活动中的数量越来越多，因而存在部分经济活动不能有效纳入税源监控和管理中的现象，必然导致税收的大量流失。

2. 税收征管信息化水平有待提高

首先，与税务相关的数据没有得到有效整合。在多年的努力下，我国税务信息化建设快速发展，虽然有大量的税务数据可供使用，但是由于数据的收集口径不一致、应用技术需要进一步完善等不足，我们并没有充分利用全部的税收信息，因此也就相应地增加了税收风险。其次，需要提高数据分析的技术水平。当前税收工作中的数据分析，多是对原始税收数据进行总体描述，并进行简单的分类计算。由于数据本身缺乏深层次的价值分析，其静态分析结果在决策、政策执行、风险预测等方面几乎没有什么实质性的参考价值。

3. 我国与国际社会的税收合作仍需加强

在当前形势下，国际反避税合作也越来越重要。虽然经过几十年的艰苦努力和不断试点，我国税务机关在国际反避税领域的管理工作取得了一定的成效，但与发达国家相比，我国与其他国家的税收交流与合作，在频率和深度上还存在一定的差距。

四、税收征管数字化

2021年3月，我国颁布的《关于进一步深化税收征管改革的意见》提出，要全面推进税收征管数字化转型。税收征管是指税务机关根据法律法规对税款进行组织、征收、管理、核查等一系列工作的总称。我国税收征管大致经历了三个阶段，即从最初的手写票证、人力采集信息为主的手工化征管时代，到以计算机采集信息为标志的电子化阶段，再到正在进入的以税收大数据为驱动力的数字化阶段。税收征管数字化就是在数字经济背景下，依托数字技术，改变征收管理模式，实现纳税遵从和管理效率的提高。税收征管数字化至少涵盖两个层面的内容：一是技术层面，通过数字技术实现涉税信息的快速高效处理，完成数据的智能归集和自动分析；二是应用层面，基于技术层面引发税收执法、纳税服务和税收监管等方面的系统性变革。

从税收征管角度来看，在数字经济时代，生产、交易、物流、收付信息的电子化以及数据处理分析能力的提高，使税务部门有可能获得全流程的涉税交易数据，并通过支付的电子化实现税款的自动扣缴。数字经济时代消费者和生产者的边界日益模糊，经济活动呈现分散化、平台化、国际化的特征，生产要素的流动范围和流动效率空前扩增，自然人纳税人在经济活动中的作用和地位不断提高。在上述趋势下，以企业为经济活动主体，以典型的制造、批发、零售为价值链建立的企业所得税和增值税体系将受到冲击。未来税制很有可能将税收征管主体聚焦为自然人纳税人，以立法形式完善税务登记、自然人信用管理、信息安全和共享等具体规定，进一步完善自然人纳税申报机制，构建与自然人税源管理相匹配的征管岗责体系，推动自然人税收监管与风险管理制度构建，并根据收入和支付信息的电子化进一步升级优化个人所得税制度，全面构建现代化自然人纳税人税源管理体系。

五、税收大数据的应用

2021年3月，中共中央办公厅、国务院办公厅印发《关于进一步深化税收征管改革的意见》并强调，应充分运用大数据等现代信息技术，加快推进智慧税务建设，深化税收大数据共享应用，依法运用大数据精准推送优惠政策信息。那么税收大数据到底是什么？在实践中如何利用税收大数据进行税收管理？税收大数据有什么局限性呢？

（一）什么是税收大数据

税收大数据是指在税收征管过程中形成的一类大数据集，包含结构化数据和非结构化数据。税收大数据能充分发挥大数据获取数据及时、储存容量庞大以及分析数据迅速等技术优势。相比于传统的税收统计数据和税收调查数据，我国税收大数据的特点表现在三个层面：第一，在数据特征层面，数据的获取技术具备更强的及时性，数据的获取手段更加多样化，数据的结构化程度大大下降；第二，在数据来源层面，国内税收大数据的来源以申报系统数据和其他征管系统数据为主，具备覆盖税种齐全、动态性强以及跨平台交互信息等特点；第三，在数据应用层面，将机器学习、云计算以及数据挖掘等技术综合应用于税收征管和经济分析等领域，是目前的主流趋势。

（二）税收大数据的应用

1.税收大数据与经济发展

应用税收大数据开展分析和研究，能够自下而上地反映经济发展水平。测度经济发展水平，可采用编制经济景气指数的方法。经济景气指数能够有效用于分析经济波动并预测经济发展趋势。比如以增值税发票数据为例，通过发票数据的进项情况和销项情况，能更好地反映微观企业的经营水平以及产业链条的通畅程度。

2.税收大数据与纳税遵从

促进纳税遵从的途径有很多，比如完善现行税制、加大稽查力度等。当前，税收征管改革的重点方向之一是从“以票管税”转向“以数治税”，以税收大数据精准评估逃税风险，进一步促进遵从行为。我国税务机关在长期的税源治理和税收征管过程中，为减少税收流失作出了突出的贡献。由于税务机关的稽查资源有限，以往税务机关主要以抽查的方式检查逃税行为，使部分纳税人存在逃税的侥幸心理。在大数据时代，税务机关基于税收大数据采用数据挖掘的方法，能够实现深度挖掘纳税人的涉税信息，评估潜在逃税风险，并对高逃税风险的纳税人进行重点监测，促进纳税遵从。

拓展阅读

根据大数据分析，甲公司年度所得税申报表纳税调减额过大，每年均在2亿元以上。经核实，该企业纳税调减主要为无形资产摊销，无形资产原值93亿元，使用期限40年，该企业每年纳税调减无形资产摊销2.3亿元。甲公司在会计处理上未记账，也未进行任何会计核算，仅在所得税年度汇算清缴时进行了纳税调减。经过大数据团队的数据比对分析、下户调查取证等流程，确认甲公司确实存在纳税风险，追缴税款1.56亿元。

“法拍房”的涉税处理往往存在巨大的税收风险，是偷逃税款的重灾区。国家税务总局××市税务局大数据团队通过第三数据提取了2019—2021年度司法拍卖房产交易信息，并通过筛选拍卖房产、被执行人在××市、拍卖金额在100万元以上等信息，筛选出178条重点税源数据，发现2021年度乙单位有一笔交易存疑，经过数据比对分析，发现这笔交易背后存在股权转让未缴税款，经过一系列调查取证，最终确认8070万元税款入库。

---

3. 税收大数据与纳税服务

纳税服务有很多种方式，比如开通服务热线开展纳税咨询辅导、在办税服务大厅协助纳税人申报纳税等。在大数据时代，应用税收大数据的纳税服务更有可能实现“精细服务”，进一步优化纳税服务的质量。基于税收大数据优化纳税服务，主要是通过为纳税人“画像”实现。为纳税人“画像”，具象化了纳税人的特征，从而促进了税务部门纳税服务水平的专业化和差异化。相比于以往通过在办税服务大厅发放问卷或上门走访等方式的纳税服务，税务机关应用“画像”技术的优势可以概括为：从需求侧发现问题，在供给侧解决问题。根据纳税人真实申报的数据，并针对纳税人的涉税信息和经营信息，精准且迅速地分析纳税人的纳税服务需求，从供给侧优化服务水平，促进办税缴费便民利民。

构建税收大数据平台将会是一项长期的工作，合理地开发和应用税收大数据，将在经济分析、税务管理以及纳税服务等领域发挥重要的作用。现阶段，尽管我国的税收大数据已经取得了一定的成果，大数据技术在税务领域的应用前景依旧十分广阔。但需要注意的是，只有将处理数据的硬件实力连同研究人员开拓研究维度的技术水平同步提高，才能确保税收大数据实现可持续发展，否则将很难跳出传统税收经济分析的研究范式。在开发税收大数据的过程中，税务部门应充分承担起保护纳税人隐私的职责，司法部门也应加强针对第三方平台的保密约束。只有在数据隐私安全得到充分保护的制度环境下开发和应用税收大数据，才能保证税收大数据的良性发展。

拓展阅读

2021年10月19日上午，江苏省政府召开“江苏省进一步深化税收征管改革实施方案”新闻发布会，江苏省税务局大数据和风险管理局局长卢李华就税务机关怎么去发现哪些纳税人存在风险，从而实施精准监管，向记者进行了详细的解答。

江苏税务部门主要采取三项措施，实现对有风险纳税人的精准监管。

首先，江苏税务部门拥有近两千亿条的税收大数据，对纳税人进行全面画像。这两千亿条税收大数据是江苏税务精准监管的基础，它主要来源于三个渠道：税务部门自己掌握的纳税人从设立到注销全生命周期的申报数据、缴款数据、发票数据、涉税违法违章信息等；税务部门与外部门共享交换的数据，如工商登记数据、股权转让数据、水电气数据等；税务部门从互联网上获取的公开数据，比如上市公司依法披露的信息、法院裁判文书等。

其次，江苏税务部门开发了1000多个税收风险指标模型，对纳税人进行全面体检。通俗地说，这些指标模型就像筛子一样，按照规则不停地对纳税人进行过滤筛选，把有风险和没有风险的纳税人区分开来。

最后，在区分的基础上，对没有风险的纳税人不打扰，对有风险的纳税人通过电子税务局向其发送风险提示提醒函，引导其自查自纠；纳税人在自查过程中有疑问的，税务机关及时进行辅导，帮助其排查风险、解决问题；对于极少数经过提示提醒仍然不愿意纠正的纳税人，江苏税务将采取进一步的检查措施。在检查中发现情节严重的，由税务稽查部门立案查处；涉及违法犯罪的，将移送司法机关依法严厉打击、公开曝光。

六、税收风险管理

税收大数据最多的应用场景便是税收风险管理，那么什么是税收风险管理？税收风险管理的具体内容又是什么呢？

（一）什么是税收风险管理

税收风险管理是税务机关运用风险管理理论和方法，在全面分析纳税人税法遵从状况的基础上，针对纳税人不同类型、不同等级的税收风险，合理配置税收管理资源，通过风险提醒、纳税评估、税务审计、反避税调查、税务稽查等风险应对手段，防控税收风险，提高纳税人的税法遵从度，提升税务机关管理水平的税收管理活动。税收风险管理旨在合理配置征管资源，防范税收风险，提高纳税遵从度。以大数据技术为代表的高新科技的不断发展，使原本不可能获取、存储、处理的海量数据得以高效处理，为涉税风险管理向系统分析阶段发展提供了必要的数据与技术支撑，构建事前预警、事中提示、事后处理的全方位税收风险管理体系得以成为可能。

建立以对纳税人的涉税风险偏好分析为基础的事前预警体系，可以对纳税人涉税风险行为进行事前预警，有效减少涉税风险发生的可能性，将涉税风险消灭在萌芽阶段；实施以对纳税人的涉税行为进行分析为依托的事中提醒体系，可以对纳税人的涉税风险行为进行事中预警，有效防范涉税风险，将涉税风险消灭在发生阶段；

完善以对纳税人的风险分析处置为手段的事后管理体系，可以对涉税风险行为进行事后预警，减少税款流失，将涉税风险造成的不良影响降到最低。

（二）大数据税收风险管理——“以数治税”

税收风险管理的发展方向，首先是实现“管事”向“管数”的思维转变。将大数据理念融入征管全链条，加强顶层设计和统筹规划，通过对纳税人涉税事项数据流的梳理、分析，挖掘出纳税人的特征规律，利用大数据技术分析预测纳税人的风险行为，并相应采取有效的应对措施，提升纳税人的税法遵从度。其次是实现数据管理由“低质”向“高质”的转变。通过大数据技术实现税收业务与数据信息的高度融合，从国家税务总局层面推进税收大数据标准体系建设，统一大数据采集标准，以数据集中和共享为途径，推进技术与业务的融合，提升征管质效，营造用数据管理、决策、创新的现代化税收管理理念。让大数据思维真正融入税收风险管理实践，进一步适应税收治理体系和治理能力现代化建设要求。

将税收风险管理贯穿于深化税收征管体制改革的各个阶段，重塑以纳税人和缴费人为中心的税收征管流程，通过大数据技术的应用，洞察纳税人和缴费人的需求，加强对税收征管事前、事中、事后的风险识别，形成全流程闭环管理。事前坚持服务先行，以外部数据为依托，加强对纳税人和缴费人的提醒，以优质精准的服务提高纳税遵从；事中以外部数据同纳税人和缴费人申报数据比对为基础，加强对纳税人和缴费人的预警管理，防范道德风险；事后坚持风险导向，加强对税收数据的分析比对，通过数据共享、信用共治，全面提升税收治理能力。

七、税收治理新格局：税收精诚共治

税收治理是国家治理效能的重要组成部分，是公共管理社会化大分工格局在税收征管上的体现。目前，社会综合治税或者说税收精诚共治已经成为各级党委政府、政府部门的共识，并在实践中广泛运用，成为破解税收征管难题的治本之策。

（一）我国税收共治格局的提出

党的十九届四中全会提出：“要坚持和完善共建共治共享的社会治理制度。”构建税收精诚共治新格局就是以纳税人和缴费人为中心，社会相关主体共同参与，从税务部门“单一式”治税向全社会“合作式”治税转变，是共建、共治、共享的社会治理制度在税收领域的具体体现，为税收精诚共治提供坚强的组织保障。

2015年12月，中共中央办公厅、国务院办公厅印发的《深化国税、地税征管体制改革方案》明确提出，建立健全党政领导、税务主责、部门合作、社会协同、公众参与的税收精诚共治格局。2021年3月，中共中央办公厅、国务院办公厅印发的《关于进一步深化税收征管改革的意见》明确提出，持续深化拓展税收精诚共治格局，将税收精诚共治细化为加强部门协作、加强社会协同、强化税收司法保障、强化国际税收合作；要求地方各级党委和政府在依法依规征税收费、落实减税降费、推进税收精诚共治、强化司法保障、深化信息共享、加强税法普及、强化经费保障等方面提供支持。以上文件的出台，为税收精诚共治做了"顶层设计"，提供了根本遵循，强化了组织保障，税务部门要积极主动统筹社会各方力量，形成协税护税、综合治税强大合力，构建税收精诚共治新格局。

（二）税收共治的主要内容

1.税收共治协作机制

逐级建立"党的领导和政府主导、税务主责、司法保障、部门合作、社会协同、公众参与、信息化支撑"为主要内容的"1+X"税收精诚共治机制，统筹协调税务部门与涉税各方力量，形成社会综合治理合力。

2.税收共治保障机制

政府成立税收治理工作领导小组，包括发改委、行政审批、财政、城建、税务、公安、法院、检察院、国土、房管、银行等职能部门组成，增加人社、民政、教育、卫生、医疗保障、金融监管、市场监管、规划与自然资源、工商联等部门，覆盖全部有涉税信息的单位和组织，为推动税收精诚共治工作提供保障。

3.税收共治制度基础

完善税警联合机制，公安机关对税务机关移送的涉税案件依法及时处理；人民法院对税务机关提起的税收代位权、撤销权、强制执行申请等案件依法受理并及时做出裁决，以保障税务机关依法行使职权；完善税邮协作合作机制，建立委托代征、代办税收制度，利用信息化手段，借助邮政部门"网点多、管理规范"的优势，开展委托邮政部门开具发票、代征税款业务和空白发票线上申领、线下配送业务，税邮合作提高办税效率。

4.完善涉税信息共享交换制度

明确各级政府，各个部门、单位和个人税收保障、综合治税义务和责任，推进税收数据跨层级、跨地域、跨系统、跨部门连通聚合、开放共享。建立税收大数据分析应用平台，充分利用大数据技术，深度挖掘外部政务涉税信息和税收数据潜在价值。

5.建立税收共治效能机制

完善税收共治考核奖惩制度和督查考核办法，并将其纳入政府绩效考核，督查督办履行职责情况，对提供重大涉税信息的单位给予奖励和经费补助，对协作不力或者没有按要求报送相关信息的单位，严肃追究单位或个人责任，甚至取消单位或个人评先选优资格，用机制和制度推动部门协作，促进税收共治工作制度化和常态化。

八、预算管理一体化

全国政府预算管理一体化是纵向的数字化转型，各部门预算管理一体化是横向的数字化转型。预算全过程管理的一体化包括预算编制、预算执行、决算和报告、采购、资产管理等，形成管理闭环。预算项目全生命周期一体化是以项目库为基础的跨年度预算管理，全国预算数据管理一体化是数据内部的开放共享。2019年财政部发布了《预算管理一体化规范（试行）》和《预算管理一体化系统技术标准V1.0》，这些规范和标准为地方数字财政建设提供了建设指南，加快了各级政府的数字财政建设进程。一些发达地区，比如广东省的数字财政建设已经取得阶段性进展。预算管理一体化为财政部门积累了大量的数据，无论是数据的广度、频度，都为后续的大数据开发提供了数据基础。

以数字经济大省广东省为例，截至2021年5月1日，广东省“数字政府”公共财政综合管理平台系统全省全面成功上线，取得了如下成效：在预算管理业务规范和技术标准方面，首次实现了全省一体化，缩小了各地的财政管理差距；在系统开发方面，首次实现了全省一个版本统一管控；在系统功能应用方面，首次实现了全省财政数据大集中、大监控和大应用，做到预算支出、预算级次、预算管理全流程核心业务、电子化支付四个全覆盖。为促进预算编制的科学精准、预算执行的规范高效、预算监督的精准到位提供了坚实保障，也为缩小珠三角和粤东、粤西、粤北地区的财政信息化水平差距，提升全省财政管理效能提供了有力支撑。

预算管理一体化的核心是预算管理信息化，预算管理信息化为财政预决算信息公开提供了技术支持，预算信息互联互通将提升预算监督工作绩效，中央、地方财政信息纵向互联互通将大幅增强财政政策执行力，部门间预算信息横向互联共享将促进公共利益最大化。我们仍以广东省为例，目前广东数字财政系统建设全面覆盖省、市、县区、镇（街）四级，系统功能全面覆盖项目库、预算编制、预算执行、会计核算等预算管理全流程核心业务，系统用户全面覆盖全省各级预算单位和预算部门，每一笔财政资金都可以在系统上全流程追踪，为全省4.4万个预算单位、14.1万个用户提供了安全平稳的财政管理信息化服务。

拓展阅读

江苏省省预算管理一体化系统上线

2022年1月5日，江苏省财政厅正式启动“江苏省预算管理一体化系统”，系统覆盖省、市、县、区各级财政部门，首次实现了财政管理信息系统的全省一体化和数据大集中。

1. 2022年部门预算，用新系统编制完成

自2019年10月，根据财政部统一部署，江苏省财政厅启动预算管理一体化系统建设。“江苏坚持探索‘制度+技术’的管理机制，实施项目全生命周期管理，推进预算和绩效管理一体化，确保财政业务流程、核心管理节点以及数据要素标准、规范、可控。”江苏省财政厅厅长张乐夫介绍：“我省建设的预算管理一体化系统连接省、市、县、区各级财政部门，全省135个财政区划全部接入，实现了层级全联通。系统打通项目库、预算编制、预算执行、政府采购、绩效管理、资产管理等预算管理环节，实现了业务全贯通。关联财政部门、预算单位、人民银行、代理银行、支付对象等，实现了主体全覆盖。”

据悉，在16个试点区划全面使用一体化系统开展预算管理的基础上，2021年全省财政区划全部使用一体化系统编制完成2022年部门预算，进一步规范财政业务，提高财政管理效率。

2. 每笔预算都实现“动态管控”

统一顶层设计、统一业务规范、统一技术框架、统一数据底座、统一支撑保障，是江苏省省预算管理实现一体化的实现路径。

“我省财政业务复杂、数据量大、涉及面广，业务类型包括预算编制和执行的8个主线业务模块，每年涉及资金量很大。”江苏省财政厅信息中心主任如是说。一体化就是要切实解决财政业务链条割裂和信息孤岛的问题，横向形成预算编制、执行等业务顺向衔接、逆向反馈的管理闭环，纵向实现全省各级财政预算管理规则的规范统一、数据上下贯通，支撑全省各级财政全域业务的一站式处理。

2020年下半年起，预算管理一体化系统已在省本级和15个地区试点上线，率先尝“鲜”一体化业务。

目前，无锡市财政局已将“一体化”试运行业务拓展覆盖到工资统发、财政直接支付、授权支付、资金清算等业务中。其中，财政直接支付4笔，财政授权支付455笔，人行实拨1笔。“所有试运行业务均顺利完成，实现横向全覆盖，纵向全流程。”无锡市财政局相关负责人表示，如今有了一体化平台，相关数据畅通流转，极大地提升了工作效率。

“试运行预算管理一体化系统后，我们预算资金的配置更科学、更精准，积极向政府重大决策部署、重点任务和高绩效领域倾斜，增强了预算资金使用效益。”徐州市睢宁县财政局局长介绍，依托预算管理一体化，睢宁在所有项目中嵌入绩效目标，健全了“花钱必问效、无效必问责”机制；同时还健全了财政资金动态监控，在资金分配、拨付、使用的同时，都会自动记录和同步反馈监控信息，每一笔财政资金从预算安排到使用末端，流向全过程清晰可查。提升政策效能，提高资金效益

现在已有超过3万家单位、10万个用户接入一体化系统，项目库储备项目达70万个，日均在线用户超过1.3万个，初步形成“全面覆盖、上下贯通、有效应用、平稳运行”的良好局面。

九、财政大数据应用

财政大数据应用场景十分丰富，要加强以数据为基础的定量分析，使数据成为财政管理、财政改革、政策设计的重要支撑；要以当前财政改革与管理的热点和难点问题为出发点，将大数据技术与财政业务深度融合，发挥大数据价值，结合各方需求急迫程度和数据完备性、成熟度等因素，适时开展一系列财政大数据应用，从而推动财政改革和管理更加精准、高效、科学。

我们可以毫不夸张地说，财政大数据应用是实现未来财政管理创新、财政政策创新、财政体制改革最有力的抓手。可喜的是，一些行业和地方已经在进行富有成效的探索应用，建立相应的工作机制，构建了各类财经大数据平台，将数字治理与业务进行融合，不断提升大数据的决策支撑能力。

1. 人工智能与机器学习的运用

首先，机器学习方法可以实现地方政府债务风险预警。机器学习可以把提取的若干个风险因子作为学习变量，利用学习好的模型进行预测，并进行综合评价，得到最后的风险预警结果。其次，财政大数据可以实现人口、公共服务、财政资金的一体化。人工智能技术可深入分析当前流动人口现状及特点，利用强大的数据处理能力进行计算预测，有效促进公共服务、产品的精准化供给以及相关流程的优化设计，找出政府部门之间以及政府与服务对象之间最佳的协同机制，形成最有效的资源配置。通过人工智能分析政府部门政务平台的交互信息，可实现数据的动态监控，为公共服务精准化提供技术支撑，真正实现各类公共服务和财政资金跟着人流动，可以大幅提高公共服务的效率和公平性。最后，财政大数据可以实现纳税服务的智能化。人工智能可以改进税收征管流程和纳税服务方式，通过对大数据的采集、挖掘，精准识别纳税人的需求，为纳税人画像，为其提供全面规范、透明高效的实时

服务，从而帮助其解决纳税中的问题。

2. 生物识别技术

生物识别技术是利用人体固有的生物特征，比如人脸、指纹、虹膜扫描、声纹、步态识别、血管模式、脱氧核糖核酸（DNA）等来进行个人身份的鉴定。数字化时代人们都将拥有一个数字身份，生物识别技术可以更精准地识别个人及其相关活动。生物识别技术在公共服务领域（尤其社保领域）的应用，可以实现财政资金、公共服务跟随人走的政策目标，比如社会保险人脸认证系统就可以超越时空的限制。

3. 数字支付

数字支付是数字经济建设的核心技术和基础设施保证，是我国发展数字经济的重要推动力。数字支付技术可以整合多种服务项目，降低服务的边际成本。数字支付不仅有助于政府建立统一的公共支付平台，打通横向和纵向的数据交换通道，快速为社会公众提供更加多元、便捷的智慧支付渠道，推进线上线下一体化公共服务体系建设；同时也可以实现政府部门收支的数字化。中国人民银行通过发行国家信用背书的数字货币，在对市场主体交易支付数据有一定掌握的前提下，有可能实现建立直达实体的货币政策传导机制。

4. 区块链

区块链（Block Chain）也叫作“分布式账本技术”（Distributed Leger Technology，DLT），其本质上是一种分布式的数据处理及存储系统，具有不可篡改、信息透明、可追溯等特点。这些技术优势使区块链对优化财政管理具有广泛的应用价值，能够帮助制度运行更加智能化。首先，在财政资金收支监控和财政信息公开方面，在财政资金支出领域采用区块链技术，交易数据的可追溯特性使其能够对财政资金的来源及使用情况进行追根溯源，实现对财政资金流向的全过程动态绩效监督，有助于提高资金使用效率，增强财政治理效能。其次，在电子发票和税收征管方面，区块链技术可以解决发票虚开错开问题，加强发票的全流程管理，优化非税收入收缴和财政票据管理；同时，可以增强涉税信息的透明度，遏制偷逃税行为；利用信息技术，解决征纳双方信息不对称的问题；充分利用涉税信息资源，保证信息真实完整，从而真正实现从“以票控税”到“信息管税”。最后，在政务系统方面，区块链技术打造政务淘宝，浙江政采云平台作为全国首个“政府采购电子卖场”试点，通过技术驱动、管理创新和开放生态，引入市场成熟的电商运营资源，培育统一开放、竞争有序的电子化政府采购市场，实现政府采购体系的数字化转型，在浙江再造一个“政务淘宝”。

十、从金税工程三期到金税工程四期

1994年，我国的工商税收制度进行了重大改革，这次税制改革的核心内容是建立以增值税为主体的流转税制度。从税制本身来看，增值税易于公平税负，便于征收管理。但新税制出台以后，由于税务机关当时还比较缺乏对纳税人使用增值税专用发票进行监控的有效手段，一些不法分子就趁此机会利用伪造、倒卖、盗窃、虚开增值税专用发票等手段，进行偷、逃、骗国家税款的违法犯罪活动，严重干扰了国家的税收秩序和经济秩序。对此，国家除了进一步集中社会各方面力量，加强管理，开展打击伪造、倒卖、盗窃发票违法犯罪专项斗争，坚决维护新税制的正常运行外，还决定引入现代化技术手段，从而加强对增值税的监控管理。

1994年2月1日，时任国务院副总理的朱镕基同志在听取了电子部、航天工业总公司、财政部、国家税务总局等单位的汇报后，指示要尽快实施以加强增值税管理为主要目标的金税工程。为了组织实施这项工程，我国成立了跨部门的国家税控系统建设协调领导小组，下设金税工程办公室，具体负责组织、协调系统建设工作。1994年3月底，金税工程试点工作正式启动。

金税工程四期，顾名思义，是对金税工程三期的升级和完善，是国家在吸收国际先进经验的基础上，运用高科技手段，结合我国税收征管实际需求，建设的国家级税收管理信息系统工程的总称。自1994年开始，我国历经了金税工程一期、二期、三期、四期的建设路径（见表8-1）。

表8-1　金税工程各期发展要点

工程阶段	发展要点
金税工程一期	（1）1994年，国家税控系统建设协调领导小组成立，下设金税工程办公室 （2）增值税交叉稽核系统与增值税防伪税控系统在全国范围内推广使用 （3）1995年，全国50个试点单位实施上线；1996年底，因手工采集数据错误率高，覆盖面窄，暂停运行
金税工程二期	（1）增值税防伪税控开票子系统 （2）防伪税控认证子系统 （3）增值税交叉稽核子系统 （4）发票协查信息管理子系统
金税工程三期	（1）一个平台：网络硬件和基础软件的统一技术基础平台 （2）二级处理：数据信息在总局和省局集中处理 （3）三个覆盖：全部税种、工作环节、税务局与相关部门联网 （4）四个系统：征税管理软件、行政管理软件、外部信息软件、决策支持软件
金税工程四期	（1）非税业务：税务机关负责的税费全部监控 （2）信息共享：与各部门、人民银行之间的信息通道 （3）信息核查：企业相关人员手机号、纳税状态、登记注册信息 （4）云化打通：税费全数据全业务全流程为智慧监管、智能办税提供条件与基础

可以看到，随着金税工程四期的快速推进，我国将会构建更加强大的现代化税收征管系统，实现全国范围内税务管理征收的业务通办，实现税费全数据、全业务、全流程“云化”打通，进而为智慧监管、智能办税提供条件和基础。

新的税收征收管理系统将充分运用大数据、人工智能等新一代信息技术，从而实现智慧税务和智慧监管。

2021年9月15日，在金砖国家税务局局长视频会议中，国家税务总局局长王军在会议上表示，我国正向“以数治税”时期迈进，税务工作将进入一个新的时代，金税工程四期建设已正式启动实施！

那么，金税工程四期升级的重点体现在哪些方面呢?

（1）获取信息渠道。金税工程四期的升级，不仅是在税务方面，管理信息系统还会纳入非税业务，实现对业务更全面的监控。同时，金税工程四期搭建了各部委、人民银行以及各级银行等参与机构之间信息共享和核查的通道，实现企业相关人员手机号码、企业纳税状态、企业登记注册信息核查三大功能。

（2）控制管理税源。金税工程三期实现了“国地税”数据的合并，而金税工程四期需要解决的不仅是税务方面的问题，还有非税的业务，实现多维化、全方位、立体化的全流程监控，税源监控大幅度提升。

（3）企业“画像”更精准。通过税收大数据，金税工程四期将实现从一视同仁的“无差别监管”，向以风险为导向的“精准监管”转变。金税工程三期系统虽然实现了一定的风险扫描功能，但是离精准显然还有很大差距。通过金税工程四期归集的税收大数据，可以实施更加有效、精准的监管，实现“无风险不打扰、有违法要追究、全过程强智控”的监管新模式。

3

Part

第三篇

金融与保险

第9章　经济活动的“气象站”：银行

学习目标

认识货币的本质，了解货币的形态演变，理解汇率与进出口的关系，掌握商业银行与中央银行的性质与职能，商业银行的基本业务和中央银行的货币政策；能够运用并比较单利计息与复利计息；追踪金融科技对银行业务的影响，树立风险意识，防范金融风险，远离金融诈骗。

银行是万业之母，各行各业都避免不了和银行打交道，它们的经营触角遍及社会的各个角落。经济形势好的时候，客户会按时还本付息；一旦经济形势不好，那些经营不善的客户就很难熬过危机，于是不能按时还本付息，这些钱在银行账本上记录为“逾期贷款与垫款”。银行处理坏账的节奏基本与整个经济形势同步，银行业的经营情况也基本能准确地体现出经济运行的实际情况。因此，我们常说银行是经济活动的“气象站”。认识银行，了解与银行相关的金融活动，把握国家的货币政策，让金融更好地服务我们的生活，是我们学习银行相关知识的意义所在。

一、货币

货币，俗称“钱”，是我们日常生活中必不可少的东西。人们对它又爱又恨，爱它的人认为“钱能通神”，“有钱能使鬼推磨”，恨它的人称“钱为万恶之源”。其实，这些都是对货币的价值判断。经济学家关心的不是货币本身好坏的道德含义，而是它在经济中起的作用。从这个角度来看，货币又是我们最陌生的东西。那究竟什么是货币？货币经历了什么样的发展历程呢？

（一）什么是货币

马克思认为，货币是固定充当一般等价物的特殊商品。经济学家认为，货币是指在购买商品和劳务或者在清偿债务时被普遍接受的任何物体或东西。根据这一定义，货币应该包括通货和商业银行的活期存款。通货即流通中的现金，包括钞票和硬币等。商业银行的活期存款，也叫支票存款，是指随时可以开支票支付日常生活中的大部分商品购买和债务的存款账户。此外，旅行支票或储蓄存款等信用工具，也能迅速方便地转变为通货或支票存款，用来支付货款，发挥货币的功能。由此可见，货币定义包含一系列资产，而不只是某一种特定的资产。

（二）货币的形态演变

根据古籍的记载以及考古的挖掘，人们可以看到，虽然世界各国经济发展程度不同，同一时期不同国家的货币发展程度也不尽相同，但是货币形态的发展总体趋势却大体一致，都经历了从实物货币到金属货币，由金属货币到代用货币，再由代用货币到信用货币的演变发展过程，如今电子货币在世界各国呈现快速发展之势。

1. 实物货币

实物货币是指以自然界存在的某种物品或人们生产出来的某种物品的自然形态来充当货币的一种货币形式。实物货币的显著特点是其作为非货币用途的价值与其作为货币用途的价值是相等的。在人类历史上，各种商品，如米、布、木材、贝壳、家畜等都曾在不同时期扮演过货币的角色。在我国古代，龟壳、海贝、蚌珠、皮革、布帛、农具等均曾充当过交易媒介。

但这些实物货币都有其缺点：第一，质量不一，不宜分割成较小的单位；第二，体积笨重，值小量大，携带运输极其不便；第三，易磨损，易变质，不宜作为价值储藏手段；第四，供给不稳定，导致价值不稳定。所以，实物货币无法充当理想的交易媒介。随着经济的发展和时代的演变，实物货币也就逐渐被金属货币所替代。

拓展阅读

货币与中国汉字

1976年，考古工作者在河南安阳发掘商代妇好墓时，在墓主周围发现了17个殉葬奴隶，还有近7000枚海贝壳。可见，小小的贝壳在当时和奴隶一样，都是奴隶主的财富。这小小的海贝壳就是现代货币的祖先。中国最早的一部字典《说文・贝部》中记载："古者贝而宝龟，周而有泉，至秦废贝行钱。"说的就是秦朝以前人们都是用贝壳、龟壳作货币的。细心的你也许早就发现，在我国的汉字中，与钱财有关的字往往包含“贝”部，如与财富有关的财、货、贮、贡、赋、贵、贱、费、赃、赠、赏、赐……与交易有关的购、贸、赚、贾、赎、赊、贷、赁……（见图9-1）这说明在汉字最初形成时，人们在观念上已把“贝”与钱财密切地联系在一起了。比如“贫”字，拆开看就是“分”“贝”。古时候在民间，儿子们继承父辈的家产基本上是平均分的，每个儿子都有一份，子孙们这样不断分下去，最后每人手中的财产所剩无几，家族由“富”变“贫”。

图9-1　货币与中国汉字

---

2. 金属货币

金属货币是指以金属尤其是贵金属作为币材的货币形式。和其他货币形式相比，金银等能更有效地发挥货币的性能。因此，马克思曾说：“金银天然不是货币，但货币天然是金银。”

金属货币经历了由称量货币向铸币演变的过程。

（1）称量货币，也称“重量货币”，是以金属条块形状出现、按金属的实际价值充当货币价值的货币形式。在金属材料充当货币流通的初期，货币没有铸造成一定的形状与重量，必须通过成色鉴定和称衡重量以定价额，故称作“称量货币”。如我国古时的金银锭以及商周时期的铜块、铜饼等。这种自然形态的金属货币在流通中需要称重量和鉴定成色，很不方便。由此产生了铸币。

（2）铸币，铸币是指由国家铸造的具有一定形状、成色、重量和面值的金属货币，即用金、银、铜等贵金属或它们的合金作为材料，经熔炼成液态后，倒入做好的模具中，冷却成型后就成为“铸币”。由于它使用的材料是金银等贵金属，具有实际价值，因此不易随通货膨胀而贬值。现代的硬币虽然也是金属币，并经常被称为“铸币”，但多采用铝、钢等便宜的材料制成，其原材料的价值一般远低于其面值，因此不是严格意义上的“铸币”，而被称为“辅币”。

随着经济的进一步发展，金属货币同样显示出弊端。在大额交易中需要使用大量的金属货币，其重量和体积都令人感到烦恼。金属货币在使用中还存在被磨损的问题，据不完全统计，自从人类使用黄金作为货币以来，已经有超过两万吨的黄金在铸币厂里或者在人们的手中、钱袋中和衣服口袋中磨损掉。于是，作为金属货币象征符号的代用货币出现了。

3. 代用货币

代用货币，又称表征货币或兑现纸币，是指政府或银行发行的、代替金属货币执行流通手段和支付手段职能的纸质货币。这种纸币之所以能在市场上流通，从形式上发挥交换媒介的作用是因为它有十足的贵金属准备，而且也可以自由地向发行单位兑换金属或金属货币。

代用货币的雏形出现在我国北宋时期的四川。当时成都是丝绸制品的重要产地，如果用铁钱购买一匹丝绸需要2万文，而这2万文铁钱重达130斤，携带铁钱做买卖非常不方便。于是，民间出现了这样一些人，他们拥有雄厚的财力，而且诚信可靠，商人们可以将金属货币存放在他们那里，换取一张特制的收据。商人拿着收据就可以在市场上做买卖，这张收据叫作“交子”，印发交子的商家被称为“交子铺”。

交子出现700年后，在中世纪后期的英国，金匠为客户保管金银币时开出的收据也可以代表金银币在市场上流通；在顾客需要时，这些收据又随时可以得到兑换。随着英国的金匠转化为银行家以及银行业的发展，一般的商业银行都可以发行这种被称为“银行券”的纸币，以代替金属货币流通。银行券就是最典型的代用货币，它是作为代替贵金属货币流通与支付的信用工具。银行券的发行必须具有发行保证，保证随时兑现。19世纪末20世纪初，在银行券广泛流通的同时，贵金属铸币的流通数量日益减少，表现出纸币流通终将取代铸币流通的趋势。

货币作为流通手段的特性是充当交换媒介，是交换的手段而不是交换的目的。对于交易者来说，他们所关心的并不是流通手段本身有无价值或价值量的大小，而是能否起媒介作用。因此，代用货币逐渐被不兑现的信用货币所替代。

4. 信用货币

信用货币是由国家法律规定强制流通，且不以任何贵金属为发行基础的独立发挥货币职能的货币。目前世界各国发行的货币，基本都属于信用货币。信用货币是由银行提供的信用流通工具，其本身价值远远低于其货币价值，而且与代用货币不同，它与贵金属完全脱钩，不再直接代表任何贵金属，但有国家信用做担保。

5. 电子货币

电子货币是指以金融电子化网络为基础，以商用电子化工具和各类交易卡为媒介，以电子计算机技术和通信技术为手段，以电子数据形式存储在银行的计算机系统中，并通过计算机网络系统以电子信息传递形式实现流通和支付功能的货币。

正如纸币等信用货币代替金属货币可以节约商品交换的交易成本和费用一样，随着电子技术及网络技术的广泛应用，人们更愿意使用电子货币来进行交易或清偿债务。银行卡就是我们最常见的电子货币的载体之一。

电子货币的产生是货币史上的一次飞跃。电子货币已经广泛地渗透到现代生活中，它在完成交易支付时比纸币更加便利和快捷。使用电子货币可以存款取款；可以代替现金实现转账支付，直接用于消费结算；也可以向银行办理消费信贷，提前消费；还可以办理异地汇兑，等等。电子货币的广泛使用，还大大节省了印制纸币必须花费的昂贵成本。此外，电子货币比纸币更不易伪造，使用起来更安全、便利。

思考与讨论

货币与日常生活中的通货、财富和收入概念有何区别？

二、数字货币

科技的高速发展，越来越显著地改变着我们的生活。当年从怀揣现金到一张银行卡刷遍天下，再到支付宝、微信、刷脸支付等无卡移动支付，每一次都在刷新我们的认知。每一次技术革新都是一次思想观念和行为方式的巨大改变。2014年的“双12”，是货币数字化值得记录的里程碑。从那时起，二维码支付开始大规模线下推广，催生了无现金交易的广泛发展。人们慢慢开始熟悉移动支付，钱包也慢慢变成电子钱包，和手机合为一体。与西方国家相比，中国老百姓跨越了刷卡时代，直接进入了刷码时代。与携带银行支票和信用卡相比，扫码支付操作简单，只需要一部智能手机就可以了。随着无现金支付方式的扩大，区块链技术的发展和完善，货币数字化正在走向数字货币。

2020年全国两会期间，时任中国人民银行行长易纲表示，法定数字货币的研发和应用，有利于高效地满足公众在数字经济条件下对法定货币的需求，提高零售支付的便捷性、安全性和防伪水平，助推我国数字经济加快发展。2020年10月，中国人民银行在《中华人民共和国中国人民银行法（修订草案征求意见稿）》中，首次提出人民币包括实物形式和数字形式，这将为发行法定数字货币提供法律保障。货币数字化和数字化货币，看上去只是“数字化”换了位置，从后缀变成了前缀，但完全不是一回事。那到底什么是数字货币呢？

（一）什么是数字货币

数字货币就是指中央发行的数字货币，属于央行负债，具有国家信用，与法定货币等值。数字货币研究所所长穆长春对数字货币有过一个清晰定义：“其功能属性与纸钞完全一样，只不过是数字化形态”，“是具有价值特征的数字支付工具”。央行发行的“数字人民币”与“比特币”这些所谓的数字货币不同，我国央行推出的数字货币是用国家信用背书的，可以说是人民币纸币的电子版本，是法定货币，可以直接用于日常生活交易，可以去商店买东西，并且币值会更加稳定。

什么叫法定货币？就是店家可以拒绝微信支付、支付宝支付，这不违法，只是损失了客流而已；但不能拒绝人民币现金支付，以后还可能增加一项：不能拒绝数字货币支付，否则就是违法的。

（二）数字货币的优势

货币，从物理载体的有形现钞，发展到虚拟的电子化货币，如银行电子存款、支付宝、微信支付等，其发展演变的规律和动力在于：提高效率、降低成本和合规监控。和纸币、移动支付相比，数字货币具有如下优势。

（1）数字货币支付成本低、便携性强、效率高。数字货币印刷成本为零，且可以规避假钞，无疑给国家节约了大量的生产资源和管理成本。因为大数据的存在，它可以更为有效地管理社会财富，对货币的印发和调配也会更精准。

（2）数字货币可以精准地打击犯罪行为。因为传统货币没有记账功能，也不能标记这张纸币是谁的，只有钱在银行的账户里时，才知道是归属在谁名下。这就带来一个问题，在偷税漏税、毒品交易、洗钱等非法交易发生时，坏人爱用现金交易而不是通过银行转账，就是因为不会留下交易痕迹。而全部使用数字货币后，没有了现金，所有货币的流向便都记录在了区块链上，而区块链上的资金，都自带独一无二的标记，非法交易就会一目了然。当然，全部取消现金，目前还只是一种最终的理想状态。

（3）数字货币是打破美元垄断的好手段。数字货币作为一种依托于科技发展而新兴的货币形式，其出现带来的最大改变就是国与国之间的贸易不需要用美元进行结算，能够有效地打破美元的垄断。

（三）数字货币的特点

数字化货币和货币数字化不同，它最大的特点是自带场景。当数字化货币和区块链技术相结合，它们就会合成一个个场景。原来的人民币现钞是不可能规定某一张纸币，只在固定的场景，由指定人选去使用的。但数字货币也许可以做到，我们可以把这个数字货币定向发放到指定的账户，然后设计规则，制定此货币的使用条件和用途。

举例来说，现在市政府相关部门给救助对象发放救助款项，途径是救助对象按照条件申请，通过层层审批核对，最后拿到了一笔救助款。但当他拿到这笔款项后，他如何使用，是无法监管的，他可以一下子挥霍一空，甚至可以去赌博。而数字化货币是可以规定用途的，这笔钱只可以购买柴米油盐等生活必需品，也可以规定救助对象只能在指定的扶贫超市使用，或一个月使用的金额和次数。

我们可以再设想一个场景：新冠疫情期间，经济受到极大创伤，浙江、江苏、广东等地政府纷纷通过发放消费券来作为刺激消费、扩大内需、提振经济的重要方式。消费券发放，都是民众提前去某一个银行或互联网平台抢券，然后去消费抵扣，往往会发生想用券的人没有抢到券，而抢到券的人没有去消费的情形。如果用数字货币的思路，则可以变“后补贴”为“前补贴”，因为数字化消费券是不需要印刷和发放成本的，完全可以投放到每一个市民的电子钱包，然后和现有消费券一样，规定一个时限内的政府消费券补贴总额。这样，每个人都有消费券，而且只有使用的那一刻才“支付即结算”，后台只需要提醒民众整个消费券补贴池里面还有多少余额。在消费券的设计上，甚至可以指定场景，哪些消费券是用于购买超市物品，哪些是用于购买车辆等大宗消费品，哪些是用于电影票或景区门票等娱乐消费。

如果这个思路可以实现，那么很多应用场景都可以重新设计。当政府需要用大学生租房或交通补贴来吸引应届毕业生落户，原有的方法是来一个，核准一个，发一笔；现在则可以给全国所有符合条件的大学生的电子钱包账户里面都预先发放一笔补贴款，设定好智能合约，只要大学生落户，即可触发补贴，可以瞬间到款。当政府要给特定人员发放补助，也同样可以根据数据库，定向按月补贴，并指定使用用途和期限。当政府要鼓励企业科技创新，设计特定财政补贴政策时，同样可以先给一笔数字货币到指定账户，只要是符合条件，科技中小企业就不会与政策红利擦肩而过。诸如此类，数字货币都可实现，就在于数字货币是一种可编程的货币，具备智能合约特性，有极强的扩展能力，可以与应用场景深度融合。相对于传统货币，自带场景是数字货币最大的价值创新。

（四）数字货币与移动支付有何不同？

以中国人民银行发行的数字人民币为例，其与微信、支付宝等移动支付相比，有哪些不同呢？

1.数字人民币不得拒收

数字人民币其功能属性与纸币相同，可以被视为纸币的数字化形态，是法定流通货币。因此，按照人民币法偿性规定，以数字人民币支付我国境内一切公共和私人债务，任何单位和个人在具备接收条件的情况下不得拒收。而微信和支付宝支付只是一种支付方式，人们可以选择性使用。具体来说，任何单位和个人不接受支付宝或微信付款，在法律上没有任何问题。

2.数字人民币的信用保证是国家信用

数字人民币这一法定货币的背后是国家信用，而支付宝和微信支付的背后则是互联网企业信用，二者属于不同的层次。一般来说，国家信用大于银行信用，银行信用大于互联网企业信用。

3. 数字人民币可以双离线支付

或许你会有疑问，支付宝也可以离线支付吗？其实支付宝的离线支付是“付款方离线，收款方在线”的方式，这种情况常见于收款方拿着扫码枪扫我们手机支付宝的付款码的时候，这时候收款方是在线联网的。数字人民币离开网络照样可以使用，即在收支双方都离线的情况下仍能进行支付，只要两个人都安装了央行数字货币的数字钱包，只要手机有电，两个手机相互碰一碰就能实现实时转账。

4. 数字人民币可溯源

可溯源是数字人民币和支付宝、微信支付最大的区别。支付宝和微信里的钱，只是一串数字，假设你的支付宝和微信一开始是没有钱的，你需要从银行卡提取2000元使用，这时候充值进支付宝的钱是2000元这个数字，你并不知道这2000元对应的是哪20张100元的纸币，随后你将2000元分20次200元消费之后，2000元流向了不同方向、不同人的手里，无法溯源。而数字人民币是可以溯源的，当你支付之后，资金流向都一一被记录，如果遇到了违法问题，是可以直接溯源查找资金来源的。也就是说，每一张数字人民币从一出生就被打上了烙印，不管之后是倒了200次手还是经过500个他人的转账，大数据通通都有统计，但凡中间任何一个环节检测到问题，央行瞬间就能把相关涉事成员给揪出来，或者直接把钱给冻结了。所以，在数字人民币领域，一切“洗钱”行为必然暴露无遗。

拓展阅读

央行法定数字货币探索前行

2014年，央行成立发行法定数字货币的专门研究小组，论证央行发行法定数字货币的可行性。

2015年，随着对数字货币发行和业务运行框架、数字货币的关键技术等进一步深入研究，央行发行数字货币的系列研究报告形成，央行发行法定数字货币的原型方案完成两轮修订。

2016年1月20日，央行召开数字货币研讨会，进一步明确了央行发行数字货币的战略目标，指出央行数字货币研究团队将积极攻关数字货币的关键技术，研究数字货币的多场景应用，争取早日推出央行发行的数字货币。

2016年11月，央行筹备成立数字货币研究所。

2017年7月，中国人民银行数字货币研究所正式挂牌成立。经过国务院批准，央行组织部分实力雄厚的商业银行和有关机构共同开展数字人民币体系（DC/EP）的研发。

2020年4月，中国人民银行数字货币研究所相关负责人表示，目前数字人民币研发工作正在稳妥推进。数字人民币体系在坚持双层运营、M0替代、可控匿名的前提下，基本完成顶层设计、标准制定、功能研发、联调测试等工作，并遵循稳步、安全、可控、创新、实用原则。

2020年8月3日，央行在2020年下半年工作电视会议上指出，上半年法定数字货币封闭试点顺利启动，下半年将积极稳妥推进法定数字货币研发。

2020年8月14日，商务部印发《全面深化服务贸易创新发展试点总体方案》（简称《总体方案》）。《总体方案》在“全面深化服务贸易创新发展试点任务、具体举措及责任分工”中提出：在京津冀、长三角、粤港澳大湾区及中西部具备条件的地区开展数字人民币试点，人民银行制定政策保障措施。先由深圳、成都、苏州、雄安新区等地及冬奥场景相关部门协助推进，后续视情况扩大到其他地区。

2020年8月25日，在国务院举行的政策吹风会上，人民银行货币政策司司长孙国峰表示，目前数字人民币研发工作正遵循“稳步、安全、可控、创新、实用”原则，在深圳、苏州、雄安、成都以及冬奥会场景进行内部封闭试点测试，以检验理论可靠性、系统稳定性、功能可用性、流程便捷性、场景适用性和风险可控性。

2020年10月9日0时，在深圳正式开启“摇号抽签”，发送1000万元数字人民币红包，在深圳的个人于10月11日8时前通过“i深圳”活动申请抽签。中签后根据中签短信指引下载“数字人民币App”，开通“个人数字钱包”后即可领取，该红包可于2020年10月12日18时至10月18日24时在深圳罗湖区内已完成数字人民币系统改造的3389家商户无门槛消费，不用一次性消费完。但是，该红包不能转给他人或兑回至本人银行账户，超过有效期未使用的红包将由数字人民币系统统一收回。

2020年12月，中国的数字人民币在继第一批深圳、雄安、苏州、成都等5个区域封闭测试的基础上，又新增了上海、长沙、海南、青岛、大连、西安6个第二批试点城市。测试内容主要集中在零售支付场景，覆盖了生活缴费、餐饮服务、交通出行、购物消费、政府服务等多个领域。

2021年1月，支付宝在陆家嘴中心商场内测数字人民币，中银香港作为香港特别行政区银行代表参与跨境支付技术测试。

2021年3月，六大国有银行开始推广数字人民币钱包。

2021年4月，大连产生首张数字人民币船票订单。

2021年5月，数字人民币接入支付宝在上海进行试点。

2021年6月，全国首个苏州轨道交通线站内售票机支持数字人民币扫码。

2021年8月，首个“数字人民币+有轨电车”应用场景落地深圳六大银行，华为等企业在中国国际服务贸易交易会上展示数字人民币的相关产品和新应用场景。

2021年9月，雄安“数字人民币充电桩”亮相北京新能源汽车产业发展成果展。

2021年10月，首个SIM卡数字人民币支付产品在苏州发布。深圳全市购书、观影、旅游、赏演、看展五大文化消费场景支持数字人民币。

2021年12月，长沙成为全国首个数字人民币纳税缴费城市。

思考与讨论

谈谈你对数字货币的认识。

三、经济的晴雨表：利率

在经济学中，我们通常把利率称为“资金的价格”。那么，在生活中我们该如何读懂并正确运用利率呢？

（一）利息与利率

利息是伴随着信用关系的发展而产生的一个经济范畴。信用是借贷的总称，是以偿还和付息为条件的特殊的价值运动形式，体现一定的债权债务关系。贷者之所以愿意贷出，是因为有权取得超过其贷出数额的报酬，借者之所以可能借入，是因为承担了超过借入额的代价。这种贷出者获得的超额部分和借入者支付的超额部分就是利息。利息通常被定义为借款者为取得货币资金的使用权而支付给贷款者的一定代价，或者货币所有者因暂时让渡货币资金使用权而从借款者手中获得的一定报酬。利率，作为利息的相对数形式，在现实生活中运用得更多。利率一般被定义为一定时期内利息额同借出资本额的比率，即：

$$利率=\frac{利息额}{借出资本额}\times 100\%$$

当我们用I表示利息额，P表示本金，即借出资本额，r表示利率时，上式可写作：

$$r=\frac{I}{P}\times 100\% \tag{9-1}$$

（二）利率的种类

利率是衡量利息量的尺度，体现着借贷资本或生息资本增殖的程度。随着金融市场的发展，金融产品不断丰富，利率已经发展成为一个种类繁多的大系统。

1. 按计算利息的时间长短不同，利率分为年利率、月利率和日利率等

年利率是以年为时间单位计算利息，通常以百分之几来表示；月利率是以月为单位计算利息，通常以千分之几来表示；日利率是以天为单位来计算利息，通常以万分之几来表示。

当要对不同计息时间单位内的利率进行比较时，需要把时间单位进行统一，也就是要进行利率间的换算。年利率、月利率和日利率之间的关系是：

月利率 × 12= 年利率

日利率 × 30= 月利率

日利率 × 360= 年利率

在现实的金融市场，各种金融产品的挂牌利率都是按年利率给出的。例如表9–1是我国某银行2022年2月份的存款利率表。

表9–1　2022年2月16日某银行存款利率表

项目	年利率（%）
一、城乡居民及单位存款	
（一）活期存款	0.30
（二）定期存款	
1. 整存整取	
三个月	1.35
六个月	1.55
一年	1.75
二年	2.25
三年	2.75
五年	2.75
2. 零存整取、整存零取、存本取息	
一年	1.35
三年	1.55
五年	1.55
3. 定活两便	按一年以内定期整存整取同档次利率打6折
二、协定存款	1.00
三、通知存款	

续表

项目	年利率（%）
一天	0.55
七天	1.10

2. 按利率的决定方式不同，利率分为市场利率和官定利率

市场利率是指由货币资金的供求关系所决定的利率。当资金供给大于资金需求时，市场利率下跌；当资金供给小于资金需求时，市场利率就会上升。因此，市场利率是借贷资金供求状况的指示器。银行同业拆借利率是比较典型的市场利率。

官定利率是指一国政府通过中央银行或金融管理部门确定的利率，也叫法定利率，如中央银行对商业银行和其他金融机构的再贴现利率和再贷款利率等。官定利率是国家为实现宏观调控目标的一种政策手段，在一定程度上反映了非市场的强制力量对利率形成的干预。

官定利率对市场利率起着导向作用。官定利率的升降通常会使市场利率随之升降。

3. 按照在借贷期内是否调整，利率分为固定利率和浮动利率

固定利率是指在借贷期内利率固定、不随资金供求状况变化而变动的利率。它具有简便易行、易于计算等优点。在借贷期限较短或市场利率变化不大的条件下，可采用固定利率。但是，当借贷期限较长或市场利率波动较为剧烈时，借款者或者贷款者可能要承担利率变化的风险。因此，中长期借贷一般都倾向于采用浮动利率。

浮动利率是指在借贷期内随市场利率的变化而定期调整的利率。调整期限的长短以及以何种利率作为调整时的参照利率都由借贷双方在借款时商定。浮动利率可以为债权人减少损失，但手续繁杂。

在我国，浮动利率还有另一层含义，即金融机构在中央银行规定的浮动幅度内，以基准利率为基础自行确定的利率。利率浮动高于基准利率而低于最高幅度时，称为利率上浮；低于基准利率而高于最低幅度时，称为利率下浮。

4. 按照有无考虑通货膨胀因素，利率分为名义利率和实际利率

名义利率是指没有剔除通货膨胀因素的利率，也就是我们在金融市场上能够看到的各种挂牌利率。实际利率是指从名义利率中剔除通货膨胀因素的利率。实际利率在经济生活中至关重要，因为一项投资是赚还是赔，是由实际利率而不是名义利率决定的。例如，甲在年初时借给乙1万元，双方约定期限为一年，利率为5%，即名义上甲在年末可以得到利息500元。再假设当年通货膨胀率为6%，即购买和年初相同的一揽子商品在年末时需要多支付6%的金额。这样对于甲而言，年末得到本利和为10500元，但是他却不能购买到本金1万元在年初时能够买到的东西，因为此时购买那些东西需要10600元。换句话说，甲的这笔贷款实际上是赔钱的。如果甲想要规避6%的通货膨胀率给其投资带来的损失，并假设他仍然想要得到5%的收益，注意，这个5%是指实际利率，那么粗略地计算，甲、乙借贷的名义利率需要提高到11%，高出的6%是对通货膨胀给甲所带来损失的补偿。

一般而言，实际利率、名义利率和通货膨胀率之间的简单关系如下：

实际利率 = 名义利率 − 通货膨胀率

这样，我们就可以得出结论：名义利率高于通货膨胀率时，实际利率为正利率；名义利率等于通货膨胀率时，实际利率为零；名义利率低于通货膨胀率时，实际利率为负利率。换句话说，如果想要保持实际利率不变，名义利率就需要随着通货膨胀率的改变而改变。

5.按照在利率体系中的地位，利率分为基准利率和差别利率

基准利率是指在整个利率体系中起主导作用的利率，它的水平和变化决定其他各种利率的水平和变化。目前，美国联邦基金利率是美国金融市场上的基准利率。我国的基准利率在中央银行以直接手段调控经济时，表现为中央银行的再贷款利率。在国际金融市场上，通常以LIBOR作为基准利率。

差别利率就是指银行等金融部门参照基准利率后，考虑借款的对象、期限、种类、用途、风险等情况后，针对不同的借款而制定的不同利率。

四、世界第八大奇迹：复利效应

货币时间价值是指货币随着时间的推移而发生的增值，也称为资金时间价值。货币之所以具有时间价值，是因为货币资金在周转过程中被进行了投资或者再投资带来了价值的增长。例如，你现在有一元钱，你可以存入银行，一年以后连本带利肯定大于一元钱。计算利息有单利和复利两种不同的计算方法。那究竟什么是单利和复利？在实践中，我们又是如何应用单利和复利的呢？

（一）单利

单利是指只以本金为基数计算利息，每期所生利息不再转为本金计算下期利息的一种计息方式，其特点是对利息不再付息。我国的银行存款就是按照单利计算利息。单利的计算公式为：

$$I = Prn \tag{9-2}$$

$$S = P + I = P(1 + rn) \tag{9-3}$$

其中，I表示利息额，P表示本金，r表示利率，n表示时间，S表示本金与利息之和，简称本利和。

例如，A银行向B企业发放一笔为期5年、年利率为10%的100万元贷款，则到期日B企业应支付的利息额与本利和分别为：

$I=Prn=100\times10\%\times5=50$（万元）

$S=P(1+rn)=100(1+10\%\times5)=150$（万元）

以单利来计算利息，手续简单，计算方便，而且借款人的利息负担也比较轻。但是对于贷款人而言，由单利计算获得的利息收入就比较少。

（二）复利

在现实中，更有意义的计息方式是复利。复利是指当期按照本金计算出来的利息额在下一期内被计入本金一起计算利息的计息方法，俗称“利滚利”。其计算公式为：

$$S=P(1+r)^n \tag{9-4}$$

这里，P为本金，r为利率，n是时间，S是第n期期末的本利和。

我们再次考虑上述A银行向B企业发放的贷款，若按照复利计算，则企业到期需归还的本利和：

$S=100(1+10\%)^5=161.05$（万元）

利息为：$I=S-P=161.05-100=61.05$（万元）

对比可知，贷款采用复利计息比用单利计息需要多支付11.05万元（61.05-50）的利息。

图9-2是1000元本金在三种不同的计息方式下的神奇变化，我们发现10%单利、7%复利和10%复利在一年期的时候基本没有什么差别，但是到了第30年末时候差距变得非常大，7%复利的终值还大于10%单利的终值。

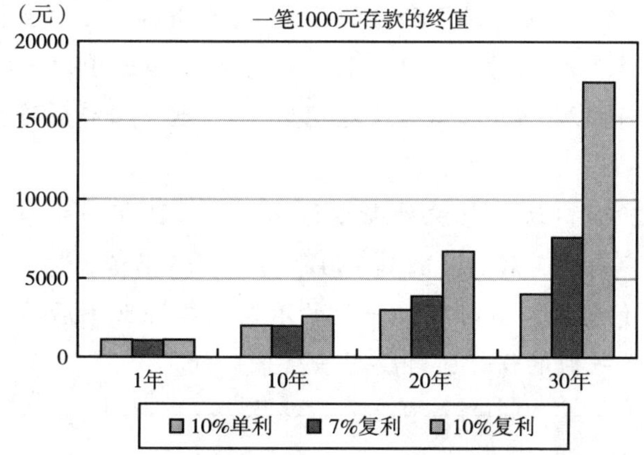

图9-2 单利、复利比较图

拓展阅读

拿破仑的“玫瑰花”债

图9-3　拿破仑与妻子约瑟芬

公元1797年3月，拿破仑与新婚妻子约瑟芬一同参观了卢森堡大公国第一国立小学，在那里，他们受到了学校的热情款待，这让他们很是过意不去。

为了表达自己对学校的感谢，拿破仑临走时向学校赠送了一束价值3路易的玫瑰花。他说：“为了答谢贵校对我，尤其是对我夫人约瑟芬的盛情款待，我不仅今天呈上一束玫瑰花，并且在未来的日子里，只要我们法兰西共和国存在一天，每年的今天我将亲自派人送给贵校一束价值相等的玫瑰花，作为法兰西与卢森堡友谊的象征。”

时过境迁，拿破仑穷于应付连绵的战争和此起彼伏的政治事件，最终惨败而被流放到圣赫勒拿岛，把青年时对卢森堡的诺言忘得一干二净。可卢森堡这个小国对这位“欧洲巨人与卢森堡孩子亲切、和谐相处的一刻”念念不忘，并载入他们的史册。1984年底，卢森堡旧事重提，向法国政府致函，提出“玫瑰花”债的索赔，并给了法国政府两个选择：要么从1797年起，用3路易作为一束玫瑰花的本金，以5厘复利计息全部清偿这笔“玫瑰花”债；要么法国政府在其各大报纸上公开承认拿破仑是个言而无信的小人。

起初，法国不想损害拿破仑这位民族英雄的声誉，于是决定接受卢森堡索偿。可是，当财政部计算出需要赔付的金额后，却令法国大吃一惊，原来只要3个路易的玫瑰花，本息竟高达1375596法郎，这下可是令法国人左右为难。

经苦思冥想，法国政府斟词酌句的答复是：“今后，无论在精神上还是在物质上，法国将始终不渝地对卢森堡公国中小学教育事业予以支持与赞助，来体现我们的拿破仑将军那一诺千金的玫瑰花誓言。”这一措辞最终得到了卢森堡人民的谅解。

1977年4月22日，法国总统德斯坦访问卢森堡，将一张象征4936784.68法郎的支票交给了卢森堡，履行了持续180年的“玫瑰花诺言”。

拿破仑也没有想到，当时随口一说的承诺，却给百年后的法国政府造成了大麻烦。有时候，一时的诺言，却要用一生来践行。

复利的概念可用于任何持续增长的事物。比如，假定目前市场上打印机有25000台，未来5年需求增长率为每年25%，我们想知道5年后打印机的市场有多大，利用

前述的复利公式，可以求出5年后的市场需求量：

$$25000(1+25\%)^5=76293(台)$$

思考与讨论

某人拟购房，开发商提出两种方案：一种方案是5年后付120万元；另一种方案是从现在起每年末付20万元，连续5年。若目前的银行存款利率是7%，如何付款更合算？

五、国际贸易的基础：汇率

说到汇率，我们对它并不十分陌生。美国流通的货币是美元，假如我们要去美国留学或者旅游，我们就需要把人民币兑换成美元才能在美国消费。如今，人民币兑换美元的比率大约是人民币6.3199元=1美元。也就是说，6.3199元人民币可以兑换1美元。那么什么是汇率呢？它对我们的日常生活有什么影响呢？

（一）汇率及汇率表示方法

汇率亦称外汇行市或汇价，是一国货币兑换另一国货币的比率，是以一种货币表示另一种货币的价格。确定两种不同货币之间的比价，先要确定用哪个国家的货币作为标准。由于确定的标准不同，于是便产生了几种不同的外汇汇率标价方法。常用的标价方法包括直接标价法和间接标价法。

直接标价法，是指以一定单位（1、100、10000等）的外国货币为标准来计算折合多少单位的本国货币，是用外币来表示本币，也称为外币汇率。用公式表示就是，外币1=本币X。如美元兑人民币的外币汇率是1美元兑换6.3199元人民币，即$1=RMB 6.3199。

在直接标价法下，汇率越高意味着一单位外币可以兑换更多的本币，即汇率升高，本币贬值。

间接标价法，是指以一定单位的本国货币为标准（1、100、10000等）来计算折合多少单位的外国货币，是用本币衡量外币，也称为本币汇率。用公式表示就是，本币1=外币X。如人民币兑换美元的本币汇率就是1人民币兑换1/6.3199美元，即RMB1=$0.1582。

在间接标价法下，汇率越高意味着一单位本币可以兑换更多的外币，即汇率升高，本币升值。

（二）汇率与进出口关系

一般来说，本币汇率下降，即本币对外的币值贬低，能起到促进出口，抑制进口的作用；若本币汇率上升，即本币对外的币值上升，则有利于进口，不利于出口。

假设原本是1美元=10元人民币，现在人民币贬值了，是1美元=20元人民币，1美元可以买到更多的人民币。原本价值20元人民币的商品，要用2美元购买，现在只需要1美元就可以买到价值20元人民币的商品，有利于中国的出口。对中国来说，原本花10元人民币可以买到1美元的商品，现在要花20元人民币，要花更多的钱来购买相同的商品，不利于中国的进口。汇率与进出口的关系如表9-2所示。

表9-2　汇率与进出口关系表

币值情况	进口	出口
本币升值	↑	↓
本币贬值	↓	↑

（三）汇率与物价关系

从进口消费品和原材料来看，本币汇率的下降要引起进口商品在国内的价格上涨。至于它对物价总指数影响的程度则取决于进口商品和原材料在国内生产总值中所占的比重。也就是说，本币贬值→不利于进口→国内的进口商品数量减少→国内的进口商品价格上涨。

反之，本币升值，其他条件不变，进口商品的价格有可能下降，从而可以起到抑制物价总水平的作用，即本币升值→有利于进口→国内进口商品数量增多→国内进口商品的价格下降。汇率与物价的关系如表9-3所示。

表9-3　汇率与物价关系表

币值情况	进口	国内的进口商品数量	国内的进口商品价格
本币升值	↑	↑	↓
本币贬值	↓	↓	↑

拓展阅读

香港联系汇率制度

1982年9月，当时的英国首相撒切尔夫人（Margaret Thatcher）访华，和邓小平协商讨论香港的未来。经过长达两年的协商后，中英两国签订《中英联合声明》，确定香港将于1997年回归中国。在1983年协商期间，当时的港币还是汇率自由浮动的货币，在协商之前，美元与港币汇率大约是1∶5，也就是1美元兑换5港币，在协商期间由于市场对于香港回归的恐慌，美元兑港币汇率来到1∶9，也就是说同样的美元可以兑换更多的港币，港币贬值了。所以，在1983年10月17日，香港颁布联系汇率制度，将港币锁定在1∶7.8的水平，之后在2005年香港以7.8作为基准，设定了一个浮动空间，即7.75~7.85，一旦美元兑港币超过了这个区间的上限和下限，香港金管局就会进场干预，港币之所以能够强势且长期维持在这个区间是因为在市场流通的每一枚、每一张港币背后都有等值的美金支撑，所以无论有多少正常兑换港币的人或者是市场投机者，政府都会以上限1∶7.85来接收港币，给付美元，也会以7.75的价格抛出港币给那些想要港币的人。1983年推行的联系汇率制度，让港币和美元锚定，赋予了港币巨大的信用，给香港的货币市场强大的背书，这也是香港可以成为国际金融中心的重要原因之一。

港币联系汇率制包括以下主要内容：（1）香港的发钞银行（有汇丰银行、渣打银行和中国银行）如发行港钞，要按1美元∶7.8港币的固定汇率向外汇基金（后并入香港金融管理局）交存美元，并换取“负债证明书”，作为港钞的发行准备。（2）如发钞银行向外汇基金退回港钞与“负债证明书”则按1美元∶7.8港币的固定汇率赎回美元。（3）众多商业银行等金融机构需要港钞也按上述比价，向发钞银行交付美元领取港钞；如退回港钞，则按原比价，赎回美元。上述联系汇率规定的1美元∶7.8港币的固定汇率只适用于发钞银行与外汇基金以及商业银行等与发钞银行之间的发钞准备规定，在香港外汇市场上的港币与美元的交易并不受此约束，汇率变动由是货币供求力量决定。由此可见，香港实际存在两种汇率，一种是发钞银行与外汇基金以及商业银行等与发钞银行之间的发行汇率，也即1美元∶7.8港币的联系汇率；另一种是在外汇市场受供求关系决定的市场汇率。

六、商业银行

在各国的金融机构体系中，商业银行居于特别重要的地位。那什么是商业银行？商业银行的性质和职能如何？商业银行可以开展哪些业务呢？

（一）什么是商业银行

商业银行是指吸收各种存款（特别是活期存款），发放多种贷款，提供多种支付清算服务，并以利润最大化为主要经营目标的金融机构。

（二）商业银行的性质

从商业银行的概念来看，商业银行的性质体现在三个方面。

1. 商业银行是企业

商业银行是依法设立的企业法人，商业银行具有一般企业的特征。商业银行和一般的工商企业一样，具有从事业务经营所必需的自有资本，依法设立，自主经营，独立核算，自担风险，自负盈亏。其经营目的是通过资产和负债业务的运作，在稳健经营的前提下，取得最大限度的利润。

2. 商业银行是金融企业

商业银行与一般工商企业相比较，其经营对象、活动领域、社会责任以及对整个经济的影响程度均不相同，因此，它是一种特殊的企业。具体表现在：商业银行是以金融资产和金融负债为经营对象，经营的是具有特殊使用价值的商品——货币和货币资本，经营的内容包括货币的收付、借贷以及各种与货币运动相关的金融服务产品。这种商品的特殊性决定了商业银行所面向的对象是全社会的各行各业，所经营的业务是渗透各个领域的服务项目，它贯穿整个经济社会正常运行的命脉。也正因为如此，商业银行对整个经济发展的影响程度远较一般工商企业大。

3. 商业银行是特殊的金融企业

商业银行不同于其他金融机构。首先，与中央银行相比，商业银行是为工商企业、公众及政府提供金融服务的金融机构，而中央银行只向政府和金融机构提供服务；中央银行提供货币的源头——基础货币，承担着制定货币政策、调控经济运行、监管金融机构等职责，商业银行则是在基础货币之上创造货币。其次，与其他金融机构相比，商业银行是经营网点最多、服务范围最广的金融机构；长期以来，只有商业银行能够吸收可签发支票的活期存款，因而独具创造货币的功能；但随着金融自由化和金融创新的发展，商业银行与其他金融机构的区别不再像过去那样泾渭分明。商业银行经营业务和提供服务的范围越来越广，现代商业银行正朝着“全能银行”和“金融百货公司”的模式发展。

（三）商业银行的职能

商业银行的职能是指商业银行作为特殊的金融企业，通过其业务为整个经济社会服务的功能。商业银行的基本职能有以下几个方面。

1.信用中介

信用中介是商业银行最基本的职能，它最能反映商业银行的经营特征。现代商业银行是间接性资金融通中介，它通过负债业务把社会上盈余单位闲置的闲散资金集中起来，再通过贷款和证券投资等资产业务将资金转移给具有投资价值与机会的资金短缺单位，使有限的资金发挥最大的经济效益，这就是银行信用中介职能的体现。银行通过发挥信用中介的作用能够实现三个转化：把零散的小额资金转变为大额资金，把短期资金转变为长期资金，把闲置资金转变成职能资本；从而为国民经济各部门、各企业单位调剂资金余缺，促进商品生产和流通的正常运行起到重要的推动作用。

2.支付中介

商业银行利用活期存款账户，为客户办理各种货币结算、收付、兑换等业务活动，发挥支付中介的作用，这也是商业银行的基本职能。商业银行支付中介职能的发挥，使其处于货币流通的十字路口，成为经济结构的关键齿轮。经济主体之间由于商品贸易、金融投资等产生的债权债务关系最终都需要通过货币的支付清偿加以结算，商业银行可以为开立银行账户的客户办理货币收付、转账结算或兑付现金，利用商业银行进行支付结算能最大限度地节约现金的使用，降低流通费用，加速资金周转，提高资金运行效率。支付中介职能的发挥，使商业银行成为居民、企业乃至国家的“总会计”和“总出纳”，成为社会经济的公共簿记，能够反映社会经济状况的变化，成为经济变化的“晴雨表”。

3.信用创造

信用创造是商业银行的特殊功能，是在信用中介和支付中介的基础上发展而来的。在实行部分准备金制和转账结算的前提下，整个经济体系中的商业银行吸收活期存款，然后通过贷款和投资等业务运用资金，最终会使整个社会的货币供应量成倍扩大，这一现象就是信用创造。商业银行通过信用创造能够加速资金周转，节约流通费用，调剂资金余缺，满足社会生产和流通的需要；但也容易引起信用膨胀，导致经济过热。

4.金融服务

金融服务是指商业银行利用其在国民经济活动中的特殊地位及其在业务运作过程中所获得的大量信息，运用电子计算机等先进手段和工具进行加工提炼，为客户提供的其他服务。这些服务主要包括财务咨询、代理业务、信托租赁、计算机服务和资产保管等。通过提供这些服务，商业银行一方面扩大了与社会各界的联系和服务市场的份额，另一方面也为银行取得服务费用的收入。商业银行是各行业中率先大规模使用计算机信息技术的部门之一，借助于日新月异的信息技术，商业银行的金融服务功能也正在发挥着越来越大的作用，并使整个商业银行业发生革命性的变化。

5. 经济调节

中央银行制定和实施的货币政策主要通过商业银行进行传导，因此商业银行成为重要的政策传导媒介。通常情况下，中央银行通过调整法定存款准备金率、再贷款、再贴现率影响商业银行的资金成本和可用资金规模，从而实现对社会融资规模的调节，最终实现对经济的调节。另外，政府可以引导商业银行根据政府提出的产业发展规划、经济发展目标，对不同产业或行业的贷款期限、利率、担保条件、授信额度等进行适当的调节，以达到优化投资结构、影响企业生产经营活动、调节消费的目的，从而保障政府经济政策目标的实现。

（四）商业银行的业务

商业银行的传统业务是发放贷款和吸收存款，贷款利息收入是银行的主要收入，而给客户的存款利息是主要支出，存贷息差是银行的主要收入来源。但是，随着利率市场化的持续深入推进，息差明显收窄，商业银行盈利能力备受考验。在此背景下，依靠息差的传统经营模式亟待变革，发展中间业务和综合化经营成为应对挑战的重要转型方向。商业银行的主要业务包括负债业务、资产业务和中间业务。

1. 负债业务

商业银行的负债业务是指形成商业银行资金来源的业务，其全部资金来源包括自有资本和吸收的外来资金两部分。自有资本包括其发行股票所筹集的股份资本以及公积金和未分配的利润。银行的资金来源中自有资本所占比重很小，不过它是吸收外来资金的基础，主要起到保障作用和增加社会信心的作用。商业银行不是投资型企业，而是货币信用中介企业，它的经营资金90%以上来自负债业务。因此，负债业务是商业银行经营活动的起点和最重要的基础。

商业银行负债业务主要分为存款业务、借入业务和其他负债三大部分。下面我们仅简单介绍存款业务。

存款业务是商业银行传统的负债业务。在会计报表中，其记载在“负债”这一栏。这种负债的数量多少、实际期限的长短并不取决于银行，而是取决于存款人乃至社会客观经济形势，因此商业银行的存款是一种被动型的流动性很强的负债业务。

（1）传统存款业务。

①活期存款。活期存款是指存款人不需任何事先通知，可随时存取的一种银行存款。存入这种存款的，主要是用于交易和支付用途的款项。这种存款在支用时需要使用银行规定的支票，因而又有支票存款之称。开立这种存款账户的目的是通过银行进行各种支付结算。由于支付频繁，再加上银行提供服务有成本开支，所以一

般不对存款人支付利息。虽然活期存款时存时取、流动性很强，但存取错综交替之间总会在银行形成一笔相对稳定、数量可观的余额，从而构成银行的一项重要的资金来源。

②定期存款。定期存款是指存款人与银行预先约定存款数量、利率和期限，到期才能向银行提取存款本金及利息的存款。其存款契约信息载体有：存单、存折、存款协议等，具体存款业务有：整存整取、存本取息、整存零取、零存整取、通知存款、大面额定期存款等。自20世纪60年代以来，银行推出了“可转让”的定期存单，这种存单于到期日前可在货币市场上转让。

③储蓄存款。储蓄存款是商业银行针对居民个人的货币积蓄而开办的一种存款业务。关于储蓄存款，有的国家严格限定只准专门的金融机构经营，存款货币银行以及其他金融机构不准经营。在我国国有商业银行以及其他商业银行的负债业务中，储蓄的地位十分突出。大力吸收个人储蓄历来都是我国金融工作中的一条重要方针。改革开放以来，我国的储蓄增幅一直很大。自20世纪90年代以来，我国的储蓄存款在全部存款中的比重始终保持在40%~60%。

（2）创新型存款业务。目前国内商业银行的创新型存款业务主要有大额存单和结构性存款。

①大额存单。大额存单是商业银行通过自有渠道或第三方渠道发行的市场化定价、起点较高、期限更为丰富、计息方式更为多样、有一定额度限制的人民币定期存款产品。虽然产品形态与老百姓长期以来十分熟悉的整存整取储蓄存款产品较为类似，但是在起存金额、发售模式、付息方式、利率定价等多方面存在一定的区别。

从起点金额看，大额存单通常30万元起存，对比定期存款为50元起存。

从产品发行模式看，大额存单采取“期次发行、额度控制”的方式，定期存款则可以永续存入、无额度限制。

从利率定价看，大额存单采用市场化定价方式，即商业银行可自主确定大额存单利率；定期存款目前最高不超过央行基准利率的1.5倍。

从付息方式看，大额存单可采取固定利率和浮动利率两种方式计息，付息方式可分为一次还本付息和定期付息、到期还本两种；定期存款以开户日利率结算且到期一次性还本付息。

从期限看，大额存单共有1个月、3个月、6个月、9个月、1年、18个月、2年、3年和5年，共9个品种；定期存款有1个月（仅外币）、3个月、6个月、1年、2年、3年和5年，共7个期限。

从其他约束条件看，大额存单可在二级市场转让；定期存款只可在开户银行支取。大额存单采取电子化方式发行（例如，中国工商银行采取的是借记卡下开立大额存单投资账户的方式）；定期存款可以采取存单、存折、借记卡等多种方式。

②结构性存款。结构性存款是指投资者将合法持有的人民币或外币资金存放在

银行，由银行通过在普通存款的基础上嵌入金融衍生工具（包括但不限于远期、掉期、期权或期货等），将投资者收益与利率、汇率、股票价格、商品价格、信用、指数及其他金融类或非金融类标的物挂钩的具有一定风险的金融产品。为了便于理解什么是结构性存款，我们来看一个小故事：一天，小赵去花鸟市场买了一个花盆，然后商家送给他一粒种子。回到家后，他把这粒种子种到了花盆中，期待它能够开花结果，但是种子的成长是受到多种外界因素影响的，比如气候、土壤、水源等。所以，在一段时间后，种子有可能会长成一盆美丽的花，当然也有可能什么都没有。说到底，花盆不会改变，而种子就像是盲盒，给了我们更多的想象空间。其实，在金融市场中，也有这样的“花盆+种子”的存款产品，它就是结构性存款。不同于一般的银行存款，结构性存款收益处于浮动的状态，既可能“春暖花开”，也可能“颗粒无收”。但是不论收益怎样波动，“花盆”依然存在，受存款保险制度保护。

2. 资产业务

商业银行资产业务是指将自己通过负债业务所聚集的货币资金加以运用的业务。这是商业银行取得收益的主要途径。商业银行对于自己通过负债业务聚集的资金，除了必须保留一定的现金和在中央银行的存款以应付客户提存及转账结算的需求外，其余部分主要以贴现、贷款和证券投资等方式加以运用。这里主要介绍资产业务中的贷款业务。

商业银行贷款又称放款，是商业银行将吸收的资金按一定的利率贷放给客户，并约定按一定期限归还的业务。贷款在商业银行资产业务中的比重一般占首位，是商业银行的核心资产业务。贷款利息占商业银行收入的比重也很高。近年来，我国商业银行贷款业务有了很大的发展，在业务品种、贷款规模方面都有很大的进步。通过贷款，商业银行可以密切与工商企业的往来关系，从而有利于银行拓宽业务领域。

商业银行贷款的业务种类很多，按照不同的标准，我国商业银行贷款可划分为不同的类型。

（1）按贷款期限不同，分为短期贷款、中期贷款和长期贷款。根据中国人民银行1996年颁布的《贷款通则》，我国商业银行短期贷款是指银行向借款人发放的期限在1年以内的各种贷款，包括短期流动资金贷款、消费贷款及透支等。短期贷款主要是为了解决借款人短期的、临时性的资金需要。中期贷款是指商业银行向借款人发放的期限在1年以上、5年以内的贷款。长期贷款是指贷款期限在5年以上（含5年）的贷款。中长期贷款期限较长，相对风险较大，其贷款利率一般高于短期贷款。

（2）按贷款利率不同，可分为固定利率贷款和浮动利率贷款。固定利率贷款是指在贷款时就约定一个确定的利率水平，还款时按照约定的利率支付利息，在贷款期内利率不变。浮动利率贷款是指在贷款时选定一种利率作为基础，并确定一个浮动幅度和时间区间，贷款利率在贷款期限内可以根据市场利率的变化而相应变动的贷款。

（3）按贷款的担保状况不同，可分为信用贷款、保证贷款、抵押贷款和质押贷款。信用贷款是指不需要担保人担保，也没有抵押品，完全根据借款人的信用来发放的贷款。信用贷款根据借款人的资信程度不同，相应的贷款利率也有差异。保证贷款是指以第三人承诺在借款人不能按期偿还贷款时，按贷款合同承担连带责任为保证而发放的贷款。由于有第三人的担保，商业银行在借款人不能还款时，可以向提供担保的人追索。所以这类贷款的风险要比信用贷款小。抵押贷款是指按照我国《担保法》规定的抵押方式，以借款人或第三人的财产作为抵押物而发放的贷款。在利率上，抵押贷款比同档次信用贷款利率低。质押贷款是以借款人或第三人的动产或权利作为质押物而发放的贷款。这种贷款手续简单、贷款期限长、贷款利率低，可以避免找保证人的麻烦。

3. 中间业务

中间业务是指商业银行代理客户办理收款、付款和其他委托事项而收取手续费的业务，是银行不需动用自己的资金，依托业务、技术、机构、信誉和人才等优势，以中间人的身份代理客户承办收付和其他委托事项，提供各种金融服务并据以收取手续费的业务。银行经营中间业务无须占用自己的资金，该项业务是在银行的资产负债信用业务的基础上产生的，并可以促使银行信用业务的发展和扩大。

20世纪80年代以来，在金融自由化的推动下，国际商业银行在生存压力与发展需求的推动下，纷纷利用自己的优势大量经营中间业务，以获取更多的非利息收入。中间业务具有成本低、收益高、风险比较小的显著特点，因而日益被各国商业银行重视。

中间业务主要有汇兑业务、信用证业务、代理业务、信托业务和银行卡业务。

（1）汇兑业务。汇兑，又称汇款，是客户以现款交付银行，由银行把款项支付给异地收款人的一种业务。汇兑使用的凭证，其性质都是汇兑银行向另一家银行或其分支行发出的命令，命令后者向第三者支付一定数额的款项。依汇出行将付款命令通知汇入行的方式不同，可分为电汇、信汇和票汇三种形式。在当今银行业务广泛使用电子技术的情况下，大笔款项都是通过电子资金调拨系统处理。

（2）信用证业务。信用证业务是由银行保证付款的业务，现在广泛开展的信用证业务是商品信用证业务。商品信用证是银行应客户（购货单位）的要求，按其指定的条件开给销货单位的一种保证付款的凭证。商品信用证业务的技术过程是：客户请求银行向销货单位开出信用证，并把货款的一部分或全部交付银行，信用证上注明支付货款时所应审查的事项；销货单位按信用证所列条件发货后，可凭信用证要求银行付款。这种业务在异地采购，尤其是在国际贸易中得到了广泛的开展。

（3）代理业务。代理业务指商业银行接受客户委托，代为办理客户指定的经济事务、提供金融服务并收取一定费用的业务，包括代理政策性银行业务、代理中国人民银行业务、代理商业银行业务、代收代付业务、代理证券业务、代理保险业务、代理其他银行银行卡收单业务等。

（4）信托业务。信托是指接受他人委托，代为管理、经营和处理经济事务的行为。银行信托是银行作为受托人，按客户（委托人）的委托，代为管理、经营、处理有关钱财方面的事项，如银行代人管理财产、办理遗产转让、保管有价证券和贵重物品，等等。

信托业务最初由一些个人和保险公司经营，随后出现了信托公司这类专门的金融机构。再后，商业银行由于资力雄厚、信誉良好、业务经验丰富，也开始经营这种业务。

信托业务的种类极多、范围极广，经营现代信托业务若无专门的知识、广泛的信息、丰富的经验很难胜任。这也正是信托业之所以从初始的个人经办逐步过渡到主要以法人、专门的信托机构及银行经办的道理所在。

（5）银行卡业务。银行卡是由银行发行，供客户办理存取款和转账支付的新型服务工具的总称。银行卡包括信用卡、支票卡、记账卡、智能卡等。因为这些银行卡均以塑料制成，又有“塑料货币”之称。银行卡的出现，是银行业务与飞速发展的科学技术相结合的产物，它使得银行业务有了一个崭新的面貌。

1985年，中国银行发行了我国第一张银行卡。2002年，中国银联在上海成立，2004年和2005年先后开通中国香港业务和美国业务，此后迅速走向国际化，目前已成为具有全球影响力的银行卡品牌。近年来，我国银行卡的发展极为迅速。中国银行业协会的统计资料显示，截至2020年末，全国银行卡发卡量累计89.8亿张，当年新增发卡量4.5亿张，同比增长5.3%；全国银行卡交易金额合计792.8万亿元，同比下降3.6%。截至2020年末，全国受理商户累计2894.8万户，同比增长22.5%；受理机具累计3833.0万台，同比增长24.1%。

目前我国商业银行开办的中间业务已经涉及9大类500多个品种。2000年以前，国内商业银行开展中间业务的目的主要是维护客户关系，以增加存款为主，品种主要集中在代收代付、委托贷款等方面。2000年以后，防范风险、增加收入开始成为主要考量，代理保险、代理基金、投资银行、资产托管等高收益业务类别开始成为发展的重点。近年来，由于监管政策趋严，资产管理业务收入、代理业务收入有所萎缩，银行卡等传统业务开始成为大部分银行中间业务收入增长的推动力。

思考与讨论

负债业务是商业银行获取收益的主要途径，那商业银行的负债业务量是不是越多越好？

七、中央银行

在各种金融机构中，中央银行属于特殊的一类，虽然也被称为银行，但并非商业银行那种意义的“银行”：其经营目的不在于盈利。

（一）什么是中央银行

中央银行是指专门从事货币发行、专门办理对一般银行的业务以及专门执行国家货币政策的银行。中央银行是银行业发展到一定阶段之后的产物。它的产生适应了以下几个方面的需要：

1.统一银行券发行的需要

在中央银行产生之前，几乎每家商业银行都有发行银行券的权利。但随着商品经济和社会生产力的发展，特别是18世纪工业革命以后，信用规模的扩大、商业银行数量的增加，银行券分散发行的弊端逐渐暴露出来：

（1）一些商业银行由于信用能力薄弱，如果经营不善或爆发经济危机，则无法保证自己发行银行券的兑现。

（2）一些商业银行由于资历、信用和分支机构等问题，其信用活动的领域受到地域限制，所发行的银行券只能在国内有限的地区流通，给生产和流通带来不便。

（3）不同商业银行各自发行的银行券同时在市场上流通，使得交易双方要花精力去辨别真伪，同时也为犯罪分子欺诈提供了有利条件。因此，客观上要求有一个资历雄厚并在全国范围内享有绝对权威的银行来集中统一发行银行券。

2.统一票据交换和清算的需要

随着商品经济的发展和商业银行业务范围的不断扩大，银行处理的票据数量急剧增长，各商业银行间的债权债务关系日趋复杂，票据交换业务变得日益繁重，不断增长的票据交换和清算业务导致结算时间延长，阻碍了商品生产和贸易的发展。这表明，由单个银行或少数银行自行处理结算和清算业务，已不能满足商品经济活动和银行业务发展的要求。因此，客观上要求有一个统一的交换票据和清算债权债务的机构，作为金融支付体系的中心，快速清算银行间的票据，保证资金顺畅流通，促进商品经济健康发展，这只能由中央银行来承担。

3.充当最后贷款人的需要

在商业银行的日常经营中，经常有一些商业银行因营运资金不足、头寸调度不灵、资金周转困难而面临挤兑、倒闭的危险。当一家银行因无力支付而倒闭时，会危及其他银行乃至整个银行体系的安全。于是，就有必要适当集中各家商业银行的一部分准备金，在有的商业银行面临困境时提供必要的信用支持，为商业银行充当最后的贷款人。中央银行的建立适应了这种要求。

4.金融宏观调控的需要

金融业作为一个特殊的行业，有着严重的信息不对称和很高的风险，再加上金融业越来越激烈的竞争，银行很容易在激烈的竞争中破产倒闭。银行倒闭极易造成连锁反应，对经济造成的极大的震动和破坏。为了建立公平、有效和稳定的银行经营秩序，保证金融稳定和经济发展，客观上需要有一个代表政府意志的超然于所有金融企业之上的专门机构专事金融业管理、监督、协调的工作，这一使命由中央银行来承担最为合适。

（二）中央银行的性质

中央银行的性质是通过国家法律赋予中央银行的特有属性，可以表述为：中央银行是国家赋予其制定和执行货币政策，对国民经济进行宏观调控和管理监督的特殊的金融机构。这一性质表明：中央银行既是特殊的金融机构，又是特殊的国家机关。

1.中央银行是特殊的金融机构

中央银行的性质集中体现在中央银行是一个“特殊的金融机构”，具体表现为：业务的特殊性和地位的特殊性。

（1）业务的特殊性。与商业银行相比，中央银行的业务特殊性体现在：①经营目的特殊：中央银行不以营利为目标。②经营对象特殊：中央银行不与普通企业和个人进行业务往来，其业务对象仅限于商业银行、其他金融机构和政府等。③业务性质特殊：中央银行享有发行货币的特权，还负责集中存款准备金、代理国库、管理国家黄金和外汇储备、维护支付清算系统的正常运行等。

（2）地位的特殊性。就其所处地位而言，中央银行处于国家金融体系的中心环节，是全国货币金融的最高权力机构，也是全国信用制度的枢纽和金融最高管理当局。可见，中央银行的地位非同一般，它是国家货币政策的制定者，是政府在金融领域的代理。

2.中央银行是特殊的国家机关

作为国家管理金融业和调控宏观经济的重要部门，中央银行具有一定的国家机关性质，负有重要的公共责任。但是，它与一般的政府行政管理机构仍然存在着明显不同。其特殊性表现如下：

（1）履行管理职能的手段不同。中央银行行使管理职能时，不是单凭行政权力，而是通过经济和法律的手段，如信贷、利率、汇率、存款准备金、有关法律等。其中，以经济手段为主，如调整基准利率和法定存款准备金率、在公开市场上买卖有价证券等。

（2）履行管理职能的方式不同。中央银行对宏观经济的调控是间接的、有弹性的，即通过货币政策工具操作，首先调节金融机构行为和金融市场的变量，其次影响企业和居民的投资和消费，最后影响整个宏观经济。而一般国家行政机关的行政决议可以迅速且直接地作用于各微观主体，如税率的调整，缺乏弹性，政策效果呈现出刚性。

（3）履行管理职能时具有一定的独立性。中央银行相对于政府具有相对的独立性，而一般的国家行政机关本身就是政府的组成部分之一。

（三）中央银行的职能

中央银行的性质和宗旨决定了其有三项基本职能：发行的银行、银行的银行和政府的银行。

1.发行的银行

发行的银行是指国家赋予中央银行集中与垄断货币发行的特权，中央银行是国家唯一的货币发行机构。

2.银行的银行

银行的银行是指作为国家的金融管理机构，中央银行在整个金融体系中居于领导地位，并与商业银行和其他金融机构进行存、放、汇等业务上的往来。作为银行的银行，中央银行集中商业银行的存款准备金，充当商业银行的最后贷款人，为各商业银行及其他金融机构相互应收应付的票据进行清算。

3.政府的银行

政府的银行是指中央银行代表国家从事金融活动，贯彻执行国家货币金融政策，代为管理政府财政收支以及为政府提供各种金融服务，实施金融监管。

思考与讨论

中央银行为什么要垄断货币发行？

八、国家的调控手段：货币政策

经济发展过程中常会出现“过冷”或“过热”的现象，经济的“过冷”或“过热”总是与货币有着千丝万缕的联系，而中央银行作为货币的供给机构，就责无旁贷地要使出撒手锏来给经济“打针吃药”，以驾驭货币这匹难驯的烈马。中央银行为调节经济而采取的这些措施，就是我们常说的货币政策。

（一）什么是货币政策

货币政策是指中央银行为实现一定的经济目标，运用各种工具调节和控制货币供给量，进而影响宏观经济的方针、政策、措施的总称。货币政策在国家的宏观经济政策中居于十分重要的地位，同财政政策一起构成国家调节经济的两大宏观政策。

（二）货币政策最终目标

理论上，货币政策的最终目标一般包括四个：稳定物价、充分就业、经济增长和国际收支平衡，它反映了社会经济对货币政策的客观要求。

1. 稳定物价

稳定物价是使一般物价水平在短期内不发生显著或剧烈的波动。物价过快增长和负增长对经济发展和收入分配将带来很坏的影响，如果出现恶性通货膨胀，更会给国家经济带来巨大打击。因此，很多国家都将稳定物价作为货币政策的首要目标。但是，稳定物价并非固定物价，而是在综合考虑本国国情以及经济发展进程和人们的承受能力的基础上，通过中央银行货币政策的实施，设法将物价上涨幅度控制在可以接受的尽可能小的幅度内。在通货膨胀已成为世界性痼疾的趋势下，试图把物价控制在一个绝对不变的水平上是不可能的。如果物价处于相对的静止状态，反而是不正常的经济现象。

2. 充分就业

充分就业通常是指凡有能力并自愿参加工作的劳动者，都能在比较合理的条件下找到适当的工作。充分就业并不意味着消除失业，因为在大多数国家，即使社会提供工作机会与劳动力完全均衡，也可能存在摩擦性失业或结构性失业等暂时失业，还有所谓自愿失业和工资刚性导致的失业。经济学家认为，如果“非自愿失业”已消除，失业仅限于“摩擦性失业”和“自愿失业”，就可以认为实现了充分就业。一般认为只要失业率控制在3%~5%，就可看作是充分就业。

3. 经济增长

经济增长是指一国或地区生产商品或劳务能力的增长。通常用国内生产总值增长率或人均国内生产总值增长率来表示。在保证经济正常运行情况下的经济高速增长，总是一国货币政策寻求的目标。一般情况下，货币政策是通过保持通货的稳定增加，保持较高的投资率，为经济运行创造良好的货币环境来达到促进经济增长的目的。只有建立在资源的有效合理利用和生态环境的充分保护之上的经济增长才是中央银行货币政策追求的最终目标。对于经济增长的幅度很难确定统一的衡量标准，只能从各国实际情况出发，结合某一时期社会经济发展的特点和以往的经验数据，实事求是地加以确定。

4.国际收支平衡

良好的货币政策能使国家在对外经济贸易方面保持外汇储备的适当流动性，从而保证对外经济活动对外汇的需要，要防止过多的外汇储备造成资源滥用和贬值风险。此外，中央银行通过实施诸如稳定和调整汇率、利率等货币政策措施，能预防和调整国际收支失衡。因此，货币政策将保持一国国际收支平衡作为自身的目标之一。在现实操作中，国际收支平衡是一个不容易确定的目标，要使一国每一年的国际收支都实现平衡是不可能的，只能是在一个较长的时期内基本保持稳定和平衡。

（三）货币政策三大法宝

1.法定存款准备金政策

法定存款准备金率是指一国中央银行规定的商业银行和存款金融机构必须缴存中央银行的法定准备金占其存款总额的比率。调节法定存款准备金率是国家调节货币政策的有效方法。

凡是实行中央银行制度的国家，一般都实行法定存款准备金制度。我国在1984年开始建立存款准备金制度，并多次对准备金制度进行改革。一般说来，法定存款准备金制度主要包括以下内容：①确定存款准备金制度的适用对象。美国规定所有存款机构都必须执行联邦储备体系的缴存存款准备金的规定，中国存款准备金制度适用于各种银行、信用社、信托投资公司及财务公司等。②规定法定存款准备金比率。凡商业银行吸收的存款，必须按照法定比率向中央银行缴存一定的准备金，其余部分才能用于放款或投资。③规定可充当法定存款准备金的内容。一般而言，规定只有存入中央银行账户的存款才能充当法定准备金，而商业银行持有的其他资产不能充作法定准备金。④规定存款准备金的计提基础。对于计提准备金账户余额，有两种不同的确定方式。一种是按照考核期内的日平均存款余额作为计提基数，另一种是按照考核期末存款负债余额计提。此外，存款准备金制度还包括了存款准备金的付息标准和存款准备金持有期的考核办法等内容。

法定存款准备金政策作为一种货币政策工具，其优点是：对货币供给量具有极强的影响力，力度大、速度快、效果明显。但它也存在明显的局限性：①法定存款准备金政策作用力猛烈，对经济震荡大。即使中央银行对法定存款准备金率的调整幅度很小，也会引起货币供给量的巨大波动，因而不能作为中央银行的日常操作工具。②法定存款准备金政策对各类银行的影响不一样。法定准备金率的提高，可能使超额准备率较低的银行立即陷入流动性困境。

拓展阅读

什么是法定存款准备金率和法定存款准备金？

法定存款准备金率和法定存款准备金到底是怎么回事呢？这里我们举个例子。比如说我们手里现在有1亿元，放在家里肯定是不放心的，比较稳妥的办法就是把这些钱放到银行进行储蓄。那么银行收到这些钱之后会立即想要利用自己的资源让这些钱变成更多的钱，使自己盈利。通常，银行会把这笔钱以贷款的形式发放出去，以此来收取贷款利息。

站在银行的角度，会贷出去多少呢？对银行来说，肯定全贷出去是最好的，因为放贷越多，银行利息收益越多！站在银行的角度确实如此；但是站在我们存款人的角度，银行贷款量越多意味着风险越大，坏账率也会越大。如果银行无法按期收回贷款，损失最大的肯定是存款人。由于信息不对称，我们并不知道钱到底被银行拿去干什么了，所以我们该怎样维护自己的存款安全呢？

这时候，中央银行（中国人民银行）出手了。央行对商业银行说："你们挣钱可以，但是不能损害人民的合法利益，不能光想着挣钱，也得想想赔了怎么办！你们如果把老百姓的钱全部贷出去，那么遇到市场不景气给赔了，怎么还人家？所以我规定，老百姓在你们这里存钱，你们必须给我上缴一定比例由我代为保管，防止你们把钱赔了坑了老百姓！"这里中央银行要求商业银行上缴的最低存款比例就是法定存款准备金率，对应的资金就是法定存款准备金。简单来讲，法定存款准备金就是中央银行向商业银行收取的保证金。

---

2. 再贴现政策

再贴现政策主要指中央银行变动自己对商业银行所持票据再贴现的贴现率，影响贴现贷款数量和市场利率，从而对货币供应产生影响以实现货币政策预期目标；现在已扩及对商业银行各种信用支持的利率。

如果持有未到期票据的收款人持有还没到期的票据，但又急着用钱，就可以把票据转让给商业银行获得现款，代价是贴付一定利息，这就叫贴现。可商业银行也有周转不开的时候，它也可以把手中未到期的票据暂时"卖"给中央银行，这就叫再贴现。商业银行也得向中央银行支付一定利息，这个利率就叫再贴现率。

当中央银行降低再贴现率的时候，商业银行发现从中央银行再贴现借钱比较划算，就会更多地申请再贴现。这样一来，中央银行的基础货币投放增加了，货币供应量自然也会增加。而且，再贴现利率的降低也会最终带动其他利率水平的下降，起到刺激投资和经济增长的作用。反过来，中央银行也可以提高再贴现率，实现相反的意图。再贴现的确是个妙用无穷的法宝，它不但能调控货币总量，还能调整结构。比如，中央银行规定哪些票据可以被再贴现，哪些机构可以申请再贴现，这样分门别类、区别对待，使得政策效果更加精确。

3.公开市场操作

公开市场操作是指中央银行在金融市场上公开买卖有价证券，吞吐基础货币，以此调节货币供应量和利率的政策方法。公开市场操作的作用效果体现在两点：第一，当金融市场上资金短缺时，中央银行通过在金融市场上买进有价证券，向社会注入一笔基础货币，通过货币乘数的作用，引起信用扩张和货币供应量的成倍增加；反之，则相反。第二，公开市场操作还可以影响利率水平和利率结构。中央银行买入有价证券时，一方面需求增加的证券价格下降，收益率下降；另一方面商业银行超额准备金增加，货币供给增加，利率水平下降。反之，则相反。此外，中央银行可以根据需要同时买入或卖出不同期限的有价证券，以改变各期限的有价证券的供求状况，进而实现调节利率结构的目的。

思考与讨论

法定存款准备金政策有哪些特点？

九、金融科技助力银行业数字化转型

当前全球经济进入新一轮科技革命，数字经济以及数字方面的科技应用快速发展，包括大数据、云计算和人工智能等，不仅为商业银行数字化转型提供了丰富的科技手段，也为数字化转型提供了更为广阔的金融生态。科技深刻地改变了金融业态，并开始成为未来金融发展的制高点。

（一）什么是金融科技

金融科技可以简单理解为“金融+科技”，是指通过利用各类科技手段创新传统金融行业所提供的产品和服务，提升效率并有效降低运营成本；主要表现为“一增一减”：“增”是指提高了业务处理的效率，比如信贷效率、风控效率等；“减”是指降低金融行业的成本，大量的工作由机器自动化快速处理。

根据金融稳定理事会（FSB）的定义，金融科技是基于大数据、云计算、人工智能、区块链等一系列技术创新，全面应用于支付清算、借贷融资、财富管理、零售银行、保险、交易结算等六大金融领域，是金融业未来的主流趋势。

在数字金融发展的“红利期”，传统银行与金融科技的“强强联合”将迸发出怎样的火花？

（二）金融科技助力商业银行数字化转型

1.金融科技助力商业银行创新金融服务

金融科技主要是通过新技术手段来帮助商业银行创新金融服务的内容。商业银行利用大数据分析，对目标用户进行精准分析，进行跨界合作。比如，招商银行基于金融科技推出诸多联名信用卡，王者荣耀联名信用卡是符合当下爱游戏年轻人的喜好。在为用户线上快速办理信用卡的时候，商业银行依托了人工智能以及大数据的手段，精准推送营销内容，定位目标用户偏好的信用卡类型，后台分析用户画像，不仅降低了风险概率，而且提升了金融服务效率。另外，有些商业银行推出依托云计算手段设计的智能搜索引擎，能够为用户实时匹配个性化的信贷产品，提升了商业银行金融产品的灵活性。通过海量大数据的分析，还能够确定创新的产品是否适用于其他用户，是否值得营销推广。

2.金融科技助力商业银行降低运营成本

大数据能够帮助商业银行高效获取用户画像，降低商业银行信息数据调取和查询的成本，降低其人工交易成本，使得商业银行处理数据的能力得到提高，减少因时效性而带来的机会成本。

区块链技术可以帮助商业银行有效改善业务程序的繁琐程度。标准化和智能化的业务流程，不仅精简业务程序，降低交易成本和流程成本，也能缩减用户办理业务的时间，提升服务效益，帮助商业银行提升效益。

人工智能的使用能够帮助商业银行降低人力资源成本，提高人力的利用率。人工智能可以直接给用户办理开卡、转账、存取款等业务，不再需要从事机械重复性的银行员工。不仅如此，人工智能还能对用户数据进行精准分析和定位，降低调研成本和新产品的开发成本。

3.金融科技助力商业银行提升获客能力

商业银行在获客能力方面受制于获客渠道和服务质量。在金融科技转型之前，商业银行的获客渠道较为单一，主要通过开设网点获取用户，而开设新网点的成本较高，获取用户的覆盖面也有限，同时开发新用户有赖于网点的员工工作能力和网点的服务质量。用户在办理银行业务的时候，经常需要到网点找银行工作人员，而且经常有大批人在排队，这是由于商业银行单一服务渠道和低工作效益性导致的。

采用大数据、人工智能等金融科技新技术后，商业银行开发了自己的App，拓展了线上渠道，通过提供线上银行服务，其覆盖面更广，获客不会受制于地域因素的限制。线下网点主要针对当地中老年群体，线上营销主要针对成长于互联网时代的年轻群体，不仅减轻了网点网力，还拓展了获客渠道。通过有针对性的服务，也提升了商业银行的服务质量。

4. 金融科技助力商业银行提高风控能力

商业银行的经营本质就是风险的经营，从商业银行诞生起，商业银行就在不打断地平衡风险和收益。如何提高风险控制能力，降低不良资产率，也是每家商业银行一直追逐的目标。

大数据手段有助于降低信用风险和操作风险。海量大数据的集中梳理，使得商业银行能够精准地分析用户基本情况，了解其消费行为及还款能力，通过征信数据共享等方式，反馈用户信息，降低因信息不对称而出现的道德风险和逆向选择，进而提升其风险控制能力，提高效益。在大数据时代，信息系统处理数据的方式代替了传统人工处理数据的手段。这一方面提高了商业银行的工作效率，另一方面降低了因手工处理而产生的差错，极大程度地帮助商业银行减少操作风险的发生。

区块链作为一种可追溯的技术手段，其安全性和可追溯性能够给予商业银行极大的便捷性，便于记录和调取各种数据。虽然各家商业银行在金融业深耕数年，已经积累了海量的数据，但是使用和分析这些数据需要耗费大量的人力、物力、财力，而通过区块链技术能大幅提升效益。区块链通过对数据的整理分析、实时监控以及监督检查，能够提取有价值的数据内容，增强商业银行资产负债、绩效和风险控制能力，减少信息不对称的可能性，从而帮助商业银行降低操作风险和市场风险。

十、防范金融风险，远离金融诈骗

大数据时代每个人的个人信息都已经不再是隐私。各种金融诈骗手段，让人防不胜防。具体来说，我们身边有哪些金融风险？我们又该如何防范这些金融风险呢？

（一）网贷陷阱

随着互联网金融的发展，越来越多的人（20~30岁的年轻人居多）放弃了需要欠下人情的民间借贷，也不再考虑需要财产抵押的银行贷款，纷纷通过网络贷款平台来解决资金的燃眉之急。犯罪分子也瞄上了这部分急需网络贷款的人。我们经常能看到诸如“无须抵押、次日放款、三年免息、最高可贷15万元”“动动手指，验证一下身份，就能轻松借到钱”……的网络贷款宣传。

1. 网络贷款的诱人之处

相对传统借贷，网络借贷因审核周期短、放款流程简单而受到借款者青睐。网络贷款通常只需要填写个人资料即可，审核的速度也非常快，有些甚至可以当天放款。而正规的银行贷款则要对客户的资信和借款用途进行严格审核。

2. 网络贷款的陷阱

（1）保证金、手续费、高利息、高罚息。网络贷款一般都会以收取保证金、手续费、利息等名目，要求借款人提前交费，导致借贷者实际拿到手的钱要远远少于借贷金额。如果借款人没在还款期之内还完款，还会产生翻倍的罚息。这些罚息和本金一起在高利率下利滚利，让借款人背上更加沉重的债务负担。商业银行贷款则利率透明，收息罚息均在合同中体现，并且是通过客户经理在评估借款人的还款能力后发放的贷款，很大程度上避免了借款人因自身不正当理由而骗贷的情况出现。

（2）不能还款，骚扰亲友、网暴借款人。如借款人网贷逾期，非法放贷者通常会电话打爆借款人的通讯录、骚扰威胁其家人，让借款人、借款人的家人和亲朋好友的正常生活受到极大干扰，甚至无法回归正常生活。还有的非法网贷者，通过互联网网暴借款人。现实生活中，很多借款人因为网络贷款被公司辞退、被家人嫌弃，声誉被毁、前途被毁，催债电话让他们不堪其扰，周围人的冷眼和网暴让他们不堪其辱，有的因此陷入更深的借贷，有的甚至因此自杀身亡。

3. 规避网贷陷阱

如何才能避免被网贷套路呢？笔者认为应该做到以下两点：

（1）办理贷款一定要到正规的金融机构。正规贷款在放款之前不会收取任何费用！

（2）识别网贷诈骗，远离非法网贷。任何网络贷款，凡是在放款之前，以交纳“手续费、保证金、解冻费”等名义要求转账刷流水、验证还款能力的，统统都是诈骗！此时，我们一定要提高警惕，切勿掉落陷阱。

拓展阅读

环环相套，杨某掉落网贷陷阱

“90后”的杨某从事房屋装修行业已经三年了，早有开设一家工作室的想法，却因为家庭条件一般，苦于缺少启动资金，而一直未能实现。

2018年12月的一天，杨某突然接到一个陌生电话，电话里一个声音甜美的年轻女生自称是某网络贷款平台的电话客服，她告诉杨某该平台“无须抵押、次日放款、三年免息、最高可贷15万元”。杨某以前手头紧的时候也尝试过网络贷款5000元、10000元，但是那些贷款平台利息高、额度低，根本不划算。

面对如此优惠的条件，杨某一听就动了心，根据对方发来的短信关注公众号，接着在公众号上下载某贷款App。App的注册申请并不复杂，杨某根据要求输入了姓名、身份证号码、银行卡卡号、工作地址、电话号码完成了注册，随后在App上申请贷款12万元，系统受理显示正在审核。次日一早，杨某打开

App一看发现贷款申请已通过，并显示放款12万元到杨某的App账户上。这么简单就获得了12万元的贷款，杨某喜出望外，接着又犯了难，怎么把钱提取到银行账户呢？

杨某赶紧联系App的客服，客服加了杨某微信并告诉他，要将钱提取出来需要先交纳贷款金额的1%作为工本费，并发给杨某一个收款二维码扫码付款，杨某心想能贷到12万元，1200元工本费算不了什么，于是很爽快地扫码付款了。

接着杨某发现App账户显示可以提现了，选择提现到注册的银行卡，按说钱该实时到账的，杨某左等右等都没等到，突然发现App系统显示银行卡账号有误，资金被冻结了。这可把杨某吓得一身冷汗，银行账号杨某注册时可是反复确认过的，怎么可能出错呢？杨某赶紧联系客服，客服告诉杨某他确实输错了银行账号，还截图给杨某看。杨某一看账号竟真的错了一个数字，虽然杨某很肯定自己输入时没有错，但是现在“有图有真相，不信也得信”。

杨某赶紧让客服解冻，客服却说要将资金解冻需要交纳6000元解冻保证金，同时要修改预留的银行账号还要交8000元改卡号的保证金，客服又说保证金到时会退还和贷款一起打到杨某账户，于是杨某通过客服提供的二维码交了钱。随后客服推荐杨某加了该平台风控部经理的微信。等了一会儿，风控部经理告诉杨某账户已解冻，可以提取资金了。虽然一波三折但终于可以提取资金了，杨某再次登录App选择提现，系统却仍然显示无法提现。杨某只得再联系那个风控部经理，经理告诉杨某这是因为杨某的银行账户资金流水太小，如果要顺利拿到贷款还要交12000元帮他刷资金流水。为了尽快拿到贷款杨某一咬牙又扫二维码支付了12000元给风控部经理。风控部经理说12万元的贷款和保证金等费用24小时后会打到杨某账户。

杨某焦急地等待了24小时，资金依然没有入账。杨某再次联系风控部经理，对方又说还需要杨某预交14800元到某银行账户才能出具资金返还证书，将所有资金打入杨某账户。杨某说：“你们怎么能出尔反尔呢？一开始明明说好24小时资金入账，现在又要交钱，我已经没钱了。”对方说这是为了避免网络贷款变成坏账的规定，如果不交纳，那贷款就不能获得，之前交的费用也没法返还。想到12万元的贷款还有已经交的2万多元的费用，杨某只得找家人凑齐了14800元转到指定的银行账户。这次对方保证次日8点之前钱一定到账，于是杨某又是一轮焦急的等待。约定时间到了，杨某的账户一分钱也没有收到，气愤的杨某再次联系所谓的风控部经理，却发现对方的手机号码已停用，自己的微信也被对方删除。杨某醒悟过来自己是遇到网贷诈骗了，随即向当地警方报警。

2019年1月，诈骗杨某的犯罪团伙被公安局破获，至同年3月该团伙33名成员全部落网。该诈骗团伙以网络贷款为名骗取被害人财物40余万元，被害人上百人，分布于上海、广东、云南、安徽、江西、江苏、河南、山东、山西、贵州、天津、四川、宁夏等各省市，均为20余岁至30余岁有贷款需求的年轻人，其中绝大部分被害人曾有网络贷款的经历。

（二）电信诈骗

1.电话诈骗

虚构子女绑架，利用电话录音（如孩子的哭声）造成家人恐慌，要求家人汇款赎人；冒充亲友，以车祸、生病、违法需交纳款项等为由实施诈骗；冒充电信局人员，以电话欠费等名义实施诈骗；冒充公、检、法等国家机关人员，以事主涉嫌洗钱、诈骗等犯罪活动为由，实施诈骗；冒充税务局人员，以退税为由要求事主到银行ATM机上操作，并诱骗事主使用英文模式操作，实施诈骗；谎称事主中奖，要求事主交纳个人所得税、服务费和手续费等实施诈骗。

2.短信诈骗

发送短信称事主的银行卡在异地刷卡消费，待事主回电时，不法分子假冒银行工作人员实施诈骗；通过短信发送银行账号及“速汇款”等信息，行骗碰巧要汇款的事主。

3.网络诈骗

在互联网上发布帮助挑选或者购买股票等信息，骗取事主汇款；发布虚假中奖信息，事主上网时会发现QQ中奖或者网络游戏中奖，但必须先交纳手续费、个人所得税等，不法分子以此骗取事主汇款。

（三）ATM机诈骗

1.利用安装设备诈骗

“克隆”受害人银行卡窃取账户资金。此类犯罪多为团伙作案，一般先由团伙成员踩点，选择在合适的ATM机上安装针孔摄像头和读卡器，并在ATM机附近等待，在受害人取款离开后，再通过窃取的信息取走受害人账户中的资金。此外，犯罪分子还可能在插卡口、出钞口设障碍，制造“吞卡”情况。

2.调包方式作案

此类犯罪多为团伙作案，在受害人使用ATM取款机时由一名犯罪嫌疑人以“丢包”等方式转移受害人注意力，其他团伙成员相互掩护，伺机用事先准备好的银行卡将受害人银行卡调包，在受害人认为交易已完成并离开现场后，再用受害人的银行卡窃取账户资金。

3.“好心人”帮助作案

不法分子冒充“好心人”帮助事主办理取款等业务，借机偷看其交易密码，并实施诈骗。对此，我们在使用ATM机时要是有什么不明白的，求助银行是最可靠的选择。

（四）非法集资诈骗

非法集资是指违反国家金融管理法律法规的规定，向社会公众（包括单位和个人）吸收资金的行为。关于非法集资，下面几点我们一定要牢记。

1.形式多，核心就是骗人钱财

尽管非法集资披着“投资理财”“网络借贷”“互联网金融”“股权投资”的外衣，但万变不离其宗，无外乎承诺高额回报、虚构或夸大投资项目、虚假宣传造势等，蛊惑投资者多掏腰包，其核心就是通过各种手段骗人钱财。

2.陷阱多，谨慎投资切莫上当

要切记“天上不会掉馅饼”“世上没有免费的午餐”“你惦记他的利息，他贪婪你的本金”，自觉抵制各种诱惑，依法保护自身权益。对高额回报、快速致富的投资项目一定要擦亮眼睛，提高警惕，多向专业机构、专业人士咨询。对不熟悉的理财项目或公司要多问几个问题：有没有政府部门的批准？经营范围有哪些？有没有违反国家法律？如发现非法集资活动苗头和线索，要及时劝告身边的亲属、朋友不要轻信高额利息承诺，并及时向公安机关举报。

3.出现损失，后果自负

国务院《非法金融机构和非法金融业务活动取缔办法》第18条规定：因参与非法金融业务活动受到的损失，由参与者自行承担。因此，参与非法集资不受法律保护，一旦有损失，所有后果自行承担。

（五）防范金融诈骗

金融诈骗五花八门，我们到底应该如何防范金融诈骗呢？防范金融诈骗，要做到“三不要”和“三要”。

1.“三不要”

（1）不要轻信来路不明电话号码的短信或者非正常渠道的电话银行服务；

（2）不要轻信各类中奖、费用返还的短信内容，拒绝利益诱惑；

（3）不要向任何人透露银行卡或网上银行用户名、密码。在任何情况下，银行及公检法等部门都不会向客户索要银行卡或网上银行密码。

2.“三要”

（1）要提高金融安全意识。比如在设置密码时避免用生日、电话号码等容易猜测的数字或字母组合，不在公共场所使用网上银行等；

（2）要登录正确的网站或通过银行的专用电话或银行的营业网点办理相关业务；

（3）遇到诈骗，要及时向公安机关报案。

思考与讨论

你或你身边的人遇到过金融诈骗吗？当时你们是怎么处理的？如果再遇到金融诈骗，你又会如何处理？

第10章 资金增值的手段：证券

学习目标

了解投资与投机的区别与联系，理解并掌握各种金融工具的特点；能运用所学交易知识和操作技巧，并结合自身情况进行适度的证券投资；客观理性看待证券市场，建立正确的投资观，实现家庭资产的保值增值。

资本市场的发展经历了数百年的漫长历史，其中有欢乐，有悲怆，有理性繁荣，有泡沫破灭，有对未来的憧憬和期待，也有落花流水般的无奈，这是资本市场的天然属性。随着我国经济的快速发展，居民个人财富日益增长，中等收入的居民和家庭数量不断增加。在满足基本生活需求之后，如何使财富保值增值，是大家普遍关心的问题。近几年，金融市场迅猛发展，呈现出金融产品多样化、投资决策复杂化、家庭理财综合化等特点。而证券投资无疑是人们投资理财的首选，学习这方面的知识和操作技巧显得非常迫切和必要。

一、投资还是投机？

大家打开抖音、微信及电视，或者登录微博、论坛、贴吧等，所看到的关于投资的资讯无非集中在以下几个点："今年的热点是什么？""明天大盘怎么样？""这只股票的概念如何？""短线交易秘籍""三招学会炒股"这类的标题。实际上背后的意思是："快来做点投机交易吧，因为券商要吃饭，平台要吃饭，电视台要吃饭，名嘴博主也要吃饭。"那么到底什么是投资和投机呢？下面让我们简单了解一下投资与投机的区别与联系。

（一）什么是投资

所谓投资，就是经济主体为获得预期经济利益而在当前进行资金投入，购买金融资产或实物资产以达到资产保值增值的行为和过程。对任何经济社会和经济人而言，持续不断地进行投资是保持经济利益持续增长必不可少的前提条件，可以从以下几个方面来认识投资。

（1）投资是现在支出一定价值的经济活动。从当前来看，投资就要现在支付一定的资金；从长远来看，投资就是为了获取未来的报酬而现在采取的付出资金的经济行为。

（2）投资具有时间性。也就是说，现在付出的价值只能到未来才能收回，而且等待的时间越长，未来收益的不确定性就越大，从而风险就越大。

（3）投资具有一定的风险性。当前投入的价值是确定的，但是，未来可能获取的收益却是不确定的。这种未来收益的不确定性就是风险。

（二）什么是投机

在证券投资学中，投机指证券市场参与者根据自身对证券价格走势的判断，为获取价差收益而进行先买后卖或先卖后买的行为。投机也是一种投资形式，但其收益和风险都较大。

（三）投资与投机的区别与联系

投资与投机虽是两个不同的概念，但二者之间也有一些相同点：

首先，二者都是以获得未来的增值或收益为目的而预先投入资金的行为。

其次，二者未来的收益都带有不确定性，都要承担本金损失的风险。

投资与投机的区别主要体现在下面几个方面：

（1）二者的本质不同。投资是基于价值的变动，投机是基于价格的变动。对于金融市场的参与者来说，当买入一个金融产品之后，如果指望这个产品能不断产生现金流，比如定期得到利息分红和房租收入，那就是投资。而投资的收益，是来自投资物所产生的财富，也就是说，投资将金融市场的蛋糕做大了。

如果你只是“期待有人以更高的价格把手上的东西买走”，比如黄金或比特币的低买高卖，那就是投机。投机的收益，是来自另一个投机者的亏损，也就是说，金融市场的蛋糕还是那个蛋糕，投机只是一个分蛋糕的过程。

（2）二者行为期限的长短不同。一般认为，投资的期限较长，投资者愿意进行实物投资或长期持有证券，而投机的期限较短，投机者热衷于频繁的买卖。

（3）二者的利益着眼点不同。投资者着眼于长期的利益，而投机活动只着眼于短期的价格涨跌，以谋取短期利益。

（4）二者承担的风险不同。一般认为，投资的风险较小，本金相对安全，而投机所包含的风险则可能很大，本金有损失的危险。因此，投机被称为“高风险的投资”。

（四）客观看待投资与投机

值得注意的是，在证券投资学中不管是投资还是投机，都并不带有感情色彩，其主要的区别在于市场参与者对市场的认知或交易理念不同，进而采取的交易策略也不同。而在现实生活中，许多投资者甚至政策制定者，容易对投机形成误解，认为投机对证券市场的发展是不利的，应该给予限制甚至打击。这主要是因为混淆了传统词语中带有贬义色彩的投机和证券投资学中无感情色彩的投机概念。准确来说，传统词语中的投机概念其实等同于我国《证券法》中的“操纵市场”这一概念，是《证券法》中明确列出的违法行为，是证券市场要严厉打击的行为。而证券投资学中的投机仅仅是证券交易中不同交易理念中的一种，该投机行为合法且能为证券市场提供充足的流动性，因此是有利于证券市场发展的。

二、最常见的金融工具：股票

股票是证券投资的重要工具之一。马克思在《资本论》中指出：股票，如果没有欺诈，它们就是对一个股份有限公司拥有的实际资本的所有权证书和索取每年由此生出的剩余价值的凭证。股票是独立于真实资本之外的，只是凭借着它所代表的资本额和股东权益在市场上进行着独立的价值运动。

（一）什么是股票

在讲股票定义之前，我们先来看一个小故事：

从前，有一个煎饼摊子，由张三和李四共同经营。后来，因为煎饼摊子的生意很好，张三和李四决定成立一家煎饼公司，并开放加盟，此时原来的个体户煎饼摊子就变成了公司。

因为煎饼公司的生意很不错，王五想要投钱参与进来，而张三和李四也想开拓市场，但又没有足够的资金，所以打算引入王五。

那么，怎样才能引入王五呢？总不能他给钱就让他进来吧？这样的话未来公司谁做主呢？利益又该如何分配呢？这时候张三和李四想到了一个方法：将公司的价值分成若干股份，例如这个公司价值100万元，分成100万股股份，每股1元，如果你想要投钱进来，那就购买煎饼公司的股份就好了。王五投了30万元，买了30万股煎饼公司的股份，成了煎饼公司的股东之一，此时王五有30%的话语权。未来公司如果赚到钱进行分红，王五能获得30%的分红。当然，如果公司经营亏损了，王五也要承担相应的损失。

之后，随着公司越来越大，需要用钱的地方越来越多，张三和李四决定上市融资，这样就可以让引入更多像“王五”这样的人了。随着人数越来越多，为了方便统计和证明，大家将自己的股份写到一张张纸上，也就变成了如今的股票了。

所谓的股票，就是一种由股份有限公司签发的用以证明股东所持股份的凭证，它表明股票的持有者对股份公司的部分资本拥有所有权。股票重在“股”，指的是公司的股份；而“票”，不过是一种记录“股”的形式。

股票作为一种所有权证书，最初是采取有纸化印刷方式的，如上海的老八股。时至今日，随着电子技术与信息技术的发展和应用，电子化股票应运而生。电子化股票没有纸面凭证，而是将有关事项存储于电脑中，股东只持有一个股东账户卡，通过电脑终端可查到持有的股票品种和数量。这种电子化股票又称为无纸化股票。目前，我国上海证券交易所、深圳证券交易所和北京证券交易所上市的股票均采取这种方式。

（二）股票的特征

股票作为有价证券，既具有有价证券的一般性特征，也有其自身的一些特性。

1.股票作为有价证券的一般性特征

（1）收益性。能获取收益是我们投资股票的主要原因，股票投资的收益主要来自三个方面：一是股息和红利；二是资本利得；三是资本增值。

（2）风险性。风险是投资者往往容易忽略但又客观存在的一个特征。股票投资的风险主要来源于三个方面：一是由于公司经营不善造成亏损，而不能按期发放股息和红利；二是由于公司破产清算造成投资者的本金无法收回；三是由于价格波动使投资者的本金遭受损失。

（3）流通性。流通性是指股票持有人可根据自己的意愿，自由地买卖和转让股票。可以毫不夸张地说，流通性是包括股票在内的有价证券的生命力所在，不能流通的证券其价值就要大打折扣。

2.股票自身所具有的特征

（1）不可返还性。投资者购买了股票后，其股本不能中途撤回。投资者可以在股票市场上出售股票以获取资金，但这仅仅是投资者之间的股权转让，对发行股票的公司而言，股本总额没有发生变化。

当然，就股票的这一特性而言有一种例外，即股份公司回购股票。根据我国法律规定，股份公司可以按照规定回购其发行在外的股票，以用作减资或作为奖励股票等目的。

（2）参与性。股票持有者作为股份公司的股东，可以参与公司的经营决策。股东参与公司经营决策的主要方式是出席股东大会，通过对重大经营事项进行投票表决和选举公司董事来实现其参与权。

（三）股票的种类

1.根据股东享受权益的不同，股票可分为普通股和优先股

（1）普通股。普通股是指在公司的经营管理和盈利及财产的分配上享有普通权利的股份，代表满足所有债权偿付要求及优先股东的收益权与求偿权要求后对企业盈利和剩余财产的索取权。普通股构成公司资本的基础，是股票的一种基本形式。目前在上海和深圳证券交易所进行交易的股票都是普通股。

普通股股东按其所持有股份比例享有以下基本权利：

①公司决策参与权。普通股股东有权参与股东大会，并有建议权、表决权和选举权，也可以委托他人代表其行使其股东权利。

②利润分配权。普通股股东有权从公司利润分配中得到股息。普通股的股息是不固定的，由公司盈利状况及其分配政策决定。普通股股东必须在优先股股东取得固定股息之后才有权享受股息分配权。

③优先认股权。如果公司需要扩张而增发普通股股票时，现有普通股股东有权按其持股比例，以低于市价的某一特定价格优先购买一定数量的新发行股票，从而保持其对企业所有权的原有比例。

④剩余资产分配权。当公司破产或清算时，若公司的资产在偿还欠债后还有剩余，其剩余部分按先优先股股东、后普通股股东的顺序进行分配。

（2）优先股。优先股在利润分红及剩余财产分配的权利方面优先于普通股。优先股股东享有以下权利：

①优先分配权。在公司分配利润时，持有优先股股票的股东比持有普通股股票的股东先分配，但是享受的是固定金额的股利，即优先股的股利是相对固定的。

②优先求偿权。若公司清算，在分配剩余财产时，优先股在普通股之前分配。

2.按上市地点不同，股票可分为A股、B股、H股、N股、S股和L股

A股，又称人民币普通股票，由我国境内的公司发行，供境内机构、组织或个人（不含我国港、澳、台投资者）以人民币认购和交易的普通股股票。年满18周岁的个人投资者，国内的机构投资者、中国证监会规定的其他投资人均可投资。

B股，又称人民币特种股票，是以人民币标明面值，以外币认购和买卖，在境内证券交易所上市交易的股票。外国的自然人、法人和其他组织，我国香港、澳门、台湾地区的自然人、法人和其他组织，定居在国外的中国公民，中国证监会规定的其他投资人均可投资。

H股，是指在内地注册，在中国香港上市的外资股。中国机构投资者、国际资本投资者，均可以投资H股。

N股，是指在美国纽约证券交易所上市的外资股票，供境内外投资者投资。

S股，是指在新加坡证券交易所上市的股票，供境内外投资者投资。

L股，是指在伦敦证券交易所上市的股票，供境内外投资者投资。

（四）股票价格变化

上文提到了，煎饼公司将公司价值分成了100万份股票，每股1元。如果此时，煎饼公司突然传来利好，例如煎饼公司要跟麦当劳合作了，市场上的投资者都想要买一些煎饼公司的股票，如果有1000万人想买煎饼公司的股份，但煎饼公司只有100万的股份，这时候股票供不应求，价格就会大涨。

换个方向，如果煎饼公司突然传出不好的消息，例如被曝光用了地沟油，大家都不愿意买煎饼公司的股票了，原来持有煎饼公司股票的人也想要卖出煎饼公司的股票，这时候供大于求，股票的价格就会下跌。

当然，有时候股票价格涨跌也有炒作的因素。像上面提到“要跟麦当劳合作”，很可能根本没有这个事，但市场上就是有这个传言，煎饼公司的股价也就涨起来了。不过，在炒作的背后，本质上也是供需之间的失衡。总之，股票的价格会发生变化，原因有两点：第一，公司的经营发生变化；第二，公司股票的需求发生变化。

（五）股票的收益

股票投资的收益主要来自两个方面：一是股票的分红，二是公司的成长，带动股价的上涨。我们还是以煎饼公司的股票为例，如果你买入了煎饼公司的股票，有两种获得收益的可能。

第一，煎饼公司的分红收益。你买入了煎饼公司的股份，自然就成了煎饼公司的股东。如果未来公司经营得当，每年有分红的话，你自然也能从中获得分红收益。

第二，煎饼公司成长带来的股价上涨。在你买入煎饼公司股票时，可能它还是一家镇里不出名的小公司；而在10年之后，煎饼公司成为全国闻名的公司了，你手里的股票价格自然也会跟着不断上涨。

像贵州茅台就是这样，在刚上市时，它不过是一家贵州的小酒厂，市值仅有300

多亿元，但在十几年之后，贵州茅台已成为全球闻名的酒企，市值突破了两万亿元，股价也就水涨船高了。如果你持有这样公司的股票，那么你就可以从公司成长中获得收益。

三、最单纯的金融工具：债券

债券是证券的基本构成要素之一，是证券市场上重要的交易对象，也是证券市场上最大众化的投资工具。它的发行和流通影响着现实的经济生活和金融生活，涉及经济和社会的方方面面。在现代经济社会中，债券是除股票之外的另一类重要的证券投资工具，其发行品种、规模和交易量都远远超过了其他证券。

（一）什么是债券

债券是一种金融契约，是政府、金融机构、工商企业等直接向社会筹借资金时，向投资者发行，同时承诺按一定利率支付利息并按约定条件偿还本金的债权债务凭证。

债券包含了以下三层含义：

（1）债券发行人（政府、金融机构、企业等机构）是资金的借入者。

（2）购买债券的投资者是资金的借出者。

（3）发行人需要在一定时期还本付息。

（二）债券的特征

1. 偿还性

偿还性是指债券有规定的偿还期限，债务人必须按期向债权人支付利息和偿还本金。这是由债券反映的债权债务关系的性质决定的。债券的偿还性使得债券发行主体不能无限期地占用债券购买者的资金。

2. 流动性

流动性即变现力，它是指债券持有人可按自己的需要和市场的实际状况，转让债券收回本息的灵活性特征。债券有规定的偿还期限，到期前不能兑付，但是，债券持有人在债券到期前如需现金，可到证券市场转让变现，也可到银行等金融机构进行质押贷款，因此，债券具有流动性。

3. 安全性

安全性是指债券持有人的收益相对固定，不随发行者经营收益的变动而变动，并且可按期收回本金。一般来说，具有高流动性的债券同时也是较安全的，因为它不但可以迅速地转换为货币，而且还可以按一个较稳定的价格转换。债券投资不能收回有两种情况：第一，债务人不履行债务，即债务人不能充分和按时履行约定的利息支付或者偿还本金。第二，流通市场风险，即债券在市场上转让时因价格下跌而承受损失。

4.收益性

收益性是指债券能为投资者带来一定的收入。这种收入主要表现为利息，即债券投资的报酬。在实际经济活动中，债券收益可以表现为两种：一种是债权人将债券一直保持至期满日为止，这样，在债券期限内，他可以按约定的条件分期、分次取得利息或者到期一次取得利息；另一种是债权人在债券期满之前将债券转让，这样，他有可能获得超过购入时债券价格的价差。

（三）债券的分类

1.按发行主体不同，可分为政府债券、金融债券和公司债券

政府债券，亦称公债券，它是指中央政府或地方政府为筹措资金而发行的一种债务凭证。中央政府发行的债券又称为国债，它的发行主要是为了满足政府先支后收而产生的临时性资金需要，或是为了弥补财政赤字和重要建设项目资金的不足。由于国债的发行者是中央政府，一般不存在信用风险，而且通常在税收上给予优惠的待遇，因而受到广大投资者的青睐。

地方政府发行的债券，称为地方政府债券，亦称作市政债券。其发行筹集的资金主要用于公共设施建设、住房建设和教育文化等地方建设需要。地方政府债券以地方政府收入作为担保，其安全性低于国债；而且发行量较小，流通性也不如国债；但由于可同时免缴中央政府税收和地方政府税收，收益性一般高于国债。

金融债券是由商业银行或非银行金融机构为筹措资金所发行的债务凭证。金融债券的发行主体主要是商业银行等金融企业，故从广义上讲，金融债券属于企业债券的一种。金融债券的发行目的主要有两个：一是用于某种特殊用途，如用于特种贷款发放或用于重点建设项目贷款等；二是改变自身的资产负债结构。金融机构一般有雄厚的资金实力，信用度较高，因此，金融债券也有良好的信誉。

公司债券有广义和狭义之分。广义的公司债券是指一般企业和股份公司为筹集资金而发行的债务凭证。狭义的公司债券仅指股份公司发行的债券。公司债券的发行目的主要是筹集生产经营所需资金。由于从事生产经营的公司（企业）的情况千差万别，影响公司（企业）经营的因素又错综复杂，公司（企业）的信誉状况差别较大，因此，相对于政府债券和金融债券而言，公司债券有较大的风险性。

2.按利率浮动与否，可分为固定利率债券和浮动利率债券

固定利率债券是指债券利率在偿还期内不发生变化的债券。由于其利率水平不能变动，在偿还期内，当通货膨胀率较高时，会有市场利率上升的风险。

浮动利率债券是指债券的利率在某种预先规定的基准上定期调整的债券。债券采取浮动利率形式，减少了持有者的利率风险，也有利于债券发行人按照短期利率筹集中长期资金。

3.按计息方式的不同，可分为单利债券、复利债券、贴现债券和累进利率债券

单利债券是指在计算利息时，不论期限长短，仅按本金计息，所生利息不再加入本金计算下期利息的债券。

复利债券是指计算利息时，按一定期限将所生利息加入本金再计算利息，逐期滚算的债券。复利债券的利息包含了货币的时间价值。

贴现债券是指在票面上不规定利率，发行时按某一折扣率，以低于票面金额的价格发行，到期时仍按面额偿还本金的债券。

累进利率债券是指以利率逐年累进方法计息的债券。累进利率债券的利率随着时间的推移而递增，后期利率比前期利率高，呈累进状态。这种债券的期限往往是浮动的，但有最短持有期和最长持有期的规定。

（四）债券的收入

投资债券的收入主要分为两部分：债券差价收入和票息收入。

1.债券差价收入

债券差价收入是指在债券交易过程中低买高卖形成的差价带来的收入。比如说，投资者以98元买入的债券，以100元卖出，就能取得2元的差价收入。影响债券价格的因素有很多，比如供求关系、信用水平、流动性等，因此这一部分收入是不确定的。

2.票息收入

债券发行的时候提前约定到期还本付息，付的利息就是票息收入。票息收入取决于债券票面利率的高低。一般来说，发行主体偿还能力越强、信用越好，债券票面利率越低，这一部分收入相对是比较确定的。

思考与讨论

股票和债券有哪些区别和联系？

四、懒人的金融工具：共同基金

共同基金是当今世界上一种重要的投资方式，发展十分迅速。共同基金19世纪始创于英国，发展于美国，普及于日本、德国、法国等国家以及我国香港、台湾地区。100多年来，特别是20世纪80年代中后期，共同基金在世界范围内得到了长足发展，已成为继股票、债券之后又一个非常重要的投资工具。中国的共同基金起步于1991年，并从1997年10月《证券投资基金管理暂行办法》发布以来逐渐发展完善，从2004年6月1日起正式施行的《中华人民共和国证券投资基金法》又将基金业推向一个新的阶段。

（一）什么是共同基金

共同基金就是汇集许多小钱凑成大钱，交给专人或专业机构操作管理以获取利润的一种集合式投资工具。在中国，共同基金的正式名称为证券投资基金（简称“基金”）。基金是指通过发售基金份额，将众多投资者的资金集中起来，形成独立财产，由基金托管人托管，基金管理人管理，以投资组合的方法进行证券投资的一种利益共享、风险共担的集合投资方式（见图10-1）。

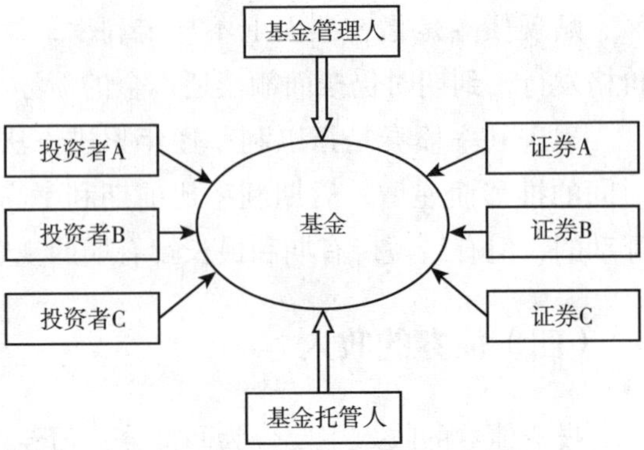

图10-1 基金结构图

（二）共同基金的特点

作为一种卓有成效的金融创新产品和现代化投资工具，基金具有自身明显的特点。

1.集合投资

基金将众多投资者的资金集中起来进行共同投资，因此表现出一种集合投资的特点。单个投资者的资金往往有限，在进行证券交易时，由于交易量小，交易成本通常较高。而基金通过汇集众多投资者的资金，积少成多，有利于发挥资金的规模优势，降低投资成本，使中小投资者也能够享受到与机构投资者类似的规模效益。

2.专业管理

基金由专业的基金管理人进行投资管理和运作。基金管理人一般拥有专业投资研究人员和强大的信息网络，他们比中小投资者更了解市场，更有技术、经验、资金、时间对证券市场实行全天候、全方位地动态跟踪与分析。将资金交给基金管理公司管理，使普通投资者也能够享受到专业化的投资管理服务。

3.组合投资、分散风险

为降低投资风险，各国法律通常规定基金必须以组合投资的方式进行运作，从而也就使得“组合投资、分散风险”成为证券投资基金的一大特色。“组合投资、分散风险”的科学性已为现代投资学所证明，但对于中小投资者而言，一般无法通过购买不同的股票以分散投资风险。基金通常会购买几十种甚至上百种股票，投资者购买基金就相当于用很少的资金购买了一揽子股票，因此可以充分享受到组合投资、分散风险的好处。

4.利益共享、风险共担

基金实行“利益共享、风险共担”的原则。基金投资者是基金的所有者，基金投资收益在扣除由基金承担的费用后的盈余全部归基金投资者所有，并依据各个投资者所持有的基金份额比例进行分配。为基金提供服务的基金托管人、基金管理人只能按规定收取一定的托管费、管理费，并不参与基金收益的分配。

5.严格监管与透明性

为切实保护投资者的利益，增强投资者对基金投资的信心，各国基金监管部门都对基金业实行严格的监管，对各种有损投资者利益的行为进行严厉的打击，并强制基金进行较为充分的信息披露。在这种情况下，严格监管与透明性也就成为基金的另一个显著特点。

6.投资操作与财产保管相分离

基金的管理人只负责基金的投资操作，本身并不经手基金财产的保管，基金财产的保管由独立于基金管理人的基金托管人负责。这种相互制约、相互监督的制衡机制从另一方面对投资者的利益提供了重要的保护。

（三）共同基金的分类

1.根据组织形态不同，分为契约型基金和公司型基金

契约（合同）型基金又称单位信托基金，契约型基金由基金投资者、基金管理人、基金托管人之间所签署的基金合同而设立，基金投资者的权利主要体现在基金合同的条款上，而基金合同条款的主要内容通常由基金法律所规范。

公司型基金在法律上是具有独立“法人”地位的股份投资公司。公司型基金依据基金公司章程设立，基金投资者是基金公司的股东，享有股东权，按所持有的股份承担有限责任、分享投资收益。基金公司设有董事会，代表投资者的利益行使职权。公司型基金在形式上类似于一般股份公司，但不同于一般股份公司的是，它委托基金管理公司作为专业的财务顾问或管理公司来经营与管理基金资产。

2. 根据基金单位是否可增加或赎回，分为封闭式基金和开放式基金

封闭式基金是指经核准的基金规模（基金份额总额）在基金合同期限内固定不变，基金份额可以在依法设立的证券交易所交易，但基金份额持有人不得申请赎回的一种基金运作方式。

开放式基金是指基金规模（基金份额总额）不固定，基金份额可以在基金合同约定的时间和场所进行申购或者赎回的一种基金运作方式。

3. 根据投资对象不同，分为股票基金、债券基金、货币市场基金、混合基金

股票基金是基金历史上最为悠久的一大类，也是最具魅力的基金。股票基金主要持有各种普通股，有时也持有优先股或可转换债券。股票基金的最大特点是具有良好的增值能力。

债券基金也是基金的一大分支，其资产规模比股票基金更为庞大。债券基金主要持有各种国债及公司债券。它的风险通常较股票基金小，但缺乏资本增值能力。

货币市场基金主要投资于各类货币市场工具，如银行存单、银行承兑汇票、商业票据、短期国债等。由于货币市场工具期限短、风险低，因此其收益率也较低。

混合基金通常是股票基金与债券基金的混合，既持有股票又持有债券，各自的比例依情况而定。这类基金的风险一般比股票基金小，而收益比债券基金高。

4. 根据投资风险不同，可以分为成长型基金与收益型基金

成长型基金是以基金资产价值能够不断成长为主要目的，重视投资对象的成长潜力，风险较高。收益型基金则以追求投资的当期收益为主，重视投资对象的当期股利和利息。

（四）新手如何买基金

很多投资人在了解了基金产品后，知道它是一个专家集合理财的产品，但是具体到买基金的时候，很多个人投资者却常常会十分头痛。上百只基金，几十家基金公司，到底买哪家的哪个产品好呢？

首先，弄清该基金的种类。该基金是股票型基金、债券型基金、平衡型基金，还是货币市场基金？以上几种类型的基金预期报酬与风险从高到低依序是股票型、平衡型、债券型、货币市场基金。

其次，谁是基金经理。基金经理的操盘资历、选股哲学、稳定性都会影响基金的绩效。建议先到各基金公司网站上去查询该基金经理的基本数据与资历，多了解一下基金经理的风格和过往业绩。

再次，看懂风险系数。风险系数是评估基金风险的指标，通常是以“标准差”“贝塔系数”与“夏普指数”三项来表示。新手只要大约掌握以下原则就行了：“标准差”越小，波动风险越小；“贝塔系数”小于1，风险小；“夏普指数”越高越好，该指数越高，表示基金在考虑风险因素后的回报情况越高，对投资人越有利。

最后，弄清基金表现。基金与大盘走势比较图的意义，在于让投资人检视该基金的长期绩效是否打败大盘。另外，还可以比较该基金走势的波动幅度。如果该基金的高低点都比大盘波动来得剧烈，则表示该基金的波动比大盘大，风险也相对较大。但是，有的基金并不适合与大盘做比较，这里面有一个选择合适的比较业绩基准的问题。比方说，有很多基金都会投资一部分债券，这样的话，在选择业绩基准时，完全用大盘指数就不合适，比较出来就会有一定的误导。

思考与讨论

你或你的家人有过基金投资经历吗？你们是怎么选择基金的？

五、“凶险”的金融工具：外汇

外汇市场是全球最大的金融市场，平均每天资金流量远远超过股票、债券等其他金融市场。然而纵然这么大规模的交易量，对我们有些人来说，却也是“最熟悉的陌生人”，只闻其威名，不识其真容。实际上，外汇市场的交易与股票市场十分类似——低买高卖。与巨大的交易量相比，外汇市场的另一个显著特点是，这是一个24小时永不停滞的全球市场。从美东时间星期日下午5点，到美东时间星期五下午5点，外汇市场交易每天从悉尼开始，随着地球的转动，全球每个金融中心的营业日将依次开始。24小时的市场使得外汇交易者可以根据自己的生活习惯安排交易时间，以及对每一时段发生的经济、社会和政治事件所导致的外汇波动作出反应，获得交易机会。这也是为什么众多上班族选择炒汇的原因之一。

（一）什么是外汇

外汇，就是外国货币或以外国货币表示的能用于国际结算的支付手段。我国1996年颁布的《外汇管理条例》第三条对外汇的具体内容作出如下规定，外汇是指：①外国货币，包括纸币、铸币；②外币支付凭证，包括票据、银行的付款凭证、邮政储蓄凭证等；③外币有价证券，包括政府债券、公司债券、股票等；④特别提款权、欧洲货币单位；⑤其他外币计值的资产。

（二）什么是汇率

汇率，又称汇价，是指一国货币以另一国货币表示的价格，或者说是两国货币间的比价。通常用两种货币之间的兑换比例来表示，如USD/CNY=1/7.2456，即美元和人民币的兑换比率是1∶7.2456，也可以说是1美元需要用7.2456元人民币进行购买。

（三）读懂外汇报价

对于新手而言，要理解一个外汇交易报价似乎很困难，其实只要掌握两个基本知识点，读报价就会变得十分方便：

1.前面的货币是基础货币

基础货币的价值总是以1为单位。例如：USD/JPY（美元/日元）120.01，在这组报价中，美元为基础货币，意味着1美元等于120.01日元。无论买还是卖，都是在交易基础货币。当美元作为基础货币时，如果汇率上涨，则意味着美元增值，同时相对于美元的另一货币贬值。如果我们上面提到的USD/JPY从120.01升到123.01，说明美元现在可以兑换比以前更多的日元。

基础货币除了可以是美元以外，还可以是英镑（GBP）、澳元（AUD），或欧元（EUR）等其他货币。比如，GBP/USD1.7366表示1英镑可兑换1.7366美元。在这种情况下，汇率上涨便意味着美元的贬值，因为要兑换1英镑将需要比以前更多的美元。总而言之，汇率的上涨表示基础货币的增值，汇率的下跌则表示基础货币的贬值。如果一个货币对中不含有美元，则该货币对为交叉货币对。例如，EUR/JPY127.95表示1欧元兑换127.95日元。

2.“点”的概念

按市场惯例，外汇汇率的标价通常由五位有效数字组成，从右边向左边数过去，第一位称为“X个点”，它是构成汇率变动的最小单位；第二位称为“X十个点”，以此类推。如USD/JPY为114.51中的0.01、EUR/USD为1.2801中的0.0001，都称作为一点。

3.涨跌情况用“点”来描绘

例如，欧元对美元从1.1010变为1.1015，称欧元对美元上升了5点；美元对日元从120.50变为120.00，称美元对日元下跌了50点。

4. 外汇报价

在外汇交易中，你会看到一个两边的报价，由买价（ask）与卖价（bid）组成。买价代表能买入基础货币的价位（同时卖出非基础货币）；卖价代表能卖出基础货币的价位（同时买入非基础货币）。买价与卖价的差别为点差，交易商通过买卖的点差获利。3点点差的EUR/USD可表现为1.2500/1.2503；3点点差的USD/JPY可表现为114.05/114.08。

（四）什么是外汇交易

外汇交易是指投资者利用货币之间兑换率的变动而进行的投机性买卖。事实上，“外汇交易”是买入一种货币，同时卖出另外一种货币。比如，你预测欧元/美元（EUR/USD）将升值，则会买入EUR/USD，意味着买入了欧元，同时卖出了美元。而在欧元/美元汇率上涨到我们的预期水平后再卖出美元，以换回更多的欧元。

（五）外汇的高杠杆风险

众所周知，外汇交易是可以使用高倍数的杠杆来进行交易的。那么使用的高杠杆比例，虽然不会对外汇交易直接产生影响，不会造成外汇交易者的直接亏损。但是间接增加了交易者的潜在风险。

比如，10万美元一手合约，如果不采用杠杆的话，需要支付10万美元，才能完成交易，但是采用1∶100的杠杆，同样是10万美元，我们可以获得100手的交易合约，意味着同样是10万美元，我们持有的仓位放大了，自然带来了交易上的高风险。虽然杠杆和风险之间不存在必然的逻辑关系，但是采用高杠杆，确实又诱发了我们重仓交易，给交易行为带来潜在的交易风险。

拓展阅读

渡边太太

20世纪90年代末的金融危机后，日本为刺激增长、摆脱通缩，国内长期执行超低利率甚至零利率政策。这一政策促使许多原本靠银行利息理财的日本家庭主妇，不得不考虑其他理财策略，其中一个看似最简单的方式，就是将手里的钱换成外国货币，存到利息较高的外国银行里去。从那时起，日本的太太们就开始炒起外汇来。

在这20年间，在美国、英国、澳大利亚、新西兰乃至俄罗斯、土耳其、印度、巴西等世界其他地方，利率常保持高位甚至高得离谱。如果以近乎白借的方式借来日元，换成美元、英镑、澳元、新元乃至卢布、里拉、里亚尔，存上一年，仅利息收入就有3%、5%乃至15%；期满后再换回日元，还掉本金和低得微乎其微的一点日元利息，剩下的全是利润。如果这一年日元还贬值10%，那么汇差加上利差，收入就是13%、15%、25%了。

日本的家庭主妇们有没有影响日本汇市走向的实力呢？有。因为在日本，丈夫挣钱，太太管钱。丈夫工资卡放在妻子那里，自己每月拿零花钱，家庭储蓄共同财产自然也都是由妻子管理支出。据不完全统计，日本全民储蓄总额应该在17万亿美元。这个钱怎么花，主要是太太们决定。

日本的主妇大部分都受过高等教育、有较高的知识水平和学习能力。平时也有自己的小圈子，主妇间还互相推荐投资项目、带新人入圈及交流投资经验。投资前，主妇们会把家中最基本的开销、子女上学等费用先拿出来，剩下的钱投资。相对而言，只要不疯狂加杠杆，孤注一掷亏到血本无归的概率是不存在的。

于是，东京外汇保证金市场就出现了一个奇怪的现象：上午明明正处于某种走势，但到了中午突然进入拐点，大量资金同时进入或抽出，将下午市场搅成一团乱麻。经过一番调查发现，是家庭主妇们忙活完上午的家务，吃了午饭，各自到最近的网点办理外汇业务。因为日本主妇的生活极其规律，全国几百万家庭主妇不约而同出动，造就了这一奇特现象。日本主妇们喜欢卖出手中的日元，买进银行利息较高的澳元或新西兰元，并存入当地银行。新西兰人发现日本人账户中有许多姓“Watanabe”（渡边，日本四大姓氏之一）的，就称呼这些外汇市场上的日本主妇为“渡边太太”（Mrs.Watanabe），有时也被称为“和服交易员”。

六、炒作的金融工具：黄金

2022年，受俄乌战争的影响，黄金价格出现大幅度上涨。2022年2月28日，黄金报价1908.7美元/盎司。黄金是国际上公认的避险工具，古往今来，不管是哪个朝代的变更都不受政局、经济、战争等的影响，成了一种国际性的投资理财产品，具有很明显的保值和升值空间。下面让我们简单了解一下黄金投资。

（一）什么是黄金投资

黄金长久以来一直是一种投资工具。它价值高，并且是一种独立的资源，不受限于任何国家或贸易市场，它与公司或政府也没有牵连。因此，投资黄金通常可以帮助投资者避免经济环境中可能会发生的问题，而且，黄金投资是世界上税务负担最轻的投资项目。

黄金交易并不是特指一种黄金的交易，黄金交易包括实物黄金、现货黄金、纸黄金、期货黄金、黄金基金等多种类型的投资，不同类型的黄金投资产品，收益和风险都存在一定的差异。

（二）黄金的金融属性

在人类历史上，黄金首先作为商品出现，后来发展成为实物货币。黄金首先是一种商品，在古代用来满足人们铸造器具、装饰等需求，在现代则广泛用于电子、通讯、航天航空材料等领域。

马克思在《资本论》中提到："货币天然不是金银，而金银天然是货币。"因为金银的特征在于：供给量有限且稳定，能够保证币值的相对稳定；具有抗腐蚀性和耐磨损性，便于贮存；质地软易于分割，方便称量，等等。黄金便"天然"地满足了成为货币的条件，从而既具有商品属性，又具有货币属性。

在古代，黄金长时间占据了大量的流通市场。黄金作为一种货币，曾长期执行着价值尺度、流通手段、储藏手段、支付手段和世界货币的职能。到18世纪，在欧洲开始实行金本位制，各国出现了标准化的金币，货币可以自由铸造、自由兑换和自由输入输出。在那时，货币储备、国际结算都统一使用黄金，黄金的货币属性达到了巅峰。

除此之外，黄金还具有投资属性。投资者可以通过在黄金市场上买卖黄金，赚取价差收益。从大类资产配置角度来看，黄金跟股票、债券、大宗商品、外汇及另类投资（包括房地产、艺术品等）一样，都是投资者可以选择的投资品种。但黄金的不同之处在于，黄金作为投资品时的避险属性更强。

货币属性、投资属性、避险属性共同构成了黄金的金融属性。

（三）黄金投资品种

1. 纸黄金

纸黄金又叫账面黄金，通过账面系统进行黄金的买入、卖出，从黄金价格的上涨中获得收益。一般来说，"纸黄金"较为适合黄金投资的入门选手。纸黄金投资的起始门槛较低，如商业银行自有品牌的纸黄金业务，最低10克就可以进行投资。上海黄金交易所的"账面实物黄金"最少100克就可以进行投资。

另一个原因在于投资较为便捷，投资者只需在中、农、工、建等大行开通贵金属交易账户，就可进行交易。并且，纸黄金采取"24小时不间断"的交易模式以及T+0的交割方式，为上班族理财提供了充沛的时间。

需要注意的是，投资纸黄金时要考虑“交易费用”。在买卖纸黄金时，投资者以银行的买入价与卖出价进行交易，这就存在一个问题，即银行同一时间的买入卖出价存在“点差”，这也就构成了纸黄金的“手续费”。

2. 黄金ETF基金

黄金ETF基金是指以黄金为基础资产追踪现货黄金价格波动的金融衍生产品。其运行原理为由大型黄金生产商向基金公司寄售实物黄金，随后由基金公司以此实物黄金为依托，在交易所内公开发行基金份额销售给各类投资者，商业银行分别担任基金托管行和实物保管行，投资者在基金存续期间内可以自由赎回。黄金ETF基金在证券交易所上市，因此，投资者可像买卖股票一样方便地交易，也可以通过网上银行购买。相对而言，投资黄金ETF风险小一些。

简单来说，黄金ETF是一种以黄金为基础资产，追踪现货黄金价格波动，并在证券交易所上市的开放式基金。它的交易成本和交易门槛均较低，由于黄金价格较高，黄金ETF一般以1克作为一份基金单位，交易单位即为1手1克黄金，这是黄金ETF的交易起点金额。它的净值变化与黄金价格紧密相连，如果你买了黄金ETF，就是间接投资了黄金。黄金ETF的交易机制可以概括为以下几方面：

一是二级市场交易。投资者可以使用自己的证券账户，像买卖股票一样在二级市场交易黄金ETF，并且支持T+0交易，从而提升黄金ETF流动性和资金使用效率。

二是现金申赎。投资者可以使用现金直接申购ETF份额，或者赎回ETF份额获得现金。

三是实物申赎。投资者在金交所会员单位开设黄金交易账户，然后提交上交所账户与黄金交易账户的绑定申请，可进行实物申赎。

因此，相比其他的黄金投资方式，黄金ETF具有很多优点：①投资门槛低；②费用少，ETF的佣金比股票低，也远低于实物黄金；③流动性好，操作方便。尤其是对于一般的投资者而言，黄金ETF的操作最熟悉，在股票账户中就可以直接买卖黄金ETF，而且具体操作跟炒股相类似。

3. 黄金定投

黄金定投，就是每月以固定的资金按照上海黄金交易所AU9999的收盘价购买黄金。与基金定投一样，黄金定投也具有分散投资风险，不用在意短期波动的优势，适合投资者在一个相对的低点入场，并坚持长期投资。

与基金定投不一样的是，基金定投赎回的方式只能是现金。但对于黄金定投而言，当合同到期时，客户积累的黄金克数可以按照上海黄金市场价格兑换成现金，或者相应克数的金条、金首饰。

4. 实物黄金

实物黄金是指实物金条、金饰、纪念币，可以去当地指定银行申请提货，或者各大金店均有形式多样的实物黄金产品，由此产生的投资成本和额外收益也会出现不同。在众多的实物黄金产品中，金交所推出的实物黄金无疑是投资成本最低的选择。但是，投资实物黄金会存在一些问题，可能涉及加工费、回购折价、流动性等。

拓展阅读

“中国大妈”

2013年，国际金价出现暴跌，直接从1550美元/盎司跌到1321美元/盎司。“中国大妈”见状从2013年4月15日到16日开启进货模式，在全球买买买。据媒体报道：大妈们以每盎司1300美元左右的价格买走了300吨黄金。她们不仅在本地金店抢购，有些还专门飞往香港囤货，因此金价在4月16日创下当年最大日涨幅。

“中国大妈”对黄金的购买力在华尔街一战成名，《华尔街日报》甚至还为其专创英文词组“Chinese Dama”。不过，抄底300吨黄金后，金价一路走低，“中国大妈”被套牢。但是2020年以来的大涨，终于让“中国大妈”扬眉吐气。有人算了一笔账，如果大妈们在金价波动起伏的这7年里没有卖出，除去其他交易因素，以2020年8月5日2000美元/盎司的价格来计算，在2013年4月入市的“中国大妈”获益超过50%，抛售300吨黄金大概能赚74亿美元。

七、交易未来的工具：期货、期权

期货期权是继20世纪70年代金融期货之后在80年代的又一次期货革命，1984年10月，美国芝加哥期货交易所首次成功地将期权交易方式应用于政府长期国库券期货合约的买卖，从此产生了期货期权。相对于商品期货为现货商提供了规避风险的工具而言，目前，国际期货市场上的大部分期货交易品种都引进了期权交易。

（一）什么是期货

期货是期货合约的简称，是由期货交易所统一制定、规定在将来某一特定的时间和地点交割一定数量标的物的标准化合约。期货是未来的东西，是一种可以买卖的标准化了的合约。下面让我们通过一个小故事来进一步深入了解什么是期货。

假如小王得知下个月某品牌要发行一款限量版包，因为是限量发行的缘故，小王担心很难在发售当天用原价入手，但如果不在当天入手的话，又害怕时间一长买不到了。于是小王找了一个代购商，经过沟通，双方签订了一份协议。“约定在这款限量版包上市当日，小王可以以10000元的价格从代购商那买入这款包。假如上市当日包的价格高于10000元，代购商不能以任何理由不将包以10000元的价格卖给小王。同样，如果包的价格低于10000元，小王也不得以任何理由拒绝用10000元购买这款包。”

这样的一份买卖协议，在金融术语当中我们就把它称作“期货合约”。

买入期货合约的一方有义务按照事先约定的价格（10000元）购买约定的标的物，我们称为期货的“多头”（小王）。卖出期货合约的一方同样有义务按照事先约定的价格将约定的标的物卖出，我们称之为期货的“空头”（代购商）。而双方约定交易的日子（限量版包上市时间）在金融术语上叫作“交割日”。双方交易的实物包（约定的标的物）称为“现货”。在交割日还没到来之前的交易商品，我们把它称作“期货”，这里指的是存在于约定协议中还没上市的限量版包。

这样简单的一份合约，其实同时锁定了双方在交割日当天商品价格上下波动的可能。买方不用担心价格上涨，卖方也不用担心价格下跌从而包不住进货成本。但假如上市当日价格超过10000元，买方获利，因为他用更低的钱买入了包。同理，价格低于10000元时，卖方获利。

要注意的是：期货双方都有义务（不是权利）在交割日交割商品。

（二）什么是期权

期权是指一种特殊的合约，根据该合约规定，期权的持有者可以在规定的日期之内以某一个特定的价格买入或是卖出某一种特定的资产。需要注意的是，期权合约涉及买卖双方，但是，对于期权的买方而言，只享受相应的权利而无须承担一定的义务。期权分为看涨期权和看跌期权。

1. 看涨期权

让我们继续上面的那个故事：小王思考一番之后，去找代购商希望换一种交易包的约定方式。她先付给代购商2000元，换得这样一个权利：在包上市当天，假如价格超过10000元，她仍可以用10000元买入包，老板保证不会赖账。但如果上市当天包价格低于10000元的话，小王可以不买了，但她提前付给交易商的这2000元，无论她最终购买与否，代购商都不会再退回。

这个重新安排的协议，在金融术语上就叫作期权。也就是说，期权是指在未来某个时间，以提前约定好的价格买入或者卖出的某种标的资产的权利。注意，这里是权利，不像期货是义务。小王为了获得这个权利，支付给代购商的2000元就是期权费。她能够以事先约定好的价格买入包的期权就叫作看涨期权，小王是这份看涨期权的多头，而代购商就是这份看涨期权的空头。看涨是从买方的角度定的，因为相对代购商来说，他其实希望价格下跌。

我们再来分析一下在这份看涨期权中双方的盈亏情况：

对于小王（看涨期权多头）来说，如果包的价格大于10000元甚至上市当天被炒到50000元了，她可能也就不自己用了，直接转手卖出净赚38000元（50000–10000–2000）。所以理论上来说，她的收益取决于包被炒高的价格，是可能无限大的。而她的最大损失，也就是2000元，期权费不要了，按市场价买入包。

对于代购商（看涨期权空头）来说，如果包被炒到价格大于10000元，他只能独自吞了苦果，炒得越高，损失得越多，因为他本可以用更高的价钱把包卖出。如果价格低于10000元，他的最大盈利也就是2000元的期权费。所以理论上来说，代购商的亏损是无限大的，而最大盈利就是2000元。

2.看跌期权

正如买入看涨期权的小王会从包价格的上涨中获利，还有一种期权会使买入者从标的资产的价格下跌中获利，这就是看跌期权。假如代购商突然听到风声说，这款包不再限量了，相反数量还很多。当然，这个消息目前还没有办法证实。于是，他主动找到了小王，并对小王说："我支付给你2000元。作为交换，如果包上市当日价格低于10000元，你要保证以10000元继续买入。同样，如果包上市日价格高于10000元，我可以不行使自己的权利，转身就走，以更高的市场价去卖给别人。"当然无论代购商卖不卖包，小王事先收到的2000元都可以不退回给他。代购商用2000元，买入了一个在包上市当天以10000元卖给小王的权利，这个权利就叫作看跌期权。在这场交易中，代购商是看跌期权的多头，从价格的下降中获利。而小王是看跌期权的空头，从价格上升中获利。

同样，我们来看一下这份看跌期权中双方的盈亏情况：

对于代购商（看跌期权多头）来说，他希望包价格越低越好，因为假如包价格低到了5000元，他就可以净赚3000元（10000–5000–2000）。想象一个极端情况，包的价格跌到了1元，那么代购商的最大盈利就为7999元（10000–1–2000）。最大的亏损则为2000元的期权费。

对于小王（看跌期权空头）来说，她当然不希望包价格低，因为如果低到了5000元，她本来可以用5000元的市场价买入，现在因为这份合约，她不得不以10000元从代购商那买入了。不过因为之前收到了代购商2000元的期权费，实际亏损为3000元（10000–5000–2000）。所以理论上来说，小王在这场看跌期权的交易中最大盈利为2000元期权费，最大亏损为7999元。

总之，看涨期权的多头从价格的上涨中获利，最大亏损为期权费，最大盈利理论上趋于无限；看跌期权的多头从价格的下跌中获利，最大亏损为期权费，最大盈利为商品价格减去期权费。

思考与讨论

美国某公司从英国进口机器设备，需要在3个月后向英国出口商支付1.25万英镑。为了避免3个月后实际支付时汇率变动可能造成的损失，需要将进口成本固定下来。为此，美国公司提前购入1份英镑期权，期权费为每英镑0.01美元，1份英镑买权需要支付125美元。协议汇率为1英镑=1.7美元，这样，美国进口公司以125美元购得一项权利，允许该公司在今后3个月内，随时按协定汇率购买1.25万英镑。三个月后将会出现以下三种情况中的任意一种：其一为英镑升值，如1英镑=1.75美元；其二为英镑贬值，如1英镑=1.65美元；其三为汇率不变，仍为1英镑=1.7美元。

请分析在三种情形下公司的损益情况，并说说衍生品的套期保值作用。

八、证券市场

上海证券交易所、深圳证券交易所的成立标志着我国证券市场开始发展。1990年12月19日，上海证券交易所开业；1991年7月3日，深圳证券交易所正式开业。证券市场在促进国有企业改革、推动我国经济结构调整和技术进步方面发挥了突出的作用。

（一）什么是证券市场

广义的证券市场是指所有证券发行和交易的场所。狭义的证券市场是指资本证券市场、货币证券市场和商品证券市场，是股票、债券、商品期货、股票期货、期权、利率期货等证券产品发行和交易的场所。

证券市场是市场经济发展到一定阶段的产物，是为解决资本供求矛盾和流动性而产生的市场。证券市场以证券发行和交易的方式实现了筹资与投资的对接，有效地化解了资本的供求矛盾和资本结构调整的难题。在发达的市场经济中，证券市场是完整的市场体系的重要组成部分，它不仅反映和调节货币资金的运动，而且对整个经济的运行具有重要影响。

（二）证券市场与一般商品市场的区别

1. 交易对象不同

一般商品市场的交易对象是各种具有不同使用价值、能满足人们某种特定需要的商品。而证券市场的交易对象是作为经济权益凭证的股票、债券、投资基金等有价证券。

2. 交易目的不同

证券交易的目的是实现投资收益，或筹集资金。而购买商品的目的是满足某种消费的需要。

3. 交易对象的价格决定不同

商品市场的价格，其实质是商品价值的货币表现，取决于生产商品的社会必要劳动时间。而证券市场的证券价格实质上是利润的分割，是预期收益的市场表现，与市场利率的关系密切。

4. 市场风险不同

一般商品市场由于实行的是等价交换原则，价格波动较小，市场前景的可预测性较强，因而风险较小。而证券市场的影响因素复杂多变，价格波动性大且有不可预测性，投资者的投资能否取得预期收益具有较大的不确定性，所以风险较大。

（三）证券市场的分类

1. 按市场职能不同，证券市场可分为发行市场和交易市场

证券发行市场，又称“一级市场”或“初级市场”，是发行人以筹集资金为目的，按照一定的法律规定和发行程序，向投资者出售证券所形成的市场。证券发行市场作为一个抽象的市场，其买卖成交活动并不局限于一个固定的场所。

证券交易市场，又称“二级市场”或“次级市场”，是已发行的证券通过买卖交易实行流通转让的场所。

2. 按证券性质不同，证券市场可分为股票市场、债券市场、基金市场等

股票市场是股票发行和买卖交易的场所。股票市场的发行人为股份有限公司。股份公司在股票市场上筹集的资金是长期稳定、属于公司自有的资本。股票市场交易的对象是股票，股票的市场价格除了与股份公司的经营状况和盈利水平有关外，还受到其他诸如政治、经济、社会、心理等多方面因素的综合影响。因此，股票价格经常处于波动之中。

债券市场是债券发行和买卖交易的场所。债券的发行人有中央政府、地方政府、政府机构、金融机构、公司和企业。债券市场交易的对象是债券。债券因有固定的票面利率和期限，其市场价格相对股票价格而言比较稳定。

基金市场是基金发行和流通的市场。封闭式基金在证券交易所挂牌交易，开放式基金通过投资者向基金管理公司申购和赎回实现流通转让。

3.按交易组织形式不同，证券市场可分为交易所市场和场外交易市场

交易所市场是指证券交易所市场，证券交易所是交易市场的核心。交易所交易必须根据国家有关证券法律规定，有组织地、规范化地进行证券买卖。场外市场通常是指柜台市场以及第三市场、第四市场，它是指在证券交易所之外的证券交易市场。

此外，还有国内证券市场和国际证券市场、现货市场和期货市场之分。

拓展阅读

证券交易所的诞生

15世纪，意大利商业城市中的证券交易主要是商业票据的买卖；16世纪，里昂、安特卫普已经有了证券交易场所，当时进行交易的是国家债券；1602年在荷兰的阿姆斯特丹成立了世界上第一个股票交易所；1773年，英国的第一家证券交易所在“乔纳森咖啡馆”成立，1802年获得英国政府正式批准。

1790年，美国成立了第一个证券交易所——费城证券交易所；1792年5月17日，华尔街梧桐树协定，订立最低佣金标准以及其他交易条款；1793年，汤迪咖啡馆在纽约从事证券交易，1817年更名为纽约证券交易会，1863年更名为纽约证券交易所；纽约证券交易所在独立战争之前主要从事政府债券交易，之后股票交易盛行。

九、股票分析：基本分析与技术分析

基本分析和技术分析是股票分析的两大常用方式。基本分析是通过看关键数据和经济指标来确定相关公司的健康状况和发展前景，属于价值投资分析范畴，对分析者理论知识和数据分析能力有着较高的要求。技术分析认为市场行业反映一切信息，通过分析市场行为，对未来的价格变动趋势进行预测。对于大多普通投资者来说，基于技术分析法进行交易要更为简单高效。

（一）基本分析

1.什么是基本分析

证券投资基本分析是分析影响证券未来收益的基本经济要素的相互关系和发展趋势，据此预测证券的收益和风险，并最终判断证券内在价值的一种分析方法。其出发点是证券具有“内在价值”，证券起伏不定的价格最终围绕其“内在价值”而波动。

基本分析注重对证券价值的发现，力图用经济要素的相互关系和变化趋势来解释证券市场上的价格变动。基本分析人员需要研究影响证券发行公司经营状况的经济与行业背景，并据此预测公司未来的收益。西方经济学家认为，基本分析方法是科学客观的、最主要的证券分析方法。

2. 基本分析的内容

基本分析包括下面三个方面的内容：

（1）宏观经济分析。研究经济政策（货币政策、财政政策、税收政策、产业政策等）、经济指标（国内生产总值、失业率、通胀率、利率、汇率等）对股票市场的影响。

（2）行业分析。分析产业前景、区域经济发展对上市公司的影响。

（3）公司分析。具体分析上市公司行业地位、市场前景、财务状况。

其中，宏观经济分析主要探讨各经济指标和经济政策对证券价格的影响。行业分析是介于宏观经济分析与公司分析之间的中观层次的分析，行业分析主要分析产业所属的不同市场类型、所处的不同生命周期以及产业的业绩对证券价格的影响。公司分析是基本分析的重点。

公司分析主要包括以下三个方面的内容：

（1）公司财务报表分析。财务报表分析是根据一定的原则和方法，通过对公司财务报表数据进行进一步的分析、比较、组合、分解，求出新的数据，用这些新的数据来说明企业的财务状况是否健康、企业的经营管理是否妥善、企业的业务前景是否光明。财务报表分析的主要目标有公司的获利能力、公司的财务状况、公司的偿债能力、公司的资金来源状况和公司的资金使用状况。财务报表分析的主要方法有趋势分析法、比率分析法和垂直分析法。

（2）公司产品与市场分析。包括产品分析和市场分析两个方面。前者主要是分析公司的产品品种、品牌、知名度、产品质量、产品的销售量、产品的生命周期；后者主要分析产品的市场覆盖率、市场占有率以及市场竞争能力。

（3）公司资产重组与关联交易等重大事项分析。

（二）技术分析

技术分析有三个基本假设：①市场行为反映一切信息；②价格会沿着趋势移动，趋势具有惯性；③历史会重演。

技术分析有四个要素：价、量、时、空。“价”指股票过去和现在的成交价，主要依据的价格有开盘价、最高价、最低价和收盘价；“量”指股票过去和现在的成交量；“时”指股票价格变动的时间因素和分析周期；“空”指股票价格波动的空间范围。

在具体的分析方法上，技术分析法主要是通过对走势图的画线、K线的分类、技术指标的变化，结合统计学和行为心理学上的规律，对股价的走势做出判断。主流的技术分析理论有道氏理论、波浪理论、切线理论、形态理论和K线图理论。

1.道氏理论

查尔斯·亨利·道（1851—1902年）是纽约道·琼斯金融新闻服务的创始人、《华尔街日报》的创始人和首位编辑。道氏在担任《华尔街日报》的编辑期间，发表了大量有关证券市场分析的文章与评论，开创了证券市场技术性分析的先河，后人总结为道氏理论（Dow Theory）。道氏理论揭示了股价的基本运行规律，开创了技术分析的先河。道氏理论的主要原理有：

（1）股票平均价格指数可以解释和反映市场的大部分行为；

（2）市场价格有三种波动趋势：主要趋势（1年以上）、次要趋势（3周至数个月）、日常波动；

（3）在反转趋势出现之前主要趋势仍将发挥影响；

（4）成交量在确定趋势中有重要作用；

（5）收盘价是重要的价格；

（6）用两种指数来确定整体走势。

道氏理论的核心内容如图10-2所示。

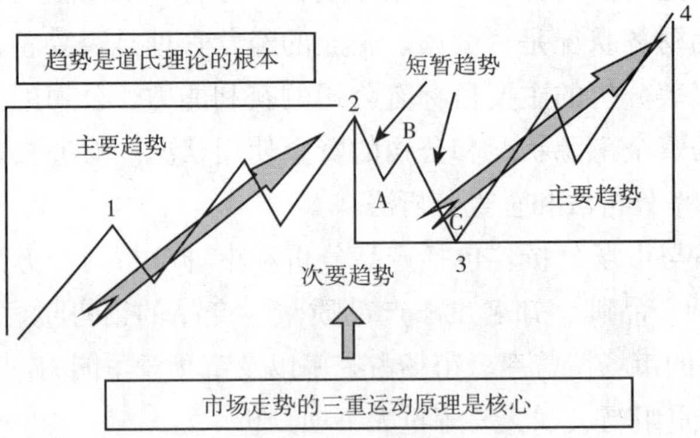

图10-2　道氏理论图

2.波浪理论

波浪理论是技术分析大师拉尔夫·纳尔逊·艾略特（1871—1948年）所发明的一种价格趋势分析工具。艾略特认为，不管是股票还是商品价格的波动，都与大自然的潮汐、波浪一样，一浪跟着一浪，周而复始，具有相当程度的规律性，展现出周期循环的特点，任何波动均有迹可循。波浪理论是一套完全靠观察而得来的规律，可以用来分析股市指数、价格的走势，是世界股市分析上运用最多，而又最难了解和精通的分析工具。波浪理论在很大程度上反映群众心理，越多人参与的市场，其准确性越高。

波浪理论的主要内容有：

（1）波浪理论的要素包括三部分：形态、比率及时间；

（2）一个完整的循环包括8个波浪，5上3落，1、3、5三个推动浪中，第3浪不可以是最短的一个波浪，第4浪的底不可以低于第1浪的顶；

（3）波浪可合并为高一级的浪，亦可以再分割为低一级的小浪。跟随主流行走的波浪可以分割为低一级的五个小浪；

（4）黄金分割率和费波纳奇神奇数字组合是波浪理论的数据基础，经常遇见的回吐比率为0.382、0.5及0.618。

波浪理论图解如图10-3所示。

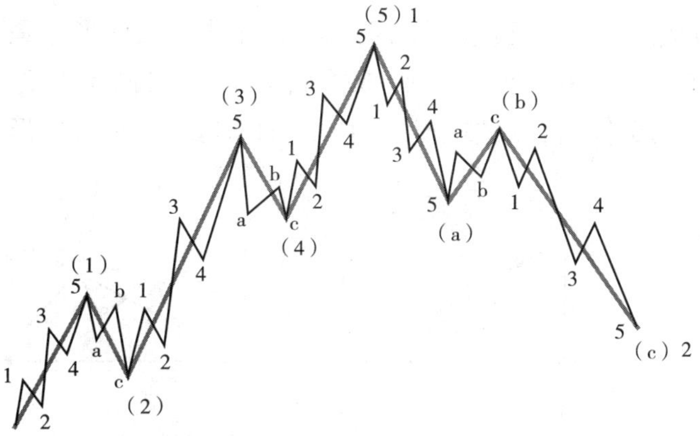

图10-3 波浪理论图

3. 切线理论

切线理论又称趋势分析法，主要是通过图表或技术指标来研究市场行为，帮助投资者推测未来价格的变动趋势。切线派认为股价波动是有趋势可循的，故而可以通过绘制切线，来分析未来股价可能的走势。

趋势是指证券价格运动的方向。就其运动方向来看，不外乎有三种情况：上升趋势、下跌趋势、水平趋势。通过绘制切线的方式，可以得到趋势中的支撑位和压力位，从而在一定程度上对价格的走势做出预测。在切线理论中，支撑线和压力线是可以相互转化的。一般情况下，关键点位的突破是需要成交量的。切线理论图如图10-4所示。

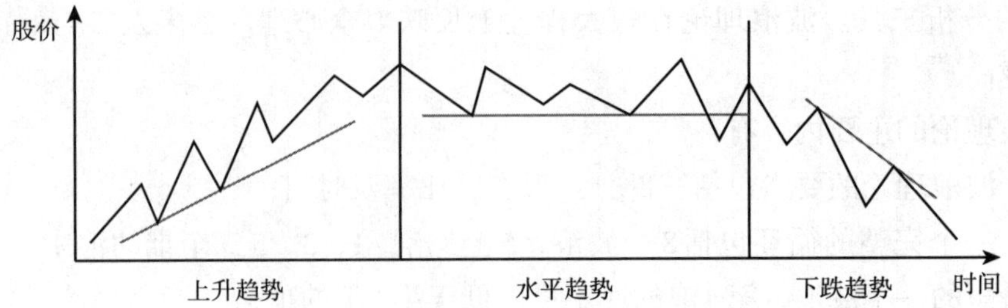

图10-4　切线理论图

4.形态理论

形态理论是根据股价走势的具体形态来进行未来股价变动分析的一种技术分析方法。在股价走势各个不同的趋势及其阶段中，会出现各种各样的技术走势的形态，经过技术分析学家的长年分析和整理，归纳出了一些有规律性的技术走势的类型。这些形态主要分成两大类：反转形态和持续整理形态。反转形态是判定趋势转折的重要依据，典型图形有头肩底（顶）、双重底（顶）、圆弧底（顶）、潜伏底、V形反转、菱形、喇叭形等；持续整理形态的典型图形有三角形、旗形、矩形、楔形等（如图10-5所示）。

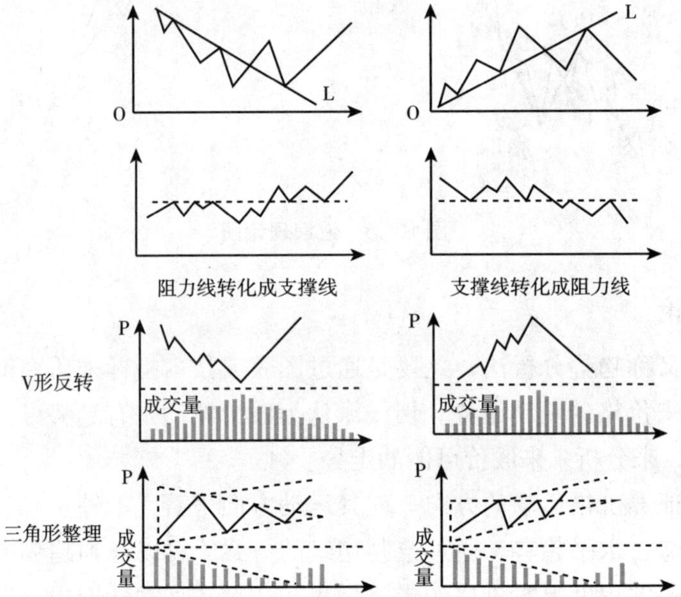

图10-5　形态理论图

5. K线图理论

K线图（如图10-6所示）是技术分析中最常见的绘图方法，K线图中包含了4个重要的证券交易价格：开盘价、收盘价、最高价、最低价。仅对K线图本身的分析就是一种重要的技术分析方法。具体的分析方法一般分为：①单根K线分析：阳线、阴线、十字星、光头线、光脚线等；②典型的K线组合分析：多方炮（两阳夹一阴）、空方炮、十字星组合等；③趋势形态分析。

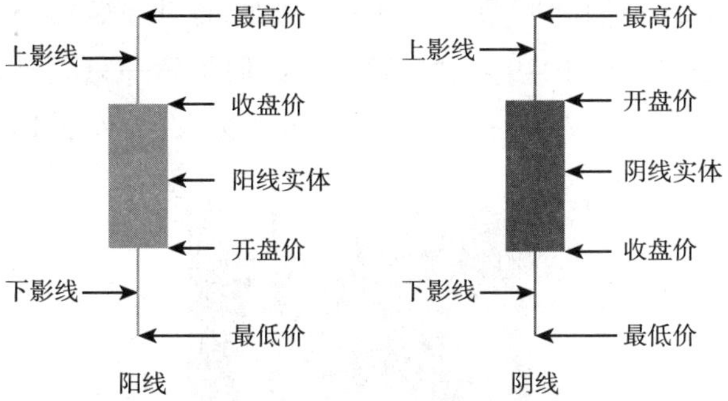

图10-6 K线图

思考与讨论

你认为基本分析和技术分析各有哪些优缺点？

十、小试牛刀：如何进行股票交易

在股市交易中，散户如何交易自己手中的股票呢？目前，深、沪交易所均实现了交易无纸化、电子化，投资者进入股市必须先到当地证券登记机构分别开立上海、深圳股票账户，只有拥有股票账户，才能进行股票交易。那具体流程和规则有哪些呢？

（一）股票交易准备及流程

1. 开户

各个证券公司都能开户，而且免费。可以带上身份证原件去证券公司营业部办理开户；也可以下载股票App，准备好身份证和银行卡进行网上注册，上传身份证照片，通过视频进行实名认证开户。

2. 银证转账

完成了前面的开户步骤，恭喜你拥有了属于自己的股票账户。账户开通成功之后，你是不是想要马上买只股票了呢？先别急，因为我们的钱还在银行的托管账户中，需要通过进一步操作才能汇入股票账户。您需要登录证券交易App，进行银证转账，即将银行账户资金转到证券账户。顺便说一句，如果你想把钱从证券账户取出，也可以在“银证转账”上操作，选择资金方向“转出”，输入相应的金额，钱就会从证券账户回到你的银行卡中。

3.股票交易

银证转账完毕后，咱们的股票账户才算是真的有钱了，接下来就可以正式买股票了。我们就以图10–7至图10–9为例，教大家如何买卖一只股票。

第一步：点击下方“交易”一栏，然后点击“买入”（如图10–7所示）；

图10–7　股票交易第一步

第二步：在框选位置输入股票代码（如图10–8所示）；

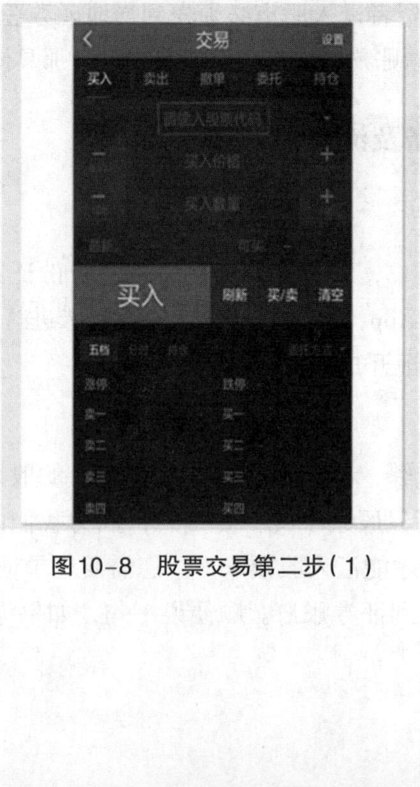

图10–8　股票交易第二步（1）

输入股票代码后，会跳出股票当前交易价格，比如图片中股票的股价显示是38.43元（通常股票交易价格，保留到小数点后两位，如图10–9所示）。

图10–9　股票交易第二步（2）

第三步：输入你想买的股票数量。

注意，这个买入数量必须为100股或100的整数倍，比如300股、500股、1000股等。比如，我们输入最低数量100股。最后，点击“买入”，我们就买到了100股的格力电器了。卖出的过程也是类似，而且也是100股起卖，这里就不重复演示了。

（二）股票交易规则

1.具体交易时间、交易竞价规定

每周一至周五，每天上午9：30—11：30，下午1：00—3：00，法定假期除外。

集合竞价：上午9：15—9：25，其中9：15—9：20可以撤单，9：20—9：25不能撤单，9：25以成交量最大的价格为开盘价。

连续竞价：上午9：30—11：30，下午1：00—3：00。

集合竞价是指在一段时间内对接收到的买卖申报进行一次性集中撮合的竞价方式。连续竞价与集合竞价不同，连续竞价是指在开盘时间中，对申报的每一笔买卖，通过电脑交易系统按照价格优先原则和时间优先原则进行成交。集合竞价和连续竞价交易时间是错开的，不会出现两种方式并存的情况。

2.成交顺序

（1）价格优先。较高价格买进申报优先于较低价格买进申报，较低价格卖出申报优先于较高价格卖出申报。

（2）时间优先。买卖方向、价格相同的，先申报者优先于后申报者。先后顺序按交易主机接受申报的时间确定。

3. 价格涨跌幅限制

为了防止过度投机，股票交易规则还规定了股票价格涨跌幅限制。根据现行制度规定，无论买入或卖出，股票（含A、B股）、基金类证券在1个交易日内的交易价格相对上一交易日收市价格的涨跌幅度不得超过10%，其中ST股票和*ST股票价格涨跌幅度不得超过5%。

4. 委托规则

1手=100股，1~99股为零股，不足1股为零碎股。

买入委托必须为整百股（配股除外），卖出委托可以为零股，但如为零股必须一次性卖出。股票停盘期间委托无效，买入委托不是整百股（配股除外）委托无效，委托价格超出涨跌幅限制委托无效。

5.T+1交易制度

当天买入的股票，当天不能卖出，到下一个交易日才能卖出，当天卖出股票的资金当天无法取出，第二个交易日才能取出。

除此之外，在A股市场上，投资者只能进行做多操作，不能进行做空操作；其委托交易时，其委托价格必须在个股的当天涨跌幅限制内，否则无效；委托单在当日的交易时间内有效，收盘之后，其委托单无效。

第11章 社会稳定器：保险

学习目标

认识保险的本质，理解保险的功用，辨识各类保险产品，能结合家庭生命周期进行保险需求分析，并结合家庭财务状况做出合理的保险规划。建立正确的保险观，客观理性看待保险市场，树立风险意识、责任意识和制度自信。

保险的本意是稳妥可靠，后延伸成一种保障机制，是用来规划人生财务的一种工具，是市场经济条件下风险管理的基本手段，是金融体系和社会保障体系的重要支柱。从经济角度看，保险是分摊意外事故损失的一种财务安排；从法律角度看，保险是一种合同行为，是一方同意补偿另一方损失的一种合同安排；从社会角度看，保险是社会经济保障制度的重要组成部分，是社会生产和社会生活“精巧的稳定器”；从风险管理角度看，保险是风险管理的一种方法。认识保险，并合理运用保险帮助转移风险，即是我们学习保险的意义之所在。

一、什么是保险？保险有哪些功能？

人生在世，如同在海上航行。多数时候是风平浪静、风和日丽，但也难免会有狂风巨浪、险象环生的时候。然而，这一切都不是我们自己所能完全掌控的。我们唯一能做的就是提前做好最坏的打算，准备好救生小艇，以备轮船倾覆时帮助我们脱离险境。保险就像救生艇，虽不能让我们避免风险事故发生，却可帮助我们减少因风险事故发生所造成的损失。

（一）保险的定义

《中华人民共和国保险法》（以下简称《保险法》）所称保险是指商业保险，即投保人根据合同约定，向保险人支付保险费，保险人对于合同约定的可能发生的事故因其发生所造成的财产损失承担赔偿保险金责任，或者当被保险人死亡、伤残、疾病或者达到合同约定的年龄、期限或条件时承担给付保险金责任的商业保险行为。

保险的这一定义包括以下几层含义：

（1）保险是商业行为。保险关系是在当事人双方自愿的前提下建立的。

（2）保险是合同行为。保险合同双方当事人分别是投保人和保险人。

（3）保险是权利义务行为。保险双方当事人既各自享有权利，又分别承担相应的民事义务，投保人有向保险公司缴纳保险费的义务，保险事故发生后，保险人有向被保险人或受益人承担赔偿或给付保险金的义务。且一方当事人的义务就是另一方当事人的权利。

（4）经济补偿或保险金给付以合同约定的保险事故发生为条件。保险合同生效以后，保险公司是否要承担赔偿或给付保险金责任以保险合同约定的保险事故是否发生为条件。

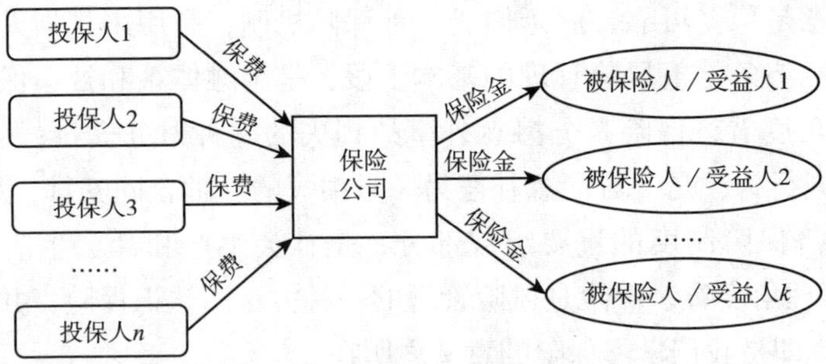

图11-1　保险运行原理图

注：n远大于k。

（二）保险的真谛

1. 保险是分摊和互助

一个渔村，家家户户以打鱼为生。靠海吃饭是有风险的，每年总有几户人家，在海上遭遇风险回不来，父母妻儿便无人照料。

后来有老者想了个办法，提议大家捐款，每人捐一部分钱放在老者那里保管。万一真有谁又遇到海难回不来，这些钱可以解决他家人的生存问题。

听着这个解决方案挺好，渔村70%的人都参与了。他们把一部分钱存到老者那里，预防将来自己遭遇不幸的那一天，自己的家人依然可以活下去。

当然，也有人不愿意加入，觉得用不上。结果，他们的家庭成员遇到海难，也就没有资格去获得集体筹集的这部分钱。其他村民出于人道主义，给个三瓜俩枣的，这叫慈善。参与计划的家属得到一笔钱，叫分摊。

老者之所以想出这么个办法，是希望村民们能借集体的力量对抗风险，帮助遇难的个人。所以也算得上是“人人为我，我为人人”的一种制度和手段。这就是保险的雏形。后来，这种制度发展得越来越完善，保险公司接替了那位老者。基于公平公正的原则，每个人交多少钱，遇难时得到多少钱，这笔钱要给到谁，都有科学的依据，也有详细的制度和条款约定。

参与这种制度是自愿的，不是强制的。就像寿险，也并不强制每个人去购买，但是有保险未来才有分摊的资格。没有保险，风险来临时，只能自己独自去承受或者借用其他人慈善的帮助。

保险是一种互助性的经济补偿制度，每个配置保险的人，就相当于加入了一个互助团体。保险公司作为保管这笔钱的机构，会保证这笔钱的保值和安全，使之最终得到合理、公正的运用。作为保险消费者，不能以投保后是否出险来判断买保险是否吃亏了，这是对保险不公平的错误判断。

2.保险是尊严和希望

某单位的一部门主管曾经投保一份保额为30万元的重疾险，缴费多年身体安然无恙，于是他决定退保。保险公司的服务人员反复给他做思想工作，他就是决心要退。退保后的第二年，单位体检发现异常，后经进一步检查确诊为中期胃癌。得了大病的人才能真正体会世态炎凉、人情冷暖。为了治病，积蓄花光了，车子也卖掉了。他设想中的一呼百应没有出现，平日里关系好的那些哥们，也都露出了真面目，个个都手头紧张，没几个伸出援手的。好在有社保和单位给投保的团体医疗险，稍微减轻了经济负担。最惨的时候，都想去弄轻松筹了。

某保险公司中支的一位老总，早些年查体被误诊了，医生说是癌症，结果把他吓得半死。不过在医院也很硬气：大夫，别担心钱的事，最好的药、最好的方案，您尽管上。

所以说，有保险的和没保险的，底气完全不一样。

保险就是在最绝望、最无助的时候，你最后的救命稻草。有了必要的保险，“关键时刻”我们能看到生的希望，且不必去低三下四地去求别人，也不用为了治疗费而丧失尊严。所以说，保险是我们的尊严和希望。

3.保险是智慧和远见

在一个偏僻的小山村，村民们过着艰苦、单调、靠天吃饭的日子。村里人每天都为了填饱肚皮而劳碌，一年四季在地里忙活。

有一位妇人，每天煮饭的时候，都会把要下锅的米，抓一把出来，放进一个特制的米罐里。丈夫很不解，问她为什么这样做。

妇人说："我们一家人每天的口粮差不多就是这些，少一把也不会饿死。我们靠天吃饭，就得积点余粮。万一出现天灾，收成不好，这些米就可以救命。"

丈夫觉得她想多了，但也没阻止她，索性由她去。没想到有一年真的遇上了天灾，地里的庄稼收成少得可怜，很多人家都揭不开锅，甚至饿死了好多人。

但妇人就靠着这些平时每顿抓一把积攒出来的米，与家人共同渡过了难关。他们家是村里唯一没有饿死人的那家。

保险是个反人性的商品，年轻健康的时候买，年老或不健康的时候才能用。所以，很多人觉得保险没用，提到保险就下意识拒绝，这就是不够智慧和没有远见的表现。正是因为我们年轻健康的时候有能力、有资本，才要为将来年老或不健康的时候做好准备。人不能只顾着眼前的苟且，还要为将来做好打算。所以说，保险体现的是智慧和远见。

4.保险是责任和关爱

一个城镇家庭的男主人在矿上打工，家里日子倒也过得滋润。大前年，男主人突然意外去世了。单位赔了一笔钱，保险公司也赔了一大笔钱。其家人虽遭受了精神上的打击，但生活质量却没有受到影响。女主人没有改嫁，带着两个孩子去市里买了房、买了车，将两个孩子送进了市里的重点学校，日子依然过得很好。

其实，家庭经济顶梁柱因意外或疾病早逝的遭遇并不罕见，但结局却是完全不同的。有媳妇改嫁的，有孩子辍学的，也有父母无人照料的，还有房子因还不起房贷而被银行收走的，到底是什么导致了结局的不一样呢？

我想就是因为男主人，关爱自己的家人，有着强烈的家庭责任感，才会在一切安好时买了足够的保险。保险看起来保的是自己，其实保的是家人的经济。买保险的人，看起来是在为将来规避风险作准备，其实也是有对家人的责任和关爱作为动力的。没有责任心的人，绝对是拒绝保险的，特别是寿险，自己又花不着这个钱，买它干吗呢？所以说，保险体现的是对家人的责任和关爱。

（三）保险的种类

国际上对保险业务的分类没有固定的原则和统一的标准，各国通常根据各自需要采取不同的划分方法。

1.按保险政策不同，可以分为社会保险和商业保险

社会保险是指国家通过立法对劳动者遭受年老、疾病、死亡、伤残、生育、丧失劳动能力和失业等风险时提供基本生活保障的一种经济制度。是法律规定的将某些社会风险转移给政府或某一社会组织的一种风险管理措施。我们国家实施的基本养老保险、基本医疗保险、失业保险、工伤保险和生育保险就属于社会保险的内容。

商业保险是投保人根据合同约定向保险人支付保险费，保险人对于合同约定的可能发生的事故因其发生所造成的财产损失承担赔偿保险金责任，或者当被保险人死亡、伤残、疾病或者达到合同约定的年龄、期限时承担给付保险金责任的保险行为。通常，我们在商业保险公司投保的财产保险和人身保险都属于商业保险。

2.按照保险实施的方式不同，可以分为自愿保险和法定保险

自愿保险是保险人和投保人在自愿原则基础上通过签订保险合同而建立保险关系的一种保险。商业保险都是自愿保险。

法定保险又称强制保险，是以国家有关法律为依据而建立保险关系的一种保险。社会保险、交强险等都属于法定保险。

3.按照保险标的不同，可以分为财产保险和人身保险

财产保险是以物质财产及其有关利益、责任和信用为保险标的的保险，包括财产损失险、责任保险和信用保证保险等。

财产损失保险，又称狭义财产保险，是以物质财产及其相关利益为保险标的的保险，如企业财产险、家庭财产险等。

责任保险是以被保险人对第三者依法应负的赔偿责任为保险标的的保险，如机动车第三者责任保险、公共责任险、产品责任险、雇主责任险、职业责任险等。

信用保证保险是以义务人的信用为保险标的的一种保险，如进出口信用保险等。

人身保险是以人的身体或生命为保险标的的保险，包括人寿保险、健康保险和意外伤害保险。

4.按照业务承保方式不同进行分类，可以分为原保险、再保险、重复保险和共同保险

原保险又称直接保险，是由保险人与投保人之间直接签订保险合同而形成的保险关系。从风险转嫁方式上来说，是投保人对原始风险的纵向转嫁，也是第一次风险转嫁。

再保险又称分保，是原保险人将承保的部分或全部保险业务转让给再保险人承担的保险，即对保险人的保险。从风险转嫁方式上来说，是原保险人对原承保业务风险的横向转嫁，即第二次风险转嫁。

重复保险是投保人对同一保险标的、同一保险利益、同一保险事故分别向两个或两个以上保险人订立保险合同，其保险金额之和超过保险价值的保险。

共同保险是由两个或两个以上的保险人同时联合直接承保同一保险标的、同一保险利益、同一保险事故，且保险金额之和不超过保险价值的保险。

5.按保障主体不同，可以分为团体保险和个人保险

团体保险是以一份总的保险合同向团体内全部或大部分成员提供风险保障的保险。机关、团体、企业等均可以按照团体方式为员工投保团体保险。团体保险通常是用人单位给职工的一种福利。

个人保险是以个人名义向保险公司投保的家庭财产保险和人身保险。

（四）保险的功能

保险有哪些功能呢？概括起来，保险主要有如下几方面的功能。

1.风险保障功能

目前，我国的社会保障制度还不是很完善，且家庭对自然灾害、意外事故、家庭成员的生老病死等的承受能力比较脆弱。因此，家庭在平时资金宽裕的情况下缴纳保险费，在面临危难时得到援助，使生活能够得以正常维持，这是保险最根本的职能，也是家庭理财对保险的基本定位。

2.储蓄功能

对于长期寿险，保单现金价值的存在使得保单具有储蓄功能，并且保单现金价值采取复利计算账户利息。即在保险期内，投资账户中的现金价值以年甚至是月为单位进行利滚利。而银行理财产品等采取的主要是单利。从这个角度看，部分寿险产品在储蓄生息方面具有一定的优势。

3.资产保护功能

在特定条件下，寿险保单能够起到资产保护的功能。以企业主为例，当由于债权债务问题发生法律诉讼时，银行里的资金甚至股票、房地产等都可能被冻结。但是，投保所形成的人寿保单的相应价值却不受影响，因为人寿保险合同是以人的寿命和身体为保险标的的。依据《保险法》，未经被保险人书面同意，保单不得转让或者质押。因此，当所有的财产都被冻结甚至拍卖时，人寿保险的保单不会被冻结和拍卖，而且保单贷款功能又使其成为最好的“变现”工具，即便企业遇到破产情形，也不会因此一贫如洗。

4.资金融通功能

很多长期寿险都具有保单质押贷款功能。保单质押贷款的根本作用在于能够满足保险单的流动性和变现要求。金融理论认为，流动性是金融资产的基本属性，几乎所有的金融资产都需要有流动性和变现能力，保险单作为一种金融资产也不例外。就提供变现、融资的渠道来看，保单质押贷款有别于商业贷款，主要体现在：一是保单持有人没有偿还保单质押贷款的法定义务，因此保单持有人与保险公司之间并非一般的借贷关系。二是保险人只需要根据保单的现金价值审批贷款，不必对申请贷款的保单持有人进行资信审查；而在商业贷款中银行则要对借款人进行严格的资信审查。因此，对保险公司而言，保单质押贷款业务可以看作一项附加服务，管理成本较低。而对于投保人而言，利用保单贷款是一种较为便捷的获得临时资金的方式。

5. 合法避税功能

利用合理合法的手段和税收的监管规定，在节省上缴税收额度的情况下，为员工、自己或家人增加一份收入，就是很好的理财。保险在这方面有着独特的功能。

（1）企业可以合理合法地为员工投保进而达到避税的目的。根据有关规定，企业拿出职工工资总额的4%为员工投保商业保险是完全免税的，如若补缴金额较大的还可获得“不低于三年的期间内分期均匀扣除”费用的权限；同时，由于员工将来从保险公司获得的保险金按税法规定也同样是免税的，因此不论是企业还是个人，都可获得资产保全。

（2）保险是规避遗产税的有效工具。我国已经讨论并出台了《中华人民共和国遗产税暂行条例（草案）》。这意味着遗产税的征收已经纳入国家法律健全化的日程。根据草案，遗产越多，税率就越高，最高可达50%。因此，个人财富会在其离开人世时因为纳税而“缩水”。而保险却是此方面有效的避税工具，目前我国税收法明确规定，保险金是不纳入应征税额的。

拓展阅读

胡适之保险观

20世纪30年代，在人们对人寿保险还比较陌生的年代，《申报》就开辟了“人寿保险”专刊。在1933年4月9日的第四期人寿保险专刊里，刊登了胡适先生精心构思的一则广告，而且用胡适的手迹制版。这则广告精练简约，富有哲理，原文如下：

人寿保险含有两种人生常识：

第一，“人无远虑，必有近忧”，所以壮年要做老年的准备，强健时要做疾病时的计划。

第二，“日计不足，岁计有余”，所以细微的金钱，只需长久的积蓄，可以供重大的用度。

胡适先生不仅愿意为民众宣传保险，自己也身体力行，购买了人寿保险与财产保险，在中国学者接受保险理财方面，走在了前列。他在1935年12月30日的日记中曾提到：“到浙江兴业银行，到中孚银行，把寿险费及书籍保险费还了。”这一次交付保险费的记载，至少说明，胡适此时已经将自己的健康及作为学者重要财产的个人藏书一并纳入了每一年度的保险计划中了，因此也要在日记中郑重其事地记录下来。

1949年，胡适离开中国大陆到美国纽约定居，直到1958年离开美国回到中国台湾，但并未能像在中国大陆时那样有计划地实施个人保险计划，这导致他一度贫病交加，心脏病复发入院治疗时医疗费也没有着落。实际上，他曾想过要在美国购买保险，但因年老多病被拒之门外。因此，他不无感慨地说：“美国资本主义很坏，我想买保险，他们嫌我年纪大，嫌我有心脏病……”后来，还是蒋介石托人办理，才把胡适入院的医疗费结清，解了胡适投保不得、捉襟见肘的难堪。

胡适先生还曾将保险与人生伦理联系起来，做过一番感叹，写下一段著名的有关保险意义的名句：

保险的意义只是今日做明日的准备，生时作死时的准备，父母作儿女的准备，儿女幼小时做儿女长大时的准备，如此而已。今天预备明天，这是真稳健；生时预备死时，这是真豁达；父母预备儿女，这是真慈爱。做到这三步的人，才能算作现代人。

思考与讨论

谈谈你对保险的认识。

二、什么是社会保险?

（一）社会保险的定义

社会保险是国家通过立法以保险的形式，对劳动者因年老、疾病、伤残、死亡、生育、丧失劳动能力和失业时引起的生活困难给予补偿的一种经济制度。

社会保险旨在维持依靠劳动收入生活的劳动者及其家庭成员的基本生活需要，促进社会安定，本质上是一种社会保障制度。它与社会福利、社会救济、社会优抚共同组成了社会保障体系，被称为稳定社会的“安全网”。

那肯定有人要问：社会保险和商业保险到底是什么样的关系呢？这样打个比方，您可能就明白了。社会保险相当于公交车，国家设定的线路怎样就怎样走，大家统一标准，费用相对较低，贫民也坐得起，享受的待遇也较低，使用的人多，乘客范围广，谈不上舒适，但却是平民百姓最基本的保障。对运营方来说，资金缺口由政府兜底。商业保险相当于私家车，经济条件好的买豪车，经济条件一般的买普通的车，自己想去哪里就开去哪里，安全、舒适、方便，但买车的钱和烧的油都是自己出。

（二）社会保险的特征

作为国家社会保障体系的重要组成部分，与其他社会保障形式相比，社会保险具有以下四个特征：

（1）强制性。社会保险是国家通过立法强制实施的，凡是属于社会保险规定范围内的对象，都必须参加社会保险，按时缴纳社会保险费，并且由国家统一规定保费和保障水平。

（2）互助互济性。社会保险的互助互济性体现在劳动者之间经济上的互济、单位或行业之间的互济以及不同经济水平地区之间的互济，通过建立社会保险基金，对符合社会保险条件的被保险人及其家属提供经济补偿。

（3）对象的特定性。社会保险的保障对象是由国家法律规定的，可以是从事特定职业的劳动者，也可以是收入达到一定水平的劳动者，有的甚至扩大到全体国民。比如，我国的基本养老保险和基本医疗保险已经在政策上实现了全民覆盖。我国其他种类社会保险的保障对象仅限于符合劳动法规定的劳动者。

（4）保障水平的基本性。如果社会保险的保障水平过低，则达不到社会保险的目的，发挥不了社会保险保障基本生活、稳定社会秩序的作用；如果社会保险保障水平过高，又会造成社会保险资源的滥用，增加社会保险支出压力和道德风险。因此，社会保险保障水平是满足公民的基本生活需要。

（三）我国的社会保险

由于各国经济发展水平不同，社会保险实施的内容也有所不同。我国的社会保险主要分为基本养老保险、基本医疗保险、失业保险、工伤保险和生育保险五大类。

1. 基本养老保险

基本养老保险是国家通过立法对劳动者因达到规定的年龄界限而解除劳动义务，由国家提供一定物质帮助以维持其基本生活的一种社会保险。

目前，我国的基本养老保险已经在政策上实现了全民覆盖。包括城乡居民养老保险和企业职工基本养老保险。人力资源社会保障部于2022年发布的最新数据显示，截至2021年底，全国基本养老保险参保人数为10.3亿人。

（1）城乡居民养老保险（以河南省为例）。

①参保范围。年满16周岁（不含在校学生），非国家机关和事业单位工作人员及不属于职工基本养老保险制度覆盖范围的城乡居民，可以在户籍地参加城乡居民养老保险。

②基金筹集。城乡居民养老保险基金由个人缴费、集体补助、政府补贴构成。

个人缴费。参加城乡居民养老保险的人员应当按规定缴纳养老保险费。缴费标准目前设为每年100元、200元、300元、400元、500元、600元、700元、800元、900元、1000元、1500元、2000元、2500元、3000元、4000元、5000元16个档次。省人力资源社会保障厅会同省财政厅依据城乡居民收入增长等情况适时调整缴费档次标准。参保人自主选择档次缴费，多缴多得。

集体补助。有条件的村集体经济组织应当对参保人缴费给予补助，补助标准由村民委员会召开村民会议民主确定。鼓励有条件的社区将集体补助纳入社区公益事业资金筹集范围。鼓励其他社会经济组织、公益慈善组织、个人为参保人缴费提供资助。补助、资助金额分别不超过设定的最高缴费档次标准。

政府补贴。政府对符合领取城乡居民养老保险待遇条件的参保人全额支付基础养老金，其中中央财政对我省按中央确定的基础养老金标准给予全额补助。省、直辖市财政对参保人缴费给予补贴：对选择100~400元档次标准缴费的，补贴标准不低于每人每年30元，其中省财政每人每年补贴20元，直辖市财政每人每年补贴不低于10元；对选择500元及以上档次标准缴费的，补贴标准不低于每人每年60元，其中省财政每人每年补贴40元，直辖市财政每人每年补贴不低于20元。省直管县（市）对参保人的缴费补贴全部由省财政承担。

各级财政对参保人的缴费补贴不能冲抵个人缴费。

③建立个人账户。城乡居民养老保险经办机构为每个参保人建立终身记录的养老保险个人账户，个人缴费、政府补贴、集体补助及其他社会经济组织、公益慈善组织、个人对参保人的缴费资助全部记入个人账户。个人账户储存额按国家规定计息。个人账户储存额只能用于个人账户养老金支付，除出国（境）定居、死亡等情形外，不得提前支取或挪作他用。

④养老保险待遇及调整。城乡居民养老保险待遇由基础养老金和个人账户养老金构成，支付终身。

基础养老金。在中央确定的基础养老金标准基础上，省、直辖市对符合领取条件的参保人每人每月增加3元基础养老金（按6：4比例分摊），县（市、区）确定的基础养老金补贴标准每人每月不低于5元。根据国家要求和经济发展、物价变动等情况，适时调整基础养老金最低标准，逐步建立基础养老金正常调整机制。各级政府可根据本地实际情况在省定基础养老金标准的基础上适当提高标准；对长期缴费的，可适当提高基础养老金的加发标准，具体办法、资金分担比例由本级政府确定，并报省人力资源社会保障厅审核。

个人账户养老金。个人账户养老金的月计发标准，目前为个人账户全部储存额除以139（与现行职工基本养老保险个人账户养老金计发系数相同）。参保人死亡的，其个人账户资金余额可以依法继承。

⑤待遇领取条件。参加城乡居民养老保险的个人，年满60周岁、累计缴费满15年，且未领取国家规定的基本养老保障待遇的，可以按月领取城乡居民养老保险待遇。

新型农村社会养老保险或城乡居民社会养老保险制度实施时已年满60周岁的，不用缴费，自制度实施之日起可以按月领取城乡居民养老保险基础养老金；距规定领取年龄不足15年的，应逐年缴费，也允许补缴，累计缴费不超过15年，补缴不享受政府补贴；距规定领取年龄超过15年的，应按年缴费，累计缴费不少于15年，中断年限可以补缴，补缴不享受政府补贴。

（2）企业职工基本养老保险。

1997年，国务院颁布《国务院关于建立统一的企业职工基本养老保险制度的决定》（国发〔1997〕26号），明确到20世纪末要建立起适应社会主义市场经济体制要求的养老保险体系。2005年又发布《国务院关于完善企业职工基本养老保险制度的决定》（国发〔2005〕38号），进一步完善企业职工基本养老保险制度。

①参保范围。城镇各类企业职工、个体工商户和灵活就业人员都要参加企业职工基本养老保险。当前及今后一个时期，要以非公有制企业、城镇个体工商户和灵活就业人员参保工作为重点，扩大基本养老保险覆盖范围。要进一步落实国家有关社会保险补贴政策，帮助就业困难人员参保缴费。

②保费缴纳。职工参加基本养老保险，由用人单位和职工共同缴纳基本养老保险费；无雇工的个体工商户、未在用人单位参加基本养老保险的非全日制从业人员和其他灵活就业人员，由个人缴纳基本养老保险费。

用人单位应按照国家规定的本单位职工工资总额的比例缴纳基本养老保险费，记入基本养老保险统筹基金。企业缴费的比例一般不得超过企业工资总额的20%，具体比例由省、自治区、直辖市政府确定，少数省、自治区、直辖市离退休人数较多，养老保险负担较重，确实需要超过企业工资总额的20%的，需要报人力资源和社会保障部、财政部的批准。个人缴费比例为本人缴费工资的8%。个人缴费全部计入个人账户，单位缴费不再划入个人账户。

③待遇领取及调整。《国务院关于建立统一的企业职工基本养老保险制度的决定》（国发〔1997〕26号，以下简称《决定》）实施后参加工作、缴费年限（含视同缴费年限，下同）累计满15年的人员，退休后按月发给基本养老金。基本养老金由基础养老金和个人账户养老金组成。退休时的基础养老金月标准以当地上年度在岗职工月平均工资和本人指数化月平均缴费工资的平均值为基数，缴费每满1年发给1%。个人账户养老金月标准为个人账户储存额除以计发月数，计发月数根据职工退

休时城镇人口平均预期寿命、本人退休年龄、利息等因素确定。

《决定》实施前参加工作，本决定实施后退休且缴费年限累计满15年的人员，在发给基础养老金和个人账户养老金的基础上，再发给过渡性养老金。各省、自治区、直辖市人民政府要按照待遇水平合理衔接、新老政策平稳过渡的原则，在认真测算的基础上，制订具体的过渡办法，并报劳动保障部、财政部备案。本决定实施后到达退休年龄但缴费年限累计不满15年的人员，不发给基础养老金；个人账户储存额一次性支付给本人，终止基本养老保险关系。

《决定》实施前已经离退休的人员，仍按国家原来的规定发给基本养老金，同时执行基本养老金调整办法。

根据职工工资和物价变动等情况，国务院适时调整企业退休人员基本养老金水平，调整幅度为省、自治区、直辖市当地企业在岗职工平均工资年增长率的一定比例。各地根据本地实际情况提出具体调整方案，报劳动保障部、财政部审批后实施。

④统筹层次。《决定》提出，进一步加强省级基金预算管理，明确省、市、县各级人民政府的责任，建立健全省级基金调剂制度，加大基金调剂力度。在完善市级统筹的基础上，尽快提高统筹层次，实现省级统筹，为构建全国统一的劳动力市场和促进人员合理流动创造条件。

为解决各省之间养老保险基金结构性矛盾日益突出的问题，国务院决定自2022年1月始，实施企业职工基本养老保险全国统筹。全国统筹制度实施以后，将在全国范围内对地区间养老保险基金当期余缺进行调剂，用于确保养老金按时足额发放，中央和地方政府的支出责任分担机制将同步建立。

2. 基本医疗保险

基本医疗保险是为补偿劳动者因疾病风险造成的经济损失而建立的一项社会保险制度。目前，我国的基本医疗保险已经在政策上实现了全民覆盖。包括城乡居民基本医疗保险和职工基本医疗保险。《中华人民共和国2021年国民经济和社会发展统计公报》显示，2021年，参加基本医疗保险人数136424万人，增加293万人。其中，参加职工基本医疗保险人数35422万人，增加967万人；参加城乡居民基本医疗保险人数101002万人。党的十八大以来，基本医疗保险的参保人数由5.4亿人增加到13.6亿人，报销比例持续提高，居民医保的人均财政补助标准由240元提高到610元，惠及10亿城乡居民。

（1）城乡居民基本医疗保险（以河南省为例）。城乡居民基本医疗保险是整合城镇居民基本医疗保险（简称城镇居民医保）和新型农村合作医疗（简称新农合）两项制度而建立的统一的城乡居民基本医疗保险（简称城乡居民医保）制度。

2016年1月12日，国务院发布《国务院关于整合城乡居民基本医疗保险制度的意见》（国发〔2016〕3号），要求各省（区、市）于2016年6月底前对整合城乡居民医保工作作出规划和部署，明确时间表、路线图，健全工作推进和考核评价机制，严格落实责任制，确保各项政策措施落实到位。各统筹地区要于2016年12月底前出台具体实施方案。

①参保范围。农村居民、城镇非从业居民、大中专学生、国家和我省规定的其他人员都可以在户籍地或凭居住证在常住地参加城乡居民医保。2021年，我省参加城乡居民基本医疗保险8985.88万人，位居全国第一。

②保费缴纳。通过微信“河南税务”公众号、支付宝、河南税务网上税务局App、豫事办App、各地综合服务大厅、各银行网点、自助办税机等方式进行缴费。一般每年9—12月缴纳下一年的保费。2022年，城乡居民医保缴费水平是320元/人。

③医保待遇。城乡居民医保待遇包括：普通门诊、门诊慢性病、重特大疾病、住院医疗待遇。报销标准以当地医保部门规定为准。城乡居民医保最高报销15万元，大病保险最高报销40万元，共计最高报销55万元。

居民大病保险起付线为1.1万元。1.1万元至10万元报销60%；10万元以上报销70%；最高可报销40万元。

参加城乡居民医保的孕产妇住院分娩，实行定额支付。自然分娩不低于600元，剖宫产不低于1600元。

新生儿出生当年，随参加基本医保的父母自动获取参保资格，并享受城乡居民医保待遇。原则上新生儿出生后90天内，应办理参保登记。自出生之日所发生的医疗费用均可纳入医保报销。对已使用父母姓名参保的新生儿，其监护人应尽快更新信息。新生儿未在规定时间内参加居民医保的，按当地具体规定执行。

（2）职工基本医疗保险。职工基本医疗保险是针对城镇所有用人单位和职工，以强制参保为原则的一项基本医疗保险制度。

①参保范围。按照《国务院关于建立城镇职工基本医疗保险制度的决定》（国发〔1998〕44号）的规定，城镇所有用人单位，包括企业（国有企业、集体企业、外商投资企业、私营企业等）、机关、事业单位、社会团体、民办非企业单位及其职工，都要参加基本医疗保险。

②保费缴纳。职工基本医疗保险费由用人单位和职工共同缴纳。用人单位缴费率应控制在职工工资总额的6%左右，在职职工缴费率一般为本人工资收入的2%。退休人员个人不缴费。

③医保基金。通过用人单位和个人缴费，建立医疗保险基金，参保人员患病就诊发生医疗费用后，由医疗保险经办机构给予一定的经济补偿，以避免或减轻劳动者因患病、治疗等所带来的经济风险。

基本医疗保险基金由统筹基金和个人账户构成。职工个人缴纳的基本医疗保险费，全部计入个人账户。用人单位缴纳的基本医疗保险费分为两部分，一部分用于建立统筹基金，另一部分划入个人账户。划入个人账户的比例一般为用人单位缴费的30%左右，具体比例由统筹地区根据个人账户的支付范围和职工年龄等因素确定。

3. 失业保险

失业保险是指国家通过立法强制实行的，由社会集中建立基金，对因失业而暂时中断生活来源的劳动者提供物质帮助进而保障失业人员失业期间的基本生活，促进其再就业的制度。

（1）失业保险基金的构成。失业保险基金由下列各项构成：

①城镇企业事业单位、城镇企业事业单位职工缴纳的失业保险费；

②失业保险基金的利息；

③财政补贴；

④依法纳入失业保险基金的其他资金。

（2）失业保险缴费。城镇企业事业单位按照本单位工资总额的2%缴纳失业保险费。城镇企业事业单位职工按照本人工资的1%缴纳失业保险费。城镇企业事业单位招用的农民合同制工人本人不缴纳失业保险费。

（3）失业保险待遇领取条件。在我国，失业人员在满足非因本人意愿中断就业；已办理失业登记，并有求职要求；按照规定参加失业保险，所在单位和本人已按照规定履行缴费义务满1年三个条件后，方可享受失业保险待遇。失业人员在领取失业保险金期间，按照规定同时享受其他失业保险待遇。

（4）失业保险金领取期限。失业人员失业前所在单位和本人按照规定累计缴费时间满1年不足5年的，领取失业保险金的期限最长为12个月；累计缴费时间满5年不足10年的，领取失业保险金的期限最长为18个月；累计缴费时间10年以上的，领取失业保险金的期限最长为24个月。重新就业后，再次失业的，缴费时间重新计算，领取失业保险金的期限可以与前次失业应领取而尚未领取的失业保险金的期限合并计算，但是最长不得超过24个月。

4. 工伤保险

工伤保险是国家通过立法对被保险人因生产、工作中遭受意外事故或职业病伤害提供一定物质帮助以维持其基本生活的一种社会保险。

我国自2004年1月1日起施行的《工伤保险条例》适用于各类企业的职工和个体工商户的雇工。在工伤保险中，劳动者个人不缴费，由用人单位单方缴费。根据各行业工伤风险类别和工伤事故及职业病的发生频率实行行业差别费率和浮动费率，按用人单位工资总额的一定比例征集，标准为工资总额的0.3%~2.5%。

5. 生育保险

生育保险是国家通过立法对妇女劳动者因生育子女而暂时丧失劳动能力、失去劳动收入时，提供一定物质帮助以维持其基本生活的一种社会保险。

生育保险费由用人单位按月缴纳，职工个人不缴纳生育保险费。用人单位按在职职工缴纳基本养老保险费的基数作为缴纳生育保险费的基数，按照0.5%到1%的比例缴纳生育保险费。

拓展阅读

社会保险的起源和发展

19世纪末，"铁血宰相"的俾斯麦对工人阶级实行了"胡萝卜加大棒"的政策，一方面残酷镇压工人运动，另一方面进行安抚，主要措施就是建立社会保险。他宣称："社会保险是一种消除革命的投资，一个期待养老金的人是最安分守己的，也是最容易被统治的。"社会保险为德国经济发展营造了稳定的社会环境，使工农业增长速度很快超过了英、法，成为新的世界列强之一。

社会保险起始于德国，形成于美国，发展于第二次世界大战以后的市场经济国家。

思考与讨论

你和家人都参加了哪些社会保险？你认为社会保险具有哪些作用？

三、保险的前世今生

人类文明史其实是一部人类社会与自然灾害战争，对风险进行管理的历史。作为重要风险管理手段的保险有非常非常悠久的历史。

（一）保险的起源

我们在朋友圈经常能见到轻松筹、水滴筹、相互宝等这样的互助思想。这种互助思想早在4500年前的埃及就已经出现了，从事金字塔修建的古埃及石匠们为了抵御自然灾害和意外事故所带来的损失，就成立一个互助基金组织，用会费来支付会员死亡后的丧葬费用。

1.保险思想起源于海上贸易

一张世界地图，两条贸易之路。陆路丝绸之路，从汉唐时期最繁荣的古都长安，经过河西走廊、帕米尔高原，一直到了东欧。海上丝绸之路，从欧洲经地中海、霍尔木兹海峡，到达今天的东南亚，印度和斯里兰卡，以及中国，发展于春秋战国，形成于秦汉，唐宋时期达到鼎盛。

现代意义的保险起源于海上保险，发现的最早的保单为意大利商人签发的船舶航运保单。以后，随着对外贸易的发展，大约在公元前1792年，古巴比伦第六代国王汉谟拉比在位期间，为了援助商业及保护商队的骡马和货物损失补偿，在汉谟拉比法典中，规定了共同分摊补偿损失的条款。

公元前916年，在地中海的罗德岛上，国王为了保证海上贸易的正常进行，制定了罗地安海商法，规定某位货主遭受损失，由包括船主、所有该船货物的货主在内的受益人共同分担。

2. 世界上最古老的保单

世界上最古老的保单被认为是1347年意大利热那亚商人出立的一张契约。意大利商船"圣·科勒拉"号船长担心海上风险，找到以冒险著称的意大利富商乔治·勒克维伦。双方通过签订契约约定，船长先在勒克维伦那里存一笔钱，若6个月内"圣·科勒拉"号顺利抵达马乔卡，钱就归勒克维伦，否则勒克维伦将承担船上货物损失。

从今天看来，这张契约本质上属于"冒险借贷"，严格来讲还不是一张完备的保单，缺乏保险最核心的要素——"保险费"，但在保险史上却有着里程碑的意义。

地中海沿岸的商人们还遵奉一个原则——我为众人，众人为我。一艘船上的货物来自不同的商人，大家达成一致协定，如果因为客观原因导致航海家不得已要扔掉一些货物减轻船身重量，这些货物的损失由大家来共同分摊，这就是我们今天现代保险"损失分摊"的雏形。

3. 中国古老的保险思想

中国的保险思想，早在《逸周书》就有记载，周文王临终前向太子传授治国之道："天有四殃，水旱饥荒，其至无时，非务积累，何以备之？"意思是天上有四种灾难，水灾，旱灾，饥年，荒年，可能会导致什么都没有，不在必要的时候做一些积累，怎么防备？

夏朝的君王大禹警惕后人的言语，"小人无兼年之食，遇天饥，妻子非其有也。大夫无兼年之食，遇天饥，臣妾舆马非其有也。国无兼年之食，遇天饥，百姓非其有也。戒之哉！弗思弗行，至无日矣。"

后来就出现了一些仓储制度，比如汉宣帝的常平仓，隋文帝的义仓，光绪年第一粮仓，都是在丰收的时候，收集粮食，在饥荒年的时候拿出来。

尽管中国保险思想和救济后备制度产生很早，但因中央集权的封建制度和重农抑商的传统观念，商品经济发展缓慢，缺乏经常性的海上贸易。所以，在中国古代社会没有产生商业保险。

4. 火灾保险的起源

火灾保险始于德国。1591年，德国汉堡市的造酒业者成立了火灾合作社。至1676年，由46个相互保险组织合并成立了汉堡火灾保险社，之后合并为第一家公营保险公司——汉堡保险局。

现代火灾保险制度起源于英国。1666年伦敦市中心一家面包店发生了火灾，大家不以为意，火灾持续了五天五夜，80%的伦敦城已经被烧毁，财产损失在1000万英镑以上，20多万人流离失所。次年，一位名叫巴蓬的牙科医生独资开办了一家火灾保险所，开创了私营火灾保险的先例，并于1680年创立了拥有4万英镑的火灾保险公司。巴蓬被称为“现代火灾保险之父”。

5. 人身保险的起源

人身保险起源于海上保险。15世纪末奴隶贩子将奴隶作为货物投保海上保险，这是最早以人的身体和生命作为保险标的的保险。1656年意大利银行家洛伦佐·佟蒂设计完成了佟蒂法（联合养老保险法）。1689年法国国王路易十四采用了佟蒂法——该法的出现和实施引起人们对人寿保险发展的关注和对生命统计研究的重视。1693年英国数学家和天文学家埃德蒙·哈雷编织了世界上第一张生命表，为现代人寿保险的发展奠定了数理基础。1699年，英国出现了世界上第一家人寿保险组织——孤寡保险社。因此，英国被认为是人身保险的发源地。

1756年，詹姆斯·道德逊因为年龄较大被福利社团拒之门外。之后，他提出了“自然保险费”理论。为了解决年老收入减少无力负担高额保费的问题，他又提出了“均衡保费理论”。1762年，英国人辛普森和道德逊创办了世界上第一家科学的人寿保险公司——人寿及遗属公平保险社，又称“老公平”。第一次依据生命表，采用均衡保险费理论计算保险费，并在保单中规定了宽限期、保单失效、复效等条款。公平人寿保险公司被认为是近代人身保险制度形成的标志，也是现代人寿保险的开端。

6. 中国第一家保险会社

虽然保险思想发源于我国，但由于我国长期商品经济不够发达，导致我国保险起步较晚。《国富论》中描述这段历史：“中国的历史和文明停滞了，停滞是由于不重视海外贸易，闭关必趋于自杀。”在1840年前，我国对外贸易仅限广州一地。尽管如此，在中英贸易中，几乎每年中国都处于贸易顺差。在18世纪中后期，为了改变贸易逆差的局势，英国开始向中国输入鸦片，以换取大量的银元。而此时，中英来往的船只上都是非常贵重的银元或者鸦片，必然在海上运输时候，需要购买海上保险。

1805年，英国东印度公司鸦片部经理大卫森在广州开办了第一家外商保险公司——谏当保安行，又称广州保险会社，这是外商在中国开设最早的保险公司，主要经营外商的海上保险。

7. 中国保险思想传播的第一人

西方列强打开中国大门之后，中国也有很多有识之士在学习西方的先进的思想和科学技术。林则徐主张“师夷长技以制夷”，林则徐叫魏源写了一本书叫《海国图志》。这本书中，首次翻译了保险，将保险翻译为“担保”，海上保险——船担保，生命保险——命担保，火灾保险——宅担保。所以，魏源是中国保险思想传播的第一人。

8. 中国保险史上第一家官办保险企业——保险招商局

李鸿章建立了史上第一个官督商办的民族工商企业——轮船招商局。为什么要造轮船呢？一方面开放上海口岸后，长江沿岸的船舶基本由外商垄断；其次是1866年，英国和意大利开展了一次海上作战，标志着陆路战争转向海上战争，而中国造船术依旧很落后。

1875年12月，李鸿章授意轮船招商局集资20万两白银在上海创办我国第一家规模比较大的船舶保险公司——保险招商局。虽然当时承保能力较弱，但标志着民族保险的崛起。

9. 中国保险史第一家民族寿险企业

1900年，英商永福人寿制定了“1846—1900年中国人死亡经验表”，为中国寿险费率厘定提供了最初的依据，华人寿险业务才开始启动。

截至1911年年底，全国华商保险公司约35家，其中财险27家、寿险8家。这8家寿险公司大都不是纯粹华商，主要借助外商实力开展业务，缺少管理、精算、核保人才，加上人脉资源匮乏，经营渠道难以建立，经营惨淡。

民族寿险的先驱吕岳泉说：“寿险公司国外称为实业之母，居金融界之上流，与银行及各种金融公司相对峙，纯以信用为根基，固开业之初第一须有著名资本大家，第二因保险事业幼稚，须待位望崇隆者提倡指导。二者并行，始能相济。”

因官办保险招商局和民族寿险的兴起，保险机构如雨后春笋，市场一度非常繁荣。1958年底，全国设有保险机构600多个，保险职工近5万人。保险对国家的经济建设起到了重大作用。然而，随着政治局势的变动，有些保险机构撤离中国转注册到香港，有些被迫停止，直至1958年全国保险业暂停。

（二）保险的发展：改革开放后中国保险40年

1980年我国开始恢复办理国内财产保险业务，1982年恢复国内人身保险业务。1992年，友邦成为第一家在国内经营保险业务的外资保险公司，标志着中国保险市场的对外开放，并为日后更大范围的开放奠定了基础。

1995年，新中国的第一部《保险法》出台，为中国保险业日后的发展与改革奠

定了法律基础。中国寿险产品定价更多的是参考了日本的《生命表》。之后，我国陆续完成了第二份和第三份《生命表》，为我国的寿险经营奠定了科学基础。

1998年11月18日，中国保监会正式成立，它不仅标志着我国金融的分业和专业监管进入了实质性阶段，也意味着我国保险行业管理，在经历了从人保到人行，从非银行司到保险司之后，终于成为了一个独立和专门的行政管理部门，开启了我国保险业发展与监管的新时代。

2003年，中国人保财险在香港联交所挂牌上市，成为了我国内地金融业海外上市“第一股”，之后，就有了中国人寿、中国平安、中国太保、中再集团等保险机构在H股和A股市场的上市浪潮。

2006年，我国第一个强制保险——交强险出台，并于当年7月正式实施。2007年底，号称中国金融“第一听”的交强险听证会在北京举行。

2007年，我国全面启动“政策性农业保险”业务，开启了我国农业保险发展的新时代。

2012年，我国“第二代偿付能力监管制度体系”建设工作全面启动，它标志着我国保险监管的重要基础制度进入一个“迭代期”。

2014年，国务院印发了《关于加快发展现代保险服务业的若干意见》，明确提出要实现由保险大国向保险强国转变，同时，将具体工作细化为九方面29条措施。

2015年，中国保监会颁布了《互联网保险业务监管暂行办法》，成为金融领域第一部关于“互联网金融”的制度文件，为我国保险模式创新，开展了积极的探索。

2016年，一场关于“野蛮人”的争论，将保险业推到了社会舆论的风口浪尖。

2017年，中国保监会重申坚持“保险业姓保，保监会姓监”的原则，明确“严监管、防风险、补短板、治乱象、服务实体经济”的工作主基调，同时，全面启动了行业治理的“4+1”行动。

2018年2月召开的十九届三中全会拉开了新一轮国家机构改革的大幕。就金融业的监管而言，“一委一行两会”架构正式推出，中国保监会面临“撤并”使命。2018年4月8日，“中国银行保险监督管理委员会”正式挂牌，金融监管开启“新银保时代”。

2019年7月11日，银保监会宣布，批准大家保险集团成立，其注册资本203.6亿元，由中国保险保障基金有限责任公司、中国石油化工集团有限公司、上海汽车工业（集团）总公司共同出资设立。

2020年2月，银保监会宣布结束对安邦保险为期两年的监管。由大家保险集团依法受让安邦人寿、安邦养老和安邦资产股权。新设大家财险，承接安邦财险的合规保险业务。2020年9月，安邦集团及其子公司安邦财险分别在官网发布拟解散并清算的公告。

2020年7月，银保监会公告对天安财险、华夏人寿、天安人寿、易安财险、新时代信托、新华信托进行接管。2020年8月，中国农业再保险股份有限公司成立，注册资本161亿元。2020年9月，车险综合改革开始实施。2020年11月，银保监会正式印发《保险代理人监管规定》，并将于2021年1月1日起实施。2020年12月，银保监会正式发布《互联网保险业务监管办法》。

四、真的有人不需要保险吗？

即便是到了21世纪的今天，很多人对保险的认识还是比较片面，甚至存在一些认识误区。常见的认识误区主要有下面五个。

（一）我还年轻，暂时不需要保险

觉得自己还年轻不需要购买保险，往往是本身对保险认识不深、缺乏风险意识的表现，这是很多年轻人常常怀有的侥幸心理。买保险的目的不仅仅是为了自己，也是对家人爱和责任的体现。很多人都说过："我保证我的亲人会幸福快乐地生活。"其实在说这句话时，忽略了一个客观存在的重要事实，那就是风险。现实生活中，白发人送黑发人的情况比比皆是，别让他们在失去亲人时再遭受经济上的二度伤害。

（二）我非常健康，不需要保险

风险是无法提前预测的，现在所说的健康仅仅代表自己的过去和现在，却不能代表未来。你能保证自己的身体一辈子都像现在这么健康吗？你能保证一辈子不去医院吗？你能保证在风险来临时，自己和家人都能从容应对吗？如果你不能保证，为什么不在身体健康、费率便宜的时候给自己建立一份保障呢？毕竟只有健康的人才有资格买保险。

我们买车的时候都需要售后服务，都需要4S店，因为我们知道再好的车也会有磕磕碰碰，需要定期去保养甚至维修一下。其实，医院就是人的4S店，每个上医院的人，也都有过健康的身体，那个时候没有人相信自己也会生病。

我们常说健康是人生最大的财富。俗话说"健康是1，其余的都是0"。您今天拥有的一切都是因为您拥有健康的身体。然而随着社会的发展，人们生活节奏的加快，各种压力也与日俱增，疾病年轻化也是一种趋势。所以，您的健康才需要得到保护！

我相信，一个人买重疾险，一定不是为了得病，而是为了好好活着；一个人买意外险，一定不是为了出事，而是为了一生平安；一个人买保险，一定不是为了出险，而是为了病了有钱治、意外了有钱赔、老了有钱拿，不管出现什么状况，都不拖累家人！

（三）我很富有，不需要保险

有人说："我这么有钱，真是生病了需要花个十万、八万、几十万的，我都不在乎。我这么有钱，一定能让家人过上好的生活。"

富有与否是相对的，它会因时、因地、因人和因需而异，世界上没有几个人能称得上绝对的富有。对于很多富有的人来说，高额的收入也造就了高额的日常开支、税收和经营风险。

保险可以让一个人或家庭在不确定的未来留下一笔可确定的财富。比如，安然总裁"肯尼士·莱"在公司破产、债台高筑的情形下，依然可以悠闲自得地颐养天年。

前亚洲首富李嘉诚说："别人都说我很富有，拥有很多的财富。其实真正属于我个人的财富是给自己和亲人买了充足的人寿保险。"

其实，保险不仅是我们在风险来临时的一把保护伞，也是富人进行财富传承的有效工具。

（四）我有社会保险，不需要商业保险

如今，基本医疗保险在我国已经实行全民覆盖，但为什么还有那么多的人在生病后申请水滴筹或轻松筹呢？脱贫攻坚数据显示，我国因病致贫、因病返贫人口占贫困总人口四成以上。随着人口老龄化程度的加深，老年人的需求问题和人口老龄化所带来的社会经济问题日益突出。而社保重在保障，支付的标准是以保障被保险人基本生活为前提，对于追求高品质的人群来说是远远不够的。朱镕基总理曾经说过："社保是一个基本的保障，是保而不包，超出的部分主要通过商业保险来解决"。因此，要想病有所医、幼有所护、老有所养、残有所仗，就应该在经济条件允许的情况下，尽可能及早用商业保险来做补充。

（五）人都不在了，要保险金有什么用？

当灾难来临，人们都会想到保险。也许有人会问：人都不在了，要保险何用？确实，保险不会让人起死回生，不能消除失去亲人的悲痛。但是，一份保险金，却是一个人身价的体现，是对亲人爱与责任的体现！保险不重要，但亲人未来的生活很重要！没有保险，拿什么拯救您的家人？

一份保险金，是对父母的宽慰，是对家人的报恩，是对子女的责任！当一个人不得不离开时，保险虽然不能抚慰家人情感上的伤痛，但至少，可以避免给家庭带来更多的经济负担！

人生最大的三件尴尬事：一是走早了，家人没钱；二是走晚了，自己没钱；三是住院了，四处借钱。

这些尴尬，人寿保险都能一一解决：走早了，留钱留爱不留债；走晚了，拥有与生命等长的现金流；住院了，让自己拥有尊严。

保险不是为死去的人准备的，是为活着的人准备的，是爱心、责任心的体现和延伸。千万别让自己走得“太便宜了”！

所以，保险是人人都需要的。只不过是，我们面临的风险不同、家庭责任不同，保险需求不同罢了。

思考与讨论

小王结婚不久买了车。前三年，夫妻二人老老实实买了汽车保险，但没有出险，没有从保险公司获得任何保险赔付。小王心里不爽，心想：“怎么光给保险公司交保费，没回报呢？”于是，小王决定除了交强险外，其他商业险不再买了。妻子知道后，也没说什么，因为她也感觉确实不划算。可是，自此以后，二人开车格外紧张，一看到周围车多就紧张得神经质似的，开车也时常乱套，生怕撞了别人赔不起。有一天，小王妻子还真的撞了别人，车坏了，事故双方都不幸受伤，住院抢救治疗，不仅家里的钱赔光，还差点坐牢！

小王的故事是现实的缩影。

请结合这个故事思考：为什么要买保险？到底该如何评估保险的价值？

五、在保险面前，人与车到底谁更重要？

当你开车在路上和别人追尾时，交警问：“你有车险吗？”

你说：“交强险和第三者责任险我都有。”

当你生病住院的时候，医生问：“你有保险吗？”

你却说：“我只有基本医疗保险，可以吗？”

交强险和基本医疗保险都是具有强制性的，那么为什么你愿意给车额外买保险，却不愿给自己买商业保险呢?

除了交强险，有很多车主还会购买其他的汽车保险，来弥补车祸产生的损失。毕竟一不小心剐蹭了别人的豪车，少说赔偿几万，多了可能倾家荡产也赔不起。2019年7月，凤凰网报道了一个这样的新闻：浙江的李女士开车在十字路口左拐的时候，与对向车道直行的劳斯莱斯发生了碰撞。经交警判定，李女士负全责，并且要赔偿劳斯莱斯车主修理金100多万元。因为李女士刚好买了一份第三者责任险，保险公司会帮忙赔偿100万元，很大程度上减轻了李女士的经济压力。

在生活中，我们经常能够看到这样的新闻，或者就发生在我们的身边甚至是自己身上。所以，车险的重要性也深入人心：省油省钱也不能省车险。

其实，车险重要，“人险”更重要。毕竟钱财是身外之物，身体才是革命的本钱。所以在购买保险的时候，我们要先人身再财产。

首先，人身险要早买。车险保障的主体是车辆，只要你的车没有什么大问题，都是可以投保的。但人身险大多和健康状况密切相关，现在的你不想买，可能过了几年、十几年，你想买却买不到了。因为随着年纪的增加，一个人的身体状况也会不断的变差，从而影响购买保险。所以，相对于车险可以随时投保，我们要早做打算给自己配置好保险。保险买得越早，价格越便宜，也能尽早享受保障。

其次，人身险的保障更重要。现实生活中，带着“人没花钱，车是花钱买的”的心理，很多人都在“裸奔”。但是交通事故的发生，即使没有车险，最多就是家庭的经济状态变差，或者是背负着经济债务，人还在就都还有希望。而人的身体健康一旦出现问题，没有医疗险或者重疾险去保障治疗，那就不只是经济的问题，而是会拖垮整个家庭。在现实中，因为一个人生病而让整个家庭倾家荡产、摇摇欲坠的例子数不胜数。

也就是说，在购买保险方面，人比车“贵”。因此，在预算有限的情况下，一定要优先考虑人的安全保障，其次考虑给爱车上周全的汽车保险。驾车上路，最好分别给司机和爱车制定周全的保障方案，让人和车都能获得周全的保障。

拓展阅读

车险综合改革

为贯彻以人民为中心的发展思想和高质量发展要求，深化供给侧结构性改革，更好维护消费者权益，实现车险高质量发展。银保监会于2020年9月3日正式发布《关于实施车险综合改革的指导意见》，车险综合改革已于2020年9月19日开始正式实施。

改革的目标是价格基本只降不升，保障基本只增不减，服务基本只优不差。改革的内容主要包括：

第一，交强险赔偿额度提升，第三者责任险投保限额扩大。被保险车辆有责的情况下，死亡伤残赔偿限额由11万元提高到18万元，医疗费用赔偿限额由1万元提高到1.8万元，财产损失赔偿限额保持2000元不变，累计限额由12.2万元提高到20万元。被保险车辆无责的情况下，死亡伤残赔偿限额由1.1万元提高到1.8万元，医疗费用赔偿限额由1000元提高到1800元，财产损失赔偿限额保持100元不变，累计限额由1.21万元提高到1.99万元。考虑到社会经济水平的发展，为了满足消费者更高的风险保障需求，第三者责任险的投保限额从5万~500万元，扩大到10万~1000万元。

第二，车损险保障范围扩大。将原来“玻璃单独破碎险、自燃损失险、发动机涉水损失险、不计免赔率险、机动车损失保险无法找到第三方特约险、全车盗抢险”6个附加险的保险责任并入车损险。

第三，新增附加险。增加了附加车轮单独损失险和附加医保外用药责任险两个附加险，使得车险保障更全面。对附加发动机进水损坏除外特约条款和附加绝对免赔率特约条款进行减费，让车主选择更自由。提供道路救援、车辆安全检测、代为送检和代驾等增值服务，保障内容更丰富。

第四，商业车险价格更加合理。一是重测商车险行业纯风险保费，费率与风险水平更加匹配，整体呈下降趋势；二是车险产品市场化水平更高，逐步放开自主定价系数浮动范围，使风险与保费更匹配；三是商车险无赔款优待系数将考虑赔付记录的范围由前1年扩大到前3年，对于偶然发生理赔的车辆，费率上调幅度将降低。

第五，车险保单电子化。电子保单与纸质保单具备同等效力，无须保单配送、免贴交强险标识，节能减排更环保。

第六，实名缴费。谁是车主谁投保，谁投保谁缴费。

本次改革拓展和优化了商车险保障服务，健全了商车险条款费率市场化形成机制，推进了配套基础设施改革。

六、保险买得越多越好吗？

保险是风险转移的有效工具。那么，是不是保险买得越多就越好呢？答案并不尽然。

（一）按照自己的经济能力规划保险

保险是个好东西，如果购买保险不需要钱，那么人人都会规划保险。但现实是保障水平和保费支出是成正比的。如果保险购买得太多，保险就会成为我们的负担。因为长期保险的保费不是一两年可以交完的，少则10年，多则30年。所以，购买保险并不是今年缴了保费就完事了，还要考虑以后的几十年是否有能力缴费。如果中途由于经济原因不能继续缴保费，大概率就会产生损失。通常建议家庭年保险费用的支出占家庭年可支配收入的10%~15%为宜，一定不要为了买保险而买保险。

（二）按照自己的实际需求规划保险

"保险买得越多，以后理赔就会越多"，真的是这样吗？其实，不全是这样。如果购买的是人寿保险、重大疾病保险或意外险，无论在不同的保险公司购买多少保额，只要发生了保险事故，各家保险公司都会按各自的保险合同约定理赔。但是，基于对未成年人的保护，保险监管部门对未成年人的身故保障是有额度限制的，如果购买的保额超出了这个限额，一家保险公司足额理赔后，另外的保险公司就不会重复理赔了。

医疗保险是补偿性的，被保险人从多家保险公司获得的赔偿金额的总和不能超过其实际所花费的医疗费。也就是说，如果在一家保险公司已经理赔了，那么另外一家保险公司只会报销上一家保险公司未理赔的金额，所以，医疗型保险适当购买即可，不要一味地贪多，妄想报销时赚一笔。

七、如何做好个人/家庭保险规划？

身边不少人花了钱买了不合理的保险，导致保险行业混乱，不得人心。保险不同于其他理财产品，必须要根据您的需求和家庭财务状况来买，这也就是说买保险前一定要做家庭保险规划。

（一）先保障后理财

保险的本质是保障，其最重要的作用就是转移风险，因此我们要先把必要的人身保障做到位再考虑用保险理财。保险一般分为保障型、储蓄型和投资型。购买保险就是要保障生活，就应该先考虑保障型的。只有保障型的保险才能用较少的钱实现较高的保障，避免各种风险对家庭财务造成巨大损失。保障型保险如意外险、定期寿险、重大疾病保险、医疗险，这些都是我们应当优先配置的，特别是收入不高的家庭。在完善家庭保障后，再考虑储蓄型和投资型的保险产品。

（二）先大人后小孩

孩子是爸妈的心肝宝贝，做父母的都想把最好的留给孩子，这无可厚非。但是，很多家庭在配置保险时，将孩子当成重点保护对象，这是不合理的，毕竟父母才是孩子最大的保障。孩子拥有的一切都源于大人，只要大人身体健康，有持续的赚钱能力，小孩都会被照顾得很好。但如果大人不幸发生意外，别说孩子的保费，可能连孩子最基本的生活费和教育费等都成了问题。所以，给孩子买保险前，大人先做足保障。在大人保障足够的前提下，再考虑孩子的保障，其实也相当于给孩子上了双重保障。另外，在多位大人中，家庭保费支出还是要优先集中在家庭经济顶梁柱身上。

（三）先保额后期限

当风险和意外来临时，充足的保额才能起到很好的风险转移作用。所以在保费预算有限的情况下，优先将保额做高，再考虑保障期限。保障期限越长，保费增加幅度越大。拿寿险来说，保额相同的情况下定期寿险比终身寿险保费低很多，定期寿险性价比更高，更能在家庭最需要保障的时间段，充分发挥其杠杆保障作用，有效覆盖家庭经济风险。所以，在预算有限的情况下，优先选择定期型的保险，尽可能做足保额。

（四）先方案后公司

因为大部分人身保险的期限比较长，所以很多人喜欢选择大公司的保险产品，觉得大公司更可靠。其实，我们国家的保险监管是很严的，不用担心小公司会破产。而且很多保险公司的保障成本都差不多，不同仅在于产品设计包装及组合。所以，买哪家的、哪个产品不是最重要的。家庭保险保障，不是一份保险产品能够解决的。选择能满足家庭需求的、保费合理的保险方案才是最重要的。

（五）长期配置逐步完善

保险计划不是一成不变的，是一个长期规划的问题。在不同的人生阶段，我们的保险需求和保费支付能力是不一样的，要对自己的保险保障进行调整。比如，我们现在给全家做了保险首次配置，那么5年或者8年以后，我们的需求变化了、经济支付能力变化了、保险产品也更新了，这时我们还需要做出调整，择优投保。不同生命周期阶段的保险需求不同，通常我们会根据家庭生命周期来配置保险。

1.青年单身期

青年单身期一般指从参加工作到结婚这段时期，通常为1~5年。这个阶段收入还没有很高，面临的风险主要是疾病和意外，肩负对父母的家庭责任。建议先考虑以下这几种保障型的产品：

（1）医疗险。现在年轻人压力还挺大的，熬夜的人也越来越多，随之而来的，不仅是掉落的头发，不知不觉身体也变差了，更容易生病了。一旦患上稍严重点的病，费用也是不容小觑的。基于年轻人的积蓄还不多，买一份百万医疗险可能会更合适一些，每年只要交几百块钱就能获得百万级别的保障了，挺值得。

（2）意外险。年轻人要通勤、要出差等，是先到达目的地，还是先发生意外，

谁也说不准，意外风险环绕着每一个人，意外险在这种情况下就比较重要了。意外险最便宜，1年交个一百多，就能有一份不错的意外保障。

（3）重疾险。如果不幸患上重疾，不仅是身体要饱受折磨，经济也会受到一定程度的冲击，毕竟医疗费用不是一笔小数目。而如果买了重疾保障的话，这笔钱能用来治病，有剩余的还能作为康复费用。可以少买些长期重疾险，再组合一些消费型重疾险，这样既能尽可能做足保障，又可以适当减轻缴费压力。

青年单身期考虑购买的保险如图11-2所示。

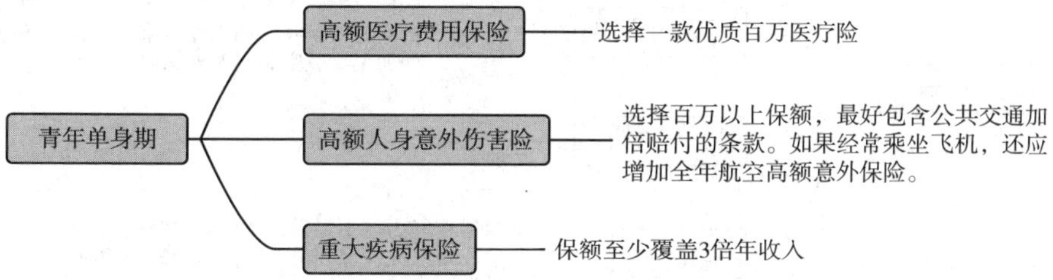

图11-2 青年单身期适合的保险

2.家庭形成期

家庭形成期是指从结婚到新生儿诞生这段时期，通常为1~5年。这个阶段家庭收入以双薪为主并逐步提高，极可能有房贷，支出较大。面临的主要风险是意外、疾病和可能因此导致的身故，肩负着对父母和伴侣的双重责任。建议优先考虑以下这几种保障型的产品：

（1）医疗险。鉴于这一阶段家庭的积蓄还不多，小额医疗有社保可以分摊，每年花几百块钱买一份百万医疗险转移大额医疗费用风险就挺好。

（2）意外险。通勤也好，出差也罢，意外风险无处不在，每年花个一两百块钱投保一份意外险真的很有必要。

（3）重疾险。如果不幸患上重疾，重疾保险金一方面能用来治病，有剩余的还能作为康复费用和在一定程度上弥补治病期间的收入损失。

（4）定期寿险。定期寿险是一种低保费高保障的寿险产品，能为被保险人提供特定时期的生命保障。基于这个时期的收入和支出特点，一份定期寿险的安排也是比较合理的。

家庭形成期考虑购买的保险如图11-3所示。

3.家庭成长期

家庭成长期是指从小孩出生到孩子完成高等教育这段时期，长达20余年。这一阶段收入继续增长，房贷、育儿、子女教育、医疗保健等支出大。面临的风险主要是意外、疾病和身故，肩负着对父母、伴侣和子女的家庭责任，是家庭责任最重的一个阶段。因此，要对家庭收入主要来源者的收入做风险对冲，风险主要来自身故、重疾和意外残疾这三个因素。而家庭初期所设计的保额显然不能匹配这个阶段的需求，这就需要在对已有保险回顾整理的前提下，用未来家庭总支出需求加上负债，减去已有的身故、重疾、意外残疾保额，得到家庭收入主要来源者需要的保额，以确保未来家庭财务目标的稳定实现。

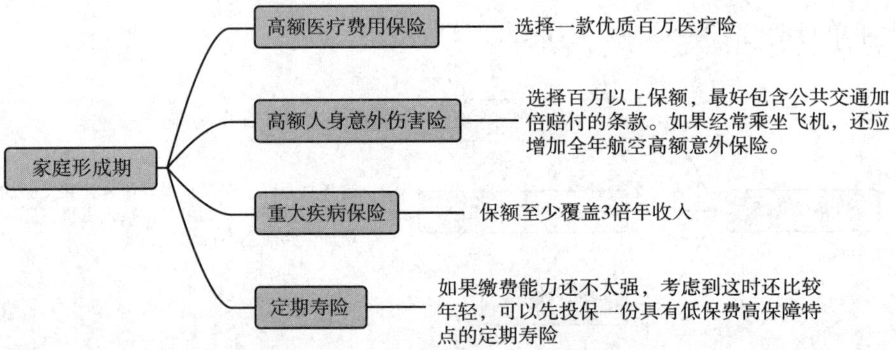

图11-3　家庭形成期适合的保险

这一阶段高额医疗险继续续保，需要补充配置的保险有：意外险、重疾险和寿险。在寿险方面可以考虑定期寿险和终身寿险的组合，通过定期寿险更好地满足家庭对保额的需求，转移身故风险。终身寿险可以帮助自己实现资产的传承。但是，如果经济能力不许可，还是以定期寿险为主，定期寿险的期限至少要覆盖到子女成年和养老任务完成。

商业养老保险是社会养老保险的重要补充，可以帮助我们过上更有尊严的养老生活。这个阶段要考虑家庭主要收入来源者逐渐老去的客观事实，如果在此阶段错过养老储备的安排，后期养老金规划将面临更大的压力。购买合适的个人商业养老保险应注意自身条件和产品稳健性。从个人经济条件出发，在已有基础养老保险的基础上，选择保费合理、保额合适的商业养老保险产品；同时，应注重产品的稳健性，以提供养老保障为目的，不要盲目追求高收益率。

家庭成长期考虑购买的保险如图11–4所示。

4. 家庭成熟期

家庭成熟期是指子女参加工作到父母退休这段时期。到这个阶段，该建立的保险保障在前期已基本完成，仍在缴费期的保险继续完成缴费，前期投保的短期意外险和百万医疗保险继续续保即可。有需要进一步通过保险进行资产传承需求的可以进一步加保。

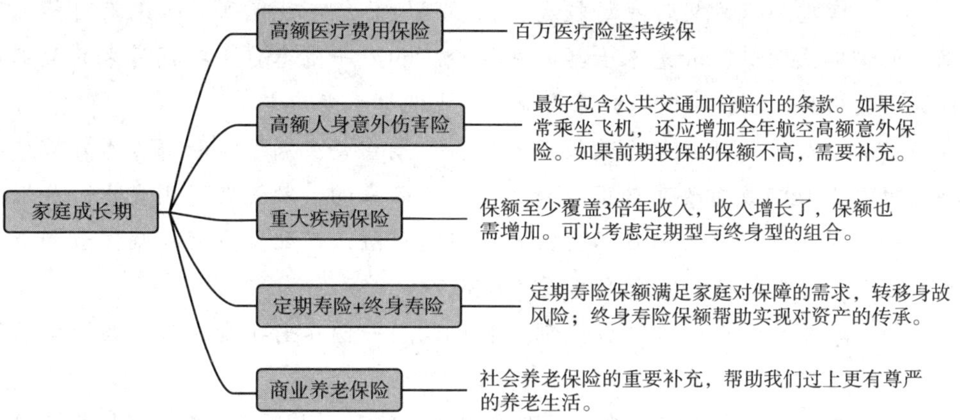

图11-4 家庭成长期适合的保险

5. 退休养老期

退休养老期是指退休以后的时期。这个阶段收入减少，投资和消费通常较保守。这一阶段开始享受养老保障，前期投保的短期意外险和百万医疗保险能续保的继续续保。

拓展案例

李先生一家应如何购买保险？

家住郑州的李先生今年40周岁，爱人38周岁。两人感情和睦，均为企业职员，工作稳定，收入以工资薪金为主，家庭年收入30万元左右，李先生收入稍高一些。家庭有自住房一套，无房贷。李先生及爱人的双方父母都在世，年龄都在60~70岁。除李先生父亲曾因一年前脑梗现行动不便外，其他三位老人身体较健康，没有大的疾病。李先生有一儿一女，女儿12岁，在读小学，儿子6岁。

李先生应该如何通过保险来进行家庭的风险管理呢？

（1）家庭经济收入主要来源者优先配置保险。先给李先生和李太太购买意外险、百万医疗险、重大疾病保险和定期寿险，可以采用夫妻互保。

有的百万医疗险和交通工具意外险可以设置家庭多名成员为被保险人，从减少保费支出角度出发，可以考虑购买这样的保险。如果单位已经为员工购买了高保额的医疗险，医疗险也可不用购买，因为医疗险的特点是赔付以实际医疗费用支出为限，以保额为限，购买多份，不会得到更多赔付。

每个人的重大疾病保额可以定为50万~100万元，过高的保额会使保费支出压力变大。每人的意外险和寿险保额可以定为100万~200万元，合计为家庭年收入的10倍左右，身故受益人为子女。如果有房贷，定期寿险的保额还应加上房贷余额。

（2）考虑到双方父母年龄较大，很多保险已经不能购买。如果有可能，可以为他们购买意外险和老人专享防癌保险。和万一罹患重大疾病带来的大额医疗费用支出相比，相对较高的保险费目前尚能够承受。

（3）一双儿女可以考虑购买意外险、定期重大疾病保险和百万医疗险，主要应对重大疾病或需要高额医疗费用的疾病带来的大额医疗费用支出。如果学校已购买学生平安保险，可不再另外购买意外险，只配置重大疾病保险和百万医疗险即可。重大疾病保险的保额定为30万~50万元。

（4）李先生和李太太可以分别为自己购买一份养老年金保险，为退休后品质养老生活提前做好规划。

李先生和李太太可以分期分步配置以上各险种，并每2~3年进行检视，根据当时情况决定是否需要补充保障，年交保险费控制在家庭年收入的10%~15%较为合理。

八、寿险产品怎么选?

寿险的保险责任非常简单，大多都是在保障期间内，被保险人发生身故或全残向保单受益人给付保险金。一个家庭经济支柱，上有老下有小，这时候要是不在了，不仅不能给家庭带来收入，而且把债务都留给了家庭。寿险就是为了解决这个问题而生，为的是哪怕有一天人没了，也能把未来该赚的钱留下来，作为遗产为家庭继续做贡献。

（一）寿险的种类

按照期限不同，寿险产品可以分为三类：一年期寿险、定期寿险和终身寿险。

1.一年期寿险

一年期的寿险产品通常都是交一年保一年的，这类保险产品最大的优势就是保费非常的便宜，并且保障灵活简单。但是，从中长期来看保费较贵，且续保方面有一定的限制。每年续保时都要重新填写健康告知，极有可能因为被保险人身体状况变坏而不具备续保条件。因此，一般不建议买这种寿险，除非是作为一个过渡产品提供临时的保障。

2.定期寿险

定期寿险产品是只保障一定时期内的身故，比如说10年或20年，或者是保障到被保险人至60岁或者是70岁。这里的身故包括因疾病、意外身故或自然身故，甚至投保两年后自杀身故也能获得赔付。因为被保险人在一定时期内身故的概率相对比较低，所以这类产品的保费也不高，并且保障上也非常的全面，这类保险产品是没有任何储蓄性的，也没有现金价值。

3. 终身寿险

终身寿险是保障终身的产品，因为人是必然会死亡的，所以这类产品是一定会赔付的。正因为如此，所以产品的价格通常比较高，并不适合普通家庭投保。

（二）寿险产品怎么选择

从保险期限方面来说，90%以上的家庭最适合买的是定期寿险，但是保障期限不可太短，要覆盖至被保险人的家庭责任完成，一般到60岁或70岁即可。等到老了，孩子长大了，父母不在了，身上的担子就轻了很多，家中的主要劳动力不是自己了，寿险的意义就不大了。定额终身寿险多用于财富传承，增额终身寿险适合在其他保障齐全的情况下去购买，当储蓄金来用，作为家庭理财的一个补充。

从健康告知方面来说，在购买寿险产品的时候，应该优先购买健康告知更宽松的产品。寿险产品在健康告知方面的要求并不严格，大多数产品都是非常宽松的，常见的乙肝、结节患者都能够投保，并且在职业方面的要求也不多，但投保时条件更宽松的产品仍然是更值得购买的。

从保险责任方面来说，产品的免责条款越少越好。有的产品免责条款只有三五条，而有的却有十来条，免责条款在后期保险赔付时起到的是限制作用，所以免责条款越少对被保人来说越有利。

思考与讨论

搜集一款寿险产品，说说其保险期限、健康告知和保险责任，并讨论分析其适用性。

九、重大疾病保险怎么选?

重大疾病保险是以特定重大疾病，如恶性肿瘤、心肌梗死等的发生为理赔条件，当被保人达到保险条款所约定的重大疾病状态后，由保险公司根据保险合同约定给付保险金的一种健康保险。

（一）全面认识重疾险

按照保险期限不同，重大疾病保险主要有一年期重疾、定期重疾和终身重疾三类。

1. 一年期重疾

一年期重疾就是交一年保一年的重疾险。年轻的时候病少，费用较低，年龄越大，价格越高。很容易因为健康问题或者产品停售而不能续保。到时候如果想要再购买别的，一个是费用变得更贵了，另一个可能因为健康原因而无法购买。所以，从长远的角度来看，一年期的重疾险是没有必要投保的。

2. 定期重疾险

定期重疾险是指只给被保险人提供一定时期内重疾保障的重疾险。通常有保20年、30年，或保到60岁、70岁等。通常，年龄越大，重疾发病率越高。所以被保险人在一定时期内罹患重疾的概率相对比较低，所以这类产品的保费相对保终身的要低。

定期重疾险又分为消费型和返还型两种，二者的差距甚大。

（1）定期消费型重疾险。消费型，顾名思义就是消费掉了。不出事的话，保费就是保险公司收了，很多人觉得这种保险是不划算的，没有出事钱就白交了，这其实是完全没有理解保险的设计原理。

买消费型的保险就相当于加入了一个互助组织，这个组织是由官方监管的，并且是有合法资质的，要提取能保障长期赔付的准备金，要负责把符合健康要求的人纳进来，把钱赔给出险的人，在这个过程中是有很多服务的。

（2）定期返还型重疾险。返还型，就是如果不出险的话，到期返还所有保费，或者返还120%、150%的保费。大多数人认为这种保险是最划算的，有事赔钱，没事返还，实实在在占到了保险公司的便宜。殊不知，买这种保险才是上了最大的当。

首先，返还保费至少是几十年以后的事，货币贬值非常厉害，现在交的那点保费，几十年以后返给你，就算是按照150%返给你，也不值什么钱了。想想80年代的1万元跟现在的1万元相比，购买力一样吗？一定要记住，货币是有时间价值的。

其次，由于返还性，保险的定价会高好几倍。同样的预算，买消费型的本来可以买50万元保额，买返还型的就只能买10万元的保额，并且保费还要几十年以后才能返给自己。且不说将来返还的钱不值钱，你应该买50万元的保额来覆盖风险的，却因为贪图返还买了10万元的保额，结果真出事的时候保额根本不够用。

因此，任何定期返还型的保险都不建议去碰，谁碰谁掉坑！

3. 终身型重疾险

终身型重疾险是指为被保险人提供从参保至终身的重疾保障的重疾险。因为人一辈子得大病的概率高于70%，所以即便是只赔付重疾，都是大概率赔付事件，那么就不能通过大批人群互相帮助的方式来解决所有的问题。所以，终身重疾的保费会比定期重疾贵很多，因为要负担高发病率的老年时间。

一般合理的保费预算是税后年收入的10%，最高不宜超过15%，人人都想拥有终身重疾保障，但不是人人都能买得起的。终身型重疾一般适合中等收入及以上的家庭购买，这样的家庭买足够的保额还不会给自己造成较大的经济负担。

对于预算有限的，就选择定期的先把保额配足，保障当下是关键，保额优于期限。宁可选择低成本高保额的定期型，也不要选择高成本低保额的终身型，因为一二十万的保障力度现在来看都不高，更别说几十年以后了。

终身型重疾险也分为消费型、标准型和返还型三种，区别也非常大。

（1）终身消费型重疾险。终身消费型重疾险是指如果被保险人不幸罹患重疾，保险公司按照保险金额给付重疾保险金，如果有幸一辈子不生病，身故的时候保费也不退还或者是可以返还所交保费。就算是返还保费，对保险公司来说，也是毫无压力的，因为对大部分人来说，这都是几十年以后的事了，钱已经不值钱了。所以，消费型重疾险是终身重疾中最便宜的。

（2）终身标准型重疾险。终身标准型重疾险是指如果罹患重疾，则按保额给付保险金，如果有幸一辈子不罹患重疾，则在被保险人身故的时候按保额给付保险金。也就是说，赔付概率是100%，只是时间早晚的问题，所以价格会高一些，各种增值服务，人性化保障责任，比如豁免、多重赔付等都会在标准型重疾里出现。终身标准型重疾险是目前市场上最流行、最受欢迎的类型。

（3）终身返还型重疾险。终身返还型重疾险其实是标准型的一个变种，在标准型的基础上增加了老年以后保费返还。这跟返还型定期保险是一个道理，现在多收你一些保费，然后拿多收的钱去投资理财，等老年以后返给你保费，之后保障责任依旧存在。带有返还型的保险价格都比较高，与其把钱交给保险公司来理财，还不如自己来打理。对于年轻人来说，买这种保险是完全没有必要的。

（二）重疾险的选择标准

1. 做足保额VS做长期限

买保险最重要的是买够充足的保障。因为被保险人一旦罹患重疾，通常3~5年是不能正常工作的。也就是说，既需要考虑治病的钱，还需要考虑收入损失对家庭生活造成的影响。所以，重疾险的保额一般需买到目前年收入的3~5倍。在百万医疗保险的配合下，百万医疗的保障管治病，重疾的保额用来弥补收入损失。当然，如果经济能力许可，重疾险的保额既能管治病，又能弥补收入损失，那是更好的。对于高收入人群，如果有替代收入，比如不用工作收入都不会受到影响，或者受影响很小，那么就可以少买一点保额。否则，3倍年收入的保额是必须的。

很多人选择重疾险时都想配置终身型，因为保障时间长。在尽可能做足保额的前提下，我们需要根据预算来选择配置终身型还是定期型。如果预算充足，可以选择终身型的（终身的建议是终身消费型或终身标准型）。如果预算有限，还是优先选择定期的，尽可能把保额做足。

总之，坚持保额优于期限的原则。比如说，同样预算3000元，宁愿选择保到60岁的60万元保额，也不选保到70岁的30万元保额。

2. 单次赔付VS多次赔付

市面上有的重疾险是在保险期限内只能赔付一次，再次罹患重疾是不赔的。但是，有的重疾险产品能赔2~3次，甚至赔5~6次的都有。我们到底应该选择单次赔付还是多次赔付呢？从价格上来说，承诺多次赔付的产品肯定更贵。从实用性上来说，实现多次理赔必须是患两种完全不相干的重疾，一方面这种概率比较低，另一方面一个人罹患1次重疾以后，还能继续生存的概率就不太高，更别说罹患多次重疾后还能继续生存了，因此更多次数的赔付承诺是没有实际意义的，无非是提高产品价格的噱头。如果预算有限，优先选择单次赔付。

3. 消费型VS返还型

这一点上面已有分析，对绝大多数人来说，消费型重疾还是优于返还型重疾的。

4. 轻症保障有没有，全不全？

相对于重疾来说，轻度恶性肿瘤、轻度急性心肌梗塞、轻度脑中风后遗症等轻症重疾的发病率更高。因此，轻症保障很重要。衡量一款产品的轻症保障是否完善，不是看它保多少种轻症，而是要看有没有包含8大高发轻症（轻度恶性肿瘤、轻度急性心肌梗塞、轻度脑中风后遗症，较小面积Ⅲ度烧伤，视力严重受损，冠状动脉介入手术，主动脉手术，脑垂体瘤、脑囊肿、脑动脉瘤及脑血管瘤），轻症理赔中这8大高发轻症占比超80%！

由于保险行业协会对除轻度恶性肿瘤、轻度急性心肌梗塞、轻度脑中风后遗症以外的轻症定义没有统一标准，就难免有一些偷工减料的保险，比如有的重疾险产品，虽然保障的轻症疾病有20种，但有4种高发轻症都没有包含在内。

5. 保障的重疾种类越多就一定越好？

2020年，中国保险行业协会颁布《重大疾病保险的疾病定义使用规范（2020年修订版）》，对28种高发重大疾病的定义和理赔标准进行了统一，保险公司不准修改。这28种重大疾病，占所有重疾理赔的95%以上！所以，无论是保30种、50种还是100种，从保障的角度来说，差别并没有那么大。

拓展阅读

重大疾病保险的由来

图11-5 马里优斯·巴纳德(右)

照片中的男士是南非医生马里优斯·巴纳德博士，杰出的心脏外科医生，1967年世界首例心脏移植的手术实施者，因为一件事情他在1983年成为了造福患者的重大疾病保险的发明者。作为心脏外科的权威，有很多人慕名而来找两位医生治病。其中就有一位30多岁的女性，她的手术很成功，需要静养两年，在当时，以这样的情况可以活十年以上。

可是，两年后病人再次来找马里尤斯看病时，马里优斯发现她病容满面，离死亡不远了。因为病人是单亲母亲，有两个孩子需要照顾，不能不工作。术后马上投入工作，日以继夜，心力交瘁。两个月后，这个病人死亡了。

马里尤斯医生意识到，作为医生可以治病救人，可以挽救病人肉体的生命，但却无法挽救一个人的经济生命——许多人在术后甚至失去了自己的房子，工作以及尊严。他相信需要有一种新的保险产品来保障这些在罹患重大疾病后进行治疗的人。

他说："人们需要保险的原因不仅是因为人们将会死亡，更是因为人们要活下去。"因此，巴纳德博士与南非当地的保险公司合作设计了一款保险产品，它能够解决病人在被确诊之后，获得一笔保险金作为治疗、康复及弥补收入损失的费用。

十、百万医疗保险怎么选？

（一）什么是百万医疗保险？

百万医疗保险是医疗险的一种，在扣除一定免赔额（通常为1万元）后，不限社保用药，以实际花费进行报销，保额可达上百万，非常适合为大病提供保障。也就是说，不管你是因为生病还是意外，只要住院了，医疗费超过免赔额的部分，都可以报销，包括住院费、手术费、检查费、药品费、化疗费等等。

（二）百万医疗保险真的赔"百万"吗？

所谓的"百万"是指赔付上限，不是实际的赔付额。百万医疗保险是报销型的保险，实际赔付多少需要据被保险人实际医疗花费多少而定，很难赔到百万。据微保2019年理赔年报显示，其百万医疗险赔案中最高理赔额度是70.5万元，和这款保险的600万元赔付上限是有很大距离的。因此，我们在购买百万医疗险时，不要盲目追求高赔付上限。

（三）百万医疗保险的选择标准

目前，市面上的百万医疗保险产品非常丰富。我们是不是随便选上一款买了就好了呢？那可不是，买保险是没那么简单的。选择百万医疗保险产品，建议大家重点关注如下几个方面。

1. 基础保障是否健全

正常情况下，百万医疗险要至少包含4个基础项目，分别是住院医疗、特殊门诊、门诊手术和住院前后的门急诊。虽然都是一些基础项目，但仍然有产品是存在保障项目缺失的。

2. 是否有分项理赔限额

有的百万医疗保险产品，虽说每一项基础保障它都有，但是条款里面却限制了部分项目的理赔限额。比如某公司的一款产品在特殊门诊项目，关于恶性肿瘤的治疗，每年最高只能报销20万元。也就是说，像癌症的化疗、放疗、靶向疗法等这些最烧钱的项目，每年最多只能赔20万元。这一规定就让产品的保障效果大打折扣了。

3. 是否"保证续保"

作为短期的医疗险，最大的不确定性在于今年买了明年还能不能继续买。如果出险之后只能赔一次，第二年续保时保险公司审核说你理赔风险太高，不让你续保了，这样的产品就很垃圾。

2021年出了新规以后，百万医疗保险产品的续保条件只有两类：保证续保和非保证续保。保证续保的好处在于在保证续保期间，不管是产品停售了，还是期间出险了，我们都还能接着买。市面上还有很多产品是1年期非保证续保的。与非保证续保的产品相比，保证续保具有明显优势。

对保证续保期满后的续保条件也是应该重点关注的。市面上的百万医疗保险产品一般有两种情况：一是续保期满无须审核；二是续保期满需要审核，但是它的保证续保期限很长。比如，有的百万医疗保险产品给出的续保条件是：6年保证续保，保障期满无须审核。有的产品给出的续保条件是：20年保证续保，保障期满需审核。

4. 是否报销院外靶向药

相信很多人都看过《我不是药神》，对于癌症患者来说，出院后很长时间内还得服用靶向药，但是靶向药虽然效果好，但是价格昂贵。更让人无奈的是，即便很多抗癌药被引进了医保目录，但因为医保报销限额、药占比考核等原因，很多医院的靶向药资源非常紧张，很多时候患者在医院买不到，只能到院外自费购买。如果买的是一款不能报销院外靶向药的百万医疗险，患者的负担就会非常重。所以能不能报销院外靶向药，一定是百万医疗险的重要参考标准。

5. 增值服务是否好

好的增值服务可以让我们因为拥有保险而看病更省心。具体体现在下面几个方面：

（1）住院医疗费用的垫付。医疗险毕竟属于先花钱后报销的产品，对于经济比较紧张的人来说，垫付可以解决燃眉之急。所以，有住院医疗费用垫付这一增值服务的产品相对而言更值得挑选。

（2）就医绿色通道。好的医院都是人满为患，很难约上专家，甚至连住上院都是一件困难的事。如果保险公司能为客户提供就医绿色通道，可以帮患病的客户尽快安排专家就诊或者手术，对患者来说，无疑解决了一大难题，提高了就医效率。

（3）支持质子重离子医疗。质子重离子医疗是目前国际上最尖端的一种癌症治疗技术，对于一些癌症的治疗效果好，而且副作用很小。但是它不在医保报销范围之内，而且平均一个疗程的费用高达30万元。如果买的百万医疗保险支持质子重离子报销，无疑改善了客户的治疗手段，提高了客户的生存率。

思考与讨论

作为一个普通家庭，我们该如何有效转移大额医疗费用风险？

十一、保险消费者的权益能得到保障吗？

最近几年，随着信托打破刚性兑付、大量P2P公司倒闭、多家银行和保险公司被接管，保险公司的安全性也引发很多人担忧。还有些自媒体鼓吹“保险公司会破产、小公司的保单不安全”等误导性言论，煽起保险消费者的焦虑。2020年7月17日，银保监会发布公告称，自2020年7月17日起，依法对天安财险、华夏人寿、天安人寿、易安财险、新时代信托、新华信托六家机构实施接管。接管期限自2020年7月17日至2021年7月16日共一年的时间。如接管工作未达到预期效果，接管期限依法延长。消息一出，很多人更是担心起来。保险公司会“倒闭”吗？如果保险公司“倒闭”了，我们的保单权益能得到保护吗？

（一）保险公司会“倒闭”吗？

从理论上来说，所有公司都有破产倒闭的风险，极端情况下保险公司也可能会走向《破产法》上的“解散、破产”等程序。有人会说，大公司不容易倒闭。但现实并非如此，在2008年金融危机中，美国排名第四的投资银行雷曼兄弟也宣告破产，它总共经营了158年，曾被很多人认为是“大而不能倒”的公司之一。

其实，公司是否会倒闭取决于很多因素，公司大小只是一方面，最核心的还是取决于公司的经营能力。如果经营不善，再大的公司都可能倒闭。而且经营状况本身就是动态的，对普通消费者来说，不太可能时刻去跟踪公司的经营状况。所以，我们与其关注保险公司是否会倒闭，不如关心另一个更有价值的问题：如果保险公司经营不善，真的“倒闭”了，客户手中的保单，权益能得到保护吗？

（二）如果保险公司“倒闭”了，我们的保单权益能得到保护吗？

目前，我国保险行业整体偿付能力充足，但不规范的经营行为依然存在。如果保险公司真的“倒闭”了，我们的保单权益是能得到保护的。

1.保险公司有与其他企业不一样的资本管理模式和资产结构

我们都知道，保险公司是“负债经营”。为了保护投保方的利益，保险公司的资产负债结构与资本管理模式，与一般公司不太一样。

第一，我国《保险法》规定，保险公司应当按照注册资本总额的20%提取保证金。这笔资本保证金只能在清算或减资时才能动用。也就是说，就算保险公司欠了巨额外债，这笔钱也不能动，只能留到“清算”时使用。而清算过程中，保险赔偿款则需要优先清偿。为了保证这笔钱绝对安全，《保险公司资本保证金管理办法》连存放的银行资质都有严格的要求。为了避免公检法动这笔钱的心思，银保监会办公厅在2020年9月11日发布《关于规范银行业金融机构协助有权机关办理保险公司资本保证金账户查询、冻结、扣划有关事宜的通知》，明确要求保险公司的资本保证金不得限制、冻结、扣划。所以，这笔资本保证金是保险合同利益的有力保障之一。

第二，保险公司在经营过程中要按照监管要求提取责任准备金。责任准备金是保险公司为了承担未到期责任和处理未决赔偿而从保险费收入中提存的一种资金准备，是保险公司按《保险法》等监管规定为在保险合同有效期内履行赔偿或给付保险金义务而将保险费予以提存的资金。2019年，考虑到市场利率可能长期下行，银保监会降低了责任准备金的评估利率（将责任准备金评估利率上限由年复利4.025%和预定利率的小者调整为年复利3.5%和预定利率的小者），很多保险公司为此多计提了大量责任准备金，人身保险业累计增加计提1200亿元。

对违反责任准备金计提规定的保险公司，银保监会也是严厉处罚。2013年，安诚财险曾因未按照规定提取准备金被罚款30万元（保监罚〔2013〕4号），这是保险法规定的顶格处罚。2014年平安财险因倒签单导致保费收入不真实，导致2012年少计提准备金571万元，被监管罚款50万元，相关责任人罚款10万元（保监罚〔2014〕8号），这也是保险法规定顶格处罚。

第三，保险公司发生亏损时，可用公积金弥补亏损。根据《公司法》规定，“公司分配当年税后利润时，应当提取利润的百分之十列入公司法定公积金……公司的法定公积金不足以弥补以前年度亏损的，在依照前款规定提取法定公积金之前，应当先用当年利润弥补亏损”。

第四，办理再保险。为了避免保险公司承保风险太高，法律强制要求保险公司办理再保险。《保险法》第一百零三条规定“保险公司通过再保险，将其危险单位因一次事故所能承受的最大可能损失范围控制在其实有资本金加公积金总和的百分之十之内。”所以，通过办理再保险，保险公司可以很大程度上转移极端性事件带来的公司风险，从而保障保单持有人的利益。

第五，保险保障基金。银保监会要求各保险公司每年交一笔钱，形成“保险保障基金”，专门用于救助保单持有人、保单受让公司或者处置保险业的风险。根据《保险保障基金管理办法》的规定，有两种情况可以动用保险保障基金。一是保险公司被依法撤销或者依法实施破产，其清算财产不足以偿付保单利益的；二是监管认为保险公司存在重大风险，可能严重危及社会公共利益和金融稳定的。

2.破产清算和人寿保单的特殊处理

如果保险公司因为各种原因，最终走向破产。已承保的保单该怎么办？

首先，人寿保险合同不会因保险公司的破产而解除，必须连同责任准备金一起转移给其他保险公司。根据《保险法》第九十二条的规定：“经营有人寿保险业务的保险公司被依法撤销或者被依法宣告破产的，其持有的人寿保险合同及责任准备金，必须转让给其他经营有人寿保险业务的保险公司；不能同其他保险公司达成转让协议的，由国务院保险监督管理机构指定经营有人寿保险业务的保险公司接受转让。转让或者由国务院保险监督管理机构指定接受转让前款规定的人寿保险合同及责任准备金的，应当维护被保险人、受益人的合法权益。”

由此可见，《保险法》对寿险公司破产有明确的规定，充分保障消费者的权益。也就是说，保险公司计提的责任准备金会随保险合同一起转移到新的保险公司，确保被保险人、受益人的利益得到保障。而且，保险保障基金也会救济。根据《保险保障基金管理办法》的规定，对于寿险保单，保单持有人为个人的，救助金额以转让后保单利益不超过转让前保单利益的90%为限；保单持有人为机构的，救助金额以转让后保单利益不超过转让前保单利益的80%为限。

其次，非寿险合同也会做特殊处理。根据《保险法》第九十一条规定，保险公司的资产会按如下方式处理：“破产财产在优先清偿破产费用和共益债务后，按照下列顺序清偿：

（一）所欠职工工资和医疗、伤残补助、抚恤费用，所欠应当划入职工个人账户的基本养老保险、基本医疗保险费用，以及法律、行政法规规定应当支付给职工的补偿金；

（二）赔偿或者给付保险金；

（三）保险公司欠缴的除第（一）项规定以外的社会保险费用和所欠税款；

（四）普通破产债权。”

可见，赔偿或者给付保险金排在税费和其他普通债权之前，公司的资产除了破产费用和职工债权外，应先行支付保单赔款。考虑到前面提及的“资本保证金”，就算保险公司破产，还是很大概率有一部分资产可以涵盖保单赔偿。

就算保险公司破产不能支付保险赔款，保险保障基金也会救济。根据《保险保障基金管理办法》的规定，对于非寿险保单，保单持有人损失在5万元以内的部分，保险保障基金予以全额救助；对超过5万元的损失，个人救助金额为超过部分金额的90%；单位救助金额为超过部分金额的80%。

（三）现身说案

1.新华人寿被接管事件

2007年，由于新华人寿原董事长关国亮挪用巨额公司资金，原保监会动用保险保障基金接管新华人寿，接管之后新华人寿继续经营。2009年11月，保险保障基金将上述股份转让给中央汇金公司，完成了风险处置任务。

后来新华人寿乘风破浪，到2019年底，新华人寿原保费收入超过千亿，归属于母公司股东的净利润为145.59亿元。

2. 中华联合保险被接管事件

2007年，由于中华联合保险公司巨额亏损和偿付能力不足（2007年巨额亏损达64亿元），原保监会托管中华联合保险61%的股权。2011年12月，保险保障基金公司正式控股中华联合保险，并引入新的战略投资者。不仅化解了偿付能力不足的问题，还助力公司摆脱困境，不断发展。截至2019年底，中华联合保险核心偿付能力充足率187.06%，综合偿付能力充足率263.00%，远远高于监管的要求，净利润达到5.8亿元。

3. 安邦保险集团事件

2018年2月23日，由于安邦集团存在违法违规行为，可能严重危及公司偿付能力，为了保护保险消费者合法权益，监管部门接管安邦集团，并保持安邦保险正常经营。其间，安邦保险发行的1.5万亿元巨额中短存续期理财保险全部完成兑付，未发生一起逾期和违约。随后，监管部门主导新设立大家保险集团（对接安邦人寿、安邦养老）、大家财险（对接安邦财险），原安邦集团签发的其他未到期保单和资产，由大家保险受让。

4. 天安财险、华夏人寿、天安人寿、易安财险等四家保险公司被接管事件

2020年7月17日，银保监会发布公告称，自2020年7月17日起，依法对天安财险、华夏人寿、天安人寿、易安财险、新时代信托、新华信托六家机构实施接管。接管期限自2020年7月17日至2021年7月16日共一年的时间。如接管工作未达到预期效果，接管期限依法延长。

消息一出，很多人都在猜测，是不是这四家公司经营不善、要倒闭了，监管才出手接管呢？

根据公开信息披露，天安财险、华夏人寿、天安人寿、易安财险2020年第一季度末的偿付能力主要指标如表11-1所示。

表11-1 4家保险公司的偿付能力及保费规模

公司名称	综合偿付能力（2020年一季度）	核心偿付能力（2020年一季度）	保费规模（2019年）
华夏人寿	130%	113%	1784.98亿元
天安财险	237%	191%	597.36亿元
天安人寿	128%	112%	114.98亿元
易安财险	175%	175%	10.43亿元

上述公司2020年第一季度末的综合偿付能力充足率和核心偿付能力充足率虽然低于当时行业平均水平245%和234%，但也远高于100%、50%的监管要求。监管认为这四家保险公司存在“重大风险”，所以提前介入了。银保监会新闻发言人也提

到，四家保险公司无论股权结构和公司治理如何变化，风险如何化解，相关保险合同合法权益都将得到保障。

2021年7月16日，银保监会再次发出公告，依法对四家保险公司继续实施接管。接管期限为一年，自2021年7月17日起至2022年7月16日止。2022年7月15日，中国银保监会发布了对易安财险破产重整的批复，原则同意易安财险进入破产重整程序。当天，中国保险保障基金公司在易安财险的官网上发了一条公告：《关于依法保障易安财产保险股份有限公司保单债权人权益的公告》。公告列明，以下三种情况都可以授权保险保障基金公司代为申报，帮助客户争取应得的权利：①保单到期前出险了，但保险公司还没有赔付的；②保单还没有到期，发生了保险事故需要理赔的；③申请退保，但保费还没有退还的。也就是说，易安财险的破产重整，不会对任何一个易安财险的客户造成利益损失。

通过上述事件可以看出，尽管法律确实明确了保险公司可以破产，对投保人的利益也进行了严格保护，但是国家监管部门一般不会让事态发展到那一步，在可能发生重大风险之前就直接介入，接管或者通过保险保障基金控股，运用市场化的手段，借助政府的力量，改善保险公司的经营状况。这种主动的监管办法，比起任由保险公司破产、任由市场无序发展的监管策略更为有效。

思考与讨论

你认为保险监管是否越严越好？为什么？

十二、真的不能买小公司的产品吗？

我们经常听到这样的声音：保险理赔可能是几十年以后的事了，小公司不靠谱，还是得选择大公司。真的是这样吗？

事实上，无论大保险公司还是小保险公司，保单持有人的利益都同样受到国家的保护。我们应理性看待保险公司规模大小的问题，更加关注保险产品本身的契合度、保险公司服务质量等这些看得见、摸得着的问题。

大保险公司的机构多、队伍庞大，客户服务更加方便。很多大公司经营时间长，内控机制比较健全，内控管理比较规范，公司品牌值得信赖，而且很多公司还附带有庞大的医疗、养老、健康管理等资源，可以为客户提供更好的服务，这些都是大公司的优势。

而中小保险公司则善于创新，很多产品保障更加全面、价格也更加实惠，充分运用互联网进行渠道改造，一些中小保险公司在投保、客服、理赔等方面非常便捷，这也是其优势所在。尤其是近几年，很多中小保险公司设计出了“网红明星产品”，不仅给投保人带来了实惠，也像“鲇鱼”一样，刺激大型保险公司不断进行产品升级，带动了整个保险市场的升级改革。

也就是说，大保险公司和中小保险公司各有所长。结合自身需求，购买适合自己的保险产品和保险服务才是王道。

思考与讨论

分别找一家大型保险公司和一家小型保险公司，了解其经营情况，并比较二者的经营优劣。

第12章 受人之托，代人理财：信托

学习目标

认识信托及其功能，了解信托的起源与发展，理解信托组织架构，能根据财富管理需求选择合适的信托类型和信托产品，树立风险意识、诚信意识、法治意识和责任意识。

中国向来有“富不过三代”的说法。《孟子·离娄章句下》说道：“君子之泽，五世而斩；小人之泽，亦五世而斩。”《战国策·触龙说赵太后》也写道：“今三世以前，至于赵之为赵，赵王之子孙侯者，其继有在者乎？”

其实，“富不过三代”不仅在中国如此，世界上各个国家都有类似的说法。比如，英国有谚语：“From clogs to clogs is only three generations.”表达的其实是同一个意思，clog是英格兰下层劳动者常穿的木底鞋，直译过来就是“从木底鞋到木底鞋不过三代人而已”。这些谚语所体现出的创业与守成二者之间的道理，其中深意，或可为戒。

但是，在时间的长河中，欧美还是沉淀下来了一些百年家族企业，而这些富豪家族将财富传承给后代，大都采用了信托工具。

一、什么是信托？

信托是指委托人基于对受托人的信任，将其财产权委托给受托人，由受托人按委托人的意愿以自己的名义，为受益人的利益或特定目的，进行管理和处分的行为（如图12–1）。

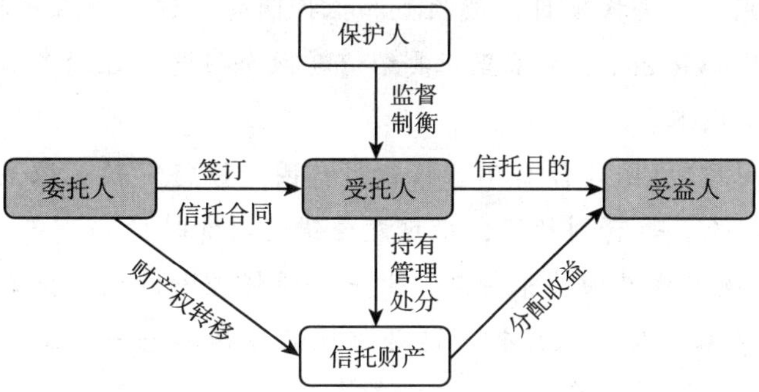

图12-1 信托关系结构图

信托是一种特殊的财产管理制度和法律行为，同时又是一种金融制度，与银行、保险、证券一起构成了现代金融体系。信托业务是一种以信用为基础的法律行为，一般涉及三方面当事人，即投入信用的委托人、受信于人的受托人，以及受益于人的受益人。

从法律角度来说，信托是一种制度安排，是一种特殊的法律架构。这种特殊的法律架构实现了财产的所有权、控制权和受益权的分离，相互制约、相互监督，可以更好地帮助委托人实现财产的保护和传承，是财富管理与转移的制度安排。

从经济角度来说，信托是一种金融工具，特别是集合资金类信托，一头连接融资项目，满足融资方项目资金需求，一头对接资金，满足资金方财富管理需求，有力地促进了经济建设，同时促进了金融体系的发展与完善。

从道德角度来说，信托是人类最基本的一种生存方式。广义的信托行为在日常生活和工作中几乎无处不在，委托出租车司机将自己带到目的地、委托快递公司帮助自己取送货、委托亲友代买物品、购买公募基金等，甚至《证券投资基金法》第二条还明确提到了其上位法是《信托法》。

人们出于信任，进而委托。信托，因信而托，有信有托，无信则无托。

信托，以信任为前提和基础，以信托财产为核心，以委托人意愿为目的，以委托为管理方式，是最灵活的财产管理制度。委托人可以为各种各样的目的设立信托，比如保全和传承财产、家庭成员生活保障、退休计划、慈善事业等，但所有的信托目的都应该是合法的，并且不能违背公序良俗。

拓展阅读

读懂信托

李雷有笔钱想投资，存银行里每年获得3%的无风险收益率。然后，银行以6%的利率贷出去。

有一天韩梅梅跟李雷说，把钱存我家吧，我给你6%的收益。韩梅梅雇佣了几个名校的研究生，去找项目，谈收益和抵押问题，这几个人被称为信托经理。他们联系上了Jim Green，Jim家里正要给煤矿做个投资，让财务算了笔账，可以负担10%的融资成本。

这里有个问题，Jim为什么不找银行呢？因为银行贷款有很多要求，手续复杂，办理流程较长。等贷到款了，很可能会错过投资时机。

所以，Jim决定找韩梅梅家贷款，做一个信托理财计划，投资人的投资起点100万元，Jim拿家里房子做抵押。这是信托的原始形态——正向信托，为投资者寻找可靠安全的投资渠道。

但是后来信托事业蓬勃发展，项目不断。经常出现拉来了项目需要找投资者的情况，于是演变成了反向信托。有一次，Jim表示我还不起钱了，于是韩梅梅拿自己家的钱补上。这叫刚性兑付。

二、信托的前世今生

千百年来，在英国和美国，信托作为名门望族财富管理和传承的重要方式，生生不息。但在国内，一说到信托，给人的第一感觉就是高大上的土豪理财。这是为什么呢？这要从信托的起源和在国内的发展说起。

（一）原始信托行为

一般认为，原始的信托行为发源于数千年前古埃及的“遗嘱托孤”。据最早的文字记载，公元前2548年，古埃及人写下遗嘱，指定其妻继承财产，子女为受益人，并为子女指定监护人，还设有立遗嘱的见证人。

其实，4500多年前古埃及人的这种做法，称为遗嘱似乎更为合适。但从现代信托架构的角度来看，这也是一个完整的信托行为，有委托人、受托人、受益人，有信托目的、信托财产，甚至还有第三人作见证。所以，业内常把古埃及人的遗嘱称为原始的信托行为。

（二）信托概念的起源

真正信托的概念可以追溯到公元前500年左右古罗马的“信托遗赠”制度。当时，古罗马已经由习惯法演进为比较健全的成文法了，并且将自然人分为罗马人和奴隶，罗马人是市民，是法律意义上的人，受罗马法保护。而奴隶尽管是自然人，但不具有法律人格，被拒绝在法律保护之外。

遗产继承制度是当时罗马的一个重要制度，以遗嘱为主要继承方式，并且将外来人、奴隶等人排除在遗产继承权之外。只有享受财产权的人才有继承权，但并不是所有人都享有财产权，只有贵族和罗马市民才享有财产权。此外，继承人还必须是成年已婚男子，未婚男子和女子都没有继承权。为了避开这样的规定，在继承人没有继承权的时候，罗马人会将自己的财产移交给其信任的第三人，要求第三人为其妻子或子女利益代行对遗产的管理和处分。关于这种行为，优士丁尼在《法学阶梯》中这样写道："当某人欲以遗产或者遗赠物给他所不能直接赠给的人士时，他便通过信托为那些能够以遗嘱获得遗产的人来实现之。之所以将其称为遗产信托，是因为它不能以法律去制约任何人，而只能依靠他所委托的人的诚信来进行制约。"这就是"遗产信托"，或者称为"信托遗赠"制度。

不难看出，"信托遗赠"已形成了比较完整的信托概念。"信托遗赠"涉及三个主体：遗嘱人（委托人）、受托人和信托受益人。这里的受托人既是继承人，同时又具有中介人的地位，他要按照遗嘱人的意愿管理财产，并将收益转交给信托受益人。信托受益人是事实上的遗嘱人的遗产承受者，但又不同于罗马法的继承人。此时的信托完全是一种无偿的民事信托，并不具有经济上的意义，也没有形成一种有目的的事业经营，其信托财产主要是实物和土地，更没有形成独立的法律制度。

（三）近现代信托

虽然英国是近代信托业的发源地，但从近代信托到现代信托的演化，从民事信托到金融信托的发展，却完成于资本主义的后起之秀——美国。英国信托传入美国后，美国信托并没有局限于原来的观念，而是继承了公民个人间以信任为基础、以无偿为原则的非营业信托；另外又创造性地把信托作为一种事业，由个人承办演变为由法人承办，并做商事经营，用公司组织的形式大范围经营。因此，尽管英国是现代信托业的鼻祖，但以公司的形式经营信托，美国比英国还早。

美国的信托机构在创立初期是与保险业结合在一起的。1822年，美国的"农民火灾保险及借款公司"开始兼营以不动产和动产为对象的信托业务，后该公司更名为"农民放款信托公司"，被认为是美国第一家信托公司，也是世界上第一家信托投资公司。之后，1853年在纽约成立的美国联邦信托公司是美国历史上第一家专门的信投公司，其业务比与保险业兼营的信托业有了一定程度的扩大和深化。所以说，美国最早完成了个人信托向法人信托的过渡、民事信托向金融信托的转移，为现代金融信托制度奠定了基础。现在，在美国，信托观念已深入人心，金融信托已成为美国商业银行业务中的一个重要组成部分。

目前，英国的金融信托以个人信托为主，业务量占80%以上，而法人信托业务主要由银行和保险公司兼营，比例也很小。美国的信托业务主要由商业银行的信托部承办，专业的信托公司也很少，信托业务以证券投资信托为主。

（四）信托在中国

1.古代信托行为

纵观中国的法律制度史，并没有信托的观念。由于落后的封建小农经济，商品生产不发达，更不具备英国当时的历史背景，所以不可能产生为他人的利益而管理财产的信托观念的现实基础。但是，各种信托行为其实一直存在于民事活动之中，最有名的案例当属“白帝城托孤”。

三国时期，关羽被东吴杀害之后，刘备报仇心切，不听诸葛亮劝告，亲自率军出征，结果大败，自己也病倒在白帝城。据《三国志·蜀书》记载，公元223年刘备病危之时，召丞相诸葛亮、尚书令李严来嘱托后事。

刘备对诸葛亮说：“君才十倍曹丕，必能安国，终定大事。若嗣子可辅，辅之；如其不才，君可自取。”意思是说，诸葛先生的才干高于曹丕十倍，一定能平定天下，成就大事。如果我的儿子刘禅可以做皇帝，你就帮助他，实在不行，你自己做两川之主。诸葛亮答道：“臣敢竭股肱之力，效忠贞之节，继之以死！”意思是，我一定全力效劳，辅助太子，直到死去。

很显然，“白帝城托孤”是一个完备的信托行为。

第一，信托关系清晰。信托人是刘备，受托人是诸葛亮，受益人是刘禅，信托财产是蜀国江山，甚至还有保护人——尚书令李严，他可以在一定程度上起到监督和制衡诸葛亮的作用。

第二，以信任为基础，有明确的信托目的。受托人诸葛亮为了受益人刘禅的利益，六出祁山，南征北战，鞠躬尽瘁，死而后已，尽到了诚实信用、谨慎有效的受托人义务。

2.近现代信托

现代信托在20世纪初从日本传入中国，在不断的探索和实践中，中国信托业几经起落。

1913年，日本人在东北发起设立的大连取引所信托株式会社，被认为是在中国最早出现的信托机构。1921年8月，在上海成立了第一家内资专业信托投资机构——中国通商信托公司。1936年，全国有信托公司11家，还有42家银行兼营信托业务。

自新中国成立至1979年，在高度集中的计划经济体制下，金融信托没有得到发展。在改革开放前夜，整个国家的经济到了崩溃的边缘，百废待兴的中国急需发展经济。为了引进外资，1979年10月，在邓小平同志亲自倡导和批准下，由时任国家副主席荣毅仁创办了中国国际信托投资公司（现中信集团的前身），标志着新中国信托业的恢复和国家金融体制的改革。1980年后，各专业银行纷纷开设信托部，之后又将信托部改为专业银行全资附属的信托投资公司。

在中国信托业发展过程中的初期，国内经济建设迫切需要加强与国际资本的合作，要求采取灵活多样的形式吸引外资，将国际资金筹集到国内。因此，初始阶段的信托投资公司主要是对外融资的窗口，背负着冲破旧的金融体制、做改革开拓者的历史使命。所以，此时的信托机构虽然冠以“信托”之名，实际上经营的并非真正意义上的信托业务，大多数还是银行的信贷业务。

信托公司既可以做证券业务，也可以做投行、代理、自营等业务。因此，有人形容信托公司的业务无所不能、无所不包，银行和券商能做的它也能做，银行和券商不能做的它还能做。也正是因为什么都能做，信托行业经营不规范事件时有发生，积聚了大量的风险。伴随着中国经济的快速发展、市场经济的不断深化，中国信托行业野蛮生长，先后于1982年、1985年、1988年、1993年和1999年经历了五次大规模的整顿。特别是始于1999年的第五次整顿，被认为是信托业一次脱胎换骨式的变革。此次整顿，让众多规模小、资不抵债的问题信托公司一律退出，最后重新注册的信托公司仅保留了不到60家。

第五次整顿的结束，以“一法两规”行业管理架构最终在2002年7月18日完成为标志，此后信托业被认为获得了新生。“一法两规”指的是2001年10月1日施行的《中华人民共和国信托法》、2001年1月10日颁布的《信托投资公司管理办法》（后于2002年6月5日修订，2007年3月1日被新管理办法替代）、2002年7月18日施行的《信托投资公司资金信托管理暂行办法》（后于2007年3月1日被新管理办法替代）。

2006年底，信托行业开始了第六次整顿。2007年3月1日新版《信托公司管理办法》（后于2009年2月4日修订）和《信托公司集合资金信托计划管理办法》施行，2010年8月24日《信托公司净资本管理办法》施行，和《信托法》一起被称为信托行业的新“一法三规”。法律法规体系的不断完善，使我国信托业逐步迈入健康快速的发展阶段。

我国信托行业六次整顿的时间与整顿重点如表12-1所示。

表12-1　信托行业的六次大整顿

整顿序次	开始时间	整顿重点
第一次	1982年	明确国内信托的经营方针和业务范围
第二次	1985年	重点进行业务清理，进一步明确信托业的性质和业务范围
第三次	1988年	撤并机构，业务清理
第四次	1993年	以法律形式确定银行与信托经营的原则
第五次	1999年	分业经营、分业管理
第六次	2007年	明确自有资金和信托资金业务范围，分类监管

在中国，信托制度是为了吸引国际投资作为融资工具而引进的，之后也一直以投融资业务作为主业，这是目前国内将信托一直定位为高端理财工具的原因。随着泛资管时代的到来，财富传承需求的产生和增多，国内信托业也正在回归本源，从商事信托逐渐向民事信托倾斜，依靠信托制度为高净值客户提供财富管理，为各类有需求的客户提供信托服务，为各类资金提供专业的资产管理和财富管理服务。古老的信托工具必将在新时代下的中国焕发出更大的魅力。

三、信托具有哪些功能?

信托的内涵极为丰富，应用也极为灵活。但在我国，由于引进时间较短，理论研究尚不充分，实践经验也不丰富。但这些因素并不妨碍信托成为非常重要的财富管理工具。我国信托业一直以“受人之托，代人理财”作为行业定位。那信托到底具有哪些功能呢?

（一）投融资功能

在我国，信托制度最初是为融资而引进的，曾经的信托机构一度被命名为“信托投资公司”，可见，信托公司被定位为“投资”公司，筹措和融通资金是信托的重要功能。

信托公司运用信托业务积极参与各类社会投资活动，为交易主体各方建立相互信任关系，为产业经营者提供资金支持，为委托人的财产寻找增值机会。

（二）财富管理功能

目前，信托的特殊制度优势在我国还没有得到充分的认知与利用，信托机构更多的是利用牌照优势，作为专业资产管理的通道，发挥资产管理和财富管理的功能。在资产管理领域，信托公司是目前唯一可以横跨货币市场、资本市场和实业投资三大领域的金融机构。信托公司作为专业的资产管理机构，利用制度优势整合相关行业最优质的资源和人才，风险管理机制完善、经验丰富，可以为投资人更好地实现财富保值增值的目标。

（三）财富传承功能

信托是因财产转移继承而生。因此，在财富传承上，信托有不可替代的优势，家族信托是财富管理和传承的最高形式。无隔离，不传承。首先，信托财产的所有权、管理权和受益权的分离，较完美地实现了财产的隔离，财富的隔离保护是传承最重要的一步。其次，信托财产的独立性又为财产的保护提供了法律保障。最后，极具个性化的信托合同，可以实现委托人的各种传承需求。信托财产的独立性还可以帮助委托人在财富传递过程中实现债务隔离、婚姻财产保护等功能。

总之，信托功能非常强大，适用范围也很广泛。正如被誉为“现代信托业之父”的美国哈佛大学教授斯考特所说：“信托的应用范围，可与人类的想象力相媲美。”信托一头连着货币市场，一头连着资本市场，一头连着产业市场，既能融资，又能投资，被誉为具有无穷的经济活化作用。

四、集合资金信托计划

什么是集合资金信托计划呢？集合资金信托计划是相对于单一资金信托而言。委托人只有一个人的信托叫作单一信托，委托人是两个或两个以上的信托就是集合信托。在我国，集合资金信托计划是信托公司经营的主要信托业务品种，可以将其理解为一种投资理财的金融产品。我们经常说买信托可能是在银行买，也可能是在信托公司买，买的就是集合资金信托这种理财类型的金融产品。因为集合资金信托计划都是自益信托，且存续期一般较短（1~5年），对于委托人来说，这种信托不具备财富保护和传承的功能。

（一）交易结构

集合资金信托的基本交易结构如图12-2所示。

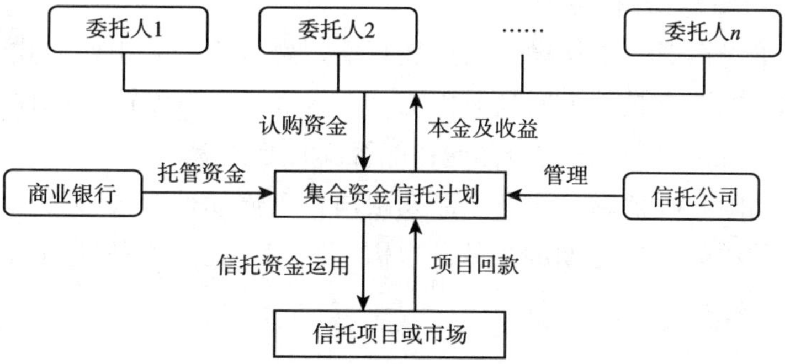

图12-2 集合资金信托交易结构图

委托人既可以是自然人，也可以是法人，还可以是集合资金信托计划、资产管理计划、有限合伙基金、契约型基金等。《信托公司集合资金信托计划管理办法》第五条第（三）项规定：“单个信托计划的自然人人数不得超过50人，但单笔委托金额在300万元以上的自然人投资者和合格的机构投资者数量不受限制。”

也就是说，一个集合资金信托计划，投资金额低于300万元的人，最多只能有50个。投资金额低于300万元的投资者，信托行业一般称为小额投资者。如果一个集合资金信托计划融资金额很高，而信托发行机构募资能力有限，最终投资人以小额居多，超过50人的限额怎么办呢？过去被经常采用的做法是借道资产管理计划或有限合伙突破人数限制。比如，信托公司找到基金子公司或者资产管理公司走个通道，发行资产管理计划产品，用这个资产管理计划做信托计划的投资人，作为合格机构投资者人数不受限，而单个资产管理计划的委托人最多可以达到200人，这样就在事实上以“大拆小”突破了委托人数量限制。

2016年3月，中国银监会印发《关于进一步加强信托公司风险监管工作的意见》（银监办发〔2016〕58号），要求各银监局要督促信托公司按穿透原则向上识别信托产品最终投资者，不得突破合格投资者各项规定，防止风险蔓延，明确了信托计划的向上穿透原则，其中就包括合适投资者数量的限制。

（二）产品选择

投资者应如何选择集合资金信托理财产品呢？总体来说，要综合考虑自己的资产状况、风险承受能力、资金流动性要求，审慎考察公司、产品，再做出合适的选择。在选择集合资金信托计划时，大致可以遵循以下几个原则：

一看信托公司实力。虽然68家信托公司都是持有牌照的正规金融机构，但各家公司投资管理能力、风控系统、历史业绩等还是有差别的，特别是在一些细分领域的投资管理经验差别可能更大，选择一家经营稳健的公司非常重要，万一信托项目出现风险，公司的资产处置能力就很关键，或者从爱惜公司声誉角度考虑，也会积极解决问题，保障投资者利益。

二看项目本身情况。要从融资人所属行业、融资实力、担保方式、还款来源等方面综合考虑，融资人是否具有还款能力，万一发生极端情况，担保方是否有能力还款，抵押、质押的资产价值是否公允，能否及时处置等。

三看产品期限和收益率。注意产品期限与自己流动性要求是否匹配，有的产品可能还会有提前结束或者延期的条款，也需要注意。在其他条件相同的情况下，当然预期收益率越高越好。

（三）正确认识刚性兑付

很多人以为信托产品没有什么风险，都是可以保证刚性兑付的，现实真的如此吗？

1.刚性兑付的历史背景

2005年前后，在处理金新信托、庆泰信托、伊斯兰信托等事件的基础上，监管层逐渐形成了一种思路，对于出现问题的信托计划，要求信托公司根据委托人初始出资金额而非投资结果确定最后的兑付金额。

2010年，由于房地产信托产品集中到期，加之房地产调控使多数开发商资金回收期延长，市场开始担心这些房地产信托能否按照信托合同约定时间及预期收益率顺利兑付。对此，监管层多次下文，要求注意兑付问题，确保兑付，实际上监管层是要求按照预期收益率兑付信托资金。而出于声誉风险的考虑和监管要求，信托公司也愿意按照确保兑付的要求管理信托资产。至此，“刚性兑付”文化在信托业正式确立。

其实，监管层要求确保兑付的初衷是推动新业务，让投资者消除疑虑，也是维护金融市场和社会稳定，防止因信托投资亏损引发群体性事件。监管层认为，在一个不成熟的市场，在投资者还没有成熟的阶段，市场和投资都需要呵护。因此，监管层从维护金融市场稳定出发，不仅对集合资金信托计划的投资者设置了较高的投资门槛，还严格限制了一个集合信托计划的投资人数。但是一旦信托计划到期无法兑付，很可能会发生群体性事件，危及社会稳定，甚至涉及金融市场的稳定。因此，发生信托计划兑付风险时，监管机构往往会对发行信托计划的信托机构进行窗口指导，要求信托公司采取各种措施，确保投资者本金及收益兑付。另外，信托公司为维护市场声誉，也需要刚性兑付。

2.刚性兑付没有法律基础

我国没有任何法律法规规定，信托公司在信托产品到期时有“刚性兑付”的义务，相反，刚性兑付甚至与法律相悖，法律法规都对信托公司不得承诺保本或保证收益作出了明确规定。另外，任何投资行为一定是风险与收益并存，而且一般风险与收益成正比。也就是说，刚性兑付不仅毫无法律依据，而且严重背离市场规律。

3.刚性兑付的危害

从资本市场的规律来看，高收益、低风险的信托产品变相提高了无风险收益率，造成了风险和收益配比的机制扭曲。

从社会融资成本来看，高收益，低风险的信托产品势必引起市场资金的追捧，挤压其他融资渠道发展空间，提高社会融资成本。这不仅违背了监管层鼓励信托发展，拓宽融资渠道的初衷，同时也背离了实体经济走出低迷，降低融资成本的经济发展需求。

从投资者风险教育来看，在刚性兑付的指引下，投资者在投资过程中往往忽视风险，无法对投资行为形成正确的风险认知理念，不利于市场的健康发展。

4.刚性兑付已被打破

近年来，随着安信信托产品大规模的延期，四川信托深陷资金池违规风波，252亿元的资金池规模全面逾期。自此，打破刚性兑付由以前的个别信托公司的零星项目，演变成某些信托公司大规模逾期。

其实，早在2017年11月中国人民银行就已经会同银监会、证监会、保监会、外汇局等部门起草了《关于规范金融机构资产管理业务的指导意见（征求意见稿）》，指出刚性兑付严重扭曲资管产品“受人之托、代人理财”的本质，扰乱市场纪律、加剧道德风险，打破刚性兑付是金融业的普遍共识，要求金融机构应当加强投资者教育，不断提高投资者的金融知识水平和风险意识，向投资者传递“卖者尽责、买者自负”的理念，打破刚性兑付。

思考与讨论

2020年7月17日，新华信托就因触发《中华人民共和国银行业监督管理法》第三十八条和《信托公司管理办法》第五十五条规定的接管条件而被接管，接管期限为一年。2021年7月16日，银保监会决定延长新华信托接管期限一年，自2021年7月17日起至2022年7月16日止。2022年7月6日，银保监会发布《关于新华信托股份有限公司破产的批复》，同意新华信托依法进入破产程序，并要求该公司严格按照有关法律法规要求开展后续工作，如遇重大情况，及时向银保监会报告。

请问：

（1）新华信托的破产，体现了银保监会什么样的监管理念？

（2）新华信托破产后，公司债权人和信托产品投资者的合法权益能否得到保障？

五、财富传承之家族信托

（一）什么是家族信托？

家族信托是欧美私人银行和财富管理机构的重要业务之一，也可以说是财富管理的最高形式。

在海外，家族信托被公认是优于遗嘱的财富传承工具。家族信托的设置非常普遍，几乎每个名门望族都有一个设计复杂的家族信托，洛克菲勒家族、杜邦家族、罗斯柴尔德家族、卡耐基家族等世界著名的家族资产都是通过家族信托实现了数代的传承。

在我国，用家族信托实现家族财富的管理和传承才刚刚起步，一些具有前瞻眼光的企业家已经提前绕道海外设立离岸家族信托。同时，近几年，随着内地高净值人士数量和财富规模的增长，以及他们年龄的增大，对财富传承的需求越发迫切，内地家族信托正在迎来爆发式的增长。那到底什么是家族信托呢？家族信托又有哪些优缺点呢？看完下面这个故事，您或许就有了答案。

清原县有个叫武大的，烧饼卖了几十年，风靡方圆几十里。当地有句名言：没吃过武大烧饼，等于没去过清原县。后来，武大烧饼名气越来越大，小小烧饼铺转眼发展成了坐拥上百家连锁店的烧饼集团。武大也因此成了闻名全国的烧饼大王，身价剧增，成功跻身亿万富翁之列。

随着年龄越来越大，武大也开始烦恼起来。自己已经年迈，儿子武小郎尚且年幼，集团业务已经做了安排，只是这上亿家产想要留给年幼的儿子，如何留给他呢？要想个万全之策才好，毕竟这不是一笔小数目。

如果将财产一次性给武小郎，又有很多问题需要考虑：

万一儿子拿去挥霍呢？

万一被逮人忽悠走了呢？

万一被哪个“狐狸精”骗去了呢？

万一投资失败的呢？

万一有遗产税呢？拿大把的银子交遗产税，让人心疼啊！

万一……

武大越想越睡不着觉，这成了他的一块心病，思忖良久，无计可施。直到有一天，在街上碰到旧日好友张三。

你道这张三何许人也？没错，就是当初赊账1000张烧饼，现在也跻身成功人士的张三。自从灵活运用各种金融工具做成买卖之后，张三便对金融业务产生了浓厚兴趣，在这个领域很有研究，每年中秋节大家手里拿到的烧饼券，很可能就是张三的公司代理销售的。

张三一听武大的担心，立马有了方案，这事儿好解决，设立家族信托呀，并把家族信托简单为武大作了介绍。

五大一听，这个主意好像不错，但是他想知道家族信托到底有哪些利弊。

张三随即告诉他，采用家族信托可以实现以下几项功能：

第一，财富隔离保护。当武大将财产交给家族信托之后，这部分财产的法定所有权已经从你武大的名下转移给了受托人的家族信托名下。万一有歹人欺负武小郎幼小，强加不明债务给武小郎，或者想哄骗财产，致使武小郎与人发生债务纠纷，也不会影响已经放入信托的这部分财产。

第二，实现财富增值。家族信托具有专业理财优势，他能个性化定制资产组合，全球化配置资产，从而实现财产的保值和增值。信托公司是最专业的资产管理机构，武大你这一大笔财产只会增多，不会减少。当然，由于监管的原因，信托公司不会承诺收益的。

第三，避免高额遗产税风险。财产一旦打包进入家族信托，就意味着家族成员对其丧失了法律上的所有权，日后一旦开征遗产税也无须缴纳。由于财产是武大你去事前转让的，所以不会纳入遗产税的征收范围。

第四，信息保密。家族信托没有公开披露的规定，受益人的个人数据及利益均绝对保密。通过持有信托公司的股份，还可以隐藏公司实际拥有人的身份，武小郎作为实际受益人不会因为财产泄密受到安全威胁。

第五，灵活分配，控制挥霍。信托可以按时间或者事件分配收益给武小郎，这样做的目的是细水长流，一方面可保证武小郎生活无忧，定期拿到收益，另一方面又避免了武小郎因为年轻不懂事，奢侈败家，肆意挥霍。

看来采用家族信托，武大所担忧的问题都能得到解决。但武大也有疑问，怎么都是优点，选择家族信托一定也有缺点吧？张三继续向他一一交代了家族信托的劣势所在：

第一，家族信托资产门槛较高。能选择家族信托的人一定要非常富有，一般有钱还不行，定制计划至少要有信托资产3000万元人民币，有的银行甚至要求5000万元以上。

第二，财产所有权发生转移。设立信托要求让渡拟进入信托的财产的所有权。这对于大多数人来说，都是要仔细考虑的一件事，万一信托公司不靠谱，那麻烦可就大了，所以一定要选择信用可靠、经验丰富、口碑良好的专业信托机构。

第三，信托运作成本较高。信托设立过程的律师费、信托财产运作过程中的管理费、信托财产分配时的个人所得税，还有非现金类信托财产的转让税费，这些费用都是要缴纳的。

听完这些，武大表明上面说的这些问题可以接受，主要是能实现家族信托的几项功能就好。

张三打包票说："老伙计，只要你认可，剩下的事情就交给我吧，保证给你找个信誉优良、专业管理的团队，这下你该回去好好睡个安稳觉了。"

家族信托是一种信托机构受个人或家族的委托，代为管理、处置家庭财产的财产管理方式。家族信托是富人实现财富规划及传承的重要工具。正如任何工具都具有两面性，家族信托既具有财富隔离保护、实现财富增值、避免高额遗产税风险、信息保密、控制挥霍等优势，同时也具有信托资产门槛较高、财产所有权发生转移、运作成本较高等比较劣势（见图12-3）。

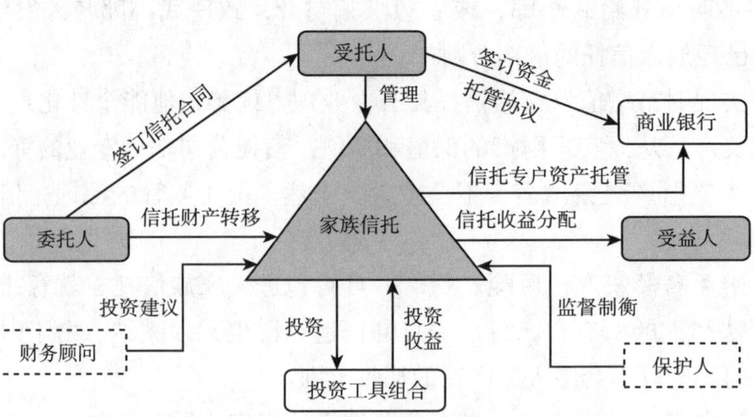

图12-3 家族信托结构图

（二）家族信托案例分析

1. 洛克菲勒家族：富过六代的秘密

标准石油公司的创始人老洛克菲勒是美国第一个财富达到10亿美元的富豪，他所积累的财富至今仍然在为家族服务，家族成员至今有240多位，但从无一人争产，始终保持和谐繁荣。现在这一家族已经走到了第六代（见图12–4）。

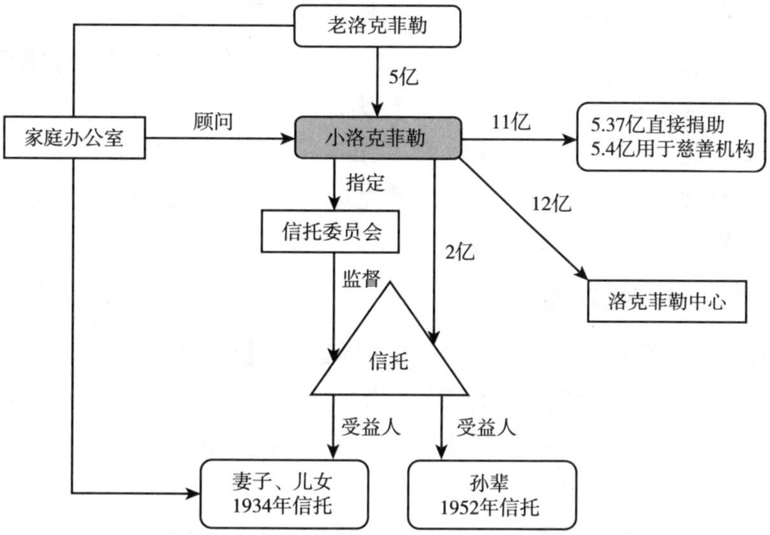

图12–4 洛克菲勒家族的财富传承图

假如老洛克菲勒活到今天，他的财富将比全球前十大富豪的总资产还多10%。这些惊人的财富除了用于慈善，大部分被他传给了儿子小洛克菲勒。小洛克菲勒又分别在1934年、1952年设立一系列信托，分别把财富传给妻子、子女和孙辈。

小洛克菲勒传承财富的主要方式是信托，而信托资产的主要组成是老洛克菲勒留下来的股票，也正是他设立的这些信托让洛克菲勒家族的财富能够传承至今。关于信托的具体信息属于家族机密，并不为外人所知，不过还是有一些其他信息来源，让我们可以大致了解这一有点儿神秘的财富传承工具。这些信托的受益人是小洛克菲勒的后代，一份信托协议对应一个受益人，每份信托的本金自动传给其受益人的子女。受益人在30岁之前只能获得分红收益，不能动用本金。30岁之后可以动用本金，但需要征得信托委员会同意。不过，小洛克菲勒的妻子和女儿在任何条件下都不能动用信托的本金，只能获取收益。

这些信托的委托人是小洛克菲勒，形式是不可撤销信托，除非受益人同意，信托协议不可以被更改或终止。这意味着委托人把资产注入信托之后，即在法律上完全失去该资产的所有权以及控制权，这样可以在有效避税的情况下，把家族财富至少传至第四代。这种机制使遗产始终是一个整体，家族企业既不会因为分家而变小或终止，也不会因为代代传递而被逐渐分割成若干个部分，可以发挥规模优势，获得更好的经济效益。

2.默多克：离婚不伤财

2013年，美国新闻集团总裁、世界传媒大亨默多克同邓文迪的离婚案得到了媒体的广泛关注。从2013年6月默多克正式提出离婚，到11月双方达成离婚协议。在法庭上，双方只用了6分钟进行友好的离婚谈判就结束了14年的婚姻。这一离婚安排干脆利落，不拖泥带水，对新闻集团的股价和运作没有造成影响。离婚的邓文迪仅获两套房产，与默多克的139亿美元财产相比，实在是九牛一毛。

据说，默多克在与第二任妻子安娜·托芙离婚时支付了17亿美元，损失惨重，因此在与第三任妻子邓文迪结婚前，默多克把名下的主要资产，特别是新闻集团股权都装入了家族信托，进行隔离保护。

3.戴安娜：延续对孩子的爱

1997年，“英伦玫瑰”戴安娜王妃在法国巴黎因车祸猝然离世，全世界为之震惊。1993年，当时年仅32岁的戴安娜就立下遗嘱，要求在她去世后将遗产设立成信托基金，并交由信托组织负责经营及管理，她的两个儿子作为受益人，将可平均享有信托收益。

遗嘱还规定，当威廉王子与哈里王子年满25岁时，他们可以开始自由支配遗产的一半收益，30岁开始便可以自由支配一半的本金。遗嘱条款中也允许两位王子在互相同意的情况下，调整两人资产分配的比重。

这份遗嘱得到了圆满的执行，戴安娜王妃留下的2100多万英镑巨额遗产，在扣除850万英镑的遗产税后，还有1296.6万英镑的净额。2007年，威廉王子年满25岁，经过遗产受托人多年的成功运作，信托基金收益估计已达1000万英镑，十年时间接近翻番。

更令人动容的是，戴安娜王妃生前曾在遗嘱中增加了一封特别的“愿望信”，信中表示要把自己所有的珠宝都平分给未来的两个儿媳。他在信中这样告诉遗嘱执行人：“我希望你把我所有的珠宝平分给两个儿子，将来他们的妻子可以拥有这些珠宝，并在特定的场合佩戴。我相信以你的判断，会有一个明确的分配。”

2011年4月29日，在英国王室为威廉王子举行的大婚典礼上，凯特王妃佩戴着当年戴妃的12克拉蓝宝石订婚戒指和璀璨的珠宝。威廉王子说：“我用这种方式确定母亲没有错过我生命中这个重大日子，母亲会见证我们的喜悦和兴奋。”虽然戴安娜王妃在两个孩子年少的时候逝去，但她给他们的祝福并没有缺少，遗嘱信托让她以这种特殊的方式见证了自己孩子人生中最重要和最幸福的时刻。

戴安娜王妃通过遗嘱信托，不仅实现了财富的传承，更实现了爱的延续。

4. 破产富商东山再起

2007年，香港某富商用1000万港币设立了一个私人信托，期限30年。受益人为当时10岁的女儿。未料，两年后因金融风暴企业经营陷入困境，最终因资不抵债而破产。在进行破产清算时，债权人查询到该富商银行账户曾有一笔1000万港币资金的转出。经调查发现，该笔钱已经进入信托，成为信托财产，而且受益人为富商女儿。因富商设立信托时企业经营良好，资产负债表为正值，因此信托合法有效，债权人无权主张信托还款。后来，该富商通过修改信托受益条款，提前将大部分信托财产及收益分配给女儿，利用这笔钱实现了东山再起。

私人信托的委托人和受益人往往不是同一人，一旦信托设立，由于财产所有权已经发生了转移，从委托人的其他财产中分离出来，这就实现了财产的风险隔离，能最大程度地保护家族财产的完整性和独立性。

信托财产破产隔离保护机制，将家族资产与个人资产相隔离，装入家族信托的资产可以抵御未知的风险侵袭，不因个人或企业遭遇风险或倒闭而遭受损失，可以长久地为家族成员创造收益，使家族经历风险后仍有东山再起的根基。

思考与讨论

1. 家族信托的受益人能否是家庭成员以外的人？如何安排家族信托的受益人？
2. 为什么说家族信托具有规避婚姻风险的功能？

六、财富传承之保险金信托

保险和信托都是具有4000多年历史的成熟工具，保险定位于风险管理和生命保障，信托重在资产保护和财富传承。保险金信托将这两个最古老的金融工具巧妙结合，在财富管理新时代焕发出强大的生机与活力。自2014年保险金信托在中国大陆出现以来，短短几年时间，获得了迅猛发展。

（一）什么是保险金信托

保险金信托，又称人寿保险信托，是指以保险金或保单受益权作为信托财产，由委托人（一般是保险合同的投保人）和受托人（信托机构）签订保险金信托合同，当达到保险合同约定的赔偿或者给付条件时，保险公司将保险金交付于受托人，由受托人按照合同约定的方式管理、运用信托财产，并将信托财产及收益按约定分配给信托受益人的一类家族信托（见图12–5）。

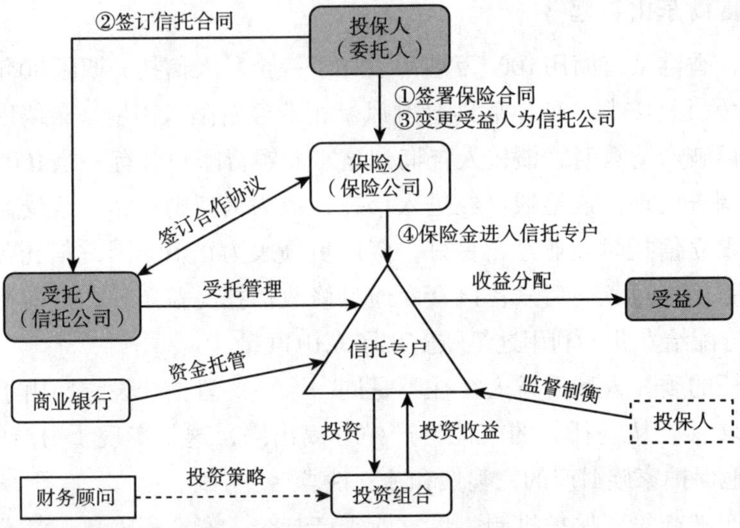

图12-5　保险金信托结构图

简单地说，保险金信托就是投保人在和保险公司签订合同后，再和与保险公司合作的信托公司签订信托合同，约定未来的保险金直接进入信托账户，成为信托财产，由信托机构进行管理和运作，并将信托财产及收益按照合同约定分配给信托受益人的信托计划。

保险金信托是家族信托的一种，是以保单受益权为信托财产的一种家族信托。但保险金信托又不同于传统的家族信托，主要具有下面几个特点：

1. 保险金信托是对保险金的再管理

保险金信托在保单有效期内是一份保险计划，在保险事故发生、保险金进入信托账户后，保险合同终止，信托财产才开始真正运作。因此，可以把保险金信托看作对保险金再管理的工具。

2. 保险金信托门槛相对较低

与动辄3000万~5000万元资金起点的家族信托相比，保险金信托门槛要低很多。不用一次性锁定大额资金，极大地提高了资金的使用效率。从保额上来看，一般500万元保额就可以设立。从保费上来看，年交30万~50万元保费，累计保费达300万元左右即可设立。

3. 保险金信托设立流程相对简便

指定受益人的保险金不涉及婚姻财产混同问题，可以规避被保险人的生前债务，保险金是免税的资产，因此保险金是最少争议的财产。而单独以资金设立家族信托，需要对资金来源、完税证明、反洗钱等进行一系列的尽职调查。因此，保险金信托设立流程比纯资金家族信托简便得多。

4. 保险金信托是先锋化的家族信托

用保险搭建保险金信托架构，设立完成后，就相当于家族信托的架构也基本搭建完成，这就为未来规划打下了基础，留下空间，比如可以随时追加信托财产，给未来留下较大的财富保护和管理的筹划空间。有的时候资格比金钱更重要，就像买房被限购一样，现在可以进行的操作，不代表未来某个时点还可以。在安全的时候规划，信托的财产保护功能才最强。春风得意时布好局，才能在四面楚歌时有条路。

（二）保险金信托的功能

1. 资产隔离功能

信托财产与委托人财产独立、与受托人财产独立、与受益人财产独立，充分实现了资产隔离功能，可以很好地守护委托人的资产。

案例12-1

保险金信托实现家庭和企业风险隔离

苏州的王总今年53岁，和夫人一起打拼，以服装加工起家，十多年来积累了不少财富，王总夫妻二人及一双儿女的家庭生活也非常幸福美满。但近几年，工厂效益开始走下坡路，订单下降，老客户也减少了不少。王总采取了一系列措施，效果并不明显。这不禁让王总有些担忧：真有一天企业资金周转困难了，该怎么办？万一生意破产了，家庭资产该如何保全？企业破产后，如何保障一家人的生活？

经过与一些银行理财经理的交谈，王总认识到需要将现有个人财富和企业财富分离开来，并采用合适的金融工具进行保护，以便即使未来工厂没有利润，家人生活也不会受到影响。

王总的诉求有：

（1）流动资金需求。在急需用钱时，可以及时周转。

（2）家企资产隔离。防止企业经营不善，家庭资产受到波及。

（3）保障家人生活。企业破产后，或者王总不幸发生不测了，如何保障妻子的养老和子女的基本生活。

保险金信托计划：

王总以个人财产为自己投保终身寿险，保额1000万元，同时设立保险金信托计划。在企业经营较好时，以个人财产为自己投保人寿保险，首先可以将这部分财产从企业财产中分离出来，实现风险隔离；其次，在急需用钱时，可以利用保单贷款功能获得保单现金价值一定比例的现金，解决企业经营的燃眉之急。

另外，在信托合同中，王总约定夫人和一双儿女为受益人：

（1）子女生活费。儿子女儿分配方案相同。在18周岁前，每季度分别给予3万元的基本生活费，一直领取到30周岁结束，19~25周岁，每人每年增加3万元教育费用。

（2）子女婚嫁金。儿子和女儿在结婚时分别可一次性获得100万元婚嫁金。

（3）养老金。自太太50周岁起，或者自王总不幸去世时起，太太每月可获得2万元基本生活费，直至身故。

（4）信托终止。在儿子满45周岁时，可一次性获得此时信托财产总金额的一半；在女儿满45周岁时，一次性获得剩下的全部信托财产，信托终止。

2.婚姻财产保护

在离婚率高企的当下，子女的婚姻问题也是父母最操心的一件事。一旦子女离婚，就会涉及婚姻财产的分割，在信托账户中的财产就可避免这个问题。在信托财产分配方案中，明确指定信托分配利益为受益人个人所有，与其配偶无关，即使受益人出现婚姻风险，家族财富也不会外流。

案例12-2

保险金信托助力实现婚姻财富保全

李女士是一家大型企业的高管，年收入超过百万，家庭条件富足。李女士的爱人在独生女儿10岁时不幸意外去世，如今女儿已经28岁，工作稳定，收入也不错，正准备结婚。不过，李女士对准女婿不是很满意。一是家庭条件一般；二是自由职业，工作为不定期给杂志画插画，收入不太稳定。最让李女士头疼的是，两人下定决心做丁克一族，不准备要孩子。

李女士的诉求：

（1）专属婚嫁金。在女儿结婚时，希望能给女儿专属的资金，不论婚姻状况如何。

（2）鼓励早生贵子。李女士期待早日抱上外孙。

（3）关爱女儿终生。如果女儿婚姻不幸福，也能享受富足的生活，即使哪一天自己不在了，依然能给女儿长久的关爱。

保险金信托方案：

李女士选择投保两份保险，其中一份保险设立保险金信托计划。

第一份为终身年金保险，李女士为投保人，女儿为被保险人，身故受益人为李女士。女儿为被保险人，可以每年从保险公司领取到年金。李女士作为投保人，这份保单是对女儿个人的赠与，不作为婚姻共同财产。万一女儿发生不幸，先于母亲离世，身故受益人为李女士，这笔钱又回到李女士手中，避免家族财富外流。

第二份为终身寿险，保额800万元，再追加现金100万元，同时设立保险金信托计划，投保人、被保险人均为李女士。在信托合同中设定女儿为受益人，并且鼓励女儿早日生育。

（1）女儿生活补贴费。在李女士去世后，女儿每年可获得5万元生活补贴直至身故。

（2）女儿生育礼金。若女儿在35周岁前生育，可一次性获得50万元生育礼金。若女儿在40周岁前生育，可一次性获得30万元生育礼金。

（3）女儿婚姻祝福金。若女儿婚姻美满，婚姻持续达到20年和30年时，可分别一次性获得信托财产50万元和100万元。

（4）女儿祝寿金。在女儿70周岁时，可一次性提取剩余信托财产，若女儿在70周岁之前身故，则所有信托财产为第三代所有。

李女士通过“保险+信托”的规划，无论李女士在与不在，都能保证女儿一生衣食无忧，并且通过保险和信托给女儿的钱均为女儿的个人财产，即使女儿婚姻出现问题，也不会作为共同财产被分割。信托计划增加了鼓励女儿经营婚姻和早日生育的分配事项，激励女儿与女婿认真经营婚姻并早日生子，对婚姻产生正向激励效果。

3.避免遗产继承纠纷

在一般的遗产继承过程中，不管是法定继承还是遗嘱继承，都要经历一套非常复杂的继承流程，而且法定继承的结果可能不符合被继承人的意愿。保险金信托通过在信托合同中指定受益人和分配方案，可以充分按照被继承人意愿分配身后遗产，还可避免一般继承过程中的纠纷。信托的事务管理功能可以执行委托人的分配意愿，避免一般继承过程中繁琐的程序。

案例12-3

保险金信托助力被继承人按如愿分配遗产

山西的王总今年55岁，曾经靠经营一个不大不小的煤矿积累了一笔财富。如今，煤矿已被收归国有，王总也得到了一笔补偿款。王总用补偿款在北京买下了十多套住宅。王总有过三次婚姻，各育有一女、一女一子和一子，大女儿已经成家，并有了一个儿子。其他子女均未成家，幼子仅10岁。

王总对被提上立法议程的房产税深感担忧，同时希望百年之后能用自己的财富帮助四名子女过上富足的生活，又不会让子女因为争夺财产而对簿公堂，上演争产闹剧。

王总的诉求：

（1）避免身后遗产传承纠纷。按自己的意愿分配财富，不愿子女上演争产闹剧。

（2）保障幼子生活。万一自己早走，幼子仍未成年，妻子如果改嫁，幼子生活和教育能得到保障。

（3）重大疾病保障。对子女及其家庭成员重大疾病提供保障。

保险金信托方案：

王总选择将一部分房产变现，一部分用于购买终身寿险，同时设立保险金信托计划，另一部分直接置入信托中。王总在信托合同中设定妻子和四个子女为受益人，一旦自己身故后：

（1）子女生活费。任一子女在30周岁之前每季度可获得生活费15万元。

（2）妻子养老费。妻子每月可获得生活费5万元，直至终身，但一旦改嫁，则生活费停止发放。

（3）子女教育金。任一子女在接受大学教育和研究生教育期间，每年可领取10万元教育金。

（4）重大疾病保险金。任一子女及其配偶或子女发生重大疾病时，可凭正规医院医疗费用发票给予报销，上限为100万元。

（5）子女祝寿金。任一子女60周岁时，可领取祝寿金，金额为当时信托财产金额的1/5。最后一名子女60周岁时一次性领取剩余信托财产，或最后一名子女身故时，全部信托财产作为该子女遗产。

王总通过“保险+信托”的安排，保障了妻子和四个子女的生活，也对自己的部分生前财富传承方案做了规划，各受益人之间有明确的分配金额和分配方案，完全遵照王总的个人意愿，同时又可有效避免子女争产。

4.防止子女挥霍

通过遗产继承或一次性保险金给付一次性给子女一大笔钱的话，如果子女尚不具备财富管理能力或者子女本身就是败家子，好事也可能变成坏事。而保险金信托，可以在信托合同中约定按时间、事件、特殊情况等灵活分配方案，避免一次性给子女大额资金可能带来的挥霍风险。

案例12-4

保险金信托防止财产被子女挥霍

42岁的张女士离异多年，有一个10岁的儿子。张女士现为某上市公司高管，年薪近百万元。张女士十分疼爱孩子，他深知父母教育对孩子的重要性，为了孩子也放弃了一些工作机会，计划将儿子送到国外留学，但同时又担心孩子会沾染不良习惯。

张女士诉求：

在儿子人生的重要时刻，自己的爱都不缺席，不一次性给予儿子大笔财产，避免儿子管理不当，挥霍一空。具体来说：

（1）保障幼子的生活和教育。万一自己有什么闪失，幼子仍未成年，幼子生活和教育能得到保障。

（2）子女婚嫁金。不管届时自己在与不在，儿子第一次结婚时，都能送上自己的祝福。

（3）大额消费基金。在儿子买车买房时，能给予适度帮助，但又不包办。既能表达自己对儿子的支持，又能激励儿子自己去奋斗。

（4）子女养老金。保证儿子年老失去劳动能力时，生活仍有保障。

张女士保险金信托方案：

张女士选择为自己投保终身寿险，并设立了保险金信托计划。

（1）子女生活费。儿子在30周岁之前每季度可获得生活费3万元。

（2）子女教育金。儿子如果考取国内重点大学，每年可领取5万元教育金；考取一般大学，每年可领取2万元教育金。考取硕士研究生和博士生分别奖励30万元和50万元。如果出国读大学或攻读研究生，每年可领取50万元教育金。

（3）结婚祝福金。儿子第一次结婚时，可一次性领取礼金50万元。

（4）大额消费基金。儿子第一次购车时，可领取20万元消费基金；第一次买房时，可一次性领取不超过房屋总价50%的购房消费基金，最多可领取300万元。

（5）养老基金。儿子在60周岁后，每月可领取2万元养老金，直至身故，剩余信托财产由其子女继承。

5.防范监护人风险

对于离异家庭来说，如果孩子未成年时，父亲或母亲一方去世，孩子继承到的财产份额将由其监护人代为管理，这时就可能会出现监护人独立侵吞大额财产的风险，导致未成年子女的权利无法得到足够的保障。设立保险金信托后，可以由信托按月向未成年子女分配生活费，监护人不会一次性得到大额财产，保障未成年子女的权益。

案例12-5

保险金信托防范监护人风险

40岁的王总是一名成功的女企业家，与丈夫离婚多年，独自抚养十岁的女儿。王总的弟弟大学毕业后一直跟随姐姐打拼，是姐姐的得力助手。不幸的是，王总在一次车祸中意外丧生，王总的弟弟开始替姐姐照顾起了外甥女。那么，王总的遗产应该如何分配呢？

情形一：王总没有买保险，也没有立遗嘱。这时，遗产按法定继承分配，第一顺位继承人是王总的女儿和父母，撇开父母那份不谈，由于王总的女儿未成年，所以女儿继承的遗产份额要由其监护人保管，也就是由王总的前夫代为管理，这应该不是王总希望看到的。

情形二：王总给自己投保了大额人寿保险，受益人为女儿。王总身故后，身故保险金给付王总女儿后，同样因为女儿未成年，这份保险金仍需由女儿的监护人即王总的前夫代为管理。

情形三：王总给自己投保了大额人寿保险，又签订了保险金信托计划。在信托中，约定人寿保险金进入信托账户，女儿为信托受益人，弟弟为信托保护人。如果王总身故，信托账户开始运作并进行分配。在女儿18岁之前，每年给一笔基本生活金；18~25岁，除基本生活金外，每年额外给付教育基金。女儿结婚和生孩子时，再分别给一笔祝福金，并约定所有权益归女儿个人所有，与其前夫无关。女儿45岁时一次性分配剩余信托财产。

这个信托计划很好地保障了女儿18岁前的基本生活，甚至对其18岁后的教育基金、婚嫁金、第三代出生礼金都做了安排，不仅可以防止女儿的监护人侵占财产和女儿自身的婚姻分产风险，还能够保证不会因为一次性给一大笔钱被年轻的女儿挥霍掉。到女儿45岁时，人格完全成熟，一次性获得全部财产，由其自行支配。信托计划还安排了王总最信赖的弟弟作为信托保护人，监督信托的运行。

显然，第三种情形的保险金信托计划是最符合王女士的愿望和需求的。

家族传承不仅仅是看得见的物质和财富的传承，家族精神、家族文化对富过三代可能更有意义，而这些都可以通过信托来实现，可以在信托分配方案中引导激励家庭成员的正向行为，约束惩罚不当行为，保证在实现家族基业传承的同时，实现家族精神和文化的传承。

思考与讨论

2014年，京东赴纳斯达克上市前夕，刘强东就曾设立“离岸家族信托”，将由Max Smart Limited所持有的京东的全部股份注入了家族信托，并且他是该家族信托的唯一董事，实现了资产隔离的同时，也牢牢掌握了公司的控制权。

刘强东的资产结构比较单一，即京东15.4%的股权占据了其资产总额的绝大部分。京东2018年年报显示，刘强东所持有的27800000股A类股和421307423股B类股均由一家设立于维京群岛的公司（Max Smart Limited）持有，该公司之前的唯一股东是刘强东，在京东上市前刘强东将公司股份注入了家族信托，公司的唯一股东变成了刘强东的家族信托。即由家族信托控制Max Smart Limited，由Max Smart Limited持有京东（开曼）的几乎全部股份（刘强东仍有560万股A股期权未行权，该部分期权由刘强东个人持有）。

2018年，刘强东在美国深陷性侵案，网络上一度流传着刘强东和章泽天婚姻破裂的传言，于是便出现了如果刘强东与章泽天离婚，章泽天能分到多少财产的讨论。

但由于在京东上市前，刘强东已经设立了家族信托，并且在结婚前为自己设计了10年薪酬计划（婚前通过给自己分配期权来透支其未来10年的薪酬），为将来可能出现的婚姻危机做出了防范。唯一可视为婚内财产的是10年薪酬计划在刘强东婚内的增值部分。但从京东最近的年报来看，刘强东仍有560万A股期权，说明刘强东在婚姻存续期内已行权2040万股A股期权。

根据《最高人民法院关于适用〈中华人民共和国婚姻法〉若干问题的解释（三）》第五条规定："夫妻一方个人财产在婚后产生的收益，除孳息和自然增值外，应认定为夫妻共同财产。"

因此，期权行权后的增值部分应属于夫妻共同财产，但该部分期权的增值部分相对于刘强东近百亿美元的资产可以说是微乎其微。

无论刘强东和章泽天的婚姻将来会走向何方，但刘强东在公司上市前一系列设计已经将资产隔离，可以有效应对未来可能的婚姻风险和债务风险，同时保持了对京东的掌控权。

讨论并思考：

（1）刘强东等中国富豪们为什么要去国外设立"离岸信托"？

（2）您认为家族信托在中国的发展前景如何？

4 Part 第四篇

财务与会计

第13章 会计原来这么有趣：初识会计

学习目标

了解会计的产生与发展，认识会计的要素、记账基础和大数据时代下的会计，理解会计恒等式和复式记账法，掌握会计的基本原理、流程和会计信息质量要求。会设置会计科目和账户，能熟练应用借贷记账法，能正确进行财产清查。客观认识当前会计职业的前景与未来发展方向，建立终身学习意识；树立诚信、法治观念，培养自觉遵纪守法意识和踏实严谨的工作作风。

会计是以货币为主要计量单位，运用专门的方法，对企业和行政事业单位或其他经济组织的经济活动进行连续、系统、全面地反映和监督的一项经济管理活动。具体而言，会计具有反映和监督两大职能。会计的反映职能也称为核算职能，即会计人员根据相关会计准则和财经法规，通过填制与审核凭证、登记账簿、编制财务报表等方法，对一定主体的经济活动进行核算，提供财务信息为主的经济信息系统，便于信息使用者根据会计提供的财务信息作出决策；会计的监督职能也称为控制职能，是指会计人员在进行会计核算的同时，对特定主体经济业务的真实性、合法性和合理性进行审查的功能。理解会计恒等式和复式记账法，掌握会计的基本原理和会计信息质量要求，有助于提供决策有用的信息，提高财务信息透明度，规范企业行为。

一、会计：人类最古老的语言

原始社会、渔猎时代、农耕时代的会计活动是从“结绳记事”“刻木记事”开始的；近代社会，主管会计活动的是“账房先生”——头戴瓜皮帽、佩戴老花镜，工具是账本和算盘。而现代从事会计活动的是具有一定专业知识、学历和职业资格，通晓计算机，且具备各种软件应用技能的会计主管或财务总监。

（一）会计的产生

会计在公元前1000年左右就已经出现。会计作为一项记录，计算和考核收支。生产活动一方面能够创造物质财富，另一方面会发生劳动耗费。在不断改革生产技术的同时，必须采用一定方法对劳动耗费和劳动成果进行记录并加以分析，由此产生了会计。会计的产生与加强经济管理、追求经济效益的需求有着不可分割的天然联系。

（二）会计的发展

早在原始社会，随着生产能力的增强、经济管理要求的提高，对于复杂的社会经济活动，就必须要有清晰的记录和核算。我国就出现了一些简单的计量和记录行为，如“结绳记事”“垒石计数”等，这是处于萌芽状态的会计行为。

“结绳记事”是远古时代人类记录和传播事实的一种手段。古人为了要记住一件事，就在绳子上打一个结。以后看到这个结，他就会想起那件事。如果要记住两件事，他就打两个结。如果要记三件事，他就打三个结，如此等等。如果他在绳子上打了很多结，恐怕他想记的事情也就记不住了，所以这个办法虽简单但不可靠。在一些部落里，为了把本部落的风俗传统和传说以及重大事件记录下来，流传下去，便用不同粗细的绳子，在上面结成不同距离的结，结有大有小，每种结法、距离大小以及绳子粗细表示不同的意思，由专人（一般是酋长和巫师）遵循一定规则记录，并代代相传。

唐宋时期，社会生产力发展迅速，社会财富不断增加，从而促使会计核算的方法有了较大发展。宋朝初期出现了“四柱清册”。黄庭坚的《赠李辅圣》中曾写道：“旧管新收几妆镜，流行坎止一虚舟。”诗中“旧管新收几妆镜”一句，运用在了宋朝“官厅会计”中的会计核算法——四柱清册法。所谓“四柱”就是“旧管”“新收”“开除”“实在”；所谓“四柱清册”就是以“旧管（期初余额）+新收（本期增加额）=开除（本期减少额）+实在（期末余额）”公式进行试算平衡和计算盈亏。闻名中外的“四柱清册法”创于唐代、盛行于宋代，其先进程度远远超过西方当时的水平，在官家的“官厅会计”上使用。“旧管新收几妆镜”的字面意思是问好友以前和新增加了多少个相好？按照公式，上句可以改为“开除实在几妆镜”也即有几个离开你了，现在还剩几个？可见“四柱清册法”在当时的运用之广泛，影响之巨大。

明末清初，我国商业和手工业趋向繁荣。山西商人傅山，同顾炎武合伙开设票号。傅山世出官宦书香之家，有家学渊源。他不仅是成功的商人，而且博通经史，兼攻诗文、书画、金石，精通医学。傅山根据自己经商的经验，参考当时官厅会计的“四柱清册”记账方法，产学研相结合，设计出了一种适合于民间商业的会计核算方法——“龙门账”。赵友良先生在《龙门账探微》一文中考证，龙门账就是傅山帮助顾炎武反清复明活动时为改善山西票号经营而创立的，这赋予了龙门账革命的意义。傅山在“龙门账”的设计中有新的“四柱”，即“进、缴、存、该”，所表示的内容为：“进”指全部收入；“缴”指全部支出；“存”指资产并包括债权；“该”指负债并包括业主投资。记账规则为“有来必有去，来去必相等”。对于一笔经济事项的处理，既要在来账方登记一笔，又要在去账方登记一笔，同时反映相互对应的两个方面。年终时办理结算称为“年结”，就是通过“进”与“缴”的差额，以及“存”与“该”的差额，平行计算盈亏。“进”大于“缴”就是盈利，反之则为亏损。它和“存”与“该”的差额相等，也就是：进-缴=存-该。这就是“合龙”。这个公式的两边，为两条计算盈亏的轨道，就如同两条龙一样，表现方式不同，目标却完全一致。凡双轨所计算盈亏数额相等者，谓之“龙门相合”；否则，为“龙门不合”。这个公式反映了我国古代的会计工作者对复式簿记原理的初步认识。

随着20世纪40年代新技术革命浪潮的到来，市场经济迅速朝着系统化、信息化与科学化的方向发展。从50年代起，传统的会计便开始朝着现代会计方向发展，逐渐形成了对外提供企业经营信息为主的财务会计和对内提供管理决策信息为主的管理会计，为适应对会计监督的需要，设立了审计。

进入20世纪90年代以后，现代会计又面临着新的挑战：高技术产业的快速发展、人力资本在经营中越来越重要、经济全球化、循环经济发展模式的导入等，都需要会计不断地进行创新与改革，以适应时代的发展，从而使会计进入一个新的历史发展阶段。

拓展阅读

我国历史上第一次会计会议

20世纪30年代以来，对于我国会计的成因、起源有过各种不同的说法，有人讲在禹夏时代，大禹王曾在江南茅山召开过一次诸侯会议，考评诸侯的功绩。这次计功大会刚刚结束，大禹王便死了。当时，诸侯们举行了盛大的葬礼，把他的遗体安葬在茅山上。为了纪念大禹和他主持召开的这次会议，经诸侯商定，把茅山更名为“会稽山”。而这个“会稽”便是今日“会计”的起源。接下来又有人发展了这一传奇，他们把大禹王召开的这次会议，说成是“我国历史上第一次会计会议”。

二、六大要素的“恒等”

会计含有六大要素，分别是资产、负债、所有者权益、收入、费用和利润。这六大要素涵盖了会计知识的全部内容，是构成会计的必要因素。简单来讲，资产、负债和所有者权益是看你有多少钱，家产多少、银行存了多少以及你向别人借了多少钱。收入、费用和利润是你用你现有的钱又赚了多少钱，就是你挥霍了这些家产还是用这些家产投资赚钱了。

（一）会计六大要素

资产是企业发展的定海神针。资产好比是你家里的财产，包括你家的房屋和值钱的财物，包括黄金、钻石、玉器、玛瑙、首饰、高档轿车，以及具有珍藏价值的古董、字画、文物，认购的债券、股票，等等。

负债是企业做大做强的推进器，就好比你借了别人的钱或者物品，还没有还给人家，这些财物不属于你，是人家的，目前被你使用，人家迟早是要收回的。

所有者权益是企业走上台面的原动力，就相当于你家里的净资产，就是从你的家产里把该还的还给人家后剩下的，真正属于你自己的家底。在会计行业里，净资产有特定的含义，在数量上等于你家的全部资产减去全部负债后的余额，即净资产就是你家的实际财产。

收入是企业稳定盈利的不竭源泉。企业没有收入，就没有利润的来源。收入就好比你家里人的工资收入，如果经商，就是经商的实际收入。

费用是企业不能不发生和不得不控制的消耗。有投入才有产出。比如，要销售产品，必须先生产出产品，为此，要消耗各种材料、支付工人工资等。费用就好比你家里日常活动的消费，如平时衣食住行的花费、培养孩子的费用以及家庭成员文化、教育、医疗、保险等的花费。总之，费用的名堂可谓五花八门，令人应接不暇。

利润是人们追求的梦想。如果企业实现了利润，表明企业的业绩得到了提升；反之，如果企业发生了亏损，表明企业的业绩下滑了。利润就好比是你家盈余的钱，就是你家的收入减去费用剩下的钱，也就是你家的结余。

（二）会计等式

相信大家都听过分粥的故事：有个7人的小团体，其中每个人都是平凡而且平等的，他们没有凶险祸害之心，但不免自私自利。他们想用非暴力的方式，通过制定制度来解决每天的吃饭问题，即分食一锅粥，但并没有称量用具或有刻度的容器。指定一个人负责分粥、大家轮流主持分粥、大家选举一个信得过的人主持分粥以及选举一个分粥委员会和一个监督委员会，这几个方案都会导致分粥不均匀。只有每个人轮流值日分粥，但是分粥的那个人要最后一个领粥的方案产生了好的效果。在这个制度下，7只碗里的粥每次都是一样多，就像用计量工具量过一样。每个主持分粥的人都认识到，如果7只碗里的粥不相同，他确定无疑将享用最少的那份。

从讲个人道德公平到制度公平要经历一段相当长的时间，也是一次飞跃的过程。从制度建立到制度充分实施又是一段相当长的时间，是一次更高的飞跃。那么，在会计上是如何体现“你有权先分，我有权先拿”的“分粥理论”精髓，实现公平制度的呢？可以称为打开会计之门密码的会计等式“资产=负债+所有者权益”就是其中之一。企业的所有者享有分配资产的权利，为了保证债权人的利益不受侵害，法律规定债权人对企业资产的要求权优先于投资者，债权又称为第一要求权，投资者具有对剩余财产的要求权，故称剩余权益。因此，“资产=负债+所有者权益”不能任意颠倒，必须先表述资产，后表述负债，再表述所有者权益。对于企业的所有者权益，其数额为：所有者权益=资产-负债，这是从所有者的立场出发，表示一个企业在某一时刻的净资产数额。从个人道德公平到制度公平有很长的路要走，不仅要付出制度成本，甚至有血的代价。从制度设计到会计上的落实也是如此。

案例思考与讨论

职员是公司的资产吗？

FCB通信公司2012年度财务报告的部分内容如下：

企业简介：FCB是全球性的公司，提供广告、市场战略、促销及其他专门服务。公司通过在全球46个国家的180个办公场所开展业务，其中包括设立在欧洲的P-FCB联合集团。2012年度，FCB公司是全球最大的市场通信公司之一。FCB公司和P公司的联合收入达8.84亿美元，预收款超过61亿美元。

人员组成：公司的主要资产是公司的人员。公司的成功在很大程度上来自公司人员在各个领域的杰出才能。2012年12月31日，FCB公司共雇用了3631人，其中2411人在国内工作，1220人是国际雇员。在这3631人中，有1100名从事广告的创制，1176名从事会计管理，505名从事宣传和调查活动，850人从事行政工作。所以对公司来说，由公司人员掌握公司的大部分普通股票就很重要。在2012年12月31日，公司人员直接持有或通过各种雇员福利计划间接持有公司的普通股约为20%。

请思考：

1. FCB公司认为“我们的主要资产是我们的人员”。但公认会计原则不允许将人作为资产。为什么不能把人作为资产？

2. FCB公司是根据什么样的资产概念而宣布“我们的主要资产是我们的人员”的呢？

三、复式如何记好账？

会计采用何种方法记账呢？为了对会计要素进行核算与监督，要采用一定的记账方法将会计要素的增减变动登记在账户中。记账方法随着经济的发展和计算方法的进步而不断地发展，经历了从单式记账法到复式记账法的演进。

（一）单式记账法

清朝袁枚在《独秀峰》一诗中写道：“来龙去脉绝无有，突然一峰插南斗。”旧时风水先生以山势为龙，称山势起伏连绵为龙脉，“来龙去脉”一般比喻事情的前因后果或人的来历。这句诗说的是桂林的独秀峰没有来龙去脉。再有明朝袁宏道在《戏题飞来峰》中问道：“试问飞来峰，未飞在何处？”杭州的飞来峰也是如此。在会计中，单式记账法对于取得一笔现钱，只记收库存现金，而不反映库存现金是如何来的，正如独秀峰、飞来峰“峰从无处飞来”（清·俞樾）！平地孤起，无其他山相连，没有来龙去脉。例如，用库存现金500元购买材料，只记录库存现金账户减少500元，而不记录原材料账户增加500元。

（二）复式记账法

那么，用什么反映资金“从哪里来，到哪里去”呢？复式记账能回答这个哲学命题。复式记账法能反映资金运动的来龙去脉。贝克奥伊说：“复式簿记最简单的表达就是‘既有来，就有往’。”我国古代复式记账的记账符号就是“来”“去”，以“上来下去”作会计分录，记账规则为：“有来必有去，来去必相等。”现在世界各国都采用的是以“借”“贷”为记账符号的借贷记账法，以“借”和“贷”来反映资金的来龙去脉。如上例，用现金500元购买材料一批，这项业务的发生一方面使企业的现金减少了500元，另一方面使企业的材料增加了500元。若采用复式记账法，这项经济业务应以相等的金额同时在“库存现金”和“原材料”两个账户中进行登记，即记录库存现金账户减少500元，同时记录原材料账户增加500元。

借贷记账法于15世纪形成于意大利，现为世界各国广泛采用。我国福建漳州人蔡锡勇是传播借贷记账法第一人。他以意大利的借贷记账原理为蓝本，历经数载研磨，终于写成《连环账谱》一书，但遗憾的是蔡锡勇没能亲眼见到自己的书正式出版。蔡锡勇去世后，其子蔡璋赴日考察，见日本工商界多采用西式簿记，并将会计作为一门学科。蔡璋认为西式簿记简便清楚，深感有推广的必要，子承父志继续研究西式簿记，对《连环账谱》加以校订，最终于1905年由湖北官书局镌版刊印，成为借贷记账法传入我国的开端。

采用复式记账法，可以全面地、相互联系地反映各项经济业务的全貌，并可利用会计要素之间的内在联系和试算平衡公式，来检查账户记录的准确性，它是一种比较完善的记账方法。但是，利用复式记账的账户对应关系进行试算平衡，并不是所有的错误都能够通过试算平衡检查出来。请看下面这个案例：

小伟刚刚从会计系毕业，今天是他上班的第一天。科长帮他找到了公司总账的账簿，让他先编制一张“总账发生额及余额试算平衡表”。不到一个小时，一张试算平衡表就编制出来了。表格上那三组平衡的数字，让小伟高兴得难以言表。“呀！昨天销售的那笔单据还没有记到账簿中呢。”会计员小李说道。“这笔账我核对过了，应计入管理费用和银行存款的金额是9000元而不是8000元，已经入账的金额需要改一下。”会计员小王说道。由此可见，对于漏记的交易和错记的金额，复式记账法并不能发现。

借贷记账法中“借”和“贷”的含义可归纳如图13-1所示。

账户名称

借方	贷方
资产的增加	资产的减少
费用的增加	费用的减少
负债的减少	负债的增加
所有者权益的减少	所有者权益的增加
收入、利润的减少	收入、利润的增加

图13-1 “借”和“贷”的含义

拓展阅读

借贷记账法的起源

从目前已掌握的资料来看，借贷记账法起源于13~14世纪的意大利，在商品交换中为了适应商业资本和借贷资本经营者管理的需要，逐步形成了这种方法。借贷记账法的“借”和“贷”两个字，最初是从借贷资本家的角度来解释的，具有实际的含义，它们分别代表了“借主”和“贷主”。借贷资本家吸收存款时，记在“贷主”的名下，即“欠人”，表示债务；对外贷款时，记在“借主”的名下，即“人欠”，表示债权。发展到后来，有实际含义的借和贷已经不能准确地用于解释债权、债务往来以外的经济活动。因此，“借”和“贷”二字在实践中就慢慢失去其原来的含义，而变成一个纯粹的记账符号，用以表明记账的方向，成为会计上记账的专门术语。

四、企业和政府为何采用不同的记账基础?

会计要如何对六大要素进行确认呢?企业在当期收到了100元,就能立即确认收入100元吗?当然不行!那政府可以吗?记账基础就能很好地解决这一大难题。

(一)两种不同的记账基础

会计上有一个记账基础的问题,就是对于会计事项的发生是以“业务”还是以“钱”为参照。款项收付时间同业务发生时间的关系有三种情形:一是款项先收付,业务后发生;二是同时发生;三是业务先发生,款项后收付,如图13-2所示。

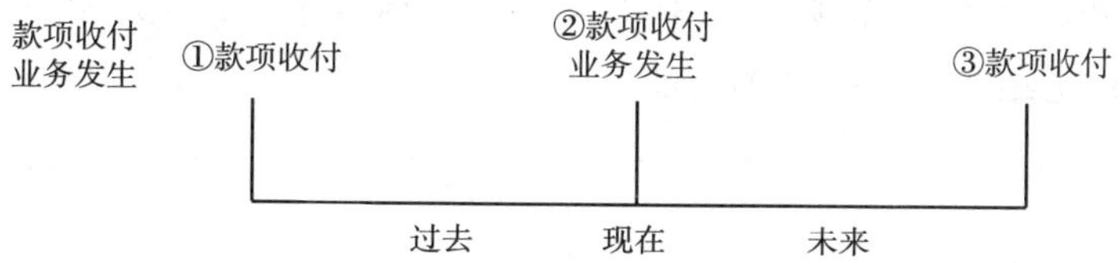

图13-2 业务发生与款项收付的时间关系

一般来讲,会计对象是资金,人们自然会以钱为基础进行记账。如果记账时,把钱作为基础,不管业务什么时候发生——过去、现在还是将来发生,统统不管,只要钱有增减,就记账,这就是收付实现制的记账基础。但随着会计的发展,人们看到以钱为记账基础的不足,钱增减变化不一定代表业务已发生,业务发生了不一定代表钱发生了收付。因此,后来换成以业务为记账基础。只要业务发生了,不管钱是否收或付,都作为入账基础,反映收入或费用,这就是权责发生制。但不管是收付实现制还是权责发生制,在足够长的时间内,两者算出的利润值是一样多的。

(二)企业和政府采用不同记账基础的原因

我国企业采用权责发生制作为会计确认、计量和报告的基础。然而,政府会计由预算会计和财务会计构成,应当编制决算报告和财务报告。政府决算报告的编制主要以收付实现制为基础,以预算会计核算生成的数据为准;政府财务报告的编制主要以权责发生制为基础,以财务会计核算生成的数据为准。

企业和政府采用不同的记账基础是为了满足不同的报表使用者的需求。政府这个会计主体比较特殊,一方面保留了计划经济拨付的特点,每年要编制预、决算报告,这个以收付实现制为基础,是为了满足财政国库资金统筹的要求、国家财政方面的监督要求以及纳税人的监督要求,便于决算报告使用者看清楚资金究竟是如何流动的以及有多少资金在流动。另一方面,采用权责发生制是为了和国际会计准则相互协调和接轨，国际会计准则理事会提出了公共部门会计的概念，这一概念就是以权责发生制为基础的，其更能够对效益和效率进行衡量，可以进一步提升财政管理职能和公众监督职能。

拓展阅读

小北老师的烘焙店新开张，家里的小弟妹来帮帮忙，顺便可以记记账，但是弟妹之前没学过会计，很多事还需要小北老师手把手教。今天就发生了一件这样的事。弟妹欢呼道："姐姐，今天有1位客人定了480元的生日蛋糕，1月20日需要送货上门，客人今天交了100元定金，我们今天有100元收入啦！"小北老师笑道："哈哈，我们今天没有收入哦。"弟妹疑惑道："啊？我们收到100元大洋呐！"小北老师解释道："虽然今天我们拿到钱了，但是从会计做账的角度来说，这100元还不能算作我们的收入哦！"

五、会计假设：会计核算之基

会计核算是基于一定的假设进行的。没有会计假设，会计核算就会失去根基。那么，会计中有哪些假设呢？

（一）会计主体

唐朝杜甫曾在《江畔独步寻花》一诗中写道："黄四娘家花满蹊，千朵万朵压枝低。""家"是人们生活的地方，也是社会的基本单位。"东家西家罢来往"（明·朱同《养蚕词》），家是以墙为分隔线的。墙是家的边界，家就是人私有的空间范围。康芒斯（JohnR.Commons）在其著作《制度经济学》中引用休谟（David Hume）的话："我心里对于人我的利益已经不分彼此，为什么还要在邻人的田和我的田之间设置界标呢？"为什么呢？孟子曰："仁政必自经界始。"

当代市场经济，最根本的就是要划分政府与市场、政府与社会的各自界限。经济学家认为划分界限，其本质是利益的差别，管理必须划分经济界限，一切问题都是经济问题，从经济学角度讲是产权问题，从会计学角度讲就是会计主体问题。作为开始，会计普遍假定存在着不同的经营主体。会计主体是会计假设之一。

（二）持续经营

唐朝鱼玄机曾在《江陵愁望寄子安》中道："忆君心似西江水，日夜东流无歇时。"这用来形容会计的持续经营假设也是非常贴切的。对于一个自然人，生命是有期限的，如宋刘宰《野犬行》诗句："生必有数死莫逾。""神龟虽寿，犹有竟时。腾蛇乘雾，终为土灰。"（汉·曹操《龟虽寿》）自然人如此，法人企业当然也如此！一个企业终归是"天长地久有时尽"（唐·白居易《长恨歌》）。但会计在核算时，假设其持续经营是无期限的。企业在会计确认、计量和报告时应当以持续经营为前提。只有在持续经营假设下，才需要划分权责发生制的发生期和负担期，才有资本性支出和收益性支出之分，才有固定资产折旧等，会计也才具有科学性。

（三）会计分期

会计年度为什么以年为限呢？这首先是个自然现象，如唐朝白居易《赋得古原草送别》诗曰："离离原上草，一岁一枯荣。"一年一岁的时间段就是自然现象，人们给自然现象添加了社会的属性，成了具有社会属性的节日。现代会计之父卢卡·帕乔利（Luca Pacioli）认为："每一年都结清账簿是一个好办法，当你与他人合伙经营时尤为如此。"正如谚语所说的那样："账目常清，友谊长存。"企业应当划分会计期间、分期结算账目和编制财务会计报告。会计分期是会计假设之一。会计年度以年为限也是一个以自然现象为依据的人为划分的社会属性，所以世界各国的会计分期是不统一的，会计年度的开始与结束是依据各国的具体情况而确定的。

（四）货币计量

唐朝李群玉《雨夜呈长官》诗云："请量东海水，看取浅深愁。"诗意为对东海的水进行计量，也能知道愁的深浅，就是说物质都是可以计量的。会计是利用货币价值的管理。货币，容易交换。弗里德曼在《自由选择》一文中说："货币是'一个共同的普遍接受的交换媒介'，它是'建立在普遍接受的传统习惯上的，而这一传统习惯，从某种观点看来，是一种虚构的信念'，即'货币的价值是建立在虚构的信念上的'。"理论上讲一点不错，但现实社会中货币的价值绝不是建立在虚构的信念上。货币计量也是企业会计的一个假设。

思考与讨论

会计假设包括会计主体、持续经营、会计分期和货币计量。那么，会计为什么要设立这4个假设呢？会计假设对会计核算有什么作用？

六、会计信息的“去伪存真”

我们处于一个信息爆炸的时代，生活中充满着各式各样的信息，信息有真有假，我们需要作出正确的判断和区分。同样，会计信息也有真有假，会计人也要加以辨别，从正确的会计信息中得出恰当的结论。

（一）会计信息的失真

信息是对人有用的，是能够影响人们行为的数据。任何信息只有经过传递才能被人接受和利用。会计信息是会计数据经过加工处理后产生的，为会计管理和企业管理所需要的经济信息。

会计信息存在失真的可能性。在会计核算中，财会人员因非故意的过失可能在会计核算中发生各类失误，由于对政策法规理解不透、运用相关条款不当或账务处理错弊而导致报出会计信息与实际信息不符。这种信息失真属于无意失真。此外，还有一种信息失真是故意失真，这是财会人员故意的、有目的的、有预谋的、有针对性的财务造假和欺诈行为，也称为会计舞弊，体现为故意篡改、伪造、编造有关会计凭证，虚报、漏报、瞒报有关会计数据而造成报出信息与会计主体本身的实际信息不符。

（二）会计信息质量要求

那么，会计信息如何去伪存真呢？八问会计信息特征有助于提高会计信息的质量。下面的故事可以很好地解释会计信息特征。

“总统知道什么？什么时候知道的？”这是于1974年8月被迫辞职的美国前总统理查德·尼克松被要求回答的问题。水门事件中，尼克松被认为是说谎者。“知道什么呢？”这就是信息。“什么时候知道的？”这就是信息的及时性。对于“知道什么呢？”尼克松回答不知道，窃听信息与自己无关，既没有指使，也没有利用信息。对于“什么时候知道的？”如果是在窃听发生后知道，则应该也与自己无关。其实对于信息，特别是会计信息，必须回答8个问题：

一问，知道的信息是否可靠——可靠性；

二问，是否和需要的信息相关——相关性；

三问，信息理解是否有歧义——可理解性；

四问，同其他信息有没有可比性——可比性；

五问，信息的实质是否大于形式——实质大于形式；

六问，信息是否重要——重要性；

七问，提供的信息是否谨慎——谨慎性；

八问，提供信息的时间是否及时——及时性。

回答好这8个问题，会计信息就可以说是相对真实，会计不是说谎者。

思考与讨论

可靠性和相关性是会计信息质量的两项要求。你认为可靠性和相关性之间会不会产生矛盾呢？该怎样协调两者之间的关系？

七、资产是“流动”的好，还是“固定”的好？

资产无处不在，按照流动性可分为流动资产和非流动资产。流动资产包括现金、银行存款、短期投资、应收及预付款项、存货等。相比流动资产而言，非流动资产不易变现，包括长期投资、固定资产、无形资产和其他资产。

（一）流动资产VS非流动资产

流动资产为什么能“流动”呢？流动资产能在一年内转化成资金，例如，企业现有或存放在银行的资金、商业中的应收票据和应收账款、商品的存货等。而非流动资产不能在一年之内通过某种经济运作转化为可用资金，例如，企业的长期设备、减值物等。

流动资产可以及时变现，主要为交易目的而持有，而非流动资产并不能及时变现。非流动资产占用的资金多、企业持有的时间长，会对企业相互联系的多个会计期间的财务状况、经营成果产生影响。

（二）资产越“流动”越好吗？

那么，资产的流动性越强越好吗？企业在经营过程中需要随时关注其流动资产的情况，毕竟企业发展是需要资金的，而其流动资产的情况就直接关系到企业是否有充足的资金可以用来发展。

有的企业管理人员可能会认为，既然说企业各方面的经营运转都需要得到流动资产的支持，那么是不是说企业流动资产总额越高越好呢？其实也并非如此，因为企业如果拥有较多的流动资产总额，那么说明企业短期债务的偿还是没有任何压力的，因为这些流动资产都是可以及时变现的，能够满足企业短期还债的需求。但是，企业拥有较多的流动资产意味着企业的资产并没有充分地发挥出作用，没有产生更大的价值。相反，如果企业的流动资产总额太少了，那么企业在需要偿还短期贷款的时候，可能会没有充足的资金，这就会给企业带来很大的债务偿还压力。

可以看出，流动资产总额并不是越高越好，也不是越低越好，而是要合理地进行控制。相对应的，非流动资产也不是越多越好。一般情况下，企业很少采用非流动资产盈利，通常将其作为战略储备资金来保存。非流动资产占比高，说明企业的市值比较高，间接体现了企业的整体实力，但是可能会影响企业的正常运转。如果非流动资产比正常标准高出一点其实影响并不大，但是如果高出的部分太多就要注意了，要注意企业最近投入的资金是不是没有回流，一些售卖出去的产品是不是有亏损。要尽量让流动资产和非流动资产处于相对平衡的状态，这样更有利于企业的长久发展。

因此，资产并非“流动”的好，也并非“固定”的好。不同类型的企业要根据自身的实际情况，合理安排流动资产和非流动资产的比率，这样才有利于企业资源的有效配置和长远发展。

案例思考与讨论

王女士的咖啡店

王女士以前是从事教育工作的，由于紧张、高压的生活让其感到疲惫，于是改做咖啡店。通过阅读相关的书籍和参加培训，“蓝调咖啡店”在繁华的街角诞生。王女士最初投资了10万元，主要是购买咖啡机、磨粉机、水处理设备、桌椅等固定资产。经过王女士的精心经营，咖啡店的生意越来越红火，利润可观。自由、小资的生活让王女士感到欣慰，也让她看到了更大的商机。王女士意识到顾客通常喝咖啡时都会闲聊很久，于是她决定将店里的服务多元化——提供甜品。而制作甜品就需要购买全新的设备和聘请专业做甜品的师傅。这将是一项艰巨的任务。正当王女士焦头烂额时，学财务的女儿告诉她，街角附近的“布丁甜品店”开业不久，由于食材保鲜成本过高等原因导致资金周转困难，正在寻求方法突破经营瓶颈。王女士立即与该甜品店的老板进行协商，决定对其投资。最终，布丁甜品店接受了蓝调咖啡店的投资，成为其子公司。从购买设备到对甜品店进行投资，王女士的咖啡店进行了一系列运作。

请思考：

1.王女士对布丁甜品店的投资活动是属于流动资产投资还是非流动资产投资呢？其投资容易变现吗？

2.如果王女士不断增加投资活动的比重，其咖啡店会出现资金问题吗？

八、会计凭证：会计记账的依据

明朝高启在《征妇怨》诗云："良人不愿封侯印，虎符远发当番阵。"又有唐朝胡曾在《草答南蛮有咏》诗曰："亲受虎符安宇宙，誓将龙剑定英雄。"诗中的"虎符"是调兵遣将的凭据，不管你是谁，无"虎符"就无调兵的权利。《史记·魏公子列传》中有魏公子信陵君窃符救赵的故事：秦军在长平之战大破赵军后，乘胜包围邯郸。平原君夫妇多次写信向魏王及内弟信陵君求救。魏王畏惧秦国，虽命晋鄙领兵十万驻扎于邺，但是仅仅观望，不敢出兵相救。信陵君屡次劝谏魏王，魏王均不听，且怕信陵君偷兵符私自调兵，就将兵符挂在身上。有个姓侯名嬴的人对信陵君说："魏王最喜欢如姬，而你为如姬报了杀父之仇，如姬为你赴汤蹈火也在所不辞，你叫如姬帮忙把虎符弄出来不就行了。"之后如姬从魏王身上盗出兵符的另一半。

"窃符救赵"是功？是过？只能说立场不同，仁者见仁，智者见智而已，这里只说说虎符。虎符的方式，早在西周时会计上就已普遍使用。据《周礼·天官》云："司会掌邦之六典，八法、八则之贰。"所谓"贰"者，是指一式两份，各掌其一，即正副本。《周易·系辞下》："上古结绳而治，后世圣人易之以书契。""契"就是凭证；"书契"就是契木为文，在木板上书写文字后一分为二，分为左契和右契，以此为凭证。到唐代还用着木契。《旧唐书·职官志金部郎中》说："乃置木契，与应出物之司相合。"木契为雌雄两式，但可一雌数雄，核对使用。在各种活动中历来是"私凭文书官认印"。明朝龚诩《甲戌乡中民情长句寄彦文布政》诗有"官仓储积岂无粟，有司吝出牢封记"，印一封，就是官家的了，所以凭证是非常重要的。

会计上的会计凭证分为原始凭证和记账凭证，是会计用来记账的依据。原始凭证又称单据，也就是我们常说的收据、发票，是从外面取得或自制的，用以反映业务发生或完成，明确经济责任的书面证明。记账凭证是根据原始凭证整理，用以记账用的凭证。严格以凭证为依据是现代会计的一个主要特点。任何单位每发生一项经济业务，经办人员都必须按照规定的程序和要求认真填制会计凭证，只有经过审核无误的会计凭证才能作为登记账簿的依据。

案例思考与讨论

某年5月，某市国税局在一次税收专项检查中发现，某企业上年度存在利用会计凭证造假抵扣增值税款的现象。经过内查外调确认，该纳税人涉嫌伪造会计付款凭证，虚构支出，抵扣增值税进项税款150万元。

根据该纳税人上年度的纳税凭证记录，全年购进材料金额合计1170万元

（不含税），运用农产品收购发票抵扣税款150万元，货款以银行存款的形式支付，程序符合规定，一般不会引起注意。可是税务检查人员在核对记账凭证后所附原始单据——工商银行电汇凭证时发现，资金从该纳税人基本账户——中国建设银行某支行某某账号汇到多个“农业生产者”等个人账户。税务检查人员办理相应手续后，到涉及的中国建设银行各网点核对。在对该纳税人的基本账户所有资金往来进行查询时，令人意外的是，该基本账户竟然没有一笔上述各项资金的付出。再认真核对原始单据——中国建设银行电汇凭证，发现是自行填开的、确实无实际的资金支出。该企业涉嫌伪造虚假会计凭证，进行虚假收购，虚抵进项税，将要受到法律的严惩。

请思考：

1.记账凭证后为什么要附原始凭证？

2.作为会计人员，为什么不能伪造会计凭证？

3.在工作中，虚假会计凭证该如何识别？

九、存货的“积压”与“周转”

存货属于一种常见的资产，包括各类材料、在产品、半成品、产成品或库存商品以及包装物、低值易耗品、委托加工物资等。存货对于一个公司的财务健康起着至关重要的作用。存货的“积压”与“周转”是存货的两种截然相反的状态。

（一）积压库存VS存货周转

积压库存是因为商品本身品质变坏等原因导致其失去了效用价值，或因为销售市场里发生不可预期的滞销而无法销售。因国家政策或社会上某些现象的出现，导致人们抵制或者不购买某一商品，从而该商品出现滞销。例如大众汽车的废气排放造假事件，导致大众汽车在中国市场被退货，甚至出现滞销情况。

存货积压对企业来说是十分不利的，其长期占用仓库空间，浪费大量的人力、物力及财力，对企业现金流及管理运作带来严重影响，同时过多地占用企业的流动资金，会造成企业周转不灵。由于企业订单量下降，厂家迫于销售任务和资金流等多重压力，降价出售或者“以价换量”出清库存，造成营业额减少，甚至导致停产或破产。

而存货周转可以有效并直接刺激销售。显然，如果陈列在货架上的货物卖完了而没有及时补货，就会失去许多销售机会，而且存放在仓库里的产品也无法卖出去，失去的销售机会将永不再来。没有存货就没有利润。货架上没有的产品是无法卖出去的，合理的产品存货是保证有货可卖的最简单的方法。

（二）从存货积压走向衰亡

以服装品牌拉夏贝尔为例，存货积压是其走向衰亡的原因之一。据统计，2014年到2019年上半年，拉夏贝尔的存货由13.27亿元攀升至21.59亿元。直营为主的模式下，越来越多的库存积压让公司陷入了现金流的困境。存货一多，打折也就成为首选销货方式。从2019年上半年开始，没有一件衣服能正价“走”出拉夏贝尔的店铺。很多原价上千元的衣服折扣后仅需三四百元。如果拼三件，还可以在九折的基础上，再省100多元。即使打折力度如此之大，2020年末，拉夏贝尔仍然积压了价值7.6亿元的货品。除了库存，存货周转天数居高不下也增加了拉夏贝尔的现金流压力。拉夏贝尔自比“中国版ZARA”，但只学到了ZARA的玩法，没学到ZARA的精髓。ZARA的商品企划直接能够做到门店具体仓位，根据春夏秋冬、不同的波段波次，细化到单个产品的SKU（库存量单位）来决定上货节奏。而拉夏贝尔在商品企划上还无法做到标准化，在产能规划、渠道开发、上市节奏乃至具体门店的陈列仓位方面都相对无序，库存周转存在问题，从而导致资金周转慢。

因此，企业经营不善，没有对存货进行科学有效的管理，就会导致存货的大量积压，周转速度慢，企业的资金被大量占用，无法得到高效的运转，长此以往，企业长期持续的发展就会受到影响。

拓展阅读

为什么会有存货呢？大家一起来看个故事就明白了。有三个小老板，张三在家门口开了一家服装零售店，靠卖衣服养家糊口。张三每次都从李四那里进货，李四是负责这个片区的一个经销商，专门负责做二手贩子生意。李四直接从王二的工厂里批发服装。王二开始投了一大笔钱建设生产线，一开工就得生产上千件衣服，否则就会亏损，而且生产还需要时间，所以王二每次都会提前问李四的服装需求计划。李四做的是二手贩子生意，只能找下游的张三问问大概未来需要多少货。张三心想，客户每次到店看中一件衣服，如果没有现货就可能失去这个客户了，同时他考虑到每次订货都需要一定的周期，所以张三跟李四报需求时都会多报一点。李四收到需求计划之后他也会盘算，如果大家的需求旺盛，那就得多备点货，这样张三再次订货的时候可以有现货，因此李四给王二报需求计划的时候也会多报一点。最终王二收到这些需求计划之后想着开工生产一次，多一点少一点，成本也不会有太大的变化，就多生产一点备着，免得缺货。存货就这样产生了。

十、固定资产为什么需要折旧？

我们在日常生活中使用的物品都会随着时间的流逝出现磨损老化或者性能下降的问题，企业拥有的固定资产也不例外，那么，企业固定资产的损耗该如何通过会计处理表现出来呢？

（一）固定资产折旧

企业生产经营所需的固定资产可以长期参与生产经营，而不改变它的实物形态。固定资产的服务潜力会随着它的使用而逐渐降低，固定资产的价值也会随着使用的磨损和损耗，逐渐转移到生产的产品成本中去，或者构成企业的费用，并从产品的销售收入中逐渐得到补偿，这部分随着固定资产磨损和损耗而逐渐转移的价值，就是固定资产折旧。简单来说，应该折旧的固定资产的价值就像物质不灭定律那样，不是贬值或者消失了，而是发生了转移。

固定资产是用来生产产品的，也是有成本的。它的价值就是它的成本，需要计入到产品的成本中去。但是，根据权责发生制原则，固定资产成本折旧的期限不应该仅仅是一年，而是它的使用期限。因此，需要合理估计每个期限要折旧的成本，这就是每年的折旧额。如果在购买固定资产时直接全部折旧，则当年费用很高，利润减少，而以后年度利润高估。这是会计上所不允许的。

（二）折旧如何调节利润？

固定资产折旧涉及大量会计估计的内容。企业可以自行选择折旧方法以及确定折旧年限，这为企业调节利润提供了很大便利。固定资产折旧方法变更可以影响变更以后每年的利润，使企业前几年的利润增加，而相应减少后几年的利润。例如，2017年8月，亚泰集团发布一则公告调整了折旧年限，并对当期利润造成了重大影响。由于亚泰集团是重资产企业，据2016年年报，固定资产总额128亿元，此次折旧年限调整，少计提折旧5142万元，相应的，在没有任何经营改善的前提下，就能增加本年利润5142万元。

一般而言，上市公司调整折旧年限的主要目的往往是实现更多的利润。但凡事总有例外，2017年6月，牧原股份发布公告，将机械设备和办公设备的折旧年限缩短。公告表明，根据变更后的折旧年限，经公司财务部门测算，本次会计估计变更将会对2017年的财务状况和经营业绩影响为：增加折旧262.13万元，减少利润262.13万元。

固定资产折旧年限调整，原本是一项技术性很强的业务判断，企业应按照会计准则要求，定期进行专业评定，确实存在变动的可予以调整，但实务中多数情况都是企业管理者根据自身业绩和利益需要进行人为操作，借准则之名满足不当利益之需求。这种特定目的下固定资产的折旧年限调整，归根到底是一种变相的会计造假。这些行为导致会计信息失真，难以反映企业真实的经营业绩和资产负债状况，扰乱了公平竞争的市场环境，有关人员考核的公平性难以保证，对资本市场和投资者分析判断产生的不良影响不可低估，给相关管理决策提出了挑战和要求。

案例思考与讨论

飞机的折旧年限确定多少年合适?

某航空公司2015年上半年净利润为5370万元。该公司在其公布的2015年上半年的年报中披露：公司所使用的飞机及发动机的实际使用情况和维修情况足以使飞机及发动机保持持续、安全适航，同时结合已投入运营的同类型号的飞机及发动机使用情况，公司董事会作出决议，决定从2014年7月1日起将公司飞机及发动机的折旧年限由原来的10~15年调整为20年，残值率由原来的飞机原值的3%调整为5%，备用发动机折旧年限随同飞机折旧年限确定。此项会计估计变更事项调增公司2015年上半年利润42835万元。

请思考：

1.你认为上述某航空公司关于变更飞机的折旧年限所披露的理由是否充分？请说明你的看法。

2.你认为确定飞机的折旧年限应当考虑哪些具体因素?

十一、无形却有价的无形资产

我们常见的资产都是有实物形态的，如房屋、机器设备等，但是无形资产是“无形”的，是没有实物形态的，却具有不可估量的价值。那么，无形资产是以什么形式存在的呢?

（一）无形资产的“无形”

邯郸磁县杨汝梅是无形资产会计的先驱。对于无形资产的认识，杨先生认为：“‘有形’与‘无形’亦非资产分类之适当标准，根据此种分类标准所得之结论，自难有确当之意义。是故吾人研究无形资产，应自其实质方面加以分析，不能但就其名辞上之涵义而为之臆断。”

那么，什么是无形资产呢？无形资产由企业拥有或控制，没有实物形态，属于一种可辨认的非货币性资产。会计上的无形资产通常包括专利权、商标权、著作权、特许权、非专利技术、土地使用权等。无形资产对企业来说有重大意义。

无形资产没有人们感官可感触的物质形态，人们只能从观念上感觉它。无形资产或者表现为人们心目中的一种形象，或者以特许权形式表现为社会关系范畴。此外，无形资产在使用过程中没有有形损耗，报废时也无残值。

有些无形资产在法律制度的保护下，非持有人必须付出一定的经济利益才能取得，并且排斥他人的非法竞争，如专利权、商标权等；有些无形资产的独占权虽不受法律保护，但只要能确保秘密不泄露于外界，实际上也能独占，如专有技术、秘方等；还有些无形资产不能与企业整体分离，除非整个企业产权转让，否则别人无法获得，如商业信誉。但是，无形资产有偿转让后，也可以由几个主体同时共有，而固定资产和流动资产不可能同时在两个或两个以上的企业中使用，例如，商标权受让企业可以使用，同时出让企业也可以使用。

（二）无形资产的“有价”

无形资产的有效期受技术进步和市场变化的影响很难准确确定，由于有效期不稳定，其实际价值也不容易确定。无形资产能给企业带来远远高于其成本的经济效益。企业无形资产越丰富，其获利能力越强；反之，企业的无形资产短缺，则其获利能力就弱，市场竞争力也就较差。

企业要给予无形资产专利权保护充分的重视。很多企业由于没有申请专利保护而丧失了应得的价值。例如，在全球率先开发VCD的万燕公司由于没有申请专利保护，被众多厂家模仿。全国VCD大战中损失最惨重的就是技术发明者万燕公司，其成了技术创新的牺牲品。中国西部某大省，尽管高新技术企业很多，但约有60%的高新技术企业竟然没有一件专利申请。在2003年防治“非典”的过程中，竟然有科学家宣称：绝不申请专利。他们是否想到：不申请专利保护，很难在防治“非典”方面处于有利地位。中国人的健康权利要是掌握在外国人的手中，甚至还会受制于人。因此，企业研究开发了一项新技术，要及时申请专利，才能为企业带来长期的经济利益。

案例思考与讨论

巴菲特的投资智慧

法国生产的葡萄酒可能是全世界最好的，但股神巴菲特却表示怀疑：“也许产自于法国一个只有8英亩大的小葡萄园里的葡萄酒确实是全世界最好的，但我总是有一些怀疑，99%是吹出来的，只有1%是喝出来的。”

在一次晚宴上，主人拿出一瓶红酒说："这是法国最名贵的葡萄酒，价格非常高，特意请巴菲特先生品尝。"巴菲特用手往杯子上一挡，回答说："谢谢，不用给我倒酒了，你还是给我钱吧。"虽然只是一句玩笑话，但却恰恰道出，法国葡萄酒之所以卖价高昂，近乎暴利，最主要的原因不是凭借酒中的葡萄汁和水这些有形的东西，而是凭借品牌声誉这些无形的东西。

请思考：从这个小故事来看，你认为来自法国的昂贵的葡萄酒的真正价值体现在哪里？这种价值与我们日常见过的有形资产相比有什么特点？

十二、跨国公司的会计师头疼吗？

企业进行会计核算，日常登记账簿，需要使用一种货币进行计量，这种货币就是记账本位币。在一般情况下，企业采用的记账本位币都是企业所在国使用的货币，记账本位币是与外币相对而言的，凡是记账本位币以外的货币都是外币。

（一）记账本位币的选择

在我国，会计核算原则上以人民币为记账本位币。但是，业务收支以人民币以外的货币为主的单位，可以选定其中一种货币作为记账本位币。随着中国对外开放的进一步扩大，外商投资企业不断增多，对外贸易与合作发展迅速，人民币以外的其他币种在一些单位的日常会计核算中明显增多，有的占据了支付的主导地位，如果要求这些单位平时的每笔外币核算业务都折算为人民币计算，不仅影响其经济业务往来，而且也会加大会计工作量。因此，对于这些单位，可以采用人民币以外的其他币种作为记账本位币。

（二）跨国公司的记账本位币

虽然跨国公司可以采用外币作为记账本位币，但是编报的财务会计报告必须折算为人民币反映，以便于财务会计报告使用者阅读和使用，也便于税务、市场监管等部门通过财务会计报告计算企业应交税款和进行工商年检。这是中国宏观经济管理和人民生活的客观要求，也是一国主权的体现。

记账本位币是记录和反映企业生产经营活动的计量单位，故在外币与人民币汇率一定的前提下，无论用哪一种货币作为记账本位币，对企业的经营活动及经营成果均不会产生实质性的影响。但在人民币可能升值，汇率有可能变化的条件下，在汇率变动前后，采用不同的记账本位币，则可能对会计报表项目产生一些影响。比如，货币资金中的非人民币现金（含银行存款）在人民币升值前，按升值前的汇率折算为人民币，在人民币升值后，则会产生汇兑损失。负债项目中的非人民币负债，在人民币升值前，按照升值前的汇率折算为人民币，在人民币升值后，会产生汇兑收益。

跨国公司选定人民币以外的币种作为记账本位币时，在编制财务报告时必须将记账本位币折算为人民币，折算时就会产生汇率风险，这也是让跨国公司的会计师头疼的地方。

思考与讨论

记账本位币是企业会计核算所使用的货币。企业可以任选一种货币作为记账本位币吗？企业编制财务报告时所使用的货币一定和记账本位币一样吗？

十三、财产清查：为资产保驾护航

财产清查是会计的核算方法之一，是检查账实相符，以保证会计信息真实性的方法。会计信息真实了，利用会计信息的人进行决策才能“知己知彼”。但在古代，财产清查的作用主要是防止贪污挪用，清理账目。财产清查自古有之，方法形式各异，本质相同。

（一）财产清查的发展

战国时，管理财物的凭证称为“书”。秦简中的“书”不仅作为财物出入的依据，而且是各经济职能部门和主管经济方面的官员、办事人员承担经济责任的依据。秦朝时为“参办券”，这种券通常书写在一块小木板上，根据书写的内容，可以一剖为三，采用合券计数考成之法。汉朝时称为“券书”，和秦朝方法一样，为合券计数考成之法。唐代时用“木契”，这种木契分为雌、雄两式，通常是一雌数雄。雌的相当于现代凭证的正“联”，由主管部门掌管；雄的相当于凭证的副“联”，由财物出纳部门掌管，采用木契勘合验查之法核对。

在现代，财产清查是对各项财产物资进行实物盘点、账面核对以及对各项往来款项进行查询、核对，以保证账账、账实相符的一种专门方法。企业登记的账簿和实物不符的原因有很多。在收发财产物资时，可能由于计量、检验不准确而发生品种、数量或质量上的差错；账务处理中可能出现漏记、重记、错记或计算上的错误，也可能出现未达账项；财产物资在保管过程中也会发生自然损耗；由于管理不善、工作人员失职，以及不法分子的营私舞弊、贪污失职，会使得财产物资减少；发生自然灾害和意外事故也会导致财产物资毁损。

（二）财产清查的作用

财产清查是保护资产的一种重要方法。它可以帮助企业确定各项财产物资、债权债务的实有数，查明账存额与实存额之间的差异以及产生差异的原因和责任，以便及时调整账面记录使账存额与实有额一致，保证会计核算资料的真实和可靠。它也可以查明各项财产物资的储备和利用情况，以便采取措施，充分挖掘财产物资的潜力，促进财产物资的有效使用，同时查明各项财产物资有无挪用、贪污、盗窃以及有无毁损、变质和浪费等情况，及时采取措施，加强管理，保护各项财产物资的安全和完整，并且查明财产物资的验收、保管、调拨、报废以及现金出纳、账款结算等手续制度的贯彻和落实情况，发现问题及时采取措施，建立健全有关规章制度，提高管理水平。最重要的是，它还可以检查会计主体对财经纪律的遵守情况，查明各种往来结算款项的结算是否正常，及早发现长期债权、债务，避免坏账损失的发生，并自觉遵守结算纪律和制度。

案例思考与讨论

小李在一家公司担任出纳，每天都非常认真地逐笔登记公司的银行存款日记账。这个月的业务结束后，银行存款日记账上显示公司的银行存款余额为52950元。但是，当小李接到银行对账单时，不禁心里“咯噔”一下，因为对账单上显示公司的银行存款余额只有48250元。难道公司的银行存款被盗？小李赶紧跑去告诉主办会计，想不到主办会计听到这个消息后，却一点也不紧张，而是告诉小李说：“你先去核对一下，确认一下是什么原因。”

请思考：为什么主办会计对这件事情不紧张？公司该如何保护自己的资产呢？

十四、大数据时代的会计

传统会计体系在为我国社会经济健康持续发展保驾护航的过程中发挥了重要作用，但也逐渐暴露出诸多难以依靠自我修复就能解决的关键问题，如缺乏解释和预测能力、会计理论脱离会计实践、决策相关性的弱化、理论模式的自我封闭与固化等。这些问题导致传统会计体系缺乏生机和活力，难以满足当前大数据时代的要求，传统会计体系何去何从已成为会计界亟须研究的重大问题。

（一）传统会计体系之弊

从传统会计的发展历程来看，意大利等西欧国家的商业革命、资本主义社会的三次工业革命以及发达国家金融市场的发展都对传统会计产生了深刻的影响，逐渐形成了“以物权为核心”的传统会计体系。传统会计体系在确认、计量以及利益分配时，往往以维护出资者或股东的权益为终极目的，从某种意义上来讲，它已经成为出资者或股东等既得利益者的保护伞和代言人。传统会计体系内蕴含的价值观与当前大数据时代的共同富裕、生态文明、以人为本、合作共赢等人类先进的社会价值观背向而行，同时又不能自动吸纳大数据时代的新思维、新技术、新业态等社会发展新成果，无法解决大数据时代带来的海量非结构化、碎片化信息的处理问题等。可以说，传统会计体系已经到了必须自我革命的重大历史转折端口。

（二）大数据会计之利

迈入大数据时代后，大数据、大数据技术、大数据思维等将有助于解决传统会计体系在社会价值观、价值信息的准确计量、决策相关性、体系的包容性等方面的关键难题。对会计界的学者和会计体系来说，这是一个崭新的时代，它赋予了传统会计体系化茧成蝶的重要契机——向“大数据会计”体系转变，更好地为决策者服务，促进社会经济健康持续发展。因此，“大数据会计”体系未来必至。

人工智能技术的出现，打破了传统的会计电算化状态，推动了工作机器人化的实现，逐渐摆脱频繁无效率的财务工作状态，为企业财务工作的开展奠定基础，还能降低机构和公司决策分析的成本和风险。科学技术既可以顺利完成复杂的财务工作，还能够通过AI技术对数据进行设计，选择合适的计算方法，明确不同财务问题的欺诈预警和资本犯罪风险，如债务、资产膨胀以及公司股价上涨等，实现云计算功能与大数据评估的有机结合。

会计信息的计量要求呈现出可理解性和及时性的特点，但在实际操作层面，传统会计存在滞后性的缺点。在人工智能和大数据时代背景下，从根本上转变了信息的使用、获取以及呈现方式。非会计信息在大数据时代下可以作为会计信息的补充。从目前的财务会计工作现状可知，非会计信息无法作为补充进入会计信息系统，在会计报表中不能反映非会计信息。随着社会经济的不断发展，企业经营过程中受到非会计信息的影响明显增加。在会计信息系统中，单纯对会计信息进行计量，存在一定的局限性，会降低财务会计的工作效率和质量。比如，在计量企业的无形资产时，企业的无形资产包括企业信誉、供应商以及客户资源等诸多因素，采用传统的会计报表不能将这些企业的无形资产项目充分反映。而使用大数据技术，能够统计分析企业有价值的无形资产，作为会计报表的一个附表呈现给企业的管理层，为企业管理层制定今后的发展战略和营销策略提供有效依据。

人工智能和大数据的进一步发展，能够为业务和财务的融合提供技术层面的数据支持，业务人员在信息系统中输入相关业务数据时，则已经完成会计记录工作。财务人员通过大数据和人工智能技术，还能够收集和挖掘企事业单位内部的各种数据，深入分析各项业务活动面临的风险，将其作为基本依据，实施科学的预判，加强风险管控。在未来的发展中，财务与业务的融合、财务与会计的融合都是一个发展趋势和主要目标。

拓展阅读

大数据时代对会计的影响

现代信息技术的飞速发展给会计带来了前所未有的影响，不仅表现在数据处理工具和信息载体的巨大变革上，还表现在对会计方法、会计理论等方面的巨大冲击与挑战上。例如，信息技术对会计凭证的冲击。在传统手工方式下，记账凭证一般按照经济业务反映的经济内容划分为收款凭证、付款凭证和转账凭证三类，或者划分为现金收款凭证、银行存款收款凭证、现金付款凭证、银行存款付款凭证和转账凭证五类。这样可以分类了解经济业务，也便于事后查询各类经济业务，从而登记相应账簿。在现代会计电算化方式下，会计核算由计算机自动完成，查询也相当方便，所以，实际上也没有必要再划分得那么详细，只采用一种通用记账贷证即可，这样相当简便，不必在输入凭证时来回切换凭证类别，也不用手工编制凭证编号，一般会计软件会自动递增产生凭证编号。又如，在传统手工方式下，记账工作量相当大，不同账簿由不同人登记，而且总账与明细账存在重复登记现象，并且登账时必须遵循登账规则。但在信息技术下，所有的账可由一个人独立完成，记账速度相当快，反映信息及时、规范，有的记账规则不复存在，有的虽存在却发生了一些改变。例如，记账时不能隔页跳行、字体的倾斜高度、结转次页等，这些规则不复存在。

十五、会计人该何去何从?

从2020年开始，清华大学会计学本科停止招生。会计学未来发展前景如何呢?随着中国资本市场和经济的快速发展，目前会计学正处在黄金发展阶段。马克思曾经说过，经济越发展，会计越重要。这句话在会计学领域流传甚广，而目前我国资本市场和经济发展态势，也决定了会计专业的未来前景。

（一）数字经济对会计的影响

数字经济正深刻而广泛地影响着全球经济发展，改变了传统生产管理模式，促进经济业态与商业模式不断创新，会计工作在职能职责、组织方式、处理流程、工具手段等方面也将发生重大而深刻的变化。会计从业人员作为数字经济时代市场主体的主要参与者，在新兴技术迅猛发展的背景下面临着会计环境重塑、职能转型与能力提升的现实要求。

在数字技术的驱动下，会计信息化工作蓬勃发展，会计从业人员的工作重点由注重基础核算转向财务共享、智能财务、会计数据处理以及满足企业国际化发展要求，传统会计核算岗位的社会需求正在锐减。在信息化时代，业务与财务的边界逐渐模糊。企业财务数据与业务数据互联互通，数据分析、判断、处理支撑财务分析、决策正逐渐成为财务人员的基础工作，财务人员从数字的记录者、核算者转型成为数字的组织者、挖掘者，向管理型、数智化人才转型成为必然趋势。

（二）会计人的职业转型

在数字经济时代下，会计人该如何适应时代的变革与发展呢？

数字经济时代下企业财务已由大工业化分工的作业领域发展为跨领域协同融合的智能财务，对会计从业人员的职业能力提出“纵深发展、横向拓宽”的新要求。会计从业人员必须关注行业环境重大变化，立足行业前沿，及时更新对会计工作职责的了解和认识，并且树立终身学习理念，通过持续接受新技能、新知识的培训学习，全面提升新时代会计行业发展要求的专业能力与综合素质，争做具备多种优势的综合型会计专业人才。

各种新的信息技术不断应用在会计行业，财务处理流程的自动化和财务分析的智能化，要求会计人员能够熟练运用各种信息技术，才能够不被社会和时代所淘汰。会计人员需要掌握数据采集、存储和加工处理等技术，掌握各种信息安全技术，确保信息安全。会计人员还需要熟练地使用计算机和各种分析软件，掌握各种数据挖掘方法，能够从海量的数据中挖掘出知识，将产生的知识进行可视化显示，向管理层上报财务信息和非财务信息，帮助管理层进行经营管理和决策。

社会在不断发展进步，时代在不断前进变迁，新的会计准则和新的会计政策不断出现，会计人员的工作不再是简单的记账、报表和核算工作，会计人员工作的内容和形式都将发生很大的变化。数字经济时代的发展对会计人员的专业素质和能力提出了更高的要求。会计人员需要转变职业观念，重视继续教育，将会计专业知识和数字经济时代对新知识的要求结合起来，将理论学习和实践工作结合起来，通过继续教育丰富自己的知识面，提高自己的综合能力。

在数字经济时代，会计人员面临很多挑战，所以会计人员需要深刻考虑自己的职业发展。为了更好地适应数字经济时代对会计人员的要求，会计人员需要不断地去学习新的知识和新的技术，熟练运用各种信息技术，加强自己的职业道德，不断进行继续教育和终身学习，做到与时俱进，不断更新自己的知识体系和提高自己的综合素质，更好地在工作中发挥自己的重要作用，提升自己的市场竞争力，更好地应对时代的变化和发展。

思考与讨论

数字经济时代对会计职业化发展有着巨大的冲击。你们认为会计学未来的发展前景是怎样的？数字经济是如何影响会计行业的？会计人该如何适应时代的变革与发展呢？

案例思考与讨论

2021年6月20日至9月11日，财政部对HF集团及其下属子公司2020年度会计信息质量进行了现场检查，指出HF股份有限公司在会计核算、会计信息披露以及会计基础性工作等方面都存在严重的问题。HF股份有限公司虚列、多列业务收入29609.5万元，隐瞒、少计业务收入13187.39万元，少计补贴收入1072.78万元，账外账隐瞒收入2710.19万元，虚列、多列投资损失482.38万元，不列、少列投资损失24.41万元，虚列、多列期间费用5894.02万元，不列、少列期间费用3028.63万元，虚列、多列业务成本28300.95万元，不列、少列业务成本10390.87万元。

鉴于HF股份有限公司的上述行为，财政部已对HF股份有限公司进行了罚款、补税、调账等处理处罚，对相关企业的法定代表人和财务负责人予以罚款、吊销会计从业资格证书等处罚，对应予追究刑事责任的责任人依法移送司法机关处理。

请思考：

1.HF集团的违规行为主要有哪些？

2.财政部作出了哪些处罚？

3.怎样看待上市公司的利润操纵行为？

4.应怎样避免利润操纵行为的发生？

5.会计人员要遵守怎样的职业道德？

第14章 数字背后的秘密：财务报表分析

学习目标

了解财务报表的基本理论和基础知识，认识“四表一注”，理解财务报表分析的地位和作用；能客观正确解读财务报表，并据此对企业的发展情况进行理性分析和判断；建立正确的财务观，争做诚信专业财务人。

财务报表是反映企业或预算单位一定时期财务状况、经营成果的会计报表。分析企业的财务报表，对不同职位、不同岗位的人有着不同的作用。企业的管理者通过对财务报表分析，可以查找经营漏洞，调整经营方向；财务人员通过对财务报表分析，可以预测财务风险，保障企业资产安全；投资人通过对财务报表进行分析，可以判断企业当前的经营状况、未来的盈利能力和发展潜力等。财务报表就是一家企业经营的成绩单，唯有认识财务报表，才能帮助我们在经营或投资上作出正确的决策。接下来，让我们一起进入财务报表的奇妙世界吧！

一、财务报表：企业经营无声的语言

（一）财务报表的地位

企业的构成是复杂的商业经济体和社会因素的集合，围绕企业展开的各种社会关系，比如上游的供应商、下游的客户、企业文化、人力资源、商业环境和经济背景等，这些复杂的因素共同刻画了企业的画像。企业的财务报表通过文字和叙述将企业的故事娓娓道来，各个因素之间的关系和特征通过财务报表“画”出了企业的样子，给了企业独一无二的DNA。财务报表是企业经营无声的语言，它告诉我们企业的过去、现在和可能的未来，是我们研究企业最常用、最基本、最权威的素材。

对投资者来说，市场鱼龙混杂，每天充斥着各种不同的声音。投资者一旦偏听偏信道听途说来的消息，就会作出不理智的决策，继而造成严重的损失。因此，很难想象一个成功的投资者可以在对财务报表毫无了解的情况下作出明智的决策。当然，掌握了财务报表分析这个技能不一定就完全拥有了财富的密码，但财务报表分析可以帮助我们从数据中更好地透视企业的经营状况和成果。

对公司而言，管理层可以通过查看财务报表了解企业的盈利状况和成本状况，从而分析如何改善经营方法，完善经营策略，以做好持续的发展。当然，对上市公司而言，财务报告的披露会直接影响资本市场对企业的预判，因此财务报告可以说是企业的传声机，一旦出现问题，股东们会立刻收到消息。由此可见，财务报告对公司的重要性！

（二）财务报表的种类

一套完整的财务报表包括资产负债表、利润表、现金流量表、所有者权益变动表（或股东权益变动表）和财务报表附注，简称“四表一注”。

资产负债表是反映企业在某一特定日期（如月末、季末、年末）全部资产、负债和所有者权益情况的会计报表。由于它反映的是某一特定日期的报表，所以也被称为静态报表。通俗点说，资产负债表就是要告诉你，某年某月某日，企业有多少资产，其中多少属于外债，多少属于投资者享有。

利润表是反映企业在一定会计期间经营成果的报表。由于反映的是某一期间的情况，所以利润表又被称为动态报表。它全面揭示了企业在某一特定时期实现的各种收入、发生的各种支出，以及企业实现的利润或发生的亏损情况。

现金流量表是反映企业在一定会计期间（如月度、季度或年度）现金和现金等价物流入和流出情况的报表。它是以资产负债表和利润表等会计核算资料为依据，按照收付实现制会计基础要求对现金流量的结构性表述。根据企业业务活动的性质和现金流量的功能，将现金流量分为经营活动产生的现金流量、投资活动产生的现金流量和筹资活动产生的现金流量三类。现金流量表可用于分析企业在短期内是否有足够现金流，是否存在资金压力等。

所有者权益变动表是反映构成所有者权益的各组成部分当期增减变动情况的报表。所有者权益变动表不仅可以为报表使用者提供所有者权益总量增减变动的信息，也能为其提供所有者权益增减变动的结构性信息，特别是能够让报表使用者理解所有者权益增减变动的根源。

财务报表附注是对资产负债表、利润表、现金流量表和所有者权益变动表等报表中列示项目的文字描述或明细资料，以及对未能在这些报表中列示项目的说明等。它是对财务报表的补充说明，以帮助财务报表使用者更准确地理解财务报表。

拓展阅读

财报对股票价格的影响有多大?

一般情况下，企业的经营绩效和财务状况是股价波动的内在动力，财报的数字展现出企业在过去会计年度优秀的经营成果，大量资本就会看好企业，资本的涌入就会抬高股价，实现股东财富的“最大化”；但是企业的财报一旦公布了亏损的业绩报告，投资者就会对未来年度企业的持续经营能力产生怀疑，开始“跑路”，这样就导致股价一路倾泻，给公司带来严重的发展风险。因此，很多表现不好的上市公司为了避免引发投资者的恐慌情绪而选择让自己的财务报表更好看，这些财务报表数据都是失真的。因此财报会影响股票价格，股票价格也会反过来影响财报的数据和质量。

思考与讨论

什么样的公司利润减少会引起二级市场的剧烈变化?

二、财务报表为谁而书?

财务报表是资本市场上的公开信息，而且财务报表信息的获取成本很低，甚至在某种程度上可以认为获取成本为零。在这种情况下，资本市场的所有参与者都可以成为报表分析的主体，他们通过对企业财务报表的分析来为自己的决策服务，这个特定主体就是指企业的“利益相关者”。所以，企业的财务报表分析主体就是指与企业有利益关系，并希望通过对企业的财务报表分析而获得对其决策有用的财务信息的单位或个人。

（一）利益相关者（stakeholder）理论

在企业财务报表信息披露方面，传统的企业秉承股东至上的原则和股东利润最大化的企业目标。因为企业管理者认为，提升企业实际控股人的收益，最大化股东财富才是企业的最终目标。然而，随着企业发展和社会责任的高度结合，新的理论认为企业股东为了获取经济利益牺牲了社会利益。因此企业不能一味地强调自身的经营业绩，还需要考虑其存在的社会效益。企业管理者应当了解并尊重所有与组织行为和结果密切相关的个体，尽量满足他们的需求。根据利益相关者理论（stakeholder theory），将各利益相关者纳入组织决策，既是一种伦理要求，也是一种战略资源，而这两点都有助于提升企业的竞争优势。

那么，利益相关者都有哪些呢？

通常可以将利益相关者细分成内部利益相关者、外部利益相关者和远端利益相关者三类。内部利益相关者包括企业员工、管理人员、企业部门和董事会；外部利益相关者包括企业股东、供应商、债权人、本地社区和自然环境；远端利益相关者包括竞争对手、消费者、宣传媒体、政府机构、选民和工会等。

（二）利益相关者关注的侧重点

1. 股东

股东与企业的关系是所有者关系，因此他们更关心企业的长期经营和存续问题，而不在乎短期内企业是否盈利。在董事会上股东们往往会选择牺牲短期的经济利益换取市场份额或者是更大的“蛋糕”。股利分配政策同样是股东们关注的重点，因为相比于其他投资者，股东们承担了更高的风险，因此他们期待更高的投资报酬率是必然的。

2. 银行和债权人

银行、债权人与企业之间形成了债权债务关系，他们更关心在债权债务关系存续期间企业的资金运营情况，并不关注企业的长期发展。因此，利润表和现金流量表是债权人的重点“关注对象”。

3. 客户和供应商

客户和供应商作为企业产业供应链的上游和下游，最关心企业的现金流是否健康。因为这关系到产业链上所有企业的生命安全，一旦企业资金链出现问题，上下游企业都要遭殃！

4. 社会公众和政府部门

近年来，政府和消费者在企业发展战略中的地位越来越重要。政府关注企业是否能按时缴纳税款，并出台产业扶持政策去引导企业的战略发展方向。消费者关注企业是否及时履行了社会责任。近年来因没有践行社会责任带来丑闻，甚至倒闭的公司数不胜数，最著名的可能就是安然公司与安达信会计师事务所的财务丑闻。在我国，近年来消费者对企业社会责任表现出强烈的关注。鸿星尔克、蜜雪冰城等本土企业积极为灾区捐款的行为引发消费者的关注和大力支持；杜嘉班纳辱华事件导致被全社会抵制。

5. 员工

员工作为企业重要的资源对于企业的发展也是举足轻重的。于他们而言，企业的长期发展与个人的职业规划之间联系是否紧密、企业的员工激励计划、企业的形象、企业对员工的培养等都是他们关注的方向。

拓展阅读

CSR核心竞争力在中国的实践与探索——腾讯

CSR（Corporate Social Responsibility）报告是近年来衡量企业对社会贡献的重要标准，中国的很多公司早已与世界标准接轨，在财务报表中加入了社会责任报告来宣扬企业的社会责任感，以此获取社会认同。腾讯公益慈善基金会从成立之初就一直在为中国的美丽乡村建设贡献自己的力量，2009年的“筑梦新乡村”项目通过腾讯员工和捐助学校之间的互动来提升当地的教育质量，改善了当地居民的生活状况。在长达十年的扶贫项目打磨中，腾讯运用“互联网+乡村”的模式打磨出一套属于自己的核心竞争力：用腾讯的产品去服务真正有需要的乡村。比如说，微信团队支持了小村落的微信支付，为当地建立了微信群和公众号，帮助村民和农产品走出大山；村里的农产品可以通过微店进行销售，减少了中间环节，村民们获得了比以前更多的收入，日子过得更好了！

思考与讨论

利益相关者都关注企业发展过程中的哪些问题呢？

1. 企业的总资产价值多少钱？
2. 企业是盈利的还是亏损的？
3. 企业账面上有多少资金？资金又都去了哪里？
4. 企业员工可以获得赠送的股票吗？
5. 企业的现金足够支付供应商的货款吗？
6. 企业有很好地履行社会责任吗？
7. 企业按时足额缴纳税款了吗？

这些问题企业都在财务报表中做出相应的回应了吗？

三、教你读懂财务报表

决策依赖于评价，而评价则建立在比较的基础上。究其本质，企业财务报表分析就是通过比较来发现问题，进而分析问题，从而有助于解决问题。所以，企业财务报表分析的灵魂在于比较。

（一）财务报表的类型

1.按照编报的时间不同，可以分为月报、季报和年报

月度报表是指月份终了时编制的报表，按月进行编制，其简明、扼要，反映企业一个月的运营状况；季度报表是指季度终了时编制的报表，按季进行编制，反映企业一个季度的运营状况；年报报表是指年度终了时编制的报表，按年进行编制，反映企业一年的运营状况。

2.按照服务对象不同，可以分为对外报表和内部报表

对外报表是企业必须定期编制，定期向上级主管部门、投资者、财税部门、债权人等会计信息使用者公开的财务报表。这是一种主要的、定期的、规范化的财务报表。它要求有统一的报表格式、指标体系和编制时间等。资产负债表、利润表和现金流量表等均属于对外报表。内部报表是企业根据其内部经营管理的需要而编制的，供其内部管理人员使用的财务报表。

3.按照报表所提供会计信息的重要性不同，可以分为主表和附表

主表是指所提供的会计信息比较全面、完整，能基本满足各种信息需要者的不同要求的财务报表。现行的主表主要包括资产负债表、利润表、现金流量表和所有者权益变动表。附表是指对主表中不能或难以详细反映的一些重要信息所做的补充说明的报表。例如，利润分配表和分部报表，是利润表的附表；应交增值税明细表和资产减值准备明细表，是资产负债表的附表。主表与有关附表之间存在着勾稽关系，主表反映企业的主要财务状况、经营成果和现金流量，附表则对主表进一步补充说明。

4.按照编报的会计主体不同，可以分为个别报表和合并报表

个别报表是指在以母公司和子公司组成的具有控股关系的企业集团中，由母公司和子公司各自为主体分别单独编制的报表，用以分别反映各自的财务状况、经营成果和现金流量情况。合并报表是以母公司和子公司组成的企业集团为会计主体，以母公司和子公司单独编制的个别财务报表为基础，由母公司编制的综合反映企业集团财务状况、经营成果和现金流量情况的财务报表。

（二）财务报表的思考维度

1.阅读审计报告

在财务报表审计中，注册会计师如果认为财务报表在所有重大方面按照适用的财务报表编制基础编制并实现公允反映，注册会计师应当发表无保留意见；当注册

会计师根据获取的审计证据，得出财务报表整体存在重大错误的结论，或者注册会计师无法获取充分、适当的审计证据，不能得出财务报表整体不存在重大错报的结论，应当发表非无保留意见。非无保留意见，是指对财务报表发表保留意见、否定意见或无法表示意见。因此，只有出具无保留意见审计报告的财务报表才具有公允性，这些公司的财务报表才值得我们去研究挖掘。

2. 阅读方法

阅读财务报表有什么方法呢？怎么才能又快又好地进行有效阅读呢？

第一种方法是比较财务报表。通过比较企业连续几期财务报表的数据，分析财务报表中各个项目增减变化及其原因，据此判断企业财务状况的发展趋势。采用这种方法分析时，分析的年份越多，越能避免偶发事件对数据的影响，分析的结果就越可靠。但是要考虑信息的可比性，比如连续几年企业都在附注中说明对重大会计政策进行了更改，那么这几年的会计数据就不具有可比性，甚至有粉饰财务报表的可能！

第二种方法是比较百分比财务报表。在第一种方法的基础上，将财务报表的数据转化为百分比形式，这种方法比前者更直观地反映了企业的发展趋势。比较百分比财务报表既可以用来比较同一企业不同时期的财务状况和经营成果，也可用于不同企业之间的行业比较，应用非常广泛。

第三种方法是比较财务比率法。这种方法是对企业多年的重点财务比率进行对比分析。实质上是前两种方法的结合，采用这种方法可以帮助财务报表使用者更快地掌握企业的重点信息。

第四种方法是图解法。将企业连续几期的财务数据或财务比率绘制成图，在进行案例分析时，这种方法可以帮助我们更快、更直观地阅读财务数据。

这四种方法你学会了吗？

拓展阅读

截至2019年5月6日，共有3605家A股上市公司披露了2018年年度审计报告，其中被出具“标准无保留意见”的有3389家（占94.01%）、“带强调事项段的无保留意见”的有97家（2.69%）、“保留意见”的有81家（占2.25%）、“无法表示意见”的有38家（占1.05%）。

思考与讨论

你知道哪些情况下企业会被出具“无法表示意见”的审计报告吗？你知道哪些企业被出具了此类审计报告吗？

四、资产负债表：公司的总家当

资产负债表是反映企业在某一特定日期财务状况的会计报表。通过资产负债表可以使报表使用者全面了解企业资产、负债及所有者权益状况，资产负债表可以看成是某一特定日期会计人员对企业财务状况所拍的一个快照，仿佛企业在那一瞬间是静止的。它是报表使用者了解、分析企业财务状况的重要信息来源。

（一）认识资产负债表

如表14–1所示，资产负债表的左侧用来记录资产各项目，主要分为流动资产和非流动资产，即资产=流动资产+非流动资产，二者的配置有行业特点，也有企业个性，体现了企业对流动性与盈利性的协调与选择；右侧用来记录负债和所有者权益各项目，负债同样分为流动负债和非流动负债，即负债=流动负债+非流动负债。通常，流动负债利息率低、期限短。对于负债结构的配置既要考量利息率，也要对资金使用期限进行合理规划。无短不活、无长不稳是两者关系的生动刻画。资产负债表左侧资产栏报告了企业资本主要用在何处，右侧负债及所有者权益栏报告了企业总资本从何而来。

期末，左侧的资产总额要和右侧的负债及所有者权益总额保持一致，即A=B+C。

表14–1 资产负债表示例

<table>
<tr><th>项目</th><th>金额</th><th>项目</th><th>金额</th></tr>
<tr><td rowspan="2">流动资产</td><td rowspan="3">A</td><td>流动负债</td><td rowspan="2">B</td></tr>
<tr><td>非流动负债</td></tr>
<tr><td>非流动资产</td><td>所有者权益</td><td>C</td></tr>
<tr><td>资产总计</td><td>A</td><td>负债与所有者权益总计</td><td>B+C</td></tr>
</table>

通过资产负债表，可以反映企业在某一特定日期所拥有或控制的经济资源、所承担的现时义务和所有者对净资产的要求权，帮助财务报表使用者全面了解企业的财务状况、分析企业的偿债能力等情况，从而为其作出经济决策提供依据。

（二）资产负债表的解读

1. 资产规模并不是越大越好

资产负债表最大的作用是评判企业资产的质量。资产的规模与企业实际的经营成果并没有绝对的正相关关系，很多企业在粉饰财务报表时选择通过虚增企业资产来塑造“强壮”的企业形象。如果雄厚的资产却没给企业带来相应的盈利能力，那么这部分“虚胖”的资产质量就值得怀疑了。从理论上来说，流动资产越多越好，流动负债多于非流动负债好，所有者权益越多、负债越少越好。但是，不同的企业经营理念不同、管理方法不同、企业性质不同，因此，不同项目的多少关键要看企业选择怎样的资产结构和负债结构，以及以后的经营成果怎么样。

通常，工业企业会偏向重资产模式，因为需要更高的生产力来满足扩大生产的需要；而新兴产业，比如服务业或者互联网企业更偏向轻资产、简模式的企业运作，因为这样可以降低企业的财务风险，扩大企业的市场份额。

2.现金和现金等价物是公司的安全保障

自由现金流是否充沛，是衡量一家企业是否伟大的主要标志之一。自由现金流比成长性更重要。对公司而言，自由现金流充沛，说明企业的随时偿债能力比较强。企业获取自由现金的途径通常有三种：发行债券或股票、出售部分业务或资产、一直保持运营收益现金流入大于运营成本现金流出。

3.债务比例过高意味着高风险

负债经营对于企业来说犹如带刺的玫瑰，如果玫瑰上有非常多的刺，你怎么能够确信自己就能不被刺扎到呢？对投资者来说，尽量选择债务比例较低的企业，这样胜算才会大一些。

4.资产负债率因行业的不同而不同

资产负债率是负债总额与资产总额之比，用以衡量企业利用债权人提供资金进行经营活动的能力，是衡量企业负债水平及风险程度的重要标志。资产负债率的表现优劣需要看从什么角度分析，不同的利益相关者关注的侧重点各有不同。从债权人的立场看，债务比率越低越好，因为企业偿债有保证，贷款不会有太大风险；从股东的立场看，公司的所有者一般只承担有限责任，因此在全部资本利润率高于借款利息率时，负债比率越大，股东的利润就越大。一般认为，资产负债率的适宜水平是40%~60%，这一比率越低（50%以下），表明企业的偿债能力越强。当资产负债率大于100%时，表明公司已经资不抵债，对于债权人来说风险非常大。另外，在观察一个企业的资产负债率时，一定要拿它和同时期同行业的其他企业进行比较才是合理的。虽然好的企业负债率都比较低，但不能把不同行业的企业放在一起比较负债率。

5.并不是所有的负债都是必要的

作为投资者，在选择公司时，如果从财报中发现公司是因为成本过高而导致了高负债率，那么你一定要慎重对待。毕竟，不懂得节约成本的企业，如何能够产出质优价廉的商品？如果没有质优价廉的商品，如何能够为股东赚取丰厚的回报？

漂亮的资产负债表来自企业管理者卓有成效的企业运作。资产增加大于负债增加，企业的净资产和所有者权益就会增加，这也间接说明股东权益的增长是企业经营运作的成果。相反，费用大于收入，就会形成负的净资产，资产负债表就会黯然失色。企业的债权人和股东需要仔细研读分析资产负债表，用以了解企业的财务状况和持续经营能力，从而评判企业的偿债能力，分析企业资源的运用效率。

拓展阅读

资产负债表重点科目辨析

1. 应收账款与预付账款

应收账款是指企业在正常的经营过程中因销售商品、产品、提供劳务等业务，应向购买单位收取的款项，是伴随企业的销售行为发生而形成的一项债权，属于资产负债表中的资产类科目。形成应收账款的直接原因是赊销，虽然大多数企业希望现销而不愿赊销，但是面对竞争，为了稳定自己的销售渠道，减少存货，不得不向客户提供信用业务。但是，无法收回的应收账款就会变成企业的呆账坏账，很有可能成为压死企业的最后一根稻草。

预付账款是指企业按照购货合同的规定，预先以货币资金或货币等价物支付供应单位的款项。对购货企业来说，预付账款是一项流动资产。作为流动资产，预付账款不是用货币抵偿的，而是要求企业在短期内以某种商品、提供劳务或服务来抵偿。预付账款属于会计要素中的资产，通俗点就是暂存别处的钱，在没有发生交易之前钱还是你的，所以是资产。

2. 预收账款与应付账款

应付账款是用以核算企业因购买材料、商品和接受劳务供应等经营活动应支付款项的科目。通常是指因购买材料、商品或接受劳务供应等而发生的债务，这是买卖双方在购销活动中由于取得物资与支付货款在时间上不一致而产生的负债。

预收账款是指企业向购货方预收的购货订金或部分货款。企业预收的货款待实际出售商品、产品或者提供劳务时再行冲减。预收账款是以买卖双方协议或合同为依据，由购货方预先支付一部分（或全部）货款给供应方而发生的一项负债，这项负债要用以后的商品或劳务来偿付。交易是有风险的，特别是在首次对不熟悉的客户进行交易或认为客户的信用状况不佳，存在拒付风险的交易事项时，企业往往采取先款后货的交易方式，是先收款还是先发货，往往取决于交易双方的信任以及标的物的紧俏程度，即要看这个交易是处于买方市场还是卖方市场。采取预收方式销售物品或提供劳务是最安全的交易方式，因为这不会产生坏账，但企业也可能会因此而失去一些业务拓展的机会。

应付账款与预收账款都是负债科目，且企业在无偿地使用上下游的资金，这样的负债科目绝对是好负债，多多益善。因此企业不怕有负债，关键要看负债的结构怎么样，是好负债还是坏负债。

3. 固定资产还要加速折旧吗？

资产都会过时，合理的折旧是资产负债表真实性的体现。然而近年来在政府的支持下，很多行业都开始加速折旧，很多同学都会困惑和迷茫：加速折旧的话利润表不是更难看了吗？实质上，一个企业在市场上常常会面对非常激烈的竞争，而很多生产设备常常还没到约定的折旧年限就因为效能或者技术等原因，迫不得已被企业淘汰，无形中形成了大量损耗。加速折旧法的原理是前期折旧多、后期折旧少，这种方法可以帮助公司尽快收回资金，购置新的固定资产，长期来看，是促进公司可持续发展的好方法。

思考与讨论

1. 账款能收尽收，能晚付尽量晚付。如果大家都这样做，金钱还有流动吗？

2. 加速折旧法在哪些企业中最受欢迎呢？

五、利润表：公司的成果

利润表是反映企业在一定会计期间经营成果的报表。由于它反映的是某一期间的情况，所以，又被称为动态报表。如果说资产负债表是一张“快照”，那么利润表就是记录了人们在两张“快照”之间做了些什么的一段“录像”。它反映了企业的收入、成本、费用、税收情况，揭示了企业利润的构成和实现过程。利润表是企业内外部利益相关者了解企业经营业绩的主要窗口，为企业分配利润和评价企业经营管理业绩提供重要依据，也是用来预测企业利润情况的基础，所以，利润表分析对了解企业有极其重要的作用。

（一）认识利润表

在我国，利润表采用多步式，如表14–2所示。多步式利润表主要分三步计算企业的净利润（或净亏损）。

第一步，以营业收入为基础，减去营业成本、税金及附加、销售费用、管理费用、财务费用、研发费用等，加上公允价值变动收益、投资收益等其他经营收益，计算营业利润。

第二步，以营业利润为基础，加上营业外收入，减去营业外支出，得到利润总额。

第三步，以利润总额为基础，减去所得税费用，得到净利润（或净亏损）。

多步式利润表的优点在于能够简单直观地辨别企业利润的形成方式，有利于分析企业盈利和亏损的具体原因，为接下来的企业管理提出更有针对性的建议，可以帮助企业预测未来的盈利能力。

表14-2 利润表示例

编制单位： 年 月 日

项 目	本期金额	上期金额
一、营业收入		
减：营业成本		
税金及附加		
销售费用		
管理费用		
研发费用		
财务费用		
资产减值损失		
加：公允价值变动收益（损失以“–”号填列）		
投资收益（损失以“–”号填列）		
其中：对联营企业和合营企业的投资收益		
二、营业利润（亏损以“–”号填列）		
加：营业外收入		
减：营业外支出		
三、利润总额（亏损总额以“–”号填列）		
减：所得税费用		
四、净利润（净亏损以“–”号填列）		

利润表反映的勾稽关系是收入与费用的配比原则：利润=收入–费用。

在这个基础上企业得到了净利润的计算公式：净利润=营业利润+营业外收入–营业外支出–所得税费用。

（二）利润表的解读

对利润表的解读可以从4个方面来进行：毛利润（收入和成本）、期间费用（销售费用、管理费用、财务费用）、资产减值损失（经营性质资产损失和投资性质资产损失）、净资产收益率。

1. 毛利润

（1）营业收入。营业收入项目反映的是企业确认销售商品、提供劳务等主营业务的收入，以及除主营业务活动以外的其他经营活动实现的收入，比如出租固定资产、出租无形资产、出租包装物、销售材料等实现的收入。关于营业收入需要注意如下几点：

①主营业务收入是企业的重要利润来源。如果非主营业务收入占总营业收入的比重过大，则应该引起重视！

②要重视营业收入的质量，即看企业的应收账款与营业收入的比是多少，如果超过30%，尤其是与同行相比很高，那营业收入的质量就不高了。

③营业收入是企业产生经营活动现金流净额的来源，也是评价企业市场竞争力、盈利能力的重要指标之一。

（2）毛利润。毛利润=营业收入–营业成本。与毛利润对应的一个指标是毛利率，毛利率=（营业收入–营业成本）/营业收入。毛利率是一家企业核心竞争力的象征，毛利率越高的企业，它实现同样规模收入所需的成本就越低，进而更大程度地保证了企业盈利能力和经营效率。例如，医药行业和白酒行业可以做到高定价、高毛利率，这样生产企业才可以给经销商等更多的中间费用，给予他们较大的对产品价格的调控空间，由此，经销商就愿意积极为这家企业做推广。

投资者在分析企业的毛利率时应注意以下几点：

①如果企业的产品类型较多，则要分析主营业务中单个产品的毛利率；

②与同行业中业务模式相类似企业的毛利率作比较，才能得出企业在行业中的市场地位；

③影响毛利率的主要因素是产品的销量、价格、原材料采购、工人工资和设备折旧费用，要注意这5个要素变动情况及相互之间的关系。

2. 期间费用

期间费用主要包括销售费用、管理费用和财务费用。

（1）销售费用。销售费用是在销售和服务过程中产生的费用。企业在实现业务增长的过程中，需要不断扩大品牌影响力，完善营销渠道，这些都需要资金投入。广告费、促销费、销售人员工资等都是销售费用的范畴。销售费用率越高，说明企业实现收入所需的市场投入越大。这可能是由于产品新进入市场，品牌规模和销售渠道尚未完善，前期投入较高；也可能是由于企业所处的行业处于高度竞争状态，且客户的忠诚度不高，需要不断维持市场投入，以持续地吸引客户。

（2）管理费用。管理费用是企业管理支出的费用，比如企业总部管理职能部门所发生的办公室租赁费、管理人员的工资和福利、股权激励费用等。管理费用是相对固定的开支，每年增长很正常，但是如果突然变化很大，很可能是坏账损失增加或者是公司经费增加造成的，这些说明管理可能出现问题。管理费用率是反映企业管理效率的指标，一般来讲，管理费用率越低，管理效率越高。一家企业管理是否有效，可以通过其管理费用看出端倪。那些管理效率高的企业，一般都是很严格苛刻的，例如华为的狼性文化，管理效率很高。当然，如果一家企业的管理费用很高，其实也可能表明出现一个机会，因为如果这家企业通过高效的管理和大刀阔斧的改革以后，能够获得巨大成功，这无疑会降低管理费用，从而释放利润。

（3）财务费用。财务费用是企业为了筹集经营资金的支出，如利息支出（减利息收入）、汇兑损失（减汇兑收益）以及相关手续费。财务费用越高，说明企业的资金成本越高，这无疑会影响企业的利润。

3. 资产减值损失

资产减值损失包括经营性质的资产减值损失和投资性质的资产减值损失。经营性质的资产减值损失主要包括存货跌价准备、固定资产减值准备、无形资产减值准备等；投资性质的资产减值损失主要包括长期股权投资减值准备、投资性房地产减值准备等。

4. 净资产收益率（ROE）

股神巴菲特说过，如果只给一个指标来选择股票，就选择净资产收益率（ROE）。

净资产收益率（ROE），又称股东权益报酬率、净值报酬率、权益报酬率、权益利润率、净资产利润率，是公司税后净利润除以净资产得到的百分比率，即净资产收益率=净利润/所有者权益（净资产）=每股收益/每股净资产。该指标反映股东权益的收益水平，即股东投入一单位的资金最后所能赚取的净利润，用以衡量公司运用自有资本的效率。指标值越高，说明投资带来的收益越高。以贵州茅台为例，2017—2021年财报中，茅台每年的净资产收益率都在25%以上，这反映出“贵州茅台”是一家赚钱能力非常强的企业！

净资产收益率（ROE）的计算，主要涉及净利润和所有者权益。其中，看净利润时，要以“扣除非经常损益后的净利润”为准，因为有些净利润是一次性释放的，不具备持续性，去掉以后，这样才能更客观地反映企业净利润；所有者权益主要包括实收资本、资本公积、盈余公积金和未分配利润。在看所有者权益时，要结合净资产收益率来看。因为有的企业不断通过定向增发、配股等来市场“圈钱”，不断扩大总股本，把股本摊薄，最终每股收益没有增长，反而作为分母的每股净资产倒是增长挺快，最终把净资产收益率拉低了。

思考与讨论

1.毛利率是反映企业竞争程度最敏感的数字，也是企业在行业地位判断的裁判员，你知道不同行业的最佳毛利率水平吗？

2.财务费用很低，对企业的资产负债结构有什么影响？

六、现金流量表：公司的血液

俗话说“现金为王”，现金是企业日常经营的“血液”，一家企业的现金状况是否健康，直接决定了企业的生死存亡。企业的净利润为负，说明企业这一个会计年度的费用大于收入，投资者据此只能判定该年度经营或管理不善。而现金流为负，说明接下来企业手中没有可以运作的资金，企业很可能要面临倒闭。因此现金流量表至关重要，对一家公司的业绩进行评价时，现金比利润更重要，它能告诉你钱从哪儿来，怎么用的，本年度还剩多少。

（一）认识现金流量表

现金流量表是反映企业在一定会计期间现金和现金等价物流入和流出的报表。根据企业业务活动的性质和现金流量的功能，主要现金流可以分为三类并在现金流量表中列示，即经营活动产生的现金流、投资活动产生的现金流和筹资活动产生的现金流。现金流量表具体格式如表14-3所示。

表14-3　　现金流量表示例

编制单位：　　单位：元

项目	行次	本年累计数
一、经营活动产生的现金流：		
经营活动现金流入小计		
经营活动现金流出小计		
经营活动产生的现金流量净额		
二、投资活动产生的现金流：		
投资活动现金流入小计		
投资活动现金流出小计		
投资活动产生的现金流量净额		
三、筹资活动产生的现金流：		
筹资活动现金流入小计		
筹资活动现金流出小计		

续表

项目	行次	本年累计数
筹资活动产生的现金净流量净额		
四、汇率变动对现金及现金等价物的影响		
五、现金及现金等价物净增加额		
加：期初现金及现金等价物余额		
六、期末现金及现金等价物余额		

1.经营活动产生的现金流

经营活动现金流是对企业造血能力的反映。该类现金流持续的正增长说明企业具有良好的经营状况，商品销量不断增加，这时企业的利润表才会光彩夺目。经营活动现金流如果一直下降，并且开始紧张，企业肯定在经营方面出了问题。

2.投资活动产生的现金流

投资活动现金流是对企业成长能力的反映。该类现金流反映企业资本性支出的现金数额，企业买卖厂房、设备等都会导致投资活动现金流的增减。投资活动现金流大幅流出说明企业在进行大量的投资，一般来说处于扩张期的企业都需要大量的投资。投资活动现金流大幅流入，我们要看是投资收益、变卖资产，还是收回之前的投资，只要不是大量变卖资产，其他的都是正常的资金流动。

3.筹资活动产生的现金流

筹资活动现金流就是吸收投资、发行债券等现金流入和偿还债务、分配股利、偿付利息等现金流出。企业借钱很正常，没有企业是不需要融资的，都有一定的负债，最重要的是看负债的程度和成本。如果成本太高，该项负债就不是很健康。尤其是企业在经营不太好的时候还大量借钱，且借款成本较高，这就很危险了。

（二）现金流量表的解读

现金流量表分析指标有营业现金回笼率和创造现金能力等。通过现金流量表，可以为报表使用者提供企业一定会计期间内现金和现金等价物流入和流出的信息，便于使用者了解和评价企业获取现金和现金等价物的能力，据以预测企业未来现金流量。

1.营业现金回笼率

营业现金回笼率是本期销售商品或出售劳务收回的现金与本期营业收入的比率。此项比率一般在95%左右。低于95%就说明销售工作不正常或销售政策不适当，低于90%则说明可能存在比较严重的虚盈实亏。

2. 创造现金能力

创造现金的能力=经营活动现金净流量/净资产。这一比率反映投资者投入资本创造现金的能力。比率越高，说明企业创造现金的能力越强。

（三）现金流量分析与公司理财

成熟的资本市场不会被粉饰过后的利润表所愚弄，人们常常对利润表将信将疑，而对现金流量表深信不疑，因此现金流量成为影响股票价格的重要数据来源。

（1）对企业筹资活动中产生的现金流量进行分析时，可以参考企业的财务状况。如果企业经营状况不佳、财务状况出现了困难，那么现金流量就不太健康，需要在筹资活动中筹集更多的资金来投入下一年的生产经营。反之，企业的经营状况良好，考虑到资本成本的问题，下一年企业就不需要筹集过多的资金。

（2）净现金流量（NPV）是企业项目投资的时候需要考虑的重要指标。从动态角度来看，投资项目在未来带来的净现金流入的折现价值与投入资本的差大于零，说明该项目为企业带来了正的现金流入。从静态角度来看，项目投资后资金的回收期是否漫长，也是企业考量的重要标准。

拓展阅读

为什么需要现金流量表?

1975年10月，美国公司W.T.Grant宣告破产，这一新闻引起轩然大波，令投资者不解的是，此前一年其财报的营业利润还逼近2000万美元，为什么企业一年后宣告破产呢？问题就出在投资者对于利润表的盲目信任和乐观，深入了解该公司的现金流量就不难发现，从1965年开始，尽管W公司一直盈利，但是现金的主要来源是企业的筹资活动，经营活动产生的现金流量一直是负数。

通过这一事件，人们开始认识到了解现金流动状况的重要性，简单分析资产负债表和利润表已不能满足信息使用者决策的需要。

思考与讨论

1. 为什么盈利企业会走向破产？
2. 为什么亏损企业会发放股利？

七、所有者权益变动表：资本投入的现状

如何才能辨别企业管理层是否公平对待了所有的投资者股东呢？那就是通过财务报表中的所有者权益变动表。从2007年开始，所有者权益部分从资产负债表中脱离出来，成为了一张与资产负债表、利润表及现金流量表并列披露的第4张表。

（一）认识所有者权益变动表

所有者权益变动表是反映构成所有者权益的各组成部分当期增减变动情况的报表。它是对资产负债表的补充及对所有者权益增减变动情况的进一步说明。其主要作用有两个方面，一是通过所有者权益变动表，既可以为财务报表使用者提供所有者权益总量增减变动的信息，也能为其提供所有者权益增减变动的结构性信息，特别是能够让财务报表使用者理解所有者权益增减变动的根源；二是所有者权益增减变动表将综合收益和所有者（或股东）的资本交易导致的所有者权益的变动分项列示，有利于分清导致所有者权益增减变动缘由与责任，对于考察、评价企业一定时期所有者权益的保全状况、正确评价管理当局受托责任的履行情况等具有重要的作用。所有者权益变动表如表14–4所示。

表14–4 所有者权益变动表示例

编制单位： 单位：元

项目	本年金额				
	实收资本	资本公积	盈余公积	未分配利润	合计
一、上年年末余额					
二、本年年初余额					
三、本年增减变动金额					
（一）综合收益总额					
（二）所有者投入和减少资本					
（三）利润分配					
（四）所有者权益内部结转					
四、本年年末余额					

1. 实收资本

实收资本（股份有限公司叫股本），即营业执照上的注册资金，等于股份总数乘以股票面值。在我国，上海证券交易所和深圳证券交易所上市交易的股票面值大多为每股1元。如某股份有限公司发行股票1000万股，则其总股本为1000万元。

2.资本公积

当股东实际投入的资金超出注册资本，多出来的这部分就是资本公积。比如上市公司发行了1亿股的股票，每股面值1元钱，那么总股本就是1个亿。如果每股售价20元，就相当于通过股票筹集了20个亿的资金，但只有1个亿是股本（注册资本），剩下的19亿元就是资本公积。

3.盈余公积

通常所说的盈余公积是指法定盈余公积，法定盈余公积是指国家规定企业必须从税后利润中提取的盈余公积，目的是应对经营风险。比如企业的净利润有1000万元，但是不能全部被股东分掉，公司法规定，盈利的部分至少要保留10%即100万元计入盈余公积。另一种盈余公积是任意盈余公积，由公司自行决定提取，主要是上市公司按照股东大会的决议提取。

提取的盈余公积金可以用作扩充营运规模、投资于新企业、回购股票等。

4.未分配利润

法定盈余公积是法律不允许公司分配的利润，而未分配利润是公司股东自己决定不分配的利润。比如，企业的盈利有10%要计入盈余公积，剩下的90%由股东决定如何分配。股东们可能决定拿走50%，剩下的40%未分配的继续留在公司计入未分配利润。当然，只要企业有足够的现金流，未分配利润也可以放在来年进行分配。

5.其他综合收益

其他综合收益是指由非利润性盈利引起的资产增值。这种增值仅是资本市场上的价格波动而已，并没有产生真正的现金流入和流出。如果在此时确认利润的话，就会导致利润的“虚增”或者“虚减”，给别人的感觉是企业赚钱了，但是实际上并没有。企业获得利润一定会引起资产的增加，但是获得利润通常还有一个条件，就是对外交易。所以，其他综合收益可以理解为公司未来潜在的收益而非现实收益。

分析造成股东权益增加或减少的其他调整项目，可以了解长期股权投资是否低于账面值、外币交易或外币财务报表换算的差额、未认定退休金成本的净损失及库藏股票的买入与处分等情形。

（二）所有者权益变动表的解读

解读所有者权益变动表主要是通过报表本身期末与期初的比较的指标分析，或本报表项目与利润表项目等的比较分析，来确认企业对股东权益的保值、增值的保障情况，同时了解企业的盈利水平。所有者权益变动表指标分析的指标主要有资本保值增值率、所有者财富增长率和市盈率。

1.股东如何评判管理者的经营业绩和自己的投资水平呢?

一般来讲，股东通常会对期末与期初的所有者权益金额进行比较，这就用到了资本保值率。资本保值增值率是指企业期末所有者权益与期初所有者权益的比率，该比率是反映企业在一定会计期间内资本保值增值水平的评价指标，也是考核、评价企业经营效绩的重要依据。企业的所有者权益每年应该都有适量的增长，企业才能不断发展。对于一个正常经营的企业，此比率应该大于1，这样才能说明股东的投资在稳步增长。

2.股东和资本市场最关心的财务指标是什么?

买一套投资性的房产，是不是要计算收多少年租金才能够回本，如果需要100年才能收回投资，你还买吗?投资股票也是同样的道理，如果公司盈利能力太差，就要再考虑一下。市盈率就是一个类似的指标，可以认为市盈率就是收回投资需要的年限。

市盈率是指股票价格除以每股收益的比率，是股东和潜在投资者最常用来评估股价水平是否合理的指标之一。但是由于投资股票是对上市公司未来发展的一种期望，已有的市盈率只能说明上市公司过去的业绩，并不能代表公司未来的发展。股价取决于投资者的各项期望，包括但不限于企业的表现和未来发展前景、新推出的产品或服务以及该行业的前景。

一般来说，一个上市公司的市盈率水平表现为0~13%就意味着股票价格价值被低估，14%~20%一般为市盈率的正常水平，而21%~28%就意味着股票价值被高估，超过28%则反映股市出现投机性泡沫。可以说，市盈率高的股票，其价格与价值的背离程度就越高。也就是说市盈率越低，其股票越具有投资价值。

思考与讨论

1.公司盈利了，但所有者权益却减少了，这是为什么?

2.所有者权益变动表与资产负债表中所有者权益部分有什么联系与区别?

八、财务报表附注：财务报表的补充说明

财务报表作为一种国际通用的商业语言，在经济发展中显示出日益重要的作用，但就财务报表本身来说，其格式的固定性和以数字反映为主的特点，决定了它所表述的会计信息有一定的局限性，且不易为广大信息使用者所充分理解。财务报表附注（以下简称“附注”）是企业财务报表中的重要组成部分，披露的信息具有解释性、补充性和建设性。随着信息使用者的日益多元化和信息使用者对会计信息充分

披露的客观要求，文字辅以数字且列示计算过程的表述，使得附注的作用越来越被认可。

（一）什么是财务报表附注

财务报表附注是对资产负债表、利润表、现金流量表和所有者权益变动表等报表中所列示项目的文字描述或明细资料，以及对未能在这些报表中列示项目的说明等，是财务报表不可或缺的一部分，可以使报表使用者全面了解企业的财务状况、经营成果和现金流量。附注可以分为三部分：大纲、主体部分、补充说明。简单来说，财务报表如果是一篇文言文，那么附注就是文言文的翻译，文言文晦涩难懂，但是附注会帮你解释文言文的内容，财务报表中你看不懂的或者遗漏的地方，都可以在附注中找到答案。

（二）财务报表附注的特征

1. 附属性

财务报表与附注之间是主次关系，财务报表是根，附注处于从属地位。没有财务报表的存在，附注就失去了依靠，其功能也就无处发挥；而没有附注恰当的延伸、说明，财务报表的功能就难以有效地实现。两者相辅相成，形成一个完善的有机整体。

2. 解释性

财务报表项目是被高度浓缩的会计信息，且由于经济业务的复杂性和企业在编制财务报表时可能选择了不同的会计政策，企业需要通过财务报表附注对财务报表的编制基础、编制依据、编制原则和方法及主要事项等进行解释，以此增进会计信息的可理解性。

3. 补充性

财务报表附注拓展了企业会计信息的内容，打破了4张主要报表内容必须符合会计要素的定义，又必须同时满足相关性和可比性的限制，突破了揭示项目必须用货币加以计量的局限性，从而有助于信息使用者作出最佳的决策。

4. 建设性

财务报表附注除了解释和补充说明财务报表内容外，还要对其加以分析、评价，并有针对性地提出一些改进工作的建议、措施。如通过市场占有率、投入产出等信息，企业管理者可以了解本企业在同行中的地位，发现自己的优势与不足，从而采取措施改进企业经营管理，提高生产效率和产品质量，扩大产品的市场占有率。

（三）财务报表附注应该关注什么？

对于财务报表的阅读者来说，对公司信息了解的需求各不相同，大概的关注点不外乎这几个方面：

（1）会计方法的变更：主要是会计政策变更和会计估计的变更，这两个变更往往对企业的盈利能力和财务指标分析造成重大影响。

（2）合并报表范围和分部报表：会计期间合并财务报表范围的重大变化会导致财务数据与之前的年度财务报表没有可比性，还有重要子公司的出售可能就是这一年的利润或者亏损的来源。一些控股集团公司的合并报表根本看不出主营业务收入和利润来自哪里，而且分部之间的差异非常大，这样的合并报表用于分析财务指标的时候会非常无力，但如有分部报表就会清晰起来。

（3）或有事项：包括诉讼和或有负债，在申诉审理过程中的案件往往只能通过财务报表附注披露。

（4）关联方信息：包括关联交易、关联方占款。这两块都是审计人员最关心的信息。

思考与讨论

1. 报表附注有什么作用？应该包括哪些基本内容？
2. 财务报表“四兄弟”有什么联系？分别在附注中如何体现？

九、财务报表的“诡计”

为了获取不正当利益，很多企业选择用伪造数据的手段欺骗投资者，达到股东价值最大化的目标。而财务报表中有很多项目都是造假的“重灾区”，接下来我们分别从高频造假项目和常用的造假手段两方面教大家辨别财务报表的真伪。

（一）资产负债表

作为财务报表的主表，资产负债表的主要作用是向投资者展现“手臂”。资本规模大的公司实力相对雄厚，抵御风险的能力也更强。因此对资产负债表的粉饰重点在于伪造和虚增资产、隐藏负债。

首当其冲的资产项目就是应收账款，应收账款是财务造假的“重灾区”，这里主要包括两方面：一是虚增应收账款，二是应收账款的坏账准备计提。于前者而言，企业可以选择通过关联方交易的方式虚增应收账款，从而一举两得达到虚增营业收入和扩大资产规模的目的；而应收账款经常会面临账款无法按时足额收回的风险，这种情况下就需要按照账龄计提应收账款的坏账准备，通过虚假减少应收账款，减少了坏账准备的计提基数，尤其长账龄的应收账款被虚假减后大幅减少坏账准备的计提。这样一来，公司的信用减值损失减少，就达到了最终目的——虚增利润。

第二个是企业生产的核心——存货，审计公司存货的难点在于盘查数量，尤其是农产品。由于农产品存在于自然环境中，受自然因素影响较大，因此给了一些企业很大的操纵空间。拿上市公司獐子岛举例，在过去几年的公告中“戏耍”二级市场很多次，甚至将企业的亏损理由归结为“扇贝跑路”。

（二）利润表

利润表通常情况下可以反映一家企业的生产经营活动状况和成果。通过解读利润表可以了解一个企业一定时期内的收入、支出和利润情况。但由于权责发生制的关系，利润表最容易操控，它代表的是一家企业的门面，也通常是企业财务造假的“主战场”，主要分为虚增收入和腾挪成本两部分。

企业虚增收入的方式有很多。大胆的企业通过想象将收入凭空捏造出来，用母子公司的连环交易套取巨额收入，而现实中只是“左口袋进，右口袋出”。更大胆的企业将流水收入都放进了自家收入的口袋，本来企业代替销售100元的商品每件获利1元钱的佣金，而他却将101元都确认为企业的收入！美国的安然公司，就是以这种确认流水收入的方式，进行财务造假，将自己伪装成收入达到千亿美元的公司。

腾挪成本的方式也有很多。例如，企业可以通过费用资本化将费用放入资产负债表中，既可以虚增资产，又可以扩大利润。对于重资产的企业来说，延缓固定资产的折旧也是一种扩大利润的方法，年限越长，折旧摊销越慢，成本费用就越少，这样就会增加利润。

当投资者看到企业这些科目里确实有猫腻的时候，不要慌，一定要带着问题去财务报表附注中寻找该科目本年度的详细变化和处理办法，如果采取的会计处理方法前所未有，同行业更是闻所未闻，那就一定要当心了！

案例思考与讨论

瑞幸的关联方交易

2020年11月26日，证监会网站更新的一则行政处罚决定书显示，证监会对北京氢动益维科技股份有限公司（以下简称“氢动益维”）信息披露违法的行为进行了调查，决定对其给予警告，并处以30万元罚款。行政处罚决定书显示，氢动益维与神州优车、Luckin Coffee存在关联方关系。

而实际上，自瑞幸赴美上市以来，瑞幸咖啡利用关联方制造虚假交易，伪造超过3亿美元的销售额，并有意严重高估其收入及开支，低估净亏损，从债券和股票投资者处筹集资金超过8.64亿美元，是上市公司历史上数额巨大的一次财务造假。

陆正耀在瑞幸咖啡持股、任职及能够对瑞幸咖啡施加重大影响。瑞幸咖啡首次公开发行并上市前，陆正耀持股30.39%。瑞幸咖啡上市后，陆正耀仍为瑞幸咖啡第一大股东。2017年8月至证监会调查时，陆正耀任瑞幸咖啡董事长及非执行董事。同时，由于陆正耀还是神州优车实际控制人及董事长、氢动益维主要投资者，氢动益维与神州优车、瑞幸咖啡存在关联方关系。根据《企业会计准则第36号——关联方披露》第七条和第八条的规定，氢动益维与神州优车和瑞幸咖啡的相关交易构成关联方交易。

请思考：

1.瑞幸财务造假的过程中运用了我们所讲的哪些造假方式？

2.关联方交易是财务造假中常见的手段，它是如何粉饰企业财务报表的？

第15章 业财融合的桥梁：财务管理

学习目标

全面了解财务管理的功能、作用和目标，认识货币的时间价值和资本成本，理解风险和收益之间的关系，掌握各项财务管理活动的职能与处理财务问题的方法。能够运用所学基本理论和方法分析并解决企业财务管理活动中的实际问题。树立正确的理财观和风险意识，适应新时代财务管理的要求。

财务管理是管理活动中重要的一环，与各部门的营运活动息息相关。加强资金管理，加强事前预测、控制与决策，将企业的资金用活，创造最大的效益是财务管理的目标。财务管理以企业资金运动为核心，以资金时间价值、风险报酬为基本观念，以筹资、投资、资金营运和收益分配为主线，通过财务预测、财务决策、财务控制、财务分析等环节来实现目标。熟悉财务管理中筹资、投资、资金运营、财务分析等活动，牢固树立财务管理的基本观念，将财务管理运用于企业实践中，满足经济和管理工作的需求，有助于提升企业的现代化管理水平。

一、财务管理：企业的管家

在古装电视剧中，我们常常可以看到这样一个现象：古时大户人家几乎都会有管家，他们帮助主人管理仆人，从而提高仆人的工作效率。财务管理就像是企业的管家，正面积极地引导企业成长，创造价值绩效。那么，到底什么是财务管理？为什么说财务管理是业财融合的桥梁？我们可以从哪些方面来了解财务管理呢？它的特点又有哪些？

（一）什么是财务管理

财务管理是在一定的整体目标下，关于资产的购置、资本的融通和经营中现金流量以及利润分配的管理。财务管理是企业管理的一个组成部分，它是根据财经法规制度，按照一定的原则，组织企业财务活动，处理财务关系的一项经济管理活动。

（二）业财融合的桥梁

所谓业财融合指的是业务经营与财务管理相融合，用财务管理的手段结合业务经验去引导业务发展。业财融合往往要结合业务流程与财务数据，希望财务能够"跳出财务看财务，回到财务做财务"。具体来说，就是当业务有数据支持需要的时候，可以跳出财务视角分析财务数据；回到财务岗位时，有扎实的能力和思维能将财务数据和本职工作整理好。因此，财务管理就为业财融合建立了基础。

（三）财务管理的划分

财务管理可以分为"公司理财"和"投资学"两类。

1.公司理财：财务管理的本质

公司理财所包含的内容在资产负债表中有所体现。在前文会计部分介绍道：资产=负债+所有者权益，我们可以将这个恒等式分解为：流动资产+固定资产=流动负债+长期负债+所有者权益。这个恒等式右边的要素则为公司资产的融资来源："债务"和"股票"（即自有资金），这两类资金的比例在财务管理上被称为"资本结构"。关于资本结构目前存在多种具有基本假设与限制的理论，但是至今尚无绝对定论。

在流动资产和流动负债层面，有所谓的"营运资金管理"，其中营运资金是指维持企业日常营运所需的资金。

在固定资产层面，有所谓的"资本投资决策"。其中资本是指具有长期经济效益的资产。

在所有者权益方面，财务管理比较注重"蛋糕的分配"，既股利政策。这方面的重点在于"股利政策的类型是否影响公司价值"。

2.投资学：风险与报酬的中庸之道

简单来说，所谓"投资"就是指现在投入期望未来得到更多的回报。在现实生活中就存在着许多投资行为，例如交一个具有潜力的男朋友，期望他未来能给家庭提供良好的保障。

企业的投资活动是连续不断的，每日都在进行。不管是营运资金的运用还是资本投资决策，凡是涉及成本与效益的问题，都蕴含了投资学的知识。

（四）财务管理的特点

1. 涉及面广

在企业内部，财务管理活动涉及到企业生产、供应、销售等各个环节。每个部门都在合理使用资金、节约资金支出、提高资金使用率，接受财务的指导，受到财务管理部门的监督和约束。同时，财务管理部门本身为企业生产管理、营销管理、质量管理、人力物资管理等活动提供及时、准确、完整、连续的基础资料。其次，财务管理也涉及企业外部的各种关系。在市场经济条件下，企业在市场上进行融资、投资以及收益分配。

2. 综合性强

财务管理渗透在全部经营活动之中，涉及生产、供应、销售每个环节和人、财、物各个要素，所以抓企业内部管理以财务管理为突破口，通过价值管理来协调、促进、控制企业的生产经营活动。

3. 灵敏度高

企业要想生存，必须能以收抵支、到期偿债。企业要发展，必须扩大收入。收入增加意味着人、财、物相应增加，都将以资金流动的形式在企业财务上得到全面的反映。因此，财务管理是一切管理的基础、管理的中心。抓好财务管理就是抓住了企业管理的牛鼻子，管理也就落到了实处。

思考与讨论

1. 业财融合的工作是否一定都要由财务人员来执行呢？
2. 结合财务管理的特点，谈谈当代的财务管理应借助哪些人或物？

二、财务管理在管什么？

小王打算开一家奶茶店，他的资金来源有银行贷款、自有存款以及亲朋好友的扶持资金，之后小王利用这些资金开办奶茶店。维持奶茶店需要购买原料、交房租和水电费等。最后，他要对卖出奶茶后获得的利润进行分配。这中间涉及到的问题有：原料从哪里买？做什么样的奶茶？把奶茶卖给谁？如何防止奶茶变质？获得的钱应该交多少给老婆、分多少给朋友？

财务管理围绕的是资金管理，从现金到产品，销售后又转化为现金，循环往复，不停流动。通过上面的例子，我们来正式了解财务管理的内容与目标。

（一）现金营运

财务管理的主营业务就是现金管理或营运。你在建立一个新企业时，必须筹集现金作为最初的资本，否则企业无法运营。企业建立后，你需用现金购买生产经营所需的各种非现金资产，这些资产在运营中又陆续转变为现金。这种周而复始不断循环的流转过程称为现金流转或现金循环。现金在企业内部各个部门间以不同的形式流转犹如血液在人体内循环。血液不足、缺失或血液流动不畅都会危及生命，企业缺乏现金或现金循环受阻也会使企业陷入危机。因此，以现金营运为核心的财务管理在企业中至关重要。

现金转变为非现金资产，而后又回到现金形式，所需时间不超过一年的流转途径，称为现金的短期循环。短期循环中的资产是流动资产，包括现金本身和企业正常经营周期内可以完全转变为现金的存货、应收账款、短期投资及某些待摊和预提费用等。现金转变为非现金资产，然后又回到现金形式，所需时间在一年以上的流转途径，称为现金的长期循环。长期循环中的非现金资产是长期资产，包括固定资产、无形资产、长期投资等。企业进行固定资产及其他形式的长期投资时，所需现金大都依赖于长期资金，包括增发股票、债券，银行贷款等融资方式。现金的短期循环与长期循环不是截然分开的，二者是相互依存、相辅相成的关系。现金可以分别转化为各种长期资产和短期资产，利用这些资产生产产品再卖出去又收回现金。

（二）财务管理目标

许多年前，某报曾作过300条鲸鱼突然死亡的报道。这些鲸鱼在追逐一群沙丁鱼，不知不觉被困在一个海湾里，海上巨人最终被这些小鱼带向死亡。这些鲸鱼为追逐眼前小利，最终陷入了死亡的境地。这件事所蕴含的道理在企业财务管理中同样适用。企业财务管理的目标应长远，内容应全面，其内涵应是战略性的。财务目标决定着企业财务管理的基本方向。下面就来介绍财务管理的几种目标理论。

1. 利润最大化

利润最大化目标认为，利润越多则企业财富越多，这种观点有其合理之处，但是却不能作为企业的最终目标。因为这个目标有以下缺陷：①没有考虑时间性。例如现在的100万元能等同于5年后的100万元吗？②没有考虑风险。高利润往往伴随着高风险，企业如果一味地追求利润，那么和赌徒无异。③没有反映创造的利润与投入资本之间的关系。例如，对于投资100万元获利20万元与投资500万元获利40万元的投资项目，你会选择哪一个呢？④可能会导致企业短期行为。就如同鲸鱼为追求眼前利益而葬身海湾，目光短浅会让你陷入困境。

2.股东财富最大化

这种目标认为在股票数量一定时，股票价格达到最高，股东财富就最大。它考虑了风险因素，因为风险一发生，股价抖一抖，同时在一定程度上避免了短期行为。但是，它的缺陷也很明显：

（1）巧妇难为无米之炊，这个目标通常只适用于上市公司，非上市公司很难应用；

（2）由于影响股价的因素很多，它不能准确反映企业财务管理状况；

（3）强调的是股东利益，其他相关者利益重视不够。

3.企业价值最大化

科学合理的财务管理目标是企业价值最大化。企业价值有两种表现形式，简单来讲就是：

（1）把企业整体看作一种商品，再看它在资本市场的价值是多少；

（2）企业在未来预计能获得的现金流量在现在价值多少。这个目标要求企业采用最优的财务政策，充分考虑时间性和风险性，在保证企业长远稳定发展的基础上使其总价值最大。不过万物都不可能十全十美，这个目标过于理论化，不容易操作。

思考与讨论

1.财务管理的内容有哪些？

2.财务管理目标与企业的社会责任有关吗？

三、货币时间价值：时间有价值吗？

小王听了小刘的建议后，在股市“小赚”了一笔，之后打算用这笔钱购买一个年化利率为2.2%的理财。小刘听说后提醒小王：“你的钱放在这里理财会越来越不值钱的。”小王不解，心想：我每天都能得到利息，为什么自己的钱会越来越不值钱呢？聪明的您能帮助小王解答这个疑惑吗？

下面将介绍货币在不同时点的时间价值。

（一）货币时间价值

货币时间价值是指当前所持有的一定量货币比未来获得的等量货币具有更高的价值。其实货币之所以有时间价值，是因为利率赋予了今天的1元钱可以在未来产生额外的价值，不过这要在“有效利用这1元钱”的前提下才能实现。下面举个例子进行说明。

小明现在有1万块钱，在1年后有两种情形：①用这笔钱进行投资，变成1.1万元；②把钱揣手里，什么也不干，还是1万元。如果小明只是抱着一堆钱放家里，则不会产生任何额外价值，还会因为通货膨胀的原因而降低其价值。

（二）终值和现值

由于现在的1元与将来的1元在价值上是不相等的，所以不同时点的货币价值不便进行直接比较，我们需要把它们折算到相同的时点进行比较。那么如何折算呢？先来了解下面几个概念。

1. 终值

终值是指货币在未来特定时点上的价值。下面举例说明。

小王打算将他的10000元钱存入建设银行为期3年的定存账户，年利率8%，每年复利一次，那么其终值为12597.12元。

$$1000\times(1+8\%)\times(1+8\%)\times(1+8\%)=1000(1+8\%)^3=12597.12\text{（元）}$$

以上计算可以用公式总结如下：

$$FV_n=PV_0\times(F/P，i，n)$$

FV_n表示货币在n年（或n期）后的终值；PV_0表示当前的货币价值，即现值；$(F/P，i，n)$中的i表示复利期利率，n表示n年（或n期），$(F/P，i，n)$是复利终值系数，上例的复利终值系数即为$(1+8\%)^3$。

2. 现值

现值是终值的对称概念，指未来的货币在现在的价值。由上面终值计算公式的转换，就可以得到现值。

$$PV_0=\frac{FV_n}{(F/P，i，n)}=FV_n\times(P/F，i，n)$$

$(P/F，i，n)$就是复利现值系数。可以看出，复利终值系数与复利现值系数互为倒数关系。

（三）年金

年金是指等额、定期的系列收或支。例如，分期偿还的房贷、每月领取的养老金、每年相同的销售收入等都是年金。按收付次数和支付时间划分，年金有普通年金、预付年金、递延年金和永续年金之分。

普通年金是指一定时期内每期期末等额收付的系列款项，又称后付年金。普通年金终值是指其最后一次支付时的本利和，它是每次支付的复利终值之和。普通年金现值是指未来一连串等额支付现金的现值总和。同样的，普通年金也有普通年金终值系数和普通年金现值系数。

预付年金是指一定期间内每期期初等额收付的系列款项。递延年金是指第一次收付款时间发生在第二期以后的若干期之后才开始的等额收付款项。预付年金的现值和终值的计算方法可以根据普通年金的计算方式进行变形，而递延年金终值的计算只与年金期有关，与递延期无关，递延年金的现值计算也需要根据普通年金的计算方式进行变形。

永续年金是指无限期等额收付的特殊年金，因此它只有现值，没有终值。

拓展阅读

养老金制度的起源

1889年，德国正式颁布了《疾病和养老保险法》，规定在工业工人、农业工人、手工业者及公务员中建立养老保险制度，费用由国家、雇主及雇工三方分担，领取养老金的年龄为70岁。德国由此成为世界上第一个建立养老保险制度的国家，这也标志着养老金制度的开始。1911年，德国把从1881年到1889年间先后颁布的疾病保险法、工伤事故保险法、疾病和养老保险法，进一步编纂为《社会保险法典》，这部法典被公认为是现代社会保障制度的起源。20世纪前后，西欧一些国家相继从法律上确立了养老金制度。

四、风险与收益：一夜暴富梦难成

农民老张决定投资种植两个品种的农作物。一种是优质水稻，未来结出的水稻价格高，但是种植难度高，容易死，而且生长周期还特别长。另一种是普通小麦，它非常容易活，长速快，就是卖不上价。

如果全部种水稻，有可能赚得很多，但也有可能全部死掉；如果全种小麦不容易死，但是赚得很少。老张非常纠结，到底该如何选择呢？

（一）风险

若一项行动有多种可能的结果，就有风险存在。风险是指在一定条件下和一定时期内可能发生的各种结果的变动程度。

按风险形成的原因，风险分为两大类：

（1）经营风险。它是指因生产经营的原因给企业盈利带来的不确定性。

（2）财务风险。它是指由于举债而给企业财务成果带来的不确定性。

（二）风险与收益并存

风险本身体现着一种不确定性。风险既可能是超出预期的损失，呈现不利的一面；也可能是超出预期的收益，呈现有利的一面。现实生活中，风险与收益并存，它们就像一对孪生兄弟。风险与收益往往是成正比的，风险越大，可能的收益就越高；风险越小，可能的收益也越低。

（三）概率

对于有风险的投资来说，其特点在于最终获得的收益率可能高，也可能低，甚至为负，而每个收益率可能值的出现又有一定的概率。具有上述特点的变量称为随机变量，即某一事件在相同条件下可能发生也可能不发生。概率越大，表示该事件发生的可能性越大。

如表15–1所示，某公司有两个投资机会A和B。假设未来经济情况有三种：繁荣、正常、衰退，有关的概率分布和预期报酬率如表所示。此处概率表示每一种经济情况出现的可能性，同时也是各种不同预期报酬率出现的可能性。

表15–1 各种情况概率分布和预期报酬率

经济情况	发生概率	A预期报酬率	B预期报酬率
繁荣	0.3	90%	20%
正常	0.4	15%	15%
衰退	0.3	–60%	10%
合计	1.0		

（四）期望值

给出各种可能性的概率分布，只是量化风险的第一步。各种可能的结果及其概率分布只是一个散乱的描述。为了更好地衡量风险，需要计算收益的期望值。随机变量的各个取值，以相应的概率为权数的加权平均数，即为随机变量的期望值，它反映随机变量取值的平均化。期望值计算公式如下：

$$K=\sum_{i=1}^{n}P_i\times K_i$$

其中：P_i表示第i种结果出现的概率，K_i表示第i种结果出现后的预期报酬率，n表示所有可能结果的数目。据此可以计算出A项目预期报酬率=0.3×90%+0.4×15%+0.3×（-60%）=15%。B项目的预期报酬率=0.3×20%+0.4×15%+0.3×10%=15%。两个项目的预期报酬率相同，但其概率分布不同。A项目的报酬率分散程度大，变动范围在-60%至90%之间，B项目的报酬率分散程度小，变动范围在10%至20%之间。这说明两个项目的报酬率期望值相同，但风险不同。为了更准确地衡量风险的大小，还要进一步计算其他指标。

（五）标准差与变异系数

随机变量的标准差是用来衡量随机变量取值的分散集中程度的指标，即各种可能出现的结果与期望值的偏离程度。计算出A项目的标准差是58.09%，B项目的标准差是3.87%。标准差与风险呈正比例关系，因此，A项目的风险大于B项目的风险。财务人员可以用标准差来衡量风险的大小。不过，只用标准差来衡量风险的大小是不够的。

在比较期望报酬率不同的两个项目的风险大小时，不能用标准差直接比较。此时就需要利用变异系数来衡量风险。变异系数等于标准差与期望值的比值，其值越大，则风险越大。

思考与讨论

1.您认为“高风险、低收益”的资产会存在吗？

2.风险的来源有哪些？试举例说明。

五、资本成本：天下没有免费的午餐

（一）什么是资本成本

资本成本是指企业为筹集和使用资金而付出的代价。资本成本包括筹资费和占用费两部分。筹资费是指企业在筹措资金过程中为获取资金而付出的代价。筹资费用通常在资本筹集时一次性发生，所以筹资费用视为筹资数额的一项扣除，如证券发行费、银行借款的手续费。占用费是指企业占用资金而付出的代价，如股利和利息等。

（二）资本成本的作用

（1）在投资决策中，资本成本是评价投资项目可行性的主要标准。资本成本率是企业用以确定项目要求达到的投资收益率的最低标准。

（2）在筹资决策中，资本成本是比较筹资方式、选择筹资方案的重要依据。在其他条件相同时，企业筹资应选择资本成本率最低的方式。

（3）资本成本是评价企业整体业绩的重要依据。即实际投资的利润应高于资本成本。

（4）平均资本成本是衡量资本结构是否合理的重要依据。当平均资本成本最小时，企业价值最大，此时存在最佳资本结构。

（三）影响资本成本的因素

影响企业资本成本的因素大致可以分为四类：

（1）总体经济环境。当经济稳定持续地健康增长，通胀水平低，则会相应地降低资本成本。

（2）资本市场条件。资本市场的效率和证券的流动性对资本成本的影响程度较大。

（3）企业经营状况和融资状况。这里主要指企业的经营风险和财务风险。

（4）企业的筹资规模越小，时限越短，则资本成本越低。

（四）个别资本成本

个别资本成本包括债务资本成本和权益资本成本。债务资本成本包括银行借款和公司债券的税后利息；权益资本成本包括优先股、普通股、留存收益的股利。这两种资本成本都属于年资金占用费。

基本的个别资本成本计算公式如下：

$$资本成本率=\frac{年资金占用费}{筹资总额-筹资费用}=\frac{年资金占用费}{筹资总额\times(1-筹资费用率)}$$

据此可以推出银行存款和公司债券的资本成本率计算公式：

$$银行借款资本成本率=\frac{借款税后利息}{借款筹资净额}=\frac{借款本金\times年利率\times(1-所得税税率)}{借款本金\times(1-筹资费用率)}$$

$$=\frac{年利率\times(1-所得税税率)}{1-筹资费用率}=\frac{借款税后利息率}{1-筹资费用率}$$

$$债券资本成本率=\frac{债券税后利息}{债券筹资净额}=\frac{债券面值\times票面年利率\times(1-所得税税率)}{债券发行价格\times(1-筹资费用率)}$$

可以看出，债务融资的利息可以在税前扣除，有税盾作用。

此外，股利支付是在税后分配的，没有抵税效应。

$$优先股资本成本=\frac{优先股股息}{优先股发行价格\times(1-筹资费用率)}$$

假定普通股股利是稳定增长的，则计算普通股成本的公式为：

$$普通股资本成本=\frac{预期第一年股利}{目前股票市价\times(1-筹资费用率)}+股利增长率$$

同时，资本资产定价模型也可以用来计算普通股资本成本，在此不做介绍。

留存收益的资本成本计算公式与普通股类似，不同点则在于留存收益是企业自己的，不存在筹资费用。

$$留存收益资本成本=\frac{预期第一年股利}{目前股票市价}+股利增长率$$

（五）加权平均资本成本

加权平均资本成本是指各种不同资本来源的资本成本，按照各类资本占总资本比率加权平均所得的平均成本。

企业不可能只使用某种单一的筹资方式，常需通过多种方式筹集所需资金。在筹资决策中，企业会设计多种组合方案，怎样确定哪种方案最优呢？这时就需计算企业全部长期资本的总成本——加权平均资本成本。

$$加权平均资本成本=\sum(某种资本占总资本的比重\times该种资本的资本成本)$$

个别资本占总资本的比重的计算可以选用账面价值权数、市场价值权数或目标价值权数。

思考与讨论

1.从财务的角度出发，我国明明知道投资高铁建设“划不来”，却仍要投资。您知道是为什么吗？

2.“选择投资方案时，只需考虑项目本身的资本成本，而不用考虑公司整体的资本成本”，你觉得这个说法有道理吗？

六、项目投资分析：值得投资的项目怎么确定？

小杜是A公司的财务经理，最近公司遇上了一个规模很大的投资项目，小杜也难以决策该不该投资。某日下班，他打电话给在财务公司任职多年的朋友老王请教这方面的问题：“老王吗？我是你杜老弟啊！最近如何，想必又发财了吧……是这样的，最近我的公司有一项投资计划，不知道大哥您还记得有哪些投资管理的技术？”

老王思考了一会儿，有条不紊地说道：“这不就是什么NPV、IRR、PI之类的财务知识嘛！我觉得每种方法都有其优缺点，应用的时候应注意……”小杜拿着笔不停地记，而随后却不知道纸上写些什么玩意儿……原来小杜看女朋友走神了。

您知道老王说的是什么吗？这正是下面要谈的内容：项目投资分析。

（一）投资管理的特点

投资是企业为获取未来收益而向一定对象投放资金的经济行为。投资管理的特点主要有三个：

（1）投资管理属于企业的战略性决策。投资涉及的金额往往比较大，作用时间长，影响企业的未来发展。

（2）投资管理属于企业的非程序化管理。投资管理是对非重复性的特定经济活动进行管理。

（3）投资价值波动性大。投资项目的价值，是由投资的对象物资产的内在获利能力决定的。这些对象物资产的形态是不断转换的，未来收益的获得具有较强的不确定性，其价值也具有较强的波动性。

（二）现金流量

由一项长期投资方案所引起的在未来一定期间所发生的现金收支，称为现金流量。投资决策的关键就是估计各年的现金流量。现金净流量=现金流入量－现金流出量。按照投资期间的阶段，可将整个期间的现金流量分为三块：初始投资现金流量、营运现金流量以及终结现金流量。

（三）投资项目评价指标

投资项目评价指标以财务数据为基础，用于评价项目的可行性，包括净现值、年金净流量、现值指数、内含报酬率、投资回收期等。

1. 净现值

$$\text{净现值}(NPV)=\text{未来现金净流量现值}-\text{原始投资额现值}$$

当净现值≥0时，说明项目可行。净现值的适用性强，考虑时间价值和风险，其缺点在于不适宜独立投资方案的比较决策，且不能反映投资效率。

2. 年金净流量

$$\text{年金净流量}(ANCF)=\frac{\text{净现值}}{\text{年金现值系数}}$$

当年金净流量≥0时，说明项目可行。年金净流量法是净现值法的辅助方法，适用于期限不同的投资方案决策。与净现值法相同，不适用于对原始投资额不等的独立投资方案进行决策。

3. 现值指数

$$现值指数(PI)=\frac{未来现金净流量现值}{原始投资额现值}=\frac{原始投资额现值+净现值}{原始投资额现值}$$

$$=1+\frac{净现值}{原始投资额现值}$$

当现值指数≥1时，说明项目可行。因为项目实施后的投资收益率高于或等于必要收益率。

现值指数法也是净现值法的辅助方法，它是一个相对数指标，可以反映投资效率。

4. 内含报酬率

内含报酬率（IRR）是能使投资项目净现值等于零的贴现率。它是方案本身的收益能力，反映其内在的获利水平。内含报酬率的计算需要采用逐步测试法，首先估计一个贴现率，用它计算净现值，若净现值为正数，说明内含报酬率大于估计的贴现率，这时就应该提高贴现率进一步测试；若净现值为负数，说明内含报酬率小于估计的贴现率，此时就应降低贴现率进一步测试。其次通过不断测试，就可以发现最为接近零的两个净现值正负临界值及其对应的贴现率，最后利用这两个贴现率，采用插值法便可计算出近似的内含报酬率。当然，如果您掌握了Excel技能，可以省很多事哦。

内含报酬率的优点在于可以反映投资项目可能达到的收益率及其投资效率，便于理解。其缺点在于计算太复杂，不易直接考虑风险大小，而且在互斥投资方案决策时，如果各方案的原始投资额现值不相等，可能无法做出正确的决策。

5. 投资回收期

投资回收期法不考虑货币时间价值，将不同时间的货币收支看成是等价的。它是指项目投产后的各年现金流入量累积到与初始投资现金流出量相等所需要的时间，它代表收回投资所需要的年限。投资者通常希望所投入的资金能够在较短的时间内足额收回，先把本捞回来要紧。故回收年限越短，方案越有利。不过该方法没有考虑时间价值，而且不考虑回收期以外各年净现金流量，所以不利于对投资项目进行整体评价。

案例15-1

某公司拟投资一个新项目，资本成本为10%，现有甲、乙两个方案，各年现金流量（单元：元）如表15-2所示，要求：计算甲、乙两个方案的投资回收期、净现值、现值指数。

表15-2　　甲、乙投资方案现金流量情况表　　单位：元

项目	第0年	第1年	第2年	第3年	第4年	第5年
甲	-150000	50000	50000	50000	50000	50000
乙	-200000	50000	55000	60000	55000	70000

$$投资回收期(甲)=2+\frac{50000}{50000}=3(年)$$

$$投资回收期(乙)=2+\frac{200000-165000}{55000}=3.64(年)$$

$$净现值(甲)=50000\times(P/A,10\%,5)-150000=39540(元)$$

$$净现值(乙)=50000/(1+10\%)+55000/(1+10)^2+60000/(1+10)^3+55000/(1+10)^4+70000/(1+10)^5-200000=17018.21(元)$$

$$现值指数(甲)=1+\frac{39540}{150000}=1.26$$

$$现值指数(乙)=1+\frac{17018.21}{200000}=1.09$$

七、租赁：借为己用

中国的租赁历史悠久，起源可追溯到原始社会（约4000多年）。剩余产品的出现产生了产品的交换，而在很多场合下人们需要频繁交换闲置物品，用后再归还，而不必让渡该物品于对方。这种仅仅涉及物品使用权的交换，是最原始形态的租赁。在中国历史上，文献记载的租赁可追溯到西周时期。《卫鼎（甲）铭》记载，邦君厉把周王赐给他的五田，出租了四田。这是把土地出租的例子。据历史学家们考证，涉及租赁叛乱的诉讼，在西周中期以后已不少见了。

租赁可以分为两类：经营租赁和融资租赁。

（一）经营租赁

企业在生产经营过程中可能会急需某种设备，但是需要使用的时间不会很长。买它？不划算。那怎么办呢？不如租一件过来为我所用，这就是所谓的经营租赁。经营租赁是指由出租人向承租人提供租赁设备，而且出租人还必须负责租赁设备的维修、保险及财产税等成本。企业利用经营租赁的目的主要不在于融资，而是为了获得设备的短期使用权以及出租人提供的专门技术服务。经营租赁的期限往往比较短，而且在租赁期间，如果发现了更好的设备或者不再需要设备，那么承租人通常

可以按照规定提前解约。

举个例子，我要开个加工厂，租了一间办公楼，我可能只租三四年，但是租赁期限肯定远远短于办公楼的使用年限，房子归房东所有，等合同一到期，我要么续租，要么归还使用权，这就是经营租赁。

（二）融资租赁

融资租赁是一种长期租赁契约，是由租赁公司按承租人的要求融资购买设备，然后再将设备出租给承租人。承租企业利用融资租赁的主要目的是融通资金，它具有以下特点：

（1）通常由承租人向租赁公司申请，然后租赁公司融资购进设备租给承租人使用；

（2）租赁期限比较长，通常占了资产经济寿命的75%以上；

（3）租赁合同比较稳定，即解约没那么简单；

（4）由承租人负责设备的维修保养；

（5）租赁期满，可以约定退还、续租或留购。

举个例子，由于企业业务扩张，急需要一台大型加工设备，这时候一家融资租赁公司找上门，它可以按照企业的要求帮忙买一台设备，再租给企业用，然后企业分期付款支付租金就行。双方签个合同，合同期间，企业是要按期计提折旧的哦，等合同到期了，企业还可以决定要或不要设备。这种租赁就属于融资租赁。

（三）租赁的利弊

对企业来说，租赁有利也有弊。其优势在于：

（1）比较灵活。采用租赁方式一般不规定企业的流动资金数量，这样不容易限制企业的管理。

（2）可以避免设备过时风险。承租方可以根据设备的技术情况、企业的市场状况等因素来选择设备，并且确定租赁期。一旦设备过时了，企业可以不再续租。

（3）取得设备速度快。如果是购置设备，企业往往需要先筹集资金，再走审批程序，最后购进设备，这个流程需要耗费较多的时间，而有时候机会是转瞬即逝的，等到购进设备就已经晚了。但是租赁可以将融资与购置合并为一项工作，从而可以尽快形成生产能力。

（4）缓解资金压力。租赁期间企业只需定期支付资金，而不用在获得设备时一次性支付大额资金。

然而，租赁也有一些不足：

（1）租赁成本较高，租赁费通常大于折旧费。

（2）融资租赁合同不能提前中止。

（3）融资租赁中如果设备已经陈旧过时，但是又不能提前解约，那么只能绝望地看着设备生锈的同时支付高昂的租金。

拓展阅读

租赁的起源

租赁是一个古老的经济范畴。古代最早的记载可以追溯到公元前1400年，居住在地中海沿岸的腓基人发明了租赁这种新的商业贸易模式。当时有些商人从事水上贸易，另一些人对出租船只更感兴趣，于是船主便租船给从事货物贸易而不愿或无力自备船只的商人使用，船只租赁便由此产生了。经过几个世纪一直到现在，船舶租赁始终是资助水运业务的一种主要方式，“造船不如买船，买船不如租船”，这句古老的格言就是对船舶租赁历史最好的写照。后来，欧洲的租赁业发展迅速，封建社会中土地、房屋、农具、马匹等农用生产资料都成为租赁对象，租赁被广泛用于农业经济活动中，公元前1289年的威尔士法，是世界上最早的有关租赁关系的法律。

我国早在周秦时代就出现租赁现象，汉唐以后，土地、房屋、农具等财产租赁比较普遍。中国长达两千多年的封建社会始终实行农民租种地主土地的土地租赁制度。在封建制度下，土地租赁是大多数国家农业活动中普遍存在的最基本的租赁信用行为，地租是土地所有者让渡土地使用权的报酬。

八、长期筹资（上）：问君能有几多愁，恰似缺钱愁上头

一日，B公司总经理分析了公司的内外部环境，认为公司还具备能力继续扩大生产，提高市场的占有率，奈何公司现金不够，有投资机会却没钱参与，这可把总经理愁坏了。于是，总经理把会计小涂叫到办公室来，问道：“公司现在还想继续扩大生产，决定盖几个新厂，购置一些新机器，但是没钱支撑，你有什么办法吗？”

小涂顿时来劲了：“总经理，现在整个行业环境很好，加上公司业绩表现很突出，所以我们可以发行新股换取现金，或者发行公司债券，肯定会有人买的。”

总经理接受了小涂的提议，公司果然募集到了足够的资金。

下面的内容将围绕着债务筹资和股权筹资展开。

（一）企业筹资动机

从创立开始，企业可能就一直面临着一个问题：筹资。那么，为什么要进行筹资呢？筹资的动机大致可以分为五类：

（1）创立性动机。即企业设立时为取得资本并能够开展经营活动产生的动机。

（2）支付性动机。即为满足经营业务活动所形成的支付需要产生的动机。

（3）扩张性动机。即扩大经营规模或者要满足对外投资而产生的动机。

（4）调整性动机。即因调整资本结构而产生的动机。

（5）混合性动机。前几种动机的结合。

（二）债务筹资

债务筹资包括长期借款筹资和债券筹资。

1.长期借款筹资

长期借款的种类很多，按照用途分类，可分为固定资产投资借款、更新改造借款、科技开发和新产品试制借款等。固定资产投资借款是企业因从事新建、改建、扩建等基本建设项目时，向银行申请借入的款项。更新改造借款是企业因更新设备和进行技术改造而向银行申请借入的款项。科研开发借款是企业在采用新技术研究和开发新产品时因资金不足而向银行借入的款项。

按借款有无担保分类，可分为信用贷款和抵押贷款。信用贷款是不需要企业提供抵押品，仅凭其信用或担保人的信誉而取得的贷款。抵押贷款是要求企业以抵押品作为担保的贷款。

2.债券筹资

债券是企业为筹集债务性资金而向投资人出具的并承诺按一定利率定期支付利息，到期偿还本金的一种书面证明。债券是作为一种融资工具而产生并发展起来的，是现代经济中的主要信用形式之一，也是各国经济发展和金融发展不可缺少的融资工具。

目前，我国上市公司债券融资的四种主要方式是：企业债券、公司债券、中期票据和短期融资券。企业债券是指由发改委审核批准发行的企业债券。公司债券是指上市公司依照法定程序发行、约定在一年以上期限内还本付息的有价证券。中期票据是指具有法人资格的非金融企业在银行间债券市场按照计划分期发行的，约定在一定期限还本付息的债务工具。中国银行间市场交易商协会负责受理债务融资工具的发行注册。短期融资券是指具有法人资格的非金融企业在银行间债券市场发行的，约定在一年内还本付息的债务融资工具。

（三）股权筹资

所谓股权融资是指企业的股东愿意让出部分企业所有权，通过企业增资的方式引进新的股东的融资方式。股权融资所获得的资金，企业无须还本付息。但是，天下没有免费的午餐，新股东将与老股东同样分享企业的利润。股权融资的特点决定了其用途的广泛性，既可以充实企业的营运资金，也可以用于企业的投资活动。

股权筹资的特点有三个：

（1）长期性。股权融资筹措的资金具有永久性，无到期日，不需归还。

（2）不可逆性。企业采用股权融资无须还本。要想收回本金，投资人需借助于流通市场，然后把股票转让给他人。

（3）无负担性。股权融资没有固定的股利负担，股利的支付与否和支付多少视公司的经营需要而定，但是要是一直不发股利会让投资者不满的哦，从而影响企业。

思考与讨论

1.企业筹资是“债务”的好，还是“股权”的好？

2.银行贷款和公司债券都属于负债，您知道它们之间的差异吗？

九、长期筹资（下）：衍生工具筹资有哪些？

最近B公司总经理对一项投资计划甚是满意，却苦于公司资金不够而无法实施该计划，由于不具有财务背景却又极其重视财务工作，总经理把会计小涂叫来了办公室：“小涂啊，最近你的工作表现很好，上次的提议帮了公司大忙，我决定通知人力资源部给你加薪，够意思吧！另一方面，现在公司面临着一项很好的投资计划，但去做的话要有资金支持。我记得公司当年买设备什么的都是发行股票或者借债，你能不能跟我解释一下筹资的程序是怎样的？我们还有其他融资渠道吗？”

小涂左思右想，就把在大学里学到的财务管理知识拿了出来，结果绕来绕去，都离不开股票和债券。总经理有些不耐烦了……

您能帮助小涂脱离这次“困境”吗？下面的内容将围绕衍生工具筹资展开。

（一）什么是衍生工具筹资

衍生工具筹资，包括兼具股权和债务性质的混合融资和其他衍生工具融资。我国上市公司目前最常见的混合融资方式是可转换债券，最常见的其他衍生工具融资是认股权证、优先股。

（二）可转换债券

可转换债券是能够在将来某一特定时期、按特定价格转换成企业股票的债券。

顾名思义，它首先是“债”，可转债投资人是以债务协议的方式将钱借给公司，“可转”就是给予投资人可以将“债”转换成公司股份的权利，投资人暂时是公司的债权人而非股东。在特定条件下，投资人将可转债的本金和利息转换成公司股票。

（三）认股权证

认股权证是一种按规定价格向企业购买既定数量普通股的权利证书。大多数认股权证都有规定期限，过期后，认股权证就失效了，它赋予的是给投资者购买股票的权利，持有人既得不到股利，也没有表决权。

（四）优先股

优先股是相对于普通股而言的。顾名思义，它优先于普通股进行利润分红及剩余财产分配。有得必有失，既然优先股有优先性，那么它的权利范围就比普通股小，优先股股东一般没有选举权和被选举权，对公司重大经营没有投票权。

拓展阅读

小米的“可转换可赎回优先股”

可转换可赎回优先股是指公司发行充当筹资用途的一种股票，持有人可在特定届满期之前行使权利，按约定的转换股票价格，将优先股转换为普通股（“可转换”）；不行使权利时，公司在到期按约定利率赎回优先股并支付利息（“可赎回”）。优先股的清偿级别高于普通股，即在公司的偿还活动里，先偿还优先股持有人，之后才轮到普通股的股东。

小米集团在初创期，大量使用发行可转换可赎回优先股的方法进行融资。这主要是由于小米公司在成立最初的几年中，企业前景不明朗，市场竞争压力大，并且原始创始人不愿意被投资方夺走对公司的控制权。在此情况下，可转换可赎回优先股作为一种既可以转股又可以赎回的金融工具，在风险较大的情况下有利于投资者保值增值，也有利于小米集团节省初期资本成本。

不过，可转换可赎回优先股并非完美。在小米赴港上市时，披露的财务报表利润因为可转换可赎回优先股的影响产生了重大不利影响，小米集团从2015年到2017年连续三年的利润都是大额负值，投资者的信心受到了影响。

十、财务预测：神机妙算

在理清筹资渠道的问题之后，小涂又遇上了新的难题：公司到底需要多少资金来投资新项目呢？资金过剩会增加额外的资本成本，而资金不足，公司将“难为无米之炊”。小涂因为此事慌了阵脚，把所学的财管知识忘得一干二净，心里不禁想到：“总经理啊总经理，可真不省心呢！这个月的奖金怕是要泡汤了。”

资金可以说是维系公司生存的命脉，唯有资金的来源能配合其需求，才能让公司抓住茁壮成长的机会。因此下面将介绍财务预测，包括资金需求预测。

（一）财务预测的意义

财务预测是估计企业未来的融资需求。企业需预先知道自己的财务需求，提前安排融资计划，否则就可能发生现金周转问题。预测的目的是有助于应变，可以提高企业对不确定事件的反应能力。你要想轻松制胜，最好预测先行。

（二）财务预测的用途

财务预测对企业的作用包括四个方面：

（1）防止突发情况。

（2）提供更多选择。财务预测让企业更清楚未来有哪些路可以选择，包括促进销售额增长的方法、融资渠道的选择等。

（3）使目标明确化。光说不练假把式，仅有宏伟的目标而没有具体的做法是无法成功的，财务预测可以将“赚钱”“增长”这样抽象的目标具体化，例如提高产能利用率至90%，增加30%的销售额等。

（4）是投资与融资的桥梁。正如上述案例小涂所在的公司一样，公司在评估并选择投资方案之后，所需资金就通过财务预测有效率地取得，并运用于投资方案。

（三）财务预测的内容

财务预测的内容有六点：

（1）假设前提。财务预测需要对未来作以预测且建立在某些假设前提下。一旦这些假设被事实推翻（如，假设经济稳定增长，但后来事实证明经济渐趋衰退），企业就要立即对财务预测进行修正。

（2）销售额预测。财务预测的起点是销售额预测，要预测未来的财务状况必须先预测未来的销售额。

（3）编制预计财务报表。

（4）预估资产增加额。当销售额增加时，则必须配合固定资产（如机器设备、厂房）或营运资金（如应收账款）的增加，因此需计算所需增加资产的数量及金额。

（5）预测额外资金需求。销售额增加提高了公司的盈利，然而所赚取的保留盈余是否足以支付资产增加所需的资金？如果答案是否定的，公司便产生了额外资金需求，必须对外举债或发行新股来补充资金不足的部分。

（6）选择融资渠道。这是财务预测的最后步骤，即是选择以举债或发行新股作为最适当的融资渠道。

（四）资金需求预测——销售百分比法

财务预测的销售百分比法首先假设某些资产、负债与销售收入存在稳定的百分比关系，根据预计销售额和相应的比例预计资产、负债和所有者权益，然后用会计等式确定资金需求。其基本原理为：增加的资产=增加的资金，其中增加的资产包括企业销售规模扩大时增加的流动资产以及销售规模扩大很多时增加的长期资产；增加的资金包括随销售增加而增加的流动负债、增加的留存收益（内部资金）以及外部融资需要量（外部资金）。

（五）资金需求预测的限制

“预测”是站在现在来推测未来，而未来的事除古代的神机妙算外，想要使预测百分之百准确似乎有困难。另外，资金需求预测所依赖的财务报表本身就是一个大问号。这是因为财务报表是根据会计准则以应计基础编制的，并非如财务管理所重视的现金基础，因此在以这些数字作为分析的工具时，必须不断提醒自己这些预测方法的先天限制。

思考与讨论

1. 为什么要进行预测？请谈谈您的看法。
2. 你觉得财务预测还要考虑哪些企业内外部因素？

十一、杠杆效应：四两拨千斤

“给我一个支点，我可以撬起整个地球。”阿基米德的名言形象准确地描述了自然科学中的杠杆作用。杠杆能产生神奇的力量，延伸到财务杠杆上，可以这样说：“借我足够的钱，我就可获取巨大的财富。”然而，这种杠杆作用是一把“双刃剑”，给企业带来利益的同时也蕴含着巨大的风险。如买房付一部分首付，这就是一种杠杆行为，用你的首付资金撬动全款房价。杠杆效应越大则风险越大，小心被杠杆的另一端撬飞哦!

下面将介绍财务管理中的杠杆效应。

（一）经营杠杆

经营杠杆是公司在经营过程中对固定成本的使用程度。固定成本占总成本的比例越高，则经营杠杆越大。当固定成本很高时，销售额略微下降，就会造成营业利润大幅下降；销售额略微上升，就会造成营业利润大幅上升。

我们可以进一步把经营杠杆形象化，固定成本就是杠杆中间的支架，支架越高，则杠杆一边轻微地晃动就会造成另一边大幅变动。因此，经营杠杆反映了资产收益的波动性，它可以用来衡量企业的经营风险。

（二）经营风险

经营风险是指企业由于生产经营上的原因而导致的资产收益的波动。引起企业经营风险的主要原因是市场需求和生产成本等因素的不确定性，经营杠杆本身并不是资产收益不确定的根源，只是资产收益波动的表现。所以，经营杠杆可用于衡量经营风险的大小，它放大了市场和生产等不确定因素对利润波动的影响，经营杠杆越大，经营风险就越大。

影响企业经营风险的因素主要有：

（1）产品需求。市场对产品的需求越稳定，经营风险越小。

（2）产品售价。售价变动不大，经营风险越小。

（3）产品成本。产品成本变动越大，经营风险越大。

（4）调整价格的能力。如果企业具有较强的调整价格的能力，经营风险就小；反之则大。

（5）固定成本的比重。全部成本中固定成本比重较大时，经营风险就较大。

（三）财务杠杆

财务杠杆是指由于固定利息费用（如债务利息）的存在而使得企业的普通股每股收益变动率大于营业利润变动率的现象。其中，企业普通股收益是指营业利润扣除利息和所得税之后的余额。而所得税一般是与营业利润成比例的，但是利息费用是固定的，所以当营业利润增加时，每一元利润负担的利息费用就减少，从而会提高普通股每股收益。当营业利润减少时，每一元利润负担的利息费用就增加，从而降低了普通股每股收益。

（四）财务风险

财务风险是指企业由于筹资原因产生的资本成本负担而导致普通股收益波动的风险。而财务杠杆用以衡量财务风险。

我们举个例子来解释：有一笔生意，买一把扇子投入10元钱，卖出去可以收入11元钱，赚了1元钱。小魏有1万元，全部投入买了1000把扇子，最后赚了1000元，这显然是个不错的生意。

小朱也注意到了这笔生意，他也有1万元，同时他找银行借了99万元，总共投入了100万元，买了10万把扇子，卖出后收回了110万元，在还掉银行借款本金99万元和利息5万元之后，还剩余6万元。同样一笔生意，同样多的自有资金，小魏赚了1000元，小朱赚了6万元。借钱生钱，只要生意赚的钱超过借钱的利息，就像一个杠杆一样，借得越多，赚得越多，这就是财务杠杆的力量。

但是，如果市场行情不太好，扇子下降到9元一把。小魏收回了9000元，亏损了1000元。小朱收回了90万元，偿还银行后，自己的1万元亏没了，还欠银行14万元。同样一笔生意，小魏只是吃了一个教训，而小朱却倾家荡产。就像杠杆一样，长臂那端，只要轻轻一压，短臂这端灰飞烟灭，这也是杠杆的力量。

思考与讨论

1.有一家公司认为举债会产生财务风险，所以从不借债，您认为这样的做法合理吗？

2.杠杆是一把“双刃剑”，有收益也有风险，我们该如何合理运用杠杆呢？

十二、寻找最佳资本结构：不解难题

小王在决定开一家奶茶店时刚好需要100万元，小王之前工作时攒有50万元。之后，小王找到了朋友小邓，借到了10万元，承诺会定期支付利息并到期归还本金。小王又到银行成功贷款了10万元，但是剩下的30万元缺口怎么补齐呢？小王正发愁，老爸提议：要不去问问你的土豪二伯吧？二伯说：“家里这群小伙子就你最有出息了，30万没问题，但是我要参与奶茶店的经营决策，年底还要分红的，不过如果年底没有利润那也不用给我分红。”

您能将小王筹集的资金按权益资本和债务资本进行分类吗？这两种资本的比例是多少？

（一）资本结构

资本结构是财务管理中的一大难题，它是指企业各种资本的价值构成及其比例关系，泛指各种长期资本价值的构成及其比例关系，尤其是指长期的股权资本与债权资本的相对比例。短期资金的需要量和筹集经常变化，且在整个资金总量中所占比不稳定，因此不列入资本结构管理范围。

最佳资本结构是指在一定条件下使企业平均资本成本率最低、企业价值最大的资本结构。资本结构优化的目标是降低平均资本成本率或提高企业价值。

（二）资本结构理论

研究资本结构与企业价值的关系是焦点所在。为此学术界发展出了很多理论观点。

1.MM理论——资本结构无关论

该理论认为：①在不考虑所得税的情况下，有无负债不改变企业的价值，因此企业价值不受资本结构的影响；②有负债企业的股权成本随着负债程度的增大而增大。然而，这个理论需要很严格的前提假设，但是这些假设在现实中难以实现，因此MM理论在实际中很难成立，不过它的贡献是毫无疑问的，它为资本结构的后续研究提供了重要的依据，发表这个理论的学者Modigliani和Miller也获得了诺贝尔经济学奖。

2.考虑所得税的MM理论

1963年，两位学者放弃原MM理论的无税假设，而开始考虑企业所得税，对原MM理论进行了修正，他们认为：在考虑了企业所得税之后，企业可以利用财务杠杆增加企业价值，因为债务产生的利息费用可以在税前扣除，从而就产生了抵税效果（扣除利息费用之后，要交的所得税就相对少了）。因此，这个理论得出了企业资本结构与公司价值相关的结论。

3.权衡理论

如果按照考虑所得税的MM理论，那么企业举债越多，其价值越高。然而在现实当中却没有一家企业是这样做的，因为新的MM理论也有一些很完美的假设。随着负债程度的增加，利息负担太重，一旦企业创造的营业利润不足以覆盖利息费用，那么就陷入了财务困境，破产可能性急剧上升。考虑到这个财务风险问题，投资者就必定要求很高的必要报酬率，从而降低企业价值。

财务困境发生的具体表现有：①客户和供应商对企业丧失信心而造成订单流失；②企业必须要放弃一些可行的投资项目；③资金不足以偿还债务，为了缓解财务压力可能会变卖长期资产，这就离关门不远了；④一旦破产，就会面临大量诉讼问题、支付给律师和会计师的费用、临时变卖资产产生的折价损失等。

4. 代理理论

代理理论是在权衡理论的基础上所做的进一步拓展。这种理论认为，企业举债会产生股东与债权人之间的代理问题，这主要起源于股东对举债资金的使用不当，股东可能通过管理层来控制投资决策，间接危害了债权人应有的利益和保障。因此，随着公司债务资本的增加，债权人的监督成本随之上升，这种成本最终会转嫁给企业，从而降低企业价值。当然，债权人为了避免代理问题的发生，通常会确定限制性和监督条款。然而，这又会产生额外的监督费用以及降低管理效率，这也会减少企业价值。

由于权衡理论和代理理论都指出了一些债务的负面效应，最佳资本结构是存在的。

思考与讨论

1. 看完本节的内容，您认为资本结构会影响企业价值吗？
2. 在实务中，您认为最佳资本结构能找到吗？

十三、营运资金管理：有钱怎么用？

由于公司投资项目大获成功，再加上新推出的产品备受客户青睐，公司利润连年稳步增长，董事长老刘的喜悦尽露脸上，打算邀请财务经理小王于周末去打高尔夫球。没想到小王却说："刘董早呀！高尔夫球？我最近确实想玩玩！但是，恐怕要让您失望了，您也知道，咱们公司去年狠赚了一笔，公司账户的余额至少还有20亿元的现金……天呀！加上近半年又没有新的投资计划，把钱放在没有利息的银行账户太浪费了，真不知道怎么运用这笔资金。"

（一）什么是营运资金

所谓营运资金，顾名思义，是与企业的日常经营活动存在密切关系的资产。从会计的角度看，营运资金是指流动资产减去流动负债的净额，即将现金、有价证券、应收账款与存货等流动资产加总后，扣除应付款项等流动负债总和得到的。因此，营运资金管理是对企业流动资产及流动负债的管理。一个企业要维持正常的运转，就必须要拥有适量的营运资金，它是企业财务管理的重要组成部分。

（二）营运资金的特点

为了有效管理企业的营运资金，必须研究营运资金的特点，以便有针对性地进行管理。营运资金一般具有以下特点：

（1）周转时间短。根据这一特点，说明营运资金可以通过短期筹资方式加以解决。

（2）非现金形态的营运资金，如存货、应收账款、短期有价证券容易变现。这一点对企业应对临时性的资金需求有重要意义。

（3）数量具有波动性。流动资产或流动负债容易受内外条件的影响，数量的波动往往很大。

（4）来源具有多样性。营运资金的需求问题既可通过长期筹资方式解决，也可通过短期筹资方式解决。仅短期筹资就有：银行短期借款、短期融资、商业信用、票据贴现等多种方式。

（三）营运资金的重要性

正确的营运资金管理能作为企业发展的后盾，为企业的发展注入一剂强心针，但是不当的营运资金管理却可能使企业多年的心血毁于一旦。因此，营运资金的重要性不言而喻。

（1）影响企业利润。营运资金是在企业产销活动的频繁互动中产生的，购料、人工费用等产生现金支出，销售收款产生现金收入。

（2）是企业生存与发展的动力。由于财务预测本身具有风险性，一旦预测有误，则可能产生存货积压占用资金或者存货不足影响商机的现象，从而阻碍了企业的发展。

（3）营运资金存量的高低代表企业短期偿债能力。营运资金存量的高低会影响到银行赋予企业信用评级的高低。营运资金存量高，说明短期偿债能力较强，则信用评级也高，企业就可以向银行以较优惠的条件借款。不过，营运资金的投资报酬率通常较低，所以维持过高的营运资金存量可能会降低企业的盈利，降低营运资金的管理效率。因此，企业需平衡营运资金带来的利与弊，这样才是有效的营运资金管理。

（四）营运资金的投资政策

营运资金的投资政策是指企业应该投资多少流动资产，使企业无论是个别的流动资产（现金、有价证券、存货等）还是流动资产总额，都能维持在一个适合的水准，从而提高资金的运用效率。营运资金的投资政策有三类：适中政策、宽松政策以及紧缩政策。

宽松政策的优点在于有足够的现金以供周转，经营风险低，但是也会损失很多投资盈利的机会。相反，在紧缩政策下，流动资产减少，周转不灵的风险增大，但是可以抓住很多投资机会。而适中的政策则处于前两者中间。

（五）营运资金的融资政策

营运资金的融资政策是指如何安排永久性流动资产和临时性流动资产的资金来源问题的政策。永久性流动资产指的是企业所必须持有的最低限额的现金；临时性流动资产是指那些受季节性、周期性影响的流动资产，如季节性存货、销售和经营旺季的应收账款等。营运资金的投资政策也有三类：适中型政策、保守型政策以及激进型政策。在适中型政策下，风险与收益都适中；在保守型政策下，风险与收益都比较低；在激进型政策下，风险与收益都比较高。在三种政策中，短期融资来源比重最大的是激进型政策，最小的是保守型政策。

思考与讨论

1. 营运资金存量高，虽然风险低，但是收益也低。如果您是一名财务经理，您会怎么运用营运资金？

2. 您认为营运资金的3种投资政策中，哪种更好？

十四、流动资产管理：川流不息

最近，自主创业的小张开了一家小型公司，主要业务是A产品的生产与销售。由于公司的生意蒸蒸日上，赚了不少钱，小张都笑得合不拢嘴，于是打算“用钱生钱”，把公司的规模做大。然而，这个时候小张的好友小王好心地提醒道：“张大老板啊，听说你最近公司经营得非常不错嘛！你是打算要扩大公司规模赚大钱吗？在这里你要注意一个问题啊，公司大了，问题就多了，你要准备多少的存货来支持日常经营呢？又应该手握多少钱以供不时之需呢？客户要是赊账了，公司要怎么办？这些问题要是没搞清楚，很容易给公司带来风险哟！”

听到这些问题，小张被难住了。聪明的你能为小王解惑吗？

（一）现金管理

现金如同企业的血液，是所有资产中流动性最强的资产。现金包括库存现金和银行活期存款等，可以直接作为公司业务经营时的支付工具。然而，库存现金就如同一潭死水，把钱放在手里是没有收益的，银行存款的收益率也很低。现金只会越来越不值钱。那么你可能会想：既然这样，那要现金干吗？为什么不全部拿去投资？这当然是不行的。

企业需要一定的现金以便维持经营，持有现金的动机一般可以分为三类：

（1）交易性动机。指企业为了满足日常经营活动对现金的需求而必须持有的现金。这些日常经营活动包括购买原材料、支付工资、偿还利息等。

（2）预防性动机。指企业为了应对意外事件而需要持有一定量的现金。在经营过程中，你总会遇到一些难以预料的情况，比如自然灾害、费用超支、客户没有按时付款、法律法规变动等原因都会打乱企业原有的计划。

（3）投机性动机。指企业为了抓住转瞬即逝的投资机会而需要持有一定的现金。比如预计股价将大幅上涨时，可以把现金投入到股市捞上一笔。

我们知道，过多的现金会降低企业的获利能力，太少的现金又可能给企业造成损失。因此，企业现金管理的目的是在遵照现金管理相关规定的基础上，满足现金持有的三个动机，使现金的持有成本最低。

（二）应收账款管理

应收账款是指客户欠企业的购货款或者服务费。应收账款管理对企业来说是一个十分重要的问题，因为企业在利润表上披露的信息可能显示盈利，但是实际上收到的钱却很少，常常会出现入不敷出的局面。企业有时候就会陷入非常纠结的境地。

一方面是应收账款的好处，在竞争激烈的市场环境下，赊销是提高产品销量而获取更多收入的有效手段。面对同等的产品价格、质量和服务，客户都会选择赊销的产品。另外，赊销还可以减少企业的存货数量，较多的存货会增加企业的仓储费、保险费等，如果把存货转化为应收账款，那么就可以在一定程度上节约这些支出。

另一方面是应收账款会带来三方面的成本：①坏账成本，不同客户的还款能力也会有所差异，并不是所有应收账款最终都能收回。那些收不回的应收账款就造成了企业的损失，这就是坏账成本；②管理成本，管理应收账款也需要一定的成本，比如调查客户的信用情况、催收账款措施等，都要付出人力物力，这就是管理成本；③机会成本，应收账款实际上是企业把资金借给客户使用一段时间，这段时间客户可以利用赊销款投资来获取收益。如果企业不采取赊销而是直接一手交货、一手交钱，那么企业就可以立即用收到的资金投资其他项目获取收益。显然，赊销使企业失去了这部分的投资收益，这就是应收账款的机会成本。

（三）存货管理

存货管理的好坏在一定程度上影响企业的运营和盈利能力，同时它又是企业生产和销售的联系纽带。存货只有顺利、及时销售出去，企业才能尽快回笼资金，实现盈利，然后再把收到的资金投入下一轮生产销售循环。一旦这个环节受阻，企业将是热锅上的蚂蚁，急得团团转。企业持有存货的目的是：

（1）维持正常生产。一旦原材料短缺，造成企业停产，就可能会产生重大经济损失；

（2）满足销售需求。必要的产成品储备有利于满足市场变化的需求；

（3）预防意外事件造成的损失。

然而，过多的存货也会占用过多的资金，还会增加仓储费、保险费、管理人员工资等开支。因此，存货管理的目的是尽力在各种存货成本和存货效益之间作出权衡，达到两者的最佳结合。

拓展阅读

浙商中拓的主营业务是铁矿石、钢铁、汽车贸易和物流。在2014年，随着中国经济整体发展速度的放缓，钢铁、铁矿石和汽车都处于产能过剩的状态，商贸物流行业也整体疲软。浙商中拓当年实现的净利润是0.46亿元，利润情况尚可，但它的经营活动现金流却非常不乐观。这主要是因为浙商中拓的应收账款和存货大幅度增加，而这两个项目的增加与经营活动有关，其中应收账款增加了4.2亿元，增幅高达85%，存货增加了2.4亿元，增幅为25%。在接下来的2015年，公司就陷入了亏损，年报显示的利润亏损为0.3亿元，同时经营活动现金流也不乐观，是–0.9亿元。这说明，流动资产管理的好坏对企业至关重要。

十五、股份分配：蛋糕如何分配？

说起怎么分蛋糕，很多人就会抢答了：“太简单了，几个人就分几份呗！”然而，企业的股利分配问题却没这么简单。武王伐纣的故事想必大家都知道，小周赶走老商一举成为大中华的CEO。但是小周也寻思着，中国这么大的企业，自己一个人也管不过来啊，于是就把中国拆成几份，丢给当年一起创业的小弟们自己管理。小弟们拥有着控股权，自由度极高。在周朝公司经营期间，隔壁蛮夷公司经常来找茬，于是小周就找着小弟们去摆平，然后小弟们也不是善茬，不给股权资源就不肯去，为了解决眼前麻烦，小周只好答应小弟们的要求。就这样一来二去，小周的股份被掏空，最终被小弟们架空了。

这个故事在现代企业中仍有学习意义，股利分配问题并没有想象的那么简单。

（一）股利支付形式

股息、红利合称为股利，是指依股份支付给持股人的公司盈余。股份公司通常在年终结算后，将盈利的一部分作为股息按股额分配给股东。股利的主要发放形式有以下几种：

（1）现金股利，指企业直接给股东支付现金，这是最常见的股利形式。

（2）财产股利，指给股东支付公司拥有的其他公司债券、股票等现金以外的财产。

（3）负债股利，指公司通过向股东负债的形式来代替股利发放。

（4）股票股利，指以增发股票的方式支付股利。

（二）股利分配理论

股利分配理论的核心问题是股利政策与公司价值的关系问题，分为股利无关论和股利相关论，其中股利相关论又包括“手中鸟”理论、信号传递理论、所得税差异理论和代理理论。

1. 股利无关论

在一定的假设条件限制下，股利政策不会对公司的价值或股票的价格产生任何影响，投资者不关心公司股利的分配。

2. “手中鸟”理论

投资者更喜欢现金股利，而不愿意将收益留存在公司内部，去承担未来的投资风险。当公司支付较高的股利时，公司的股票价格会随之上升，公司价值将得到提高。

3. 信号传递理论

在信息不对称的情况下，公司可以通过股利政策向市场传递有关公司未来盈利能力的信息，从而会影响公司的股价。一般来讲，预期未来盈利能力强的公司往往愿意通过相对较高的股利支付水平，把自己同预期盈利能力差的公司区别开来，以吸引更多的投资者。

4. 所得税差异理论

该理论认为，由于普遍存在的税率的差异及纳税时间的差异，低股利可以少纳税或者递延纳税，更有助于实现收益最大化目标，企业应当采用低股利政策。

5. 代理理论

股利政策有助于减缓管理者与股东之间的代理冲突，也就是说，股利政策是协调股东与管理者之间代理关系的一种约束机制。高股利一方面可以降低代理成本，另一方面使外部融资成本上升，理想的股利政策应该是使两种成本之和最小。

（三）股利政策

1. 剩余股利政策

即以股利无关论为理论依据，在公司有着良好的投资机会时，根据一定的目标资本结构测算出所需的权益资本，先从盈余当中留用，再将剩余的盈余作为股利进行分配。

2. 固定或稳定增长股利政策

即公司每年发放的股利维持在以一特定水平或是在此基础上维持一固定比率逐年增长。

3. 固定股利支付率政策

即公司每年按固定的比率从净利润中支付现金股利。

4. 低正常股利加额外股利政策

即事先设定一个较低的正常股利额，每年除了按正常股利额发放股利外，还在公司盈余较多、资金较为充裕的年份向股东发放额外股利。

思考与讨论

1. 结合股利理论，您认为是低股利好，还是高股利好？
2. 如果您是公司股东，您会接受剩余股利政策吗？

案例思考与讨论

金融危机下财务杠杆的应用

财务杠杆是一把“双刃剑”，利用财务杠杆，可能产生好的效果，也可能产生坏的效果。2008年10月24日，美国佐治亚州阿尔法里塔市阿尔法银行和信托公司关闭，成为全美因次贷危机而倒闭的第16家银行。仔细研究，不难发现：所有的投行杠杆较高。2008年第一个因次贷危机而倒闭的投资银行贝尔斯登，总资产与股东权益之比高达16，较高的负债经营虽然能提高投资回报率，但必定也会伴随较大的财务风险。金融危机带来的教训让我们对企业的风险管理提出了更高的要求，我们企业应重视财务杠杆和财务风险，合理安排资本结构，适度负债，来取得财务杠杆利益，控制财务风险，实现企业价值最大化。

请思考：

1. 对“财务杠杆效应是一把‘双刃剑’”这句话进行评述。

2. 取得财务杠杆利益的前提条件是什么？

3. 资本结构理论有哪些？

4. 何为最优资本结构？其衡量的标准是什么？

5. 从“金融危机”中应吸取哪些教训？

第16章 用数据支撑决策：管理会计

学习目标

认识管理会计与财务会计的区别与联系，了解管理会计的发展方向，理解保本点和盈利点，为企业产品定价、经营决策、提高企业竞争力打好基础，掌握全面预算、成本性态以及标准成本法和作业成本法的运用；能为企业决策、控制以及业绩评价活动提供有用信息；促进业财融合，推动企业实现战略规划。

管理会计是从传统的会计系统中分离出来的，与财务会计并列，侧重为企业进行最优决策、改善经营管理、提高经济效益服务的一个企业会计分支。管理会计运用一系列专门的方式方法，收集汇总、分析和报告各种经济信息，借以进行预测和决策、制定计划，对经营业务进行控制，并对业绩进行评价，为企业管理者提供相关信息，以求实现企业经济效益最大化。管理会计的本质是“业财融合”，业财融合通俗地讲是业务催生财务，财务推动业务，业务与财务共生互动，业务与财务相融合。当今学习管理会计需更多关注的是企业的财务和业务的统一。

一、是管理，还是会计？

魏文王问名医扁鹊：“你们家兄弟三人都精于医术，到底哪一位最高明呢？”

扁鹊回答：“长兄最好，中兄次之，我最差。”

文王再问：“为何你最出名？”

扁鹊答：“长兄治病，是治病于病情发作之前，由于一般人不知道他事先能铲除病因，所以他的名气无法传出去；中兄治病，是治病于病情初起时，一般人以为他只能治轻微的小病，所以他的名气只及本乡里；而我治病于病情严重之时，一般人都能看到我在经脉上穿针管放血、在皮肤上敷药等大手术，所以认为我的医术高明，我的名气因此响遍全国。”

在实际工作中，管理会计、财务会计和审计的作用就像扁鹊的大哥、二哥和扁鹊一样。管理会计利用财务会计和其他相关信息，进行科学的预测分析、决策，并编制全面预算。但是管理会计的名气为什么不大？这应该和扁鹊的大哥不出名的原因是一样的。

（一）管理会计如何“站队”？

管理会计作为一门新兴且“低调”的学科，到底应该归于管理，还是归于会计呢？今天咱们就管理会计这个话题来看看侧重点。

（1）如果是基于管理的信息系统，主体当然是会计人员。但前提是会计人员必须懂得管理的需求，能做到会计信息系统和业务运行系统的一体化。

（2）如果是基于会计的管理系统，那么各级管理者就应该是主体，会计是主体的附属。因为系统往往和组织的架构、流程等问题息息相关，远远不是会计能搞定的。

（3）在实践层面，管理会计与管理密切相关的特性决定了管理会计很多工作都是跨部门的，它需要业务部门懂会计，会计人员懂业务。

（4）即使是作为服务于管理的信息支持体系，要实现这个功能，也需要管理者有会计思维，善于应用会计数据；需要会计有管理者思维，能够清楚管理者的决策场景。

由此可见，管理会计并不是单纯的会计或者管理，而是二者的融合。相应地，管理会计对从业人员的业务素质和专业能力要求也更全面。

（二）管理会计的“医术”高明在哪里？

管理会计是个好东西，要是用好了，对提高组织运营效率、提高竞争力都有作用。目前，我们比较认同管理会计的五职能学说。

1. 预测经济前景

管理会计按照企业未来的总目标，充分考虑各种约束，选择合理的量化模型，为企业经营决策提供预测信息。

2. 参与经济决策

这个职能主要体现在根据企业决策目标，筛选出满意的行动方案。

3. 规划经营目标

这个职能是指在最终决策方案的基础上，将预定的经济目标分解落实到相关预算中去，从而合理有效地组织协调供、产、销及人、财、物之间的关系。

4. 控制经济过程

这个职能要求企业根据执行过程中的实际情况与计划之间产生的差异进行分析，及时调整改进。

5. 考核评价经营业绩

管理会计主要通过建立责任会计制度来履行考核评价经营业绩的职能。

（三）管理会计与财务会计的联系

1. 最终目标一致

管理会计和财务会计最终目标都是为了改善经营管理，提高企业的经济效益。

2. 资料来源基本相同

管理会计的主要工作内容是对财务会计信息进行深加工与再利用，因而会受到财务会计工作质量的约束。

3. 主要指标相互渗透

财务会计提供的有关指标，是管理会计进行决策分析的重要依据；而管理会计所确定的计划，又是财务会计核算的目标。

4. 在方法上相互补充

管理会计的方法主要是预测、决策、预算、控制和考核；财务会计的方法主要是核算、分析和检查。

（四）管理会计与财务会计的区别

1. 会计主体不同

管理会计的工作主体可分为多层次；而财务会计的工作主体往往只有一个层次——整个企业。

2. 会计职能定位不同

管理会计职能渗透于单位管理的全过程，属于“经营管理型会计”；而财务会计则是对已经发生的交易或事项进行处理，属于“报账型会计”。

3. 会计工作程序不同

管理会计工作一般可自行设计工作流程；而财务会计工作必须执行固定的会计循环程序。

4. 会计服务的对象不同

管理会计主要是满足内部管理的需要；而财务会计主要侧重于对外部提供财务信息。

5. 会计报告的期间不同

管理会计面向未来，其报告的编制不受固定会计期间的限制；而财务会计面向过去，应按照规定的会计期间编制报告。

思考与讨论

1. 管理会计的产生和运用对企业管理层有什么影响？如何进行利弊权衡？
2. 管理会计和管理、会计是什么关系？
3. 如何让前文中“扁鹊的大哥”的名气传出去？

二、全面预算在“算”什么？

（一）什么是全面预算

预算，准确地说，不是数字，是方向。比如，明年费用预算不超过100万元，那么明年年末就会出现两种情况：上半年花钱多的，下半年要勒紧腰带；上半年花钱少的，年末就会突击花钱，这种情况在企业中非常普遍。如果把预算当成数字的话，那么这100万元就没什么意义了。

预算不是数字，意思是说不要盯住数字本身，要盯住你的目标。预算是为了实现目标所做的计划，如果最终能实现你的目标，就算实际情况与预算存在些许差异，也不会造成太大的影响。

全面预算是通过企业内外部环境的分析，在预测与决策基础上，调配相应的资源，对企业未来一定时期的经营和财务等做出一系列具体计划。如果说“预算”是一个工具，那么“全面预算”就是一个工具包。

预算展示给大家的是一系列财务数字，我们常说的预算，就是指的这个数据。其实，把数据做出来，这仅仅是预算制定，是全面预算的第一步。后续还需要对执行过程进行监控、对比分析和改善调整。通常情况下，全面预算管理编制起始于销售预算，止于现金流量表（如图16-1所示）。

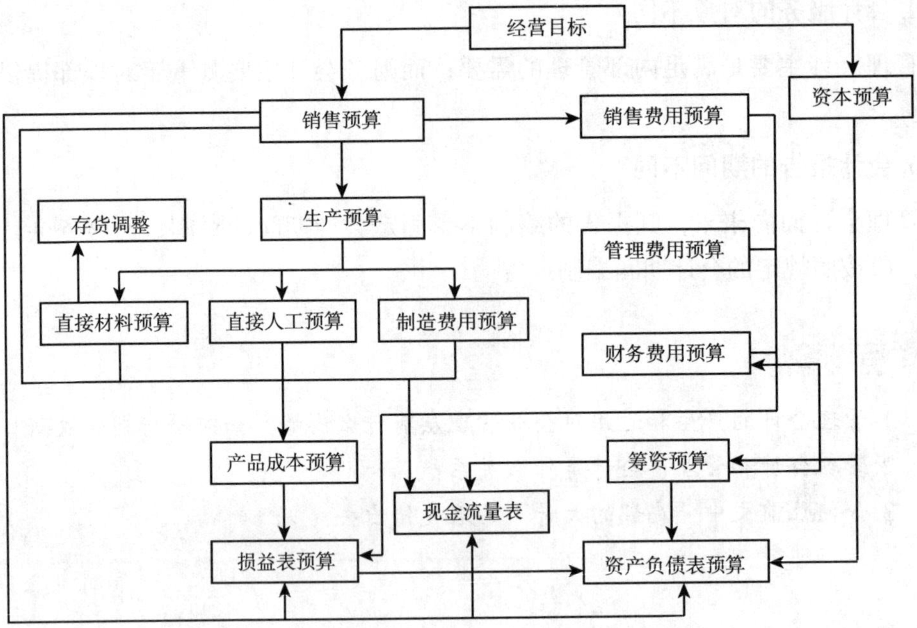

图16-1　全面预算流程图

（二）全面预算的“脾性”

1.全面性

全面预算包括业务预算、资本预算、筹资预算和财务预算，既能反映企业日常经济活动的预算，也能反映企业资本性财务资金筹措和使用的预算。

2.全员性

全面预算管理是一种涉及企业内部权责利关系的制度安排，需要上下配合、全员参与。

3.全程性

对企业经营活动全过程的控制、评价考核都在全面预算管理中得到体现。

4.目标性

全面预算管理的目标明确，除目标利润外，企业的资本结构、股东权益也得到体现。

5.指令性

全面预算一经确定，一般不轻易调整。

（三）全面预算编制方法

1. 增量预算法与零基预算法

增量预算是以基期成本费用水平为基础，零基预算是从零开始。相比之下，增量预算较易编制，但容易造成预算冗余。

2. 固定预算法与弹性预算法

固定预算是指在编制预算时，只根据预算期内正常、可实现的某一固定的业务量水平作为唯一基础来编制预算的方法。弹性预算可以随着业务量的变化而反映各业务量水平下的支出控制数，具有一定的伸缩性。

3. 定期预算法与滚动预算法

定期预算一般以会计年度为单位定期编制，滚动预算不将预算期与会计年度挂钩，而是连续不断向后滚动。

（四）全面预算的作用

预算管理体系作为一种较为成熟有效的企业内部控制方法，对企业规划战略目标、控制日常活动、分散经营风险以及优化资源配置具有重大意义。而实施全面预算管理，其最终目的就是公司利益最大化。全面预算的作用主要包括以下几个方面。

（1）促进公司战略目标的实现。“三分战略、七分执行”，全面预算管理体系就是实现公司整体经营目标的有效手段。

（2）规范公司考核。全面预算通过预算与绩效管理相结合，使公司对其部门和员工的考核真正做到“有章可循，有法可依”。

（3）提高资源利用效率。全面预算体系中有一部分数据可以直接衡量下一年度企业财务，促进公司各类资源的有效配置，提高资源利用效率。

（4）降低公司经营风险。全面预算是公司管理层进行事前、事中、事后监控的有效工具，降低了公司日常的经营风险。

（5）降低公司运营成本。通过全面预算可以加强对费用支出的控制，有效降低公司的营运成本。

拓展案例

深圳航空有限责任公司1992年11月成立，主要经营航空客、货运输业务。目前拥有总资产36.2亿元，员工1900多人，国内航线80多条。该公司成功实施全面预算管理系统具体如下：

1. 深航低成本竞争策略

深航总经理董力加曾说过："我认为，低成本战略是竞争战略中最具有杀伤力的战略，看似简单，却需要严谨地分析各种竞争因素，才可能找到一条可执行的低成本道路。"

2. 实施用友全面预算管理解决方案

深航采用C全面预算系统的费用计划及财务计划，并结合应收、应付、报账中心总账等系统对其运营成本与费用进行全面计划与控制。

实施效果：

从2001年开始，深航开始实行全面预算管理，将一切经济业务纳入预算管理，最大限度地降低公司成本水平。

思考与讨论

如何理解全面预算？实施全面预算对企业有什么意义？

三、如何划分成本？

美国西南航空公司总裁赫伯·凯勒尔说过一句话："你可以在飞机上对某位当天过生日的空服员同仁开个玩笑，但恐怕不能对她丢彩带，因为这会造成清洁人员多花时间清理，提高成本。"正是对成本的节约要求到了几近苛刻的地步，西南航空公司才成为美国最有名的五大航空公司里唯一没有破产的航空公司。

虽然赫伯·凯勒尔总裁奉行的是低成本航空策略，但并不是所有类型的成本都能切掉。因此，对成本进行分类就显得尤为重要。

在管理会计中，成本可以按经济用途、成本性态和成本动因进行分类。

（一）按"意图"分类

成本按其经济用途可分为生产成本和期间成本。

（1）生产成本。生产成本也称产品成本，是指为制造产品或提供劳务而发生的支出。通常可根据其具体的经济用途分为直接人工、直接材料和其他制造费用三类。

（2）期间成本。期间成本也称非制造成本，通常可分为销售成本、管理成本和财务成本。其共同特点是成本支出可以使企业整体受益，但难以描述这项支出与特定产品之间的关系。

（二）按“习性”分类

成本性态也称成本习性，是指成本总额的变动与业务量之间的依存关系。成本按其成本性态可分为固定成本、变动成本和混合成本。

（1）固定成本。固定成本是指在相关范围内，成本总额不随业务量的变动而发生变化的成本。这里的相关范围是指在一定的期间和一定业务量范围内。

（2）变动成本。变动成本是指在相关范围内，成本总额随着业务量的变动而成正比例变动的成本。如直接材料费、按件计酬的工人工资等。

（3）混合成本。混合成本是指那些既包含了固定成本又包含了变动成本的两种不同性质的成本。根据其发生的具体情况不同，通常可以分为半固定成本、半变动成本和延伸变动成本如图16-2、图16-3和图16-4所示。

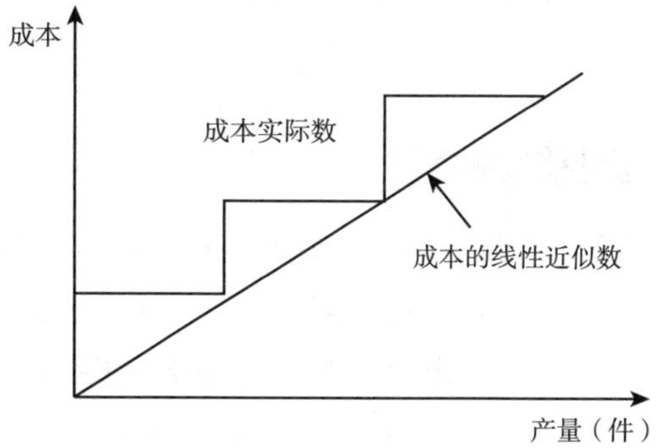

图16-2 半固定成本

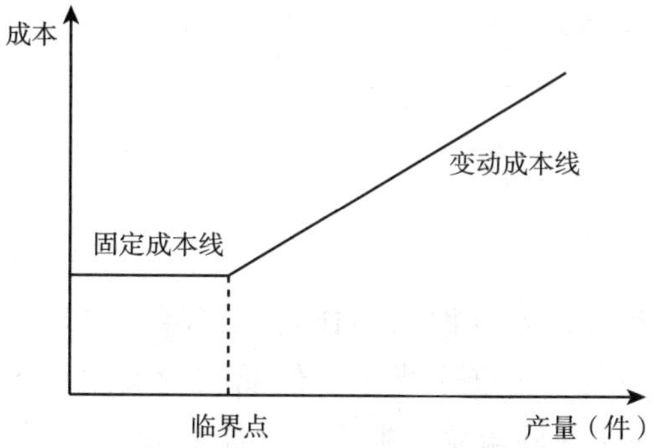

图16-3 半变动成本

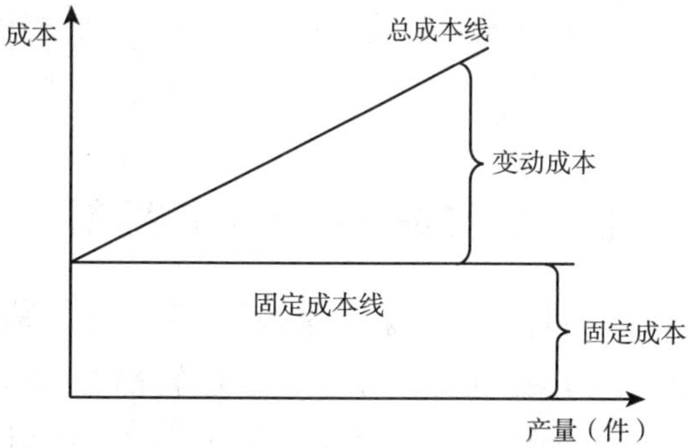

图16-4 延伸变动成本

（三）按“诱因”分类

成本动因在作业成本会计中可分为资源动因和作业动因，在作业成本法中可分为执行动因、数量动因和强度动因。

（1）资源动因。资源动因是指将资源成本分配到作业中心的标准。它反映了作业中心对资源的耗用情况。

（2）作业动因。作业动因是指将作业中心的成本分配到产品或劳务的标准。它反映了产品消耗作业的情况。

（3）执行动因。若某项作业被重复执行时，每次作业消耗的资源费用差别很小，这时作业的执行次数即可作为成本动因，常见的具有执行动因的作业有订单处理等。

（4）数量动因。当某项作业多次执行时，资源费用的消耗表现出明显的变异，若资源费用的消耗跟作业时间或其他数量量度之间存在近似的正比例关系，这时称成本动因为数量动因。

（5）强度动因。有些产品、劳务或顾客要求一些具有特殊性的作业，需要对作业作个别追踪记录，直接把作业成本归属于成本计算对象。这种成本动因称之为强度动因。

思考与讨论

鱼说：我时时刻刻睁开眼睛，就是为了能让你永远在我眼中！

水说：我时时刻刻流淌不息，就是为了能永远把你拥抱！

锅说：都快熟了，还这么贫！

环境和条件变了，原来的收益，一下子都变为成本。不仅是成本和收益之间可以转换，成本内部的划分也会随着具体情况而变动，比如收租方式的变化可能使企业租金由固定成本转化为变动成本。

想一想，还有其他成本划分类别改变的情况吗？

四、标准成本的制定与控制

“国有国法，家有家规”“无规矩不成方圆”等古训无不在阐明这样一个道理：无论是家庭还是国家，正常运转都必须靠一定的标准来维系。然而在现实生活中，却经常出现由于“标杆”设计的缺失所引发的种种尴尬，那么到头来只会“瞎子点灯白费蜡”“竹篮打水一场空”，这同样适用于企业经营管理层面。

（一）立标杆：标准成本及其制定

标准成本是指企业组织在正常情况下生产某种产品或提供某种服务应该发生的支出预算。标准成本的制定是实施标准成本法的起点。为了确保标准成本的质量，行政管理部门、采购部门、技术部门、劳动工资部门、生产部门等相关部门都应共同参与标准成本的制定。

1.标准成本的制定依据

（1）历史数据。历史数据是企业组织经营多年的经验数据，它对未来的成本有一定的预测功能。

（2）作业分析。作业分析的目的就是要分析每一项作业的本质、原因与潜力，据此确定这一系列作业活动应该发生的成本。

（3）标杆基准。以本行业最好的企业组织的成本作为自身制定标准成本的依据，有助于企业组织保持强有力的竞争能力。

（4）战略目标。在实践中，企业组织应该根据自己的战略目标与所处的竞争环境，选择适合自己的标准。实施低成本战略的企业组织，要尽量与行业的最佳成本标准看齐；实施差异化战略的企业组织，必须围绕产品差异化展开。

2.标准成本制定原则

（1）营造标准化管理的氛围；

（2）标准的制定要与现实相匹配；

（3）标准的设计需要立足过去，激励未来；

（4）鼓励员工参与标准成本的制定。

（二）量标杆：标准成本的具体计算

标准成本分为直接材料、直接人工和制造费用。

直接材料标准成本＝标准用量×标准单价；

直接人工标准成本＝标准工时×标准工资率；

制造费用标准成本＝固定制造费用标准成本＋可变制造费用标准成本，其中，可变制造费用标准成本＝标准数量×标准价格。

（三）用标杆：标准成本法的发展

标准成本法源于1911年泰罗的“科学管理学说”，最初的标准成本只是一种备忘性记录，随时与账簿记录的实际成本进行比较。直到将标准成本正式纳入复式簿记体系，才形成标准成本法。

当前对标准成本法的定义是以标准成本为基础的成本计算与成本控制体系，包括标准成本的制定、差异分析以及差异账务处理三个有机组成部分。它要求事前详细制定料工费耗用标准；在生产过程进行事中控制；事后，将实际发生的成本与事前制定的标准成本进行差异分析和反馈。

（四）验成果：标准成本法的作用

在实际经济活动中，标准成本法为企业经营决策树立了“标杆”，提供了修正“偏差”的方向。其功能可大致概括如下：

（1）有利于加强成本控制；

（2）简化了成本核算工作；

（3）有助于企业的规划和决策；

（4）便于进行分析、考核。

案例思考与讨论

位于美国芝加哥的西屋空气制动器公司要求员工以固定的时间间隔将产成品送上传送带。只要按当天规定完成这项任务，该车间的工人就可以得到1.5美元/小时的奖金。这项奖金使工人相同时间的工作收入提高了12.5%，比正常收入12美元/小时有了显著的提高，有效地激励了工厂内大多数工人。传送带速度的变化反映了顾客需求的变化。需求下降，速度变慢；反之，速度变快。公司根据专业的建议，实施了奖金计划。该项奖金计划使该公司的工厂生产力比上年提高了10倍，对西屋公司及员工来说似乎是一个双赢的措施。然而，你看出存在什么问题了吗?

请结合标准成本和成本控制原理分析西屋公司奖金计划存在的问题。

五、作业成本法更合理吗?

作业成本法主要研究制造费用合理分配的问题，就好比垃圾分类，怎样分配才更准确。

（一）应运而生：作业成本法的产生

20世纪70年代以来，社会化大生产和劳动生产率迅速提高，为满足企业主体对外报告、对内管理的需要，成本会计的对象从最初耗费的各种资源，到作业、作业中心、制造中心乃至最后的产品。传统成本计算方法很难满足如此多层次管理的计算需要，这直接引发作业成本法的产生。

作业成本法是指按照资源动因将资源费用追溯或分配到各项作业中，计算出作业成本，然后再根据作业动因，将作业成本追溯或分配至各成本对象中，最终完成成本计算的成本管理方法。

（二）查漏补缺：作业成本法的核心概念

1.资源费用

资源费用是指在作业过程中所使用和消耗的各种经济要素，包括员工的薪酬、水电费、材料费等。

2. 作业

作业是指企业中特定组织重复执行的任务或活动。每个环节、每道工序都可以视为一项作业。

3. 成本对象

成本对象是指单位追溯或分配资源费用、计算成本的对象物。

4. 成本动因

成本动因是指诱导成本发生的原因。

5. 作业中心

作业中心是许多性质和类别相同的作业的集合。

（三）学以致用：作业成本法的主要步骤

1. 资源识别及资源费用的确认与计量

该阶段的工作主要是将作业执行中耗费的资源分配到作业中，计算作业成本。由企业的财务部门负责，在其他部门的协助配合下完成。

2. 成本对象选择

在作业成本法下，企业应将当期的所有资源费用，遵循因果关系和受益原则，根据资源动因和作业动因，分项目经由作业追溯或分配至相关的成本对象中，确定成本对象的成本。步骤1与步骤2如图16–5所示。

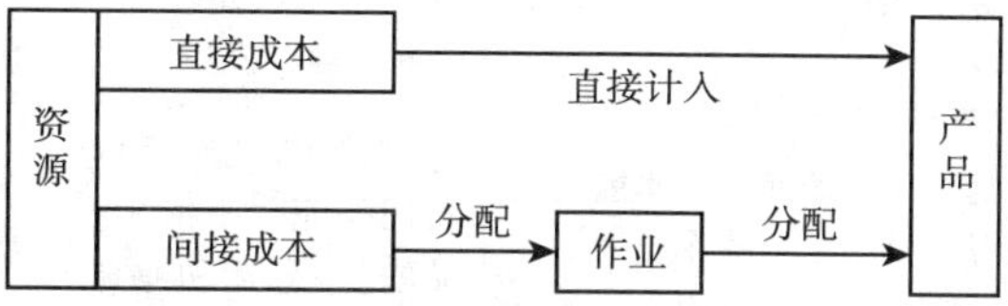

图16–5 作业成本法部分步骤

3. 作业认定

确认每一项作业完成的工作及执行该作业耗用的资源成本。表16–1为某制造业的作业清单。

表16–1 作业清单

序号	作业名称	作业说明
1	材料订购	选择供应商、签合同
2	材料检验	对每批购入材料进行数量、质量检验

续表

序号	作业名称	作业说明
3	生产准备	投产前设备调试
4	发放材料	将生产用材料运往车间
5	材料切割	将管材、圆钢切割成适于机加工的毛坯工件
6	车床加工	使用车床加工零件
7	铣床加工	使用铣床加工零件
8	刨床加工	使用刨床加工零件
9	产品组装	人工装配变速箱
10	产品质检	人工质检
11	车间管理	组织管理车间生产

4.作业中心设计或作业成本库的设计与归集

作业中心设计是指企业将认定的所有作业按照一定的标准进行分类，形成不同的作业中心，作为资源费用追溯或分配对象的过程（如表16–2所示）。

表16–2　　作业中心（成本库）的分类

作业中心（成本库）	含义	特点	举例
产量级作业中心	为个别产品或服务实施的作业	直接成本，可追溯到每个单位产品上	直接材料、直接人工、机器成本和直接能源消耗
批次级作业中心	同时服务于每批产品的作业	成本取决于批次	生产前机器调试、成批采购和检验等
品种（客户）级作业中心	服务于某种型号或特定客户的作业	仅为某个特定产品线或特定客户发生	产品设计、工艺改造、独特包装等
生产维持级作业中心	为提供生产产品的基本能力而服务于整个工厂的作业	为维持生产能力而进行的作业，不依赖产品数量、批次和种类。	企业广告、保安、行政管理等

5.将各作业成本库价值分配至最终产品成本

在成本分配过程中，资源成本借助资源成本动因分配到各项作业中，确定了作业成本之后，再根据作业成本动因计算单位作业成本，最后根据作业量计算成本对象应负担的作业成本。

（四）客观评判：作业成本法的优缺点

1.优点

（1）可以获得更准确的产品和产品线成本。

（2）有助于改进成本控制。

（3）为战略管理提供信息支持。

2. 缺点

（1）成本动因多，开发和维护费用较高。

（2）作业成本法不符合对外财务报告的需要，需要重新调整成本数据。

（3）确定成本动因比较困难，可能扭曲产品成本数据的客观性。

（4）不利于管理控制。

案例思考与讨论

石峰有限公司是一家规模较大的生产企业。该公司甲零件的生产技术已相当成熟。然而最近三年净利润始终低于预期水平。对此，石峰公司委托雨欣咨询公司对其经营业绩进行评价，后者得出了与其产品成本计算方法有关的结论，并提供了一份有关此次调查的详细书面报告。

书面报告要求对石峰的定价结构进行一次重大调整。近年来，石峰的竞争对手一直在压低甲零件的价格。竞争对手将甲零件的价格降至80元/件，而石峰却定在95元/件，获得的单位毛利也仅为10元/件。与此相反，生产工序极其复杂的乙零件销售情况却非常好，目前公司将价格定在60元/件，而市场价格却高达130元/件。这种情况下，石峰还能获得25元/件的单位毛利。这样，石峰不得不削减对甲零件的生产，转而增加乙零件的生产。

针对这一令人困惑又头疼的现象，雨欣公司建议石峰公司采用作业成本法代替传统成本法来重新计算各种产品的成本，进而可对公司的定价结构进行调整。研究发现，甲零件单位成本至少被高估了30元/件，而乙零件却被低估了大约85元/件。

请参考以上案例，谈谈作业成本法与传统成本法相比，优势体现在哪些方面?

六、经营决策如何拍板?

在棋界有句话：“一着不慎，满盘皆输；一着占先，全盘皆活。”它喻示一个道理，无论做什么事情，成功与失败取决于决策的正确与否。科学的经营决策能使企业充满活力，兴旺发达，而错误的经营决策会使企业陷入被动，濒临险境。

（一）拍哪块板：什么是经营决策

1.经营决策的定义

经营决策也称短期决策，是指在企业现有的技术资源和经营条件基础上，如何有效地开展经营活动所做的决策。与之相对的是长期决策，也称为投资决策，其经济效益时间跨度长、投入的资金量大，方案的影响期较长。

2.经营决策的内容

经营决策包括的内容较多，概括来说主要包括生产决策和定价决策两大类。

（1）生产决策。生产决策是指一年或一个经营周期内，在企业生产管理方面展开的决策，如新产品开发的决策、亏损产品的决策等。

（2）定价决策。定价决策是指一年或一个经营周期内，针对如何确定产品的销售价格而展开的决策。

3.经营决策的成本因素

经营决策不考虑货币的时间价值和投资的风险价值，那么影响决策选择取舍的重要因素就是成本，包括相关成本和无关成本。

（1）相关成本。相关成本是指影响决策方案选择和取舍、在经营决策中必须予以考虑的各类成本，主要有以下几种：

①差别成本。广义的差别成本，是指两个备选方案预期成本的差额。狭义的差别成本是指不同产量水平下成本的差额。

②机会成本。机会成本是指为了得到某种东西而所要放弃另一些东西的最大价值。

③边际成本。边际成本是指业务量变化一个经济单位引起的成本变动额。

④重置成本。重置成本是指某项现有的资产在市场上出售的现时价值。

⑤专属成本。专属成本是指明确属于某项特定决策方案的成本。

⑥可避免成本。可避免成本是指决策者的决策结果可以改变其数额或避免其发生的成本。

⑦可延缓成本。可延缓成本是指延缓其成本开支，不会对企业未来的生产经营活动产生重大影响的那部分成本。

（2）无关成本。无关成本是指与特定决策方案不相关，在经营决策中无须考虑的各类成本。主要有以下几种：

①沉没成本。沉没成本是指已经实际支付过款项，未来决策无法改变的成本，又称历史成本。

②共同成本。共同成本是指应由几种产品或几个部门共同承担的成本，其发生额不受某一产品停产的影响。

③不可避免成本。不可避免成本是指与决策方案没有直接联系，且决策方案不能避免其发生或改变其数额的成本。

④不可延缓成本。不可延缓成本是指延缓其成本开支，会对企业未来的生产经营活动产生重大影响的那部分成本。

（二）用什么拍板：经营决策的评价指标

经营决策的目标是经济效益最大化，进行方案评价时采用的指标主要有以下三种。

1.差别利润

差别利润即总收入减去总成本，在经营决策中，只需考虑相关收入和相关成本。

其基本公式为：

差别利润=相关收入-相关成本

2.贡献边际

当多个互斥方案均不改变现有生产能力、固定成本稳定不变时，采用贡献边际为评价指标。

3.成本

当多个互斥方案中不存在相关收入或相关收入相同时，则以成本为评价指标。

（三）怎么拍板：经营决策的评价方法

总的来说，经营决策的评价是围绕相关损益、贡献边际和成本三个指标进行的。常用的经营决策方法包括以下四种。

1.相关损益法

在多个备选方案中，分别计算各方案的相关损益，根据各方案指标的大小来确定最优方案。

2.差量分析法

在计算两个备选方案的预期收入与预期成本的基础上，通过比较方案的差别利润，选择最优方案的方法。

其基本公式为：

差别利润=差别收入-差别成本

3.贡献边际分析法

在不同备选方案中，能够提供贡献边际最多或单位时间提供的贡献边际最多的为最优方案。

4.成本平衡点分析法

成本平衡点分析法是指在备选方案业务量不能事先确定的情况下，通过“成本平衡点”将业务量进行区间段的划分，在不同业务量范围内选择最优方案。所谓“成本平衡点”，就是两个或多个备选方案预期成本相等时的特殊业务量。

计算公式如下：

成本平衡点业务量=两个方案固定成本的差额/两个方案单位变动成本的差额

如果预计未来业务量在成本平衡点之下，应选择固定成本较低的方案；反之应选择固定成本较高的方案。

思考与讨论

“天下没有免费的午餐”这句话最早由经济学大师弗里德曼提出。它的本义是即使你不用付钱吃饭，可你还是要付出代价的。因为你吃这顿饭的时间，可以用来谈一笔100万元的生意，你把时间用于吃这顿饭，就失去了这些本来能有的价值。

请问：这100万元可以作为什么成本？进行经营决策时是否要考虑这部分成本？

七、产品销售怎么定价?

近两年来，郑州的冷饮摊上增加了一类“三元货”。商人们把哈密瓜、菠萝、西瓜等削好，切成一块一块，插上一根木条，每块卖三元。虽然三元水果相比整卖的水果要贵一些，但顾客还很喜欢买。价格高为什么顾客还很爱买呢？这就涉及定价的“大学问”。

（一）保利的基石：定价决策的意义

在市场经济中，售价定得太高，销量减少、生产规模缩小，单位产品成本提高，最终导致利润下降。相反，售价定得太低，无法保证企业目标利润的实现。因此，定价是否合理，将影响企业的生产规模、产品组合及获利能力。

（二）竞争的方向：定价决策的目标

定价目标，就是每一种产品的价格实施后应达到的目标，是企业制定产品价格的重要前提。企业的定价目标一般有以下几种。

1.利润最大化

利润最大化有两方面的含义：一是长期利润和短期利润最大化；二是企业整体利润和单一产品利润最大化。

2.提高市场占有率

市场占有率是指企业产品销量在同类产品的销售总量中所占的比重，企业以市场占有率为定价目标，可以在同一市场上击败竞争对手，也可以阻止新的竞争对手进入同一市场。

3.适应和避免竞争

在市场经济条件下，为了提高自身的核心竞争力，企业会广泛地收集竞争者的价格信息，紧跟竞争对手来定价和调价。

（三）竞争的武器：定价策略

在市场竞争中，企业的产品为了能够获得最佳经济效益，除了运用科学的定价方法外，还要灵活地制定定价策略。

1.新产品定价策略

由于新产品的定价具有不确定性，当企业向市场推出某种新产品时，必须根据市场需求、产品竞争情况、消费者喜好等信息制定出最能适应企业价值最大化的价格。一般有以下两种策略。

（1）激进派——撇油性定价。撇油性定价是指新产品上市初期制定较高售价，随着竞争加剧，产品的销售趋于平稳阶段再逐渐降低价格。这种定价策略一般适用于初期没有竞争对手，容易开辟市场的新产品。

（2）保守派——渗透性定价。渗透性定价是指为了开拓新产品市场，在销售初期以低价吸引消费者，提高市场占有率；赢得竞争优势后再逐步提价。这种定价策略是一种着眼于长期利益的定价策略。

2.差异定价策略

差异定价是指企业对同一种商品根据消费者不同的需求而制定不同的价格。差异定价策略主要有以下三种：

（1）依据消费对象的差异定价。即针对不同的消费人群制定不同的销售价格。例如，铁路客运对学生实行半价，对军人实行优惠价。

（2）依据位置的差异定价。根据同一商品所处地理位置的不同，分别制定不同的销售价格。例如，演唱会的门票按位置远近和偏斜程度制定不同的票价。

（3）依据时间的差异定价。对不同季节、不同日期的同一商品分别制定不同的销售价格。例如，动物园门票在旅游旺季收全价，而在旅游淡季收半价。

3. 以成本为导向的定价策略

以成本为导向的定价最常用的方法是成本加成定价法，它又可分为完全成本加成定价法和变动成本加成定价法。

（1）完全成本加成定价法。即在完全成本法计算的单位产品成本基础上，加上一定的目标利润所确定的单位产品售价。其计算公式如下：

单位产品售价=单位产品完全成本+单位目标利润=单位产品完全成本×（1+目标利润率）

（2）变动成本加成定价法。变动成本加成定价法是在变动成本的基础上按照事先拟订的加成率确定产品价格。其计算公式如下：

单位产品售价=单位产品变动成本×（1+目标利润率）

4. 以利润为导向的定价策略

当销售价格下降时，销售量会随之增加。我们把价格下降后销售量增加所带来的收入增加称为边际收入，相应增加的成本称为边际成本。当边际收入等于边际成本时，就意味着收入的增加不再使利润增加，此时利润达到极大值，这时的价格就是最优价格。

案例思考与讨论

低价不好销，高价反抢手

美国亚利桑那州的一家珠宝店，采购到一批漂亮的绿宝石。由于数量较大，店主担心短时间销售不出去，影响资金周转，便决心只求微利，以低价销售。但几天过去，仅销出很少一部分。后来店老板急着要去外地谈生意，便在临走前匆匆留下一纸手令：我走后若仍销售不出，可按1/2的价格卖掉。几天后老板返回，见绿宝石销售一空，一问价格，却喜出望外。原来店员把店老板的指令误读成“按1~2倍的价格出售”，他们开始还犹豫不决，就又提价一倍，这才使绿宝石一售而空。

请问：这个案例说明了什么？该珠宝店销售成功客观上用的是一种什么价格策略？

八、保本点在哪儿？

股神巴菲特有句投资名言：第一条，永远不要亏钱；第二条，永远不要忘记第一条。这句话出自常年与股票等高风险投资工具打交道的巴菲特口中，确实令人惊讶。我们都知道，巴菲特不可能真的没有在任何一只股票上亏过钱，但是大智慧往往是相同的，巴菲特传递的“保本”思想确实具有普适性，不仅在资本市场上适用，在企业营运中也应予以推广。

（一）何为“保本”？

保本点也称盈亏平衡点，是指企业利润为零时的销售水平。当企业销售水平低于盈亏平衡点时，企业处于亏损状态。随着销售水平的提高，企业亏损逐渐得到弥补，达到盈亏平衡点。当销售水平高于盈亏平衡点时，企业处于盈利状态。

（二）保本的量化方法

1.本量利分析的基本假设

（1）假定所有成本都可划分为固定成本和变动成本两部分；

（2）假定销售价格与物价不变，销售收入与产销量、成本与产销量之间呈线性关系，但固定成本与业务量无关；

（3）假定产销平衡；

（4）品种结构稳定；

（5）假定产销量变动是影响成本的最基本因素。

2.本量利的数学模型

在上述假设下，本量利分析的基本数学模型为：

利润=收入-成本=收入-（变动成本+固定成本）

=销售数量×单价-销售数量×单位变动成本-固定成本

=销售数量×（单价-单位变动成本）-固定成本

该模型是基本的损益方程式，明确表达了本、量、利之间的数量关系。

通过本量利模型对企业保本点量化如下：

保本点销售量=固定成本/（销售单价-单位变动成本）

保本点销售额=保本点销售量×销售单价

思考与讨论

场景一：小王租了一辆煎饼车在校园门口卖煎饼。煎饼车的租金是100元/天，每个煎饼的售价是2元钱，成本是1元钱。请问小王每天至少要卖多少个煎饼才可以保本？

场景二：小王在校园门口卖鲜花，每束鲜花售价20元，进货价是10元。在这种情况下，小王每天要卖多少花才能保本？场景二还有盈亏平衡点的问题吗？

结合以上两个场景谈谈你对保本点和盈亏平衡点的理解。

九、再来一点儿行不行？

（一）通俗理解“边际”

登鹳雀楼

白日依山尽，黄河入海流。
欲穷千里目，更上一层楼。

这是妇孺皆知的唐代诗人王之涣的诗歌，这首诗前两句吟唱出鹳雀楼楼体壮丽，风景秀丽，后两句更是说明了一个人们司空见惯的道理，只要再上一层楼，就可以极目千里，俯视四面八方。登高望远，差一层楼的境界竟然有天壤之别。

早在一千多年前，王焕之的《登鹳雀楼》就揭示了一个基本道理：付出与收入并不成正比例关系。每登一层楼，你付出的体力一样，但收获的风景却能倍增。这也是经济学中常说的边际效用递增，即每一单位新增商品带来的效用呈现增长趋势。

（二）管理中的边际现象

很多管理者习惯于直线思维，将公司的美好前景放在手里的计算器上。

卖一件产品有10元的利润，1万件产品就有10万元的利润；卖20万件产品就有200万元的利润，太棒啦！

生产一件产品的成本是50元，生产10万件是500万元，生产100万件是5000万元。

这种计算方法在数学上是绝对正确的，但是在管理会计上却是错误的。它忽视了一个基本的道理：卖1万件产品，你可以轻而易举地获得10万元的利润，但是要卖20万件产品，你可能要加大促销力度和广告支出，最终利润与你期待的200万元或许相差甚远。制造一件产品的成本是50元，你的公司只有10万件的生产能力，订单超过1万件，你要再购买设备，增建厂房，折腾下来你的制造成本就上升了。

上面的例子就是管理中的边际现象，管理者需要改变上面的直线思维模式，树立边际观念，在进行这些经营决策的时候应该考虑到随着生产、销售达到边际临界点以后，单位成本和单位利润会发生质的改变。要做出正确的决策需要使用其他“工具”——边际贡献。

（三）边际贡献怎么算？

如何利用“边际”在经营活动中做出正确的决策？这涉及以下几个核心指标。

1.边际贡献

边际贡献又称贡献毛益，它是销售收入弥补变动成本后的余额。其公式为：

边际贡献=销售收入-变动成本=固定成本+利润

2.单位边际贡献

单位边际贡献是指销售单价弥补单位变动成本后的余额，也就是每销售一件产品所带来的利润的增加。其公式为：

单位边际贡献=销售单价-单位变动成本

3.边际贡献率

边际贡献率是指边际贡献在销售收入中所占的百分比。其公式为：

边际贡献率=边际贡献/销售收入×100%=单位边际贡献/销售单价×100%

思考与练习

某企业只生产一种产品，单价为6元，单位变动成本为3元，销售量为60件，固定成本为90元。

请计算该产品的边际贡献总额、单位边际贡献、边际贡献率以及产品利润。

十、亏损产品直接停产？

小熊在学校附近租了一间店铺用来经营甜品店，主要销售奶茶和蛋糕两种产品。每块蛋糕变动成本为8元，售价12元，每天能卖100份；每杯奶茶变动成本为4.5元，售价为5元时，每天销售25杯。甜品店每天还需要承担租金等固定成本。经过计算，小熊发现把固定成本分摊后，每杯奶茶还要亏损0.5元。请问小熊应该停止出售奶茶吗？停止出售奶茶的变动成本临界点是多少？带着这些问题，我们进入到亏损产品停产与否这个专题。

（一）实亏损还是虚亏损？

亏损产品是指销售收入不能补偿生产成本的产品。亏损产品按其亏损性质可分为两种：一种是实亏产品，即销售收入低于变动成本，贡献边际亦为负数。另一种是虚亏损产品，即销售收入高于变动成本，能提供贡献边际。

亏损产品是否应当停产呢？如果是政策性的亏损产品，当然就不应停产；如果是营利性的产品，那就要继续往下分析了。

（二）边际贡献

边际贡献是短期决策的核心要素，某产品要继续生产必须保证能产生正的边际贡献。

在企业生产的产品中，有一种产品出现亏损。按照财务会计的理论，亏损产品继续生产只能产生负效益，扩大亏损额。但是，按照管理会计成本性态分析的原理，因为亏损产品的成本中包含一部分固定成本，这部分固定成本不会随着亏损产品的停产而减少，只会转嫁到其他产品身上，从而加重其他产品的负担。因此，盲目停止亏损产品的生产，有时反而给企业带来更大的损失。

（三）生产或腰斩

亏损产品的决策分析，是指针对该亏损产品是继续生产，还是停止生产、转产其他产品或将该生产能力用作其他用途等问题进行的决策。

1.生产能力无法转移，是否停产

所谓生产能力无法转移，是指该亏损产品停产后其生产能力就闲置下来，无法被用于其他方面，既不能转产，也不能将有关设备对外出租。在这种情况下，只要亏损产品提供的贡献边际总额大于零，就不应该停产，而应该继续生产。

为什么亏损产品的贡献边际总额大于零就应继续生产呢？这是因为停产亏损产品，并不能减少其固定成本。如果继续生产亏损产品，其提供的贡献边际就可以补偿一部分固定成本，而停产亏损产品不但不会减少亏损，反而会扩大亏损。

2.生产能力可以转移，是否停产

生产能力可以转移，是指该亏损产品停产后，其闲置的生产能力可以用于生产其他产品获取收益，或将设备对外出租获取租金收入。在这种情况下，就必须考虑继续生产亏损产品的机会成本，对备选方案进行对比分析后再决策。

（1）亏损产品提供的贡献边际大于原生产能力转移的相关机会成本，且企业再无其他剩余生产能力时，不应当停产；否则，应转移原生产能力并停产。

（2）当企业利用剩余生产能力或追加专属成本增产亏损产品，那么，通过将增产亏损产品与停产亏损产品方案进行比较，采用相关损益分析法或差别分析法做出最终决策。

思考与讨论

有人说：“为了改变企业亏损状态，凡是亏损产品都应该停产”。

思考一下，这句话是站在财务会计的角度还是站在管理会计的角度提出的？你认为这句话对吗？试分析其中包含的管理会计知识。

十一、追加订单要不要接受？

“这福气给你，你要不要啊？”

这句“名言”出自《甄嬛传》中的宁嫔叶澜依之口，剧中苏培盛传圣旨将叶澜依封为答应，并说“小主，您可真有福气啊”，叶澜依其实并不想被册封，也不认为这是一件有福气的事情，于是“这福气给你，你要不要啊”成了经典台词。

并不是所有“福气”都是好事，企业接受订单也同理，面对额外订货任务，企业在进行决策时需要分情况讨论，不是所有订单都一味接受。

（一）相关概念辨析

1. 订货相关概念

（1）相关订货。相关订货是指追加订货和正常订货。

（2）追加订货。追加订货是指在计划执行过程中，由外单位临时提出的额外订货任务，即正常订货以外的订货。

（3）正常订货。正常订货是指企业在组织一定时期生产之前争取到的、已纳入该期生产经营计划的订货，又称正常任务；与正常订货相联系的售价为正常的价格。

2. 接受订货决策概念

是否接受低价追加订货决策。是否接受低价追加订货决策是指企业在正常经营过程中对于是否安排低于正常订货价格的追加订货生产任务所作的决策。它属于“接受或拒绝方案”的决策类型。

3. 答疑解惑

（1）追加订货的单价为什么称为特殊单价？

原因在于它不仅比正常单价要低，而且还可能比正常订货的单位完全生产成本要低，是一种水平偏低的价格。

（2）为什么追加订货的价格比正常订货的单位完全生产成本还要低，公司还会销售呢？

因为这个单位完全生产成本是按正常订货量来确定的，而在编制生产预算的时候并没有考虑追加订货的问题，本期发生的固定成本统统都是由正常订货来承担的。所以在进行是否接受追加订货的决策时，就可以完全不考虑固定生产成本指标。在这种情况下，将特殊价格与单位完全生产成本进行比较是没有意义的，因为本期的固定成本已经由本期正常订货量来负担和补偿了。

（二）迎“福”还是拒“福”

关于特殊价格追加订货的决策分析，在企业尚有部分剩余生产能力可以利用的情况下，如果客户要求以较低的价格追加订货，企业是否可以接受这种追加订货呢？应针对不同情况区别对待，一般可以运用相关损益法进行分析。

（1）当追加订货量小于或等于剩余生产量，即企业利用剩余生产能力接受追加订货而不减少正常的生产量。若追加订货不追加专属成本，剩余生产能力又无法转移时，只要接受订货的相关收入大于接受订货的相关成本，即特殊订货的单价大于该产品的单位变动成本，就可以接受该追加订货。

（2）当追加订货量大于剩余生产量，即企业接受追加订货而减少正常订货的完成。在决策分析时，将因接受追加订货而减少的正常收入作为追加订货方案的机会成本。

当剩余生产能力能够转移时，转产带来的收益作为追加订货方案的机会成本；当追加订货需增加专属固定成本，则应将其作为追加订货方案的相关成本。

案例思考与讨论

某企业只生产一种产品，全年最大生产能力为1200件。年初已按100元/件的价格接受正常任务1000件。该产品的单位完全生产成本为80元/件（其中，单位固定生产成本为25元）。现有一客户要求以70元/件的价格追加订货300件，因有特殊工艺要求，企业需追加900元专属成本。剩余能力可用于对外出租，可获租金收入5000元。按照合同约定，如果正常订货不能如期交货，将按违约货值的1%交纳罚金。

请问：企业是否应该接受低价追加订货的决策？

十二、牵一发而动全身

清·龚自珍《自春徂秋偶有所感触》诗：“一发不可牵，牵之动全身”，比喻动极小的部分就会影响全局，这是古人对敏感性的直观描述。

（一）敏感性分析的定义

敏感性分析是指对影响目标实现的因素变化进行量化分析，以确定各因素变化对实现目标的影响及其敏感程度。若某因素的小幅度变动就会引起利润较大幅度的变动，属于敏感性因素；反之，则为非敏感性因素。

（二）敏感性分析的目的

敏感性分析具有广泛的适用性，有助于识别、控制和防范经营和投资决策风险，具体体现在以下几个方面。

（1）找出影响目标实现值变动的敏感性因素，分析其变动的原因，并为下一步的管理决策提供依据。

（2）研究不确定性因素变动引起目标值变动的范围，分析判断企业风险承担能力。

（3）比较多方案的敏感性大小，以便在目标值相似的情况下选择风险较低的方案。

（三）利润敏感性分析

1.什么是利润敏感性分析

利润敏感性分析是指制约利润的有关因素发生变化，对利润所产生影响的一种定量分析方法。它有利于进行利润预测分析。

2.利润敏感系数的计算

企业产品销售量、销售单价、单位变动成本、固定成本等这些因素的变化都会引起利润发生变化，但是，各因素变化引起利润发生变化的程度不一样，也就是说各因素的敏感程度不一样。敏感系数就是用来衡量利润对各因素变化的敏感程度。敏感系数为正数，表明它与利润同向增减；敏感系数为负数，表明它与利润反向增减。其计算公式为：

利润敏感系数=利润变动百分比/因素变动百分比

案例16-1

假设某企业只生产一种产品，销售单价为30元，单位变动成本为20元，固定成本总额为2000元，计划销售量为500件，假设销售单价、单位变动成本、固定成本和销售量均分别增长10%。要求：计算各因素的敏感性系数。

计算目标利润如下：

目标利润I=500×（30–20）–2000=3000（元）

（1）销售单价的敏感性系数。单价提高10%，则有：

销售单价P=30×（1+10%）=33（元）

利润I=500×（33–20）–2000=4500（元）

利润变化百分比=（4500–3000）÷3000×10%=50%

销售单价的敏感系数=50%÷10%=5

（2）单位变动成本的敏感性系数。单位变动成本增长10%，则有：

单位变动成本V=20×（1+10%）=22（元）

利润I=500×（30–22）–2000=2000（元）

利润变化百分比=（2000–3000）÷3000×10%=–33.3%

单位变动成本的敏感系数=–33.3%÷10%=–3.33

（3）固定成本的敏感系数。固定成本增长10%，则有：

固定成本F=2000×（1+10%）=2200（元）

利润I=500×（30–20）–2200=2800（元）

利润变化百分比=（2800–3000）÷3000×10%=–6.67%

固定成本的敏感系数=–6.67%÷10%=–0.67

（4）销售量的敏感性系数。销售量增长10%，则有：

销售量X=500×（1+10%）=550（件）

利润I=550×（30–20）–2000=3500（元）

利润变化百分比=（3500–3000）÷3000×10%=16.67%

销售量的敏感系数=16.67%÷10%=1.67

案例思考与讨论

沃尔玛位于深圳市罗湖区的门店将于2021年12月7日起停止营业，这家沃尔玛开业于1996年，至今已有25年。2021年12月1日沃尔玛公布的最新财报显示，公司第三财季归属于普通股东净利润为31.05亿美元，同比下降39.53%；营业收入为1405.25亿美元，同比增长4.32%。

请思考：

为什么销售额缓慢增长利润却快速下降？该如何利用本量利模型来进行敏感性分析？

十三、企业绩效如何评？

案例16-2

猎狗的待遇

猎人买来几条猎狗，吩咐它们："凡是能够在打猎中捉到兔子的，就可以得到几根骨头，捉不到的就没有饭吃。"猎狗们纷纷努力追兔子。然而大兔子非常难捉到，小兔子好捉。但捉到大兔子得到的奖赏和捉到小兔子得到的差不多，猎狗们发现了这个窍门，都去捉小兔子。

猎人对猎狗说："最近你们捉的兔子越来越小了，为什么？"

猎狗们说："反正没有什么大的区别，为什么要费那么大的劲去捉大的呢？"

猎人经过思考后，决定更改奖赏方式：按照重量决定猎狗在一段时间内的待遇。于是猎狗们捉到兔子的数量和重量都增加了。

将待遇与兔子的总重量挂钩，大大提高了猎狗们的积极性。采用什么样的财务指标来考核猎狗的业绩，对于猎人来说，至关重要。

企业的业绩评价会采用到财务指标和非财务指标，但用什么方法、什么指标比较合适？这就需要管理者掌握财务指标的特点和差异。

（一）企业绩效管理

企业绩效是企业中各种假设主体的活动结果，包括企业经营效益和经营者业绩等。它涵盖了企业的盈利能力、营运能力、偿债能力和发展能力等方面，也包括经营者在经营管理企业的过程中对企业经营、成长、发展所取得成果和所作出的贡献。

企业绩效管理是高德纳公司提出的一个管理概念，用于监控和管理企业绩效的方法、准则、过程和系统的整体组合。

（二）绩效评价的演进

企业绩效评价的发展可以划分为三个时期：

（1）成本绩效评价时期：以成本核算和成本控制为主。

（2）财务绩效评价时期：以财务指标为主的绩效评价体系。主要有以利润为核心的财务绩效评价模式和以EVA为核心的财务绩效评价模式。

（3）绩效评价指标体系创新时期：非财务指标开始被纳入企业绩效评价体系之中，其中的典型代表有平衡计分卡体系、关键绩效指标法等。

（三）绩效评价方法

1. 平衡记分卡法（BSC）

（1）什么是平衡记分卡法。平衡计分卡法是卡普兰教授与诺顿教授于1992年提出的一种企业绩效评价方法。这种方法基于企业战略，从财务、客户、内部营运、学习与成长四个维度，将战略目标逐层分解转化为具体的、相互平衡的绩效指标体系，并据此进行绩效管理。

（2）平衡记分卡实施流程。

①分析企业的整体现状。包括企业生命周期、SWOT分析等。

②确定企业的价值定位：产品领先、高效运作和客户亲密度。

③将公司的愿景与战略转化为下属各责任部门在四大维度的具体目标。

④在组织内部传达战略并把绩效目标逐级落实到组织内部各级单位和个人。

⑤能力发展和浮动薪酬相挂钩。由各主管部门与责任部门共同商定各项指标的具体评分规则。

⑥以综合评分的形式，定期考核各责任部门在四大维度的目标执行情况，及时反馈，适时调整。

（3）平衡计分卡的优点。

①战略目标逐层分解并转化为被评价对象的绩效指标和行动方案，使整个组织行动协调一致。

②从财务、客户、内部营运、学习成长四个维度确定绩效指标，使绩效评价更为全面完整。

③将学习与成长作为一个维度，有利于增强企业可持续发展的动力。

（4）平衡计分卡的缺点。

①对专业技术要求高，工作量比较大，实施起来比较复杂、成本高。

②各指标权重在不同层级及各层级不同指标之间的分配比较困难，且部分非财务指标的量化工作难以落实。

③系统性强、涉及面广，对信息系统、管理能力有较高的要求。

2.经济增加值法（EVA）

（1）什么是经济增加值法。经济增加值法是指以经济增加值为核心，建立绩效指标体系，并据此进行绩效管理的方法。经济增加值为正，表明经营者在为企业创造价值。经济增加值为负，表明经营者在损毁企业价值。

（2）经济增加值的计算。

经济增加值=税后净营业利润−加权平均资本成本×平均资本占用

（3）经济增加值法的优点。

①EVA考虑了所有资本的成本，更真实地反映了企业的价值创造能力。

②EVA要求在计算之前对会计信息来源进行必要的调整，尽可能消除公认会计准则所造成的扭曲性影响。

③实现了企业利益、经营者利益和员工利益的统一，激励经营者和所有员工为企业创造更多价值。

④EVA不以鼓励牺牲企业长期发展的代价来夸大短期效果，能有效遏制企业盲

目扩张规模，引导企业注重长期价值创造。

（4）经济增加值法的缺点。

①仅是对企业当期或未来1~3年价值创造情况的衡量和预判，无法衡量企业长远发展战略的价值创造情况。

②计算主要基于财务指标，无法对企业的营运效率与效果进行综合评价。

③不同企业的会计调整项和加权平均资本成本各不相同，这会影响指标的可比性。

思考与讨论

企业的财务目标是实现股东财富最大化，那么，引入非财务指标评价业绩，是否与公司的目标相矛盾？

十四、大企业的痛处

欧洲人一直都认为天鹅全都是白色的。在到了澳大利亚之后，他们竟然发现了黑色羽毛的天鹅，让欧洲人上千年的结论彻底被推翻。后来，“黑天鹅”一般是指那些出乎意料的小概率高风险事件，比如泰坦尼克号的沉没、俄罗斯金融风暴。

灰犀牛是非洲大陆上的巨无霸，它平时性情温和，只要不挑衅它，基本不会造成威胁。当你碰见灰犀牛，你一步步向前，直到足够近，发现犀牛向你冲过来，此时你所面临的危险就称作“灰犀牛”。“灰犀牛”比喻大概率且影响巨大的潜在危机，且这个危机是可预测的。比如美国的次贷危机。

不管是哪类事件，都会对企业的经营环境造成巨大影响，风险管理是企业管理者的必修课。那什么是风险管理？内控与风险管理又有什么关系呢？

（一）风险管理和内部控制

企业风险管理是企业在实现未来战略目标的过程中，试图将各类不确定因素产生的结果控制在预期可接受范围内的方法和过程。

我们知道企业在经营过程中会遇到如法律风险、经营风险、财务风险等各种各样的风险。那怎样才能将风险“控制在预期可接受范围内”？比如，公司可以选择买保险进行风险转移、退出市场进行风险规避、利用资产组合进行风险对冲等，策略的选择是依据企业风险偏好和风险承受度。

内部控制（IC）是1992年由COSO提出的，“公司的董事会、管理层及其他人为实现以下目标提供合理保证而实施的程序：运营的效益和效率，财务报告的可靠性和遵守适用的法律法规”。其实，内部控制就是通过制度、授权审批、职责分离、预算、绩效考核等方式实现公司管理的一种手段。

（二）风险管理与内部控制的关系

即使风险管理和内部控制的最终目标都是控制风险，但风险管理并不完全等同于内部控制。

就范围来看，企业风险管理是包含内部控制的。风险管理的范围比较大，包括内部风险管理和外部风险管理，而内部控制只是风险管理的重要手段之一（如图16-6所示）。

图16-6　风险管理与内部控制关系图

另外，风险防范又是内部控制的一个重要目标。有了这个目标，内部控制的重要性和作用才更为突出。同时，内部控制和风险管理的组成要素中，控制环境、风险评估、控制活动、信息与沟通以及监督这五个要素是重合的。

（三）如何设立风险防火墙

我们都知道，杜绝风险是不可能的。但及时消除风险隐患，建立风险防控体系，警惕“黑天鹅”事件，防范“灰犀牛”事件仍至关重要。

（1）熟悉自身业务与相关风险。企业须熟悉自身业务与相关风险，只有这样才能减低因为无知而产生的损失。

（2）建立内控和相互制衡的机制。有效风险管理的前提是防范个别部门或人士权力过大，建立制衡机制、设置预警系统、设定风险的边界及界限。让“系统和边界”指引着在哪些方面需要“喊停”。

（3）紧盯现金。“会计数字只是参考意见，现金才真正令你感到踏实。”企业对现金和现金流量需要格外留神，其中包括基本内控措施，如授权签署现金的收发、批核和转账。

（4）合理制定绩效评估与激励机制。这是推动企业改革和改变员工行为的最有效措施。

（5）深化企业风险管理文化。风险管理文化涉及员工的个人价值观和他们接受风险的态度。

案例思考与讨论

香港百富勤公司为什么突然入不敷出?

百富勤原来只是一家本地小型投资银行，由于业务进展迅速，短短10年间，它就发展成了一家跨国金融集团。可是，这个金融奇迹却同样在金融风暴冲击下，使百富勤在短短一年内出现入不敷出，致使它1999年1月宣布破产。

调查百富勤的报告中表示，它倒闭的原因主要是由于缺乏有效风险管理、内控体制和完善的财会报告系统。

百富勤虽然设立了风险管理部门，但却未能制衡业务部门强大的权力，追求业绩的目标完全盖过了防范风险的意识。

调查还发现，百富勤没有控制好金融市场的风险，它在亚太区主要针对的是印度尼西亚和泰国市场，却忽略了发展新兴市场的风险。在金融风暴下，泰铢和印尼盾大幅贬值，利息飙升，百富勤在该区内投资的债券及股票价格暴跌。为了争取业务，百富勤还对外提供了港币2.6亿元的过渡性短期贷款，这笔贷款的金额相等于百富勤资本金的15%，但随着印尼盾汇价大跌和政府实施外汇管制，这笔贷款根本无法偿还，遭受重创后，百富勤的财务状况急转直下，最终导致倒闭收场。

请思考：

从风险管理方面来说，百富勤的“退场”带给我们什么启示？是市场风险还是内控体系对百富勤产生了“致命”的影响？

十五、管理会计的未来在何方?

当前是管理会计的红利期，人工智能、财务共享中心造就了这个时代财务的转型。而中国管理会计也呈现出多样的发展趋势，其中比较重要的是以下四种：

（一）业财融合

业财融合通常是指财务和业务相结合，具体则指财务与供应链、作业链或价值链相结合，简称链财融合。

（二）技财融合

技财融合是指财务与信息技术相结合、财务与技术的研发及采纳相结合，把技术作为降低成本、创造价值的新动能。中国管理会计最紧迫的任务是实现技财融合。

（三）人财融合

人财融合是指财务与组织利益相关者的行为相结合，当事人行为创造了财务数据，反过来，财务数据也反映当事人行为，在绩效考核中，通过改变绩效指标的数值、结构和权重来引导当事人为实现组织战略而努力。

（四）宏观微观融合

宏观微观融合是指政府经济政策制定及实施与企业经营活动相结合。在企业内部，作业链就是流程，按照逻辑，流程构成企业，企业构成行业，行业构成供应链，供应链构成国民经济，国民经济构成世界经济，但企业、行业、供应链、国民经济或世界经济都不是简单相加，而是“局部之和大于整体”，如果宏观与微观分离，政府资源的效率因利益集团操控而忽高忽低，不能充分发挥出来。

思考与讨论

相较于传统的财务会计而言，管理会计有哪些特征或者优势？未来，企业在深入运用管理会计的过程中，他们可能面临什么难点？

本章案例分析

某机床厂一直生产三类产品：刨床、铣床和专用机床，其生产能力的分布为：50%、40%和10%。

2003年企业销售部门根据市场需求进行预测，编制了2003年产品生产计划，财会部门打算据此进行产品生产决策。

该厂多年生产的老产品刨床，由于造价高、订价低，长期亏损。尽管是亏损产品，但是市场上仍有一定的需求量，为满足市场需要，仍继续生产。财会部门根据产品生产计划预测的成本和利润如表16-3所示。

表16-3　2003年成本-利润预测表　单位：万元

产品	刨床	铣床	专用机床	合计
销售收入	654.6	630.7	138.3	1423.6
销售成本	681.9	564.5	106.8	1353.2
销售利润	-27.3	66.2	31.5	70.4

厂长阅读该表以后，对财会部门提出这样几个问题：

（1）2003年本厂目标利润能否达到100万元?

（2）刨床产品亏损27.3万元，可否考虑停产?

（3）若能增加设备，扩大生产，能否增产增利?

带着这些问题，财会部门与销售、生产等部门一起，共同研究寻找对策。若干天后，他们提出了以下4个方案：

A方案：停止生产刨床，按原计划生产铣床和专用机床。

B方案：停止生产刨床，根据生产能力的平衡条件，铣床最多增产40%，专用机床最多增产10%。

C方案：在原生产计划不变的情况下，根据更新改造基金情况可投资10万元，增加4台设备，使铣床增产10%，估计新设备使用期限为10年。

D方案：在C方案的基础上进一步平衡生产能力，调整产品生产计划，压缩刨床产品生产计划30%，增产市场供不应求的铣床，可在原方案基础上增产36%。

另外，财会人员在计算出单位产品变动成本的基础上，得出变动成本占销售收入的比率，其结果如表16–4所示。

表16–4　　变动成本率

产品	刨床	铣床	专用机床
变动成本率	70%	60%	55%

试从管理会计的角度回答厂长提出的问题，并对比分析A、B、C、D四种方案，确定其中的最优方案。

参考文献

[1] 高鸿业.西方经济学：微观部分（第八版）[M].中国人民大学出版社，2021.

[2] 高鸿业.西方经济学：宏观部分（第八版）[M].中国人民大学出版社，2021.

[3] 斯凯恩.从零开始读懂经济学 [M].立信会计出版社，2014.

[4] 大墨.小白经济学 [M].百花洲文艺出版社，2020.

[5] 陈传明.管理学 [M].北京：高等教育出版社，2019.

[6] 吴健安.市场营销学（第六版）[M].北京：高等教育出版社，2017.

[7] 李志敏.市场营销 [M].长沙：湖南师范大学出版社，2018.

[8] 叶苏东.项目管理 [M].北京：清华大学出版社，2019.

[9] 樊登.可复制的领导力：樊登的9堂商业课 [M].中信出版社，2018.

[10] 罗伯特·史蒂文·卡普兰.哈佛商学院最受欢迎的领导课 [M].中信出版社，2018.

[11] 李祖滨，陈媛，孙克华.人才画像：让招聘准确率倍增 [M].机械工业出版社，2021.

[12] 郭楚凡.华为目标管理法 [M].电子工业出版社，2018.

[13] 郑指梁，吕永丰.合伙人制度：有效激励而不失控制权是怎样实现的 [M].清华大学出版社，2017.

[14] 科里·帕特森.关键对话：如何高效能沟通 [M].机械工业出版社，2017.

[15] 方振邦，刘琪.绩效管理：理论、方法与案例 [M].人民邮电出版社，2018.

[16] 樊丽明.公共财政概论 [M].北京：高等教育出版社，2019.

[17] 刘庄.财经通识 [M].北京：中国人民大学出版社，2015.

[18] 邵凌云.税收风险管理理论与实务 [M].北京：中国税务出版社，2017.

[19] 刘金全，吴克强，张龙.财政政策与货币政策调控取向转换与中国经济波动 [J/OL].暨南学报（哲学社会科学版）：1-11 [2022-03-08].http：//kns.cnki.net/kcms/detail/44.1285.C.20220214.1557.016.html.

[20] 唐大鹏，支瑾璠，刘翌晨.《预算法实施条例》落地于内部控制的制度分析 [J]. 财会通讯，2022（04）：13–21.

[21] 葛琳玲，李顺明.2022年财政政策的“稳”与“进” [J]. 财政监督，2022（04）：19–22.

[22] 孙群力，谢滨泽.公共教育支出、预期经济地位与居民再分配偏好 [J]. 当代财经，2021（12）：41–52.

[23] 常晓素.大数据在税收风险管理中的应用探析 [J]. 税务研究，2019（06）：78–81.

[24] 樊勇，杜涵.税收大数据：理论、应用与局限 [J]. 税务研究，2021（09）：57–62.

[25] 毛恩荣，周志波，许美利.数字经济背景下的全球税收治理：内卷化与去内卷化 [J]. 税务研究，2021（10）：54–61.

[26] 王向东，罗勇，曹兰涛.数字经济下税制创新路径研究 [J]. 税务研究，2021（12）：35–40.

[27] 李锐.法治视角下构建税收精诚共治新格局 [J]. 税收征纳，2022（02）：44–45.

[28] 王葛杨.大数据推动税收风险管理探析 [J]. 国际税收，2021（12）：71–75.

[29] 中国数字经济发展白皮书发布 [EB/OL] https：//xueqiu.com/8496839185/205482314.

[30] 中共中央办公厅 国务院办公厅印发《关于进一步深化税收征管改革的意见》[EB/OL].（2019–11–05））[2021–05–28].http：//www.xinhuanet.com/politics/zywj/2022–03/04/c_1127251062.htm.

[31] 蒋先玲.货币金融学 [M]. 北京：机械工业出版社，2017.

[32] 陈志武.金融通识课 [M]. 长沙：湖南文艺出版社，2018.

[33] 黄达.货币银行学 [M]. 北京：中国人民大学出版社，2017.

[34] 林轩.基金投资获利入门指南 [M]. 北京：人民邮电出版社，2021.

[35] 吴晓求.证券投资学 [M]. 北京：中国人民大学出版社，2020.

[36] 王绪瑾.保险学（第六版）[M]. 北京：高等教育出版社，2017.

[37] 李升.财富传承工具与实务：保险 · 家族信托 · 保险金信托 [M]. 北京：中国法制出版社，2018.

[38] 陈少华.会计学原理（第5版）[M]. 厦门：厦门大学出版社，2019.

[39] 崔刚.公众公司会计治理论 [M]. 大连：东北财经大学出版社，2012.

［40］刘常青.中国会计思想发展史［M］.成都：西南财经大学出版社，2005.
［41］刘永泽，陈文铭.会计学（第6版）［M］.大连：东北财经大学出版社，2018.
［42］朱小平，等.初级会计学［M］.北京：中国人民大学出版社，2019.
［43］刘志远，侯青川.点石成金纵横谈：财务管理［M］.北京：中国经济出版社，2001.
［44］汤婧平.白话财务管理（第1版）［M］.北京：机械工业出版社，2011.
［45］谢剑平.财务管理：新观念与本土化（第1版）［M］.北京：中国人民大学出版社，2004.
［46］张蕊.公司财务学（第3版）［M］.北京：高等教育出版社，2017.
［47］中国注册会计师协会.财务成本管理［M］.北京：中国财政经济出版社，2021.
［48］冯巧根.全面预算管理［M］.北京：中国人民大学出版社：管理者终身学习，2015.
［49］范伟杰，王新芳，邹勇燕，郑洁.管理会计［M］.成都：四川大学出版社，2018.
［50］刘群，李颖，王阿娜.管理会计学［M］.南京：南京大学出版社，2020.
［51］苏文兵，张帆.管理会计学［M］.南京：南京大学出版社，2020.
［52］谢爱萍，李亚云.成本管理会计［M］.北京：人民邮电出版社，2015.